Les bonnes règles de conduite

Centres d'information routière
A votre service 24h/24

Scannez le QRCODE pour connaître
l'état du trafic en temps réel

Postes d'appel d'urgence
APPEL GRATUIT
Où les trouver ?

Sur les routes principales, tous les 4 km
sur les autoroutes tous les 2 km.

drive right !

Traffic information centres
Ready to answer 24 hours a day

Scan the QRCODE to get
real-time traffic information

Emergency call phone
FREE PHONES CALLS
Where to find them ?

On main roads every 4 km
on highways every 2 km.

CW00495843

... llamada de emergencia
LLAMADA GRATUITA
¿ Donde encontrarlos ?

En las carreteras principales cada 4 km
En las autopistas cada 2km.

Pour votre sécurité : vitesse limitée

	☀	☁
Autoroutes	130 km/h	110 km/h
Voies rapides	110 km/h	100 km/h
Routes	80-90 km/h	80 km/h
Villes	50 km/h	

La vitesse autorisée peut être abaissée
à certains endroits
La fréquence de l'autoroute
FM 107,7

For your own safety : speed limits

	☀	☁
Motorways	130 km/h	110 km/h
Expressways	110 km/h	100 km/h
Mainroads	80-90 km/h	80 km/h
Towns	50 km/h	

Speed limit can be lower
in certain areas
Motorway radio frequency
FM 107,7

Para su seguridad : velocidad limitada

	☀	☁
Autopistas	130 km/h	110 km/h
Vías rápidas	110 km/h	100 km/h
Carreteras	80-90 km/h	80 km/h
Ciudades	50 km/h	

La velocidad autorizada puede
ser reducir en algunos lugares
Frecuencia de la autopista
FM 107,7

Attachez votre ceinture de sécurité. À l'avant comme à l'arrière, c'est obligatoire.

Il est interdit de conduire avec une alcoolémie ≥ 0,5 g d'alcool par litre de sang (ou 0,25 mg/l d'air expiré). Ne prenez pas de risque. Ne sous-estimez pas les effets de l'alcool : rétrécissement du champ visuel, diminution des réflexes, altération de l'appréciation des distances...

Ne conduisez pas sous l'emprise de drogues. Leur consommation est interdite par la loi. Elle augmente considérablement le risque d'accident.

Soyez prudent en cas de prise de médicaments. Lisez attentivement la notice et vérifiez leur compatibilité avec l'exercice de la conduite.

Ne téléphonez pas en conduisant. Laissez un de vos passagers répondre à votre place ou réglez votre téléphone sur messagerie.

Faites des pauses fréquentes. Même si vous êtes reposé, arrêtez-vous 10 à 20 minutes toutes les 2 heures.

Ayez obligatoirement dans votre véhicule un gilet rétro réfléchissant et un triangle de présignalisation. Ayez toujours à bord du véhicule, les originaux de votre permis de conduire et des papiers du véhicule, (carte grise, attestation d'assurance et certificat de visite technique en cours de validité). En cas de contrôle par les forces de l'ordre, vous devez être en mesure de les présenter.

Fasten your seatbelt. At the front or in the back, it's the law !

Driving under the influence of alcohol is against the law. A blood-alcohol level of 0.5 grams of alcohol per litre of blood or over (i.e. 0.25 mg/l of air exhaled) exceeds the legal limit. Never take risks ! Don't underestimate the effects of alcohol : reduced field of vision, slower reaction times, impaired assessment of distances...

Never drive when under the influence of drugs. Taking drugs is against the law. They considerably increase the risk of an accident.

Be careful if you have to take medication. Read the instructions carefully and check whether your medication is compatible with driving.

Never phone while driving. Let one of your passengers answer for you or switch your phone to voicemail.

Take regular breaks. Even if you feel rested, stop for 10 to 20 minutes every two hours.

Always have a reflective safety vest in your car as well as an emergency warning triangle. Always have the originals of your driver's license and vehicle papers with you in the car (vehicle title, insurance cover, MOT pass), it's the law ! If stopped by the Police, you need to be able to show these papers.

Póngase su cinturón de seguridad. Tanto en la parte delantera como en la posterior, es obligatorio.

Está prohibido conducir con una alcoholemia ≥ 0,5 g de alcohol por litro de sangre (o 0,25 mg/l de aire espirado). No se arriesgue. No subestime los efectos del alcohol : estrechamiento del campo visual, disminución de los reflejos, alteración de la apreciación de las distancias...

No conduzca bajo la influencia de drogas. Su consumo está prohibido por la ley. Estas aumentan considerablemente el riesgo de accidente.

Sea prudente en caso de toma de medicamentos. Lea atentamente el prospecto y verifique su compatibilidad con el ejercicio de la conducción.

No telefonee mientras conduce. Deje que uno de sus pasajeros responda en su lugar o ponga su teléfono en contestador.

Haga pausas frecuentes. Incluso si se siente descansado, deténgase 10 a 20 minutos cada 2 horas.

Tenga obligatoriamente en su vehículo un chaleco retrorreflectante y un triángulo de señalización. Usted siempre debe tener a bordo del vehículo los originales de su permiso de conducir y de los papeles del vehículo (permiso de circulación, certificación de seguro y certificado de inspección técnica válidos): es obligatorio. En caso de control por las fuerzas del orden, usted debe poder presentarlos.

2

TABLEAU D'ASSEMBLAGE

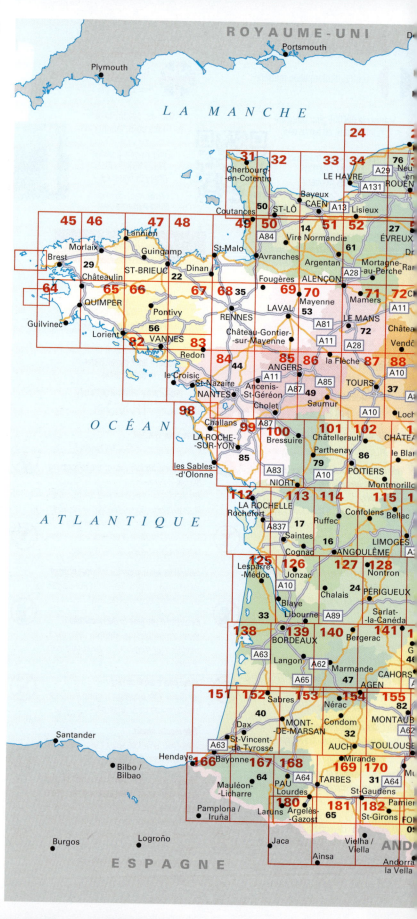

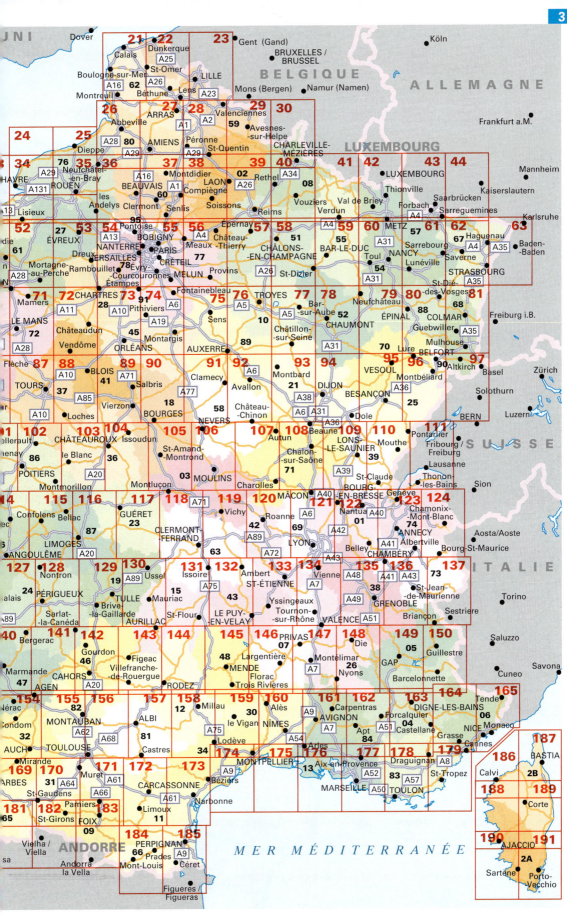

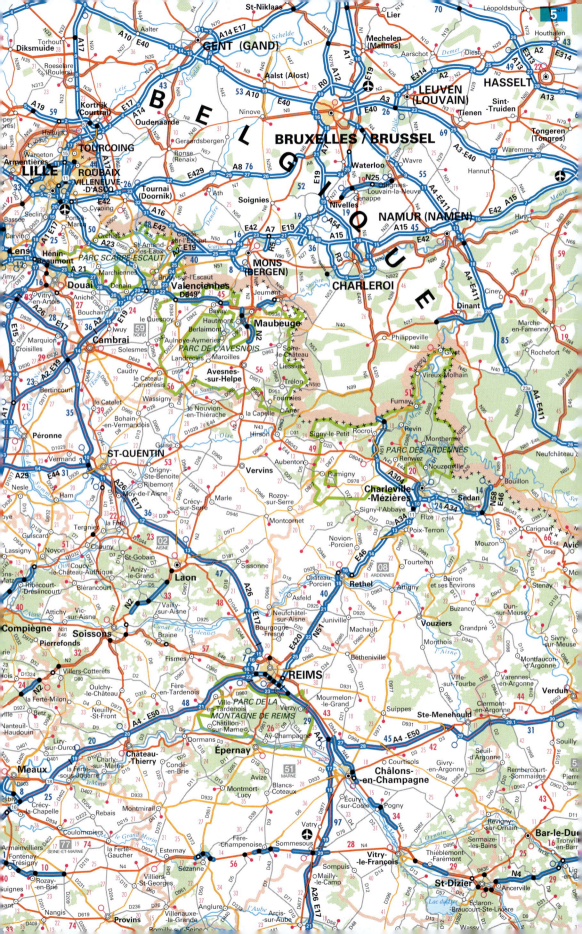

ATLANTIQUE

NANTES

CHOLET

NIORT

LA ROCHELLE

LA ROCHE-SUR-YON

BORDEAUX

Côte de Jade

Pointe de St-Gildas

ÎLE DE NOIRMOUTIER

Noirmoutier-en-l'Île

Fromentine

L'Île-d'Yeu

ÎLE D'YEU

les Sables-d'Olonne

Olonne-sur-Mer

St-Gilles-Croix-de-Vie

St-Hilaire-de-Riez

St-Jean-de-Monts

Challans

Beauvoir-sur-Mer

Bouin

Machecoul-Saint-Même

Villeneuve-en-Retz

Pornic

St-Brevin-les-Pins

la Baule-Escoublac

Pornichet

Paimbœuf

St-Étienne-de-Montluc

Orvault

St-Herblain

Rezé

le Loroux-Bottereau

Vallet

Clisson

Montaigu-Vendée

Aigrefeuille-sur-Maine

Rocheservière

Legé

Palluau

Aizenay

le Poiré-sur-Vie

Bellevigny

Essarts en Bocage

les Achards

Moutiers-les-Mauxfaits

Talmont-St-Hilaire

la Tranche-sur-Mer

l'Aiguillon-sur-Mer

Mareuil-sur-Lay-Dissais

Aubigny-les-Clouzeaux

Bournezeau

Chantonnay

la Châtaigneraie

Ste-Hermine

Luçon

les Quatre-Chemins

Nalliers

Chaillé-les-Marais

St-Michel-en-l'Herm

PARC DU MARAIS POITEVIN

Charron

Marans

Courçon

Frontenay-Rohan-Rohan

Mauzé-sur-le-Mignon

Beauvoir-sur-Niort

Brioux-sur-Boutonne

Melle

Praheca

St-Martin-de-Ré

la Flotte

Ars-en-Ré

ÎLE DE RÉ

Aquarium

Aytré

Châtelaillon-Plage

Île d'Aix

la Jarrie

Aigrefeuille-d'Aunis

Surgères

Loulay

Aulnay

Chef-Bou

Matha

Saint-Denis-d'Oléron

St-Pierre-d'Oléron

ÎLE D'OLÉRON

Dolus-d'Oléron

le Château-d'Oléron

Fouras

Rochefort

Tonnay-Charente

Tonnay-Boutonne

St-Jean-d'Angély

St-Hilaire-de-Villefranche

Brouage

St-Agnant

St-Savinien

St-Porchaire

Burie

Saintes

St-Trojan-les-Bains

Marennes-Hiers-Brouage

la Tremblade

Pointe de la Coubre

Zoo

la Palmyre

St-Palais-sur-Mer

St-Georges-de-Didonne

Royan

Pointe de Grave

le Verdun-sur-Mer

Meschers-sur-Gironde

Soulac-sur-Mer

Saujon

Cozes

Gémozac

Pons

Châteaubernard

Cognac

Jarnac

Segonza

Archiac

Jonzac

St-Genis-de-Saintonge

Mirambeau

Baignes-Ste-Radegonde

Montendre

Montlieu-la-Garde

St-Vivien-de-Médoc

Montalivet-les-Bains

Hourtin Plage

Hourtin

St-Laurent-Médoc

Carcans Plage

Carcans

Lacanau Océan

Lacanau

Castelnau-de-Médoc

St-Ciers-sur-Gironde

Blaye

Bourg

St-Savin

Lesparre-Médoc

Pauillac

St-André-de-Cubzac

Blanquefort

St-Médard-en-Jalles

Mérignac

Pessac

Lège-Cap-Ferret

Andernos-les-Bains

Arès

Audenge

PARC NATUREL MARIN

Bassin d'Arcachon

Libourne

Fronsac

Carbon-Blanc

Branne

la Charente

la Gironde

la Sèvre Niortaise

Pertuis Breton

Pertuis d'Antioche

PARC NATUREL MARIN DE L'ESTUAIRE DE LA GIRONDE ET DE LA MER DES PERTUIS

Lac de Grand-Lieu

Lac d'Hourtin

Lac de Carcans

Lac de Lacanau

M É D I T E R R A N É E

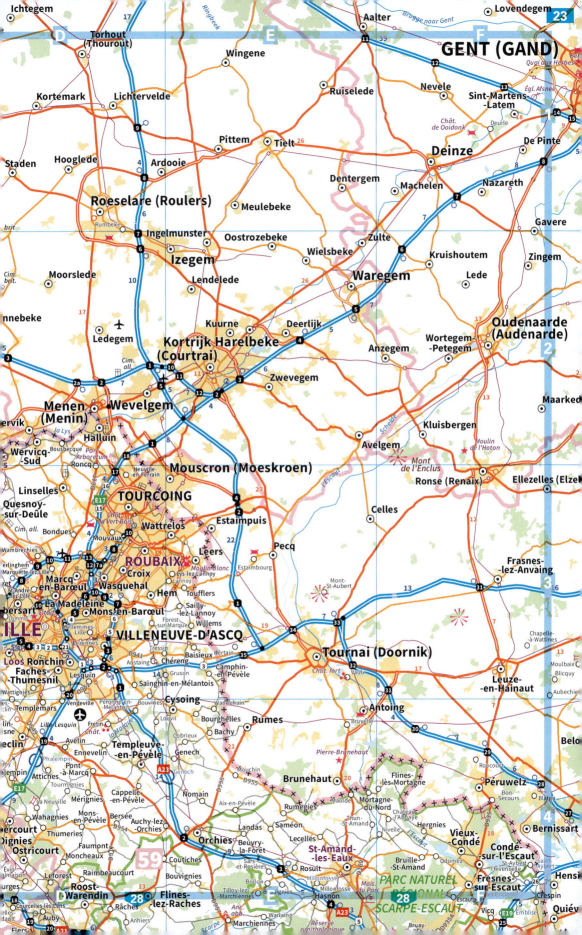

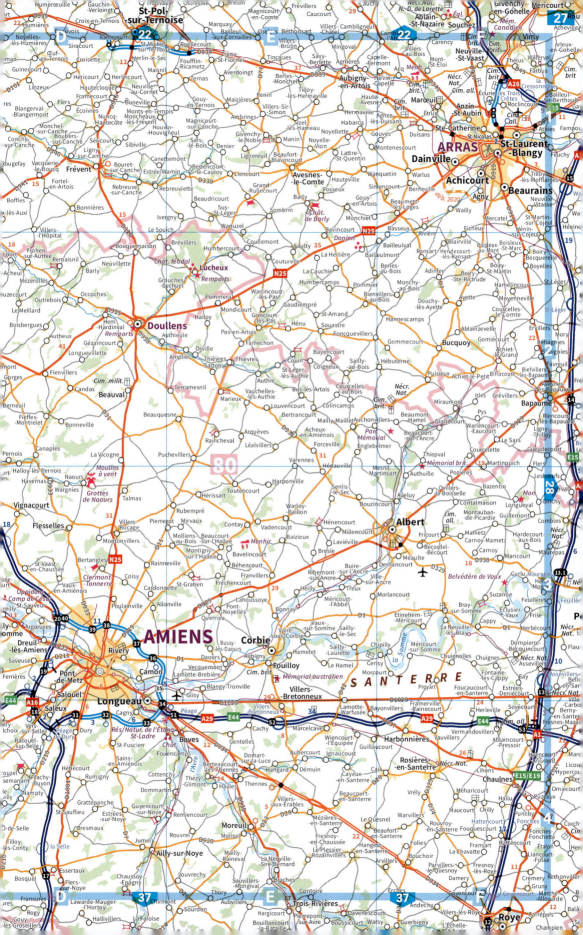

D   E   F

M A N C H E

1

24

Portsmouth (G.-B.)

2

DE

Ste

LE

B A I E   D E   L A   S E I N E

3

B A R Q U E M E N T

Côte de Nacre

Portsmouth (G.-B.)

Côte Fe

Côte de Fe

Arromanches-les-Bains
vieux
Asnelles
Croix de Lorraine
Courseulles-sur-Mer
Bernières-sur-Mer
Réserve Naturelle de la Falaise du Cap Romain
Beneville-sur-Mer
Tracy-sur-Mer
St-Côme-de-Fresné
Meuvaines
Ver-sur-Mer
Graye-sur-Mer
St-Aubin-sur-Mer
Blonville-sur-Mer
agny-Bessin
Ryes
Crépon
Ste-Croix-sur-Mer
Banville
Langrune-sur-Mer
Luc-sur-Mer
Villers-sur-Mer
Cim. brit.
Bazenville
Colombiers-sur-Seulles
Reviers
Cim. can.
Taillerville
Lion-sur-Mer
Aubervillle
Sommervieu
Villiers-le-Sec
Tierceville
Bény-sur-Mer
Douvres-la-Délivrande
Houlgate
Le Manoir
Prieuré
Amblie
Cresserons
Hermanville-sur-Mer
Cabourg
Dives-sur-Mer
Honneville-sur-Mer
rnd-en-Bessin
Creully sur Seulles
Fontaine-Henry
Colomby-Anguerny
Plumetot
Cim. brit.
Colleville-Montgomery
St-Aubin d'Arquenay
Ouistreham
Varaville
Heuland
St-Gabriel-Brécy
Lantheuil
Basly
Mais. de la Nature
Merville-Franceville-Plage
Grangues
Bran
Esquay-sur-Seulles
Ponts sur Seulles
Thaon
Colomby-sur-Thaon
Sallenelles
Gonneville-sur-Mer
Douville-en-Auge
Bou
Rucqueville
Cully
Le Fresne-Camilly
Villons-les-Buissons
Anisy
Amfreville
Bréville-les-Monts
Gonneville-en-Auge
Périers-en-Auge
Cresseville
Ann
Martragny
Moulins-en-Bessin
Secqueville-en-Bessin
Mathieu
Cambes-en-Plaine
Bréville-Beuville
Bénouville
Périers-en-Auge
Criqueville-en-Auge
Angerville
Danestal
Coulombs
Lasson
Cairon
Rosel
Épron
Blainville-sur-Orne
Ranville
Brucourt
Dozulé
Ste-Croix-Grand-Tonne
St-Contest
Cim. brit.
Bavent
Robehomme
Goustranville
St-Léger-Dubosq
Beau
Ducy-Ste-Marguerite
Loucelles
Thue et Mué
Authie
Mémorial de Caen
Héron villette
Escoville
A13
29b
Putot-en-Auge
Druval
chouain
Audrieu
Brouay
Putot-en-Bessin
Rots
St-Germain-la-Blanche-Herbe
Hérouville-St-Clair
Colombelles
Cuverville
Touffréville
E46
St-Jouin
St-Aubin
Lébizay
Martin
Bucéels
Cristot
le Mesnil-Patry
Carpiquet
Giberville
Démouville
Sannerville
Troarn
St-Samson
PAYS D
Beuvron-en-Auge
Gerrots
Tilly-sur-Seulles
Cim. brit.
St-Manvieu-Norrey
Bretteville-sur-Odon
Caen Carpiquet
Mondeville
Cim. brit.
Saline
St-Pierre-du-Mesnil-Oger
Janville
Hotot-en-Auge
Victot-Pontfol
Fontenay-le-Pesnel
Cheux
CAEN
Louvigny
Cormelles-le-Royal
Giberville
Banneville-la-Campagne
St-Pair
St-Ouen-du-Mesnil-Oger
Cléville
N.-D.-d'Estrées-Corbon
Corbon
Juvigny-sur-Seulles
Tessel
Mouen
Verson
Fleury-sur-Orne
Grentheville
Émiéville
Méry-Corbon
Vendes
Grainville-sur-Odon
E401
Éterville
Tourville-sur-Odon
Fontaine-Étoupefour
N814
St-André-sur-Orne
Hubert-Folie
Cagny
Frénouville
Argences
Canteloup
Jardins du P
Noyers Bocage
Mondrainville
Missy
Gavrus
Baron-sur-Odon
Ifs
Soliers
Bourguébus
Bellengreville
Vimont
Croissanville
Crèveceur-en-Auge
Bessin
Le Locheur
Bougy
Esquay-Notre-Dame
Maltot
St-Martin-de-Fontenay
May-sur-Orne
Tilly-la-Campagne
Moult-Chicheboville
Bissières
Belle-Vie-en-Auge
N.-de-Liva
44
Parfouru-sur-Odon
Tournay-sur-Odon
Avenay
Évrecy
Vieux
Bully
Rocquancourt
Chicheboville
Valambray
Airan
St-Loup-de-Fribais
Épinay
Neuilly-le-Malherbe
Landes-
D36
Fontenay-le-Marmion
Garcelles-Secqueville
St-Aignan
Conteville
Billy
Magny-

51   51

N13

E46

A13

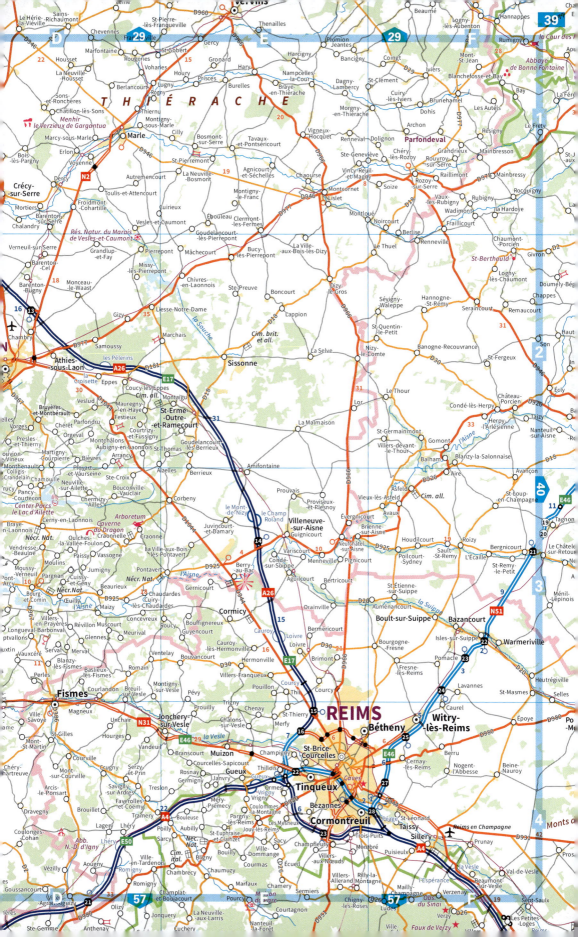

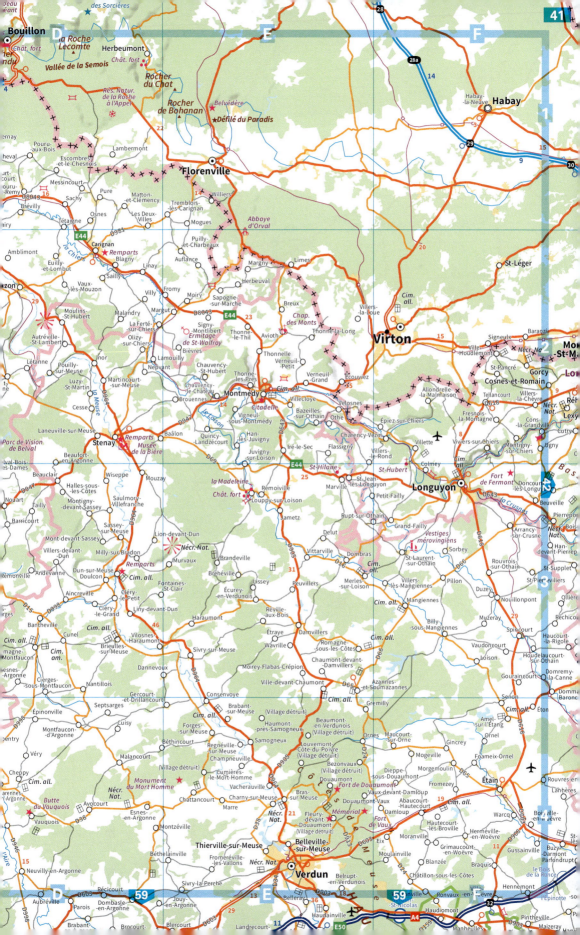

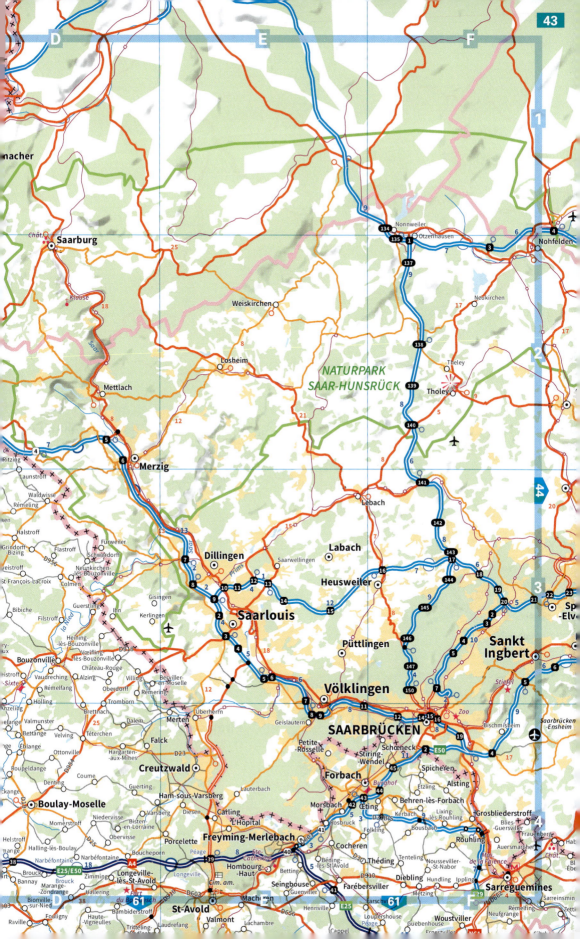

PARC NATUREL MARIN D'IROISE

Île d'Ouessant

Phare de Créac'h
Ouessant
Phare du Stiff
Notre-Dame de Bon Voyage
Phare de la Jument
Île Molène
Île-Molène
Réserve Naturelle d'Iroise
Île de Béniguet
Le Conquet
Plougonvelin
Abbaye
POINTE DE ST-MATHIEU

Porspoder
Menhirs
Lanildut
Lampaul-Plouarzel
Plouar
Phare de Trézien
Ploun
Trébabu
Plougonvelin

CÔTE DES LÉGENDES
DES Abers

Camp Lou
Menhir
Brignogan-Plages
Plounéour-Brignogan-Plages
Plounéour-Trez
Plouese
Kerlouan
Guissény
Goulven
Tréflez
Plounévez-Lochrist
Château de Maillé

Phare de l'Île Vierge
Île Vierge
Iliz Koz Tremenec'h
Plouguerneau
Tréguelc'Hier
Landéda
St-Frégant
Plouider
Kernouès
St-Pabu
Lannilis
Kernilis
St-Méen
Lesneven
Cim. all.
Lanhouarneau
St-Vouga
Château de Kerjean
Lampaul-Ploudalmézeau
Loc-Brévalaire
Le Folgoët
Tréglonou
Ploudalmézeau
Lanarvily
St-Derrien
Landunvez
Plourin
Plouguin
Le Drennec
Tréouergat
Coat-Méal
Ploudaniel
Menhir de Kervignen
Guipronvel
Bourg-Blanc
Plouvien
Plounéventer
Lanildut
Brélès
Lanrivoaré
Milizac-Guipronvel
Tréglonou
Lanneuffret
St-Servais
Porspoder
Menhirs
Milizac
Trémaouézan
Lampaul-Plouarzel
Plouarzel
Motte féodale
Kersaint-Plabennec
Plabennec
Plouédern
La Roche-Maurice
Phare de Trézien
Menhir de Kerloas
St-Renan
St-Thonan
N12
Ploudier
Guilers
Bohars
Gouesnou
Brest-Bretagne
St-Divy
La Marty
Ploumoguer
Guilers
Conservatoire botanique
Guipavas
Château de la Joyeuse Garde
Landerneau
Pencran
Locmaria-Plouzané
Plouzané
Le Relecq-Kerhuon
La Forest-Landerneau
Tréflévénez
Trébabu
Océanopolis
BREST
Musée de la fraise et du patrimoine
Pont A. Louppe
Dirinon
St-Urbain
Le Tréhou
Le Conquet
Plougonvelin
Abbaye
Loperhet
Plougastel-Daoulas
Irvillac
St-Eloy
Goulet de Brest
RADE DE BREST
Daoulas
N165
Logonna-Daoulas
Hanvec
Roscanvel
N.D. de Roc'h Amadour
St-Fiacre
Lanvéoc
St-Guénolé
Hôpital-Camfrout
Landévennec
Le Faou
Maison du Parc
Camaret-sur-Mer
Tour Vauban
Alignements de Lagatjar
Monument
POINTE DE PEN-HIR
Tas de Pois
Crozon
PRESQU'ÎLE DE CROZON
Pointe des Grottes
Argol
Rosnoën
Trégarvan
Pointe de Dinan

46
3
4
1
2
64
E50
E60

A   B   C

1

L A   M A N C H E

Jersey (Grande
Guernesey (Gran
Poole (Grande
Portsmouth (Gran

G O L F E   D E   S A I N T - M A L O

2

47

C Ô T E   D ' É M

B A I E   D E   S T - B R I E U C   Côte de Penthièvre   ☀ CAP FRÉHEL

trieux

c-
sur-Mer

Cap d'Erquy   Sables d'Or   Plévenon   Fort
                les Pins   la Latte

Erquy   Plurien   Fréhel   Pointe de   Grotte
                          17   St-Cast   des Sirènes

3   Pléneuf-   Plébboulle   St-Cast-   St-Lunaire
     Val-André   le-Guildo

     Château   St-Jacut-   St-Briac-
     Bien-Assis   La Bouillie   Matignon   de-la-Mer   sur-Mer

8   Lancieux

Plérin   St-Alban   Ruca   D13   13   Chât.   Dinard-Pleurtuit-
                                                                 St-Malo

EUC   Hénanbihen   St-Pôtan   Ploubalay   Beaussais-
                                                               sur-Mer
     Réserve naturelle ❄   Hénansal   Trégon   Trémé

Pigeonnier   Planguenoual   St-Denoual   12   St-Lormel   Plessix-
                                                                     Balisson
gueux   Maison de la Baie   Pluduno   Créhen

Langueux   Hillion   Morieux   26   Quintenic   Landébia   Plancoët   15
                11

Yffiniac   Coëtmieux   Andel   St-Pléven   10

Plédran   Yffiniac   8   Lamballe-   Haras   Pléven   Bourseul   Château de   Corseul   Chât.
                            Armor   national   Plorec-   Montafilan   de la G.

            Pommeret   Meslin   6   Noyal   St-Méloir-   St-Michel-   14   Quéve
                                              ides-Bois   de-Plélan   Aucaleuc

     Chât. de   N12   St-Maudez   Vildé-   D79
     Cargouët   St-Rieul   Plédéliac   15   Guingalan   Trélivan

4   Quessoy   Landéhen   7   Plestan   Plélan-   La Landec
                                          Carmoran   le-Petit   N176

St-Carreuc   Tramain   E401   7   Trébédan   Bobital

Hénon   Bréhand   St-Trimoël   La Malhoure   Jugon-les-Lacs -   Trédec
                                              Commune nouvelle

euc-   Château   Penguily   Dolo   Languédias   Brusvily Le Hingle
mitage   de la Tour   Trébry

Moncontour Aredaniel 67 St-Glen 21   Plénée-Jugon   Mégrit   Trédias   Plumaudan

Plémy   Notre-Dame   7 E50   67
         du Haut

Brainville
La Vendelée
Monthuchon
Montchaton

Blainville-sur-Mer
St-Malo-de-la-Lande
Gratot
Agon-Coutainville
Tourville-sur-Sienne
St-Pierre-de-Coutances
Coutances
Courcy
Heugueville-sur-Sienne
Nicorps
Regnéville-sur-Mer
Bricqueville-la-Blouette
Montchaton
Saussey
Orval-sur-Sienne
Montmartin-sur-Mer
Contrières
St-Denis-le-Vêtu
Hyenville
Hérenguerville
Guéh
Quettreville-sur-Sienne
Hauteville-sur-Mer
Annoville
Lingreville
Trelly
Le Mesnil-Aubert
Muneville-sur-Mer
Lengronne
Bricqueville-sur-Mer
Cérences
Gavray-sur-Sienne
Bréhal
Chanteloup
Ver
Le Loreur
Coudeville-sur-Mer
Le Mesnil-Rogues
Bréville-sur-Mer
Hudimesnil
La Meurdraquière

St-Helier
(Jersey, en saison)

Longueville
Anctoville-sur-Bosco
Yquelon
St-Sauveur-la-Pommeraye
Equilly
Donville-les-Bains
St-Jean-des-Champs
Folligny
Remparts
Granville
La Beslière
Horquigny
St-Pair-sur-Mer
St-Aubin-des-Préaux
Le Mesnil-Drey
St-Léger
St-Ursin
La Haye-Pesnel
La Mouche
St-Pierre-Langers
La Lucerne-d'Outremer
Le Grippon
Jullouville
La Rochelle-Normande
St-Michel-des-Loups
Anc. Abb. de la Lucerne
Les Chambres
Carolles
Angey
Sartilly-Baie-Bocage
Subligny
Champeaux
Ronthon
Montviron

Grande Île
Îles Chausey

St-Jean-le-Thomas
Champcey
50
Dragey-Ronthon
Bacilly
Jean-de-la-Haize
Pointe du Grouin
Île des Landes
Genêts
Marcey-les-Grèves
Vains
Avr
Rothéneuf
le Scriptorial
Anc. Prieuré de St-Léonard
Cancale
Château du Plessis Bertrand
35
Le Val-St-Père
St-
dés-
BAIE DU MONT-ST-MICHEL
St-Coulomb
3
N175
St-Méloir-des-Ondes
Le Mont-St-Michel
Courtils
Céaux
34
ALO
St-Benoît-des-Ondes
Ossuaire allemand
Pontaubault
La Gouesnière
Le Vivier-sur-Mer
Cherrueix
Beauvoir
Servon
Pontaubault
33
La Fresnais
Hirel
Huisnes-sur-Mer
St-Jouan-des-Guérets
Notre-Dame de l'Espérance
St-Broladre
St-Marcan
Roz-sur-Couesnon
Tanis
Crollon
le Mont-St-Michel
St-Suliac
Fort de Saint-Père
St-Guinoux
Lillemer
Mont-Dol
St-Georges-de-Gréhaigne
Macey
La Ville-ès-Nonais
Châteauneuf-d'Ille-et-Vilaine
17
N176
Sains
Pontorson
Vergoncey
N176
Roz-Landrieux
E401
Baguer-Pican
E401
Plouër-sur-Rance
Pleudihen-sur-Rance
Miniac-Morvan
Plerguer
Baguer-Morvan
Dol-de-Bretagne
20
Pleine-Fougères
Aucey-la-Plaine
Villiers-le-Pré
La Croix-Avranchin
E3
Anc. abbaye
La Boussac
Vieux-Viel
Vessey
32
A84
La Vicomté-sur-Rance
Épiniac
Sacey
Argouges
St-Hélen
Tressé
Le Tronchet
Trans-la-Forêt
Sougéal
Montanel
Carnet
Bonnemain
Broualan
Port Miniature de Villecartier
Montanel
31
la Rougeolais
La Fontenelle
St-Ouen-la-Rouërie
Lanhélin
Val-Couesnon
Antrain
4
St-Pierre-de-Plesguen
Lourmais
Mesnil-Roc'h
Cuguen
Les Champs-Géraux
Cobac-Parc
la Selle-en-Cogles
Plesder
Château de la Bourbansais
Meillac
Tréméheuc
Noyal-sous-Bazouges
D155
Maen Roch
Evran
Pleugueneuc
Combourg
Bazouges-la-Pérouse
Château de la Balue
Tremblay
St-Brice-en-Cogles
St-Étienne-en-Cogles

La Chapelle-aux-Filtzméens
Lanrigan
St-Léger-des-Prés
Rimou
Trévérien
Marcillé-Raoul
St-Domineuc

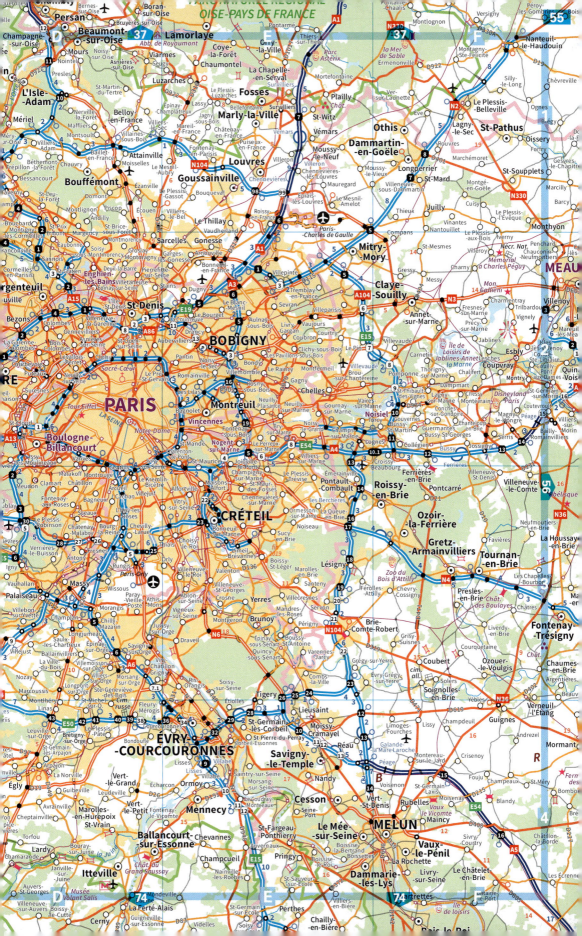

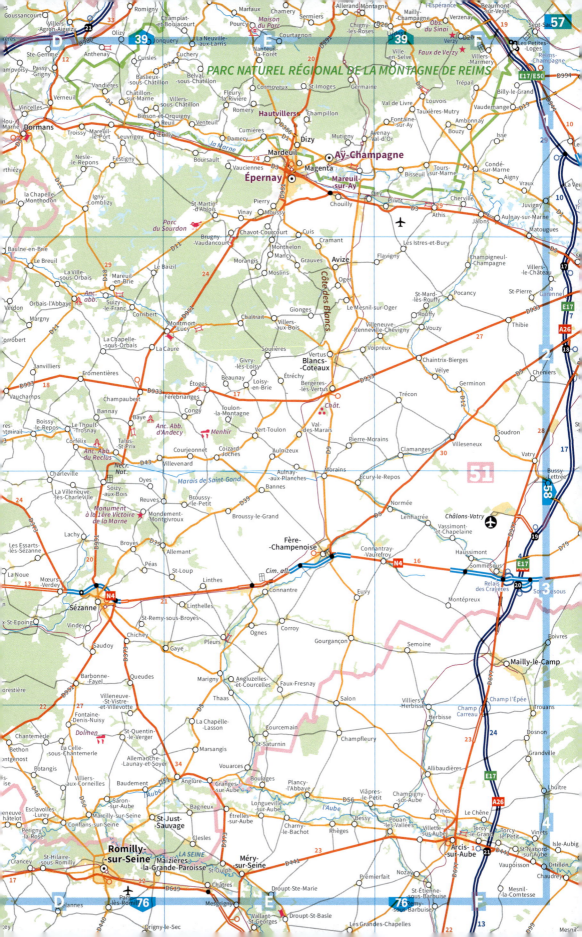

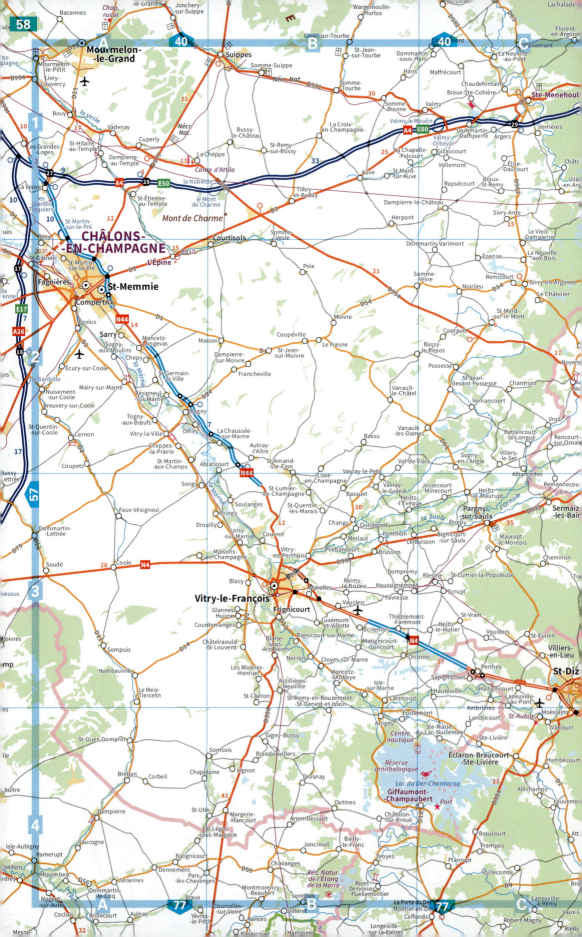

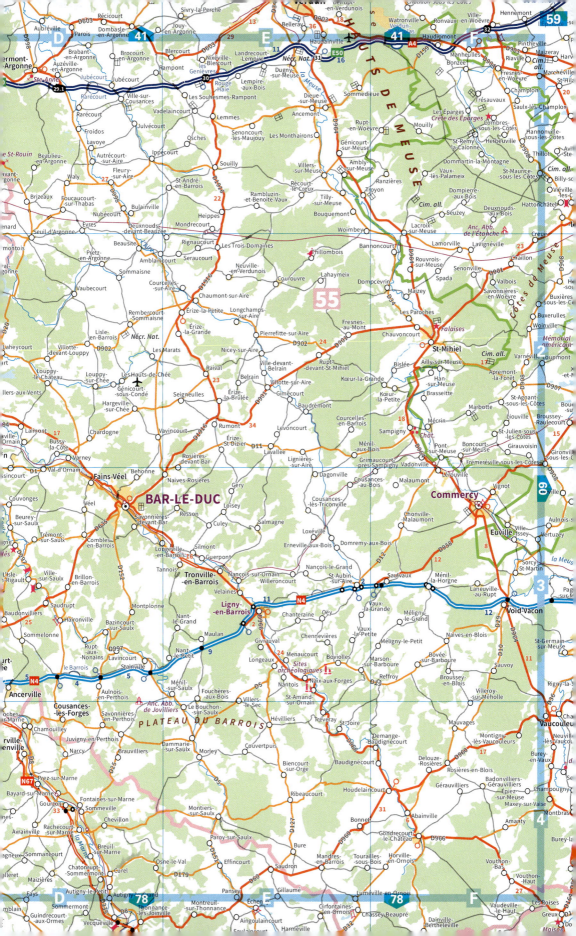

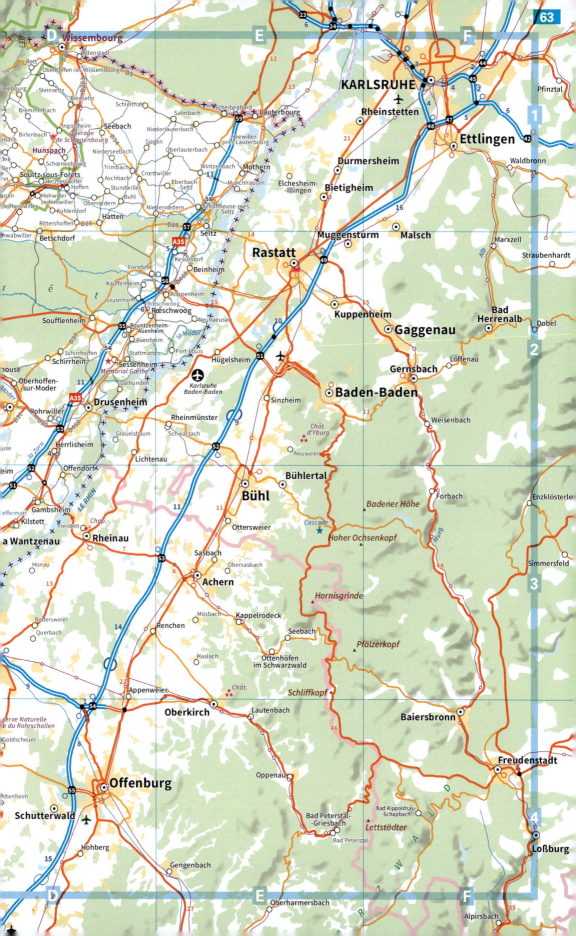

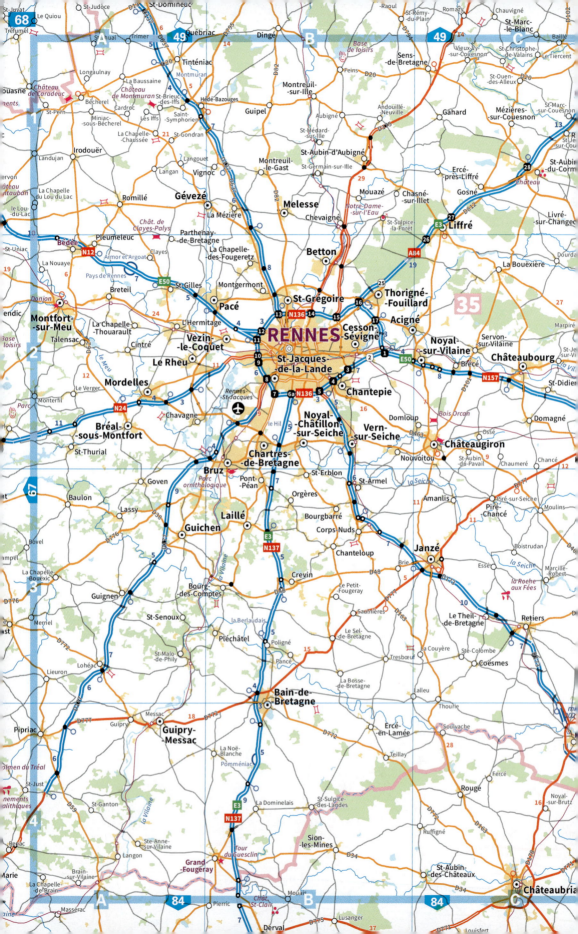

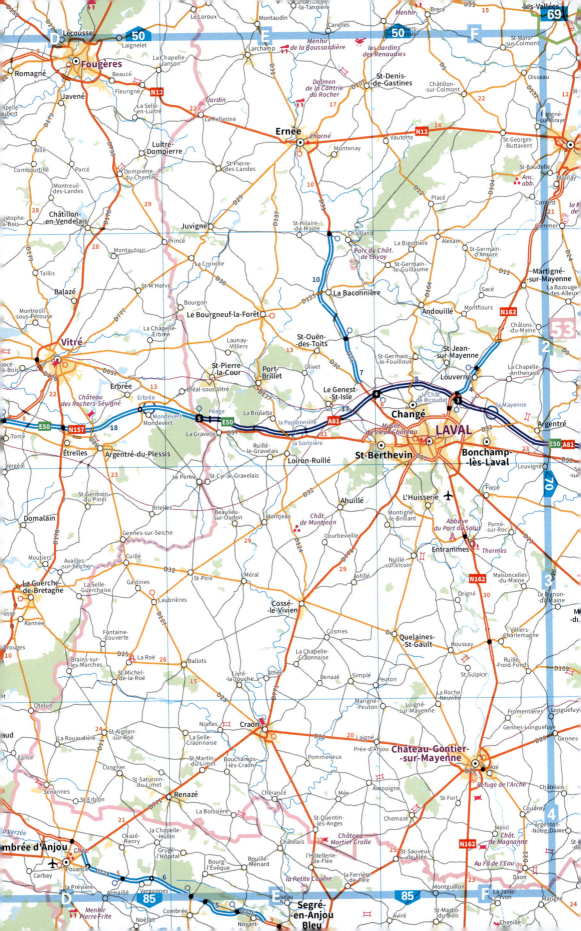

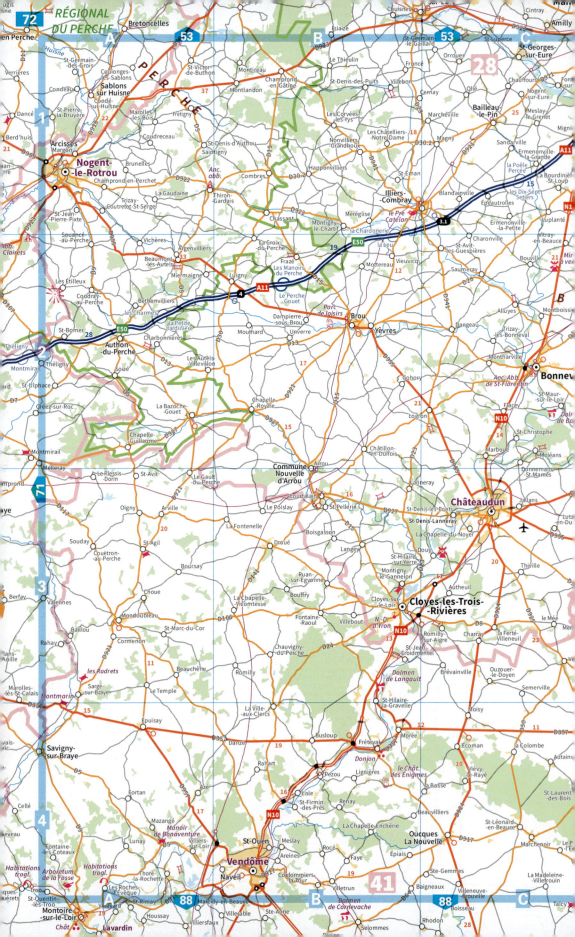

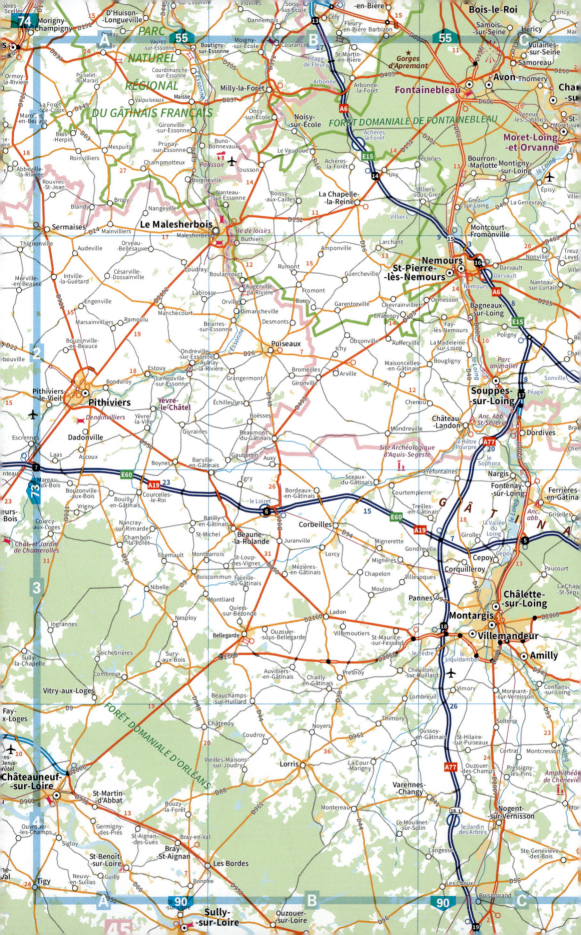

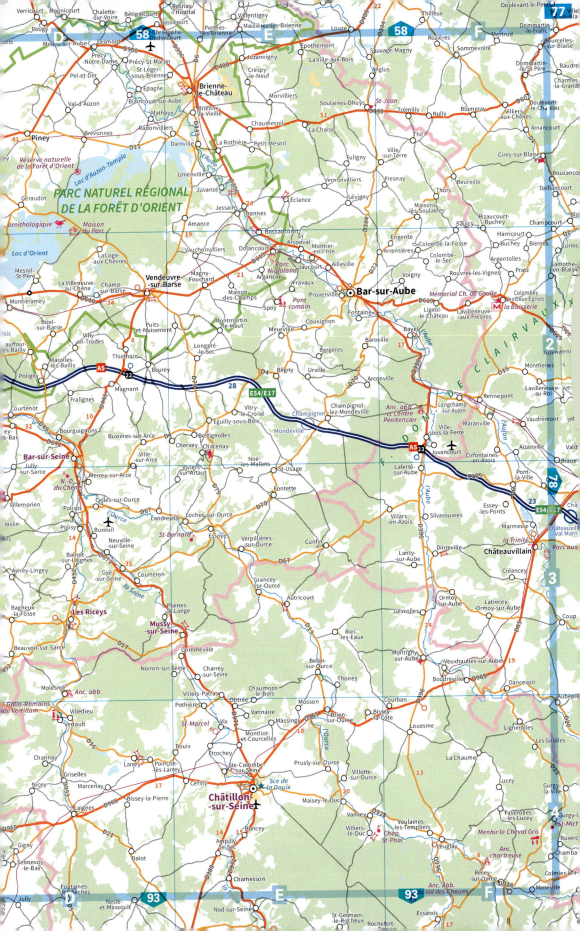

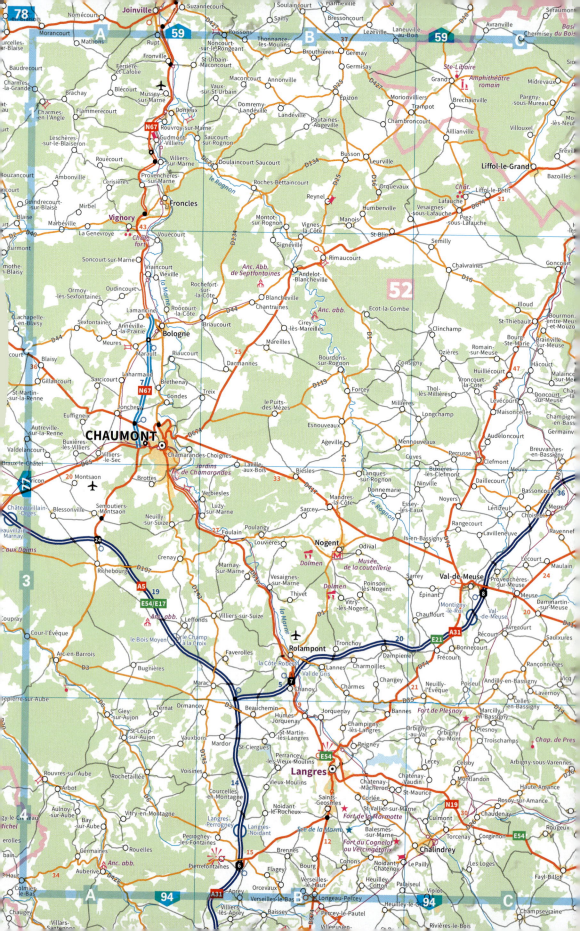

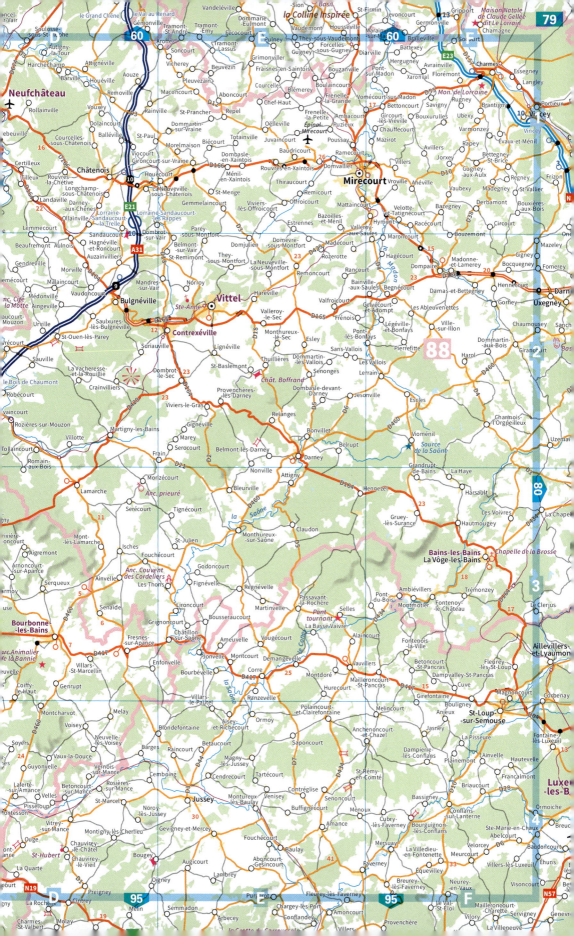

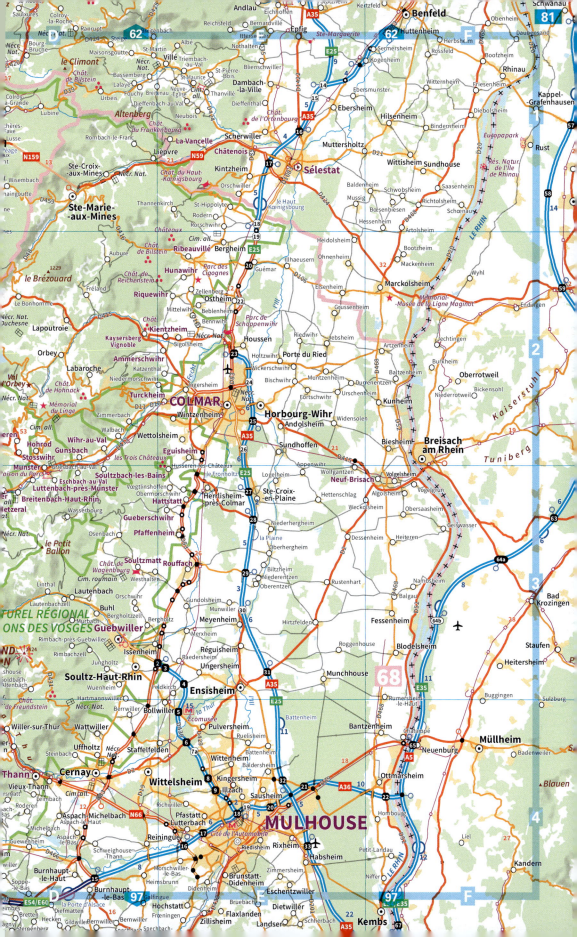

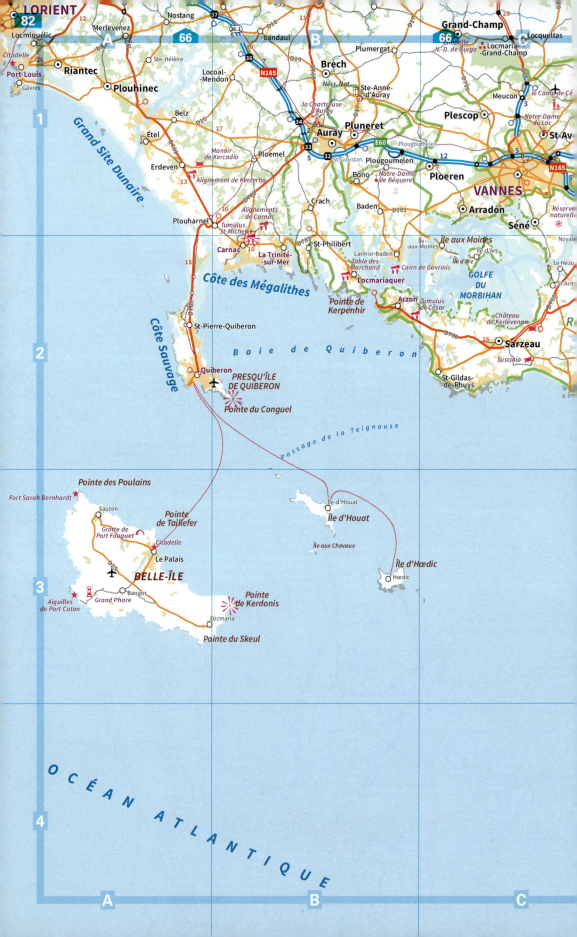

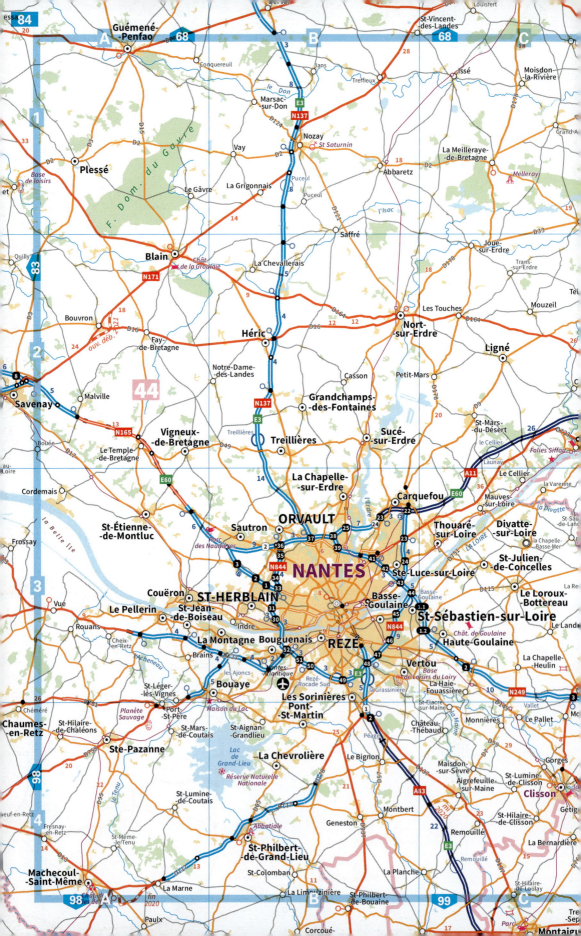

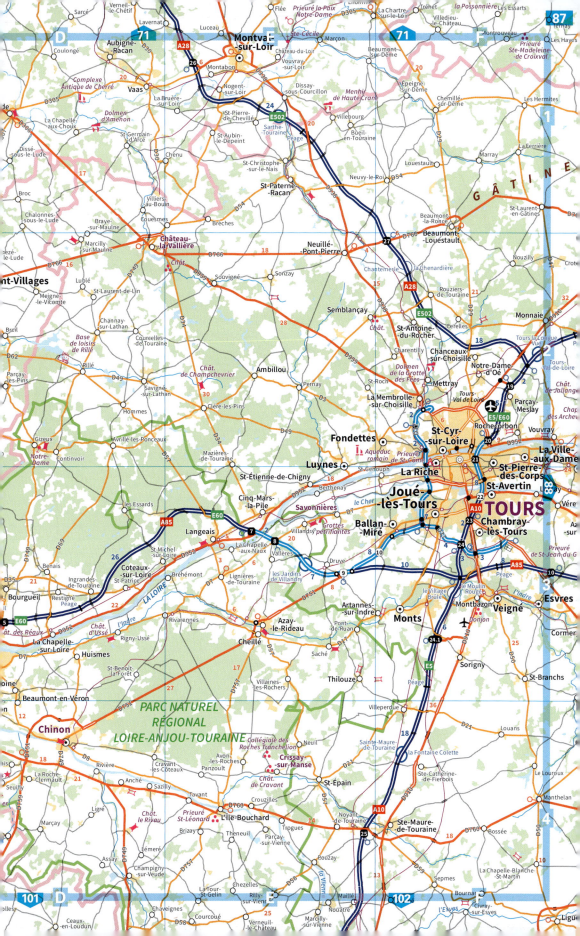

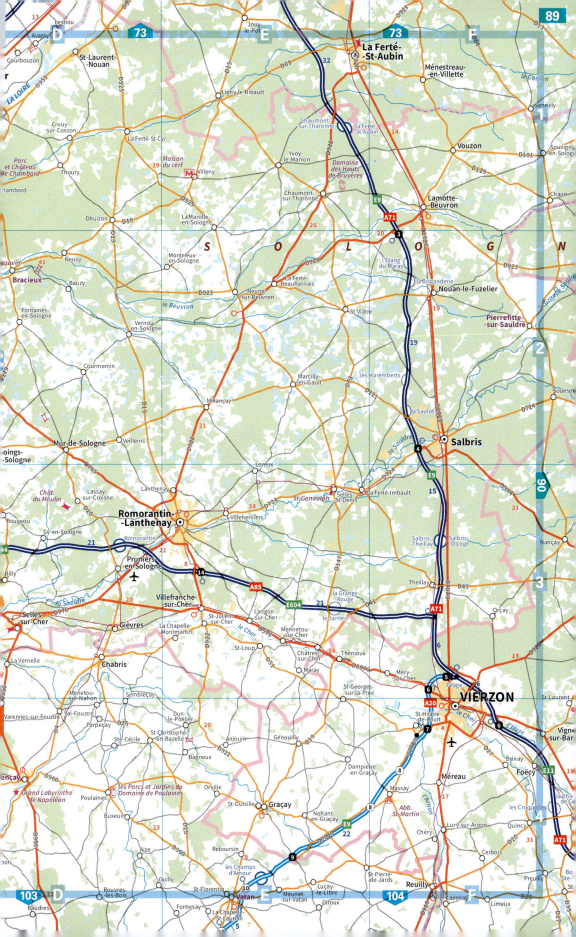

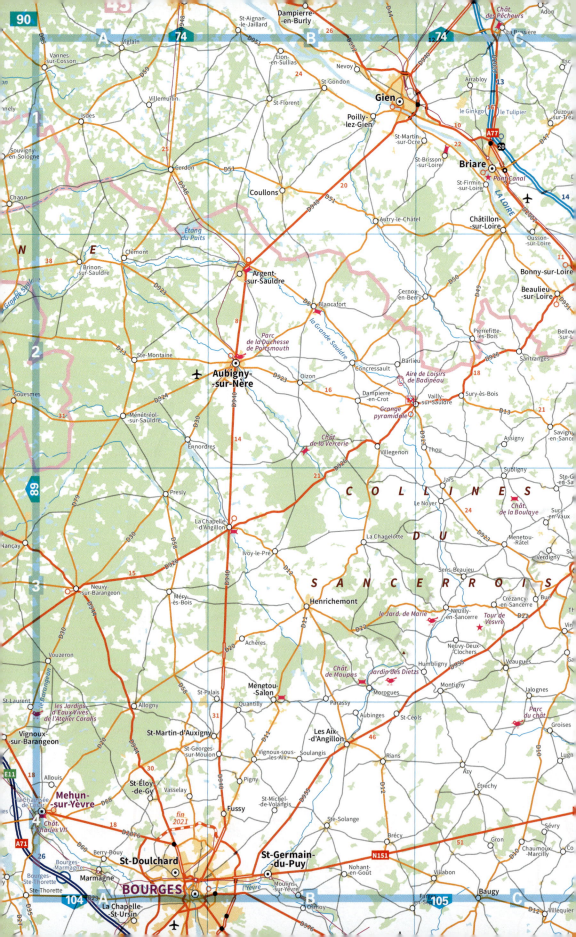

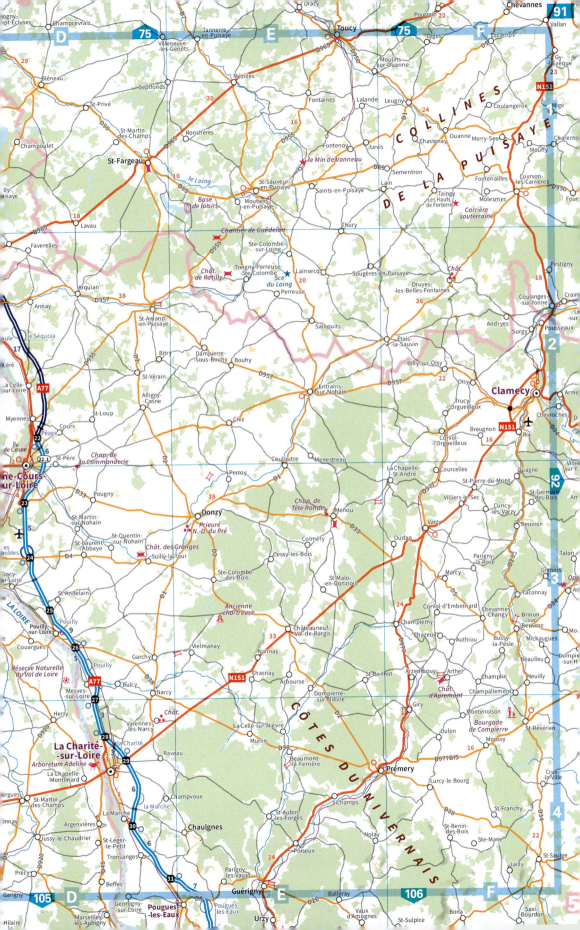

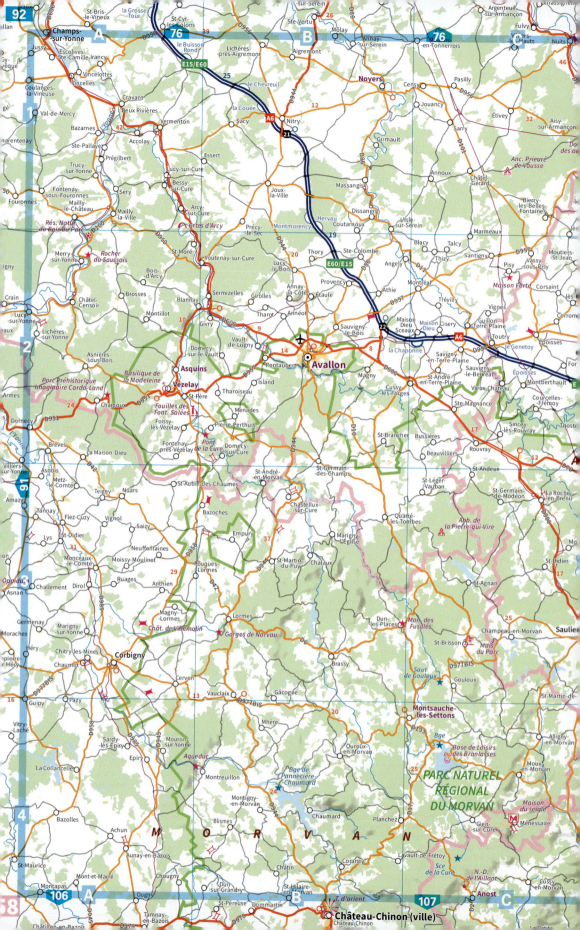

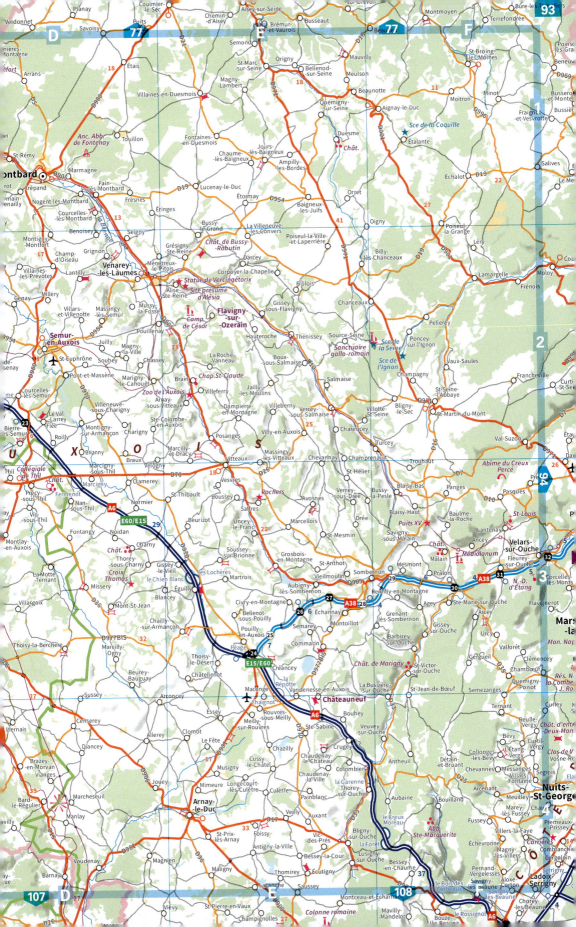

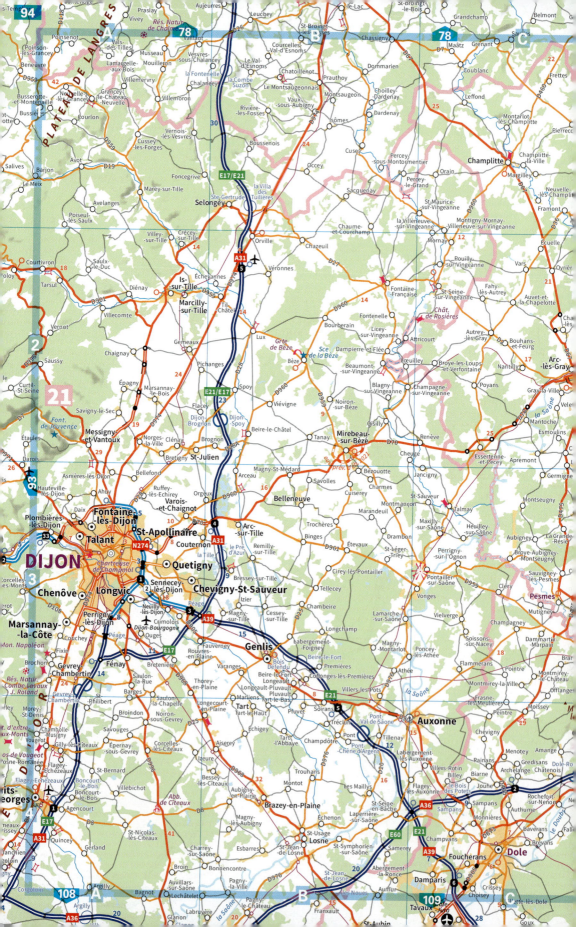

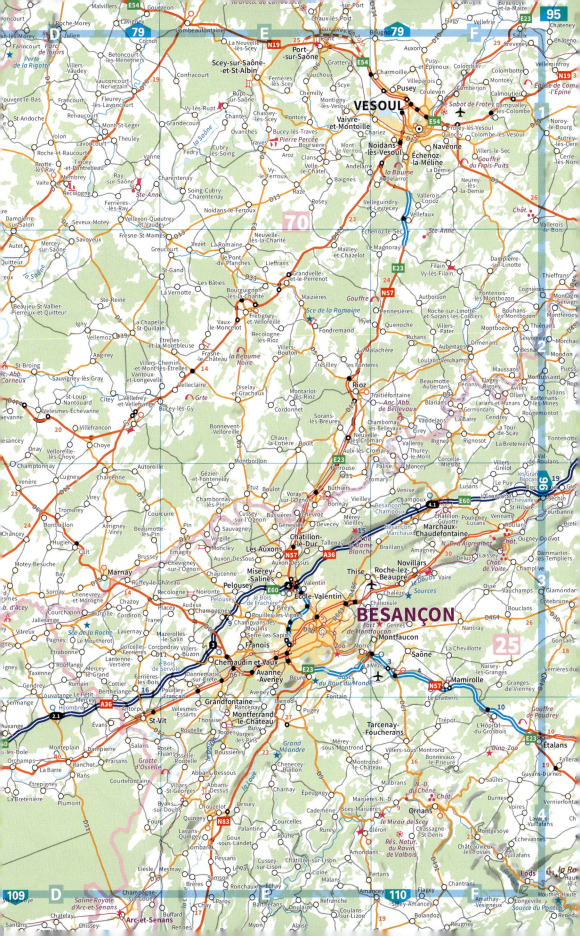

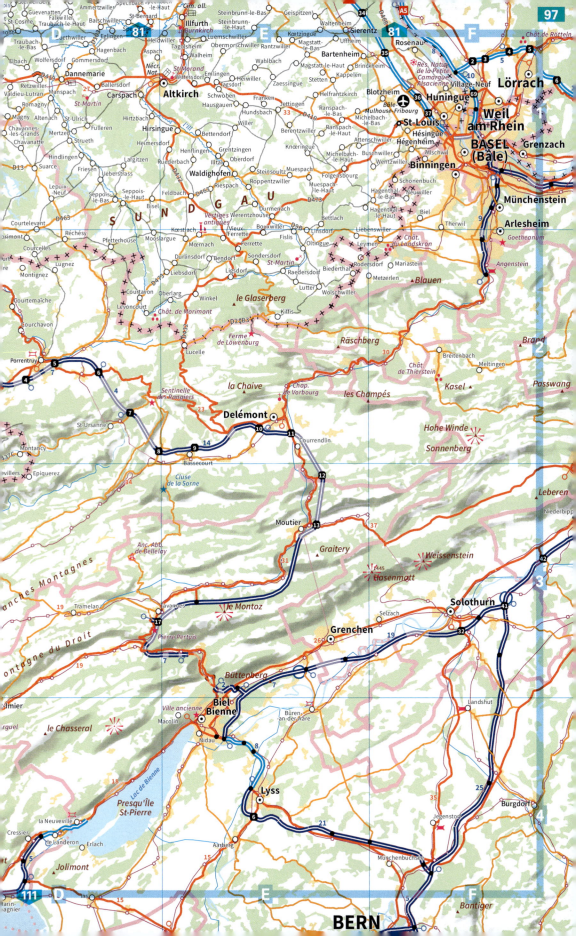

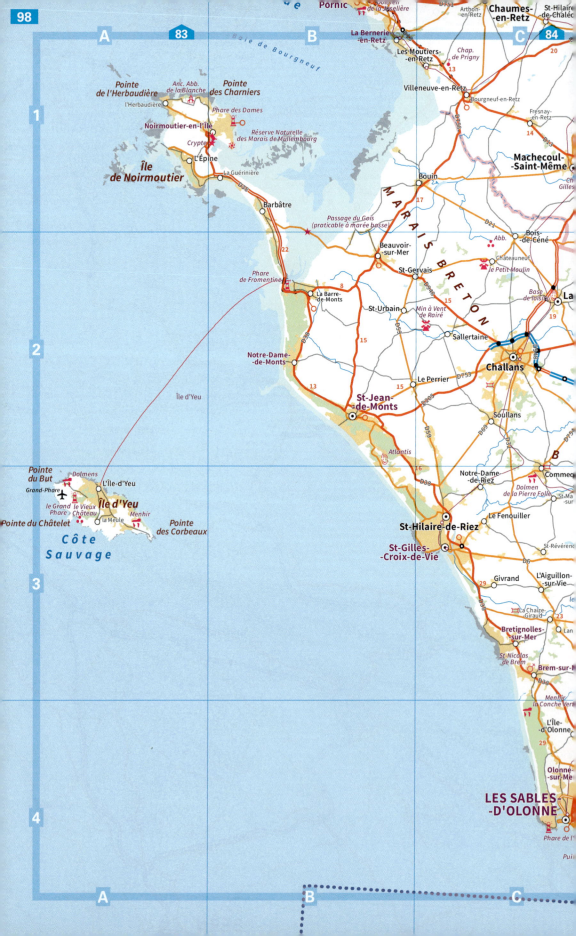

83

84

A   B   C

1

2

3

4

A   B   C

Baie de Bourgneuf

Pornic
de la Joselière
La Bernerie-en-Retz
Les Moutiers-en-Retz
Chap. de Prigny
Chaumes-en-Retz
St-Hilaire-de-Chaléc
Arthon-en-Retz
D751
20
13

Pointe de l'Herbaudière
Anc. Abb. de la Blanche
Pointe des Charniers
l'Herbaudière
Villeneuve-en-Retz
Bourgneuf-en-Retz
Fresnay-en-Retz
14

Noirmoutier-en-l'Île
Phare des Dames
Réserve Naturelle des Marais de Mullembourg
Machecoul-Saint-Même
Ch. Gilles

Crypte
L'Épine
Bouin
17
Bois-de-Céné
La Guérinière
Île de Noirmoutier
D21
Abb.
Châteauneuf
le Petit-Moulin

Barbâtre
Passage du Gois
(praticable à marée basse)
Beauvoir-sur-Mer
St-Gervais
Base de loisirs
La

Phare de Fromentine
22
8
St-Urbain
15
19

La Barre-de-Monts
Min à Vent de Rairé
Sallertaine
Challans

Île d'Yeu
Notre-Dame-de-Monts
15
15
Le Perrier
D753
Soullans

13
St-Jean-de-Monts
15

16
Atlantis
Notre-Dame-de-Riez
Commeq

Pointe du But
Dolmens
L'Île-d'Yeu
Dolmen de la Pierre Folle
St-Ma-sur

Grand-Phare
le Grand Phare
le Vieux Château
Île d'Yeu
Menhir
St-Hilaire-de-Riez
Le Fenouiller

Pointe du Châtelet
la Meule
Pointe des Corbeaux
St-Gilles-Croix-de-Vie
St-Révérenc

Côte Sauvage
Givrand
L'Aiguillon-sur-Vie
le

29
La Chaize-Giraud
23

Bretignolles-sur-Mer
Lan

St-Nicolas de Brem
Brem-sur-M
D38

Menhir la Conche Vert
L'Île-d'Olonne
29

Olonne-sur-Me

LES SABLES-D'OLONNE

Phare de l'
Pui

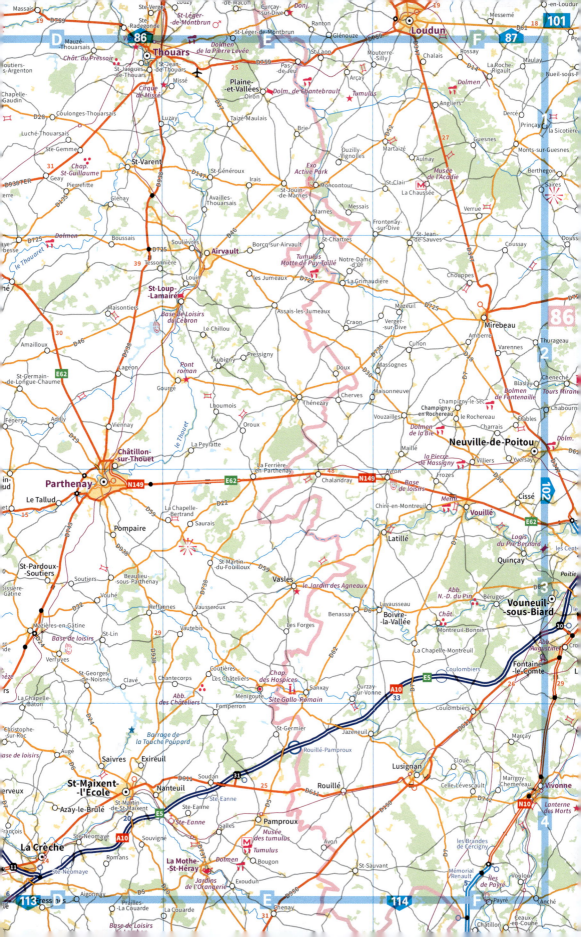

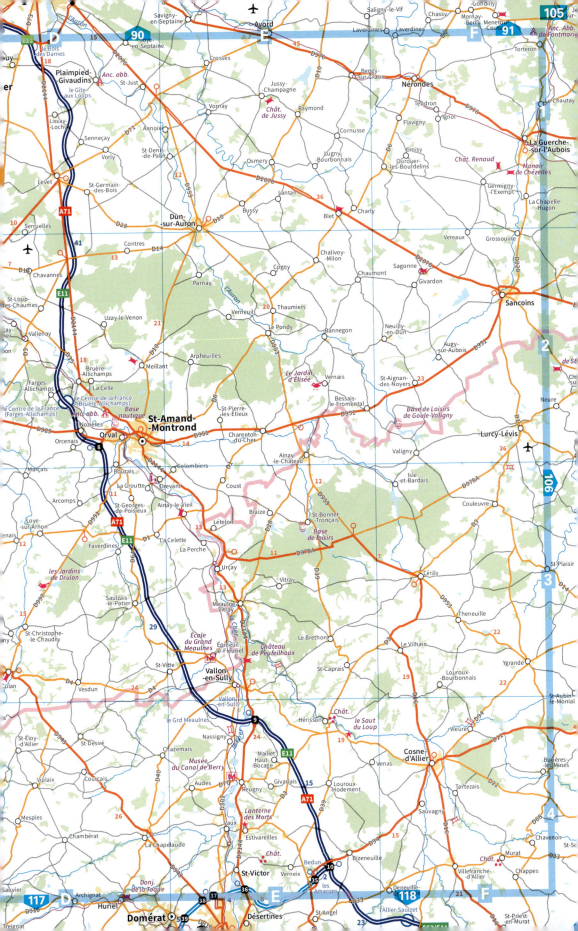

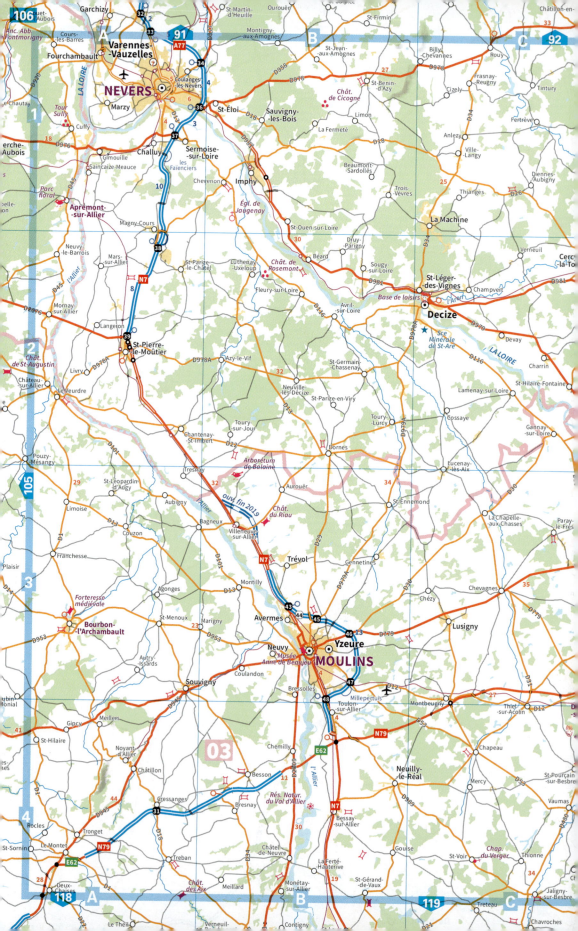

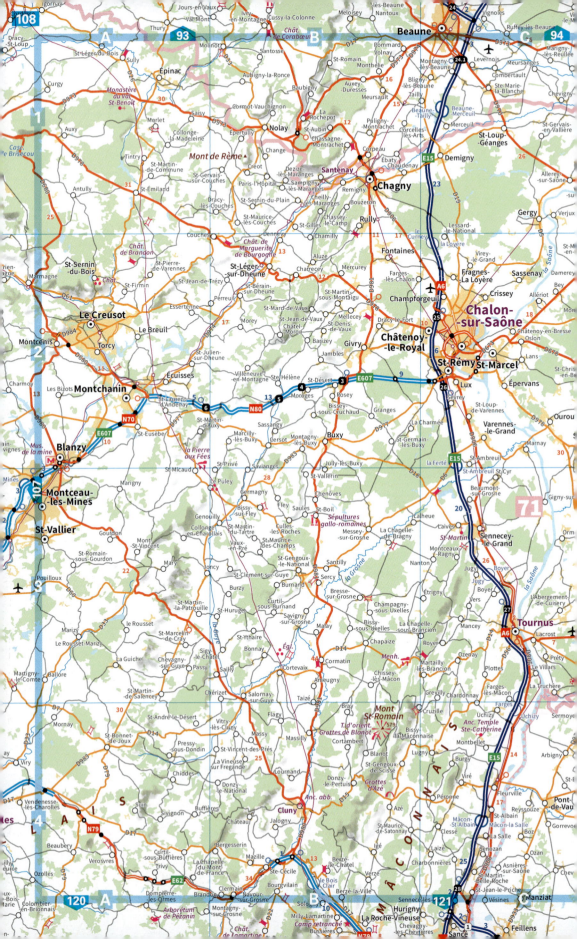

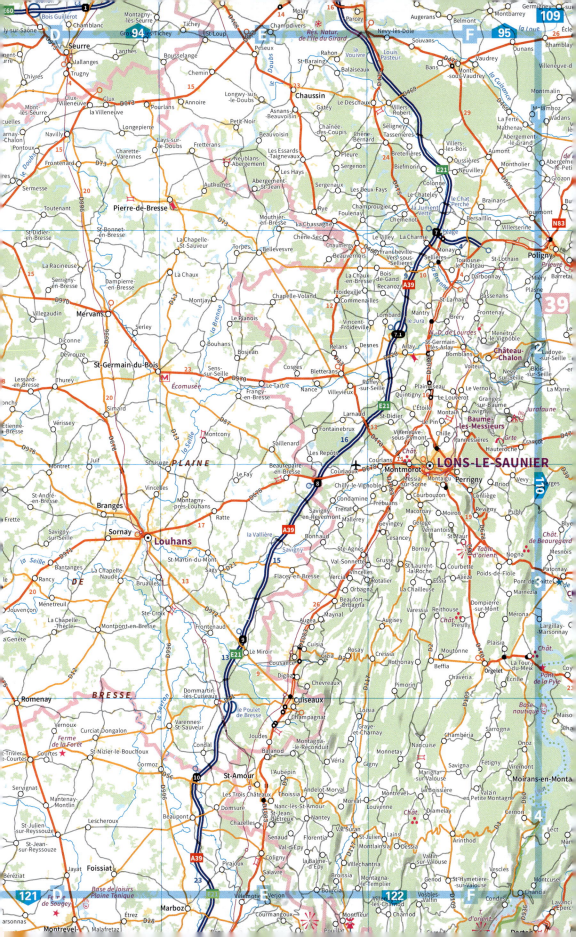

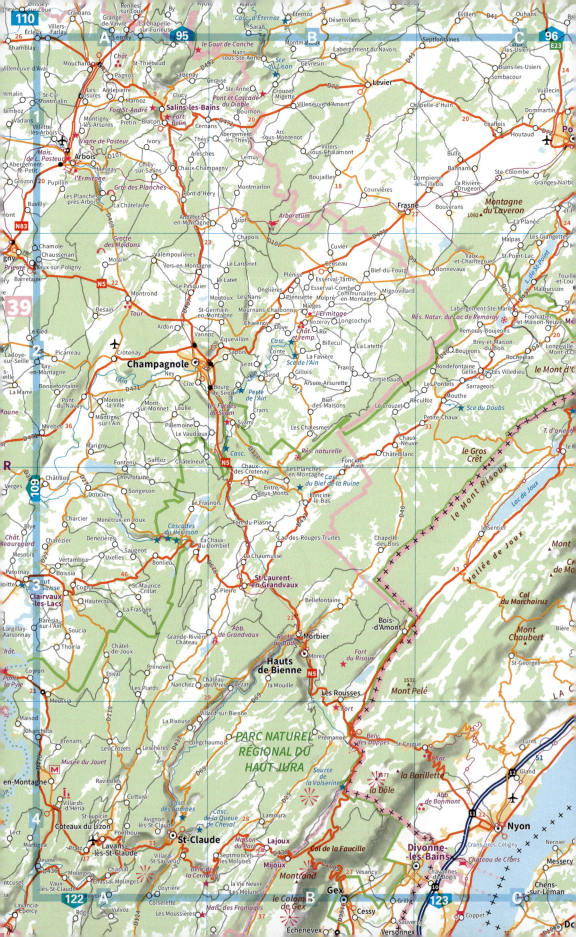

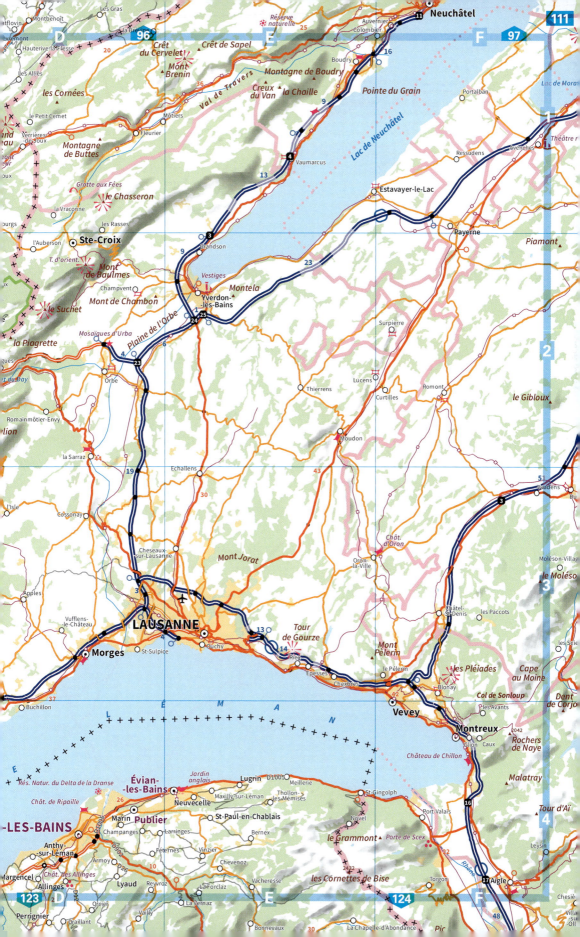

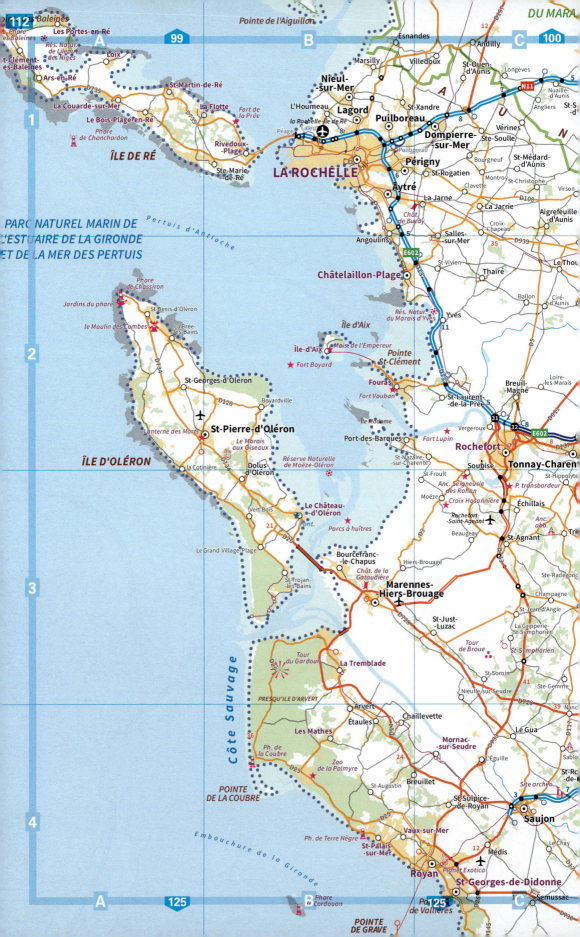

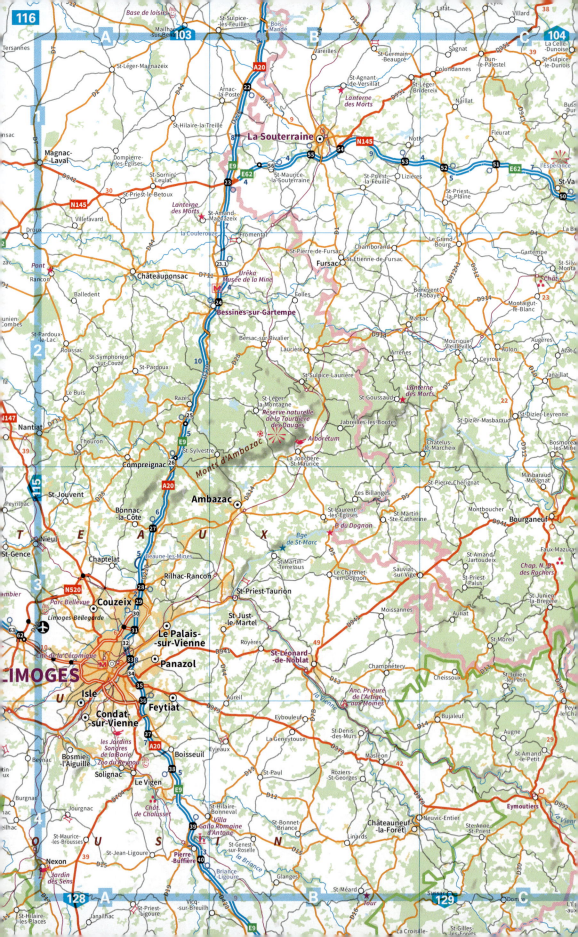

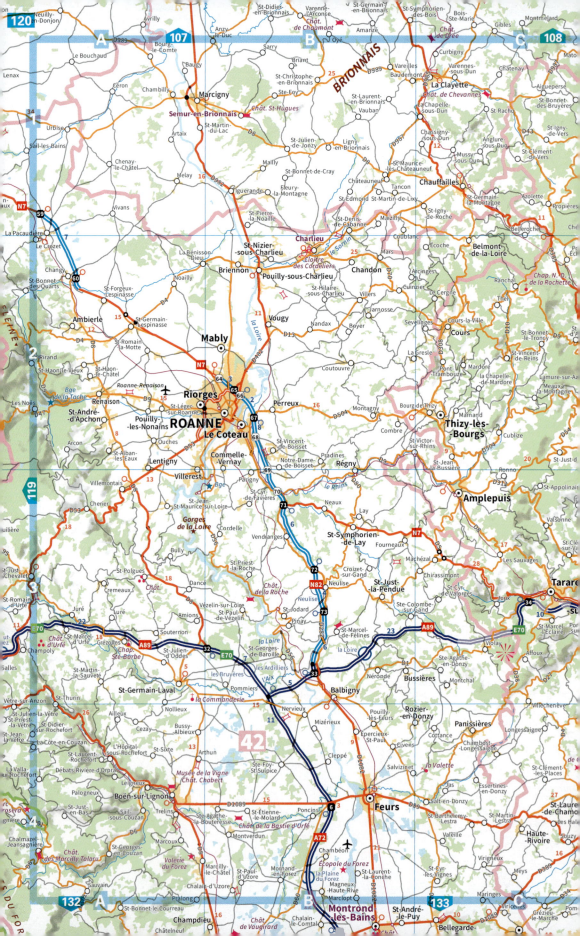

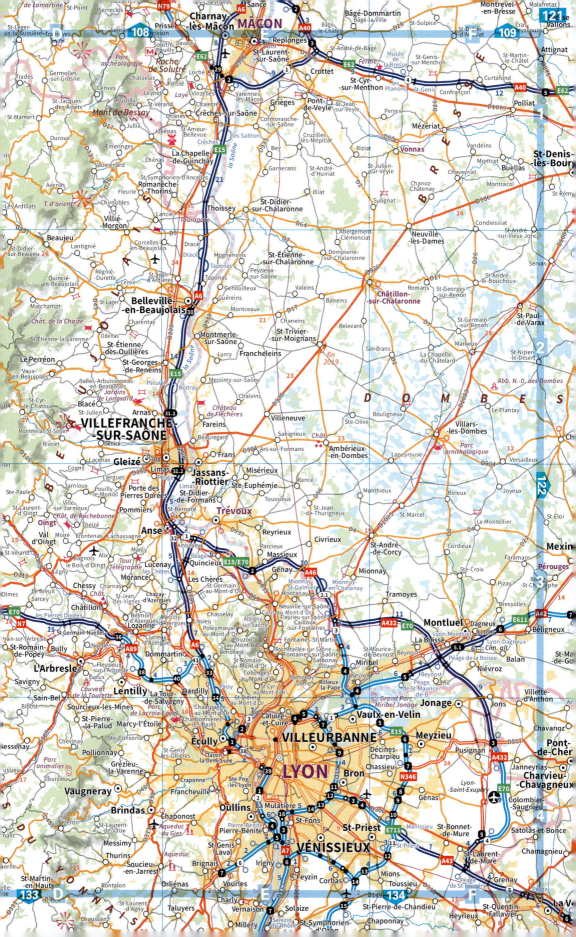

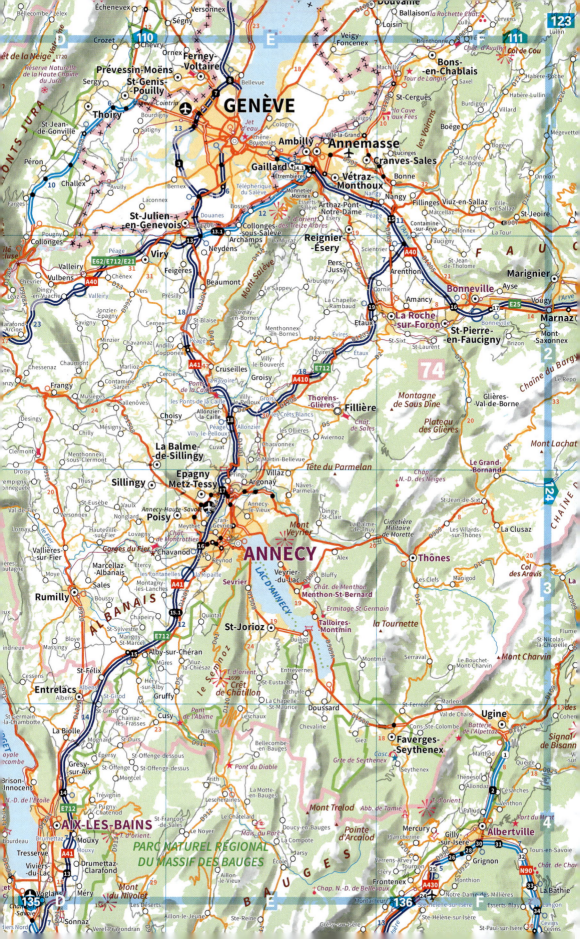

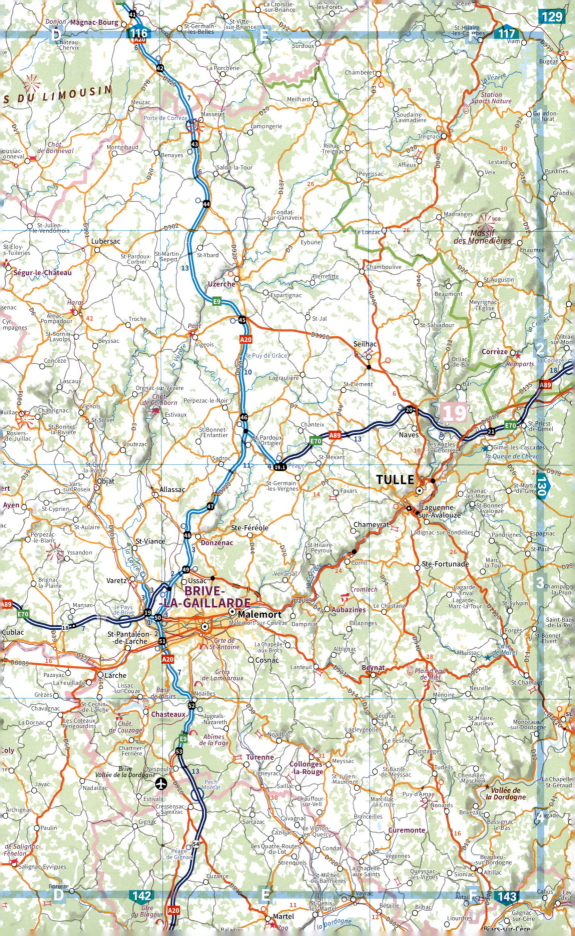

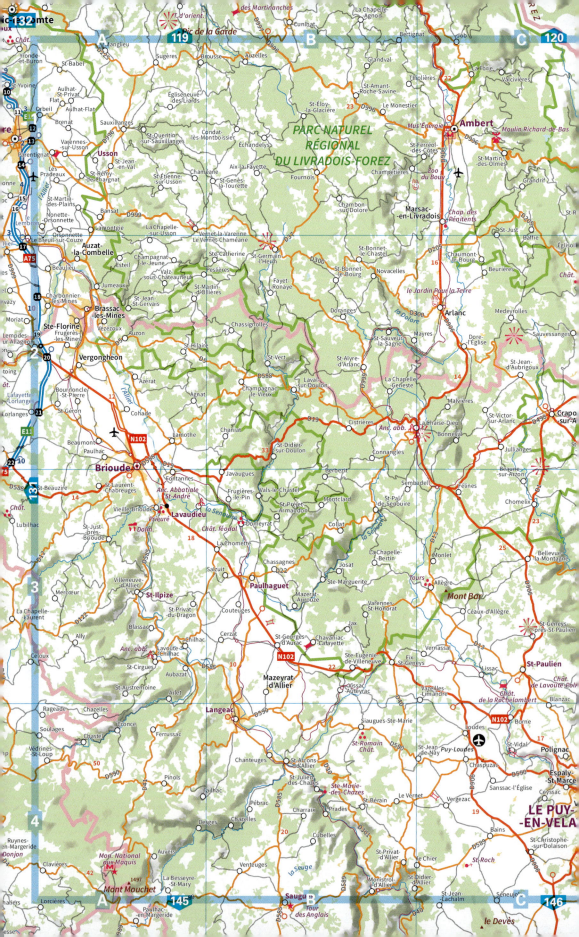

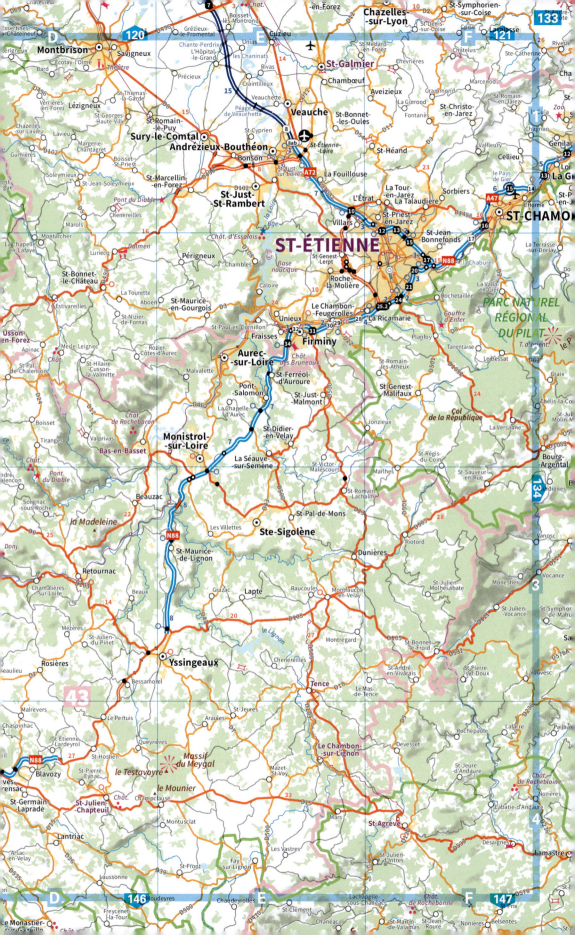

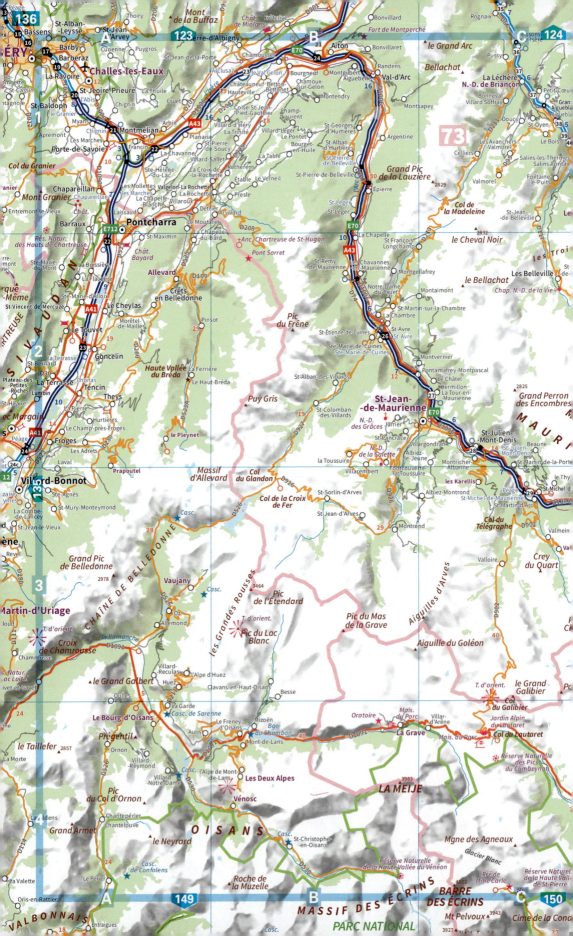

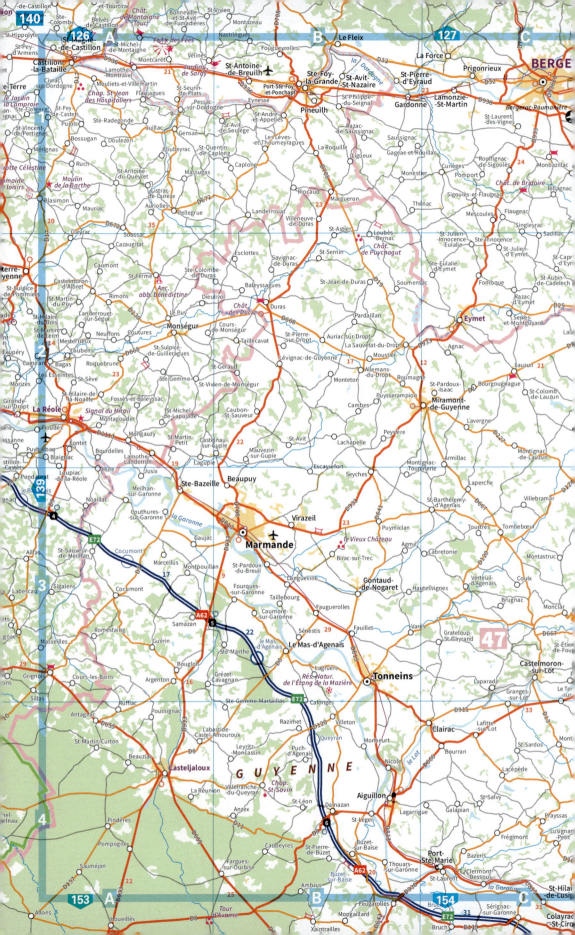

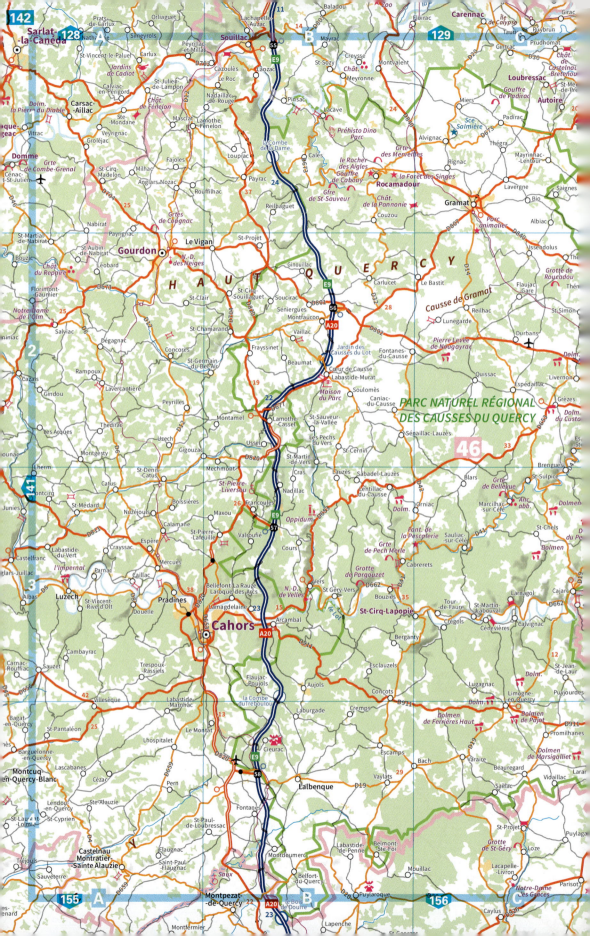

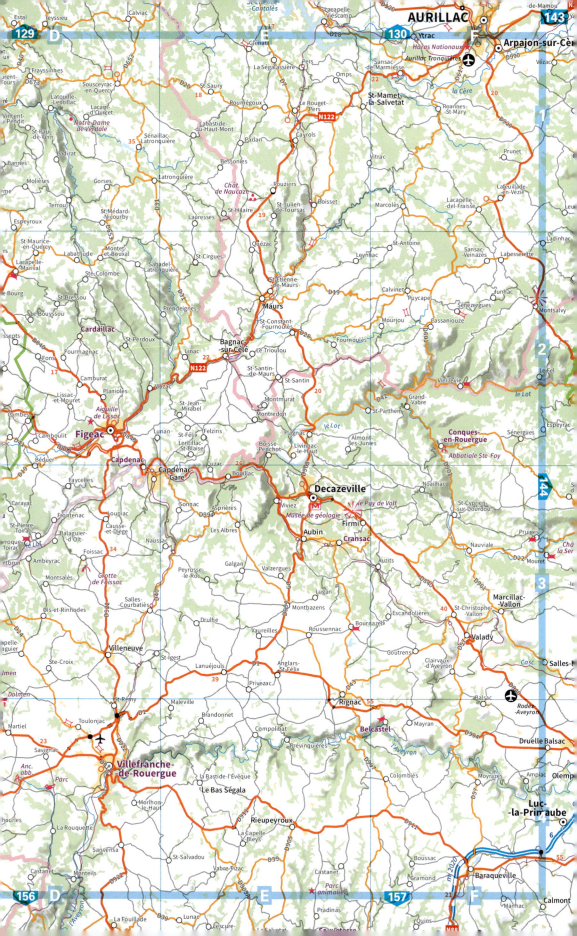

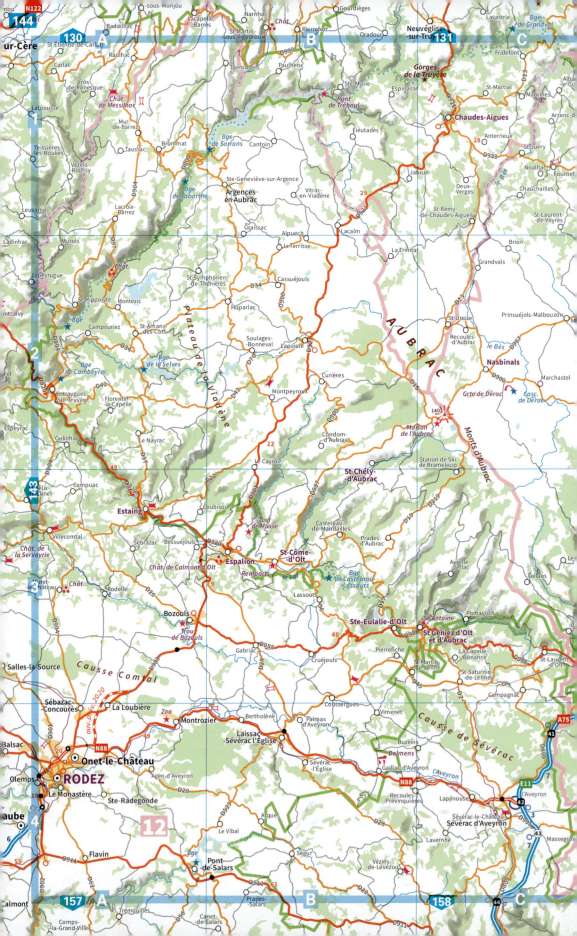

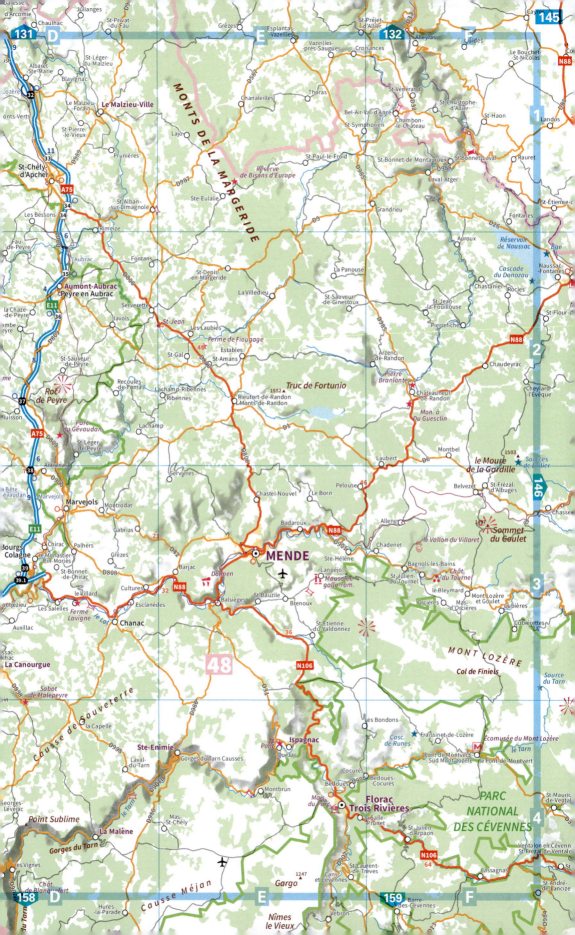

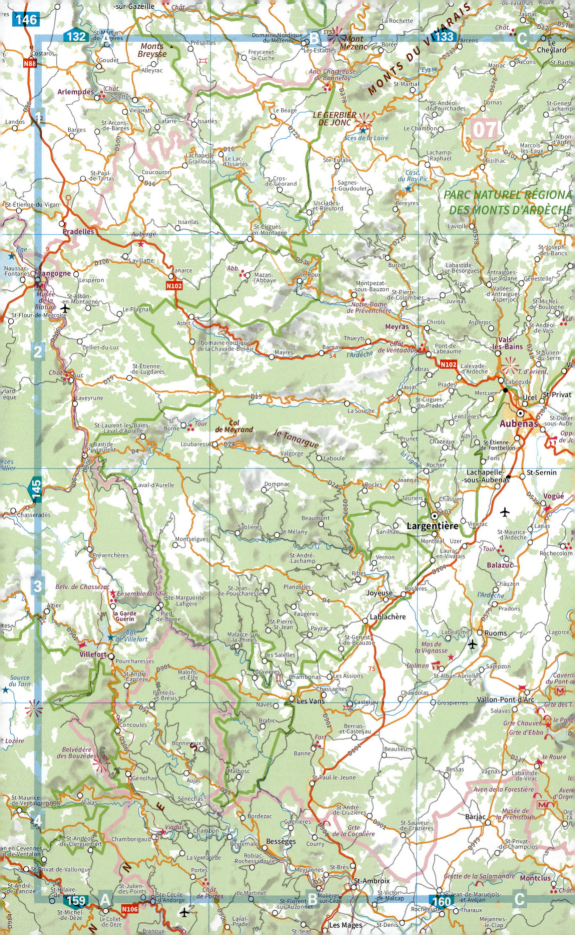

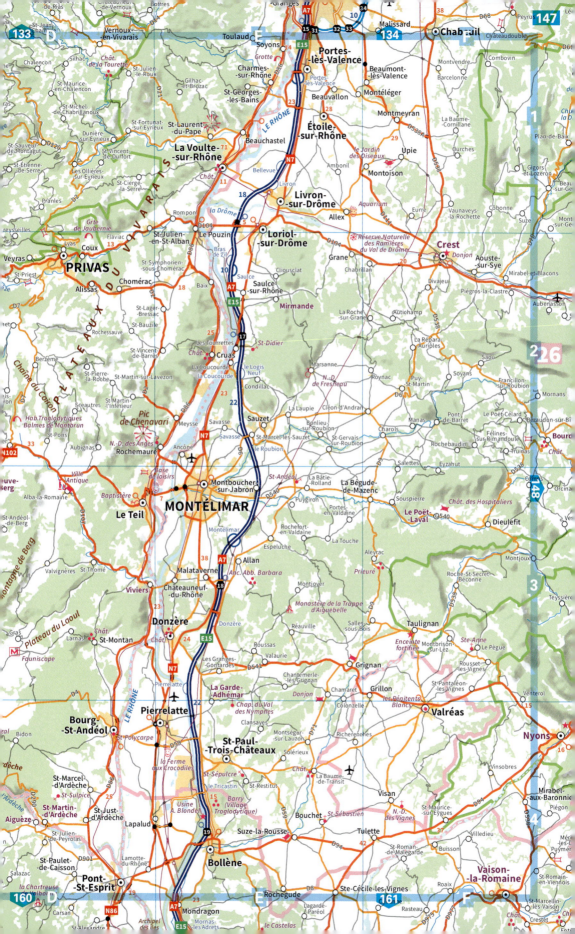

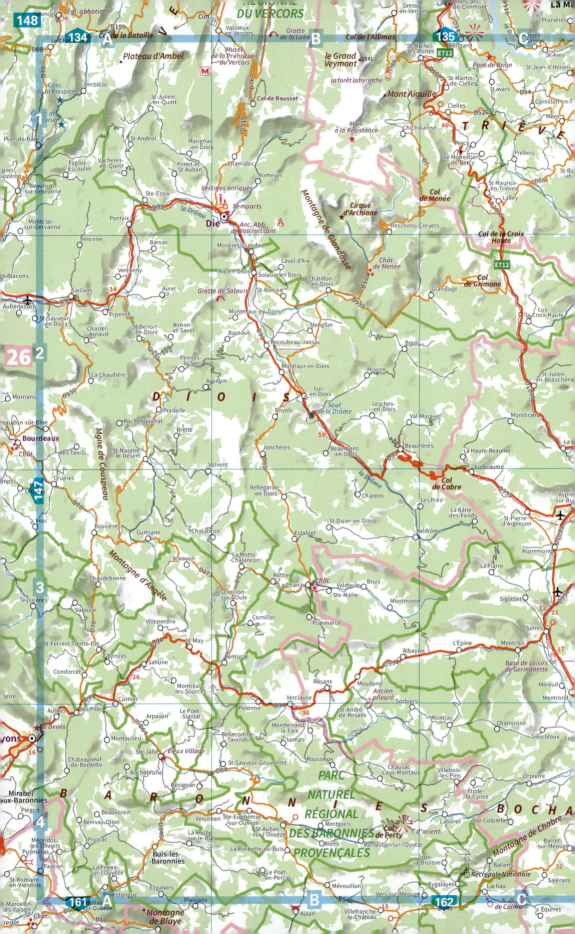

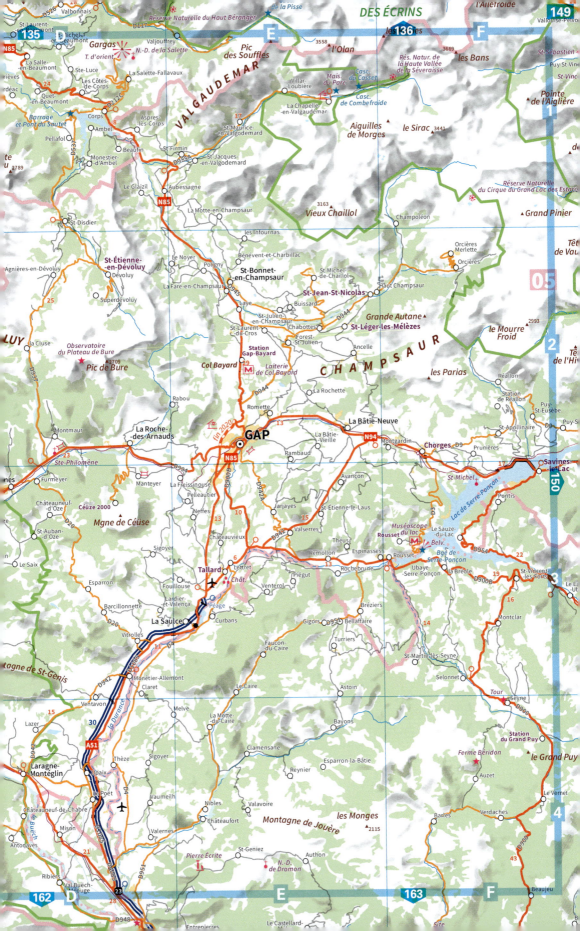

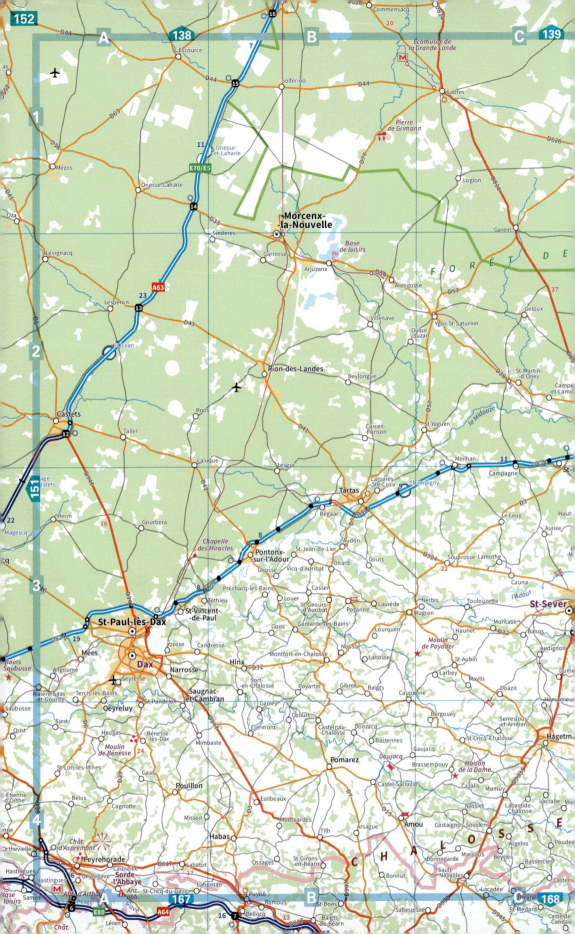

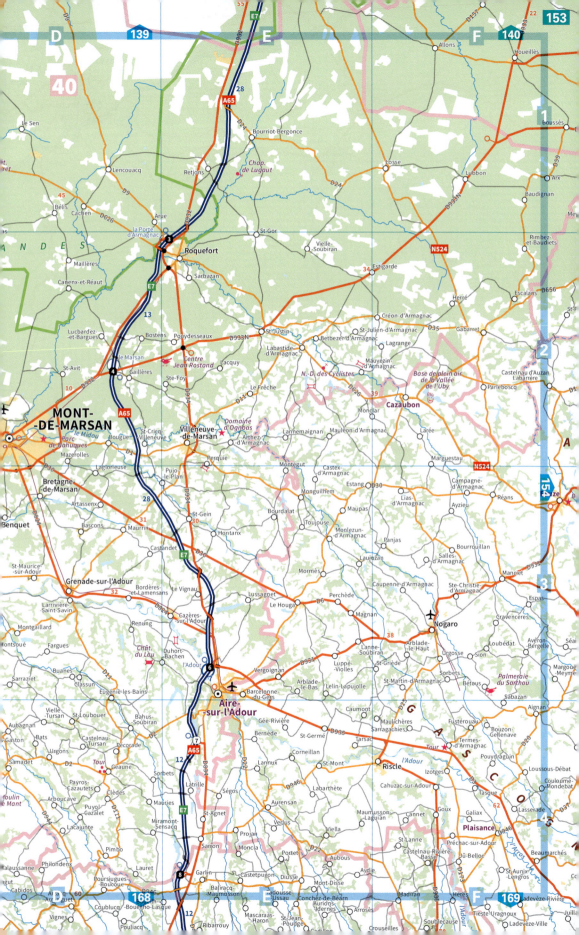

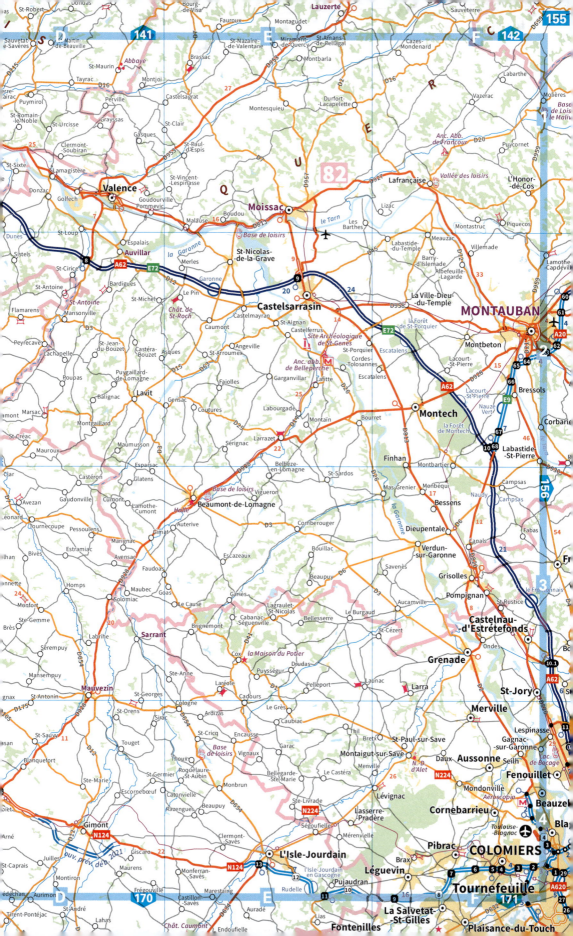

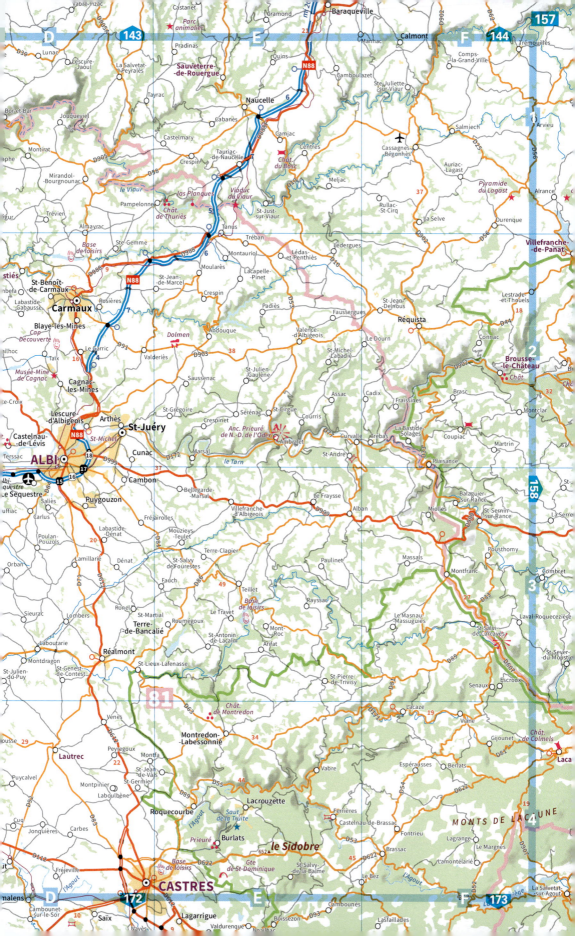

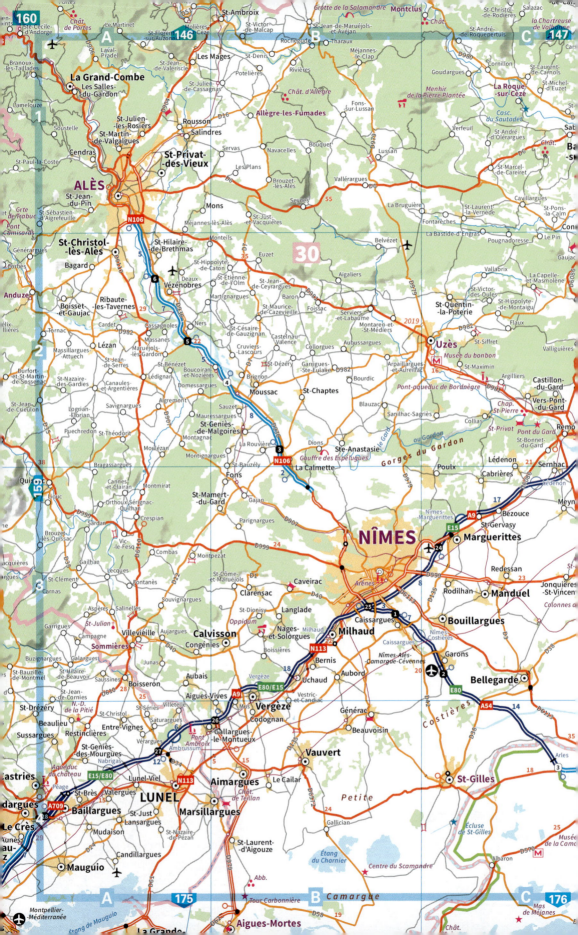

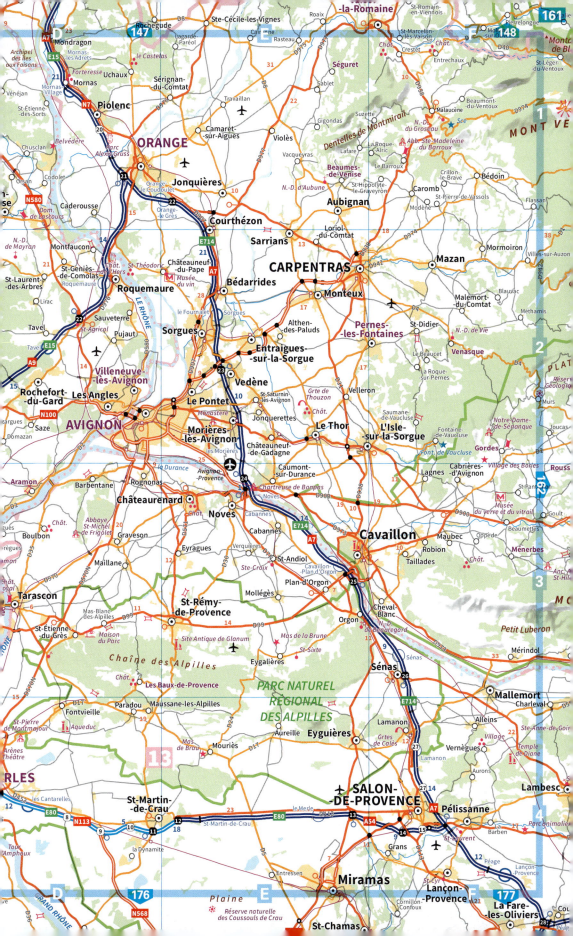

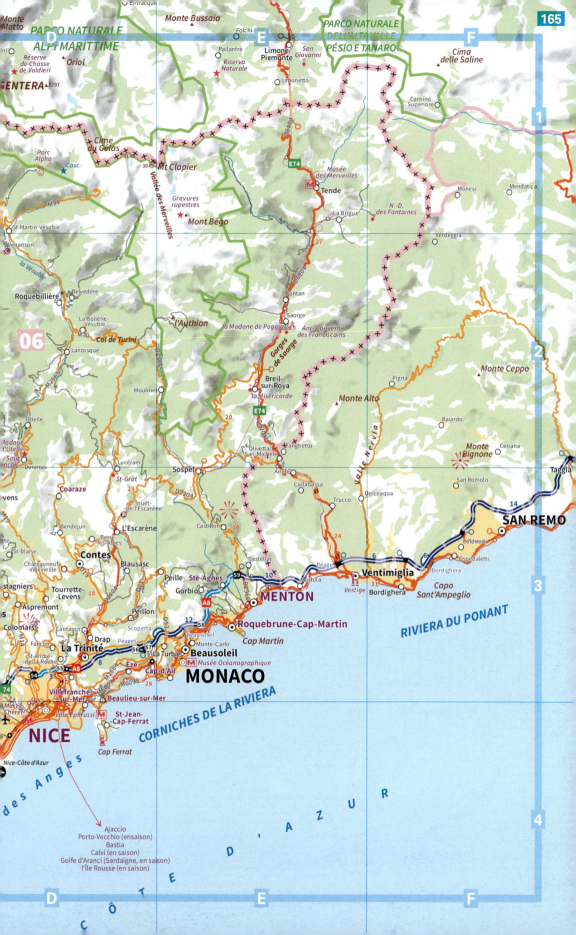

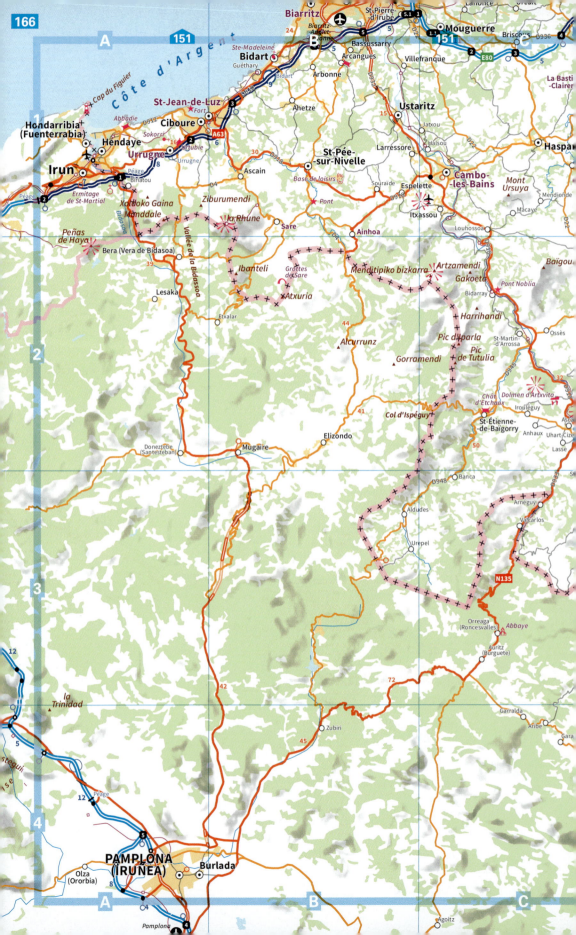

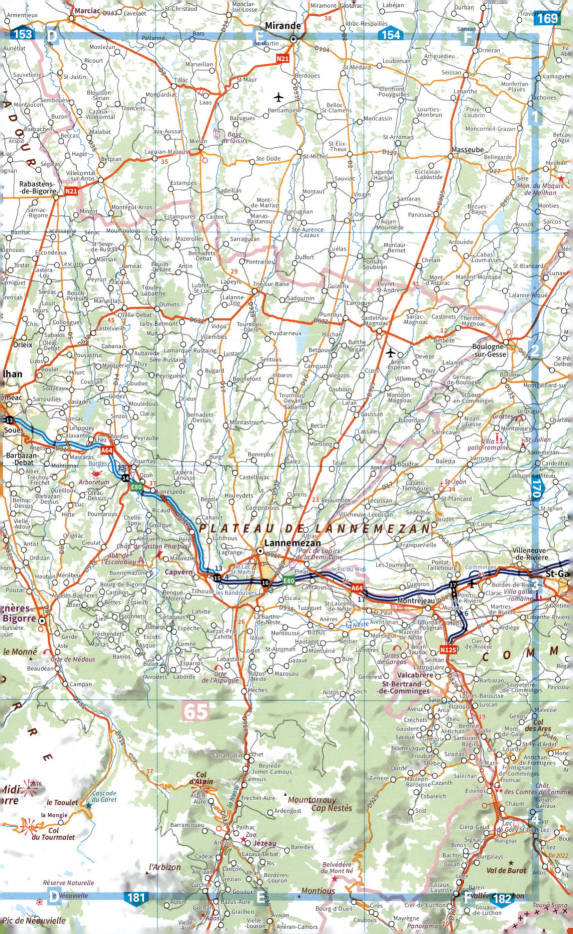

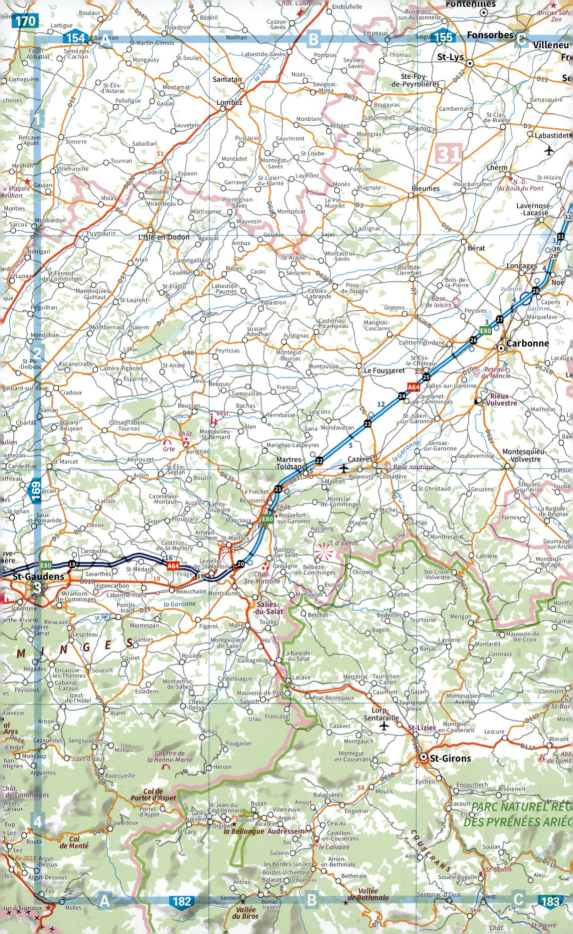

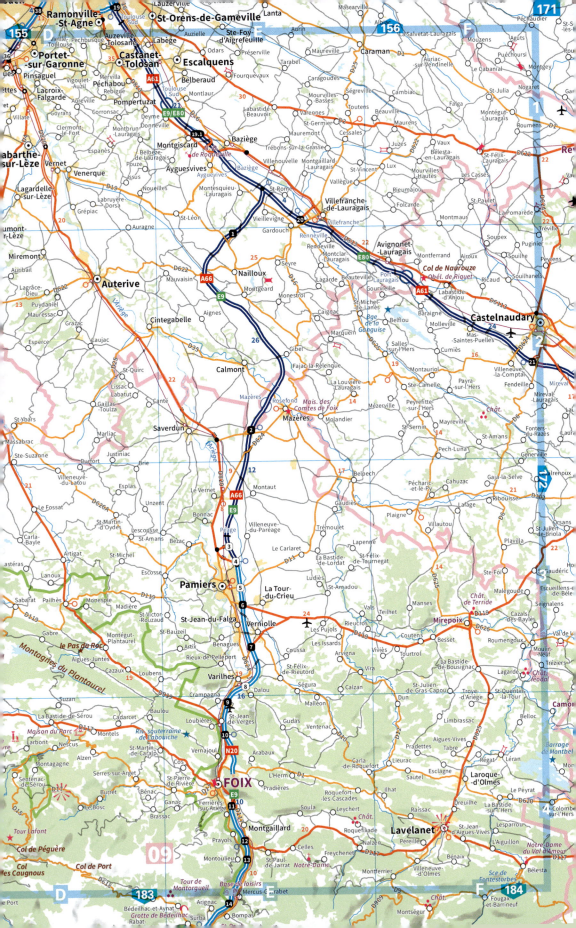

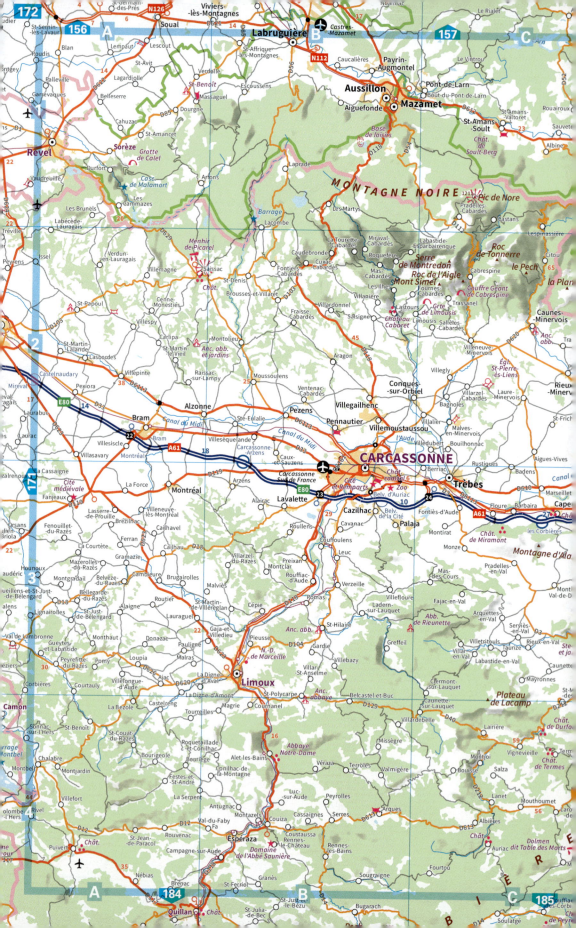

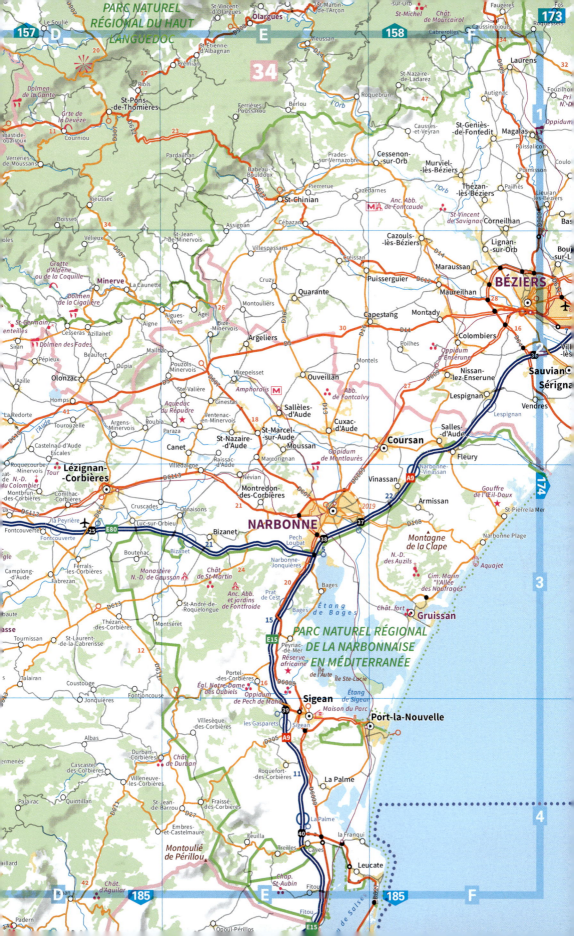

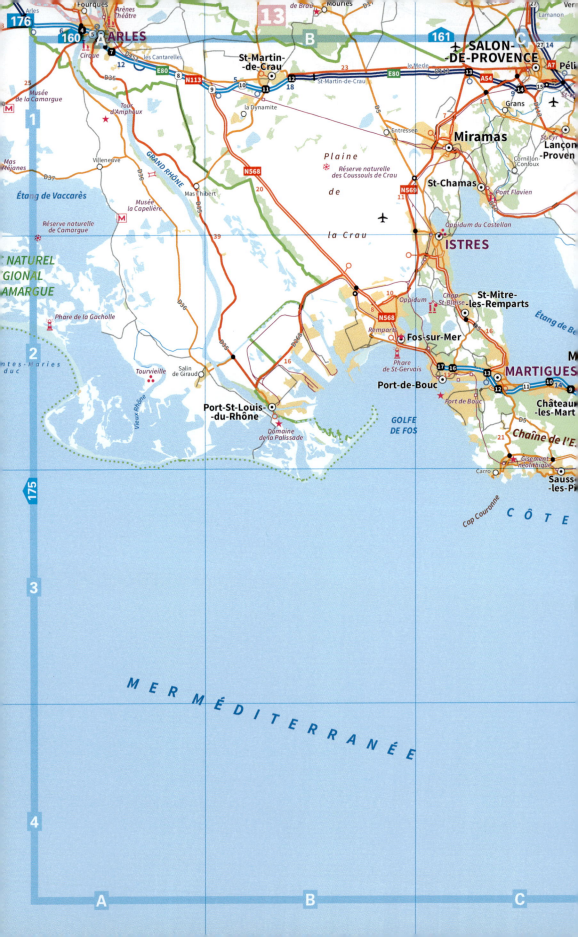

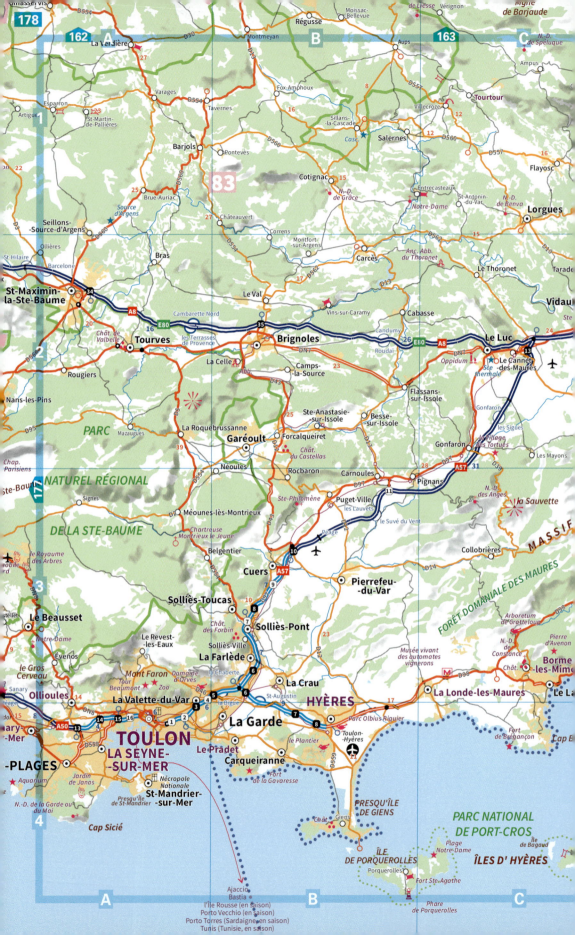

A · B · C

Gassservis
D554
La Verdière
27
16
162

Esparron
Artigue
St-Martin-de-Pallières
123
Varages
D554
Tavernes
D30
Montmeyan
Régusse
Moissac-Bellevue
de l'Isse
Vérignon
Aups
Ampus
N.D. de Speluque
Tourtour
Villecroze
12

1

22
Barjols
Pontevès
D560
D554
Fox-Amphoux
Sillans-la-Cascade
Case
Salernes
12
D560
D557
Flayosc
16

25
Brue-Auriac
27
Châteauvert
Source d'Argens
D660
Correns
Montfort-sur-Argens
N.D. de Grâce
Cotignac
15
Notre-Dame
Entrecasteaux
St-Antonin-du-Var
N.D. de Benva
Lorgues
D10

83

Seillons-Source-d'Argens
St-Hilaire
Ollières
Barcelone
Bras
D554
D562
Carcès
17
Le Val
D13
Anc. Abb. du Thoronet
Le Thoronet
Tarade

St-Maximin-la-Ste-Baume
34
A8
E80
Cambarette Nord
Tourves
les Terrasses de Provence
20'
Chât. de Valbelle
La Celle
35
Brignoles
DN7
Vins-sur-Caramy
Candumy
Roudai'
Cabasse
26
E80
A8
Le Luc
Oppidum
Le Cannet-des-Maures
24
Ste
13
Vidau

Rougiers
Nans-les-Pins
D95
D5
Abb.
D43
Camps-la-Source
23
25
Ste-Anastasie-sur-Issole
Besse-sur-Issole
Flassans-sur-Issole
DN7
Sce. thermale
Gonfaron
les Sigiès
le Village des Tortues
A57
31
D39

PARC
Mazaugues
39
La Roquebrussanne
Garéoult
Forcalqueiret
Néoules
Chât. du Castellas
Rocbaron
Carnoules
D97
28
Pignans
Gonfaron
Les Mayons
N.D. des Anges
la Sauvette
MASSIF

NATUREL RÉGIONAL
Chap. Parisiens
Signes
D2
Méounes-lès-Montrieux
Ste-Philomène
Puget-Ville
les Lauvets
11
le Suvé du Vent
Collobrières
D14

3
ôbile
le Royaume des Arbres
DE LA STE-BAUME
Chartreuse Montrieux le Jeune
Belgentier
Péage
10
Cuers
A57
9
Pierrefeu-du-Var
D14
FORÊT DOMANIALE DES MAURES
Arboretum de Gratteloup
Pierre d'Avenon
D98

tellet
Le Beausset
Notre-Dame
Le Revest-les-Eaux
Solliès-Toucas
10
8
Solliès-Pont
Chât. des Forbin
7
Solliès-Ville
23
Musée vivant des automates vignerons
N.D. de Constance
Chât.
Borme-les-Mim
Le La

Évenos
le Gros Cerveau
Mont Faron
Tour Beaumont
Zoo
Domaine d'Orves
La Farlède
La Chaberte
6
La Crau
St-Augustin
17
La Londe-les-Maures
Cap B

Sanary
Ollioules
14
DN8
La Valette-du-Var
D46
5
La Bigue
6
6
HYÈRES
7
Parc Olbius Riquier
Fort de Brégançon

4
Aquarium
ary-
-Mer
-PLAGES
A50
13
14
15
16
D559
6
1
2
3
TOULON
LA SEYNE--SUR-MER
Jardin de Janas
Nécropole Nationale
St-Mandrier--sur-Mer
Le Pradet
La Garde
le Plantier
Carqueiranne
Fort de la Gavaresse
Toulon-Hyères
7
8
Fort de la Gavaresse
PRESQU'ÎLE DE GIENS
PARC NATIONAL DE PORT-CROS
Île de Bagaud

N.-D. de la Garde ou du Mai
Cap Sicié
Presqu'île de St-Mandrier
Chât
Giens
Plage Notre-Dame
ÎLES D'HYÈRES

ÎLE DE PORQUEROLLES
Porquerolles
Fort Ste-Agathe
Phare de Porquerolles

Ajaccio
Bastia
l'Île Rousse (en saison)
Porto Vecchio (en saison)
Porto Torres (Sardaigne en saison)
Tunis (Tunisie, en saison)

A · B · C

Peymeinade

Le Tignet

Mouans-Sartoux

Fayence
Callian

Montauroux

Tourrettes

E

N.-D. de l'Ormeau

N.-D. des Cyprès

Claviers

Dargemon

D562

Callas

28

Aubereau-sur-Siagne

Tanneron

Pégomas

La Roquette-
sur-Siagne

Mougins

les Bréguières

Vallauris

le Piccolaret

Le Cannet

A8

44

6

Mandelieu-
-la-Napoule

CANNES

Cannes-Mandelieu
Fort Ste-Marguerite
Musée de la Mer

ÎLES DE LÉRINS

Île Ste-Marguerite

Île St-Honorat
Abb. de Lérins

11

St-Paul-
en-Forêt

Cascade
de Pennafort

l'Estérel

Les Adrets-
de-l'Estérel

ESTEREL

Bagnols-
en-Forêt

27

Mont Vinaigre

N.-D.
de Jérusalem

Parc Zoologique
de Fréjus

Théoule-sur-Mer

Pointe de l'Esquillon

Pic
de l'Ours

Pic
du C. Roux

CORNICHE DE L'ESTEREL

CÔTE D'AZUR

Péage du Capitou

La Motte

Le Muy

le Canaver

E80

A8

36

Pellicot

Puget-
sur-Argens

Roquebrune-
-sur-Argens

FRÉJUS

N.-D. de Pitié

Vieux
Revest

21

ST-RAPHAËL

Nécropole Nationale
des Guerres en Indochine

Agay

Cap
du Dramont

Aqualand

Nécr.
Nationale

Sémaphore
du Dramont

St-Aygulf

Le Plan-
de-la-Tour

les Issambres

Sémaphore

Pointe des Sardinaux

Ste-Maxime

Freinet

N.-D. de
la Queste

Grimaud

Port Grimaud

Citadelle

St-Tropez

Ste-Anne

Golfe de St-Tropez

Cogolin

Gassin

Ramatuelle

Cap Camarat

La Croix-Valmer

Moulins
de Paillas

la Môle

les Pradels

Cavalaire-
sur-Mer

Nécropole
Nationale

Cap Lardier

Île du Levant

RICHE DES MAURES

MER MÉDITERRANÉE

D
E
F

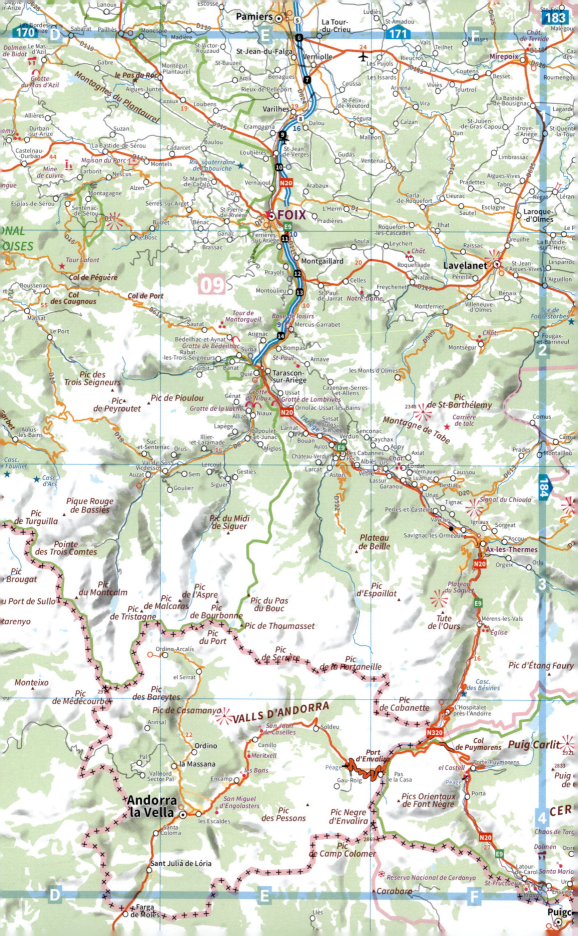

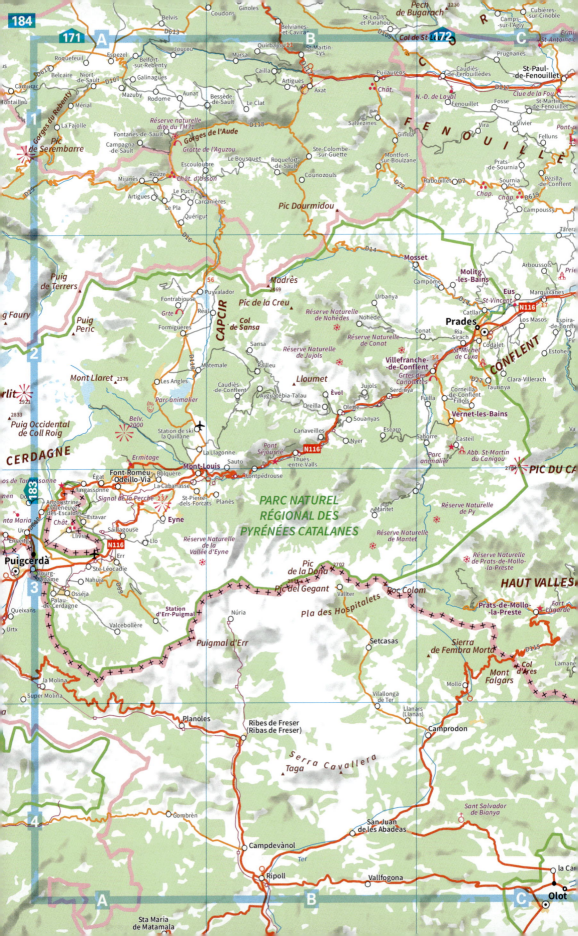

PARC NATUREL MARIN
DU CAP CORSE ET
DE L'AGRIATE

A   B   C

1

MER MÉDITERRANÉE

2

Savona (Italie, en saison)
Livorno (Italie, en saison)

Toulon (en saison)
Marseille
Nice (en saison)

Nice (en saison)
Savone (Italie)

Toulon (en saison)
Marseille

Phare de la Pietra   Tour
de Saleccia

L'Île-   T30
-Rousse   Monticello

3   Parc botanique

Corbara   8
Algajola   Citadelle   Santa-Reparata
Pigna   -di-Balagna   Belgodere   T301
Couvent
de Corbara   Sant'Antonino   Costa   Occhiatana
Tour   Aregno
T30   Lavatoggio   Caccì   Spéloncato   Ville-di-Paraso
la Revellata   Tour   Avapessa   31   Nessa
Grotte   U Lumio   San Petru   Muro   Pioggiola
des Veaux Marins   Calvi   Citadelle   San Raineru   Olmi-C...
N-D.   Montegrosso   Zilia   Feliceto
de la Serra   10   BALAGNE   Mausoléo
Calvi-   San Raineru
-Sainte-Catherine   D151   Anc. Couvent
d'Alzi Pratu
Sémaphore Capo Cavallo   Moncale   Santa Restituta
30   Calenzana   Monte
Torre Truccia   Torre   Grosso
Mozza   Monte   Capu
Cintu   a u Dente   Monte Padr...
27   Monte Corona
Chaos de   Cima
Bocca Rezza   di a Statoghia
4   Cirque   Capu   Pont g...
de Bonifatu   Ladroncellu

a Muvrella   Capu Bian...
Tour Maraghiu   Capu a u Per...
Tour
Galéria   188   NTE CINTO   Capu Larghia   2706   2B
F I B O S O R   Punta   Capu
188   Minuta
Manso

CAP CORSE

Tour
et Phare de la Giraglia
Île de la Giraglia

D **E** **F**

Tour
Tour d'Agnello Réserve Naturelle
des Îles Finocchiarola
Ersa Tour
Santa Maria
Centuri 34 Macinaggio
Île de Capense Rogliano
Camera Morsiglia
Tomino
Meria
Col
de Santa Lucia
Pino 16 Piazza
Tour D180
de Sénèque Luri
Barretali Cagnano
Tour de l'Osse
Pietracorbara
Canari
Tour de Castellare
Punta Balba
di Canelle Anc. Couv.
Olcani Santa Catalina
Ogliastro Sisco 27
Tour Monte Stello Santa Maria
Nonza di e Nevi Brando
Tour
Olmeta-di-Capocorso
Figarella
Farinole Santa-Maria-di-Lota
Tour Tour
San-Martino-di-Lota
Ville-di-Pietrabugno
Menhir **BASTIA**
Patrimonio Pigno Citadelle
Anc. Cath. Barbaggio
d'Ortella 416 du Nebbiu Nécropole Nat. Col
Citad. des Tabors de Teghime Cim. all.
St-Florent 18
Chap. Furiani
RT DES AGRIATES San Quilico fin 2019
Bocca Poggio- **Biguglia**
Vezzu D81 41 Barrage d'Oletta War Cemetery
de Padoula **Oletta**
Couvent Olmeta- Réserve Naturelle Île
San Giuseppe di-Tuda de l'Étang de Biguglia San Damiano
Santo-Pietro- **NEBBIO** Vallecalle
33 di-Tenda St-Jean Défilé Bastia-
Urtaca Rapale Rutali de Lancone Poretta
San-Gavino- San
di-Tenda Michele Murato T11
Lama 1535 Sorio Piève Menhir **Borgo**
Novella Monte Astu
Vignale **Lucciana** Cité
T30 Pietralba Campitello Seola antique
T301 Lento Bigorno Volpajola
Canavaggia T20 D515 Brunelli Véscovato
Castirla Couvent Olmo Vénzolasca
San Francesco Pont génois 28 Campile Sorbo-Ocagnano
Moltifao le Golo San Bisinchi Loreto- **CASINCA**
Thomaso Crocicchia di-Casinca Castellare-
l'Asco Morosaglia Valle- Monte di-Casinca
Ortiporio Acquatella Penta-
l'Asco Castello- Silvareccio di-Casinca Taglio-
Piedigriggio di-Rostino Porri Isolaccio
Musée Paoli Gigotajo Casalta D506 26
22 Égl. Santa Maria Casabianca Piano
Popolasca di Riscamone Quercitello Poggio- Égl. Pruno Poggio-
D39 Castineta Marinaccio Santa Maria Pero- Mezzana
Prato- Morosaglia La Porta Ficaja Casévéchie T10
lles di-Giovellina Chap. Scata Talasani Santa-Lucia-di-Moriani
olasca Castiglione San Pantaleo Gavignano San Petro Croce Sari-Gavino- Velone-Orneto San-Nicolao
Aiti d'Accia Polveroso d'Ampugnani
Salicetto Piazzole San-Giovanni-
Monte San-Lorenzo Campana Nocario di-Moriani Santa-
San Petrone San Piedicroce Verdese Cristina
Lano Quilico Srs Minérales d'Orezza Monacia-d'Orezza Santa-Maria-
Menhir Piedipartino Rapaggio Poggio
Castirla San Michele Omessa Erbajolo Pie d'Orezza Santa-Reparata-
gina Rusio Carcheto Brustico Valle-d'Orezza Parata di-Moriani Valle-di-Campoloro
Soveria Carticasi Cambia Tarrano Carpineto Felce
Piobetta
CASTAGNICCIA

189 189

Genova (Italie, en saison)
Toulon
Marseille
Nice
Savona (Italie)
Livorno (Italie)
Capráia (Italie)
Portoferráio (Italie)
Piombino (Italie, en saison)

188

188

A

B

C

1

2

3

4

Calcatoggio

Appietto

Valle-di-Mezzana

T20

GRA

Peri

Cuttoli-Co.ti.chiato

To

33

Afa

D61

Alata

Ocana

Tour Pelusella

Villanova

Bge
de Toll

Capo di Feno

Tour

Punta
Pozzo di Borgo

8

la Gravona

Bastelicaccia

Eccica-
Suarella

D3

D37

AJACCIO

Ajaccio
-Napoléon
Bonaparte

13

Cauro

D27

Nice
Toulon
Marseille

Citadelle

Chap.
des Grecs

Tour
de Capitello

Source Minérale
d'Altaccia

Tour

Tour

Porticcio

Tour

T40

10

Grosset
-Prugn.

Îles Sanguinaires

D55

Albitreccia

ORNANO

Tour Castelluccio

Grande Sanguinaire

D302

Pietrosella

Cognocoli-
Monticchi

Guarguale

Urbata

Menhir
u Cantonu

Tour
Presqu'île
de l'Isolella

D55

Pila-
Canale

Ponte
Vecchiu

Porto Torres (Sardaigne)

Tour

TARAVO

Site Protohistorique
de Calzola-Castellucciu

T40

D55

D155

Site Préhistorique
de Filitosa

Casalab

Coti-
Chiavari

Capu di Muru

Tour

Serra-
di-Ferro

u Paladinu
Menhir

Sollacaro

Marseille

Capu Neru

Tour

Tour
de Capannella

Tour
de Capriona

Porto
Pollo

Tour
de Micalona

Olmeto

Tour de la Calanca

Vig

GOLFE DE VALINCO

35

Propriano

u Rizzan

Menhirs u Frate e a Sora

D121

Bilia

Tour

Porto Torres
(Sardaigne)

Belvédère-Campomoro

Menhir
de Capu di Locu

Grossa

San-Giovanni

Menhir
de Vaccil-Vecchi

T40

D48

Alignement
de Pagliaju

Capu di Senetosa

Tour

Menhirs

Fortin

Tizzano

Alignement
de Stantari

Alignement
du Renaju

Rocher du Lion
de Roccapina

GOLFE D'AJACCIO

D   189   E   189   F

M E R   T Y

San-Gavino-di-Fiumorbo
Serra-di-Fiumorbo
Château Coasina
e d'Aziana
Palneca
Ciamannacce
Ventiseri
Sampolo
Cozzano
Chisa
1
Tasso
Guitera-les-Bains
T10
18
Zicavo
Solaro
Ventiseri
évaco
Corrano
Monte Malo
la Solenzara
Sari-Solenzara
Monte Incudine
Punta di Tintennaja
2134
37
Olivese
25
Aiguilles de Bavella
ent Préhistorique de Foce
COL DE BAVELLA
la Vaccia
Favone
2
Aullène
Tarcu
Quenza
17
D420
Maison du Parc
Serra-di-Scopamène
Ste-Marie
Conca
Zerubia
Sorbollano
Zonza
Fautea
Taur
Site Archéologique de Cucuruzzu
San-Gavino-di-Carbini
u Cavu
T10
40
Carguiaca
Zoza
Tour de Pinarellu
Nice (en saison)
Toulon
Marseille
La Spezia
(Italie, en saison)
Napoli
(Italie, en saison)
to-llano
Altagène
Mela
Levie
Musée de l'Alta Rocca
Lecci
Pinarellu
Ste-Lucie-de-Tallano
Olmiccia
Anc. Couv. de St-François
Carbini
Col de Mela
Casc.
40
l'Osu
Castellu d'Arraggiu Rnes Mégalithiques
Foce
Monument Mégalithique de Torre
Tourelle de Pecorella
oire Corse
D368
Golfe de Porto-Vecchio
Punta di a Chiappa
OLO
Montagne de Cagna
Porto-Vecchio
Réserve
Naturelle
des Îles Cerbicale
l'Uomo di Cagna
Site Préhistorique de Tappa
D859
Îles Cerbicale
3
Sotta
Figari-Sud-Corse
20
San Quilichinu
Palau (Sardaigne, en saison)
Porto Torres (Sardaigne, en saison)
Golfo Aranci (Sardaigne, en saison)
Monacia-d'Aullène
Pianottoli-Caldarello
2019
Figari
Chapelle Sant'Agostino
T10
Tour de Sponsaglia
T40
Réserve Naturelle des Tre Padule de Suartone
Olmeto
Barrage de Figari
25
Tour de Caldarello
13
Tour de Sant'Amanza
Ancien Ermitage de la Trinité
Site Préhist. de l'Araguina
Capo di Feno
Bonifacio
Ruines Romaines de Piantarella
Île Cavallo
Anciennes carrières romaines
Grotte Marine du Sdragonato
CAPO PERTUSATO
Nécropole Nationale
Îles Lavezzi
Archipel des Lavezzi
4
Réserve Naturelle des Bouches de Bonifacio
Ísola la Presa
BOUCHES DE BONIFACIO
Ísola Rázzoli
í. Corcelli
í. Piana
Faro Punta Filetto
Ísola Santa Maria
Ísola Budelli
í. Barrettini

D   E   F

Légende F
Verklaring der tekens NL
Zeichenerklärung D

GB Legend
E Signos convencionales
I Segni convenzionali

Autoroute, section à péage
Autosnelweg, gedeelte met tol
Autobahn, gebührenpflichtiger Abschnitt

Motorway, toll section
Autopista, tramo de peaje
Autostrada, tratto a pagamento

Autoroute, section libre, Voie à caractère autoroutier
Autosnelweg, tolvrij gedeelte, Weg van het type autosnelweg
Autobahn, gebührenfreier Abschnitt, Schnellstraße

Motorway, toll-free section, Dual carriageway with motorway characteristics
Autopista, tramo libre, Autovía
Autostrada, tratto libero, Strada con caratteristiche autostradali

Route de liaison principale
Hoofdverkeersweg
Fernverkehrsstraße

Main road
Carretera principal
Strada di grande comunicazione

Route de liaison régionale
Streekverbindingsweg
Regionale Verbindungsstraße

Regional connecting road
Carretera regional
Strada di interesse regionale

Autre route
Andere weg
Sonstige Straße

Other road
Otra carretera
Altra strada

Autoroute en construction
Autosnelweg in aanleg
Autobahn im Bau

ouv. prévue...

Motorway under construction
Autopista en construcción
Autostrada in costruzione

Route en construction
Weg in aanleg
Straße im Bau

Road under construction
Carretera en construcción
Strada in costruzione

Échangeur : complet (1), partiel (2), numéro
Knooppunt : volledig (1), gedeeltelijk (2), nummer
Vollanschlußstelle (1), beschränkte Anschlußstelle (2), Autobahnkreuz

Junction : complete (1), restricted (2), number
Acceso : completo (1), parcial (2), número
Svincolo : completo (1), parziale (2), numero

Barrière de péage (1), Aire de service (2), Aire de repos (3)
Tolversperring (1), Tankstation (2), Rustplaats (3)
Mautstelle (1), Tankstelle (2), Rastplatz (3)

Tollgate (1), Full service area (2), Rest area - toilets only (3)
Barrera de peaje (1), Área de servicio (2), Área de descanso (3)
Stazione a barriera (1), Area di servizio (2), Area di parcheggio (3)

Tunnel routier (1), Passage supérieur (2)
Wegtunnel (1), Bovengronds (2)
Straßentunnel (1), Überführung (2)

Road tunnel (1), Overpass (2)
Túnel (1), Passo superior (2)
Galleria (1), Cavalcavia (2)

Distances kilométriques (km) sur autoroute, type autoroutier
Afstanden in km op autosnelweg, van het type autosnelweg
Entfernungen in Kilometern auf Autobahn, Mehrspurige Schnellstraße

Distances in kilometers (km) on motorway, motorway characteristics
Distancia en kilómetros (km) por autopista, autovía
Distanze chilometriche (km) su autostrada, tipo autostradale

Distances kilométriques sur route
Kilometeraanduiding op wegen
Straßenentfernungen in kilometern

Distances in kilometers on road
Distancia en kilómetros por carretera
Distanze in chilometri su strada

Chemin de fer, gare, tunnel
Spoorweg, station, tunnel
Eisenbahn, Bahnhof, Tunnel

Railway, station, tunnel
Ferrocarril, estación, túnel
Ferrovia, stazione, galleria

Aéroport, Aérodrome
Luchthaven, Vliegveld
Flughafen, Flugplatz

Airport, Airfield
Aeropuerto, Aeródromo
Aeroporto, Aeroporto turistico

Limite de département, limite d'État
Grens van departement, Staatsgrens
Departementsgrenze, Staatsgrenze

Département, International boundary
Límite de departamento, Límite de Nación
Confine di dipartimento, di Stato

Cathédrale, Abbaye, Église, Chapelle
Kathedraal, Abdij, Kerk, Kapel
Dom, Abtei, Kirche, Kapelle

Cathedral, Abbey, Church, Chapel
Catedral, Abadía, Iglesia, Capilla
Cattedrale, Abbazia, Chiesa, Cappella

Château, Château ouvert au public, Musée
Kasteel, Kasteel open voor publiek, Museum
Schloss, Schlossbesichtigung, Museum

Castle, Castle open to the public, Museum
Castillo, Castillo abierto al público, Museo
Castello, Castello aperto al pubblico, Museo

Phare, Moulin, Curiosité
Vuurtoren, Molen, Bezienswaardigheid
Leuchtturm, Mühle, Sehenswürdigkeit

Lighthouse, Mill, Place of interest
Faro, Molino, Curiosidad
Faro, Mulino, Curiosità

Grotte, Mégalithe, Vestiges antiques, Ruines
Grot, Megaliet, Historische overblijfselen, Ruïnes
Höhle, Megalith, Altertümliche Ruinen, Ruinen

Cave, Megalith, Antiquities, Ruins
Cueva, Megalito, Vestigios antiguos, Ruinas
Grotta, Megalite, Vestigia antiche, Rovine

Panorama, Cascade ou source
Panorama, Waterval of bron
Rundblick, Wasserfall oder Quelle

Panorama, Waterfall or spring
Panorama, Cascada o fuente
Panorama, Cascata o sorgente

Parc ou jardin, Activités de loisirs
Park of tuin, Recreatieactiviteiten
Park oder Garten, Freizeittätigkeiten

Park or garden, Leisure activities
Parque o jardín, Actividades de ocios
Parco o giardino, Attività di divertimenti

Maison du Parc, Réserve naturelle
Informatiebureau van natuurreservaat, Natuurreservaat
Informationsbüro des Parks, Naturschutzgebiet

Park visitor centre, Nature reserve
Casa del parque, Reserva natural
Ufficio d'informazione del Parco, Riserva naturale

Limite de Parc, Parc naturel marin
Parkgrens, Maritiem park
Naturparkgrenze, Meeresschutzgebiet

Park boundary, Maritime natural park
Límite de Parque, Parque natural marítimo
Limite di parco, Riserva naturale marittima

Échelle 1 : 320 000
1 centimètre sur la carte représente 3,2 kilomètres

0   5   10   15   20km

Projection : Lambert-93

La représentation des routes sur cette carte relève d'une simple information topographique (description du terrain), sans préjuger du régime juridique qui leur est attaché. Certaines d'entre elles peuvent être privées ou d'accès réglementé.

I N D E X

Chaque nom est suivi :
- de son code départemental,
- d'un numéro indiquant la page dans laquelle se situe le rond de position de la commune,
- d'une lettre majuscule et d'un chiffre indiquant la position géographique du rond de position de la commune dans cette page.

L'index ne contient que les noms de communes figurant dans la cartographie.

A

Aast (64) 168 **C2**
Abainville (55) 59 **F4**
Abancourt (59) 28 **B1**
Abancourt (60) 36 **B1**
Abaucourt (54) 60 **C2**
Abaucourt-Hautecourt (55) 41 **F4**
Abbans-Dessous (25) 95 **E4**
Abbans-Dessus (25) 95 **E4**
Abbaretz (44) 84 **B1**
Abbécourt (02) 38 **B2**
Abbecourt (60) 36 **C4**
Abbenans (25) 96 **A2**
Abbeville (80) 26 **B2**
Abbéville-la-Rivière (91) 74 **A1**
Abbéville-lès-Conflans (54) 42 **A4**
Abbeville-Saint-Lucien (60) 36 **C2**
Abbévillers (25) 96 **C2**
Abeilhan (34) 174 **A4**
Abelcourt (70) 79 **F4**
Abère (64) 168 **B1**
L'Abergement-Clémenciat (01) . 121 **E2**
L'Abergement-de-Cuisery (71) . . 108 **C3**
L'Abergement-de-Varey (01) 122 **B2**
Abergement-la-Ronce (39) 94 **B4**
Abergement-le-Grand (39) 109 **F1**
Abergement-le-Petit (39) 109 **F1**
Abergement-lès-Thésy (39) 110 **B1**
L'Abergement-
-Sainte-Colombe (71) 109 **D2**
Abidos (64) 167 **F1**
Abilly (37) 102 **C1**
Abitain (64) 167 **E1**
Abjat-sur-Bandiat (24) 128 **A1**
Ablain-Saint-Nazaire (62) 27 **F1**
Ablaincourt-Pressoir (80) 27 **F4**
Ablainzevelle (62) 27 **F2**
Ablancourt (51) 58 **B2**
Ableiges (95) 54 **C1**
Les Ableuvenettes (88) 79 **F2**
Ablis (78) 54 **B4**
Ablon (14) 34 **B3**
Ablon-sur-Seine (94) 55 **E3**
Aboën (42) 133 **D2**
Aboncourt (54) 79 **E1**
Aboncourt (57) 42 **C4**
Aboncourt-Gesincourt (70) 79 **E4**
Aboncourt-sur-Seille (57) 60 **C2**
Abondance (74) 124 **A1**
Abondant (28) 54 **A3**
Abos (64) 168 **A1**
Abreschviller (57) 62 **A3**
Abrest (03) 119 **E2**
Les Abrets en Dauphiné (38) . . . 135 **E1**
Abriès-Ristolas (05). 150 **C1**
Abscon (59) 28 **B1**
L'Absie (79) 100 **C3**
Abzac (16) 115 **E2**
Abzac (33) 126 **C4**
Accolans (25) 96 **A2**
Accons (07) 146 **C1**
Accous (64) 167 **F4**
Achain (57). 61 **D2**
Les Achards (85) 99 **D2**
Achen (57) 62 **A1**
Achenheim (67) 62 **C3**
Achères (18) 90 **B3**
Achères (78) 54 **C2**
Achères-la-Forêt (77) 74 **B1**
Achery (02) 38 **C1**
Acheux-en-Amiénois (80) 27 **E2**
Acheux-en-Vimeu (80) 26 **B2**
Acheville (62). 28 **A1**
Achey (70) 94 **C1**
Achicourt (62) 27 **F1**
Achiet-le-Grand (62) 27 **F2**
Achiet-le-Petit (62). 27 **F2**
Achun (58) 92 **A4**
Achy (60) 36 **C2**
Acigné (35) 68 **B2**
Aclou (27) 34 **C4**
Acon (27) 53 **E3**
Acq (62) 27 **F1**
Acquigny (27) 35 **E4**
Acquin-Westbécourt (62) 21 **F3**
Acy (02) 38 **C3**
Acy-en-Multien (60) 56 **A1**
Acy-Romance (08) 40 **A2**
Adaincourt (57) 61 **D1**
Adainville (78) 54 **A3**
Adam-lès-Passavant (25) 96 **A3**
Adam-lès-Vercel (25) 96 **A4**
Adamswiller (67). 62 **A2**

Adast (65) 168 **C4**
Adé (65) 168 **C3**
Adelange (57) 61 **D1**
Adelans-et-le-Val-de-Bithaine (70). . . 96 **A1**
Adervielle-Pouchergues (65) . . . 181 **E2**
Adilly (79) 101 **D2**
Adinfer (62) 27 **F2**
Adissan (34). 174 **A1**
Les Adjots (16). 114 **B2**
Adon (45) 90 **C1**
Les Adrets (38) 136 **A2**
Les Adrets-de-l'Estérel (83) 179 **E1**
Adriers (86) 115 **E1**
Afa (2A) 188 **B4**
Affieux (19) 129 **F1**
Affléville (54) 42 **A4**
Affoux (69). 120 **C3**
Affracourt (54) 60 **C4**
Affringues (62) 21 **F3**
Agassac (31) 170 **A2**
Agde (34) 174 **B3**
Agel (34) 173 **E2**
Agen (47) 141 **D4**
Agen-d'Aveyron (12) 144 **A4**
Agencourt (21) 94 **A4**
Agenville (80) 26 **C2**
Agenvillers (80) 26 **C2**
Les Ageux (60). 37 **E3**
Ageville (52) 78 **B2**
Agey (21) 93 **F3**
Aghione (2B) 189 **E3**
Agincourt (54) 60 **C3**
Agmé (47) 140 **B3**
Agnac (47) 140 **C2**
Agnat (43) 132 **A2**
Agneaux (50) 32 **B4**
Agnetz (60) 37 **E3**
Agnez-lès-Duisans (62). 27 **F1**
Agnicourt-et-Séchelles (02) 29 **E4**
Agnières (62) 27 **E1**
Agnin (38) 134 **B2**
Agnos (64) 167 **F2**
Agny (62) 27 **F1**
Agon-Coutainville (50) 49 **F1**
Agonac (24) 128 **A2**
Agonès (34) 159 **E3**
Agonges (03) 106 **A3**
Agos-Vidalos (65) 168 **C3**
Agris (16) 114 **C4**
Agudelle (17) 126 **B2**
Aguessac (12) 158 **B1**
Aguilcourt (02) 39 **E3**
Aguts (81) 171 **F1**
Agy (14) 32 **C4**
Ahaxe-Alciette-Bascassan (64) 167 **D2**
Ahetze (64). 166 **B1**
Ahéville (88) 79 **F1**
Ahuillé (53) 69 **E3**
Ahun (23) 117 **E2**
Ahuy (21) 94 **A3**
Aibes (59) 29 **F1**
Aibre (25) 96 **B1**
Aïcirits-Camou-Suhast (64) 167 **D1**
Aiffres (79) 113 **F1**
Aigaliers (30) 160 **B2**
L'Aigle (61) 52 **C3**
Aiglemont (08) 40 **B1**
Aiglepierre (39) 110 **A1**
Aigleville (27) 53 **F1**
Aiglun (04) 163 **E2**
Aiglun (06) 164 **B3**
Aignan (32) 153 **F4**
Aignay-le-Duc (21) 93 **F1**
Aigne (34) 173 **D2**
Aigné (72) 71 **D3**
Aignes (31) 171 **E2**
Aigneville (80) 26 **A3**
Aigny (51) 57 **F1**
Aigondigné (79) 113 **F1**
Aigre (16) 114 **A3**
Aigrefeuille (31) 171 **E1**
Aigrefeuille-d'Aunis (17). 112 **C1**
Aigrefeuille-sur-Maine (44). 84 **C4**
Aigremont (30) 160 **A2**
Aigremont (52) 79 **D3**
Aigremont (78) 54 **C2**
Aigremont (89) 92 **B1**
Aiguebelette-le-Lac (73) 135 **F1**
Aiguefonde (81) 172 **B1**
Aigueperse (63). 119 **D2**
Aigueperse (69) 120 **C1**
Aigues-Juntes (09) 183 **D1**
Aigues-Mortes (30) 160 **B4**
Aigues-Vives (09) 171 **F4**
Aigues-Vives (11) 172 **C2**
Aigues-Vives (30) 160 **B4**
Aigues-Vives (34) 173 **E2**

Aiguèze (30). 147 **D4**
Aiguilhe (43) 132 **C4**
Aiguilles (05) 150 **B1**
L'Aiguillon (09) 171 **F4**
L'Aiguillon-sur-Mer (85). 99 **E4**
L'Aiguillon-sur-Vie (85) 98 **C3**
Aiguines (83) 163 **E3**
Aigurande (36) 104 **A4**
Ailhon (07). 146 **C2**
Aillant-sur-Milleron (45) 75 **D4**
Aillas (33) 139 **F3**
Ailleux (42) 120 **A4**
Aillevans (70) 96 **A1**
Ailleville (10) 77 **E2**
Aillevillers-et-Lyaumont (70) . . . 80 **A3**
Aillianville (52) 78 **C1**
Aillières-Beauvoir (72) 71 **E1**
Aillon-le-Jeune (73) 123 **E4**
Aillon-le-Vieux (73) 123 **E4**
Ailloncourt (70) 80 **A4**
Ailly (27). 53 **F1**
Ailly-le-Haut-Clocher (80) 26 **C2**
Ailly-sur-Noye (80) 27 **D4**
Ailly-sur-Somme (80) 27 **D3**
Aimargues (30) 160 **B4**
Aime-la-Plagne (73) 137 **D1**
Ainay-le-Château (03) 105 **E2**
Ainay-le-Vieil (18) 105 **E3**
Aincille (64) 167 **D2**
Aincourt (95) 54 **B1**
Aincreville (55) 41 **D3**
Aingeray (54) 60 **B3**
Aingeville (88) 79 **D2**
Aingoulaincourt (52). 59 **E4**
Ainharp (64) 167 **E2**
Ainhice-Mongelos (64) 167 **D2**
Ainhoa (64) 166 **B1**
Ainvelle (70) 79 **F4**
Ainvelle (88) 79 **D3**
Airaines (80) 26 **C3**
Aire (08) 39 **F3**
Aire-sur-la-Lys (62) 22 **A3**
Aire-sur-l'Adour (40) 153 **E3**
Airel (50) 32 **B4**
Les Aires (34) 158 **B4**
Airion (60) 37 **E3**
Airon-Notre-Dame (62). 21 **D4**
Airon-Saint-Vaast (62). 21 **D4**
Airoux (11) 171 **F2**
Airvault (79). 101 **E4**
Aiserey (21) 94 **B4**
Aisey-et-Richecourt (70) 79 **E4**
Aisey-sur-Seine (21) 77 **E4**
Aisonville-et-Bernoville (02). 28 **C3**
Aïssey (25) 96 **A3**
Aisy-sous-Thil (21) 93 **D3**
Aisy-sur-Armançon (89) 92 **C1**
Aiti (2B) 187 **D4**
Aiton (73) 136 **B1**
Aix (19) 130 **C1**
Les Aix-d'Angillon (18) 90 **B4**
Aix-en-Ergny (62) 21 **E3**
Aix-en-Issart (62) 21 **E4**
Aix-en-Pévèle (59) 23 **E4**
Aix-en-Provence (13). 177 **E1**
Aix-la-Fayette (63) 132 **B1**
Aix-les-Bains (73) 123 **D4**
Aix-Noulette (62) 22 **B4**
Aix-Villemaur-Pâlis (10). 76 **A2**
Aixe-sur-Vienne (87). 115 **F4**
Aizac (07) 146 **C2**
Aizanville (52) 77 **F2**
Aize (36) 89 **D4**
Aizecourt-le-Bas (80) 28 **A3**
Aizecourt-le-Haut (80) 28 **A3**
Aizelles (02) 39 **D2**
Aizenay (85) 99 **D2**
Aizier (27). 24 **C4**
Aizy-Jouy (02) 38 **C3**
Ajac (11) 172 **A3**
Ajaccio (2A) 188 **B4**
Ajain (23) 117 **D1**
Ajat (24) 128 **B3**
Ajoncourt (57) 60 **C2**
Ajoux (07) 146 **C1**
Alaigne (11) 172 **A3**
Alaincourt (02) 38 **C1**
Alaincourt (70) 79 **E3**
Alaincourt-la-Côte (57) 60 **C2**
Alairac (11) 172 **B3**
Alan (31) 170 **B2**
Alando (2B) 189 **E2**
Alata (2A). 188 **B4**
Alba-la-Romaine (07) 147 **D3**
Alban (81) 157 **D3**
Albaret-le-Comtal (48) 144 **C1**

Albaret-Sainte-Marie (48). 145 **D1**
Albas (11) 173 **D4**
Albas (46). 142 **A3**
L'Albenc (38). 135 **D3**
Albepierre-Bredons (15). 131 **E4**
L'Albère (66) 185 **E3**
Albert (80) 27 **F3**
Albertacce (2B) 188 **C2**
Albertville (73). 123 **F4**
Albestroff (57) 61 **E2**
Albi (81) 157 **D2**
Albiac (31) 171 **F1**
Albiac (46) 142 **C1**
Albias (82) 156 **A2**
Albières (11). 172 **C4**
Albiès (09) 183 **E2**
Albiez-le-Jeune (73) 136 **C2**
Albiez-Montrond (73) 136 **C3**
Albignac (19) 129 **E3**
Albigny-sur-Saône (69) 121 **E3**
Albine (81) 172 **C1**
Albitreccia (2A) 188 **C4**
Albon (26) 134 **B3**
Albon-d'Ardèche (07) 146 **C1**
Alboussière (07) 134 **A4**
Les Albres (12). 143 **E3**
Albussac (19) 129 **F3**
Alby-sur-Chéran (74). 123 **D3**
Alçay-Alçabéhéty-Sunharette (64). . . 167 **E3**
Aldudes (64) 166 **B3**
Alembon (62) 21 **E2**
Alençon (61) 52 **A4**
Alénya (66) 185 **F2**
Aléria (2B) 189 **F3**
Alès (30) 160 **A1**
Alet-les-Bains (11) 172 **B4**
Alette (62) 21 **E4**
Aleu (09) 183 **D2**
Alex (74). 123 **E3**
Alexain (03) 69 **F2**
Aleyrac (26) 147 **F3**
Alfortville (94) 55 **E3**
Algajola (2B) 186 **B3**
Algans (81) 156 **C4**
Algolsheim (68). 81 **F3**
Algrange (57). 42 **B3**
Alièze (39) 109 **F3**
Alignan-du-Vent (34). 174 **A2**
Alincourt (08). 40 **A3**
Alincthun (62) 21 **E3**
Alise-Sainte-Reine (21) 93 **E2**
Alissas (07) 147 **D2**
Alix (69) 121 **D3**
Alixan (26) 134 **C4**
Alizay (27) 35 **E3**
Allain (54) 60 **B4**
Allaines (80) 28 **A3**
Allainville (28) 53 **F3**
Allainville (78) 73 **E1**
Allaire (56) 83 **F1**
Allamont (54) 60 **A1**
Allamps (54) 60 **A4**
Allan (26) 147 **E3**
Allanche (15) 131 **E3**
Alland'Huy-et-Sausseuil (08) 40 **B2**
Allarmont (88) 61 **F4**
Allas-Bocage (17) 126 **B2**
Allas-Champagne (17) 126 **B1**
Allas-les-Mines (24) 141 **F1**
Allassac (19) 129 **D3**
Allauch (13) 177 **E2**
Allègre (43) 132 **C3**
Allègre-les-Fumades (30) 160 **B1**
Alleins (13) 161 **F4**
Allemagne-en-Provence (04) . . . 163 **D3**
Allemanche-Launay-et-Soyer (51). . . 57 **D4**
Allemans (24) 127 **E2**
Allemans-du-Dropt (47) 140 **B2**
Allemant (02) 38 **C3**
Allemant (51) 57 **D3**
Allemond (38) 136 **A3**
Allenay (80) 26 **A2**
Allenc (48) 145 **F3**
Allenjoie (25). 96 **C1**
Allennes-les-Marais (59). 22 **C4**
Allerey (21) 93 **D4**
Allerey-sur-Saône (71) 108 **C1**
Allériot (71) 108 **C2**
Alles-sur-Dordogne (24) 141 **E1**
Alleuze (15) 131 **F4**
Allevard (38) 136 **A2**
Allèves (74) 123 **E4**
Allex (26) 147 **E1**
Alleyrac (43) 146 **A1**

Alleyras (43) . . . 145 F1
Alleyrat (19) . . . 130 B1
Alleyrat (23) . . . 117 E3
Allez-et-Cazeneuve (47) . . . 141 D3
Alliancelles (51) . . . 58 C2
Alliat (09) . . . 183 E2
Allibaudières (10) . . . 57 F4
Allichamps (52) . . . 58 C4
Allier (65) . . . 169 D3
Allières (09) . . . 183 D1
Les Alliés (25) . . . 111 D1
Alligny-Cosne (58) . . . 91 D2
Alligny-en-Morvan (58) . . . 92 C4
Allineuc (22) . . . 66 C1
Allinges (74) . . . 111 D4
Allogny (18) . . . 90 A4
Alloinay (79) . . . 114 A1
Allondans (25) . . . 96 B2
Allondaz (73) . . . 123 F4
Allondrelle-la-Malmaison (54) . . . 41 F2
Allonne (60) . . . 36 C3
Allonne (79) . . . 101 D3
Allonnes (28) . . . 73 D1
Allonnes (49) . . . 86 C3
Allonnes (72) . . . 71 D3
Allons (04) . . . 164 A2
Allons (47) . . . 139 F4
Allonville (80) . . . 27 D3
Allonzier-la-Caille (74) . . . 123 E2
Allos (04) . . . 164 A1
Allouagne (62) . . . 22 B4
Alloue (16) . . . 115 D2
Allouis (18) . . . 90 A4
Allouville-Bellefosse (76) . . . 34 C2
Les Allues (73) . . . 136 C1
Les Alluets-le-Roi (78) . . . 54 B2
Alluy (58) . . . 106 C1
Alluyes (28) . . . 72 C2
Ally (15) . . . 130 B3
Ally (43) . . . 132 A3
Almayrac (81) . . . 157 D1
Almenêches (61) . . . 52 A3
Almont-les-Junies (12) . . . 143 E2
Alos (09) . . . 170 C4
Alos (81) . . . 156 C2
Alos-Sibas-Abense (64) . . . 167 E3
Aloxe-Corton (21) . . . 93 F4
Alquines (62) . . . 21 E3
Alrance (12) . . . 157 F1
Alsting (57) . . . 43 F4
Altagène (2A) . . . 191 D2
Alteckendorf (67) . . . 62 C2
Altenach (68) . . . 97 D1
Altenheim (67) . . . 62 B3
Althen-des-Paluds (84) . . . 161 E2
Altiani (2B) . . . 189 E2
Altier (48) . . . 146 A3
Altillac (19) . . . 129 F4
Altkirch (68) . . . 97 E1
Altorf (67) . . . 62 B4
Altrippe (57) . . . 61 E1
Altviller (57) . . . 61 E1
Altwiller (67) . . . 61 F2
Aluze (71) . . . 108 B2
Alvignac (46) . . . 142 C1
Alvimare (76) . . . 34 C2
Alzen (09) . . . 183 D1
Alzi (2B) . . . 189 E2
Alzing (57) . . . 43 D3
Alzon (30) . . . 159 D2
Alzonne (11) . . . 172 A2
Amage (70) . . . 80 A4
Amagne (08) . . . 40 A2
Amagney (25) . . . 95 F3
Amailloux (79) . . . 101 D2
Amance (10) . . . 77 E1
Amance (54) . . . 60 C3
Amance (70) . . . 79 E4
Amancey (25) . . . 95 F4
Amancy (74) . . . 123 F2
Amange (39) . . . 94 C4
Amanlis (35) . . . 68 C3
Amanty (55) . . . 59 F4
Amanvillers (57) . . . 42 B4
Amanzé (71) . . . 120 B1
Amarens (81) . . . 156 C2
Amathay-Vésigneux (25) . . . 95 F4
Amayé-sur-Orne (14) . . . 33 E4
Amayé-sur-Seulles (14) . . . 50 C1
Amazy (58) . . . 92 A3
Ambacourt (88) . . . 79 F1
Ambarès-et-Lagrave (33) . . . 126 A4
Ambax (31) . . . 170 B2
Ambazac (87) . . . 116 B3
Ambel (38) . . . 149 D1
Ambenay (27) . . . 52 C2
Ambérac (16) . . . 114 B3
Ambérieu-en-Bugey (01) . . . 122 A3
Ambérieux (69) . . . 121 E3
Ambérieux-en-Dombes (01) . . . 121 E2
Ambernac (16) . . . 115 D2
Amberre (86) . . . 101 F2
Ambert (63) . . . 132 C1
Ambès (33) . . . 126 A4
Ambeyrac (12) . . . 143 D3
Ambialet (81) . . . 157 E2
Ambiegna (2A) . . . 188 B3
Ambierle (42) . . . 120 A2

Ambiévillers (70) . . . 79 F3
Ambillou (37) . . . 87 E2
Ambilly (74) . . . 123 E1
Amblainville (60) . . . 36 C4
Amblans-et-Velotte (70) . . . 96 A1
Ambleny (02) . . . 38 B3
Ambléon (01) . . . 122 B4
Ambleteuse (62) . . . 21 D2
Ambleville (16) . . . 126 C1
Ambleville (95) . . . 54 B1
Ambloy (41) . . . 88 A1
Ambly-Fleury (08) . . . 40 A2
Ambly-sur-Meuse (55) . . . 59 E1
Amboise (37) . . . 88 A2
Ambon (56) . . . 83 D2
Ambonil (26) . . . 147 E1
Ambonnay (51) . . . 57 F1
Ambonville (52) . . . 78 A1
Ambrault (36) . . . 104 B2
Ambres (81) . . . 156 B4
Ambricourt (62) . . . 21 F4
Ambrief (02) . . . 38 C3
Ambrières-les-Vallées (53) . . . 70 A1
Ambrines (62) . . . 27 E1
Ambronay (01) . . . 122 A2
Ambrugeat (19) . . . 130 A1
Ambrumesnil (76) . . . 25 E2
Ambrus (47) . . . 140 B4
Ambutrix (01) . . . 122 A3
Amécourt (27) . . . 36 B3
Amel-sur-l'Étang (55) . . . 41 F4
Amelécourt (57) . . . 61 D2
Amélie-les-Bains-Palalda (66) . . . 185 D3
Amendeuix-Oneix (64) . . . 167 D1
Amenoncourt (54) . . . 61 E3
Amenucourt (95) . . . 54 A1
Ames (62) . . . 22 A4
Amettes (62) . . . 22 A4
Ameugny (71) . . . 108 B3
Ameuvelle (88) . . . 79 E3
Amfreville-la-Mi-Voie (76) . . . 35 E3
Amfreville-les-Champs (27) . . . 35 F3
Amfreville-les-Champs (76) . . . 35 D1
Amfreville-Saint-Amand (27) . . . 35 D4
Amfreville-sous-les-Monts (27) . . . 35 F3
Amfreville-sur-Iton (27) . . . 35 E4
Amfroipret (59) . . . 29 D1
Amiens (80) . . . 27 D3
Amifontaine (02) . . . 39 E3
Amigny (50) . . . 32 A4
Amigny-Rouy (02) . . . 38 B2
Amillis (77) . . . 56 B3
Amilly (28) . . . 72 C1
Amilly (45) . . . 74 C3
Amirat (06) . . . 164 B3
Ammerschwihr (68) . . . 81 E2
Amné (72) . . . 70 C3
Amnéville (57) . . . 42 B4
Amoncourt (70) . . . 79 E4
Amondans (25) . . . 95 E4
Amont-et-Effreney (70) . . . 80 B4
Amorots-Succos (64) . . . 167 D1
Amou (40) . . . 152 B4
Ampilly-le-Sec (21) . . . 77 E4
Ampilly-les-Bordes (21) . . . 93 E1
Amplepuis (69) . . . 120 C3
Amplier (62) . . . 27 E2
Amponville (77) . . . 74 B2
Ampriani (2B) . . . 189 E2
Ampuis (69) . . . 134 B1
Ampus (83) . . . 178 C1
Amuré (79) . . . 113 E1
Amy (60) . . . 37 F2
Anais (16) . . . 114 B4
Anais (17) . . . 112 C1
Anan (31) . . . 170 A2
Ance Féas (64) . . . 167 F3
Anceaumeville (76) . . . 35 E2
Ancelle (05) . . . 149 E2
Ancemont (55) . . . 59 E1
Ancenis-Saint-Géréon (44) . . . 85 D2
Ancerville (55) . . . 59 D3
Ancerville (57) . . . 60 C1
Ancerviller (54) . . . 61 E4
Ancey (21) . . . 93 F3
Anchamps (08) . . . 30 B3
Anché (37) . . . 87 D4
Anché (86) . . . 101 F4
Anchenoncourt-et-Chazel (70) . . . 79 F4
Ancienville (02) . . . 38 B4
Ancier (70) . . . 94 C2
Ancinnes (72) . . . 71 D1
Ancizan (65) . . . 169 E4
Les Ancizes-Comps (63) . . . 118 B3
Ancône (26) . . . 147 E2
Ancourt (76) . . . 25 E2
Ancourteville-sur-Héricourt (76) . . . 34 C1
Ancretiéville-Saint-Victor (76) . . . 35 E1
Ancretteville-sur-Mer (76) . . . 34 C1
Anctoville-sur-Boscq (50) . . . 49 F2
Ancy (69) . . . 120 C3
Ancy-Dornot (57) . . . 60 B1
Ancy-le-Franc (89) . . . 76 C4
Ancy-le-Libre (89) . . . 76 C4
Andainville (80) . . . 26 B3
Andance (07) . . . 134 B3

Andancette (26) . . . 134 B3
Andé (27) . . . 35 F4
Andechy (80) . . . 27 F4
Andel (22) . . . 48 A4
Andelain (02) . . . 38 C2
Andelaroche (03) . . . 119 F1
Andelarre (70) . . . 95 F1
Andelarrot (70) . . . 95 F1
Andelat (15) . . . 131 F4
Andelnans (90) . . . 96 C1
Andelot-Blancheville (52) . . . 78 B2
Andelot-en-Montagne (39) . . . 110 B1
Andelot-Morval (39) . . . 109 E4
Andelu (78) . . . 54 B2
Les Andelys (27) . . . 35 F4
Andernay (55) . . . 58 C3
Andernos-les-Bains (33) . . . 138 B1
Anderny (54) . . . 42 A3
Andert-et-Condon (01) . . . 122 C4
Andeville (60) . . . 36 C4
Andillac (81) . . . 156 C2
Andilly (17) . . . 112 C1
Andilly (54) . . . 60 A3
Andilly (74) . . . 123 E2
Andilly (95) . . . 55 D1
Andilly-en-Bassigny (52) . . . 78 C3
Andiran (47) . . . 154 A1
Andlau (67) . . . 62 B4
Andoins (64) . . . 168 B2
Andolsheim (68) . . . 81 E2
Andon (06) . . . 164 B3
Andonville (45) . . . 73 F2
Andornay (70) . . . 96 B1
Andouillé (53) . . . 69 F2
Andouillé-Neuville (35) . . . 68 B1
Andouque (81) . . . 157 E2
Andrein (64) . . . 167 E1
Andres (62) . . . 21 E2
Andrest (65) . . . 169 D2
Andrésy (78) . . . 54 C2
Andrezel (77) . . . 55 F4
Andrézieux-Bouthéon (42) . . . 133 E1
Andryes (89) . . . 91 F2
Anduze (30) . . . 159 F2
Anères (65) . . . 169 E3
Anet (28) . . . 54 A2
Angaïs (64) . . . 168 B2
Angé (41) . . . 88 B3
Angeac-Champagne (16) . . . 113 F4
Angeac-Charente (16) . . . 114 A4
Angecourt (08) . . . 40 C2
Angeduc (16) . . . 127 D1
Angely (89) . . . 92 B2
Angeot (90) . . . 96 C1
Angers (49) . . . 86 A2
Angerville (14) . . . 33 F4
Angerville (91) . . . 73 F1
Angerville-Bailleul (76) . . . 34 B1
Angerville-la-Campagne (27) . . . 53 E1
Angerville-la-Martel (76) . . . 34 C1
Angerville-l'Orcher (76) . . . 34 B2
Angervilliers (91) . . . 54 C4
Angeville (82) . . . 155 E2
Angevillers (57) . . . 42 B3
Angiens (76) . . . 25 D2
Angicourt (60) . . . 37 E3
Angirey (70) . . . 95 D2
Angivillers (60) . . . 37 E3
Anglade (33) . . . 126 A3
Anglards-de-Saint-Flour (15) . . . 131 F4
Anglards-de-Salers (15) . . . 130 C3
Anglars (46) . . . 143 D2
Anglars-Juillac (46) . . . 141 F3
Anglars-Nozac (46) . . . 142 A1
Anglars-Saint-Félix (12) . . . 143 E3
Anglefort (01) . . . 122 C3
Anglemont (88) . . . 80 B1
Angles (04) . . . 164 A2
Les Angles (30) . . . 161 D2
Les Angles (65) . . . 181 D1
Les Angles (66) . . . 184 B4
Anglès (81) . . . 172 C1
Angles (85) . . . 99 E4
Les Angles-sur-Corrèze (19) . . . 129 F2
Angles-sur-l'Anglin (86) . . . 102 C2
Anglesqueville-la-Bras-Long (76) . . . 35 D1
Anglesqueville-l'Esneval (76) . . . 34 B2
Anglet (64) . . . 151 E4
Angliers (17) . . . 112 C1
Angliers (86) . . . 101 F1
Anglure (51) . . . 57 E4
Anglure-sous-Dun (71) . . . 120 C1
Angluzelles-et-Courcelles (51) . . . 57 E3
Angoisse (24) . . . 128 C2
Angomont (54) . . . 61 F4
Angos (65) . . . 169 D2
Angoulême (16) . . . 114 B4
Angoulins (17) . . . 112 B1
Angoumé (40) . . . 152 A3
Angous (64) . . . 167 E2
Angoustrine-
  Villeneuve-des-Escaldes (66) . . . 184 A3
Angres (62) . . . 22 C4
Angresse (40) . . . 151 F4
Angrie (49) . . . 85 E1
Anguilcourt-le-Sart (02) . . . 38 C1
Angy (60) . . . 37 D3

Anhiers (59) . . . 23 D4
Aniane (34) . . . 159 E4
Aniche (59) . . . 28 B1
Anisy (14) . . . 33 E4
Anizy-le-Grand (02) . . . 38 C2
Anjeux (70) . . . 79 F4
Anjou (38) . . . 134 B2
Anjouin (36) . . . 89 E4
Anjoutey (90) . . . 80 C4
Anla (65) . . . 169 F4
Anlezy (58) . . . 106 C1
Anlhiac (24) . . . 128 C2
Annay (58) . . . 91 D2
Annay (62) . . . 22 C4
Annay-la-Côte (89) . . . 92 B2
Annay-sur-Serein (89) . . . 92 B1
Annebault (14) . . . 34 A4
Annecy (74) . . . 123 E3
Annelles (08) . . . 40 A3
Annemasse (74) . . . 123 E1
Annéot (89) . . . 92 B2
Annepont (17) . . . 113 E3
Annequin (62) . . . 22 B4
Annesse-et-Beaulieu (24) . . . 127 F3
Annet-sur-Marne (77) . . . 55 F2
Anneux (59) . . . 28 B2
Anneville-Ambourville (76) . . . 35 D3
Anneville-en-Saire (50) . . . 32 A1
Annéville-la-Prairie (52) . . . 78 A2
Anneville-sur-Scie (76) . . . 35 E1
Anneyron (26) . . . 134 B3
Annezay (17) . . . 113 D2
Annezin (62) . . . 22 B4
Annœullin (59) . . . 22 C4
Annoire (39) . . . 109 E1
Annois (02) . . . 38 B1
Annoisin-Chatelans (38) . . . 122 A4
Annoix (18) . . . 105 E1
Annonay (07) . . . 134 A3
Annonville (52) . . . 78 B1
Annot (04) . . . 164 A2
Annouville-Vilmesnil (76) . . . 34 B1
Annoux (89) . . . 92 C1
Annoville (50) . . . 49 F1
Anor (59) . . . 29 F3
Anos (64) . . . 168 B1
Anost (71) . . . 92 C4
Anould (88) . . . 80 C2
Anoux (54) . . . 42 A4
Anoye (64) . . . 168 C1
Anquetierville (76) . . . 34 C2
Anrosey (52) . . . 79 D4
Ansac-sur-Vienne (16) . . . 115 D2
Ansacq (60) . . . 37 D3
Ansan (32) . . . 155 D4
Ansauville (54) . . . 60 A2
Ansauvillers (60) . . . 37 E2
Anse (69) . . . 121 E3
Ansignan (66) . . . 184 C1
Ansost (65) . . . 169 D1
Ansouis (84) . . . 162 B3
Anstaing (59) . . . 23 D3
Antagnac (47) . . . 140 A4
Anterrieux (15) . . . 144 C1
Anteuil (25) . . . 96 B2
Antezant-la-Chapelle (17) . . . 113 E2
Anthé (47) . . . 141 E4
Anthelupt (54) . . . 61 D3
Anthenay (51) . . . 57 D1
Antheny (08) . . . 30 A4
Antheuil (21) . . . 93 F4
Antheuil-Portes (60) . . . 37 F2
Anthien (58) . . . 92 A3
Anthon (38) . . . 121 F4
Anthy-sur-Léman (74) . . . 111 D4
Antibes (06) . . . 164 C4
Antichan (65) . . . 169 F4
Antichan-de-Frontignes (31) . . . 169 F4
Antignac (15) . . . 130 C2
Antignac (31) . . . 181 F2
Antigny (85) . . . 100 B3
Antigny (86) . . . 102 C3
Antigny-la-Ville (21) . . . 93 E4
Antilly (57) . . . 42 C4
Antilly (60) . . . 56 A1
Antin (65) . . . 169 E2
Antisanti (2B) . . . 189 E3
Antist (65) . . . 169 D3
Antogny-le-Tillac (37) . . . 102 B1
Antoigné (49) . . . 86 B4
Antoingt (63) . . . 131 F1
Antonne-et-Trigonant (24) . . . 128 B3
Antony (92) . . . 55 D3
Antran (86) . . . 102 B2
Antras (09) . . . 170 B4
Antras (32) . . . 154 B3
Antrenas (48) . . . 145 D3
Antugnac (11) . . . 172 B4
Antully (71) . . . 108 A1
Anvéville (76) . . . 35 D1
Anvin (62) . . . 22 A4
Any-Martin-Rieux (02) . . . 29 F3
Anzat-le-Luguet (63) . . . 131 F2
Anzeling (57) . . . 43 D3
Anzème (23) . . . 117 D1
Anzex (47) . . . 140 B4
Anzin (59) . . . 28 C1
Anzin-Saint-Aubin (62) . . . 27 F1

Anzy-le-Duc (71) 120 **B1**
Aoste (38) 135 **E1**
Aougny (51) 39 **D4**
Aouste-sur-Sye (26) 147 **F2**
Aouze (88) 79 **D1**
Apach (57) 42 **C2**
Apchat (63) 131 **F2**
Apchon (15) 131 **D3**
Apinac (42) 133 **D2**
Appelle (81) 156 **C4**
Appenai-sous-Bellême (61) 71 **F1**
Appenans (25) 96 **B2**
Appenwihr (68) 81 **E3**
Appeville (50) 32 **A3**
Appeville-Annebault (27) 34 **C3**
Appietto (2A) 188 **B4**
Appilly (60) 38 **B2**
Appoigny (89) 75 **F4**
Apprieu (38) 135 **E2**
Appy (09) 183 **F2**
Apremont (01) 122 **C1**
Apremont (08) 40 **C4**
Apremont (60) 37 **E4**
Apremont (70) 94 **C2**
Apremont (73) 136 **A1**
Apremont (85) 99 **D2**
Apremont-la-Forêt (55) 59 **F2**
Apremont-sur-Allier (18) 106 **A1**
Aprey (52) 78 **B4**
Apt (84) 162 **A3**
Arabaux (09) 171 **E4**
Arâches-la-Frasse (74) 124 **A2**
Aragnouet (65) 181 **E2**
Aragon (11) 172 **B3**
Aramits (64) 167 **F3**
Aramon (30) 161 **D3**
Aranc (01) 122 **B2**
Arancou (64) 167 **D1**
Arandas (01) 122 **B3**
Arandon-Passins (38) 122 **B4**
Araujuzon (64) 167 **E1**
Araules (43) 133 **E4**
Araux (64) 167 **E1**
Arbanats (33) 139 **E2**
Arbas (31) 170 **A4**
Arbecey (70) 79 **E4**
Arbellara (2A) 191 **D2**
Arbent (01) 122 **C1**
Arbéost (65) 168 **B3**
Arbérats-Sillègue (64) 167 **E1**
Arbigny (01) 108 **C4**
Arbigny-sous-Varennes (52) 78 **C4**
Arbin (73) 136 **A1**
Arblade-le-Bas (32) 153 **E3**
Arblade-le-Haut (32) 153 **F3**
Arbois (39) 110 **A1**
Arbon (31) 170 **A4**
Arbonne (64) 166 **B1**
Arbonne-la-Forêt (77) 74 **B1**
Arboras (34) 159 **D4**
Arbori (2A) 188 **B3**
Arbot (52) 78 **A4**
Arbouans (25) 96 **C2**
Arboucave (40) 153 **D4**
Arbouet-Sussaute (64) 167 **E1**
Arbourse (58) 91 **E3**
Arboussols (66) 184 **C2**
Arboys en Bugey (01) 122 **C4**
L'Arbresle (69) 121 **D3**
Arbrissel (35) 68 **C3**
Arbus (64) 168 **A2**
Arbusigny (74) 123 **E2**
Arc-en-Barrois (52) 78 **A3**
Arc-et-Senans (25) 95 **D4**
Arc-lès-Gray (70) 94 **C2**
Arc-sous-Cicon (25) 96 **A4**
Arc-sous-Montenot (25) 110 **B1**
Arc-sur-Tille (21) 94 **B3**
Arcachon (33) 138 **B2**
Arçais (79) 100 **B4**
Arcambal (46) 142 **B3**
Arcangues (64) 166 **B1**
Arçay (18) 105 **D1**
Arçay (86) 101 **E1**
Arceau (21) 94 **B3**
Arcenant (21) 93 **F4**
Arcens (07) 146 **C1**
Arces (17) 125 **F1**
Arces-Dilo (89) 76 **A3**
Arcey (21) 93 **F3**
Arcey (25) 96 **B2**
Archail (04) 163 **E1**
Archamps (74) 123 **E1**
Archelange (39) 94 **C4**
Arches (15) 130 **B2**
Arches (88) 80 **A2**
Archettes (88) 80 **A2**
Archiac (17) 126 **B1**
Archignac (24) 129 **D4**
Archignat (03) 105 **D4**
Archigny (86) 102 **B3**
Archingeay (17) 113 **D3**
Archon (02) 29 **F4**
Arcinges (42) 120 **B2**
Arcins (33) 125 **F3**
Arcis-le-Ponsart (51) 39 **D3**
Arcis-sur-Aube (10) 57 **F4**

Arcisses (28) 72 **A1**
Arcizac-Adour (65) 169 **D3**
Arcizac-ez-Angles (65) 181 **D1**
Arcizans-Avant (65) 168 **C4**
Arcizans-Dessus (65) 168 **B4**
Arcomps (18) 105 **D3**
Arçon (25) 111 **D1**
Arcon (42) 120 **A2**
Arconcey (21) 93 **D4**
Arçonnay (72) 70 **C1**
Arconsat (63) 119 **F3**
Arconville (10) 77 **E2**
Les Arcs (83) 179 **D2**
Arcueil (94) 55 **D3**
Arcy-Sainte-Restitue (02) 38 **C4**
Arcy-sur-Cure (89) 92 **A1**
Ardelles (28) 53 **E4**
Ardelu (28) 73 **E1**
Ardenais (18) 105 **D3**
Ardenay-sur-Mérize (72) 71 **E3**
Ardengost (65) 169 **E4**
Ardentes (36) 104 **A2**
Ardes (63) 131 **F2**
Ardeuil-et-Montfauxelles (08) 40 **B4**
Ardiège (31) 169 **F4**
Les Ardillats (69) 121 **D1**
Ardillières (17) 112 **C2**
Ardin (79) 100 **C3**
Ardizas (32) 155 **E4**
Ardon (39) 110 **A2**
Ardon (45) 73 **E4**
Ardouval (76) 35 **F1**
Ardres (62) 21 **E2**
Aregno (2B) 186 **C3**
Areines (72) 72 **B4**
Arelaune-en-Seine (76) 35 **D2**
Aren (64) 167 **F2**
Arengosse (40) 152 **B2**
Arenthon (74) 123 **F2**
Arès (33) 138 **B1**
Aresches (39) 110 **A1**
Aressy (64) 168 **B2**
Arette (64) 167 **F3**
Arfeuille-Châtain (23) 117 **F2**
Arfeuilles (03) 119 **F2**
Arfons (81) 172 **A1**
Argagnon (64) 167 **F1**
Arganchy (14) 32 **C4**
Argançon (10) 77 **E2**
Argancy (57) 42 **C4**
Argein (09) 170 **B4**
Argelès-Bagnères (65) 169 **D3**
Argelès-Gazost (65) 180 **C1**
Argelès-sur-Mer (66) 185 **F2**
Argeliers (11) 173 **E2**
Argelliers (34) 159 **E4**
Argelos (40) 152 **C4**
Argelos (64) 168 **B1**
Argelouse (40) 139 **D3**
Argences (14) 33 **F4**
Argences en Aubrac (12) 144 **B1**
Argens-Minervois (11) 173 **D2**
Argent-sur-Sauldre (18) 90 **B2**
Argentan (61) 51 **F3**
Argentat-sur-Dordogne (19) 129 **F4**
Argentenay (89) 76 **C4**
Argenteuil (95) 55 **D2**
Argenteuil-sur-Armançon (89) 92 **C1**
L'Argentière-la-Bessée (05) 150 **A1**
Argentières (77) 56 **A3**
Argentine (73) 136 **B1**
Argenton (47) 140 **A4**
Argenton-sur-Creuse (36) 103 **F3**
Argentonnay (79) 100 **C1**
Argentré (53) 69 **F2**
Argentré-du-Plessis (35) 69 **D2**
Argenvières (18) 91 **D4**
Argenvilliers (28) 72 **A4**
Argers (51) 58 **C1**
Arget (64) 153 **D4**
Argiésans (90) 96 **C1**
Argillières (70) 94 **C1**
Argilliers (30) 160 **C2**
Argilly (21) 94 **A4**
Argis (01) 122 **B3**
Argiusta-Moriccio (2A) 191 **D2**
Argœuves (80) 27 **D3**
Argol (29) 64 **C1**
Argonay (74) 123 **E3**
Argoules (80) 26 **B1**
Arguel (76) 36 **A2**
Arguenos (31) 169 **F4**
Argut-Dessous (31) 169 **F4**
Argy (36) 103 **F1**
Arhansus (64) 167 **D2**
Aries-Espénan (65) 169 **F2**
Arifat (81) 157 **E3**
Arignac (09) 171 **E4**
Arinthod (39) 109 **F4**
Arith (73) 123 **E4**
Arlanc (63) 132 **C2**
Arlay (39) 109 **F2**
Arlebosc (07) 134 **A4**
Arlempdes (43) 146 **A1**
Arles (13) 161 **D4**
Arles-sur-Tech (66) 185 **D3**

Arlet (43) 132 **A3**
Arleuf (58) 107 **E1**
Arleux (59) 28 **B1**
Arleux-en-Gohelle (62) 28 **A1**
Arlos (31) 169 **F4**
Armaillé (49) 69 **D4**
Armancourt (60) 37 **F3**
Armancourt (80) 37 **F1**
Armaucourt (54) 60 **C2**
Armbouts-Cappel (59) 22 **A1**
Armeau (89) 75 **E3**
Armendarits (64) 167 **D2**
Armentières (59) 22 **C3**
Armentières-en-Brie (77) 56 **A2**
Armentières-sur-Avre (27) 53 **D3**
Armentières-sur-Ourcq (02) 38 **C4**
Armentieux (32) 169 **D1**
Armes (58) 92 **A2**
Armillac (47) 140 **C2**
Armissan (11) 173 **F3**
Armix (01) 122 **B3**
Armous-et-Cau (32) 154 **A4**
Armoy (74) 111 **D4**
Arnac (15) 130 **B4**
Arnac-la-Poste (87) 116 **B1**
Arnac-Pompadour (19) 129 **D2**
Arnac-sur-Dourdou (12) 158 **B4**
Arnage (72) 71 **D3**
Arnancourt (52) 77 **F1**
Arnas (69) 121 **D2**
Arnaud-Guilhem (31) 170 **A3**
Arnave (09) 183 **E2**
Arnaville (54) 60 **B1**
Arnay-le-Duc (21) 93 **E4**
Arnay-sous-Vitteaux (21) 93 **E2**
Arnayon (26) 148 **A3**
Arné (65) 169 **F3**
Arnéguy (64) 166 **C3**
Arnèke (59) 22 **A2**
Arnicourt (08) 40 **A2**
Arnières-sur-Iton (27) 53 **E1**
Arnos (64) 168 **A1**
Arnouville (95) 55 **E2**
Arnouville-lès-Mantes (78) 54 **B2**
Aroffe (88) 79 **E1**
Aromas (39) 122 **B1**
Aron (53) 70 **A1**
Aroue-Ithorots-Olhaïby (64) 167 **E2**
Aroz (70) 95 **E1**
Arpaillargues-et-Aureillac (30) . . . 160 **B2**
Arpajon (91) 55 **D4**
Arpajon-sur-Cère (15) 143 **F1**
Arpavon (26) 148 **A4**
Arpenans (70) 96 **A1**
Arpheuilles (18) 105 **E2**
Arpheuilles (36) 103 **E1**
Arpheuilles-Saint-Priest (03) 118 **A1**
Arphy (30) 159 **E2**
Arquenay (53) 70 **A3**
Arques (11) 172 **B4**
Arques (12) 144 **B4**
Les Arques (46) 142 **A2**
Arques (62) 22 **A3**
Arques-la-Bataille (76) 25 **E2**
Arquettes-en-Val (11) 172 **C3**
Arquèves (80) 27 **E2**
Arquian (58) 91 **D2**
Arracourt (54) 61 **D3**
Arradon (56) 82 **C1**
Arraincourt (57) 61 **D1**
Arrancourt (91) 74 **A1**
Arrancy (02) 39 **D2**
Arrancy-sur-Crusne (55) 41 **F3**
Arrans (21) 93 **D1**
Arras (62) 27 **F1**
Arras-en-Lavedan (65) 168 **C4**
Arras-sur-Rhône (07) 134 **B3**
Arrast-Larrebieu (64) 167 **E2**
Arraute-Charritte (64) 167 **D1**
Arraye-et-Han (54) 60 **C2**
Arrayou-Lahitte (65) 181 **D1**
Arre (30) 159 **D2**
Arreau (65) 169 **E4**
Arrelles (10) 76 **C3**
Arrembécourt (10) 58 **B4**
Arrènes (23) 116 **B2**
Arrens-Marsous (65) 168 **B4**
Arrentès-de-Corcieux (88) 80 **C2**
Arrentières (10) 77 **F2**
Arrest (80) 26 **A2**
Arreux (08) 40 **B1**
Arriance (57) 61 **D1**
Arricau-Bordes (64) 168 **C1**
Arrien (64) 168 **B2**
Arrien-en-Bethmale (09) 170 **B4**
Arrigas (30) 159 **D2**
Arrigny (51) 58 **B3**
Arro (2A) 188 **B3**
Arrodets (65) 169 **E3**
Arrodets-ez-Angles (65) 181 **D1**
Arromanches-les-Bains (14) 33 **D3**
Arronnes (03) 119 **E2**
Arronville (95) 36 **C4**
Arros-de-Nay (64) 168 **B2**
Arrosès (64) 153 **E4**
Arrouède (32) 169 **F2**
Arrout (09) 170 **A4**
Arry (57) 60 **B1**

Arry (80) 26 **B1**
Ars (16) 113 **F4**
Ars (23) 117 **E2**
Ars-en-Ré (17) 112 **A1**
Ars-Laquenexy (57) 60 **C1**
Ars-les-Favets (63) 118 **B2**
Ars-sur-Formans (01) 121 **E2**
Ars-sur-Moselle (57) 60 **B1**
Arsac (33) 125 **F4**
Arsac-en-Velay (43) 133 **D4**
Arsague (40) 152 **B4**
Arsans (70) 94 **C3**
Arsonval (10) 77 **E2**
Arsure-Arsurette (39) 110 **B2**
Les Arsures (39) 110 **A1**
Arsy (60) 37 **F3**
Art-sur-Meurthe (54) 60 **C3**
Artagnan (65) 169 **D1**
Artaise-le-Vivier (08) 40 **C2**
Artaix (71) 120 **A1**
Artalens-Souin (65) 168 **C4**
Artannes-sur-Indre (37) 87 **F3**
Artannes-sur-Thouet (49) 86 **B3**
Artas (38) 134 **C1**
Artassenx (40) 153 **D3**
Artemare (01) 122 **C3**
Artemps (02) 38 **B1**
Artenay (45) 73 **E3**
Arthaz-Pont-Notre-Dame (74) . . . 123 **E1**
Arthel (58) 91 **F3**
Arthémonay (26) 134 **C3**
Arthenac (17) 126 **B1**
Arthès (81) 157 **D2**
Arthez-d'Armagnac (40) 153 **E2**
Arthez-d'Asson (64) 168 **B3**
Arthez-de-Béarn (64) 167 **F1**
Arthezé (72) 70 **C4**
Arthies (95) 54 **B1**
Arthon (36) 104 **A3**
Arthonnay (89) 76 **C3**
Arthun (42) 120 **A4**
Artigat (09) 171 **D3**
Artignosc-sur-Verdon (83) 163 **D4**
Artigue (31) 181 **F2**
Artigueloutan (64) 168 **B2**
Artiguelouve (64) 168 **A2**
Artiguemy (65) 169 **D3**
Artigues (09) 184 **A1**
Artigues (11) 184 **B1**
Artigues (65) 181 **D1**
Artigues (83) 177 **F1**
Les Artigues-de-Lussac (33) 126 **C4**
Artigues-près-Bordeaux (33) 139 **E1**
Artins (41) 71 **F4**
Artix (09) 171 **E3**
Artix (64) 167 **F1**
Artolsheim (67) 81 **F1**
Artonne (63) 119 **D2**
Artres (59) 28 **C1**
Artzenheim (68) 81 **F2**
Arudy (64) 168 **A3**
Arue (40) 153 **D1**
Arvert (17) 112 **B4**
Arveyres (33) 139 **F1**
Arvière-en-Valromey (01) 122 **C3**
Arvieu (12) 158 **A1**
Arvieux (05) 150 **B1**
Arvigna (09) 171 **E3**
Arvillard (73) 136 **B1**
Arville (77) 74 **B2**
Arvillers (80) 27 **F4**
Arx (40) 153 **F1**
Arzacq-Arraziguet (64) 153 **D4**
Arzal (56) 83 **E2**
Arzano (29) 65 **F3**
Arzembouy (58) 91 **F3**
Arzenc-d'Apcher (48) 144 **C1**
Arzenc-de-Randon (48) 145 **F2**
Arzens (11) 172 **B3**
Arzillières-Neuville (51) 58 **B3**
Arzon (56) 82 **B2**
Arzviller (57) 62 **A3**
Asasp-Arros (64) 167 **F3**
Ascain (64) 166 **B1**
Ascarat (64) 166 **C2**
Aschbach (67) 63 **D1**
Aschères-le-Marché (45) 73 **F3**
Asco (2B) 186 **C4**
Ascou (09) 183 **F3**
Ascoux (45) 74 **A2**
Ascros (06) 164 **C2**
Asfeld (08) 39 **F3**
Aslonnes (86) 102 **A4**
Asnan (58) 92 **A3**
Asnans-Beauvoisin (39) 109 **E1**
Asnelles (14) 33 **D3**
Asnières (27) 34 **B4**
Asnières-en-Bessin (14) 32 **B4**
Asnières-en-Montagne (21) 93 **D1**
Asnières-en-Poitou (79) 113 **F2**
Asnières-la-Giraud (17) 113 **E3**
Asnières-lès-Dijon (21) 94 **A3**
Asnières-sous-Bois (89) 92 **A2**
Asnières-sur-Blour (86) 115 **E1**
Asnières-sur-Nouère (16) 114 **B4**
Asnières-sur-Oise (95) 55 **D1**
Asnières-sur-Saône (01) 108 **C4**
Asnières-sur-Seine (92) 55 **D2**

Asnières-sur-Vègre (72) — 70 B4
Asnois (58) — 92 A3
Asnois (86) — 114 C2
Aspach (57) — 61 F3
Aspach (68) — 97 D1
Aspach-le-Bas (68) — 81 D4
Aspach-Michelbach (68) — 81 D4
Aspères (30) — 160 A3
Aspet (31) — 170 A4
Aspin-Aure (65) — 169 E4
Aspin-en-Lavedan (65) — 168 C3
Aspiran (34) — 174 A1
Aspremont (05) — 148 C3
Aspremont (06) — 165 D3
Les Aspres (61) — 52 C3
Aspres-lès-Corps (05) — 149 D1
Aspres-sur-Buëch (05) — 148 C3
Aspret-Sarrat (31) — 169 F3
Asprières (12) — 143 E4
Asque (65) — 169 D3
Asques (33) — 126 B4
Asques (82) — 155 D2
Asquins (89) — 92 A2
Assac (81) — 157 E2
Assainvillers (80) — 37 E2
Assais-les-Jumeaux (79) — 101 E2
Assas (34) — 159 F4
Assat (64) — 168 B2
Assay (37) — 87 D4
Assé-le-Bérenger (53) — 70 B2
Assé-le-Boisne (72) — 70 C1
Assé-le-Riboul (72) — 70 C2
Assenay (10) — 76 C2
Assencières (10) — 76 C1
Assenoncourt (57) — 61 E2
Assérac (44) — 83 E3
Assevent (59) — 29 E1
Assevillers (80) — 27 F3
Assier (46) — 143 D2
Assieu (38) — 134 B2
Assignan (34) — 173 E2
Assigny (18) — 90 C2
Les Assions (07) — 146 B3
Assis-sur-Serre (02) — 38 C1
Asson (64) — 168 B3
Asswiller (67) — 62 A2
Astaffort (47) — 154 C2
Astaillac (19) — 129 F4
Asté (65) — 169 D3
Aste-Béon (64) — 168 A3
Astet (07) — 146 A2
Astillé (53) — 69 E3
Astis (64) — 168 B1
Aston (09) — 183 E4
Astugue (65) — 169 D3
Athée (21) — 94 B3
Athée (53) — 69 E3
Athée-sur-Cher (37) — 88 A3
Athesans-Étroitefontaine (70) — 96 A1
Athie (21) — 92 C2
Athie (89) — 92 B2
Athienville (54) — 61 D3
Athies (62) — 27 F1
Athies (80) — 28 A4
Athies-sous-Laon (02) — 39 D2
Athis (51) — 57 F1
Athis-Mons (91) — 55 D3
Athis-Val de Rouvre (61) — 51 D2
Athos-Aspis (64) — 167 E1
Attainville (95) — 55 D1
Attancourt (52) — 58 C4
Les Attaques (62) — 21 E2
Attenschwiller (68) — 97 E1
Attiches (59) — 23 D4
Attichy (60) — 38 A3
Attignat (01) — 121 F1
Attignat-Oncin (73) — 135 F1
Attignéville (88) — 79 D1
Attigny (08) — 40 B3
Attigny (88) — 79 E3
Attilloncourt (57) — 60 C2
Attilly (02) — 28 B4
Attin (62) — 21 E4
Atton (54) — 60 B2
Attray (45) — 73 F2
Attricourt (70) — 94 B2
Aubagnan (40) — 153 D4
Aubagne (13) — 177 D3
Aubaine (21) — 93 F4
Aubais (30) — 160 A3
Aubarède (65) — 169 D2
Aubas (24) — 128 C4
Aubazat (43) — 132 A3
Aubazines (19) — 129 E3
Aube (57) — 60 C1
Aube (61) — 52 C3
Aubéguimont (76) — 36 B1
Aubenas (07) — 146 C2
Aubenas-les-Alpes (04) — 162 B2
Aubenasson (26) — 147 F2
Aubencheul-au-Bac (59) — 28 B1
Aubencheul-aux-Bois (02) — 28 B3
Aubenton (02) — 29 F4
Aubepierre-Ozouer-le-Repos (77) — 56 A4
Aubepierre-sur-Aube (52) — 78 A4
Auberchicourt (59) — 28 B1
Aubercourt (80) — 27 E4
Aubergenville (78) — 54 B2

Aubérive (51) — 40 A4
Auberive (52) — 78 A4
Auberives-en-Royans (38) — 135 D4
Auberives-sur-Varèze (38) — 134 B2
Aubermesnil-aux-Érables (76) — 36 A1
Aubermesnil-Beaumais (76) — 25 E2
Aubers (59) — 22 C3
Aubertin (64) — 168 A2
Auberville (14) — 33 F3
Auberville-la-Manuel (76) — 24 C2
Auberville-la-Renault (76) — 34 B1
Aubervilliers (93) — 55 D2
Aubessagne (05) — 149 D1
Aubeterre (10) — 76 C1
Aubeterre-sur-Dronne (16) — 139 F3
Aubiac (33) — 139 F3
Aubiac (47) — 154 C1
Aubiat (63) — 119 D3
Aubière (63) — 118 C4
Aubiet (32) — 155 D4
Aubignan (84) — 161 E1
Aubignas (07) — 147 D2
Aubigné (35) — 68 B1
Aubigné (79) — 101 E2
Aubigné-Racan (72) — 87 D1
Aubigné-sur-Layon (49) — 86 A3
Aubignosc (04) — 163 D1
Aubigny (03) — 106 A4
Aubigny (14) — 51 E2
Aubigny (79) — 101 E2
Aubigny (80) — 27 E3
Aubigny-au-Bac (59) — 28 B1
Aubigny-aux-Kaisnes (02) — 38 B1
Aubigny-en-Artois (62) — 27 E1
Aubigny-en-Laonnois (02) — 39 D2
Aubigny-en-Plaine (21) — 94 B4
Aubigny-la-Ronce (21) — 108 B1
Aubigny-Les Clouzeaux (85) — 99 E3
Aubigny-les-Pothées (08) — 40 A1
Aubigny-lès-Sombernon (21) — 93 E3
Aubigny-sur-Nère (18) — 90 B2
Aubilly (51) — 39 E4
Aubin (12) — 143 E3
Aubin (64) — 168 A1
Aubin-Saint-Vaast (62) — 26 C1
Aubinges (18) — 90 B4
Auboncourt-Vauzelles (08) — 40 A2
Aubonne (25) — 96 A4
Aubord (30) — 160 B3
Auboué (54) — 42 B4
Aubous (64) — 153 E4
Aubres (26) — 148 A4
Aubréville (55) — 41 D4
Aubrives (08) — 30 C4
Aubrometz (62) — 27 D1
Aubry-du-Hainaut (59) — 28 C1
Aubry-le-Panthou (61) — 52 A2
Auburé (87) — 81 D2
Aubussargues (30) — 160 B2
Aubusson (23) — 117 E3
Aubusson (61) — 51 D2
Aubusson-d'Auvergne (63) — 119 F4
Aubvillers (80) — 27 E4
Auby (59) — 23 D4
Aucaleuc (22) — 48 C4
Aucamville (31) — 156 A4
Aucamville (82) — 155 F3
Aucazein (09) — 170 B4
Aucelon (26) — 148 A2
Aucey-la-Plaine (50) — 49 F4
Auch (32) — 154 C4
Auchay-sur-Vendée (85) — 100 A4
Auchel (62) — 22 A4
Auchonvillers (80) — 27 E2
Auchy-au-Bois (62) — 22 A4
Auchy-la-Montagne (60) — 36 C2
Auchy-lès-Hesdin (62) — 26 C1
Auchy-les-Mines (62) — 22 C4
Auchy-lez-Orchies (59) — 23 E4
Aucun (65) — 168 B4
Audaux (64) — 167 E1
Audelange (39) — 94 C4
Audeloncourt (52) — 78 C2
Audembert (62) — 21 D2
Audenge (33) — 138 C2
Audes (03) — 105 E4
Audeux (25) — 95 E3
Audeville (45) — 74 A2
Audierne (29) — 64 B2
Audignicourt (02) — 38 B3
Audignies (59) — 29 D1
Audignon (40) — 152 C3
Audigny (02) — 29 D4
Audincourt (25) — 96 C2
Audincthun (62) — 21 F3
Audinghen (62) — 21 D2
Audon (40) — 152 B3
Audouville-la-Hubert (50) — 32 A3
Audrehem (62) — 21 E2
Audressein (09) — 170 B4
Audresselles (62) — 21 D2
Audrieu (14) — 33 D4
Audrix (24) — 141 E1
Audruicq (62) — 21 F2
Audun-le-Roman (54) — 42 A3
Audun-le-Tiche (57) — 42 B2
Auffargis (78) — 54 B3
Aufferville (77) — 74 B2

Auffreville-Brasseuil (78) — 54 B2
Auflance (08) — 41 E2
Auga (64) — 168 B1
Augan (56) — 67 E3
Auge (08) — 29 F4
Auge (23) — 117 F1
Augé (79) — 101 D4
Augea (39) — 109 E3
Auger-Saint-Vincent (60) — 37 F4
Augerans (39) — 109 F1
Augères (23) — 116 C2
Augerolles (63) — 119 F4
Augers-en-Brie (77) — 56 C3
Augerville-la-Rivière (45) — 74 B2
Augicourt (70) — 79 E4
Augignac (24) — 128 A1
Augirein (09) — 170 B4
Augisey (39) — 109 F3
Augnat (63) — 131 F2
Augnax (32) — 155 D4
Augne (87) — 116 C4
Augny (57) — 60 B1
Auguaise (61) — 52 C3
Augy (02) — 38 C3
Augy (89) — 76 A4
Augy-sur-Aubois (18) — 105 F2
Aujac (17) — 113 E3
Aujac (30) — 146 A4
Aujan-Mournède (32) — 169 F1
Aujargues (30) — 160 A3
Aujeurres (52) — 94 B1
Aujols (46) — 142 B3
Aulan (26) — 148 B4
Aulas (30) — 159 E2
Aulhat-Flat (63) — 132 A1
Aullène (2A) — 191 D2
Aulnat (63) — 119 D4
Aulnay (10) — 58 A4
Aulnay (17) — 113 F2
Aulnay (86) — 101 F1
Aulnay-la-Rivière (45) — 74 A2
Aulnay-l'Aître (51) — 58 B2
Aulnay-sous-Bois (93) — 55 E2
Aulnay-sur-Iton (27) — 53 E1
Aulnay-sur-Marne (51) — 57 F1
Aulnay-sur-Mauldre (78) — 54 B2
Les Aulneaux (72) — 52 B4
Aulnois (88) — 79 D2
Aulnois-en-Perthois (55) — 59 D3
Aulnois-sous-Laon (02) — 39 D2
Aulnois-sur-Seille (57) — 60 C2
Aulnoy (77) — 56 A2
Aulnoy-lez-Valenciennes (59) — 28 C1
Aulnoy-sur-Aube (52) — 78 A4
Aulnoye-Aymeries (59) — 29 E2
Aulon (23) — 116 C2
Aulon (31) — 170 A3
Aulon (65) — 169 E4
Aulos-Sinsat (09) — 183 E4
Ault (80) — 26 A2
Aulus-les-Bains (09) — 183 D2
Aulx-lès-Cromary (70) — 95 F2
Aumagne (17) — 113 E3
Aumale (76) — 36 B1
Aumâtre (80) — 26 B3
Aumelas (34) — 159 E4
Auménancourt (51) — 39 F3
Aumerval (62) — 22 A4
Aumes (34) — 174 B2
Aumessas (30) — 159 D2
Aumetz (57) — 42 A3
Aumeville-Lestre (50) — 32 A2
Aumont (39) — 109 F1
Aumont (80) — 26 C3
Aumont-en-Halatte (60) — 37 E4
Aumur (39) — 94 B4
Aunac-sur-Charente (16) — 114 B3
Aunat (11) — 184 A1
Aunay-en-Bazois (58) — 92 A4
Aunay-les-Bois (61) — 52 B4
Aunay-sous-Auneau (28) — 73 E1
Aunay-sous-Crécy (28) — 53 F3
Auneau-Bleury-
  -Saint-Symphorien (28) — 54 B4
Auneuil (60) — 36 C3
Aunou-le-Faucon (61) — 52 A3
Aunou-sur-Orne (61) — 52 A3
Auppegard (76) — 35 E1
Aups (83) — 163 E4
Auradé (32) — 155 E4
Auradou (47) — 141 E4
Auragne (31) — 171 D1
Auray (56) — 82 B1
Aure (08) — 40 B4
Aure sur Mer (14) — 32 C3
Aureil (87) — 116 B4
Aureilhan (40) — 138 A4
Aureilhan (65) — 169 D2
Aureille (13) — 161 E4
Aurel (26) — 148 A2
Aurel (84) — 162 A1
Aurensan (32) — 153 E4
Aurensan (65) — 169 D2
Aureville (31) — 171 D1
Auriac (11) — 172 C4
Auriac (19) — 130 B3
Auriac (64) — 168 B1

Auriac-du-Périgord (24) — 128 C3
Auriac-Lagast (12) — 157 F1
Auriac-l'Église (15) — 131 F3
Auriac-sur-Dropt (47) — 140 B2
Auriac-sur-Vendinelle (31) — 171 F1
Auriat (23) — 116 C3
Auribail (31) — 171 D2
Auribeau (84) — 162 A3
Auribeau-sur-Siagne (06) — 179 F1
Aurice (40) — 152 C3
Auriébat (65) — 169 D1
Aurières (63) — 118 B4
Aurignac (31) — 170 A2
Aurillac (15) — 143 F1
Aurimont (32) — 155 D4
Aurin (31) — 171 E1
Auriol (13) — 177 F2
Auriolles (33) — 140 A1
Aurions-Idernes (64) — 153 E4
Auris (38) — 136 A4
Aurons (13) — 161 F4
Auros (33) — 139 F3
Aurouër (03) — 106 B3
Auroux (48) — 145 F2
Aurseulles (14) — 50 C1
Aussac (81) — 157 D3
Aussac-Vadalle (16) — 114 B3
Ausseing (31) — 170 B3
Aussevielle (64) — 168 A1
Aussillon (81) — 172 B1
Aussois (73) — 137 D3
Aussonce (08) — 40 A3
Aussonne (31) — 155 F4
Aussos (32) — 169 F1
Aussurucq (64) — 167 E2
Autainville (41) — 72 C4
Autechaux (25) — 96 A3
Autechaux-Roide (25) — 96 C2
Les Autels (02) — 29 F4
Les Autels-Villevillon (28) — 72 A2
Auterive (31) — 171 D2
Auterive (32) — 154 C4
Auterive (82) — 155 E3
Auterrive (64) — 167 E1
Autet (70) — 95 D2
Auteuil (60) — 36 C3
Auteuil (78) — 54 B2
Autevielle-
  -Saint-Martin-Bideren (64) — 167 E1
Authe (08) — 40 C3
Autheuil-Authouillet (27) — 53 F1
Autheuil-en-Valois (60) — 56 A1
Autheux (80) — 27 D2
Authevernes (27) — 36 A4
Authezat (63) — 131 F1
Authie (14) — 33 E4
Authie (80) — 27 E2
Authieule (80) — 27 D2
Les Authieux (27) — 53 F2
Les Authieux-du-Puits (61) — 52 B3
Authieux-Ratiéville (76) — 35 E2
Les Authieux-sur-Calonne (14) — 34 B3
Les Authieux-sur-le-Port-
  -Saint-Ouen (76) — 35 E3
Authiou (58) — 91 F3
Authoison (70) — 95 F2
Authon (04) — 149 E4
Authon (41) — 88 A1
Authon-du-Perche (28) — 72 A2
Authon-Ébéon (17) — 113 E3
Authon-la-Plaine (91) — 73 F1
Authou (27) — 34 C4
Authuille (80) — 27 F3
Authume (39) — 94 C4
Authumes (71) — 109 E1
Autichamp (26) — 147 F2
Autignac (34) — 173 E2
Autigny (76) — 35 D1
Autigny-la-Tour (88) — 79 D1
Autigny-le-Grand (52) — 59 D4
Autigny-le-Petit (52) — 59 D4
Autingues (62) — 21 E2
Autoire (46) — 142 C1
Autoreille (70) — 95 D3
Autouillet (78) — 54 B2
Autrac (43) — 131 F2
Autrans-Méaudre en Vercors (38) — 135 E3
Autrèche (37) — 88 A2
Autrechêne (90) — 96 C1
Autrêches (60) — 38 B3
Autrecourt-et-Pourron (08) — 40 C2
Autrécourt-sur-Aire (55) — 59 D1
Autremencourt (02) — 29 D4
Autrepierre (54) — 61 E3
Autreppes (02) — 29 E3
Autreville (02) — 38 B2
Autreville (88) — 60 A4
Autréville-Saint-Lambert (55) — 41 D2
Autreville-sur-la-Renne (52) — 78 A2
Autreville-sur-Moselle (54) — 60 B2
Autrey (54) — 60 B4
Autrey (88) — 80 B1
Autrey-le-Vay (70) — 96 A2
Autrey-lès-Cerre (70) — 96 A1
Autrey-lès-Gray (70) — 94 C2
Autricourt (21) — 77 E3
Autruche (08) — 40 C3

utruy-sur-Juine (45) 73 **F2**
utry (08) 40 **C4**
utry-Issards (03) 106 **A3**
utry-le-Châtel (45) 90 **B1**
utun (71) 107 **F1**
uty (82) 156 **A1**
uvare (06) 164 **B2**
uve (51) 58 **B1**
uvernaux (91) 55 **E4**
uvers (43) 132 **A4**
uvers (50) 32 **A3**
uvers-le-Hamon (72) 70 **B3**
uvers-Saint-Georges (91) 55 **D4**
uvers-sous-Montfaucon (72) 70 **C3**
uvers-sur-Oise (95) 54 **C1**
uvet-et-la-Chapelotte (70) 94 **C2**
uvillar (82) 155 **D2**
uvillars (14) 34 **A4**
uvillars-sur-Saône (21) 94 **A4**
uvilliers-les-Forges (08) 30 **A4**
uvilliers (76) 36 **A1**
uvilliers-en-Gâtinais (45) 74 **B3**
ux-Aussat (32) 169 **E1**
ux Marais (60) 36 **C3**
uxais (50) 32 **A4**
uxange (39) 95 **D4**
uxant (21) 93 **E4**
uxelles-Bas (90) 80 **B4**
uxelles-Haut (90) 80 **B4**
uxerre (89) 76 **A4**
uxey-Duresses (21) 108 **B1**
uxi-le-Château (62) 26 **C1**
uxon (10) 76 **B3**
uxon (70) 95 **F1**
uxonne (21) 94 **B4**
es Auxons (25) 95 **E3**
uxy (45) 74 **B2**
uxy (71) 108 **A1**
uzainvilliers (88) 79 **D2**
uzances (23) 117 **F2**
uzas (31) 170 **A3**
uzat (09) 183 **D3**
uzat-la-Combelle (63) 132 **A2**
uzebosc (76) 34 **C2**
uzelles (63) 132 **B1**
uzers (15) 130 **C3**
uzet (04) 149 **F4**
uzeville-Tolosane (31) 171 **D1**
uzielle (31) 171 **E1**
uzits (12) 143 **F3**
uzon (43) 132 **A2**
uzouer-en-Touraine (37) 88 **A2**
uzouville-l'Esneval (76) 35 **D2**
uzouville-sur-Ry (76) 35 **F3**
uzouville-sur-Saâne (76) 35 **D1**
vailles-en-Châtellerault (86). 102 **B2**
vailles-Limouzine (86) 115 **D2**
vailles-sous-Seiche (35) 69 **D3**
vailles-Thouarsais (79) 101 **E1**
vajan (65) 169 **E4**
vallon (89) 92 **B2**
es Avanchers-Valmorel (73) 136 **C1**
vançon (05) 149 **E3**
vançon (08) 39 **F3**
vanne-Aveney (25) 95 **E3**
vant-lès-Marcilly (10) 76 **A1**
vant-lès-Ramerupt (10) 76 **C1**
vanton (86) 102 **A3**
vapessa (2B) 186 **C3**
varay (41) 89 **D1**
vaux (08) 39 **F3**
veize (69) 120 **C4**
veizieux (42) 133 **F1**
velanges (21) 94 **A1**
velesges (80) 26 **C3**
velin (59) 23 **D4**
veluy (80) 27 **F3**
venay (14) 33 **D4**
venay-Val-d'Or (51) 57 **E1**
vène (34) 158 **B3**
es Avenières
Veyrins-Thuellin (38) 122 **B4**
vensac (32) 155 **D3**
vensan (33) 125 **F4**
ventignan (65) 169 **F3**
veran (65) 168 **C3**
verdoingt (62) 27 **E1**
verdon (41) 88 **C1**
vermes (03) 106 **B3**
vernes (95) 54 **B1**
vernes-Saint-Gourgon (61) 52 **B2**
véron-Bergelle (32) 153 **F3**
verton (53) 70 **B1**
vesnelles (59) 29 **E2**
vesnes (62) 21 **E4**
vesnes-Chaussoy (80) 26 **B3**
vesnes-en-Bray (76) 36 **B3**
vesnes-en-Saosnois (72) 71 **E2**
vesnes-en-Val (76) 25 **F2**
vesnes-le-Comte (62) 27 **E1**
vesnes-le-Sec (59) 28 **C1**
vesnes-les-Aubert (59) 28 **C2**
vesnes-lès-Bapaume (62) 27 **F2**
vesnes-sur-Helpe (59) 29 **E2**
vessac (44) 67 **F4**
vessé (72) 70 **B3**
veux (65) 169 **F4**
vezac-Prat-Lahitte (65) 169 **E3**

Avezan (32) 155 **D3**
Avèze (30) 159 **E2**
Avèze (63) 131 **D1**
Avezé (72) 71 **F2**
Avignon (84) 161 **D2**
Avignon-lès-Saint-Claude (39) ...110 **A4**
Avignonet (38) 135 **E4**
Avignonet-Lauragais (31) 171 **F2**
Avillers (54) 42 **A3**
Avillers (88) 79 **F1**
Avillers-Sainte-Croix (55) 60 **A1**
Avilley (25) 95 **F2**
Avilly-Saint-Léonard (60) 37 **E4**
Avion (62) 22 **C4**
Avioth (55) 41 **E2**
Avirey-Lingey (10) 77 **D3**
Aviron (27) 53 **E1**
Avize (51) 57 **E2**
Avocourt (55) 41 **D4**
Avoine (37) 87 **D3**
Avoine (61) 51 **F3**
Avoise (72) 70 **B4**
Avolsheim (67) 62 **B3**
Avon (77) 74 **C1**
Avon (79) .... .101 **E4**
Avon-la-Pèze (10) 76 **A1**
Avon-les-Roches (37) 87 **E4**
Avondance (62) 21 **F4**
Avord (18) 105 **E1**
Avosnes (21) 93 **E4**
Avot (21) 94 **A1**
Avoudrey (25) 96 **A4**
Avrainville (54) 60 **B3**
Avrainville (88) 79 **F1**
Avrainville (91) 55 **D4**
Avranches (50) 50 **A3**
Avranville (88) 78 **C1**
Avrechy (60) 37 **E3**
Avrecourt (52) 78 **C3**
Avrée (58) 107 **D2**
Avremesnil (76) 25 **D2**
Avressieux (73) 135 **F1**
Avreuil (10) 76 **B3**
Avricourt (54) 61 **E3**
Avricourt (57) 61 **E3**
Avricourt (60) 38 **A2**
Avrieux (73) 137 **D3**
Avrigney-Virey (70) 95 **D3**
Avrigny (60) 37 **E3**
Avril (54) 42 **B3**
Avril-sur-Loire (58) 106 **B2**
Avrillé (49) 86 **A2**
Avrillé (85) 99 **E3**
Avrillé-les-Ponceaux (37) 87 **D2**
Avrilly (03) 120 **A1**
Avrilly (61) 51 **D4**
Avroult (62) 21 **F3**
Avy (17) 126 **B1**
Awoingt (59) 28 **B2**
Ax-les-Thermes (09) 183 **F3**
Axat (11) 184 **B1**
Axiat (09) 183 **F2**
Aÿ-Champagne (51) 57 **E1**
Ay-sur-Moselle (57) 42 **C4**
Ayat-sur-Sioule (63) 118 **B2**
Aydat (63) .... .118 **A2**
Aydie (64) 153 **E4**
Aydius (64) 168 **A3**
Aydoilles (88) 80 **A2**
Ayen (19) 129 **D3**
Ayencourt (80) 37 **E2**
Ayette (62) 27 **F2**
Ayguatébia-Talau (66) 184 **B2**
Ayguemorte-les-Graves (33) 139 **E1**
Ayguesvives (31) 171 **E1**
Ayguetinte (32) 154 **B3**
Ayherre (64) 166 **C1**
Ayn (73) 135 **F1**
Aynac (46) 142 **C1**
Les Aynans (70) 96 **A1**
Ayrens (15) 130 **B4**
Ayron (86) .... .101 **F3**
Ayros-Arbouix (65) 168 **C3**
Ayse (74) 123 **F2**
Ayssènes (12) 158 **A2**
Aytré (17) .... .112 **B1**
Les Ayvelles (08) 40 **B1**
Ayzac-Ost (65) 168 **C3**
Ayzieu (32) 153 **F3**
Azannes-et-Soumazannes (55) ... 41 **E3**
Azas (31) 156 **B4**
Azat-Châtenet (23) .... .116 **C2**
Azat-le-Ris (87) .... .115 **F1**
Azé (41) 72 **A4**
Azé (71) 108 **B4**
Azelot (54) 60 **C4**
Azerables (23) 103 **F4**
Azerailles (54) 61 **E4**
Azerat (24) 128 **C3**
Azérat (43) 132 **A2**
Azereix (65) 168 **C2**
Azet (65) 181 **E2**

Azeville (50) 32 **A2**
Azillanet (34) 173 **D2**
Azille (11) 173 **D2**
Azilone-Ampaza (2A) 189 **D4**
Azincourt (62) 21 **F4**
Azolette (69) 120 **C1**
Azoudange (57) 61 **E3**
Azur (40) 151 **F3**
Azy (18) 90 **C4**
Azy-le-Vif (58) 106 **B2**
Azy-sur-Marne (02) 56 **C1**
Azzana (2A) 188 **C3**

B

Baâlon (55) 41 **D2**
Baâlons (08) 40 **B2**
Babeau-Bouldoux (34) 173 **E1**
Babœuf (60) 38 **A2**
Baby (77) 75 **E1**
Baccarat (54) 61 **E4**
Baccon (45) 73 **D4**
Bach (46) 142 **C4**
Bachant (59) 29 **E2**
Bachas (31) 170 **B2**
La Bachellerie (24) 128 **C3**
Bachos (31) 169 **F4**
Bachy (59) 23 **E4**
Bacilly (50) 49 **F3**
Baconnes (51) 58 **A1**
La Baconnière (53) 69 **E2**
Bacouël (60) 37 **E2**
Bacouel-sur-Selle (80) 27 **D4**
Bacourt (57) 60 **C2**
Bacquepuis (27) 53 **E1**
Bacqueville (27) 35 **F3**
Bacqueville-en-Caux (76) 35 **E1**
Badailhac (15) 144 **A1**
Badaroux (48) 145 **E3**
Badecon-le-Pin (36) 103 **F3**
Badefols-d'Ans (24) 128 **C3**
Badefols-sur-Dordogne (24). 141 **E1**
Baden (56) 82 **B1**
Badens (31) 172 **C3**
Badevel (25) 96 **C2**
Badménil-aux-Bois (88) 80 **A1**
Badonviller (54) 61 **F4**
Badonvilliers-Gérauvilliers (55)... 59 **F4**
Baerendorf (67) 62 **A2**
Baerenthal (57) 62 **B1**
La Baffe (88) 80 **A2**
Baffie (63) 132 **C1**
Bagard (30) 160 **A2**
Bagas (33) 140 **A2**
Bâgé-Dommartin (01) 121 **E1**
Bâgé-le-Châtel (01) 121 **E1**
Bagert (09) 182 **C1**
Bages (11) 173 **E1**
Bages (66) 185 **E2**
Bagiry (31) 169 **F4**
Bagnac-sur-Célé (46) 143 **E2**
Bagneaux (89) 76 **A2**
Bagneaux-sur-Loing (77) 74 **C2**
Bagnères-de-Bigorre (65) 169 **D3**
Bagnères-de-Luchon (31) 181 **F2**
Bagneux (02) 38 **B4**
Bagneux (36) 106 **A3**
Bagneux (36) 89 **E4**
Bagneux (51) 57 **E4**
Bagneux (54) 60 **A4**
Bagneux (92) 55 **D3**
Bagneux-la-Fosse (10) 77 **D3**
Bagnizeau (17) .... .113 **F3**
Bagnoles (11) 172 **C2**
Bagnoles de l'Orne
Normandie (61) 51 **E4**
Bagnolet (93) 55 **E2**
Bagnols (63) 131 **D1**
Bagnols (69) 121 **D3**
Bagnols-en-Forêt (83) 179 **E1**
Bagnols-sur-Cèze (30) 161 **D1**
Bagnot (21) 94 **A4**
Baguer-Morvan (35) 49 **E4**
Baguer-Pican (35) 49 **E3**
Baho (66) 185 **E1**
Bahus-Soubiran (40) 153 **D4**
Baigneaux (28) 73 **E2**
Baigneaux (33) 139 **F1**
Baignes (70) 95 **E1**
Baignes-Sainte-Radegonde (16). 126 **C2**
Baigneux-les-Juifs (21) 93 **E1**
Baigts (40) 152 **B3**
Baigts-de-Béarn (64) 152 **C4**
Baillargues (34) 175 **D1**
Bailleau-Armenonville (28) ... 54 **A4**
Bailleau-l'Évêque (28) 72 **C1**
Bailleau-le-Pin (28) 72 **C1**
Baillestavy (34) 184 **C2**
Baillet-en-France (95) 55 **D1**
Bailleul (59) 22 **C3**
Bailleul (61) 51 **F2**
Le Bailleul (72) 70 **B4**
Bailleul (80) 26 **B3**
Bailleul-aux-Cornailles (62) 27 **E1**
Bailleul-la-Vallée (27) 34 **B4**
Bailleul-le-Soc (60) 37 **E3**

Bailleul-lès-Pernes (62) 22 **A4**
Bailleul-Neuville (76) 36 **A1**
Bailleul-Sir-Berthoult (62) 28 **A1**
Bailleul-sur-Thérain (60) 37 **D3**
Bailleulmont (62) 27 **E2**
Bailleulval (62) 27 **F2**
Bailleval (60) 37 **E3**
Bailly (60) 38 **A2**
Bailly (78) 54 **C2**
Bailly-aux-Forges (52) 58 **C4**
Bailly-en-Rivière (76) 25 **F2**
Bailly-le-Franc (10) 58 **B4**
Bailly-Romainvilliers (77) 55 **F2**
Bain-de-Bretagne (35) 68 **B4**
Baincthun (62) 21 **D3**
Bainghen (62) 21 **E2**
Bains (43) 132 **C4**
Bains-sur-Oust (35) 67 **F4**
Bainville-aux-Miroirs (54) 60 **C4**
Bainville-aux-Saules (88) 79 **F2**
Bainville-sur-Madon (54) 60 **B4**
Bairols (06) 164 **C2**
Bairon et ses environs (08) 40 **B2**
Bais (35) 68 **C3**
Bais (53) 70 **B1**
Baisieux (59) 23 **E3**
Baissey (52) 78 **B4**
Baives (59) 29 **F2**
Baix (07) 147 **E2**
Baixas (66) 185 **E1**
Baizieux (80) 27 **E3**
Le Baizil (51) 57 **D2**
Bajamont (47) 141 **D4**
Bajonnette (32) 155 **D3**
Bajus (62) 22 **B4**
Balacet (09) 170 **B4**
Baladou (46) 142 **B1**
Balagny-sur-Thérain (60) 37 **D4**
Balaguères (09) 170 **B4**
Balaguier-d'Olt (12) 143 **D3**
Balaguier-sur-Rance (12). 157 **F3**
Balaiseaux (39) 109 **E1**
Balan (01) 121 **F3**
Balan (08) 40 **C1**
Balanod (39) 109 **E4**
Balansun (64) 167 **F1**
Balanzac (17) .... .113 **D4**
Balaruc-le-Vieux (34) 174 **C2**
Balaruc-les-Bains (34) 174 **B2**
Balâtre (80) 38 **A1**
Balazé (35) 69 **D2**
Balazuc (07) 146 **C3**
Balbigny (42) 120 **B3**
Balbronn (67) 62 **B3**
Baldenheim (67) 81 **F1**
Baldersheim (68) 81 **E4**
La Baleine (50) 50 **A1**
Baleix (64) 168 **C1**
Balesta (31) 169 **F2**
Baleyssagues (47) 140 **B2**
Balgau (68) 81 **F3**
Balham (08) 39 **F2**
Balignac (82) 155 **D2**
Balignicourt (10) 58 **A4**
Bâlines (27) 53 **D3**
Balinghem (62) 21 **E2**
Baliracq-Maumusson (64) 153 **E4**
Baliros (64) 168 **B2**
Balizac (33) 139 **E3**
Ballainvilliers (91) 55 **D3**
Ballaison (74) 123 **F1**
Ballan-Miré (37) 87 **F3**
Ballancourt-sur-Essonne (91) ... 55 **D4**
Ballans (17) .... .113 **F2**
Ballay (08) 40 **B3**
Balledent (87) .... .116 **A2**
Balleroy-sur-Drôme (14) 32 **C4**
Ballersdorf (68) 97 **D1**
Balléville (88) 79 **D1**
Ballon (17) .... .112 **C2**
Ballon-Saint Mars (72) 71 **D2**
Ballons (26) 148 **C4**
Ballore (71) 108 **A3**
Ballots (53) 69 **E3**
Balloy (77) 75 **E1**
Balma (31) 156 **A4**
La Balme (73) 122 **C4**
La Balme-de-Sillingy (74) 123 **D2**
La Balme-de-Thuy (74) 123 **E3**
La Balme-les-Grottes (38) 122 **A3**
Balnot-la-Grange (10) 76 **C3**
Balnot-sur-Laignes (10) 77 **D3**
Balogna (2A) 188 **B3**
Balot (21) 77 **D4**
Balschwiller (68) 97 **D1**
Balsièges (48) 145 **E3**
Baltzenheim (68) 81 **F2**
Balzac (16) .... .114 **B4**
Bambecque (59) 22 **B2**
Bambiderstroff (57) 43 **D4**
Ban-de-Laveline (88) 80 **C1**
Ban-de-Sapt (88) 80 **C1**
Le Ban-Saint-Martin (57) 60 **B1**
Ban-sur-Meurthe-Clefcy (88) ... 80 **C2**
Banassac-Canilhac (48) 145 **D3**
Banca (64) 166 **C3**

Bancigny (02) 29 E4
Bancourt (62) 28 A2
Bandol (83) 177 F4
Baneins (01) 121 E2
Baneuil (24) 141 D1
Bangor (56) 82 A3
Banios (65) 169 D3
Banize (23) 117 D3
Bannalec (29) 65 E2
Bannans (25) 110 C1
Bannay (18) 90 C3
Bannay (51) 57 D2
Bannay (57) 43 D4
Banne (07) 146 B4
Bannegon (18) 105 E2
Bannes (46) 143 D1
Bannes (51) 57 E3
Bannes (52) 78 B4
Bannes (53) 70 B3
Banneville-la-Campagne (14) 33 E4
Bannières (65) 156 B4
Bannoncourt (55) 59 F2
Bannost-Villegagnon (77) 56 B3
Banogne-Recouvrance (08) 39 F2
Banon (04) 162 B2
Banos (40) 152 C3
Bans (39) 109 F1
Bansat (63) 132 A1
Bantanges (71) 109 D3
Banteux (59) 28 B2
Banthelu (95) 54 B1
Bantheville (55) 41 D3
Bantigny (59) 28 B1
Bantouzelle (59) 28 B2
Bantzenheim (68) 81 F4
Banvillars (90) 96 C1
Banville (14) 33 D3
Banvou (61) 51 D3
Banyuls-dels-Aspres (66) 185 E2
Banyuls-sur-Mer (66) 185 F3
Baon (89) 76 C4
Baons-le-Comte (76) 35 D2
Bapaume (62) 28 A2
Bar (19) 129 F2
Bar-le-Duc (55) 59 D3
Bar-sur-Aube (10) 77 E2
Le Bar-sur-Loup (06) 164 C4
Bar-sur-Seine (10) 77 D2
Baracé (49) 86 A1
Baraigne (11) 171 F2
Baraize (36) 103 F4
Baralle (62) 28 A2
Baraqueville (12) 157 E1
Barastre (62) 28 A2
Baratier (05) 150 A2
Barbachen (65) 169 D1
Barbaggio (2B) 187 E3
Barbaira (11) 172 C3
Barbaise (08) 40 B1
Barbas (54) 61 E4
Barbaste (47) 154 A1
Barbâtre (85) 98 B1
Barbazan (31) 169 F3
Barbazan-Debat (65) 169 D2
Barbazan-Dessus (65) 169 D3
La Barben (13) 161 F4
Barbentane (13) 161 D3
Barberaz (73) 136 A1
Barberey-Saint-Sulpice (10) 76 B1
Barberier (03) 119 D1
Barbery (14) 51 E1
Barbery (60) 37 F4
Barbeville (14) 32 C3
Barbey (77) 75 D1
Barbey-Seroux (88) 80 C2
Barbezières (16) 114 A3
Barbezieux-Saint-Hilaire (16) 126 C1
Barbières (26) 134 C4
Barbirey-sur-Ouche (21) 93 F3
Barbizon (77) 74 B1
Barbonne-Fayel (51) 57 D3
Barbonville (54) 60 C4
Le Barboux (25) 96 B4
Barbuise (10) 56 C4
Barby (08) 40 A2
Barby (73) 136 A1
Barc (27) 53 D1
Le Barcarès (66) 185 F1
Barcelonne (26) 147 F1
Barcelonne-du-Gers (32) 153 E3
Barcelonnette (04) 150 B3
Barchain (57) 61 F3
Barcillonnette (05) 149 D3
Barcugnan (32) 169 E1
Barcus (64) 167 F2
Barcy (77) 56 A1
Bard (42) 133 D1
Bard-le-Régulier (21) 93 D4
Bard-lès-Époisses (21) 92 C2
Bard-lès-Pesmes (70) 94 C3
La Barde (17) 127 D3
Bardenac (16) 127 D2
Bardigues (82) 155 D2
Le Bardon (45) 73 D4
Bardos (64) 167 D1
Bardou (24) 141 D2
Bardouville (76) 35 D3

Barèges (65) 181 D2
Bareilles (65) 169 E4
Barembach (67) 62 A4
Baren (31) 169 F4
Barenton (50) 50 C3
Barenton-Bugny (02) 39 D2
Barenton-Cel (02) 39 D2
Barenton-sur-Serre (02) 39 D1
Barésia-sur-l'Ain (39) 109 F3
Barfleur (50) 32 A1
Bargème (83) 164 A4
Bargemon (83) 163 F4
Barges (21) 94 A3
Barges (43) 146 A1
Barges (70) 79 D4
Bargny (60) 38 A4
Barguelonne-en-Quercy (46) 142 A4
Barie (33) 139 F2
Les Barils (27) 53 D3
Barinque (64) 168 B1
Barisey-au-Plain (54) 60 A4
Barisey-la-Côte (54) 60 A4
Barisis-aux-Bois (02) 38 B2
Barizey (71) 108 B2
Barjac (09) 182 C1
Barjac (30) 146 C4
Barjac (48) 145 E3
Barjols (83) 163 D4
Barjon (21) 94 A1
Barjouville (28) 72 C1
Barles (04) 149 F4
Barlest (65) 168 C3
Barleux (80) 28 A3
Barlieu (18) 90 B2
Barlin (62) 22 B4
Barly (62) 27 E1
Barly (80) 27 D2
Barmainville (28) 73 F2
Barnas (07) 146 B2
Barnave (26) 148 B2
Barneville-Carteret (50) 31 D3
Barneville-la-Bertran (14) 34 A3
Barneville-sur-Seine (27) 35 D3
Les Baroches (54) 42 A4
Baromesnil (76) 26 A3
Baron (30) 160 B2
Baron (33) 139 E1
Baron (60) 55 F1
Baron (71) 107 F4
Baron-sur-Odon (14) 33 D4
La Baronnie (27) 53 F2
Baronville (57) 61 D2
Barou-en-Auge (14) 51 F2
Baroville (10) 77 E2
Le Barp (33) 138 C2
Barquet (27) 53 D1
Barr (67) 62 B4
Barrais-Bussolles (03) 119 F1
Barran (32) 154 B4
Barrancoueu (65) 169 E4
Barras (04) 163 D1
Barraute-Camu (64) 167 E1
Barraux (38) 136 A1
La Barre (39) 95 D4
La Barre (70) 95 F2
Barre (81) 158 A3
La Barre-de-Monts (85) 98 B2
La Barre-de-Semilly (50) 32 B4
Barre-des-Cévennes (48) 145 F4
Barrême (04) 163 F2
Barret (16) 126 C1
Barret-de-Lioure (26) 162 B1
Barret-sur-Méouge (05) 148 C4
Barretaine (39) 109 F2
Barrettali (2B) 187 E1
Barriac-les-Bosquets (15) 130 B3
Barro (16) 114 B2
Barrou (37) 102 C1
Le Barroux (84) 161 F1
Barry (65) 168 C3
Barry-d'Islemade (82) 155 F2
Bars (24) 128 C3
Bars (32) 169 E1
Barsac (26) 148 A2
Barsac (33) 139 E2
Barst (57) 61 E1
Bart (25) 96 B2
Bartenheim (68) 97 E1
Barthe (65) 169 E2
La Barthe-de-Neste (65) 169 E4
Bartherans (25) 95 E4
Les Barthes (82) 155 E1
Bartrès (65) 168 C3
Barville (27) 34 B4
Barville (61) 52 B4
Barville (88) 79 D1
Barville-en-Gâtinais (45) 74 B3
Barzan (17) 125 F1
Barzun (64) 168 C2
Barzy-en-Thiérache (02) 29 D3
Barzy-sur-Marne (02) 56 C1
Bas-en-Basset (43) 133 D2
Bas-et-Lezat (63) 119 D2
Bas-Lieu (59) 29 E2
Bas-Mauco (40) 153 D3
Le Bas Ségala (12) 143 E4

Bascons (40) 153 D3
Bascous (32) 154 A3
Baslieux (54) 42 A3
Baslieux-lès-Fismes (51) 39 D3
Baslieux-sous-Châtillon (51) 57 D1
Basly (14) 33 E3
Bassac (16) 114 A4
Bassan (34) 173 F1
Bassanne (33) 139 F2
Basse-Goulaine (44) 84 B3
Basse-Ham (57) 42 C3
Basse-Rentgen (57) 42 B2
Basse-sur-le-Rupt (88) 80 B3
La Basse-Vaivre (70) 79 E3
La Bassée (59) 22 C4
Bassemberg (67) 81 D1
Basseneville (14) 33 F4
Bassens (33) 126 A4
Bassens (73) 136 A1
Bassercles (40) 152 C4
Basses (86) 86 C4
Basseux (62) 27 F2
Bassevelle (77) 56 B2
Bassignac (15) 130 C2
Bassignac-le-Bas (19) 129 F4
Bassignac-le-Haut (19) 130 A3
Bassigney (70) 79 F4
Bassillac et Auberoche (24) 128 A3
Bassillon-Vauzé (64) 168 C1
Bassing (57) 61 E2
Bassoles-Aulers (02) 38 C2
Bassoncourt (52) 78 C3
Bassou (89) 75 F4
Bassoues (32) 154 A4
Bassu (51) 58 B2
Bassuet (51) 58 B3
Bassurels (48) 159 E1
Bassussarry (64) 166 B1
Bassy (74) 123 D2
Bastanès (64) 167 F1
Bastelica (2A) 189 D4
Bastelicaccia (2A) 188 C4
Bastennes (40) 152 B4
Bastia (2B) 187 E2
La Bastide (66) 185 D2
La Bastide (83) 164 A3
La Bastide-Clairence (64) 166 C1
La Bastide-de-Besplas (09) 170 C3
La Bastide-de-Bousignac (09) 171 F3
La Bastide-de-Lordat (09) 171 E3
La Bastide-de-Sérou (09) 183 D1
La Bastide-d'Engras (30) 160 C1
La Bastide-des-Jourdans (84) 162 B3
La Bastide-du-Salat (09) 170 B3
La Bastide-Pradines (12) 158 B2
La Bastide-Puylaurent (48) 146 A2
La Bastide-Solages (12) 157 F2
La Bastide-sur-l'Hers (09) 171 F4
La Bastidonne (84) 162 B4
Le Bastit (46) 142 C2
Basville (23) 117 F3
Bathelémont (54) 61 D3
Bathernay (26) 134 B3
La Bâthie (73) 123 F4
La Bâtie-des-Fonds (26) 148 C3
La Bâtie-Montgascon (38) 135 E1
La Bâtie-Montsaléon (05) 148 C3
La Bâtie-Neuve (05) 149 E2
La Bâtie-Rolland (26) 147 E3
La Bâtie-Vieille (05) 149 E2
Les Bâties (70) 95 E2
Batilly (54) 42 B4
Batilly-en-Gâtinais (45) 74 A3
Batilly-en-Puisaye (45) 90 C1
Bats (40) 153 D4
Batsère (65) 169 E3
Battenans-les-Mines (25) 95 F2
Battenans-Varin (25) 96 B3
Battenheim (68) 81 E4
Battexey (88) 79 F1
Battigny (54) 60 B4
Battrans (70) 94 C2
Batz-sur-Mer (44) 83 D3
Batzendorf (67) 62 C2
Baubigny (21) 108 B1
Baubigny (50) 31 D2
La Bauche (73) 135 F1
Baud (56) 66 B3
Baudement (51) 57 D4
Baudemont (71) 120 B1
Baudignan (40) 153 F1
Baudinard-sur-Verdon (83) 163 E3
Baudoncourt (70) 80 A4
Baudonvilliers (55) 59 D3
Baudre (50) 50 B1
Baudrecourt (52) 78 A1
Baudrecourt (57) 61 D1
Baudreix (64) 168 B2
Baudrémont (55) 59 E2
Baudres (36) 89 D4
Baudreville (28) 73 E1
Baudricourt (88) 79 E1
Baudrières (71) 109 D3
Bauduen (83) 163 E3
Baugé-en-Anjou (49) 86 C2
Baugy (18) 90 C4
Baugy (60) 37 F3
Baugy (71) 120 A1

Baulay (70) . . . . 79 E
Baule (45) . . . . 73 D
La Baule-Escoublac (44) . . . . 83 E
Baulme-la-Roche (21) . . . . 93 E
Baulne (91) . . . . 55 D
Baulny (55) . . . . 40 C
Baulon (35) . . . . 68 A
Baulou (09) . . . . 171 D
La Baume (74) . . . . 124 A
La Baume-Cornillane (26) . . . . 147 F
La Baume-de-Transit (26) . . . . 147 E
La Baume-d'Hostun (26) . . . . 135 D
La Baume-les-Dames (25) . . . . 96 A
Baume-les-Messieurs (39) . . . . 109 F
Baupte (50) . . . . 32 A
Baurech (33) . . . . 139 E
La Baussaine (35) . . . . 68 A
Bauvin (59) . . . . 22 C
Les Baux-de-Breteuil (27) . . . . 53 D
Les Baux-de-Provence (13) . . . . 161 D
Les Baux-Sainte-Croix (27) . . . . 53 E
Bauzemont (54) . . . . 61 D
Bauzy (41) . . . . 89 D
Bavans (25) . . . . 96 B
Bavay (59) . . . . 29 D
Bavelincourt (80) . . . . 27 E
Bavent (14) . . . . 33 F
Baverans (39) . . . . 94 C
Bavilliers (90) . . . . 96 C
Bavinchove (59) . . . . 22 A
Bavincourt (62) . . . . 27 E
Bax (31) . . . . 170 C
Bay (70) . . . . 95 D
Bay-sur-Aube (52) . . . . 78 A
Bayac (24) . . . . 141 D
Bayard-sur-Marne (52) . . . . 59 D
Bayas (33) . . . . 126 C
Baye (29) . . . . 65 E
Baye (51) . . . . 57 D
Bayecourt (88) . . . . 80 A
Bayel (10) . . . . 77 F
Bayencourt (80) . . . . 27 E
Bayenghem-lès-Éperlecques (62) . . . . 21 F
Bayenghem-lès-Seninghem (62) . . . . . 21 F
Bayet (03) . . . . 119 D
Bayeux (14) . . . . 32 C
Bayon (54) . . . . 60 C
Bayon-sur-Gironde (33) . . . . 126 A
Bayonne (64) . . . . 151 E
Bayons (04) . . . . 149 E
Bayonville (08) . . . . 40 C
Bayonville-sur-Mad (54) . . . . 60 B
Bayonvillers (80) . . . . 27 E
Bazac (16) . . . . 127 D
Bazaiges (36) . . . . 103 F
Bazailles (54) . . . . 42 A
Bazainville (78) . . . . 54 B
Bazancourt (51) . . . . 39 F
Bazancourt (60) . . . . 36 B
Bazarnes (89) . . . . 92 A
Bazas (33) . . . . 139 F
Bazauges (17) . . . . 113 F
Bazegney (88) . . . . 79 F
Bazeilles (08) . . . . 40 C
Bazeilles-sur-Othain (55) . . . . 41 E
Bazelat (23) . . . . 103 F
Bazemont (78) . . . . 54 B
Bazens (47) . . . . 140 C
Bazentin (80) . . . . 27 F
Bazenville (14) . . . . 33 D
Bazet (65) . . . . 169 D
La Bazeuge (87) . . . . 115 F
Bazian (32) . . . . 154 B
Bazicourt (60) . . . . 37 E
Baziège (31) . . . . 171 E
Bazien (88) . . . . 80 B
Bazillac (65) . . . . 169 D
Bazincourt-sur-Epte (27) . . . . 36 B
Bazincourt-sur-Saulx (55) . . . . 59 D
Bazinghen (62) . . . . 21 D
Bazinval (76) . . . . 26 A
La Bazoche-Gouet (28) . . . . 72 A
Bazoches (58) . . . . 92 B
Bazoches-au-Houlme (61) . . . . 51 E
Bazoches-en-Dunois (28) . . . . 73 D
Bazoches-lès-Bray (77) . . . . 75 E
Bazoches-les-Gallerandes (45) . . . . . 73 F
Bazoches-les-Hautes (28) . . . . 73 E
Bazoches-sur-Guyonne (78) . . . . 54 B
Bazoches-sur-Hoëne (61) . . . . 52 B
Bazoches-sur-le-Betz (45) . . . . 75 D
Bazoches-sur-Vesles (02) . . . . 39 D
La Bazoge (72) . . . . 71 D
La Bazoge-Montpinçon (53) . . . . 70 A
Bazoges-en-Paillers (85) . . . . 99 F
Bazoges-en-Pareds (85) . . . . 100 A
Bazoilles-et-Ménil (88) . . . . 79 E
Bazoilles-sur-Meuse (88) . . . . 78 C
Bazolles (58) . . . . 92 A
Bazoncourt (57) . . . . 60 C
La Bazoque (14) . . . . 32 C
La Bazoque (61) . . . . 51 D
Bazoques (27) . . . . 34 C
Bazordan (65) . . . . 169 F
La Bazouge-de-Chemeré (53) . . . . 70 A
La Bazouge-des-Alleux (53) . . . . 70 A
La Bazouge-du-Désert (35) . . . . 50 B
Bazougers (53) . . . . 70 A

Bazouges Cré sur Loir (72) ... 86 B1
Bazouges-la-Pérouse (35) ... 49 E4
Bazuel (59) ... 28 C2
Bazugues (32) ... 169 E1
Bazus (31) ... 156 A4
Bazus-Aure (65) ... 169 E4
Bazus-Neste (65) ... 169 E3
Le Béage (07) ... 146 B1
Béalcourt (80) ... 27 D2
Béalencourt (62) ... 21 F4
Béard (58) ... 106 B2
Béard-Géovreissiat (01) ... 122 B1
Beaubec-la-Rosière (76) ... 36 A2
Beaubery (71) ... 108 A4
Beaubray (27) ... 53 D2
Beaucaire (30) ... 161 D3
Beaucaire (32) ... 154 B3
Beaucamps-le-Jeune (80) ... 36 B1
Beaucamps-le-Vieux (80) ... 26 B4
Beaucamps-Ligny (59) ... 22 C3
Beaucé (35) ... 69 D1
Beauce la Romaine (41) ... 73 D4
Beaucens (65) ... 168 C4
Le Beaucet (84) ... 161 F2
Beauchalot (31) ... 170 A3
Beauchamp (95) ... 55 D1
Beauchamps (50) ... 50 A2
Beauchamps (80) ... 26 A3
Beauchamps-sur-Huillard (45) ... 74 B3
Beauchastel (07) ... 147 E1
Beauche (28) ... 53 D3
Beauchemin (52) ... 78 B4
Beauchêne (41) ... 72 A3
Beauchery-Saint-Martin (77) ... 56 C4
Beauclair (55) ... 41 D3
Beaucoudray (50) ... 50 B1
Beaucourt (90) ... 96 C2
Beaucourt-en-Santerre (80) ... 27 E4
Beaucourt-sur-l'Ancre (80) ... 27 F2
Beaucourt-sur-l'Hallue (80) ... 27 E3
Beaucouzé (49) ... 85 F2
Beaucroissant (38) ... 135 E2
Beaudéan (65) ... 169 D3
Beaudéduit (60) ... 36 C1
Beaudignies (59) ... 28 C1
Beaudricourt (62) ... 27 E1
Beaufai (61) ... 52 B3
Beaufay (72) ... 71 E2
Beauficel (50) ... 50 B3
Beauficel-en-Lyons (27) ... 36 A3
Beaufin (38) ... 149 D1
Beaufort (31) ... 170 B1
Beaufort (34) ... 173 D2
Beaufort (38) ... 134 C2
Beaufort (39) ... 29 E2
Beaufort (73) ... 124 A4
Beaufort-Blavincourt (62) ... 27 E1
Beaufort-en-Anjou (49) ... 86 B2
Beaufort-en-Argonne (55) ... 41 D2
Beaufort-en-Santerre (80) ... 27 F4
Beaufort-Orbagna (39) ... 109 E3
Beaufort-sur-Gervanne (26) ... 147 F1
Beaufou (85) ... 99 E1
Beaufour-Druval (14) ... 34 A4
Beaufremont (88) ... 79 D2
Beaugas (47) ... 141 D3
Beaugeay (17) ... 112 C3
Beaugency (45) ... 73 D4
Beaugies-sous-Bois (60) ... 38 B2
Beaujeu (04) ... 149 F4
Beaujeu (69) ... 121 D2
Beaujeu-Saint-Vallier-Pierrejux-
  -et-Quitteur (70) ... 95 D2
Beaulencourt (62) ... 28 A2
Beaulieu (07) ... 146 B4
Beaulieu (15) ... 130 C2
Beaulieu (21) ... 93 F1
Beaulieu (34) ... 160 A4
Beaulieu (36) ... 103 E4
Beaulieu (38) ... 135 D3
Beaulieu (43) ... 133 D3
Beaulieu (58) ... 91 F3
Beaulieu (61) ... 52 C3
Beaulieu (63) ... 132 A2
Beaulieu-en-Argonne (55) ... 59 D1
Beaulieu-les-Fontaines (60) ... 38 A2
Beaulieu-lès-Loches (37) ... 88 A4
Beaulieu-sous-la-Roche (85) ... 99 D3
Beaulieu-sous-Parthenay (79) ... 101 D3
Beaulieu-sur-Dordogne (19) ... 129 F4
Beaulieu-sur-Layon (49) ... 85 F3
Beaulieu-sur-Loire (45) ... 90 C2
Beaulieu-sur-Mer (06) ... 165 D3
Beaulieu-sur-Oudon (53) ... 69 E3
Beaulieu-sur-Sonnette (16) ... 114 C3
Beaulon (03) ... 107 D3
Beaumais (14) ... 51 F2
Beaumarchés (32) ... 153 F4
Beaumé (02) ... 29 F4
La Beaume (05) ... 148 C3
Beauménil (88) ... 80 B2
Beaumerie-Saint-Martin (62) ... 21 E4
Beaumes-de-Venise (84) ... 161 E1
Beaumesnil (14) ... 50 B2
Beaumettes (84) ... 161 F3
Beaumetz (80) ... 26 C2
Beaumetz-lès-Aire (62) ... 22 A4
Beaumetz-lès-Cambrai (62) ... 28 A2

Beaumetz-lès-Loges (62) ... 27 F1
Beaumont (07) ... 146 B3
Beaumont (19) ... 129 F2
Beaumont (32) ... 154 A2
Beaumont (43) ... 132 A2
Beaumont (54) ... 60 A2
Beaumont (63) ... 118 C4
Beaumont (74) ... 123 E2
Beaumont (89) ... 76 A4
Beaumont-de-Lomagne (82) ... 155 E3
Beaumont-de-Pertuis (84) ... 162 B3
Beaumont-du-Gâtinais (77) ... 74 B2
Beaumont-du-Lac (87) ... 117 D4
Beaumont-du-Ventoux (84) ... 161 F1
Beaumont-en-Argonne (08) ... 41 D2
Beaumont-en-Auge (14) ... 34 A3
Beaumont-en-Beine (80) ... 38 B1
Beaumont-en-Cambrésis (59) ... 28 C2
Beaumont-en-Diois (26) ... 148 B2
Beaumont-en-Verdunois (55) ... 41 E4
Beaumont-en-Véron (37) ... 87 D4
Beaumont-Hamel (80) ... 27 F2
Beaumont-la-Ferrière (58) ... 91 E4
Beaumont-le-Hareng (76) ... 35 F1
Beaumont-le-Roger (27) ... 53 D1
Beaumont-les-Autels (28) ... 72 A2
Beaumont-lès-Randan (63) ... 119 E3
Beaumont-lès-Valence (26) ... 147 F1
Beaumont-Louestault (37) ... 87 F1
Beaumont-Monteux (26) ... 134 B4
Beaumont-Pied-de-Bœuf (53) ... 70 A3
Beaumont-Pied-de-Bœuf (72) ... 71 E4
Beaumont Saint-Cyr (86) ... 102 A2
Beaumont-Sardolles (58) ... 106 B3
Beaumont-sur-Dême (72) ... 87 E1
Beaumont-sur-Grosne (71) ... 108 C3
Beaumont-sur-Lèze (31) ... 171 D2
Beaumont-sur-Oise (95) ... 55 D1
Beaumont-sur-Sarthe (72) ... 71 D2
Beaumont-sur-Vesle (51) ... 39 F4
Beaumont-sur-Vingeanne (21) ... 94 B2
Beaumont-Village (37) ... 88 B4
Beaumotel (27) ... 53 D1
Beaumontois en Périgord (24) ... 141 D1
Beaumotte-Aubertans (70) ... 95 F2
Beaumotte-lès-Pin (70) ... 95 D3
Beaunay (51) ... 57 E2
Beaune (21) ... 108 C1
Beaune-d'Allier (03) ... 118 B1
Beaune-la-Rolande (45) ... 74 B3
Beaune-sur-Arzon (43) ... 132 C3
Beaunotte (21) ... 93 E1
Beaupont (01) ... 109 E4
Beaupouyet (24) ... 127 E4
Beaupréau-en-Mauges (49) ... 85 E3
Beaupuy (31) ... 156 A4
Beaupuy (32) ... 155 E4
Beaupuy (47) ... 140 B3
Beaupuy (82) ... 155 E3
Beauquesne (80) ... 27 E2
Beaurain (59) ... 28 C2
Beaurains (62) ... 27 F1
Beaurains-lès-Noyon (60) ... 38 A2
Beaurainville (62) ... 21 E4
Beaurecueil (13) ... 177 E1
Beauregard (01) ... 121 E2
Beauregard (46) ... 142 C4
Beauregard-Baret (26) ... 134 C4
Beauregard-de-Terrasson (24) ... 128 C3
Beauregard-et-Bassac (24) ... 128 A4
Beauregard-l'Évêque (63) ... 119 D4
Beauregard-Vendon (63) ... 118 C3
Beaurepaire (38) ... 134 C2
Beaurepaire (60) ... 37 E4
Beaurepaire (76) ... 34 A1
Beaurepaire (85) ... 99 F1
Beaurepaire-en-Bresse (71) ... 109 E3
Beaurepaire-sur-Sambre (59) ... 29 D2
Beaurevoir (02) ... 28 B3
Beaurières (26) ... 148 B2
Beaurieux (02) ... 39 D3
Beaurieux (59) ... 29 F2
Beauronne (24) ... 127 E3
Beausemblant (26) ... 134 B3
Beausite (55) ... 59 D2
Beausoleil (06) ... 165 E3
Beaussais-sur-Mer (22) ... 48 C3
Beaussais-Vitré (79) ... 114 A1
Beaussault (76) ... 36 A1
Le Beausset (83) ... 177 F3
Beauteville (31) ... 171 E2
Beautheil-Saints (77) ... 56 A3
Beautiran (33) ... 139 E2
Beautor (02) ... 38 B2
Beautot (76) ... 35 E2
Beauvain (61) ... 51 E3
Beauvais (60) ... 36 C3
Beauvais-sur-Matha (17) ... 113 F3
Beauvais-sur-Tescou (81) ... 156 A3
Beauval (80) ... 27 D2
Beauval-en-Caux (76) ... 35 E1
Beauvallon (26) ... 147 E1
Beauvallon (26) ... 134 A1
Beauvernois (71) ... 109 E2
Beauvezer (04) ... 164 A1
Beauville (31) ... 171 F1
Beauville (47) ... 141 E4

Beauvilliers (28) ... 73 D1
Beauvilliers (89) ... 92 C2
Beauvoir (50) ... 49 F3
Beauvoir (60) ... 37 D2
Beauvoir (77) ... 56 A3
Beauvoir (89) ... 75 F4
Beauvoir-de-Marc (38) ... 134 C1
Beauvoir-en-Lyons (76) ... 36 A2
Beauvoir-en-Royans (38) ... 135 D3
Beauvoir-sur-Mer (85) ... 98 B2
Beauvoir-sur-Niort (79) ... 113 E1
Beauvoir-Wavans (62) ... 27 D2
Beauvois (62) ... 27 D1
Beauvois-en-Cambrésis (59) ... 28 C2
Beauvois-en-Vermandois (02) ... 38 B1
Beauvoisin (26) ... 148 A4
Beauvoisin (30) ... 160 B4
Beaux (43) ... 133 D3
Beauzac (43) ... 133 D3
Beauzelle (31) ... 155 F4
Beauziac (47) ... 140 A4
Bébing (57) ... 61 F3
Beblenheim (68) ... 81 E2
Bec-de-Mortagne (76) ... 34 B1
Le Bec-Hellouin (27) ... 34 C4
Le Bec-Thomas (27) ... 35 E4
Beccas (32) ... 169 D1
Béceleuf (79) ... 100 C4
Béchamps (54) ... 42 A4
Bécherel (35) ... 68 A1
Bécheresse (16) ... 127 D1
Béchy (57) ... 60 C1
Bécon-les-Granits (49) ... 85 E2
Bécordel-Bécourt (80) ... 27 F3
Bécourt (62) ... 21 E3
Becquigny (02) ... 28 C3
Becquigny (80) ... 27 E4
Bédarieux (34) ... 158 C4
Bédarrides (84) ... 161 E2
Beddes (18) ... 104 C3
Bédéchan (32) ... 155 D4
Bédée (35) ... 68 A2
Bédeilhac-et-Aynat (09) ... 171 E4
Bédeille (09) ... 182 C1
Bédeille (64) ... 168 C2
Bedenac (17) ... 126 B3
Bédoin (84) ... 161 F1
Bédouès-Cocurès (48) ... 145 F4
Bedous (64) ... 167 F3
Béduer (46) ... 143 D3
Beffes (18) ... 91 D4
Beffia (39) ... 109 F3
Beffu-et-le-Morthomme (08) ... 40 C3
Bégaar (40) ... 152 B3
Bégadan (33) ... 125 F2
Béganne (56) ... 83 E2
Bégard (22) ... 47 D3
Bègles (33) ... 139 D1
Begnécourt (88) ... 79 F2
Bégole (65) ... 169 E3
Bégrolles-en-Mauges (49) ... 85 E4
La Bégude-de-Mazenc (26) ... 147 F3
Bègues (03) ... 119 D2
Béguey (33) ... 139 E2
Béguios (64) ... 167 D1
Béhagnies (62) ... 27 F2
Béhasque-Lapiste (64) ... 167 E2
Béhen (80) ... 26 B2
Béhencourt (80) ... 27 E3
Béhéricourt (60) ... 38 A2
Behonne (55) ... 59 D3
Béhorléguy (64) ... 167 D2
Béhoust (78) ... 54 B2
Behren-lès-Forbach (57) ... 43 F4
Béhuard (49) ... 85 F2
Beignon (56) ... 67 F3
Beillé (72) ... 71 E3
Beine (89) ... 76 A4
Beine-Nauroy (51) ... 39 F4
Beinheim (67) ... 63 E2
Beire-le-Châtel (21) ... 94 B2
Beire-le-Fort (21) ... 94 B3
Beissat (23) ... 117 E4
Bel-Air-Val-d'Ance (48) ... 145 F1
Bélâbre (36) ... 103 D3
Belan-sur-Ource (21) ... 77 E3
Bélarga (34) ... 174 B1
Bélaye (46) ... 141 F3
Belberaud (31) ... 171 E1
Belbeuf (76) ... 35 E3
Belbèze-de-Lauragais (31) ... 171 E1
Belbèze-en-Comminges (31) ... 170 B3
Belbèze-en-Lomagne (82) ... 155 D3
Belcaire (11) ... 184 A1
Belcastel (12) ... 143 F4
Belcastel (81) ... 156 B4
Belcastel-et-Buc (11) ... 172 B4
Belcodène (13) ... 177 E2
Bélesta (09) ... 171 F4
Bélesta (66) ... 185 D1
Bélesta-en-Lauragais (31) ... 171 F1
Beleymas (24) ... 127 F4
Belfahy (70) ... 80 B4
Belfays (25) ... 96 C3
Belflou (11) ... 171 F2
Belfonds (61) ... 52 A3
Belforêt-en-Perche (61) ... 71 E1
Belfort (90) ... 96 C1

Belfort-du-Quercy (46) ... 156 A1
Belfort-sur-Rebenty (11) ... 184 A1
Belgeard (53) ... 70 A1
Belgentier (83) ... 178 A3
Belgodère (2B) ... 186 C3
Belhade (40) ... 139 D3
Belhomert-Guéhouville (28) ... 53 E4
Le Béliou (25) ... 96 B4
Béligneux (01) ... 121 F3
Belin-Béliet (33) ... 138 C3
Bélis (40) ... 153 D1
Bellac (87) ... 115 F2
Bellaffaire (04) ... 149 E3
Bellaing (59) ... 28 C1
Bellancourt (80) ... 26 C2
Bellange (57) ... 61 D2
Bellavilliers (61) ... 71 E1
Le Bellay-en-Vexin (95) ... 54 B1
Belle-Église (60) ... 37 D4
Belle-et-Houllefort (62) ... 21 E3
Belle-Isle-en-Terre (22) ... 47 D3
Belle Vie en Auge (14) ... 33 F4
Belleau (02) ... 56 B1
Belleau (54) ... 60 C2
Bellebat (33) ... 139 F1
Bellebrune (62) ... 21 E3
Bellechassagne (19) ... 117 E4
Bellechaume (89) ... 76 A3
Bellecombe (39) ... 110 B4
Bellecombe-en-Bauges (73) ... 123 E4
Bellecombe-Tarendol (26) ... 148 B4
Bellefond (21) ... 94 A3
Bellefond (33) ... 139 F1
Bellefonds (86) ... 102 B3
Bellefont-La Rauze (46) ... 142 B3
Bellefontaine (39) ... 110 B3
Bellefontaine (88) ... 80 A3
Bellefontaine (95) ... 55 E1
Bellefosse (67) ... 62 A4
Bellegarde (30) ... 160 C3
Bellegarde (32) ... 169 F1
Bellegarde (45) ... 74 B3
Bellegarde-du-Razès (11) ... 172 A3
Bellegarde-en-Diois (26) ... 148 B3
Bellegarde-en-Forez (42) ... 120 C4
Bellegarde-en-Marche (23) ... 117 F3
Bellegarde-Marsal (81) ... 157 E3
Bellegarde-Poussieu (38) ... 134 B2
Bellegarde-Sainte-Marie (31) ... 155 E4
Belleherbe (25) ... 96 B3
Bellemagny (68) ... 81 D4
Bellême (61) ... 71 F1
Bellenaves (03) ... 118 C1
Bellencombre (76) ... 35 F1
Belleneuve (21) ... 94 B3
Bellenglise (02) ... 28 B3
Bellengreville (14) ... 33 E4
Bellengreville (76) ... 25 F2
Bellenod-sur-Seine (21) ... 93 E1
Bellenot-sous-Pouilly (21) ... 93 E3
Belleray (55) ... 41 E4
Bellerive-sur-Allier (03) ... 119 E2
Belleroche (42) ... 120 C1
Belles-Forêts (57) ... 61 F2
Belleserre (81) ... 172 A1
Bellesserre (31) ... 155 E3
Belleu (02) ... 38 B3
Belleuse (80) ... 36 C1
Bellevaux (74) ... 123 F1
Bellevesvre (71) ... 109 E2
Bellevigne (16) ... 126 C1
Bellevigne-en-Layon (49) ... 86 A3
Bellevigne-les-Châteaux (49) ... 86 C3
Bellevigny (85) ... 99 E2
Belleville (54) ... 60 B2
Les Belleville (73) ... 136 C2
Belleville-en-Beaujolais (69) ... 121 E2
Belleville-en-Caux (76) ... 35 E1
Belleville-et-Châtillon-sur-Bar (08) ... 40 C3
Belleville-sur-Loire (18) ... 90 C2
Belleville-sur-Meuse (55) ... 41 E4
Bellevue-la-Montagne (43) ... 132 C3
Belley (01) ... 122 C4
Belleydoux (01) ... 122 C1
Bellicourt (02) ... 28 B3
La Bellière (61) ... 51 F3
La Bellière (76) ... 36 A2
Bellignat (01) ... 122 C1
Bellignies (59) ... 29 D1
Bellinghem (62) ... 22 A3
La Belliole (89) ... 75 D2
Belloc (09) ... 171 F4
Belloc-Saint-Clamens (32) ... 169 E1
Bellocq (64) ... 152 B4
Bellon (16) ... 127 D2
Bellonne (62) ... 28 A1
Bellot (77) ... 56 B2
Bellou-en-Houlme (61) ... 51 D3
Bellou-le-Trichard (61) ... 71 E2
Belloy (60) ... 37 F2
Belloy-en-France (95) ... 55 D1
Belloy-en-Santerre (80) ... 28 A3
Belloy-Saint-Léonard (80) ... 26 B3
Belloy-sur-Somme (80) ... 26 C3
Belluire (17) ... 126 A1
Belmesnil (76) ... 35 E1
Belmont (25) ... 96 A3
Belmont (32) ... 154 A4

Belmont (38) 135 D1
Belmont (39) 109 F1
Belmont (52) 94 C1
Belmont (67) 62 A4
Belmont (70) 80 A4
Belmont-Bretenoux (46) 143 D1
Belmont-d'Azergues (69) 121 D3
Belmont-de-la-Loire (42) 120 C2
Belmont-lès-Darney (88) 79 E2
Belmont-Sainte-Foi (46) 142 B4
Belmont-sur-Buttant (88) 80 B2
Belmont-sur-Rance (12) 158 A3
Belmont-sur-Vair (88) 79 E2
Belmont-Tramonet (73) 135 E1
Belonchamp (70) 80 B4
Belpech (11) 171 E3
Belrain (55) 59 E2
Belrupt (88) 79 E2
Belrupt-en-Verdunois (55) 41 E4
Belsentes (07) 133 F4
Bélus (40) 152 A4
Belval (08) 40 B1
Belval (50) 50 A1
Belval (88) 62 A4
Belval-Bois-des-Dames (08) 41 D3
Belval-en-Argonne (51) 58 C2
Belval-sous-Châtillon (51) 57 E1
Belvédère (06) 165 D2
Belvédère-Campomoro (2A) 190 C3
Belverne (70) 96 B1
Belvès-de-Castillon (33) 140 A1
Belvèze (82) 141 F4
Belvèze-du-Razès (11) 172 A3
Belvézet (30) 160 B2
Belvianes-et-Cavirac (11) 184 B1
Belvis (11) 184 A1
Belvoir (25) 96 B3
Belz (56) 82 A1
Bémécourt (27) 53 D2
Bénac (09) 171 D4
Bénac (65) 168 C3
Benagues (09) 171 E3
Benais (37) 87 D3
Bénaix (09) 171 F4
Bénaménil (54) 61 E4
Bénarville (76) 34 C1
Benay (02) 38 B1
Benayes (19) 129 D1
Bendejun (06) 165 D3
Bendorf (68) 97 E2
Bénéjacq (64) 168 B2
Benerville-sur-Mer (14) 34 A3
Bénesse-lès-Dax (40) 152 A4
Bénesse-Maremne (40) 151 F4
Benest (16) 114 C2
Bénestroff (57) 61 E2
Bénesville (76) 35 D1
Benet (85) 100 C4
Beneuvre (21) 94 A1
Bénévent-l'Abbaye (23) 116 C2
Beney-en-Woëvre (55) 60 A2
Benfeld (67) 81 F1
Bengy-sur-Craon (18) 105 E1
Bénifontaine (62) 22 C4
Béning-lès-Saint-Avold (57) 43 E4
La Bénisson-Dieu (42) 120 A2
Bénivay-Ollon (26) 148 A4
Bennecourt (78) 54 A1
Benney (54) 60 C4
Bennwihr (68) 81 E2
Bénodet (29) 64 C3
Benoisey (21) 93 D2
Benoîtville (50) 31 D2
Benon (17) 113 D1
Bénonces (01) 122 B3
Bénouville (14) 33 E4
Bénouville (76) 34 B1
Benque (31) 170 B2
Benque-Dessous-et-Dessus (31) 181 F2
Benqué-Molère (65) 169 E3
Benquet (40) 153 D3
Bentayou-Sérée (64) 168 C1
Bény (01) 122 A1
Bény-sur-Mer (14) 33 E3
Béon (01) 122 C3
Béon (89) 75 D3
Béost (64) 168 A3
Bérat (31) 170 C2
Béraut (32) 154 B2
Berbérust-Lias (65) 168 C3
Berbezit (43) 132 B3
Berbiguières (24) 141 F1
Bercenay-en-Othe (10) 76 B2
Bercenay-le-Hayer (10) 76 A1
Berche (90) 96 B2
Berchères-les-Pierres (28) 73 D1
Berchères-Saint-Germain (28) 54 A4
Berchères-sur-Vesgre (28) 54 A2
Berck (62) 21 D4
Bercloux (17) 113 E4
Berd'huis (61) 71 F1
Berdoues (32) 169 E1
Bérelles (59) 29 F2
Bérengeville-la-Campagne (27) 53 E1
Berentzwiller (68) 97 E1
Bérenx (64) 152 B4
Béréziat (01) 109 D4
Berfay (72) 71 F3

Berg (67) 62 A2
Berg-sur-Moselle (57) 42 C3
Berganty (46) 142 B3
Bergbieten (67) 62 B3
Bergerac (24) 140 C1
Bergères (10) 77 E2
Bergères-lès-Vertus (51) 57 E2
Bergères-sous-Montmirail (51) 56 C2
Bergesserin (71) 108 B4
Bergheim (68) 81 E2
Bergholtz (68) 81 D3
Bergholtzzell (68) 81 D3
Bergicourt (80) 36 C1
Bergnicourt (08) 39 F3
Bergonne (63) 131 F1
Bergouey (40) 152 C4
Bergouey-Viellenave (64) 167 D1
Bergueneuse (62) 22 A4
Bergues (59) 22 A1
Bergues-sur-Sambre (02) 29 D3
Berhet (22) 47 D2
Bérig-Vintrange (57) 61 E1
Bérigny (50) 32 B4
Berjou (61) 51 D2
Berlaimont (59) 29 D2
Berlancourt (02) 29 D4
Berlancourt (60) 38 A1
Berlats (81) 157 F4
Berlencourt-le-Cauroy (62) 27 E1
Berles-au-Bois (62) 27 E1
Berles-Monchel (62) 27 E1
La Berlière (08) 40 C2
Berling (57) 62 A2
Berlise (02) 39 F1
Berlou (34) 173 E1
Bermerain (59) 28 C1
Berméricourt (51) 39 E3
Bermeries (59) 29 D1
Bermering (57) 61 E2
Bermesnil (80) 26 B3
Bermicourt (62) 22 A4
Bermont (90) 96 C1
Bernac (16) 114 B2
Bernac (81) 157 D2
Bernac-Debat (65) 169 D3
Bernac-Dessus (65) 169 D3
Bernadets (64) 168 B1
Bernadets-Debat (65) 169 E2
Bernadets-Dessus (65) 169 E2
Le Bernard (85) 99 E3
La Bernardière (85) 84 C4
Bernardswiller (67) 62 B4
Bernardvillé (67) 81 E1
Bernâtre (80) 26 C2
Bernaville (80) 27 D2
Bernay (27) 52 C1
Bernay-en-Ponthieu (80) 26 B1
Bernay-
-Neuvy-en-Champagne (72) 70 C2
Bernay-Saint-Martin (17) 113 E2
Bernay-Vilbert (77) 56 A3
Berné (56) 66 A2
Bernécourt (54) 60 A2
Bernède (32) 153 E4
Bernes (80) 28 B1
Bernes-sur-Oise (95) 55 D1
Bernesq (14) 32 B3
Berneuil (16) 127 D2
Berneuil (17) 113 E4
Berneuil (80) 27 D2
Berneuil (87) 115 F2
Berneuil-en-Bray (60) 36 C3
Berneuil-sur-Aisne (60) 38 A3
Berneville (62) 27 F1
Bernex (74) 111 E4
Bernienville (27) 53 E1
Bernières (76) 34 B2
Bernières-d'Ailly (14) 51 F1
Bernières-sur-Mer (14) 33 E3
Bernieulles (62) 21 E4
Bernin (38) 135 F2
Bernis (30) 160 B3
Bernolsheim (67) 62 C2
Bernon (10) 76 B3
Bernos-Beaulac (33) 139 F3
Bernot (02) 28 C4
Bernouil (89) 76 B4
Bernouville (27) 36 B4
Bernwiller (68) 81 D4
Berny-en-Santerre (80) 28 A4
Berny-Rivière (02) 38 B3
Bérou-la-Mulotière (28) 53 E3
Berrac (32) 154 C2
Berre-les-Alpes (06) 165 D3
Berre-l'Étang (13) 177 D2
Berriac (11) 172 C3
Berrias-et-Casteljau (07) 146 B4
Berric (56) 67 D4
Berrie (86) 86 C4
Berrien (29) 46 B4
Berrieux (02) 39 E2
Berrogain-Laruns (64) 167 E2
Berru (51) 39 F4
Berrwiller (68) 81 D4
Berry-au-Bac (02) 39 E3
Berry-Bouy (18) 90 A4
Le Bersac (05) 148 C3

Bersac-sur-Rivalier (87) 116 B2
Bersaillin (39) 109 F1
Bersée (59) 23 D4
Bersillies (59) 29 E1
Berson (33) 126 A3
Berstett (67) 62 C3
Berstheim (67) 62 C2
Bert (03) 119 F1
Bertangles (80) 27 D3
Bertaucourt-Epourdon (02) 38 C2
Berteaucourt-les-Dames (80) 26 C3
Berteaucourt-lès-Thennes (80) 27 E4
Bertheauville (76) 34 C1
Berthecourt (60) 37 D3
Berthegon (86) 101 F1
Berthelange (25) 95 D4
Berthelming (57) 61 F2
Berthen (59) 22 B2
Berthenay (37) 87 E3
Berthenicourt (02) 38 C1
La Berthenoux (36) 104 B3
Berthez (33) 139 F3
Bertholène (12) 144 B4
Berthouville (27) 34 C4
Bertignat (63) 132 B1
Bertignolles (10) 77 E2
Bertincourt (62) 28 A2
Bertoncourt (08) 40 A2
Bertrambois (54) 61 F3
Bertrancourt (80) 27 E2
Bertrange (57) 42 B3
Bertre (81) 156 C4
Bertren (65) 169 F4
Bertreville (76) 34 C1
Bertreville-Saint-Ouen (76) 35 E1
Bertric-Burée (24) 127 E2
Bertrichamps (54) 61 E4
Bertricourt (02) 39 E3
Bertrimont (76) 35 E1
Bertrimoutier (88) 80 C1
Bertry (59) 28 C2
Béru (89) 76 B4
Béruges (86) 101 F3
Bérulle (10) 76 A2
Bérus (72) 70 C1
Berville (95) 36 C4
Berville-en-Caux (76) 35 D1
Berville-la-Campagne (27) 53 D1
Berville-sur-Mer (27) 34 B3
Berville-sur-Seine (76) 35 D2
Berviller-en-Moselle (57) 43 D3
Berzé-la-Ville (71) 108 B4
Berzé-le-Châtel (71) 108 B4
Berzème (07) 147 D2
Berzieux (51) 40 C4
Berzy-le-Sec (02) 38 B3
La Besace (08) 40 C2
Besain (39) 110 A2
Besançon (25) 95 E3
Bésayes (26) 134 C4
Bescat (64) 168 A3
Bésignan (26) 148 A4
Bésingrand (64) 167 F1
Beslon (50) 50 A2
Besmé (02) 38 B2
Besmont (02) 29 F4
Besnans (70) 95 F2
Besné (44) 83 F3
Besneville (50) 31 E3
Besny-et-Loizy (02) 38 C2
Bessac (16) 127 D2
Bessais-le-Fromental (18) 105 E2
Bessamorel (43) 133 D3
Bessan (34) 174 A2
Bessancourt (95) 55 D1
Bessans (73) 137 E2
Le Bessat (42) 133 F2
Bessay (85) 99 F3
Bessay-sur-Allier (03) 106 B4
Besse (15) 130 B4
Bessé (16) 114 B3
Besse (38) 136 B3
Besse-et-Saint-Anastaise (63) 131 E1
Bessé-sur-Braye (72) 71 F4
Besse-sur-Issole (83) 178 B2
Bessède-de-Sault (11) 184 B1
Bessèges (30) 146 B4
Bessenay (69) 121 D4
Bessens (82) 155 F3
Besset (09) 171 F3
Bessey (42) 134 A2
Bessey-en-Chaume (21) 93 F4
Bessey-la-Cour (21) 93 F4
Bessey-lès-Cîteaux (21) 94 B4
La Besseyre-Saint-Mary (43) 132 A4
Bessières (31) 156 B3
Bessines (79) 100 C4
Bessines-sur-Gartempe (87) 116 B2
Bessins (38) 135 D3
Besson (03) 106 B4
Bessoncourt (90) 96 C1
Bessonies (46) 143 E1
Les Bessons (48) 145 D1
Bessuéjouls (12) 144 A3
Bessy (10) 57 E4
Bessy-sur-Cure (89) 92 A1

Bestiac (09) 183 F3
Bétaille (46) 129 F4
Betaucourt (70) 79 E4
Betbèze (65) 169 F2
Betbezer-d'Armagnac (40) 153 E2
Betcave-Aguin (32) 169 F1
Betchat (09) 170 B3
Bétête (23) 104 B4
Béthancourt-en-Valois (60) 38 A4
Béthancourt-en-Vaux (02) 38 B2
Béthelainville (55) 41 E4
Béthemont-la-Forêt (95) 55 D1
Béthencourt (59) 28 C2
Béthencourt-sur-Mer (80) 26 A2
Béthencourt-sur-Somme (80) 38 A1
Bétheniville (51) 40 A4
Bétheny (51) 39 E4
Béthincourt (55) 41 D4
Béthines (86) 103 D3
Béthisy-Saint-Martin (60) 37 F4
Béthisy-Saint-Pierre (60) 37 F4
Bethmale (09) 170 B4
Bethon (51) 57 D4
Béthon (72) 70 C1
Béthoncourt (25) 96 C1
Béthonsart (62) 27 E1
Béthonvilliers (28) 72 A2
Bethonvilliers (90) 96 C1
Béthune (62) 22 B4
Bétignicourt (10) 77 D1
Beton-Bazoches (77) 56 B3
Betoncourt-lès-Brotte (70) 80 A4
Betoncourt-Saint-Pancras (70) 79 F3
Betoncourt-sur-Mance (70) 79 D4
Bétous (32) 153 F3
Betplan (32) 169 D1
Betpouey (65) 181 D2
Betpouy (65) 169 E2
Bétracq (64) 168 C1
Betschdorf (67) 63 D1
Bettainvillers (54) 42 A3
Bettancourt-la-Ferrée (52) 58 C3
Bettancourt-la-Longue (51) 58 C2
Bettange (57) 43 D4
Bettant (01) 122 A3
Bettborn (57) 61 F2
Bettegney-Saint-Brice (88) 79 F1
Bettelainville (57) 42 C4
Bettembos (80) 36 B1
Bettencourt-Rivière (80) 26 A3
Bettencourt-Saint-Ouen (80) 26 C3
Bettendorf (68) 97 E1
Bettes (65) 169 D3
Bettignies (59) 29 E1
Betting (57) 43 E4
Bettlach (68) 97 E1
Betton (35) 68 B2
Betton-Bettonet (73) 136 B1
Bettoncourt (88) 79 F1
Bettrechies (59) 29 D1
Bettviller (57) 62 A1
Bettwiller (67) 62 A2
Betz (60) 56 A1
Betz-le-Château (37) 102 C1
Beugin (62) 22 B4
Beugnâtre (62) 28 A2
Beugneux (02) 38 C4
Beugnies (59) 29 E2
Beugnon (89) 76 B3
Beugnon-Thireuil (79) 100 C3
Beugny (62) 28 A2
Beuil (06) 164 B1
Le Beulay (88) 80 C1
Beulotte-Saint-Laurent (70) 80 B4
Beure (25) 95 E3
Beurey (10) 77 D2
Beurey-Bauguay (21) 93 D3
Beurey-sur-Saulx (55) 59 D3
Beurières (63) 132 C2
Beurizot (21) 93 E3
Beurlay (17) 113 D3
Beurville (52) 77 F1
Beussent (62) 21 E4
Beuste (64) 168 B2
Beutal (25) 96 B2
Beutin (62) 21 D4
Beuvardes (02) 56 C1
Beuveille (54) 41 F3
Beuvezin (54) 79 E1
Beuvillers (14) 52 A1
Beuvillers (54) 42 A2
Beuvrages (59) 28 C1
Beuvraignes (80) 37 F2
Beuvrequen (62) 21 D2
Beuvrigny (50) 50 B1
Beuvron (58) 91 F3
Beuvron-en-Auge (14) 33 F4
Beuvry (62) 22 B4
Beuvry-la-Forêt (59) 23 E4
Beux (57) 60 C1
Beuxes (86) 87 D4
Beuzec-Cap-Sizun (29) 64 B1
Beuzeville (27) 34 B3
Beuzeville-la-Bastille (50) 32 A3
Beuzeville-la-Grenier (76) 34 B2
Beuzeville-la-Guérard (76) 34 C1
Beuzevillette (76) 34 C2
Bévenais (38) 135 D2

eveuge (70) 96 **A1**
éville-le-Comte (28) 73 **E1**
évillers (59) 28 **C2**
evons (04) 162 **C1**
évy (21) 93 **F4**
ey (01) 121 **E1**
ey (71) 108 **C2**
ey-sur-Seille (54) 60 **C2**
eychac-et-Caillau (33) 139 **E1**
eylongue (40) 152 **B2**
eynac (87) 116 **A4**
eynac-et-Cazenac (24) 141 **F1**
eynat (19) 129 **F3**
eynes (04) 163 **E2**
eynes (78) 54 **B2**
eynost (01) 121 **F3**
eyrède-Jumet-Camous (65) 169 **E4**
eyrelèsle-Sierck (57) 42 **C2**
eyrie-en-Béarn (64) 168 **A1**
eyrie-sur-Joyeuse (64) 167 **D2**
eyries (40) 152 **C4**
eyssac (19) 129 **D2**
eyssenac (19) 129 **D2**
e Bez (35) 157 **F4**
ez-et-Esparon (30) 159 **D2**
ézac (09) 171 **E3**
ezalles (77) 56 **B3**
ézancourt (76) 36 **A3**
ezange-la-Grande (54) 61 **D3**
ezange-la-Petite (57) 61 **D3**
ezannes (51) 39 **E4**
ézaudun-les-Alpes (06) 164 **C3**
ézaudun-sur-Bîne (26) 148 **A2**
ezaumont (54) 60 **B2**
èze (21) 94 **B2**
ézenet (03) 118 **B1**
ézéril (32) 170 **A1**
éziers (34) 173 **F2**
ezinghem (62) 21 **E3**
ézins-Garraux (31) 169 **F4**
La Bezole (11) 172 **A4**
ezolles (32) 154 **B3**
ezons (95) 55 **D2**
ezonvaux (55) 41 **E4**
ezouce (30) 160 **C3**
ézouotte (21) 94 **B3**
ézu-la-Forêt (27) 36 **A3**
ézu-le-Guéry (02) 56 **B1**
ézu-Saint-Éloi (27) 36 **B4**
ézu-Saint-Germain (02) 56 **C1**
ézues-Bajon (32) 169 **F1**
iache-Saint-Vaast (62) 28 **A1**
iaches (80) 28 **A3**
ians-les-Usiers (25) 110 **C1**
iard (86) 102 **A3**
iarne (39) 94 **C4**
iarre (80) 38 **A1**
iarritz (64) 151 **E4**
iarrotte (40) 151 **F4**
iars-sur-Cère (46) 142 **C1**
ias (40) 151 **F1**
ias (47) 141 **D3**
iaudos (40) 151 **F4**
ibiche (57) 43 **D3**
iblisheim (67) 62 **C2**
ibost (69) 121 **D4**
ichancourt (02) 38 **B2**
iches (58) 107 **D1**
ickenholtz (57) 62 **A2**
icqueley (54) 60 **B3**
idache (64) 167 **D1**
idarray (64) 166 **C3**
idart (64) 166 **B1**
iding (57) 61 **E1**
idon (04) 147 **D4**
idos (64) 167 **F2**
iécourt (88) 79 **E1**
iederthal (68) 97 **E2**
ief (25) 96 **C3**
ief-des-Maisons (39) 110 **B3**
ief-du-Fourg (39) 110 **B2**
iefmorin (39) 109 **F1**
iefvillers-lès-Bapaume (62) 27 **F2**
ielle (64) 168 **A3**
iencourt (80) 26 **B3**
iencourt-sur-Orge (55) 59 **E4**
ienville (60) 37 **F3**
ienville-la-Petite (54) 61 **D3**
ienvillers-au-Bois (62) 27 **E2**
iermes (08) 40 **A2**
iermont (60) 37 **F2**
ierne (59) 22 **A1**
ierné-les-Villages (53) 70 **A4**
ierry-les-Belles-Fontaines (89) . . 92 **C1**
iert (09) 183 **D2**
iesheim (68) 81 **F2**
iesles (52) 78 **B3**
ietlenheim (67) 62 **C3**
ieujac (33) 139 **F3**
ieuxy (02) 38 **B3**
iéville (50) 50 **C1**
iéville-Beuville (14) 33 **E4**
ièvres (02) 39 **D2**
ièvres (68) 41 **E2**
ièvres (91) 55 **D3**
iffontaine (88) 80 **B2**

Biganos (33) 138 **B2**
Bignan (56) 66 **C3**
Bignay (17) 113 **E3**
Bignicourt (08) 40 **A3**
Bignicourt-sur-Marne (51) 58 **B3**
Bignicourt-sur-Saulx (51) 58 **C3**
Le Bignon (44) 84 **B4**
Le Bignon-du-Maine (53) 70 **A3**
Le Bignon-Mirabeau (45) 75 **D2**
Bignoux (86) 102 **A3**
Bigorno (2B) 187 **E3**
La Bigottière (53) 69 **F2**
Biguglia (2B) 187 **E3**
Bihorel (76) 35 **E3**
Bihucourt (62) 27 **F2**
Bilhac (19) 129 **F4**
Bilhères (64) 168 **A3**
Bilia (2A) 190 **A3**
Bilieu (38) 135 **E1**
Billancelles (28) 53 **E4**
Billancourt (80) 38 **A1**
Les Billanges (87) 116 **B3**
Les Billaux (33) 126 **C4**
Billé (35) 69 **D1**
Billecul (39) 110 **B2**
Billère (64) 168 **A2**
Billey (21) 94 **C4**
Billezois (03) 119 **E1**
Billiat (01) 122 **C2**
Billième (73) 123 **D4**
Billière (31) 181 **F2**
Billiers (56) 83 **D2**
Billio (56) 67 **D3**
Billom (63) 119 **D4**
Billy (03) 119 **E1**
Billy (41) 89 **D3**
Billy (14) 33 **E4**
Billy-Berclau (62) 22 **C4**
Billy-Chevannes (58) 106 **C1**
Billy-le-Grand (51) 57 **F1**
Billy-lès-Chanceaux (21) 93 **E2**
Billy-Montigny (62) 22 **C4**
Billy-sous-Mangiennes (55) 41 **F3**
Billy-sur-Aisne (02) 38 **C3**
Billy-sur-Oisy (58) 91 **F2**
Billy-sur-Ourcq (02) 38 **B4**
Biltzheim (68) 81 **E3**
Bilwisheim (67) 62 **C3**
Bimont (62) 21 **E4**
Binarville (51) 40 **C4**
Binas (41) 72 **C4**
Bindernheim (67) 81 **F1**
Binges (21) 94 **B3**
Binic-Étables-sur-Mer (22) 47 **F3**
Bining (57) 62 **A1**
Biniville (50) 31 **E2**
Binos (31) 169 **F4**
Binson-et-Orquigny (51) 57 **D1**
Bio (46) 142 **C1**
Biol (38) 135 **D1**
La Biolle (73) 123 **D4**
Biollet (63) 118 **A3**
Bioncourt (57) 60 **C2**
Bionville (54) 61 **F4**
Bionville-sur-Nied (57) 43 **D4**
Le Biot (74) 124 **A1**
Bioule (82) 156 **A2**
Bioussac (16) 114 **C2**
Biozat (03) 119 **D2**
Birac (16) 127 **D1**
Birac (33) 139 **F3**
Birac-sur-Trec (47) 140 **B3**
Biran (32) 154 **B4**
Biras (24) 128 **A2**
Biriatou (64) 166 **A1**
Birieux (01) 121 **F3**
Biron (17) 126 **B1**
Biron (24) 141 **E2**
Biron (64) 167 **F1**
Biscarrosse (40) 138 **B3**
Bischheim (67) 62 **C3**
Bischholtz (67) 62 **B2**
Bischoffsheim (67) 62 **B4**
Bischwihr (68) 81 **E2**
Bischwiller (67) 63 **D2**
Bisel (68) 97 **D1**
Bisinchi (2B) 187 **E4**
Bislée (55) 59 **F2**
Bissert (67) 61 **F1**
Bisseuil (51) 57 **E1**
Bissey-la-Côte (21) 77 **E4**
Bissey-la-Pierre (21) 77 **D4**
Bissezeele (59) 22 **A2**
Bissey-la-Mâconnaise (71) 108 **B4**
Bissy-sous-Uxelles (71) 108 **B3**
Bissy-sur-Fley (71) 108 **B3**
Bisten-en-Lorraine (57) 43 **D4**
Bistroff (57) 61 **E1**
Bitche (57) 62 **B1**
Bitry (58) 91 **D2**
Bitry (60) 38 **A2**
Bitschhoffen (67) 62 **C2**
Bitschwiller-lès-Thann (68) 81 **D4**
Bivès (32) 155 **D3**
Biviers (38) 135 **F3**
Biville-la-Baignarde (76) 35 **E1**
Biville-la-Rivière (76) 35 **D1**
Bizanet (11) 173 **E3**

Bizanos (64) 168 **B2**
Bize (52) 78 **C4**
Bize (65) 169 **E3**
Bize-Minervois (11) 173 **E2**
Bizeneuille (03) 105 **E4**
Biziat (01) 121 **E1**
Bizonnes (38) 135 **D1**
Le Bizot (25) 96 **B4**
Les Bizots (71) 108 **A2**
Bizou (61) 52 **C4**
Bizous (65) 169 **E3**
Blacé (69) 121 **D2**
Blacourt (60) 36 **B3**
Blacqueville (76) 35 **D2**
Blacy (51) 58 **B3**
Blacy (89) 92 **C2**
Blaesheim (67) 62 **C4**
Blagnac (31) 155 **F4**
Blagny (08) 41 **D2**
Blagny-sur-Vingeanne (21) 94 **B2**
Blaignac (33) 140 **A2**
Blaignan-Prignac (33) 125 **F2**
Blain (44) 84 **A2**
Blaincourt-lès-Précy (60) 37 **D4**
Blaincourt-sur-Aube (10) 77 **D1**
Blainville-Crevon (76) 35 **F2**
Blainville-sur-l'Eau (54) 61 **D4**
Blainville-sur-Mer (50) 31 **E4**
Blainville-sur-Orne (14) 33 **E4**
Blairville (62) 27 **F2**
Blaise-sous-Arzillières (51) 58 **B3**
Blaison-Saint-Sulpice (49) 86 **A2**
Blaisy (52) 78 **A2**
Blaisy-Bas (21) 93 **F3**
Blaisy-Haut (21) 93 **F3**
Blajan (31) 169 **F2**
Blamont (25) 96 **C3**
Blâmont (54) 61 **E3**
Blan (81) 172 **A1**
Le Blanc (36) 103 **D3**
Le Blanc-Mesnil (93) 55 **E2**
Blancafort (18) 90 **B2**
Blancey (21) 93 **E3**
Blancfossé (60) 37 **D2**
Blanche-Église (57) 61 **E2**
Blanchefosse-et-Bay (08) 29 **F4**
Blancherupt (67) 62 **A4**
Blancs-Coteaux (51) 57 **E2**
Blandainville (28) 72 **C1**
Blandas (30) 159 **D3**
Blandouet-Saint Jean (53) 70 **A3**
Blandy (77) 55 **F4**
Blandy (91) 74 **A1**
Blangerval-Blangermont (62) . . . 27 **D1**
Blangy-le-Château (14) 34 **B4**
Blangy-sous-Poix (80) 36 **C1**
Blangy-sur-Bresle (76) 26 **A3**
Blangy-sur-Ternoise (62) 21 **F4**
Blangy-Tronville (80) 27 **E3**
Blannay (89) 92 **A2**
Blanot (21) 92 **C4**
Blanot (71) 108 **B4**
Blanquefort (32) 155 **D4**
Blanquefort (33) 126 **A4**
Blanquefort-sur-Briolance (47) . . 141 **E2**
Blanzac (43) 132 **C4**
Blanzac (87) 115 **F2**
Blanzac-lès-Matha (17) 113 **F3**
Blanzaguet-Saint-Cybard (16) . . 127 **E1**
Blanzat (63) 118 **C3**
Blanzay (86) 114 **C1**
Blanzay-sur-Boutonne (17) 113 **E2**
Blanzée (55) 41 **F4**
Blanzy (71) 108 **A2**
Blanzy-la-Salonnaise (08) 39 **F2**
Blanzy-lès-Fismes (02) 39 **D3**
Blargies (60) 36 **B1**
Blarians (25) 95 **F2**
Blaringhem (59) 22 **A3**
Blars (46) 142 **C3**
Blaru (78) 54 **A1**
Blasimon (33) 139 **F1**
Blassac (43) 132 **A3**
Blaudeix (23) 117 **E1**
Blausasc (06) 165 **D3**
Blauvac (84) 161 **F2**
Blauzac (30) 160 **B2**
Blavignac (48) 145 **D1**
Blavozy (43) 133 **D4**
Blay (14) 32 **C3**
Blaye (33) 126 **A3**
Blaye-les-Mines (81) 157 **D2**
Blaymont (47) 141 **E4**
Blaziert (32) 154 **B2**
Blécourt (52) 78 **A1**
Blécourt (59) 28 **B2**
Bleigny-le-Carreau (89) 76 **A4**
Blémerey (54) 61 **E4**
Blémerey (88) 79 **E1**
Blendecques (62) 22 **A3**
Bléneau (89) 91 **D1**
Blennes (77) 75 **D2**
Blénod-lès-Pont-à-Mousson (54) . 60 **B2**
Blénod-lès-Toul (54) 60 **A4**
Bléquin (62) 21 **E3**
Blérancourt (02) 38 **B2**
Bléré (37) 88 **A3**

Bléruais (35) 67 **F2**
Blésignac (33) 139 **F1**
Blesle (43) 131 **F2**
Blesme (51) 58 **C3**
Blesmes (02) 56 **C1**
Blessac (23) 117 **E3**
Blessonville (52) 78 **A3**
Blessy (62) 22 **A3**
Blet (18) 105 **E1**
Bletterans (39) 109 **E2**
Bleurville (88) 79 **E3**
Blevaincourt (88) 79 **D2**
Blèves (72) 52 **B4**
Blicourt (60) 36 **C2**
Blienschwiller (67) 81 **E1**
Blies-Ébersing (57) 44 **A4**
Blies-Guersviller (57) 43 **F4**
Bliesbruck (57) 44 **A4**
Blieux (04) 163 **F3**
Blignicourt (10) 58 **B4**
Bligny (10) 77 **E2**
Bligny (51) 39 **E4**
Bligny-le-Sec (21) 93 **F3**
Bligny-lès-Beaune (21) 108 **C1**
Bligny-sur-Ouche (21) 93 **E4**
Blincourt (60) 37 **E3**
Blingel (62) 21 **F4**
Blismes (58) 92 **B4**
Blodelsheim (68) 81 **F3**
Blois (41) 88 **C1**
Blois-sur-Seille (39) 109 **F2**
Blomac (11) 173 **D3**
Blomard (03) 118 **C1**
Blombay (08) 40 **A1**
Blond (87) 115 **F2**
Blondefontaine (70) 79 **E4**
Blonville-sur-Mer (14) 34 **A3**
Blosseville (76) 25 **D2**
Blosville (50) 32 **A3**
Blot-l'Église (63) 118 **C2**
Blotzheim (68) 97 **F1**
Blou (49) 86 **C3**
Blousson-Sérian (32) 169 **D1**
La Bloutière (50) 50 **A2**
Bloye (74) 123 **D3**
Bluffy (74) 123 **E3**
Blumeray (52) 77 **F1**
Blussangeaux (25) 96 **B2**
Blussans (25) 96 **B2**
Blye (39) 109 **F3**
Blyes (01) 122 **A3**
Le Bô (14) 51 **D2**
Bobigny (93) 55 **E2**
Bobital (22) 48 **C4**
Le Bocasse (76) 35 **E2**
Bocognano (2A) 189 **D3**
Bocquegney (88) 79 **F2**
Le Bodéo (22) 66 **C1**
Bodilis (29) 46 **A3**
Boé (47) 154 **C1**
Boécé (61) 52 **B4**
Boëge (74) 123 **F1**
Boeil-Bezing (64) 168 **B2**
Boën-sur-Lignon (42) 120 **A4**
Bœrsch (67) 62 **B4**
Boeschepe (59) 22 **B2**
Bœseghem (59) 22 **A3**
Bœsenbiesen (67) 81 **F1**
Boëssé-le-Sec (72) 71 **F2**
Bœsses (45) 74 **B2**
Bœurs-en-Othe (89) 76 **A2**
Boffles (62) 27 **D1**
Boffres (07) 147 **D1**
Bogève (74) 123 **F1**
Bogny-sur-Meuse (08) 30 **B4**
Bogy (07) 134 **A2**
Bohain-en-Vermandois (02) 28 **C3**
Bohal (56) 67 **E4**
Bohars (29) 45 **E3**
Bohas-Meyriat-Rignat (01) 122 **B2**
Boigneville (91) 74 **A1**
Boigny-sur-Bionne (45) 73 **F4**
Boinville-en-Mantois (78) 54 **B2**
Boinville-en-Woëvre (55) 41 **F4**
Boinville-le-Gaillard (78) 54 **B4**
Boinvilliers (78) 54 **A2**
Boiry-Becquerelle (62) 27 **F2**
Boiry-Notre-Dame (62) 28 **A1**
Boiry-Saint-Martin (62) 27 **F2**
Boiry-Sainte-Rictrude (62) 27 **F2**
Bois (17) 126 **A1**
Bois-Anzeray (27) 52 **C2**
Bois-Arnault (27) 52 **C2**
Bois-Bernard (62) 28 **A1**
Bois-Colombes (92) 55 **D2**
Bois-d'Amont (39) 110 **B3**
Les Bois d'Anjou (49) 86 **B2**
Bois-d'Arcy (78) 54 **C3**
Bois-d'Arcy (89) 92 **A2**
Bois-de-Céné (85) 98 **C2**
Bois-de-Champ (88) 80 **B1**
Bois-de-Gand (39) 109 **F2**
Bois-de-Haye (54) 60 **B3**
Bois-de-la-Pierre (31) 170 **C2**
Bois-d'Ennebourg (76) 35 **F3**
Bois-Grenier (59) 22 **C3**
Bois-Guilbert (76) 36 **A2**
Bois-Guillaume (76) 35 **E3**

Le Bois-Hellain (27) 34 B4
Bois-Héroult (76) 35 F2
Bois-Herpin (91) 74 A1
Bois-Himont (76) 34 C2
Bois-Jérôme-Saint-Ouen (27) 54 A1
Bois-le-Roi (27) 53 F2
Bois-le-Roi (77) 55 F4
Bois-lès-Pargny (02) 29 D4
Bois-l'Évêque (76) 35 F3
Bois-Normand-près-Lyre (27) 52 C2
Le Bois-Plage-en-Ré (17) 112 A1
Le Bois-Robert (76) 25 E2
Bois-Sainte-Marie (71) 120 C1
Boisbergues (80) 27 D2
Boisbreteau (16) 126 C2
Boischampré (61) 51 F3
Boiscommun (45) 74 A3
Boisdinghem (62) 21 F3
Boisdon (77) 56 B3
Boisemont (95) 54 C1
Boisgervilly (35) 67 F2
Boisjean (62) 21 E4
Le Boisle (80) 26 C1
Boisleux-au-Mont (62) 27 F2
Boisleux-Saint-Marc (62) 27 F2
Boismé (79) 100 C2
Boismont (54) 42 A3
Boismont (80) 26 B2
Boismorand (45) 74 C4
Boisné-La Tude (16) 127 E1
Boisney (27) 52 C1
Boisredon (17) 126 A2
Boissay (76) 35 F2
La Boisse (01) 121 F3
Boisse (24) 141 D2
Boisse-Penchot (12) 143 E2
Boisseau (41) 72 C4
Boisseaux (45) 73 F2
Boissède (31) 170 A1
Boissei-la-Lande (61) 52 A3
Boisseron (34) 160 A3
Boisset (15) 143 E1
Boisset (34) 173 D1
Boisset (43) 133 D2
Boisset-et-Gaujac (30) 160 A2
Boisset-lès-Montrond (42) 133 E1
Boisset-les-Prévanches (27) 53 F2
Boisset-Saint-Priest (42) 133 D1
Boissets (78) 54 A2
Boissettes (77) 55 E4
Boisseuil (87) 116 A4
Boisseuilh (24) 128 C2
Boissey (01) 109 D4
Boissey-le-Châtel (27) 35 D4
Boissezon (81) 157 E4
Boissia (39) 110 A3
La Boissière (14) 52 A1
La Boissière (27) 53 F2
La Boissière (34) 159 E4
La Boissière (39) 109 F4
La Boissière (53) 69 E4
La Boissière-de-Montaigu (85) 99 F1
La Boissière-des-Landes (85) 99 E3
La Boissière-du-Doré (44) 84 C3
La Boissière-École (78) 54 A3
La Boissière-en-Gâtine (79) 101 D3
Boissières (30) 160 B3
Boissières (46) 142 A3
Boissise-la-Bertrand (77) 55 E4
Boissise-le-Roi (77) 55 E4
Boissy-aux-Cailles (77) 74 B1
Boissy-en-Drouais (28) 53 F3
Boissy-Fresnoy (60) 56 A1
Boissy-la-Rivière (91) 74 A1
Boissy-l'Aillerie (95) 54 C1
Boissy-Lamberville (27) 34 C4
Boissy-le-Châtel (77) 56 B2
Boissy-le-Cutté (91) 55 D4
Boissy-le-Repos (51) 57 D2
Boissy-le-Sec (91) 54 C4
Boissy-lès-Perche (28) 53 D3
Boissy-Mauvoisin (78) 54 A2
Boissy-Saint-Léger (94) 55 E3
Boissy-sans-Avoir (78) 54 B2
Boissy-sous-Saint-Yon (91) 54 C4
Boistrudan (35) 68 C3
Boisville-la-Saint-Père (28) 73 D1
Boisyvon (50) 50 B2
Boitron (61) 52 A4
Boitron (77) 56 B2
Boivre-la-Vallée (86) 101 F3
Bolandoz (25) 95 F4
Bolazec (29) 46 C4
Bolbec (76) 34 B2
Bollène (84) 147 E4
La Bollène-Vésubie (06) 165 D2
Bolleville (76) 34 C2
Bollezeele (59) 22 A2
Bolligny (52) 78 A2
Bolozon (01) 122 B1
Bolquère (66) 184 A3
Bolsenheim (67) 62 C4
Bombon (77) 56 A4
Bommes (33) 139 D2
Bommiers (36) 104 B2
Bompas (09) 171 E4
Bompas (66) 185 E1

Bomy (62) 22 A3
Bon-Encontre (47) 154 C1
Bon Repos sur Blavet (22) 66 B1
Bona (58) 91 F4
Bonac-Irazein (09) 170 B4
Bonas (32) 154 B3
Bonboillon (70) 95 D3
Boncé (27) 73 D1
Bonchamp-lès-Laval (53) 69 F2
Boncourt (02) 39 E2
Boncourt (27) 53 F1
Boncourt (28) 54 A2
Boncourt (54) 42 A4
Boncourt-le-Bois (21) 94 A4
Boncourt-sur-Meuse (55) 59 F2
Bondaroy (45) 74 A2
Bondeval (25) 96 C2
Bondigoux (31) 156 A3
Les Bondons (48) 145 E4
Bondoufle (91) 55 D4
Bondues (59) 23 D3
Bondy (93) 55 E2
Bongheat (63) 119 E4
Le Bonhomme (68) 81 D2
Bonifacio (2A) 191 D4
Bonlier (60) 36 C3
Bonlieu (39) 110 A3
Bonlieu-sur-Roubion (26) 147 E2
Bonloc (64) 166 C1
Bonnac (09) 171 E3
Bonnac (15) 131 F3
Bonnac-la-Côte (87) 116 A3
Bonnal (25) 96 A2
Bonnard (89) 75 F4
Bonnat (23) 117 D1
Bonnay (25) 95 E3
Bonnay (71) 108 B3
Bonnay (80) 27 E3
Bonne (74) 123 F1
Bonnebosq (14) 34 A4
Bonnecourt (52) 78 C3
Bonnée (45) 74 A4
Bonnefamille (38) 134 C1
Bonnefoi (61) 52 C3
Bonnefond (19) 130 A1
Bonnefont (65) 169 E2
Bonnefontaine (39) 110 A2
Bonnegarde (40) 152 C4
Bonneil (02) 56 C1
Bonnelles (78) 54 C4
Bonnemain (35) 49 E4
Bonnemaison (14) 51 D1
Bonnemazon (65) 169 D3
Bonnencontre (21) 94 B4
Bonnes (16) 127 D3
Bonnes (86) 102 B3
Bonnesvalyn (02) 56 B1
Bonnet (55) 59 E4
Bonnétable (72) 71 E2
Bonnétage (25) 96 B3
Bonnetan (33) 139 E1
Bonneuil (16) 126 C1
Bonneuil (36) 103 E4
Bonneuil-en-France (95) 55 E2
Bonneuil-en-Valois (60) 38 A4
Bonneuil-les-Eaux (60) 37 D1
Bonneuil-Matours (86) 102 B2
Bonneuil-sur-Marne (94) 55 E3
Bonneval (28) 72 C2
Bonneval (43) 132 C2
Bonneval-sur-Arc (73) 137 F2
Bonnevaux (25) 110 C2
Bonnevaux (30) 146 A4
Bonnevaux (74) 111 E4
Bonneveau (41) 71 F4
Bonnevent-Velloreille (70) 95 E2
La Bonneville (50) 31 E3
Bonneville (74) 123 F2
Bonneville (80) 27 D2
Bonneville-Aptot (27) 35 D4
Bonneville-et-Saint-Avit-
   -de-Fumadières (24) 140 A1
Bonneville-la-Louvet (14) 34 B4
La Bonneville-sur-Iton (27) 53 E1
Bonneville-sur-Touques (14) 34 A3
Bonnières (60) 36 C2
Bonnières (62) 27 D1
Bonnières-sur-Seine (78) 54 A1
Bonnieux (84) 162 A3
Bonningues-lès-Ardres (62) 21 F2
Bonningues-lès-Calais (62) 21 E2
Bonnœil (14) 51 E2
Bonnut (64) 152 B4
Bonny-sur-Loire (45) 90 C2
Bono (56) 82 B1
Bonrepos (65) 169 E2
Bonrepos-Riquet (31) 156 B4
Bonrepos-sur-Aussonnelle (31) . . 170 C1
Bons-en-Chablais (74) 123 F1
Bons-Tassilly (14) 51 E2
Bonsecours (76) 35 E3
Bonsmoulins (61) 52 C3
Bonson (06) 165 D3
Bonson (42) 133 E1
Bonvillard (73) 136 B1
Bonvillaret (73) 136 B1
Bonviller (54) 61 D3
Bonvillers (60) 37 D2

Bonvillet (88) 79 E2
Bony (02) 28 B3
Bonzac (33) 126 C4
Bonzée (55) 59 F1
Boô-Silhen (65) 168 C3
Boofzheim (67) 81 F1
Boos (76) 35 E3
Bootzheim (67) 81 F1
Boqueho (22) 47 F4
Boran-sur-Oise (60) 55 D1
Borce (64) 167 F4
Bord-Saint-Georges (23) 117 F1
Bordeaux (33) 139 D1
Bordeaux-en-Gâtinais (45) 74 B3
Bordeaux-Saint-Clair (76) 34 B1
Bordères (64) 168 B2
Bordères-et-Lamensans (40) . . . 153 D3
Bordères-Louron (65) 169 E4
Bordères-sur-l'Échez (65) 169 D2
Les Bordes (36) 104 B1
Les Bordes (45) 74 A4
Bordes (64) 168 B2
Bordes (65) 169 D2
Les Bordes (71) 109 D1
Les Bordes (89) 75 F3
Les Bordes-Aumont (10) 76 C2
Bordes-de-Rivière (31) 169 F3
Les Bordes-sur-Arize (09) 183 D1
Bordes-Uchentein (09) 170 B4
Bordezac (30) 146 B4
Bords (17) 113 D3
Borée (07) 146 B1
Boresse-et-Martron (17) 126 C2
Borest (60) 37 F4
Borey (70) 96 A1
Borgo (2B) 187 E3
Bormes-les-Mimosas (83) 178 C3
Le Born (31) 156 A3
Le Born (48) 145 E4
Bornambusc (76) 34 B2
Bornay (39) 109 F3
Borne (07) 146 A2
Borne (43) 132 C4
Bornel (60) 37 D4
Boron (90) 96 C1
Borre (59) 22 B3
Borrèze (24) 129 D4
Bors (Canton
   -de-Charente-Sud) (16) . . . 126 C2
Bors (Canton
   -de-Tude-et-Lavalette) (16) . 127 E2
Bort-les-Orgues (19) 130 C2
Bort-l'Étang (63) 119 E4
Borville (54) 60 C4
Le Bosc (09) 183 D2
Le Bosc (34) 159 D4
Bosc-Bérenger (76) 35 F2
Bosc-Bordel (76) 35 F2
Le Bosc du Theil (27) 35 D4
Bosc-Édeline (76) 35 F2
Bosc-Guérard-Saint-Adrien (76) . 35 E2
Bosc-Hyons (76) 36 A3
Bosc-le-Hard (76) 35 E2
Bosc-Mesnil (76) 35 F1
Le Bosc-Renoult (61) 52 B2
Boscamnant (17) 127 D3
Bosdarros (64) 168 B2
Bosgouet (27) 35 D3
Bosjean (71) 109 E2
Bosmie-l'Aiguille (87) 116 A4
Bosmont-sur-Serre (02) 29 E4
Bosmoreau-les-Mines (23) . . . 116 C2
Bosquel (80) 27 D4
Bosquentin (27) 36 A3
Bosrobert (27) 34 C4
Bosroger (23) 117 E3
Bosroumois (27) 35 D4
Bossancourt (10) 77 E2
Bossay-sur-Claise (37) 103 D2
La Bosse (25) 96 B4
La Bosse (72) 71 E2
La Bosse-de-Bretagne (35) 68 B3
Bossée (37) 87 F4
Bosselshausen (67) 62 B2
Bossendorf (67) 62 B2
Bosset (24) 127 F4
Bossey (74) 123 E1
Bossieu (38) 134 C2
Bossugan (33) 140 A1
Bossus-lès-Rumigny (08) 29 F4
Bost (03) 119 E1
Bostens (40) 153 D2
Bosville (76) 34 C1
Botans (90) 96 C1
Botmeur (29) 46 A4
Botsorhel (29) 46 C3
Les Bottereaux (27) 52 C2
Bou (45) 73 F2
Bouafle (78) 54 B2
Bouafles (27) 35 F4
Bouan (09) 183 E2
Bouaye (44) 84 B3
Boubers-lès-Hesmond (62) 21 E4
Boubers-sur-Canche (62) 27 D1
Boubiers (60) 36 B4
Bouc-Bel-Air (13) 177 E4
Boucagnères (32) 154 C4

Boucau (64) 151 E4
Boucé (03) 119 E1
Boucé (61) 51 F3
Le Bouchage (16) 114 C2
Le Bouchage (38) 122 B4
Bouchain (59) 28 B1
Bouchamps-lès-Craon (53) 69 E4
Le Bouchaud (03) 120 A1
Bouchavesnes-Bergen (80) 28 A3
Bouchemaine (49) 85 F2
Boucheporn (57) 43 D4
Le Bouchet-Mont-Charvin (74) . . 123 F3
Le Bouchet-Saint-Nicolas (43) . . 145 F1
Bouchevilliers (27) 36 B3
Bouchoir (80) 27 F4
Bouchon (80) 26 C3
Le Bouchon-sur-Saulx (55) 59 E4
Les Bouchoux (39) 122 C1
Bouchy-Saint-Genest (51) 56 C3
Boucieu-le-Roi (07) 134 A4
Bouclans (25) 95 F3
Boucoiran-et-Nozières (30) . . . 160 B2
Bouconville (08) 40 B4
Bouconville-sur-Madt (55) 60 A2
Bouconville-Vauclair (02) 39 D3
Bouconvillers (60) 36 B4
Boucq (54) 60 A3
Boudes (63) 131 F2
Boudeville (76) 35 D1
Boudou (82) 155 E1
Boudrac (31) 169 F3
Boudreville (21) 77 F3
Boudy-de-Beauregard (47) . . . 141 D3
Boué (02) 29 D3
Bouée (44) 84 A3
Boueilh-Boueilho-Lasque (64) . . 153 E4
Bouelles (76) 36 A1
Bouër (72) 71 F3
Bouère (53) 70 A4
Bouessay (53) 70 A4
Bouesse (36) 104 A3
Bouëx (16) 127 E1
La Bouëxière (35) 68 C2
Bouffémont (95) 55 D1
Bouffignereux (02) 39 E3
Boufflers (80) 26 C1
Bouffry (41) 72 B3
Bougainville (80) 26 C3
Bougarber (64) 168 A1
Bougé-Chambalud (38) 134 B2
Bouges-le-Château (36) 104 A1
Bougey (70) 79 D3
Bougival (78) 54 C2
Bouglainval (28) 54 A4
Bougligny (77) 74 C2
Bouglon (47) 140 A3
Bougneau (17) 113 E4
Bougnon (70) 95 F1
Bougon (79) 101 E4
Bougue (40) 153 D2
Bouguenais (44) 84 B3
Bougy (14) 33 D4
Bougy-lez-Neuville (45) 73 F3
Bouhans (71) 109 E2
Bouhans-et-Feurg (70) 94 C2
Bouhans-lès-Lure (70) 96 A1
Bouhans-lès-Montbozon (70) . . . 95 F2
Bouhet (17) 113 D1
Bouhey (21) 93 E4
Bouhy (58) 91 E2
Bouilh-Devant (65) 169 D2
Bouilh-Péreuilh (65) 169 D2
Bouilhonnac (11) 172 C2
Bouillac (12) 143 E3
Bouillac (24) 141 E1
Bouillac (82) 155 E3
La Bouilladisse (13) 177 E2
Bouillancourt-en-Séry (80) 26 A3
Bouillancourt-la-Bataille (80) . . 27 E4
Bouillancy (60) 56 A1
Bouilland (21) 93 F4
Bouillargues (30) 160 C3
La Bouille (76) 35 D3
Bouillé-Courdault (85) 100 B4
Bouillé-Ménard (49) 69 E4
La Bouillie (22) 48 B3
Le Bouillon (61) 52 A4
Bouillon (64) 168 A1
Bouillonville (54) 60 A2
Bouilly (10) 76 B2
Bouilly (51) 39 E4
Bouilly-en-Gâtinais (45) 74 A3
Bouin (79) 98 C4
Bouin-Plumoison (62) 26 C1
Bouisse (11) 172 C4
Bouix (21) 77 E4
Boujailles (25) 110 B1
Boujan-sur-Libron (34) 173 F2
Boulages (10) 57 E4
Boulaincourt (88) 79 E1
Boulancourt (77) 74 B2
Boulange (57) 42 B3
Boulaur (32) 170 A1
Le Boulay (37) 88 A1
Boulay-les-Barres (45) 73 E3
Boulay-les-Ifs (53) 70 C1
Le Boulay-Morin (27) 53 E1

oulay-Moselle (57) 43 D4
Boulaye (71) 107 F2
oulazac Isle Manoire (24) 128 A3
oulbon (13) 161 D3
oulc (26) 148 B2
oule-d'Amont (66) 185 D2
ouleternère (66) 185 D2
ouleurs (77) 56 A2
ouleuse (51) 39 E4
ouliac (33) 139 E1
ouligneux (01) 121 F2
ouligney (70) 79 F3
ouligny (55) 42 A3
oulin (65) 169 D2
oullarre (60) 56 A1
Boullay-les-Deux-Églises (28) . . . 53 F4
oullay-les-Troux (91) 54 C3
Boullay-Mivoye (28) 53 F3
Boullay-Thierry (28) 53 F3
oulleret (18) 90 C2
oulleville (27) 34 B3
ouloc (31) 155 F3
ouloc-en-Quercy (82) 141 F4
oulot (70) 95 A3
oulou (66) 185 D2
oult (70) 95 A2
oult-aux-Bois (08) 40 C3
oult-sur-Suippe (51) 39 F3
oulzicourt (08) 40 B1
oumourt (64) 168 A1
ouniagues (24) 140 C1
Boupère (85) 100 A2
ouquehault (62) 21 E2
ouquelon (27) 34 B3
ouquemaison (80) 27 D2
ouquemont (55) 59 E1
ouquet (30) 160 B1
ouquetot (27) 35 D3
ouqueval (95) 55 E1
ouranton (10) 76 C1
ouray-sur-Juine (91) 55 D4
ourbach-le-Bas (68) 81 D4
ourbach-le-Haut (68) 80 C4
ourberain (21) 94 B2
ourbévelle (70) 79 E3
ourbon-Lancy (71) 107 F3
ourbon-l'Archambault (03) 106 A3
ourbonne-les-Bains (52) 79 D3
Bourboule (63) 131 D1
ourbourg (59) 21 F1
ourbriac (22) 47 E4
ourcefranc-le-Chapus (17) 112 B3
ourcq (08) 40 B3
ourdainville (76) 35 D1
ourdalat (40) 153 E3
ourdeau (73) 123 D4
ourdeaux (26) 147 F2
ourdeilles (24) 127 F2
Bourdeix (24) 128 A1
ourdelles (33) 140 A2
ourdenay (10) 76 A1
Bourdet (79) 113 F1
ourdettes (64) 168 B2
ourdic (30) 160 B2
Bourdinière-Saint-Loup (28) 72 C1
ourdon (80) 26 C3
ourdonnay (57) 61 E3
ourdonné (78) 54 A3
ourdons-sur-Rognon (52) 78 B2
ourecq (62) 22 A4
ouresches (02) 56 B1
ouresse (86) 102 B4
ouret-sur-Canche (62) 27 D1
oureuilles (55) 41 D4
ourg (33) 126 A4
Bourg (46) 143 D2
ourg (52) 78 B4
ourg-Achard (27) 35 D3
ourg-Archambault (86) 103 D4
ourg-Argental (42) 133 F2
ourg-Beaudouin (27) 35 F3
ourg-Blanc (29) 45 E3
ourg-Bruche (67) 81 D1
ourg-Charente (16) 113 F4
ourg-de-Bigorre (65) 169 D3
ourg-de-Péage (26) 134 C4
ourg-de-Sirod (39) 110 B2
ourg-de-Visa (82) 141 E4
ourg-des-Comptes (35) 68 B3
ourg-des-Maisons (24) 127 F2
Bourg-d'Hem (23) 117 D1
Bourg-d'Oisans (38) 136 A4
ourg-d'Oueil (31) 169 E4
ourg-du-Bost (24) 127 E2
Bourg-Dun (76) 25 D2
ourg-en-Bresse (01) 122 A1
ourg-et-Comin (02) 39 D3
ourg-Fidèle (08) 30 B3
ourg-la-Reine (92) 55 D3
ourg-Lastic (63) 118 A4

Bourg-le-Comte (71) 120 A1
Bourg-le-Roi (72) 71 D1
Bourg-lès-Valence (26) 134 B4
Bourg-l'Évêque (49) 69 E4
Bourg-Madame (66) 183 F4
Bourg-Saint-Andéol (07) 147 D4
Bourg-Saint-Bernard (31) 156 B4
Bourg-Saint-Christophe (01) 121 F3
Bourg-Saint-Maurice (73) 124 B4
Bourg-Sainte-Marie (52) 78 C2
Bourg-sous-Châtelet (90) 80 C4
Bourgaltroff (57) 61 E2
Bourganeuf (23) 116 C3
Bourgbarré (35) 68 B3
Bourgeauville (14) 34 A4
Le Bourget (93) 55 E2
Le Bourget-du-Lac (73) 123 D4
Bourget-en-Huile (73) 136 B1
Bourgheim (67) 62 B4
Bourghelles (59) 23 E4
Bourgnac (24) 127 E4
Bourgneuf (17) 112 C1
Le Bourgneuf-la-Forêt (53) 69 E2
Bourgogne-Fresne (51) 39 F3
Bourgoin-Jallieu (38) 135 D1
Bourgon (53) 69 E2
La Bourgonce (88) 80 B1
Bourgougnague (47) 140 C2
Bourgs sur Colagne (48) 145 D3
Bourguébus (14) 33 E4
Bourgueil (37) 87 D3
Bourguenolles (50) 50 A2
Le Bourguet (83) 163 F3
Bourguignon (25) 96 C2
Bourguignon-lès-Conflans (70) . . . 79 F4
Bourguignon-lès-la-Charité (70) . . 95 E2
Bourguignon-lès-Morey (70) 95 D1
Bourguignon-sous-Coucy (02) . . . 38 B2
Bourguignon-
    -sous-Montbavin (02) 38 C2
Bourguignons (10) 77 D2
Bourgvallées (50) 50 B1
Bourgvilain (71) 108 B4
Bourideys (33) 139 E3
Bouriège (11) 172 A4
Bourigeole (11) 172 A4
Bourisp (65) 181 E2
Bourlens (47) 141 E3
Bourlon (62) 28 B2
Bourmont-entre-Meuse-
    -et-Mouzon (52) 78 C2
Bournainville-Faverolles (27) 52 B1
Bournan (37) 87 F4
Bournand (86) 86 C4
Bournazel (12) 143 E3
Bournazel (81) 156 C2
Bourneau (85) 100 B3
Bournel (47) 141 D2
Bourneville-Sainte-Croix (27) 34 C3
Bournezeau (85) 99 F2
Bourniquel (24) 141 E1
Bournois (25) 96 A2
Bournoncle-Saint-Pierre (43) . . . 132 A2
Bournonville (62) 21 E3
Bournos (64) 168 A1
Bourogne (90) 96 C1
Bourran (47) 140 C4
Bourréac (65) 168 C3
Bourret (82) 155 E2
Bourriot-Bergonce (40) 153 E1
Bourron-Marlotte (77) 74 C1
Bourrou (24) 127 F4
Bourrouillan (32) 153 F3
Bours (62) 22 A4
Bours (65) 169 D2
Boursault (51) 57 E1
Boursay (41) 72 A3
Bourscheid (57) 62 A2
Bourseul (22) 48 C4
Bourseville (80) 26 A2
Boursières (70) 95 E1
Boursies (59) 28 A2
Boursin (62) 21 E2
Boursonne (60) 38 A4
Bourth (27) 53 D3
Bourthes (62) 21 E3
Bourville (76) 35 D1
Boury-en-Vexin (60) 36 B4
Bousbach (57) 43 F4
Bousbecque (59) 23 D2
Le Bouscat (33) 139 D4
Bouscoussac (12) 157 E1
Boussac (23) 117 D1
La Boussac (35) 49 E4
Boussac (46) 143 D2
Boussac-Bourg (23) 104 C4
Boussais (79) 101 D2
Boussan (31) 170 A2
Boussay (37) 102 C2
Boussay (44) 85 D4
Bousse (57) 42 C3

Bousse (72) 70 C4
Bousselange (21) 109 E1
Boussenac (09) 183 D2
Boussenois (21) 94 B1
Boussens (11) 170 B3
Bousseraucourt (70) 79 E3
Boussès (47) 153 F1
Bousseviller (57) 44 B4
Boussey (21) 93 E3
Boussicourt (80) 27 E4
Boussières (59) 95 E4
Boussières-en-Cambrésis (59) . . . 28 C2
Boussières-sur-Sambre (59) 29 E1
Boussois (59) 29 E1
Boussy (74) 123 D3
Boussy-Saint-Antoine (91) 55 E3
Boust (57) 42 B3
Boustroff (57) 61 D1
Bout-du-Pont-de-Larn (81) 172 C1
La Bouteille (02) 29 E4
Bouteilles-Saint-Sébastien (24) . . 127 E2
Boutenac (11) 173 D3
Boutenac-Touvent (17) 125 F1
Boutencourt (60) 36 B3
Boutervilliers (91) 73 F1
Bouteville (16) 114 A4
Boutiers-Saint-Trojan (16) 113 F4
Boutigny (77) 56 A2
Boutigny-Prouais (28) 54 A3
Boutigny-sur-Essonne (91) 74 A1
Bouttencourt (80) 26 A3
Boutteville (50) 32 A3
Boutx (31) 169 F4
Bouvaincourt-sur-Bresle (80) 26 A3
Bouvancourt (51) 39 E3
Bouvante (26) 135 D4
Bouvelinghem (62) 21 F3
Bouvellemont (08) 40 B2
Bouverans (25) 110 C1
Bouvesse-Quirieu (38) 122 B3
Bouvières (26) 148 A3
Bouvignies (59) 23 E4
Bouvigny-Boyeffles (62) 22 B4
Bouville (28) 72 C2
Bouville (76) 35 D2
Bouville (91) 74 A1
Bouvincourt-en-Vermandois (80) . . 28 A3
Bouvines (59) 23 D3
Bouvresse (60) 36 B2
Bouvron (44) 84 A2
Bouvron (54) 60 A3
Boux-sous-Salmaise (21) 93 E2
Bouxières-aux-Bois (88) 79 F1
Bouxières-aux-Chênes (54) 60 C3
Bouxières-aux-Dames (54) 60 B3
Bouxières-sous-Froidmont (54) . . . 60 B2
Bouxurulles (88) 79 F1
Bouxwiller (67) 62 B2
Bouxwiller (68) 97 E2
Bouy (51) 58 A1
Bouy-Luxembourg (10) 76 C1
Bouy-sur-Orvin (10) 75 F1
Bouyon (06) 164 C3
Le Bouyssou (46) 143 D2
Bouzais (18) 105 D2
Bouzancourt (52) 78 A1
Bouzanville (54) 79 E1
Bouze-lès-Beaune (21) 93 F4
Bouzel (63) 119 D4
Bouzemont (88) 79 F2
Bouzeron (71) 108 B1
Bouzic (24) 141 F2
Bouziès (46) 142 B3
Bouzigues (34) 174 B2
Bouzin (31) 170 A3
Bouzincourt (80) 27 E3
Bouzon-Gellenave (32) 153 F4
Bouzonville (57) 43 D3
Bouzonville-aux-Bois (45) 74 A3
Bouzy (51) 57 F1
Bouzy-la-Forêt (45) 74 A4
Bovée-sur-Barboure (55) 59 F3
Bovel (35) 68 A3
Bovelles (80) 26 C3
Boves (80) 27 E4
Boviolles (55) 59 E3
Boyaval (62) 22 A4
Boyelles (62) 27 F2
Boyer (42) 120 B2
Boyer (71) 108 C3
Boyeux-Saint-Jérôme (01) 122 B2
Boynes (45) 74 A2
Boz (01) 108 C4
Bozas (07) 134 A4
Bozel (73) 137 D1
Bozouls (12) 144 A3
Brabant-en-Argonne (55) 41 D4
Brabant-le-Roi (55) 58 C2
Brabant-sur-Meuse (55) 41 E4
Brach (33) 125 E4
Brachay (52) 78 A1
Braches (80) 27 E4
Brachy (76) 35 E1
Bracieux (41) 89 D2
Bracon (39) 110 A1
Bracquetuit (76) 35 E1
Bradiancourt (76) 35 F2
Bragassargues (30) 160 A3

Bragayrac (31) 170 B1
Brageac (15) 130 B3
Bragelogne-Beauvoir (10) 76 C3
Bragny-sur-Saône (71) 109 D1
Braillans (25) 95 F3
Brailly-Cornehotte (80) 26 C2
Brain (21) 93 E2
Brain-sur-Allonnes (49) 86 C3
Brainans (39) 109 F1
Braine (02) 38 C3
Brains (44) 84 A3
Brains-sur-Gée (72) 70 C3
Brains-sur-les-Marches (53) 69 D3
Brainville (50) 31 E4
Brainville (54) 60 A1
Brainville-sur-Meuse (52) 78 C2
Braisnes-sur-Aronde (60) 37 F3
Braize (03) 105 E3
Bralleville (54) 79 F1
Bram (11) 172 A2
Brametot (76) 35 D1
Bramevaque (65) 169 F4
Bran (17) 126 C2
Branceilles (19) 129 E4
Branches (89) 75 F4
Brancourt-en-Laonnois (02) 38 C2
Brancourt-le-Grand (02) 28 C3
Brandérion (56) 66 A3
Brandeville (55) 41 E3
Brandivy (56) 82 B1
Brando (2B) 187 E2
Brandonnet (12) 143 E4
Brandonvillers (51) 58 B4
Branges (71) 109 D3
Brangues (38) 122 B4
Brannay (89) 75 E2
Branne (25) 96 A2
Branne (33) 139 F1
Brannens (33) 139 F3
Branoux-les-Taillades (30) 159 F1
Brans (39) 94 C3
Bransat (03) 119 D1
Branscourt (51) 39 E4
Bransles (02) 56 C1
Brantes (84) 162 A1
Brantigny (88) 79 F1
Brantôme en Périgord (24) 128 A2
Branville (14) 34 A4
Braquis (55) 41 F4
Bras (83) 178 A2
Bras-d'Asse (04) 163 E2
Bras-sur-Meuse (55) 41 E4
Brasc (12) 157 F2
Braslou (37) 102 A1
Brasles (02) 56 C1
Brasparts (29) 46 A4
Brassac (09) 171 D4
Brassac (81) 157 F4
Brassac (82) 141 E4
Brassac-les-Mines (63) 132 A2
Brassempouy (40) 152 C4
Brasseuse (60) 37 F4
Brassy (58) 92 B3
Brassy (80) 36 C1
Bratte (54) 60 C2
Braud-et-Saint-Louis (33) 126 A2
Brauvilliers (55) 59 D4
Braux (04) 164 A2
Braux (10) 58 A4
Braux (21) 93 D2
Braux-le-Châtel (52) 78 A2
Braux-Saint-Remy (51) 58 C1
Braux-Sainte-Cohière (51) 58 C1
Brax (31) 155 F4
Brax (47) 140 C4
Bray (27) 53 D1
Bray (71) 108 B4
Bray-Dunes (59) 22 B1
Bray-et-Lû (95) 54 A1
Bray-lès-Mareuil (80) 26 B2
Bray-Saint-Aignan (45) 74 A4
Bray-Saint-Christophe (02) 38 B1
Bray-sur-Seine (77) 75 E1
Bray-sur-Somme (80) 27 F3
Braye (02) 38 C3
Braye-en-Laonnois (02) 39 D3
Braye-en-Thiérache (02) 29 E4
Braye-sous-Faye (37) 102 A1
Braye-sur-Maulne (37) 87 D2
Brazey-en-Morvan (21) 93 D4
Brazey-en-Plaine (21) 94 B4
Bréal-sous-Montfort (35) 68 A2
Bréal-sous-Vitré (35) 69 E2
Bréançon (95) 54 C1
Bréau (77) 56 A4
Bréau-Mars (30) 159 E2
Bréauté (76) 34 B2
Bréban (51) 58 A4
Brebières (62) 28 A1
Brebotte (90) 96 C1
Brécé (35) 68 C2
Brecé (53) 69 F1
Brécey (50) 50 A3
Brech (56) 82 B1
Brechainville (88) 78 C1
Bréchamps (28) 54 A3
Bréchaumont (68) 97 D1
Brèches (37) 87 E1

Breconchaux (25) 95 F3
Brécy (02) 56 C1
Brécy (18) 90 B4
Brécy-Brières (08) 40 B3
La Brède (33) 139 E2
Brée (53) 70 A2
La Brée-les-Bains (17) 112 A2
Brégnier-Cordon (01) 122 C4
Brégy (60) 56 A1
Bréhain (57) 61 D2
Bréhain-la-Ville (54) 42 A3
Bréhal (50) 49 F2
Bréhan (56) 66 C2
Bréhand (22) 48 A4
Bréhémont (37) 87 E3
Bréhéville (55) 41 E3
Breidenbach (57) 44 B4
Le Breil-sur-Mérize (72) 71 E3
Breil-sur-Roya (06) 165 E2
La Breille-les-Pins (49) 86 C3
Breilly (80) 27 D3
Breistroff-la-Grande (57) 42 C2
Breitenau (67) 81 E1
Breitenbach (67) 81 D1
Breitenbach-Haut-Rhin (68) . . 81 D3
Brêlès (29) 45 D3
Brélidy (22) 47 E2
Brem-sur-Mer (85) 98 C3
Bréménil (54) 61 F4
Brêmes (62) 21 E2
Brémoncourt (54) 60 C4
Bremondans (25) 96 A3
Brémontier-Merval (76) 36 A2
Brémoy (14) 50 C1
Brémur-et-Vaurois (21) 93 E1
Bren (26) 134 B3
Brenas (34) 158 C4
Brenat (63) 132 A1
Brenelle (02) 38 C3
Brengues (46) 142 C3
Brennes (52) 78 B4
Brennilis (29) 46 B4
Brénod (01) 122 B2
Brenouille (60) 37 E4
Brenoux (48) 145 E3
Brens (01) 122 C4
Brens (81) 156 C3
Brenthonne (74) 123 F1
Breny (02) 38 C4
Brères (25) 95 E4
Bresdon (17) 114 A3
Les Bréseux (25) 96 C3
Bresilley (70) 95 D3
Bresle (80) 27 E3
Bresles (60) 37 D3
Bresnay (03) 106 B4
La Bresse (88) 80 C3
Bresse-sur-Grosne (71) 108 B3
Bresse Vallons (01) 121 F1
Bressey-sur-Tille (21) 94 B3
Bressieux (38) 135 D2
Bressolles (01) 121 F3
Bressolles (03) 106 B3
Bressols (82) 155 F2
Bresson (38) 135 F3
Bressuire (79) 100 C1
Brest (29) 45 E4
Brestot (27) 34 C3
Bretagne (36) 104 A1
Bretagne (90) 96 C1
Bretagne-d'Armagnac (32) . . 154 A3
Bretagne-de-Marsan (40) . . . 153 D3
Bretagnolles (27) 53 F2
Breteau (45) 91 D1
Breteil (35) 68 A2
Bretenière (21) 94 A3
La Bretenière (25) 95 F2
La Bretenière (39) 95 D4
Bretenières (39) 109 F1
Bretenoux (46) 142 C1
Breteuil (27) 53 D2
Breteuil (60) 37 D2
Brethel (61) 52 C3
Brethenay (52) 78 A2
Le Brethon (03) 105 E3
Bretigney (25) 96 B2
Bretigney-Notre-Dame (25) . . 96 A3
Bretignolles (79) 100 C1
Bretignolles-sur-Mer (85) . . . 98 C3
Bretigny (21) 94 A2
Brétigny (27) 34 C4
Brétigny (60) 38 B2
Brétigny-sur-Orge (91) 55 D4
Bretoncelles (61) 72 A1
La Bretonnière-la-Claye (85) . . 99 F3
Bretonvillers (25) 96 B3
Brette (26) 148 A2
Brette-les-Pins (72) 71 E3
Bretten (68) 81 D4
Brettes (16) 114 B2
Bretteville (50) 31 E1
Bretteville-du-Grand-Caux (76) . . 34 B1
Bretteville-le-Rabet (14) 51 E1
Bretteville-Saint-Laurent (76) . . 35 D1
Bretteville-sur-Ay (50) 31 E3
Bretteville-sur-Laize (14) 51 E1
Bretteville-sur-Odon (14) 33 E4

Brettnach (57) 43 D4
Bretx (31) 155 F4
Breuches (70) 80 A4
Breuchotte (70) 80 A4
Breugnon (58) 91 F2
Le Breuil (03) 119 F1
Le Breuil (51) 57 D2
Le Breuil (69) 121 D3
Le Breuil (71) 108 A2
Breuil (80) 38 A1
Breuil-Barret (85) 100 B2
Breuil-Bois-Robert (78) 54 B2
Breuil-en-Auge (14) 34 A4
Le Breuil-en-Bessin (14) 32 C3
Breuil-la-Réorte (17) 113 D2
Le Breuil-Sec (60) 37 E3
Breuil-le-Vert (60) 37 E3
Breuil-Magné (17) 112 C2
Le Breuil-sous-Couze (63) . . 131 F2
Breuil-sur-Vesle (51) 39 D3
Breuilaufa (87) 115 F2
Breuillet (17) 112 C4
Breuillet (91) 54 C4
Breuilpont (27) 53 F2
Breurey-lès-Faverney (70) . . . 79 F4
Breuschwickersheim (67) 62 C3
Breuvannes-en-Bassigny (52) . . 78 C2
Breuvery-sur-Coole (51) 58 A2
Breuville (50) 31 E2
Breux (05) 41 E2
Breux-Jouy (91) 54 C4
Breux-sur-Avre (27) 53 E3
Brévainville (41) 72 C3
Bréval (78) 54 A2
Brevans (39) 94 C4
Le Brévedent (14) 34 B4
Les Bréviaires (78) 54 B3
Bréviandes (10) 76 C2
Bréville (16) 113 F3
Bréville-les-Monts (14) 33 E4
Bréville-sur-Mer (50) 49 F2
Brévillers (62) 26 C1
Brévillers (80) 27 E2
Brévilliers (70) 96 C1
Brévilly (08) 41 D1
Brévonnes (10) 77 D1
Bréxent-Énocq (62) 21 D4
Brey-et-Maison-du-Bois (25) . . 110 C2
Bréziers (05) 149 E3
Brézilhac (11) 172 A3
Brézins (38) 135 D2
Brezolles (28) 53 E3
Brezons (15) 131 E4
Briançon (05) 137 D4
Briançonnet (06) 164 B3
Brianny (21) 93 D2
Briant (71) 120 B1
Briantes (36) 104 B3
Briare (45) 90 C1
Briarres-sur-Essonne (45) . . . 74 B2
Brias (62) 22 A4
Briastre (59) 28 C2
Briatexte (81) 156 C3
Briaucourt (52) 78 B2
Briaucourt (70) 79 F4
Bricon (52) 78 A3
Briconville (28) 53 F4
Bricquebec-en-Cotentin (50) . . 31 E2
Bricqueboscq (50) 31 D2
Bricqueville (14) 32 B3
Bricqueville-la-Blouette (50) . . 49 F1
Bricqueville-sur-Mer (50) 49 F2
Bricy (45) 73 E3
Brides-les-Bains (73) 136 C1
La Bridoire (73) 135 F1
Bridoré (37) 103 D1
Brie (02) 38 C2
Brie (09) 171 D3
Brie (16) 114 B4
Brie (35) 68 B3
Brie (80) 28 A3
Brie-Comte-Robert (77) 55 E3
Brié-et-Angonnes (38) 135 F3
Brie-sous-Archiac (17) 126 B1
Brie-sous-Barbezieux (16) . . 127 D2
Brie-sous-Chalais (16) 127 D2
Brie-sous-Matha (17) 113 F3
Brie-sous-Mortagne (17) . . . 125 F1
Briec (29) 65 D1
Briel-sur-Barse (10) 77 D2
Brielles (35) 69 D3
Brienne (10) 109 D3
Brienne-la-Vieille (10) 77 E1
Brienne-le-Château (10) 77 E1
Brienne-sur-Aisne (08) 39 E3
Briennon (42) 120 B2
Brienon-sur-Armançon (89) . . 76 A3
Brières-les-Scellés (91) 73 F1
Brieuil-sur-Chizé (79) 113 F2
Brieulles-sur-Bar (08) 40 C2
Brieulles-sur-Meuse (55) 41 D3
Brieux (61) 51 F2
Briffons (63) 118 A4
Brignac (34) 159 D4
Brignac (56) 67 E2
Brignac-la-Plaine (19) 129 D3
Brignais (69) 121 E4

Brignancourt (95) 54 C1
Brignemont (31) 155 E3
Brignoles (83) 178 B2
Brignon (30) 160 B2
Le Brignon (43) 132 C4
La Brigue (06) 165 E1
Brigueil-le-Chantre (86) 103 D4
Brigueuil (16) 115 E3
Briis-sous-Forges (91) 54 C4
Brillac (16) 115 E2
La Brillanne (04) 163 D2
Brillecourt (10) 58 A4
Brillevast (50) 32 A1
Brillon (59) 23 E4
Brillon-en-Barrois (55) 59 D3
Brimeux (62) 21 E4
Brimont (51) 39 E3
Brin-sur-Seille (54) 60 C2
Brinay (18) 89 F4
Brinay (58) 107 D1
Brinckheim (68) 97 E1
Brindas (69) 121 D4
Bringolo (22) 47 E3
Brinon-sur-Beuvron (58) 91 F3
Brinon-sur-Sauldre (18) 90 A2
Briod (39) 109 F3
Briollay (49) 86 A1
Brion (01) 122 B1
Brion (36) 104 A1
Brion (38) 135 D2
Brion (48) 144 C2
Brion (71) 107 F1
Brion (86) 102 A4
Brion (89) 75 F3
Brion-près-Thouet (79) 86 B4
Brion-sur-Ource (21) 77 E4
La Brionne (23) 116 C2
Brionne (27) 34 C4
Briord (01) 122 B4
Briosne-lès-Sables (72) 71 E2
Briot (60) 36 C2
Brioux (41) 72 C4
Brioude (43) 132 A2
Brioux-sur-Boutonne (79) . . . 113 F1
Briouze (61) 51 E3
Briquemesnil-Floxicourt (80) . . 26 C3
Briquenay (08) 40 C3
Briscous (64) 166 C1
Brison-Saint-Innocent (73) . . 123 D4
Brissac (34) 159 E3
Brissac Loire Aubance (49) . . 86 A3
Brissay-Choigny (02) 38 C1
Brissy-Hamégicourt (02) 38 C1
Brive-la-Gaillarde (19) 129 E3
Brives (36) 104 B2
Brives-Charensac (43) 133 D4
Brives-sur-Charente (17) . . . 113 E4
Brix (50) 31 E2
Brixey-aux-Chanoines (55) . . 60 A4
Brizambourg (17) 113 E3
Brizay (37) 87 E4
Brizeaux (55) 59 D1
Brizon (74) 123 F2
Le Broc (06) 165 D3
Le Broc (63) 131 F1
Brocas (40) 153 D2
Brochon (21) 94 A3
Brocourt (80) 26 B4
Brocourt-en-Argonne (55) . . . 41 D4
Broglie (27) 52 C1
Brognard (25) 96 C1
Brognon (08) 30 A3
Brognon (21) 94 B2
Broin (21) 94 A4
Broindon (21) 94 A4
Broissia (39) 109 E4
Brombos (60) 36 B2
Bromeilles (45) 74 B2
Brommat (12) 144 A1
Bromont-Lamothe (63) 118 B3
Bron (69) 121 E4
Bronvaux (57) 42 B4
Broons (22) 67 E1
La Broque (67) 62 A4
Broquiers (60) 36 B2
Broquiès (12) 158 A2
Brossac (16) 127 D2
Brossainc (07) 134 A2
Brossay (49) 86 B4
La Brosse-Montceaux (77) . . 75 D1
Brosses (89) 92 A2
Brosville (27) 53 E1
Brotte-lès-Luxeuil (70) 80 A4
Brotte-lès-Ray (70) 95 D1
Brou (28) 72 B2
Brou-sur-Chantereine (77) . . 55 E2
Brouains (50) 50 B3
Broualan (35) 49 E4
Brouchaud (24) 128 B3
Brouchy (80) 38 B1
Brouck (57) 43 D4
Brouckerque (59) 22 A1
Brouderdorff (57) 62 A3
Broué (28) 54 A3
Brouennes (55) 41 E2
Le Brouilh-Monbert (32) 154 B4
Brouilla (66) 185 E2
Brouillet (51) 39 D4

Brouqueyran (33) . . . . 139 F
La Brousse (17) . . . . 113 F
Brousse (23) 117
Brousse (63) . . . . 132 A
Brousse (81) . . . . 157 D
Brousse-le-Château (12) . . . . 157 F
Brousses-et-Villaret (11) . . . . 172 B
Brousseval (52) . . . . 58 C
Broussey-en-Blois (55) . . . . . 59 F
Broussey-Raulecourt (55) . . . 60 A
Broussy-le-Grand (51) . . . . . 57 E
Broussy-le-Petit (51) . . . . . . 57 E
Broût-Vernet (03) . . . . 119 D
Brouvelieures (88) . . . . 80 B
Brouville (54) . . . . 61 E
Brouviller (57) . . . . 62 A
Brouy (91) . . . . 74 A
Brouzet-lès-Alès (30) . . . . . . 160 B
Brouzet-lès-Quissac (30) . . . 160 A
Les Brouzils (85) . . . . 99 E
Broxeele (59) . . . . 22 A
Broye (71) . . . . 107 F
Broye-
  -Aubigney-Montseugny (70) . . . . 94 C
Broye-
  -les-Loups-et-Verfontaine (70) . . . . 94 C
Broyes (51) . . . . 57 D
Broyes (60) . . . . 37 E
Broze (81) . . . . 156 C
Brû (88) . . . . 80 B
Bruailles (71) . . . . 109 D
Bruay-la-Buissière (62) . . . . . 22 B
Bruay-sur-l'Escaut (59) . . . . . 28 C
Bruc-sur-Aff (35) . . . . 67 F
Brucamps (80) . . . . 26 C
Bruch (47) . . . . 140 C
Brucourt (14) . . . . 33 F
Brue-Auriac (83) . . . . 178 A
Bruebach (68) . . . . 81 E
Brueil-en-Vexin (78) . . . . 54 B
Bruère-Allichamps (18) . . . . . 105 E
La Bruère-sur-Loir (72) . . . . . 87 E
La Bruffière (85) . . . . 85 D
Brugairolles (11) . . . . 172 A
Le Brugeron (63) . . . . 119 F
Bruges (33) . . . . 126 A
Bruges-Capbis-Mifaget (64) . . 168 B
Brugheas (03) . . . . 119 D
Brugnac (47) . . . . 140 C
Brugnens (32) . . . . 155 D
Brugny-Vaudancourt (51) . . . 57 E
La Bruguière (30) . . . . 160 C
Bruguières (31) . . . . 155 F
Bruille-lez-Marchiennes (59) . . 28 B
Bruille-Saint-Amand (59) . . . . 23 F
Brûlain (79) . . . . 113 F
Les Brulais (35) . . . . 67 F
Brulange (57) . . . . 61 D
La Brûlatte (53) . . . . 69 E
Bruley (54) . . . . 60 A
Brullemail (61) . . . . 52 B
Brullioles (69) . . . . 120 C
Brûlon (72) . . . . 70 B
Brumath (67) . . . . 62 C
Brumetz (02) . . . . 56 B
Brunehamel (02) . . . . 29 F
Les Brunels (11) . . . . 172 A
Brunembert (62) . . . . 21 E
Brunémont (59) . . . . 28 B
Brunet (04) . . . . 163 D
Bruniquel (82) . . . . 156 B
Brunoy (91) . . . . 55 E
Brunstatt-Didenheim (68) . . . 81 E
Brunvillers-la-Motte (60) . . . . 37 E
Brusque (12) . . . . 158 A
Le Brusquet (04) . . . . 163 E
Brussey (70) . . . . 95 D
Brussieu (69) . . . . 121 D
Brusson (51) . . . . 58 B
Brusvily (22) . . . . 48 C
Brutelles (80) . . . . 26 A
Bruville (54) . . . . 60 A
Brux (86) . . . . 114 B
La Bruyère (70) . . . . 80 A
Bruyères (88) . . . . 80 B
Bruyères-et-Montbérault (02) . . 39 D
Bruyères-le-Châtel (91) . . . . . 55 D
Bruyères-sur-Fère (02) . . . . . 38 C
Bruyères-sur-Oise (95) . . . . . 55 D
Bruys (02) . . . . 38 C
Bruz (35) . . . . 68 B
Bry (59) . . . . 28 B
Bry-sur-Marne (94) . . . . 55 F
Bû (28) . . . . 54 A
Le Bû-sur-Rouvres (14) . . . . . 51 F
Buais-Les-Monts (50) . . . . . . 50 B
Buanes (40) . . . . 153 D
Bubry (56) . . . . 66 A
Buc (78) . . . . 54 C
Buc (90) . . . . 96 B
Bucamps (60) . . . . 37 D
Bucéels (14) . . . . 33 D
Bucey-en-Othe (10) . . . . 76 B
Bucey-lès-Gy (70) . . . . 95 D
Bucey-lès-Traves (70) . . . . . . 95 E
Buchelay (78) . . . . 54 A
Buchères (10) . . . . 76 C
Buchy (57) 61

Buchy (76) 35 F2
Bucilly (02) 29 F3
Bucquoy (62) 27 F2
Bucy-le-Long (02) 38 C3
Bucy-le-Roi (45) 73 E3
Bucy-lès-Cerny (02) 38 C2
Bucy-lès-Pierrepont (02) 39 E2
Bucy-Saint-Liphard (45) 73 E3
Budelière (23) 117 F1
Buding (57) 42 C3
Budling (57) 42 C3
Budos (33) 139 E3
Bué (18) 90 C3
Bueil (27) 54 A2
Bueil-en-Touraine (37) 87 E1
Buellas (01) 121 F1
Buethwiller (68) 97 D1
Buffard (25) 95 E4
Buffières (71) 108 A4
Buffignécourt (70) 79 E4
Buffon (21) 93 D1
Bugarach (11) 172 B4
Bugard (65) 169 E2
Bugeat (19) 129 F1
Bugnein (64) 167 F1
Bugnicourt (59) 28 B1
Bugnières (52) 78 A3
Bugny (25) 110 C1
Le Bugue (24) 128 B4
Buhl (67) 63 D1
Buhl (68) 81 D3
Buhl-Lorraine (57) 62 A3
Buhy (95) 36 B4
Buicourt (60) 36 B2
Buigny-l'Abbé (80) 26 C2
Buigny-lès-Gamaches (80) 26 A3
Buigny-Saint-Maclou (80) 26 B2
Buire (02) 29 E3
Buire-au-Bois (62) 26 C1
Buire-Courcelles (80) 28 A3
Buire-le-Sec (62) 26 B1
Buire-sur-l'Ancre (80) 27 E3
Buironfosse (02) 29 E3
Le Buis (87) 116 A2
Buis-les-Baronnies (26) 148 A4
Buissard (05) 149 E2
La Buisse (38) 135 E2
La Buissière (38) 136 A2
Le Buisson (48) 145 D2
Le Buisson (51) 58 B3
Buisson (84) 147 F4
Le Buisson-de-Cadouin (24) 141 E1
Buissoncourt (54) 60 C3
Buissy (62) 28 A2
Bujaleuf (87) 116 C4
Bulan (65) 169 E3
Bulat-Pestivien (22) 47 D4
Bulcy (58) 91 D3
Buléon (56) 66 C3
Bulgnéville (88) 79 D2
Bulhon (63) 119 E3
Bullainville (28) 73 D2
Bulle (25) 110 C1
Bullecourt (62) 28 A2
Bulles (60) 37 D3
Bulligny (54) 60 A4
Bullion (78) 54 C4
Bully (42) 120 A3
Bully (69) 121 D3
Bully (76) 35 F1
Bully-les-Mines (62) 22 B4
Bulson (08) 40 C2
Bult (88) 80 B1
Bun (65) 168 B4
Buncey (21) 77 E4
Buneville (62) 27 D1
Buno-Bonnevaux (91) 74 A1
Bunus (64) 167 D2
Bunzac (16) 114 C4
Buoux (84) 162 A3
Burbach (67) 62 A2
La Burbanche (01) 122 B3
Burbure (62) 22 A4
Burcin (38) 135 D2
Burcy (77) 74 B2
Burdignes (42) 133 F3
Burdignin (74) 123 F1
Bure (55) 59 E4
Buré (61) 52 B4
Bure-les-Templiers (21) 93 F1
Burelles (02) 29 E4
Bures (54) 61 D3
Bures (61) 52 B4
Bures-en-Bray (76) 35 F1
Bures-sur-Yvette (91) 54 C3
Le Buret (53) 70 A3
Burey (27) 53 D1
Burey-en-Vaux (55) 60 A4
Burey-la-Côte (55) 60 A4
Burg (65) 169 E2
Burgalays (31) 169 F4
Burgaronne (64) 167 E1
Le Burgaud (31) 155 E3
Burgille (25) 95 D3
Burgnac (87) 116 A4
Burgy (71) 108 C4
Burie (17) 113 E3
Buriville (54) 61 E4

Burlats (81) 157 E4
Burlioncourt (57) 61 D2
Burnand (71) 108 B3
Burnevillers (25) 96 C3
Burnhaupt-le-Bas (68) 81 D4
Burnhaupt-le-Haut (68) 81 D4
Buros (64) 168 B1
Burosse-Mendousse (64) 168 B1
Burret (09) 183 D1
Bursard (61) 52 A4
Burthecourt-aux-Chênes (54) 60 C4
Burtoncourt (57) 42 C4
Bury (60) 37 D3
Burzet (07) 146 B2
Burzy (71) 108 B3
Bus (62) 28 A2
Bus-la-Mésière (80) 37 F2
Bus-lès-Artois (80) 27 E2
Buschwiller (68) 97 F1
Busigny (59) 28 C3
Busloup (41) 72 B4
Busnes (62) 22 B3
Busque (81) 156 C3
Bussac (24) 127 F2
Bussac-Forêt (17) 126 B3
Bussac-sur-Charente (17) 113 D3
Bussang (88) 80 C3
Le Busseau (79) 100 C3
Busseaut (21) 93 E1
Busséol (63) 119 D4
Busserolles (24) 115 D4
Busserotte-et-Montenaille (21) 94 A1
Busset (03) 119 E2
Bussiares (02) 56 B1
La Bussière (45) 90 C1
La Bussière (86) 102 C3
Bussière-Badil (24) 115 D4
Bussière-Dunoise (23) 116 C1
Bussière-Galant (87) 115 F4
Bussière-Nouvelle (23) 117 F2
Bussière-Saint-Georges (23) 104 C4
La Bussière-sur-Ouche (21) 93 F4
Bussières (21) 94 A1
Bussières (42) 120 B3
Bussières (63) 118 A2
Bussières (70) 95 E3
Bussières (71) 108 B4
Bussières (77) 56 B2
Bussières (89) 92 C2
Bussières-et-Pruns (63) 119 D2
Busson (52) 78 B1
Bussu (80) 28 A3
Bussunarits-Sarrasquette (64) 167 D2
Bussus-Bussuel (80) 26 C2
Bussy (18) 105 E1
Bussy (60) 38 A2
Bussy-Albieux (42) 120 A4
Bussy-en-Othe (89) 75 F3
Bussy-la-Pesle (21) 93 E3
Bussy-la-Pesle (58) 91 F3
Bussy-le-Château (51) 58 B1
Bussy-le-Grand (21) 93 E2
Bussy-le-Repos (51) 58 B2
Bussy-le-Repos (89) 75 E3
Bussy-lès-Daours (80) 27 E3
Bussy-lès-Poix (80) 36 C1
Bussy-Lettrée (51) 58 A3
Bussy-Saint-Georges (77) 55 F2
Bussy-Saint-Martin (77) 55 F2
Bust (67) 62 A2
Bustanico (2B) 189 E2
Bustince-Iriberry (64) 167 D2
Buswiller (67) 62 B2
Busy (25) 95 E3
Buthiers (70) 95 E3
Buthiers (77) 74 B2
Butot (76) 35 E2
Butot-Vénesville (76) 34 C1
Butry-sur-Oise (95) 55 D1
Butteaux (89) 76 B3
Buverchy (80) 38 A1
Buvilly (39) 109 F1
La Buxerette (36) 104 A4
Buxerolles (21) 78 A4
Buxerolles (86) 102 A3
Buxeuil (10) 77 D3
Buxeuil (36) 89 D4
Buxeuil (86) 102 B1
Buxières-d'Aillac (36) 104 A3
Buxières-lès-Clefmont (52) 78 C2
Buxières-les-Mines (03) 105 F4
Buxières-lès-Villiers (52) 78 A2
Buxières-sous-les-Côtes (55) 59 F2
Buxières-sous-Montaigut (63) 118 B1
Buxières-sur-Arce (10) 77 D2
Buxy (71) 108 B2
Buysscheure (59) 22 A2
Buzan (09) 170 B4
Buzançais (36) 103 F1
Buzancy (02) 38 B3
Buzancy (08) 40 C3
Buzet-sur-Baïse (47) 140 B4
Buzet-sur-Tarn (31) 156 B3
Buziet (64) 168 A3
Buzignargues (34) 160 A3
Buzon (65) 169 D1
Buzy (64) 168 A3

Buzy-Darmont (55) 42 A4
By (25) 110 A1
Byans-sur-Doubs (25) 95 E4

C

Cabanac (65) 169 D2
Cabanac-Cazaux (31) 170 A3
Cabanac-et-Villagrains (33) 139 D2
Cabanac-Séguenville (31) 155 E3
La Cabanasse (66) 184 A3
Cabanès (12) 157 E1
Cabanès (81) 156 C4
Le Cabanial (31) 171 F1
Les Cabanes (09) 183 E2
Cabannes (13) 161 E3
Les Cabannes (81) 156 C2
Cabara (33) 139 F1
Cabariot (17) 113 D3
Cabas-Loumassès (32) 169 F2
Cabasse (83) 178 B2
Cabestany (66) 185 E2
Cabidos (64) 153 D4
Cabourg (14) 33 F3
Cabrerets (46) 142 B3
Cabrerolles (34) 173 F1
Cabrespine (11) 172 C2
Cabrières (30) 160 C3
Cabrières (34) 159 D4
Cabrières-d'Aigues (84) 162 B3
Cabrières-d'Avignon (84) 161 F3
Cabriès (13) 177 E2
Cabris (06) 164 B4
Cachan (94) 55 D3
Cachen (40) 153 D1
Cachy (80) 27 E4
Cadalen (81) 156 C3
Cadarcet (09) 171 D4
Cadarsac (33) 139 F1
Cadaujac (33) 139 E1
Cadéac (65) 169 E4
Cadeilhan (32) 155 D3
Cadeilhan-Trachère (65) 181 E2
Cadeillan (32) 170 A1
Cademène (25) 95 E4
Caden (56) 83 E2
Cadenet (84) 162 A3
Caderousse (84) 161 D1
La Cadière-d'Azur (83) 177 F3
La Cadière-et-Cambo (30) 159 F2
Cadillac (33) 139 E2
Cadillac-en-Fronsadais (33) 126 B4
Cadillon (64) 153 E4
Cadix (81) 157 F2
Cadolive (13) 177 E2
Cadours (31) 155 E4
Cadrieu (46) 143 D3
Caen (14) 33 E4
Caëstre (59) 22 B2
Caffiers (62) 21 E2
Cagnac-les-Mines (81) 157 D2
Cagnano (2B) 187 E1
Cagnes-sur-Mer (06) 164 C4
Cagnicourt (62) 28 A2
Cagnoncles (59) 28 B2
Cagnotte (40) 152 A4
Cagny (14) 33 E4
Cagny (80) 27 D4
Cahagnes (14) 50 C1
Cahagnolles (14) 32 C4
Cahan (61) 51 D2
Caharet (65) 169 E3
Cahon (80) 26 B2
Cahors (46) 142 B3
Cahus (46) 129 F4
Cahuzac (11) 171 F3
Cahuzac (47) 141 D2
Cahuzac (81) 172 A1
Cahuzac-sur-Adour (32) 153 F4
Cahuzac-sur-Vère (81) 156 C2
Caignac (31) 171 E2
Le Cailar (30) 160 B4
Cailhau (11) 172 A3
Cailhavel (11) 172 A3
Cailla (11) 184 B1
Caillac (46) 142 A3
Caillavet (32) 154 B4
Caille (06) 164 A3
La Caillère-Saint-Hilaire (85) 100 A3
Cailleville (76) 25 D2
Caillouël-Crépigny (02) 38 B2
Caillouet-Orgeville (27) 53 F1
Cailloux-sur-Fontaines (69) 121 E3
Cailly (76) 35 F2
Cailly-sur-Eure (27) 53 E1
La Caine (14) 51 D1
Cairanne (84) 147 F4
Le Caire (04) 149 E3
Cairon (14) 33 E4
Caisnes (60) 38 A2
Caissargues (30) 160 B3
Caix (80) 27 F4
Caixas (66) 185 D2
Caixon (65) 168 C1
Cajarc (46) 142 C3
Calacuccia (2B) 188 C2

Calais (62) . . . .
Calamane (46) 1
Calan (56) . . . .
Calanhel (22) . . . .
Calavanté (65) 1
Calcatoggio (2A) 1
Calce (66) 1
Calenzana (2B) 1
Calès (24) 1
Calès (46) 1
Calignac (47) 1
Caligny (61) . . . .
Callac (22) . . . .
Callas (83) 1
Callen (40) 1
Callengeville (76) . . . .
Calleville (27) . . . .
Calleville-les-Deux-Églises (76) 1
Callian (32) 1
Callian (83) 1
Calmeilles (66) 1
Calmels-et-le-Viala (12) 1
La Calmette (12) 1
Calmont (12) 1
Calmont (31) 1
Calmoutier (70) 1
Caloire (42) 1
Calonges (47) 1
Calonne-Ricouart (62) 1
Calonne-sur-la-Lys (62) 1
Calorguen (22) 1
La Calotterie (62) 1
Caluire-et-Cuire (69) 1
Calvi (2B) 1
Calviac-en-Périgord (24) 1
Calvignac (46) 1
Calvisson (30) 1
Calzan (09) 1
Camalès (65) 1
Camarade (09) 1
Camarès (12) 1
Camaret-sur-Aigues (84) 1
Camaret-sur-Mer (29) 1
Camarsac (33) 1
Cambayrac (46) 1
La Cambe (14) 1
Cambernard (31) 1
Cambernon (50) 1
Cambes (33) 1
Cambes (46) 1
Cambes (47) 1
Cambes-en-Plaine (14) 1
Cambia (2B) 1
Cambiac (31) 1
Cambieure (11) 1
Camblain-Châtelain (62) . . . .
Camblain-l'Abbé (62) . . . .
Camblanes-et-Meynac (33) 1
Cambligneul (62) . . . .
Cambo-les-Bains (64) 1
Cambon (81) 1
Cambon-et-Salvergues (34) 1
Cambon-lès-Lavaur (81) 1
Camboulazet (12) 1
Camboulit (46) 1
Cambounès (81) 1
Cambounet-sur-le-Sor (81) 1
Le Cambout (22) 1
Cambrai (59) 1
Cambremer (14) 1
Cambrin (62) 1
Cambron (80) 1
Cambronne-lès-Clermont (60) . . . .
Cambronne-lès-Ribécourt (60) . . . .
Camburat (46) 1
Came (64) 1
Camélas (66) 1
Camelin (02) 1
Camembert (61) 1
Cametours (50) 1
Camiac-et-Saint-Denis (33) 1
Camiers (62) 1
Camiran (33) 1
Camjac (12) 1
Camlez (22) 1
Les Cammazes (81) 1
Camoël (56) . . . .
Camon (09) 1
Camon (80) 1
Camors (56) 1
Camou-Cihigue (64) 1
Campagna-de-Sault (11) 1
Campagnac (12) 1
Campagnac (81) 1
Campagnac-lès-Quercy (24) 1
Campagnan (34) 1
Campagne (24) 1
Campagne (34) 1
Campagne (40) 1
Campagne (60) 1
Campagne-d'Armagnac (32) 1
Campagne-lès-Boulonnais (62) 1
Campagne-lès-Guines (62) 1
Campagne-lès-Hesdin (62) 1
Campagne-lès-Wardrecques (62) 1
Campagne-sur-Arize (09) 1
Campagne-sur-Aude (11) 1
Campagnolles (14) 1

Campan (65) 169 D3
Campana (2B) 187 E4
Camparan (65) 169 E4
Cambon (44) 83 F3
Campeaux (60) 36 B2
Campénéac (56) 67 E3
Campestre-et-Luc (30) 159 D2
Campet-et-Lamolère (40) 152 C2
Camphin-en-Carembault (59) . . 22 C4
Camphin-en-Pévèle (59) 23 E3
Campi (2B) 189 E2
Campigneulles-les-Grandes (62) . 21 D4
Campigneulles-les-Petites (62) . 21 D4
Campigny (14) 32 C4
Campigny (27) 34 C3
Campile (2B) 187 E4
Campistrous (65) 169 E3
Campitello (2B) 187 E3
Camplong (34) 158 C4
Camplong-d'Aude (11) 173 D3
Campneuseville (76) 26 A4
Campo (2A) 189 D4
Campôme (66) 184 C2
Campouriez (12) 144 A2
Campoussy (66) 184 C1
Campremy (60) 37 D2
Camprond (50) 50 A1
Camps-en-Amiénois (80) 26 C3
Camps-la-Source (83) 178 B2
Camps-Saint-Mathurin-
    -Léobazel (19) 130 A4
Camps-sur-l'Agly (11) 184 C1
Camps-sur-l'Isle (33) 127 D4
Campsas (82) 155 F3
Campsegret (24) 127 F4
Campuac (12) 144 A3
Campugnan (33) 126 A3
Campuzan (65) 169 E2
Camurac (11) 183 F2
Canale-di-Verde (2B) 189 E2
Canals (82) 155 F3
Canaples (80) 27 D2
Canappeville (27) 35 E4
Canapville (14) 34 A3
Canapville (61) 52 B2
Canari (2B) 187 E2
Canaules-et-Argentières (30) . . 160 A2
Canavaggia (2B) 187 D4
Canaveilles (66) 184 B2
Cancale (35) 49 D3
Canchy (14) 32 B3
Canchy (80) 26 B2
Cancon (47) 141 D3
Candas (80) 27 D2
Candé (49) 85 E1
Candé-sur-Beuvron (41) 88 B2
Candes-Saint-Martin (37) 86 C3
Candillargues (34) 175 D1
Candor (60) 38 A2
Candresse (40) 152 A3
Canehan (76) 25 F1
Canéjan (33) 139 D1
Canens (31) 170 C2
Canenx-et-Réaut (40) 153 D2
Canet (11) 173 E2
Canet (34) 159 D4
Canet-de-Salars (12) 144 B4
Canet-en-Roussillon (66) 185 F1
Canettemont (62) 27 D1
Cangey (37) 88 B2
Caniac-du-Causse (46) 142 B2
Canihuel (22) 47 E4
Canisy (50) 50 A1
Canlers (62) 21 F4
Canly (60) 37 F3
Cannectancourt (60) 38 A2
Cannelle (2A) 188 B3
Cannes (06) 179 F1
Cannes-Écluse (77) 75 D1
Cannes-et-Clairan (30) 160 A3
Cannessières (80) 26 B3
Le Cannet (06) 179 F1
Le Cannet-des-Maures (83) . . . 178 C2
Canny-sur-Matz (60) 37 F2
Canny-sur-Thérain (60) 36 B2
Canohès (66) 185 E2
La Canourgue (48) 145 D3
Canouville (76) 34 C1
Cans et Cévennes (48) 145 E4
Cantaing-sur-Escaut (59) 28 B2
Cantaous (65) 169 E3
Cantaron (06) 165 D3
Canté (09) 171 D2
Canteleu (76) 35 E3
Canteloup (14) 51 F1
Canteloup (50) 32 A1
Cantenay-Épinard (49) 86 A2
Cantigny (80) 37 E2
Cantin (59) 28 B1
Cantoin (12) 144 B1
Canville-la-Rocque (50) 31 E3
Canville-les-Deux-Églises (76) . 35 D1
Cany-Barville (76) 34 C1
Caorches-Saint-Nicolas (27) . . . 52 C1
Caouënnec-Lanvézéac (22) 47 D2
Caours (80) 26 B2
Cap-d'Ail (06) 165 E3
Capavenir Vosges (88) 80 A1

Capbreton (40) 151 E4
Capdenac (46) 143 D3
Capdenac-Gare (12) 143 D3
Capdrot (24) 141 E2
La Capelle (02) 29 E3
Capelle (59) 28 C1
La Capelle-Balaguier (12) 143 E4
La Capelle-Bleys (12) 143 E4
La Capelle-Bonance (12) 144 B3
La Capelle-et-Masmolène (30) . 160 C2
Capelle-Fermont (62) 27 E1
La Capelle-lès-Boulogne (62) . . 21 D3
Capelle-les-Grands (27) 52 B1
Capelle-lès-Hesdin (62) 26 C1
Capendu (11) 172 C3
Capens (31) 170 C2
Capestang (34) 173 F2
Capian (33) 139 E2
Capinghem (59) 22 C3
Caplong (33) 140 B1
Capoulet-et-Junac (09) 183 E1
Cappel (57) 43 E4
Cappelle-Brouck (59) 22 A2
Cappelle-en-Pévèle (59) 23 D4
Cappelle-la-Grande (59) 22 A1
Captieux (33) 139 F4
Capvern (65) 169 E3
Caragoudes (31) 171 E1
Caraman (31) 171 E1
Caramany (66) 185 D1
Carantec (29) 46 B2
Carantilly (50) 50 A1
Carayac (46) 143 D3
Carbay (49) 69 D4
Carbes (81) 157 D4
Carbini (2A) 191 D2
Carbon-Blanc (33) 126 A4
Carbonne (31) 170 C2
Carbuccia (2A) 188 C3
Carcagny (14) 33 D4
Carcanières (09) 184 A1
Carcans (33) 125 E3
Carcarès-Sainte-Croix (40) 152 B3
Carcassonne (11) 172 B3
Carcen-Ponson (40) 152 B2
Carcès (83) 178 B2
Carcheto-Brustico (2B) 187 E4
Cardaillac (46) 143 D2
Cardan (33) 139 E2
Cardeilhac (31) 169 F2
Cardesse (64) 167 F2
Cardet (30) 160 A2
Cardo-Torgia (2A) 188 C4
Cardonnette (80) 27 D3
Le Cardonnois (80) 37 E2
Cardonville (14) 32 B3
Cardroc (35) 68 A1
Carelles (53) 69 E1
Carency (62) 27 F1
Carennac (46) 142 C1
Carentan-les-Marais (50) 32 A3
Carentoir (56) 67 F4
Cargèse (2A) 188 A3
Cargiaca (2A) 191 D2
Carhaix-Plouguer (29) 65 F1
Carignan (08) 41 D2
Carignan-de-Bordeaux (33) . . . 139 E1
Carisey (89) 76 B4
Carla-Bayle (09) 171 D3
Carla-de-Roquefort (09) 171 E4
Le Carlaret (09) 171 E3
Carlat (15) 144 A1
Carlencas-et-Levas (34) 158 C4
Carlepont (60) 38 A2
Carling (57) 43 E4
Carlipa (11) 172 A2
Carlucet (46) 142 B2
Carlus (81) 157 D3
Carlux (24) 142 A1
Carly (62) 21 D3
Carmaux (81) 157 D2
Carnac (56) 82 B2
Carnac-Rouffiac (46) 142 A3
Carnas (30) 159 F3
Carnetin (77) 55 F2
Carneville (50) 32 A1
Carnières (59) 28 B2
Carnin (59) 22 C4
Carnoët (22) 46 C4
Carnoules (83) 178 B3
Carnoux-en-Provence (13) 177 E3
Carnoy-Mametz (80) 27 F3
Caro (56) 67 E3
Caro (64) 167 D2
Carolles (50) 49 F2
Caromb (84) 161 F1
Carpentras (84) 161 E2
Carpineto (2B) 187 E4
Carpiquet (14) 33 E4
Carquebut (50) 32 A2
Carquefou (44) 84 B3
Carqueiranne (83) 178 B4
Carrépuis (80) 37 F1
Carrère (64) 168 B1
Carresse-Cassaber (64) 167 E1
Carrières-sous-Poissy (78) 54 C2
Carrières-sur-Seine (78) 54 C2
Carros (06) 165 D3

Carrouges (61) 51 F4
Carry-le-Rouet (13) 176 C3
Cars (33) 126 A3
Les Cars (87) 115 F4
Carsac-Aillac (24) 142 A1
Carsac-de-Gurson (24) 127 D4
Carsan (30) 147 D4
Carspach (68) 97 D1
Cartelègue (33) 126 A3
Carticasi (2B) 187 E4
Cartignies (59) 29 E2
Cartigny (80) 28 A3
Cartigny-l'Épinay (14) 32 B4
Carves (24) 141 F1
Carville-la-Folletière (76) 35 D2
Carville-Pot-de-Fer (76) 34 C1
Carvin (62) 22 C4
Casabianca (2B) 187 E4
Casaglione (2A) 188 B3
Casalabriva (2A) 190 C2
Casalta (2B) 187 E4
Casamaccioli (2B) 188 C2
Casanova (2B) 189 D2
Cascastel-des-Corbières (11) . . 173 D4
Casefabre (66) 185 D2
Caseneuve (84) 162 B3
Cases-de-Pène (66) 185 E1
Casevecchie (2B) 189 E3
La Cassagne (24) 129 D4
Cassagne (31) 170 B3
Cassagnes (46) 141 F3
Cassagnes (66) 185 D1
Cassagnes-Bégonhès (12) 157 F1
Cassagnoles (30) 160 A2
Cassagnoles (34) 173 D2
La Cassaigne (11) 172 A3
Cassaigne (32) 154 B2
Cassaignes (11) 172 B4
Cassaniouze (15) 143 F2
Cassel (59) 22 B2
Cassen (40) 152 B3
Casseneuil (47) 141 D3
Les Cassés (31) 171 F1
Casseuil (33) 139 F2
Cassignas (47) 141 D4
Cassis (13) 177 E3
Casson (44) 84 B2
Cassuéjouls (12) 144 B2
Cast (29) 64 C1
Castagnac (31) 170 C2
Castagnède (31) 170 B3
Castagnède (64) 167 E1
Castagniers (06) 165 D3
Castaignos-Souslens (40) 152 C4
Castandet (40) 153 D3
Castanet (12) 157 E1
Castanet (81) 157 D2
Castanet (82) 156 C1
Castanet-le-Haut (34) 158 B4
Castanet-Tolosan (31) 171 D1
Castans (11) 172 C1
Casteide-Cami (64) 168 A1
Casteide-Candau (64) 152 C4
Casteide-Doat (64) 168 C1
Casteil (66) 184 C2
Castel-Sarrazin (40) 152 B4
Castelbajac (65) 169 E3
Castelbiague (31) 170 B3
Castelculier (47) 154 C1
Le Castelet (14) 51 E1
Castelferrus (82) 155 E2
Castelfranc (46) 142 A3
Castelgaillard (31) 170 B2
Castelginest (31) 156 A4
Casteljaloux (47) 140 A4
Castella (47) 141 D4
Castellane (04) 163 F3
Castellar (06) 165 E3
Le Castellard-Mélan (04) 149 E4
Castellare-di-Casinca (2B) 187 E4
Castellare-di-Mercurio (2B) . . . 189 D2
Le Castellet (04) 163 D2
Le Castellet (83) 177 F3
Castellet-en-Luberon (84) 162 B3
Castellet-lès-Sausses (04) 164 A2
Castello-di-Rostino (2B) 187 E4
Castelmary (12) 157 E1
Castelmaurou (31) 156 A4
Castelmayran (82) 155 E2
Castelmoron-d'Albret (33) 140 A2
Castelmoron-sur-Lot (47) 140 C3
Castelnau-Barbarens (32) 155 D1
Castelnau-Chalosse (40) 152 B4
Castelnau-d'Anglès (32) 154 A4
Castelnau-d'Arbieu (32) 154 C3
Castelnau-d'Aude (11) 173 D2
Castelnau
    d'Auzan Labarrère (32) 153 F2
Castelnau-de-Guers (34) 174 A2
Castelnau-de-Lévis (81) 157 D2
Castelnau-de-Mandailles (12) . 144 B3
Castelnau-de-Médoc (33) 125 F4
Castelnau-de-Montmiral (81) . . 156 B2
Castelnau-d'Estrétefonds (31) . 155 F3
Castelnau-Durban (09) 183 D1
Castelnau-le-Lez (34) 159 F4

Castelnau-Magnoac (65) 169 F2
Castelnau Montratier-
    -Sainte Alauzie (46) 155 F1
Castelnau-Pégayrols (12) 158 B1
Castelnau-Picampeau (31) 170 B2
Castelnau-Rivière-Basse (65) . . 153 F4
Castelnau-sur-Gupie (47) 140 B2
Castelnau-sur-l'Auvignon (32) . 154 B2
Castelnau-Tursan (40) 153 D4
Castelnau-Valence (30) 160 B2
Castelnaud-de-Gratecambe (47) 141 D3
Castelnaud-la-Chapelle (24) . . 141 F1
Castelnaudary (11) 171 F2
Castelnavet (32) 153 F4
Castelner (40) 152 C4
Castelnou (66) 185 D2
Castelreng (11) 172 A4
Castels et Bézenac (24) 141 F1
Castelsagrat (82) 155 E2
Castelsarrasin (82) 155 E2
Castelvieilh (65) 169 D2
Castelviel (33) 139 F2
Le Castéra (31) 155 E4
Castéra-Bouzet (82) 155 D2
Castéra-Lanusse (65) 169 E3
Castéra-Lectourois (32) 154 C2
Castéra-Lou (65) 169 D2
Castéra-Loubix (64) 168 C1
Castéra-Verduzan (32) 154 B3
Castéra-Vignoles (31) 170 A2
Castéras (09) 183 D1
Casterets (65) 169 F2
Castéron (32) 155 D2
Castet (64) 168 A3
Castet-Arrouy (32) 154 C2
Castetbon (64) 167 F1
Castétis (64) 167 F1
Castetnau-Camblong (64) 167 F2
Castetner (64) 167 F1
Castetpugon (64) 153 E4
Castets (40) 152 A4
Castets et Castillon (33) 139 F2
Castex (09) 170 C3
Castex (32) 169 E1
Castex-d'Armagnac (32) 153 E3
Casties-Labrande (31) 170 B2
Castifao (2B) 187 D4
Castiglione (2B) 188 C2
Castillon (14) 32 C4
Castillon (65) 169 D3
Castillon (Canton
    d'Arthez-de-Béarn) (64) . . . 167 F1
Castillon (Canton
    de Lembeye) (64) 168 C1
Castillon-de-Larboust (31) 181 F2
Castillon-de-Saint-Martory (31) 170 A3
Castillon-Debats (32) 154 A3
Castillon-du-Gard (30) 160 C2
Castillon-en-Auge (14) 52 A1
Castillon-en-Couserans (09) . . 170 B4
Castillon-la-Bataille (33) 140 A1
Castillon-Massas (32) 154 B3
Castillon-Savès (32) 155 D4
Castillonnès (47) 141 D2
Castin (32) 154 B4
Castine-en-Plaine (14) 33 E4
Castineta (2B) 187 E4
Castirla (2B) 187 D4
Castres (02) 38 B1
Castres (81) 157 D4
Castres-Gironde (33) 139 E2
Castries (34) 159 F4
Le Cateau-Cambrésis (59) 28 C2
Le Catelet (02) 28 B3
Le Catelier (76) 35 E1
Catenay (76) 35 F2
Catenoy (60) 37 E3
Cateri (2B) 186 C3
Cathervielle (31) 181 F2
Catheux (60) 36 C2
Catigny (60) 38 A2
Catillon-Fumechon (60) 37 D2
Catillon-sur-Sambre (59) 29 D2
Catllar (66) 184 C2
Catonvielle (32) 155 D4
Cattenières (59) 28 B2
Cattenom (57) 42 C3
Catteville (50) 31 E3
Catus (46) 142 A3
Caubeyres (47) 140 B4
Caubiac (31) 155 E4
Caubios-Loos (64) 168 A1
Caubon-Saint-Sauveur (47) . . . 140 B2
Caubous (31) 169 F4
Caubous (65) 169 E2
Caucalières (81) 172 B1
La Cauchie (62) 27 E2
Cauchy-à-la-Tour (62) 22 A4
Caucourt (62) 22 B4
Caudan (56) 66 A3
Caudebec-lès-Elbeuf (76) 35 E4
Caudebronde (11) 172 B2
Caudecoste (47) 155 D1
Caudiès-de-Conflent (66) 184 B2
Caudiès-de-Fenouillèdes (66) . 184 C1
Caudrot (33) 139 F2
Caudry (59) 28 C2

Cauffry (60) 37 E3
Caugé (27) 53 E1
Caujac (31) 171 D2
Caulaincourt (02) 28 B4
Le Caule-Sainte-Beuve (76) 36 A1
Caulières (80) 36 B1
Caullery (59) 28 C2
Caulnes (22) 67 F1
Caumont (02) 38 B2
Caumont (09) 182 C1
Caumont (27) 35 D3
Caumont (32) 153 E4
Caumont (33) 140 A2
Caumont (62) 26 C1
Caumont (82) 155 E2
Caumont-sur-Aure (14) 50 C1
Caumont-sur-Durance (84) 161 E3
Caumont-sur-Garonne (47) 140 B3
Cauna (40) 152 C3
Caunay (79) 114 B1
Cauneille (40) 152 A4
Caunes-Minervois (11) 172 C2
La Caunette (34) 173 D2
Caunette-sur-Lauquet (11) 172 C4
Caunettes-en-Val (11) 172 C3
Caupenne (40) 152 B3
Caupenne-d'Armagnac (32) 153 F3
La Caure (51) 57 D2
Caurel (22) 66 B1
Caurel (51) 39 F4
Cauro (2A) 188 C4
Cauroir (59) 28 B2
Cauroy (08) 40 A3
Cauroy-lès-Hermonville (51) 39 E3
Cause-de-Clérans (24) 141 D1
Caussade (82) 156 A1
Caussade-Rivière (65) 168 C1
Causse-Bégon (30) 159 D2
Causse-de-la-Selle (34) 159 D4
Causse-et-Diège (12) 143 D3
Caussens (32) 154 B2
Causses-et-Veyran (34) 173 F1
Caussiniojouls (34) 173 F1
Caussols (06) 164 B3
Caussou (09) 183 F3
Cauterets (65) 168 C4
Cauverville-en-Roumois (27) 34 C3
Cauvicourt (14) 51 E1
Cauvignac (33) 139 F3
Cauvigny (60) 37 D4
Cauville (14) 51 D1
Cauville-sur-Mer (76) 34 A2
Caux (34) 174 A2
Caux-et-Sauzens (11) 172 B2
Cauzac (47) 141 E4
Cavagnac (46) 129 E4
Cavaillon (84) 161 E3
Cavalaire-sur-Mer (83) 179 D3
La Cavalerie (12) 158 C2
Cavan (22) 47 D2
Cavanac (11) 172 B3
Cavarc (47) 141 D2
Caveirac (30) 160 B3
Caves (11) 173 E4
Cavignac (33) 126 B3
Cavigny (50) 32 B4
Cavillargues (30) 160 C1
Cavillon (80) 26 C3
Cavron-Saint-Martin (62) 21 E4
Caychax (09) 183 F2
Cayeux-en-Santerre (80) 27 E4
Cayeux-sur-Mer (80) 26 A2
Le Caylar (34) 159 D3
Caylus (82) 156 B1
Cayrac (82) 156 A1
Cayres (43) 145 F1
Cayriech (82) 156 B1
Le Cayrol (12) 144 B2
Cayrols (15) 143 E1
Cazac (31) 170 B2
Cazalis (33) 139 E4
Cazalis (40) 152 C4
Cazalrenoux (11) 171 F3
Cazals (46) 142 A2
Cazals (82) 156 B1
Cazals-des-Baylès (09) 171 F3
Cazaril-Tambourès (31) 169 F3
Cazarilh (65) 169 F4
Cazarilh-Laspènes (31) 181 F2
Cazats (33) 139 F3
Cazaubon (32) 153 F2
Cazaugitat (33) 140 A2
Cazaunous (31) 170 A4
Cazaux (09) 171 D3
Cazaux-d'Anglès (32) 154 A4
Cazaux-Fréchet-
  -Anéran-Camors (65) 181 E2
Cazaux-Layrisse (31) 169 F4
Cazaux-Savès (31) 170 B1
Cazaux-Villecomtal (32) 169 D1
Cazavet (09) 170 B4
Cazeaux-de-Larboust (31) 181 F2
Cazedarnes (34) 173 E1
Cazenave-Serres-et-Allens (09) 183 E2
Cazeneuve (32) 154 A3
Cazeneuve-Montaut (31) 170 A3

Cazères (31) 170 B2
Cazères-sur-l'Adour (40) 153 E3
Cazes-Mondenard (82) 155 F1
Cazevieille (34) 159 F3
Cazideroque (47) 141 E3
Cazilhac (11) 172 B3
Cazilhac (34) 159 E2
Cazoulès (24) 142 B1
Cazouls-d'Hérault (34) 174 B2
Cazouls-lès-Béziers (34) 173 F2
Ceaucé (61) 50 C4
Ceaulmont (36) 103 F3
Céaux (50) 49 F3
Céaux-d'Allègre (43) 132 C3
Ceaux-en-Loudun (86) 87 D4
Cébazan (34) 173 E1
Cébazat (63) 118 C3
Ceffonds (52) 58 C4
Ceignes (01) 122 B2
Ceilhes-et-Rocozels (34) 158 B3
Ceillac (05) 150 B2
Ceilloux (63) 119 E4
Ceintrey (54) 60 C4
La Celette (18) 105 D3
La Celle (03) 118 B1
La Celle (18) 105 D2
Cellé (41) 72 A4
La Celle (63) 117 F3
La Celle (83) 178 B2
La Celle-Condé (18) 104 C2
La Celle-Dunoise (23) 116 C1
La Celle-en-Morvan (71) 107 F1
La Celle-Guenand (37) 102 C1
La Celle-les-Bordes (78) 54 C3
Celle-Lévescault (86) 101 F4
La Celle-Saint-Avant (37) 102 B1
La Celle-Saint-Cloud (78) 54 C2
La Celle-Saint-Cyr (89) 75 E3
La Celle-sous-Chantemerle (51) 57 D4
La Celle-sous-Gouzon (23) 117 E1
La Celle-sur-Loire (58) 91 D2
La Celle-sur-Morin (77) 56 A3
La Celle-sur-Nièvre (58) 91 E4
La Cellette (23) 104 B4
La Cellette (63) 118 B2
Cellettes (16) 114 B3
Cellettes (41) 88 C2
Le Cellier (44) 84 C3
Cellier-du-Luc (07) 146 A2
Cellieu (42) 133 F1
Celon (36) 103 F3
Celoux (15) 132 A3
Celsoy (52) 78 C4
Cély (77) 74 B1
Cemboing (70) 79 D4
Cempuis (60) 36 C2
Cénac (33) 139 E1
Cénac-et-Saint-Julien (24) 142 A1
Cenans (70) 95 F2
Cendras (30) 160 A1
Le Cendre (63) 119 D4
Cendrecourt (70) 79 E4
Cendrey (25) 95 F2
Cénevières (46) 142 C2
Cenne-Monestiès (11) 172 A2
Cenon (33) 139 E1
Cenon-sur-Vienne (86) 102 B2
Censeau (39) 110 B2
Censerey (21) 93 D4
Censy (89) 92 C1
Les Cent-Acres (76) 35 E1
Centrès (12) 157 E1
Centuri (2B) 187 E1
Cenves (69) 121 D1
Cépie (11) 172 B3
Cepoy (45) 74 C3
Céran (32) 154 C3
Cérans-Foulletourte (72) 70 C4
Cerbère (66) 185 F3
Cerbois (18) 89 F4
Cercié (69) 121 D2
Cercier (74) 123 D2
Cercottes (45) 73 E3
Cercoux (17) 126 C3
Le Cercueil (61) 51 F4
Cercy-la-Tour (58) 106 C2
Cerdon (01) 122 B2
Cerdon (45) 90 A1
Cère (40) 153 D2
Céré-la-Ronde (37) 88 B3
Cerelles (37) 87 F2
Cérences (50) 49 F2
Céreste (04) 162 B3
Céret (66) 185 D3
Cerfontaine (59) 29 E1

Le Cergne (42) 120 C2
Cergy (95) 54 C1
Cérilly (03) 105 F3
Cérilly (21) 77 E4
Cérilly (89) 76 A2
Cerisé (61) 52 A4
Cerisières (52) 78 A1
Cerisiers (89) 75 F2
Cerisy (80) 27 F3
Cerisy-Belle-Étoile (61) 51 D2
Cerisy-Buleux (80) 26 B3
Cerisy-la-Forêt (50) 32 B4
Cerisy-la-Salle (50) 50 A1
Cerizay (79) 100 B2
Cérizols (09) 170 B3
Cerizy (02) 38 B1
Cernans (39) 110 A1
Cernay (14) 52 B1
Cernay (28) 72 B1
Cernay (68) 81 D4
Cernay (86) 102 A2
Cernay-en-Dormois (51) 40 B4
Cernay-la-Ville (78) 54 C3
Cernay-l'Église (25) 96 C3
Cernay-lès-Reims (51) 39 F4
Cerneux (77) 56 B3
Cernex (74) 123 D2
Cerniébaud (39) 110 B2
Cernion (08) 40 A1
Cernon (39) 109 F4
Cernon (51) 58 A2
Cernoy (60) 37 E3
Cernoy-en-Berry (45) 90 C2
Cernusson (49) 86 A4
Cerny (91) 55 D4
Cerny-en-Laonnois (02) 39 D3
Cerny-lès-Bucy (02) 38 C2
Céron (71) 120 A1
Cérons (33) 139 E2
Cerre-lès-Noroy (70) 96 A1
Cers (34) 174 A3
Cerseuil (02) 38 C3
Cersot (71) 108 B2
Certilleux (88) 79 D1
Certines (01) 122 A2
Cervens (74) 123 F1
Cervières (05) 150 B1
Cervières (42) 119 F3
Cerville (54) 60 C3
Cervione (2B) 187 F4
Cervon (89) 92 A3
Cerzat (43) 132 B3
Cesancey (39) 109 F3
Césarches (73) 123 F4
Césarville-Dossainville (45) 74 A2
Cescau (09) 170 B4
Cescau (64) 168 A1
Cesny-aux-Vignes (14) 51 F1
Cesny-les-Sources (14) 51 E1
Cessac (33) 139 F1
Cessales (31) 171 E1
Cesse (55) 41 D2
Cessenon-sur-Orb (34) 173 F1
Cesseras (34) 173 D2
Cesset (03) 119 D1
Cesseville (27) 35 E4
Cessey (25) 95 E4
Cessey-sur-Tille (21) 94 B3
Cessières-Suzy (02) 38 C2
Cessieu (38) 135 D1
Cesson (77) 55 E4
Cesson-Sévigné (35) 68 B2
Cessoy-en-Montois (77) 56 B4
Cessy (01) 110 B4
Cessy-les-Bois (58) 91 E3
Cestas (33) 139 D1
Cestayrols (81) 156 C2
Ceton (61) 71 F2
Cette-Eygun (64) 167 F4
Cevins (73) 123 F4
Ceyras (34) 159 D4
Ceyrat (63) 118 C4
Ceyreste (13) 177 F3
Ceyroux (23) 116 C2
Ceyssac (43) 132 C4
Ceyssat (63) 118 B4
Ceyzériat (01) 122 A1
Ceyzérieu (01) 122 C3
Cézac (33) 126 B3
Cézac (46) 142 A4
Cezais (85) 100 B3
Cézan (32) 154 B3
Cezay (42) 120 A4
Cézens (15) 131 E4
Cézy (89) 75 F3
Chabanais (16) 115 E3
Chabanière (69) 134 A1
La Chabanne (03) 119 F2
Chabestan (05) 149 D3
Chabeuil (26) 147 F1
Chablis (89) 76 B4
Chabons (38) 135 D2
Chabottes (05) 149 E2
Chabournay (86) 101 F2
Chabrac (16) 115 E3
Chabreloche (63) 119 F3

Chabrignac (19) 129 D2
Chabrillan (26) 147 F2
Chabris (36) 89 D3
Chacenay (10) 77 E2
Chacrise (02) 38 C4
Chadeleuf (63) 131 F1
Chadenac (17) 126 B1
Chadenet (48) 145 F3
Chadrac (43) 133 D4
Chadron (43) 133 D4
Chadurie (16) 127 D1
Le Chaffal (26) 148 A1
Le Chaffaut-Saint-Jurson (04) 163 E2
Chaffois (25) 110 C1
Chagey (70) 96 B3
Chagnon (42) 133 F1
Chagny (08) 40 B2
Chagny (71) 108 B1
Chahaignes (72) 71 E4
Chahains (61) 51 F4
Chaignay (21) 94 A2
Chaignes (27) 54 A1
Chaillac (36) 103 E4
Chaillac-sur-Vienne (87) 115 E3
Chailland (53) 69 E2
Chaillé-les-Marais (85) 100 A4
Chailles (41) 88 C2
La Chailleuse (39) 109 F3
Chaillevette (17) 112 B4
Chaillevois (02) 38 C2
Chailley (89) 76 A3
Chaillon (55) 59 F2
Chailloué (61) 52 A3
Chailly-en-Bière (77) 74 B1
Chailly-en-Brie (77) 56 B3
Chailly-en-Gâtinais (45) 74 B3
Chailly-lès-Ennery (57) 42 C4
Chailly-sur-Armançon (21) 93 E3
Chainaz-les-Frasses (74) 123 D4
Chaînée-des-Coupis (39) 109 E1
Chaingy (45) 73 E4
Chaintré (71) 121 E1
Chaintreaux (77) 74 C2
Chaintrix-Bierges (51) 57 F2
La Chaise (10) 77 E1
La Chaise-Baudouin (50) 50 A2
La Chaise-Dieu (43) 132 B2
Chaise-Dieu-du-Theil (27) 52 C3
La Chaize-Giraud (85) 98 C3
La Chaize-le-Vicomte (85) 99 F2
Chalabre (11) 172 A4
Chalagnac (24) 128 A3
Chalain-d'Uzore (42) 120 B4
Chalain-le-Comtal (42) 120 B4
Chalaines (55) 60 A4
Chalais (16) 127 D2
Chalais (24) 128 B1
Chalais (36) 103 E3
Chalais (86) 101 F1
Chalamont (01) 121 F4
Chalampé (68) 81 F4
Chalancey (52) 94 A1
Chalancon (26) 148 B3
Chalandray (86) 101 E3
Chalandry (02) 39 D1
Chalandry-Elaire (08) 40 B1
Le Chalange (61) 52 B4
Le Chalard (87) 128 C1
Chalautre-la-Grande (77) 56 C4
Chalautre-la-Petite (77) 56 B4
Chalaux (58) 92 B3
Chaleins (01) 121 E2
Chalencon (07) 147 D1
Les Chalesmes (39) 110 B2
Châlette-sur-Loing (45) 74 C3
Chalette-sur-Voire (10) 77 D1
Chaley (01) 122 B3
Chalèze (25) 95 F3
Chalezeule (25) 95 E3
Chaliers (15) 131 F4
Chalifert (77) 55 F2
Chaligny (54) 60 B3
Chalindrey (52) 78 C4
Chalivoy-Milon (18) 105 E2
Challain-la-Potherie (49) 85 E1
Challans (85) 98 C2
Challement (58) 92 A3
Challerange (08) 40 B3
Challes (72) 71 E3
Challes-la-Montagne (01) 122 B2
Challes-les-Eaux (73) 136 A1
Challet (28) 53 F4
Challex (01) 123 D1
Challignac (16) 127 D2
Challonges (74) 123 D2
Challuy (58) 106 A1
Chalmaison (77) 56 B4
Chalmazel-Jeansagnière (42) 120 A4
Chalmoux (71) 107 D3
Chalo-Saint-Mars (91) 73 F1
Le Chalon (26) 134 C3
Chalon (38) 134 B2
Chalon-sur-Saône (71) 108 C2
Chalonnes-sur-Loire (49) 85 F2
Châlons-du-Maine (53) 69 F2
Châlons-en-Champagne (51) 58 A2
Châlons-sur-Vesle (51) 39 E4
Châlonvillars (70) 96 B1

Chalou-Moulineux (91). 73 F1
Chaltrait (51) 57 E2
Chalus (63). 131 F2
Châlus (87). 115 F4
Chalvignac (15) 130 B4
Chalvraines (52) 78 C2
Chamadelle (33) 126 C3
Chamagne (88) 79 F1
Chamagnieu (38) 121 F4
Chamalières (43). 118 C4
Chamalières-sur-Loire (43). 133 D3
Chamaloc (26). 148 B1
Chamant (60). 37 E4
Chamarande (91) 55 D4
Chamarandes-Choignes (52) 78 A2
Chamaret (26). 147 E3
La Chamba (42). 119 F4
Chambain (21). 77 F4
Chambaron sur Morge (63) 119 D3
Chambeire (21). 94 B3
Chambellay (49). 85 F1
Chambéon (42). 120 B4
Chambérat (03). 105 D4
Chamberaud (23). 117 E2
Chamberet (19) 129 F1
Chambéria (39) 109 F4
Chambéry (73). 135 F1
Chambezon (43) 131 F2
Chambilly (71). 120 A1
Chamblac (27). 52 C1
Chamblanc (21). 109 D1
Chamblay (39). 109 F1
Chambles (42). 133 E2
Chamblet (03). 118 A4
Chambley-Bussières (54). . . . 60 A1
Chambly (60). 55 D1
Chamboeuf (21). 94 A3
Chamboeuf (42). 133 E1
Chambois (21). 53 E2
Chambolle-Musigny (21). . . . 94 A4
Le Chambon (07). 146 C1
Chambon (17). 113 D2
Chambon (18). 105 D2
Chambon (30). 146 A4
Chambon (37). 102 C2
Le Chambon-Feugerolles (42). . . 133 E2
Chambon-la-Forêt (45). . . . 74 A3
Chambon-Sainte-Croix (23). . . 104 A4
Chambon-sur-Dolore (63). . . . 132 B1
Chambon-sur-Lac (63). . . . 131 E1
Le Chambon-sur-Lignon (43). . . 133 E4
Chambon-sur-Voueize (23). . . 117 F1
Chambonas (07). 146 B3
Chambonchard (23). 118 A1
La Chambonie (42). 119 F4
Chamborand (23). 116 B2
Chambord (27). 52 C2
Chambord (41). 89 D1
Chamboret (87). 116 A2
Chamborigaud (30). 146 A4
Chambornay-lès-Bellevaux (70) . . 95 F2
Chambornay-lès-Pin (70) 95 E3
Chambors (60). 36 B4
Chambost-Allières (69). . . . 120 C2
Chambost-Longessaigne (69) . . . 120 C4
Chamboulive (19) 129 E2
Chambourcy (78). 54 C2
Chambourg-sur-Indre (37) 88 A4
Chambray (27). 53 F1
Chambray-lès-Tours (37) 87 F3
La Chambre (73). 136 B2
Chambrecy (51). 39 E4
Chambrey (51). 61 D2
Chambroncourt (52) 78 B1
Chambry (02). 39 D2
Chambry (77). 56 A2
Chamelet (69). 120 C3
Chamery (51). 57 E1
Chamesey (25). 96 B3
Chamesol (25). 96 C2
Chamesson (21). 77 E4
Chameyrat (19) 129 E3
Chamigny (77). 56 B2
Chamilly (71). 108 B2
Chamole (39). 109 F2
Chamonix-Mont-Blanc (74) 124 B3
Chamouillac (17). 126 B2
Chamouille (02). 39 D3
Chamouilley (52). 59 D4
Chamousset (73). 136 B1
Chamoux (89). 92 A4
Chamoux-sur-Gelon (73). . . . 136 B1
Chamoy (10). 76 B2
Le Champ-de-la-Pierre (61) . . . 51 E3
Champ-d'Oiseau (21) 93 D2
Champ-Dolent (27). 53 E2
Champ-Haut (61). 52 B3
Champ-Laurent (73). 136 B1
Champ-le-Duc (88). 80 B2
Le Champ-près-Froges (38) . . . 136 A2
Le Champ-Saint-Père (85). . . 99 E3
Champ-sur-Barse (10). . . . 77 D2
Champ-sur-Drac (38). . . . 135 F4
Champagnac (15). 130 C2
Champagnac (17). 126 B1
Champagnac-de-Belair (24) . . . 128 A2
Champagnac-la-Noaille (19). . . 130 A2
Champagnac-la-Prune (19). . . 130 A3

Champagnac-la-Rivière (87). . . 115 E4
Champagnac-le-Vieux (43) . . . 132 B2
Champagnat (23). 117 F2
Champagnat (71). 109 E4
Champagnat-le-Jeune (63). . . 132 A2
Champagne (07). 134 B3
Champagne (17). 112 C3
Champagné (72). 71 E3
Champagne-au-Mont-d'Or (69) . . 121 E4
Champagne-en-Valromey (01). . . 122 C3
Champagne-et-Fontaine (24). . . 127 E2
Champagné-le-Sec (86). . . . 114 B1
Champagné-les-Marais (85). . . 99 F4
Champagne-Mouton (16). . . . 114 C2
Champagné-Saint-Hilaire (86). . . 102 A4
Champagne-sur-Loue (39). . . 95 D4
Champagne-sur-Oise (95). . . 55 D1
Champagne-sur-Seine (77). . . 74 C1
Champagne-sur-Vingeanne (21) . . 94 B2
Champagne-Vigny (16). . . . 127 D1
Champagneux (73). 122 C4
Champagney (25). 95 E3
Champagney (39). 94 C3
Champagney (70). 80 B4
Champagnier (38). 135 F3
Champagnole (39). 110 A2
Champagnolles (17). 126 A1
Champagny (21). 93 F2
Champagny-en-Vanoise (73) . . . 137 D1
Champagny-sous-Uxelles (71). . . 108 B3
Champallement (58). 91 F3
Champanges (74). 111 D4
Champaubert (51). 57 D2
Champcella (05). 150 A1
Champcenest (77). 56 B3
Champcerie (61). 51 E2
Champcevinel (24). 128 A3
Champcevrais (89). 91 D1
Champclause (43). 133 E4
Champcueil (91). 55 E4
Champdeniers (79). 101 D3
Champdieu (42). 120 B4
Champdivers (39). 109 E1
Champdolent (17). 113 D3
Champdor-Corcelles (01). . . 122 B2
Champdôtre (21). 94 B4
Champdray (88). 80 B2
Champeau-en-Morvan (21) . . . 92 C3
Champeaux (35). 68 C2
Champeaux (50). 49 F2
Les Champeaux (61). 52 A2
Champeaux (77). 55 F4
Champeaux-sur-Sarthe (61). . . 52 B4
Champeix (63). 131 F1
Champenard (27). 53 F1
La Champenoise (36). . . . 104 A1
Champenoux (54). 60 C3
Champéon (53). 70 A1
Champétières (63). 132 B1
Champey (70). 96 B1
Champey-sur-Moselle (54). . . 60 B2
Champfleur (72). 71 D1
Champfleury (10). 57 E4
Champfleury (51). 39 E4
Champforgeuil (71). 108 C2
Champfrémont (53). 51 F4
Champfromier (01). 122 C1
Champgenéteux (53). 70 B1
Champguyon (51). 56 C3
Champhol (28). 54 A4
Champien (80). 38 A1
Champier (38). 135 D1
Champignelles (89). 75 D4
Champigneul-Champagne (51) . . 57 F2
Champigneul-sur-Vence (08) . . . 40 B1
Champigneulle (08). 40 C3
Champigneulles (54). 60 C3
Champigneulles-en-Bassigny (52) . 78 C2
Champignol-lez-Mondeville (10) . . 77 E2
Champignolles (21). 93 E4
Champigny (51). 39 E4
Champigny (89). 75 E1
Champigny-en-Beauce (41) . . . 88 B1
Champigny en Rochereau (86). . . 101 F2
Champigny-lès-Langres (52) . . . 78 B4
Champigny-sous-Varennes (52). . . 78 C4
Champigny-sur-Aube (10). . . 57 F4
Champigny-sur-Marne (94) . . . 55 E3
Champigny-sur-Veude (37). . . 87 D4
Champillet (36). 104 C3
Champillon (51). 57 E1
Champis (07). 134 A4
Champlan (91). 55 D3
Champlat-et-Boujacourt (51) . . . 57 E1
Champlay (89). 75 F3
Champlecy (71). 107 F2
Champlemy (58). 91 F1
Champlin (08). 30 A4
Champlin (58). 91 F3
Champlitte (70). 94 C1
Champlive (25). 95 F3
Champlost (89). 76 A3
Champmillon (16). 114 A4
Champmotteux (91). 74 A1
Champnétery (87). 116 B3
Champneuville (55). 41 E4

Champniers (16). 114 B4
Champniers (86). 114 C1
Champniers-et-Reilhac (24). . . 115 E4
Champoléon (05). 149 F1
Champoly (42). 119 F3
Champosoult (61). 52 A2
Champougny (55). 60 A4
Champoulet (45). 91 D1
Champoux (25). 95 F3
Champrenard (21). 93 E2
Champrepus (50). 50 A2
Champrond (72). 71 F3
Champrond-en-Gâtine (28). . . 72 B1
Champrond-en-Perchet (28). . . 72 A1
Champrougier (39). 109 F1
Champs (02). 38 B2
Champs (63). 118 C2
Les Champs-Géraux (22). . . 49 D4
Champs-Romain (24). 128 A1
Champs-sur-Marne (77). . . 55 E2
Champs-sur-Tarentaine-
  -Marchal (15). 130 C2
Champs-sur-Yonne (89). . . 92 A1
Champsac (87). 115 F4
Champsanglard (23). 117 D1
Champsecret (61). 51 D3
Champseru (28). 54 A4
Champsevraine (52). 78 C4
Champtercier (04). 163 E1
Champtocé-sur-Loire (49). . . 85 E2
Champtonnay (70). 95 D2
Champvans (39). 94 C4
Champvans (70). 94 C2
Champvans-les-Moulins (25). . . 95 E3
Champvert (58). 106 C2
Champvoisy (51). 57 D1
Champvoux (58). 91 D4
Chamrousse (38). 135 F3
Chamvres (89). 75 F3
Chanac (48). 145 D3
Chanac-les-Mines (19). . . 129 F3
Chanaleilles (43). 145 E1
Chanas (38). 134 B2
Chanat-la-Mouteyre (63). . . 118 C3
Chanay (01). 122 C2
Chanaz (73). 122 C3
Chançay (37). 88 A2
Chanceaux (21). 93 F2
Chanceaux-près-Loches (37). . . 88 A4
Chanceaux-sur-Choisille (37). . . 87 F2
Chancelade (24). 128 A3
Chancenay (52). 58 C3
Chancey (70). 95 D3
Chancia (39). 109 F4
Chandai (61). 52 C3
Chandolas (07). 146 B3
Chandon (42). 120 B2
Chanéac (07). 146 C1
Chaneins (01). 121 E2
Chânes (71). 121 E1
Changé (53). 69 F2
Changé (71). 108 B1
Changé (72). 71 D3
Changey (52). 78 B3
Changis-sur-Marne (77). . . 56 A2
Changy (42). 120 A2
Changy (51). 58 B3
Changy (71). 107 F4
Chaniat (43). 132 B2
Chaniers (17). 113 E4
Channay (21). 77 D4
Channay-sur-Lathan (37). . . 87 D2
Channes (10). 76 C3
Chanonat (63). 118 C4
Chanos-Curson (26). . . 134 B4
Chanousse (05). 148 C4
Chanoy (52). 78 B3
Chanoz-Châtenay (01). . . 121 F1
Chanteau (45). 73 F3
Chantecoq (45). 75 D3
Chanteheux (54). 61 D3
Chanteix (19). 129 E2
Chantelle (03). 119 D1
Chanteloup (35). 68 B3
Chanteloup (50). 49 F2
Chanteloup (79). 100 C2
Chanteloup-en-Brie (77). . . 55 F2
Chanteloup-les-Bois (49). . . 85 F4
Chanteloup-les-Vignes (78). . . 54 C2
Chantemerle (51). 57 D4
Chantemerle-les-Blés (26). . . 134 B3
Chantemerle-lès-Grignan (26). . . 147 E3
Chantemerle-sur-la-Soie (17). . . 113 D2
Chantenay-Saint-Imbert (58). . . 106 A2
Chantenay-Villedieu (72). . . 70 B3
Chantepérier (38). 136 A4
Chantepie (35). 68 B2
Chantérac (24). 127 F3
Chanteraine (55). 59 E3
Chanterelle (15). 131 E2
Chantes (70). 95 D1
Chantesse (38). 135 E3
Chanteuges (43). 132 B4
Chantillac (16). 126 C2
Chantilly (60). 37 E4
Chantonnay (85). 100 A3
Chantraine (88). 80 A2
Chantraines (52). 78 B2

Chantrans (25). 95 F4
Chantrigné (53). 51 D4
Chanu (61). 50 C3
Chanverrie (85). 100 A1
Chanville (57). 61 D1
Chaon (41). 90 A1
Chaouilley (54). 60 B4
Chaource (10). 76 C3
Chaourse (02). 29 E4
Chapaize (71). 108 B3
Chapareillan (38). 136 A1
Chapdes-Beaufort (63). . . 118 B3
Chapdeuil (24). 127 F2
Chapeau (03). 106 C4
Chapeiry (74). 123 D3
Chapelaine (51). 58 A4
La Chapelaude (03). 105 D4
La Chapelle (03). 119 E2
La Chapelle (08). 40 C1
La Chapelle (16). 114 B3
La Chapelle (73). 136 B2
La Chapelle-Agnon (63). . . 132 B1
La Chapelle-Anthenaise (53). . . 69 F2
La Chapelle-au-Mans (71). . . 107 E3
La Chapelle-au-Moine (61). . . 51 D3
La Chapelle-au-Riboul (53). . . 70 A1
La Chapelle-Aubareil (24). . . 128 C4
La Chapelle-aux-Bois (88). . . 80 A3
La Chapelle-aux-Brocs (19). . . 129 E3
La Chapelle-aux-Chasses (03). . . 106 C3
La Chapelle-aux-Choux (72). . . 87 D1
La Chapelle-aux-Filtzméens (35). . . 49 D4
La Chapelle-aux-Lys (85). . . 100 B3
La Chapelle-aux-Naux (37). . . 87 E3
La Chapelle-aux-Saints (19). . . 129 E4
La Chapelle-Baloue (23). . . 103 F4
La Chapelle-Bâton (79). . . 101 D4
La Chapelle-Bâton (86). . . 114 C1
La Chapelle-Bayvel (27). . . 34 B4
La Chapelle-Bertin (43). . . 132 B3
La Chapelle-Bertrand (79). . . 101 E3
La Chapelle-Biche (61). . . 51 D3
La Chapelle-Blanche (22). . . 67 F4
La Chapelle-Blanche (73). . . 136 A1
La Chapelle-Blanche-
  -Saint-Martin (37). . . . 87 F4
La Chapelle-Bouëxic (35). . . 68 A3
La Chapelle-Cécelin (50). . . 50 A2
La Chapelle-Chaussée (35). . . 68 A1
La Chapelle-Craonnaise (53). . . 69 E3
La Chapelle-d'Abondance (74). . . 111 E4
La Chapelle-d'Alagnon (15). . . 131 E4
La Chapelle-d'Aligné (72). . . 70 B4
La Chapelle-d'Andillon (18). . . 90 B3
La Chapelle-d'Armentières (59). . . 22 C4
La Chapelle-d'Aunainville (28). . . 73 E1
La Chapelle-d'Aurec (43). . . 133 E2
La Chapelle-de-Bragny (71). . . 108 B3
La Chapelle-de-Brain (35). . . 68 A4
La Chapelle-de-Guinchay (71). . . 121 E1
La Chapelle-de-la-Tour (38). . . 135 E1
La Chapelle-de-Surieu (38). . . 134 B2
Chapelle-des-Bois (25). . . 110 B3
La Chapelle-des-Fougeretz (35). . . 68 B2
La Chapelle-des-Marais (44). . . 83 E3
La Chapelle-des-Pots (17). . . 113 E4
La Chapelle-devant-Bruyères (88). . 80 B2
Chapelle-d'Huin (25). . . 110 B1
La Chapelle-du-Bard (38). . . 136 A2
La Chapelle-du-Bois (72). . . 71 F2
La Chapelle-
  -du-Bois-des-Faulx (27). . . 53 E2
La Chapelle-du-Bourgay (76). . . 35 E1
La Chapelle-du-Châtelard (01). . . 121 F2
La Chapelle du Lou du Lac (35). . . 68 A1
La Chapelle-
  -du-Mont-de-France (71). . . 108 A4
La Chapelle-
  -du-Mont-du-Chat (73). . . 123 D4
La Chapelle-du-Noyer (28). . . 72 C3
La Chapelle-en-Lafaye (42). . . 133 D2
La Chapelle-en-Serval (60). . . 55 E1
La Chapelle-en-Valgaudémar (05). . 149 E1
La Chapelle-en-Vercors (26). . . 135 D4
La Chapelle-en-Vexin (95). . . 36 B4
La Chapelle-Enchérie (41). . . 72 B4
La Chapelle-Erbrée (35). . . 69 D2
La Chapelle-Faucher (24). . . 128 A2
La Chapelle-Felcourt (51). . . 58 B1
La Chapelle-Forainvilliers (28). . . 54 A3
La Chapelle-Fortin (28). . . 53 D3
La Chapelle-Gauthier (28). . . 52 B1
La Chapelle-Gauthier (77). . . 56 A4
La Chapelle-Geneste (43). . . 132 B2
La Chapelle-Glain (44). . . 85 D1
La Chapelle-Gonaguet (24). . . 127 F3
La Chapelle-Grésignac (24). . . 127 E2
Chapelle-Guillaume (28). . . 72 A2
La Chapelle-Hareng (27). . . 52 B1
La Chapelle-Hermier (85). . . 99 D2
La Chapelle-Heulin (44). . . 84 C3
La Chapelle-Hugon (18). . . 105 F1
La Chapelle-Huon (72). . . 71 F4
La Chapelle-Iger (77). . . 56 A3
La Chapelle-Janson (35). . . 69 D1
La Chapelle-la-Reine (77). . . 74 B1
La Chapelle-Lasson (51). . . 57 E4
La Chapelle-Launay (44). . . 83 F3

La Chapelle-Laurent (15) 131 F3
La Chapelle-lès-Luxeuil (70). 80 A4
La Chapelle-Longueville (27) 54 A1
La Chapelle-Marcousse (63). 131 F2
La Chapelle-Montabourlet (24) . . . 127 F2
La Chapelle-Montbrandeix (87). . . .115 E4
La Chapelle-Montligeon (61) 52 C4
La Chapelle-Montlinard (18) 91 D4
La Chapelle-Montmartin (41) 89 E3
La Chapelle-Montmoreau (24). . . . 128 A1
La Chapelle-Moulière (86) 102 B3
La Chapelle-Moutils (77) 56 C3
La Chapelle-Naude (71) 109 D3
La Chapelle-Neuve (22) 47 D4
La Chapelle-Neuve (56) 66 B3
La Chapelle-Onzerain (45) 73 D3
La Chapelle-Orthemale (36) 103 F2
La Chapelle-Palluau (85). 99 D2
La Chapelle-Pouilloux (79) 114 B2
La Chapelle-près-Sées (61) 52 A4
La Chapelle-Rablais (77). 56 A4
La Chapelle-Rainsouin (53) 70 A2
La Chapelle-Rambaud (74) 123 E2
Chapelle-Royale (28). 72 B2
La Chapelle-Saint-André (58) 91 F3
La Chapelle-Saint-Aubert (35) 68 C1
La Chapelle-Saint-Aubin (72) 71 D3
La Chapelle-Saint-Fray (72) 70 C2
La Chapelle-Saint-Géraud (19) . . . 130 A4
La Chapelle-Saint-Jean (24) 128 C3
La Chapelle-Saint-Laud (49). 86 B1
La Chapelle-Saint-Laurent (79) . . 100 C2
La Chapelle-Saint-Laurian (36) . . . 89 E4
La Chapelle-Saint-Luc (10) 76 C1
La Chapelle-Saint-Martial (23) . . .117 D2
La Chapelle-Saint-Martin (73) . . . 122 C4
La Chapelle-Saint-Martin-
-en-Plaine (41) 88 C1
La Chapelle-Saint-Maurice (74) . . 123 E3
La Chapelle-Saint-Mesmin (45) . . . 73 E4
La Chapelle-Saint-Ouen (76) 36 A2
La Chapelle-Saint-Quillain (70) . . . 95 D2
La Chapelle-Saint-Rémy (72) 71 E2
La Chapelle-Saint-Sauveur (71) . . 109 E2
La Chapelle-Saint-Sépulcre (45) . . 74 C3
La Chapelle-Saint-Sulpice (77). . . . 56 B4
La Chapelle-Saint-Ursin (18) 90 A4
La Chapelle-Souëf (61) 71 F1
La Chapelle-sous-Brancion (71). . . 108 C3
La Chapelle-sous-Dun (71) 120 C1
La Chapelle-sous-Orbais (51). 57 D2
La Chapelle-sous-Uchon (71) 107 F2
Chapelle-Spinasse (19). 130 A2
La Chapelle-sur-Aveyron (45). 74 C4
La Chapelle-sur-Chézy (02) 56 C2
La Chapelle-sur-Coise (69) 120 C4
La Chapelle-sur-Dun (76) 25 D2
La Chapelle-sur-Erdre (44) 84 B3
La Chapelle-sur-Furieuse (39) 110 A1
La Chapelle-sur-Loire (37) 87 D3
La Chapelle-sur-Oreuse (89). 75 E2
La Chapelle-sur-Usson (63) 132 A2
La Chapelle-Taillefert (23). 117 D2
La Chapelle-Thècle (71) 109 D3
La Chapelle-Thémer (85) 100 A3
La Chapelle-Thouarault (35). 68 A2
La Chapelle-Urée (50) 50 A3
La Chapelle-Vallon (10) 76 B1
La Chapelle-Vaupelteigne (89) . . . 76 A4
La Chapelle-Vendômoise (41) 88 B1
La Chapelle-Vicomtesse (41) 72 B3
La Chapelle-Viel (61) 52 C4
La Chapelle-Villars (42) 134 A1
Chapelle-Viviers (86). 102 B4
Chapelle-Voland (39) 109 E2
Les Chapelles (73) 124 B4
Les Chapelles-Bourbon (77). 55 F3
Chapelon (45) 74 B3
La Chapelotte (18) 90 B3
Chapet (78) 54 C2
Chapois (39) 110 B2
Chaponnay (69) 121 E4
Chaponost (69) 121 E4
Chappes (03) 105 F4
Chappes (08) 39 F2
Chappes (10) 76 C2
Chappes (63) 119 D3
Chaptelat (87) 116 A3
Chaptuzat (63). 119 D2
Charancieu (38) 135 E1
Charantonnay (38) 134 C1
Charavines (38) 135 E2
Charbogne (08) 40 B2
Charbonnat (71) 107 E2
Charbonnier-les-Mines (63). 132 A2
Charbonnières (28) 72 A2
Charbonnières (71). 108 C4
Charbonnières-les-Bains (69). . . . 121 E4
Charbonnières-les-Varennes (63) . .118 C3
Charbonnières-les-Vieilles (63) . . .118 C3
Charbuy (89) 75 F4
La Charce (26) 148 B3
Charcenne (70) 95 D3
Charchigné (53). 51 D4
Charchilla (39) 110 A4
Charcier (39) 110 A3
Chard (23) 117 F3
Chardeny (08) 40 B3

Chardogne (55) 59 D2
Chardonnay (71) 108 C4
Chareil-Cintrat (03) 119 D1
Charencey (21) 93 E2
Charencey (61) 52 C3
Charency (39) 110 B2
Charency-Vezin (54) 41 F2
Charens (26) 148 B3
Charensat (63) 118 A3
Charentay (69) 121 D2
Charentenay (89) 92 A1
Charentilly (37) 87 F2
Charenton-du-Cher (18) 105 E2
Charenton-le-Pont (94) 55 E2
Charentonnay (18) 90 C4
Charette (38) 122 A3
Charette-Varennes (71). 109 D1
Charey (54) 60 A1
Charézier (39) 110 A3
Chargé (37) 88 A2
Chargey-lès-Gray (70) 94 C2
Chargey-lès-Port (70) 79 E4
Chariez (70) 95 E1
Charigny (21) 93 D2
La Charité-sur-Loire (58) 91 D4
Charix (01) 122 C1
Charlas (31) 169 F2
Charleval (13) 161 F4
Charleval (27) 35 F3
Charleville (51) 57 D3
Charleville-Mézières (08) 40 B1
Charleville-sous-Bois (57) 42 C4
Charlieu (42) 120 B2
Charly (18) 105 E1
Charly (69) 121 E4
Charly-Oradour (57) 42 C4
Charly-sur-Marne (02) 56 B2
Charmauvillers (25) 96 C3
Charmé (16) 114 B3
La Charme (39) 109 F2
Le Charme (45) 75 D4
La Charmée (71) 108 B2
Charmeil (03) 119 E2
Le Charmel (02) 56 C1
Charmensac (15) 131 F3
Charmentray (77) 55 F2
Charmes (02) 38 C2
Charmes (03) 119 D2
Charmes (21) 94 B3
Charmes (52) 78 B3
Charmes (88) 79 F1
Charmes-en-l'Angle (52) 78 A1
Charmes-la-Côte (54) 60 A3
Charmes-la-Grande (52) 78 A1
Charmes-Saint-Valbert (70) 79 D4
Charmes-sur-l'Herbasse (26) 134 C3
Charmes-sur-Rhône (07). 147 E1
Charmoille (25) 96 B3
Charmoille (70) 95 F1
Charmois (54) 60 C4
Charmois (90) 96 C1
Charmois-devant-Bruyères (88). . . 80 B2
Charmois-l'Orgueilleux (88). 79 F2
Charmont (51) 58 C2
Charmont (95) 54 B1
Charmont-en-Beauce (45) 73 F2
Charmont-sous-Barbuise (10) 76 C1
Les Charmontois (51) 58 C2
Charmoy (10) 76 A1
Charmoy (71) 108 A2
Charmoy (89) 75 F3
Charnas (07) 134 A2
Charnat (63) 119 E3
Charnay (25) 95 E4
Charnay (69) 121 D3
Charnay-lès-Chalon (71) 109 D1
Charnay-lès-Mâcon (71) 121 E1
Charnècles (38) 135 E2
Charnizay (37) 103 D1
Charnod (39) 109 F4
Charnois (08) 30 C2
Charnoz-sur-Ain (01). 122 A3
Charny (21) 93 D3
Charny (77) 55 F2
Charny-le-Bachot (10) 57 E4
Charny Orée de Puisaye (89) 75 E4
Charny-sur-Meuse (55) 41 E4
Charolles (71) 107 F4
Charols (26) 147 F2
Charonville (28) 72 C2
Chârost (18) 104 C1
Charpentry (55) 41 D4
Charpey (26) 134 C4
Charpont (28) 54 A2
Charquemont (25). 96 C3
Charraix (43) 132 B4
Charras (16) 127 F1
Charre (64) 167 E2
Charrecey (71) 108 B2
Charrey-sur-Saône (21). 94 B4
Charrey-sur-Seine (21) 77 E3
Charrin (38) 106 C2
Charritte-de-Bas (64). 167 E2
Charron (17). 99 F4
Charron (23) 118 A2
Charroux (03) 119 D1
Charroux (86) 114 C2
Chars (95) 54 C1

Charsonville (45) 73 D3
Chartainvilliers (28) 54 A4
Chartèves (02). 56 C1
La Chartre-sur-le-Loir (72) 87 E1
Chartres (28) 72 C1
Chartres-de-Bretagne (35) 68 B2
Chartrettes (77) 55 F4
Chartrier-Ferrière (19) 129 D4
Chartronges (77) 56 B3
Chartuzac (17) 126 B2
Charvieu-Chavagneux (38) 121 F4
Charvonnex (74) 123 E2
Chas (63) .119 D4
Chaserey (10) 76 C3
Chasnais (85) 99 F3
Chasnay (58) 91 E3
Chasné-sur-Illet (35) 68 B1
Chaspinhac (43) 133 D4
Chaspuzac (43) 132 C4
La Chassagne (39). 109 E1
Chassagne (63) 131 F1
Chassagne-Montrachet (21) 108 B1
Chassagne-Saint-Denis (25) 95 F4
Chassagnes (43) 132 B3
Chassaignes (24) 127 E3
Chassal-Molinges (39) 110 A4
Chassant (28) 72 B1
Chasse-sur-Rhône (38) 134 B1
Chasselas (71) 121 D1
Chasselay (38) 135 D3
Chasselay (69). 121 E3
Chassemy (02) 38 C3
Chassenard (03) 107 E4
Chasseneuil (36) 103 F3
Chasseneuil-du-Poitou (86) 102 A3
Chasseneuil-sur-Bonnieure (16). . . .114 C3
Chassenon (16) 115 E3
Chassey (21) 93 D2
Chassey-Beaupré (55) 59 E4
Chassey-le-Camp (71) 108 B1
Chassey-lès-Montbozon (70) 96 A2
Chassey-lès-Scey (70). 95 E1
Chassiecq (16) 114 C3
Chassiers (37) 146 C3
Chassieu (69) 121 F4
Chassignelles (89) 76 C4
Chassignieu (38) 135 E1
Chassignolles (36) 104 B3
Chassignolles (43) 132 B2
Chassigny (52) 94 B1
Chassigny-sous-Dun (71) 120 C1
Chassillé (72) 70 C3
Chassors (16) 113 F4
Chassy (18) 105 F1
Chassy (71) 107 E3
Chassy (89) 75 F4
Le Chastang (19) 129 F3
Chastanier (48) 145 F2
Chasteaux (19) 129 D4
Chastel (43) 132 A4
Chastel-Arnaud (26) 148 A2
Chastel-Nouvel (48) 145 E3
Chastellux-sur-Cure (89) 92 B3
Chastreix (63) 131 D1
La Châtaigneraie (85) 100 B3
Chatain (86) 114 C2
Châtaincourt (28) 53 E3
Châtas (88). 80 C1
Château (71) 108 B4
Château-Arnoux-
-Saint-Auban (04) 163 D1
Château-Bernard (38) 135 E4
Château-Bréhain (57) 61 D2
Château-Chalon (39) 109 F2
Château-Chervix (87) 116 A2
Château-Chinon (Campagne) (58). . . 92 B4
Château-Chinon (Ville) (58) 92 B4
Le Château-d'Almenêches (61). . . . 52 A3
Le Château-d'Oléron (17). 112 B3
Château-Gaillard (01) 122 A3
Château-Garnier (86) 114 C1
Château-Gontier-
-sur-Mayenne (53) 69 F4
Château-Guibert (85) 99 F3
Château-la-Vallière (37) 87 D2
Château-l'Abbaye (59). 23 F4
Château-Landon (77) 74 C2
Château-Larcher (86) 102 A4
Château-l'Évêque (24) 128 A3
Château-l'Hermitage (72) 71 D4
Château-Porcien (08) 39 F2
Château-Renard (45) 75 D4
Château-Renault (37) 88 A1
Château-Rouge (57) 43 D3
Château-Salins (57) 61 D2
Château-sur-Allier (03) 106 A2
Château-sur-Cher (63) 118 A2
Château-sur-Epte (27) 36 A4
Château-Thébaud (44) 84 C4
Château-Thierry (02) 56 C1
Château-Verdun (09) 183 E2
Château-Ville-Vieille (05) 150 B1
Château-Voué (57) 61 D2
Châteaubernard (16). 113 F4
Châteaubleau (77) 56 A4
Châteaubourg (07) 134 B4
Châteaubourg (35) 68 C2
Châteaubriant (44) 68 C4

Châteaudouble (26) 147 F1
Châteaudouble (83) 163 F4
Châteaudun (28) 72 C3
Châteaufort (04) 149 E4
Châteaufort (78) 54 C3
Châteaugay (63) 118 C3
Châteaugiron (35) 68 C2
Châteaulin (29) 64 C1
Châteaumeillant (18) 104 C3
Châteauneuf (21) 93 E4
Châteauneuf (42) 134 A1
Châteauneuf (71) 120 B1
Châteauneuf (73) 136 B1
Châteauneuf (85) 98 C2
Châteauneuf-de-Bordette (26) . . . 148 A4
Châteauneuf-de-Gadagne (84). . . 161 E2
Châteauneuf-de-Galaure (26) . . . 134 B3
Châteauneuf-de-Randon (48) . . . 145 F2
Châteauneuf-de-Vernoux (07) . . . 147 D1
Châteauneuf-d'Entraunes (06) . . 164 B1
Châteauneuf-d'Ille-et-Vilaine (35) . . . 49 D3
Châteauneuf-d'Oze (05) 149 D3
Châteauneuf-du-Faou (29) 65 E1
Châteauneuf-du-Pape (84) 161 E2
Châteauneuf-en-Thymerais (28) . . . 53 F4
Châteauneuf-Grasse (06) 164 C4
Châteauneuf-la-Forêt (87) 116 B4
Châteauneuf-le-Rouge (13) 177 E2
Châteauneuf-les-Bains (63) 118 B2
Châteauneuf-les-Martigues (13) . . . 177 D2
Châteauneuf-Miravail (04) 162 C1
Châteauneuf-sur-Charente (16) . . 127 D1
Châteauneuf-sur-Cher (18) 105 D2
Châteauneuf-sur-Isère (26) 134 B4
Châteauneuf-sur-Loire (45) 74 A4
Châteauneuf-Val-de-Bargis (58). . . 91 E3
Châteauneuf-
-Val-Saint-Donat (04) 163 D1
Châteauneuf-Villevieille (06) 165 D3
Châteauponsac (87) 116 A2
Châteauredon (04) 163 E2
Châteaurenard (13) 161 E3
Châteauroux (36) 104 A2
Châteauroux-les-Alpes (05) 150 A2
Châteauvert (83) 178 B1
Châteauvieux (05) 149 E3
Châteauvieux (41) 88 C3
Châteauvieux (83). 164 A3
Châteauvieux-les-Fossés (25) 95 F4
Châteauvilain (38) 135 D1
Châteauvillain (52) 77 F3
Châtel (74) 124 B1
Châtel-Censoir (89) 92 A2
Chatel-Chéhéry (08) 40 C4
Châtel-de-Joux (39) 110 A3
Châtel-de-Neuvre (03) 106 B4
Châtel-en-Trièves (38) 149 D1
Châtel-Gérard (89) 92 C1
Châtel-Guyon (63) 118 C3
Châtel-Montagne (03). 119 F2
Châtel-Moron (71) 108 B2
Châtel-Saint-Germain (57) 60 B1
Châtel-sur-Moselle (88). 80 A1
Châtelaillon-Plage (17) 112 B2
Châtelain (53) 70 A4
La Châtelaine (39) 110 A1
Le Châtelard (23) 117 F3
Le Châtelard (73). 123 E4
Châtelaudren-Plouagat (22) 47 E3
Chatelay (39) 95 D4
Châtelblanc (25) 110 B2
Châteldon (63). 119 E3
Le Châtelet (18) 104 C3
Le Châtelet-en-Brie (77) 55 F4
Le Châtelet-sur-Meuse (52) 78 C3
Le Châtelet-sur-Retourne (08) . . . 40 A3
Le Châtelet-sur-Sormonne (08) . . . 40 A1
Les Châtelets (28) 53 E3
Le Chateley (39) 109 F1
Le Châtelier (51) 58 C2
Les Châteliers (79) 101 E3
Châtellenot (21) 93 E3
Châtellerault (86) 102 B2
Le Châtellier (35) 50 A4
Le Châtellier (61) 51 D3
Les Châtelliers-Notre-Dame (28) . . . 72 B1
Châtelneuf (39) 110 A2
Châtelneuf (42) 133 D1
Châtelperron (03) 106 C4
Châtelraould-Saint-Louvent (51) . . . 58 B3
Châtelus (03) 119 F1
Châtelus (38) 135 D4
Châtelus (42) 133 F1
Châtelus-le-Marcheix (23) 116 C2
Châtelus-Malvaleix (23) 117 D1
Châtenay (01) 122 A2
Châtenay (28) 73 E1
Châtenay (38) 135 D2
Châtenay (71) 120 C1
Châtenay-en-France (95) 55 E1
Chatenay-Mâcheron (52) 78 B4
Châtenay-Malabry (92) 55 D3
Châtenay-sur-Seine (77) 75 D1
Chatenay-Vaudin (52) 78 C4
Chatenet (17) 126 B2
Le Châtenet-en-Dognon (87) 116 B3
Châteney (70) 96 A1

Châtenois (39) — 94 C4
Châtenois (67) — 81 E1
Châtenois (70) — 96 A1
Châtenois (88) — 79 D1
Châtenois-les-Forges (90) — 96 C1
Châtenoy (45) — 74 A4
Châtenoy (77) — 74 B2
Châtenoy-en-Bresse (71) — 108 C2
Châtenoy-le-Royal (71) — 108 C2
Châtignac (16) — 127 D2
Chatignonville (91) — 54 B4
Châtillon (03) — 106 A4
Châtillon (39) — 110 A3
Châtillon (69) — 121 D3
Châtillon (92) — 55 D3
Châtillon-Coligny (45) — 74 C4
Châtillon-en-Bazois (58) — 92 A4
Châtillon-en-Diois (26) — 148 B2
Châtillon-en-Vendelais (35) — 69 D1
Châtillon-Guyotte (25) — 95 F3
Châtillon-la-Borde (77) — 55 F4
Châtillon-la-Palud (01) — 122 A2
Châtillon-le-Duc (25) — 95 E3
Châtillon-le-Roi (45) — 73 F2
Châtillon-lès-Sons (02) — 29 D4
Châtillon-Saint-Jean (26) — 134 C4
Châtillon-sous-les-Côtes (55) — 41 F4
Châtillon-sur-Broué (51) — 58 B4
Châtillon-sur-Chalaronne (01) — 121 F2
Châtillon-sur-Cher (41) — 88 C3
Châtillon-sur-Cluses (74) — 124 A2
Châtillon-sur-Colmont (53) — 69 F1
Châtillon-sur-Indre (36) — 103 E1
Châtillon-sur-Lison (25) — 95 E4
Châtillon-sur-Loire (45) — 90 C1
Châtillon-sur-Marne (51) — 57 D1
Châtillon-sur-Morin (51) — 56 C3
Châtillon-sur-Oise (02) — 38 C1
Châtillon-sur-Saône (88) — 79 E3
Châtillon-sur-Seine (21) — 77 E4
Châtillon-sur-Thouet (79) — 101 D2
Châtin (58) — 92 B4
Châtonnay (38) — 134 C1
Chatonrupt-Sommermont (52) — 59 D4
Chatou (78) — 54 C2
La Châtre (36) — 104 B3
La Châtre-Langlin (36) — 103 E4
Châtres (10) — 57 E4
Châtres (24) — 128 C3
Châtres (77) — 55 F3
Châtres-sur-Cher (41) — 89 E3
Châtrices (51) — 58 C1
Chattancourt (55) — 41 E4
Chatte (38) — 135 D3
Chatuzange-le-Goubet (26) — 134 C4
Chaucenne (25) — 95 E3
Chauchailles (48) — 144 C1
Chauché (85) — 99 F1
Le Chauchet (23) — 117 F2
Chauchigny (10) — 76 B1
Chauconin-Neufmontiers (77) — 56 C2
Chaudardes (02) — 39 D3
Chaudebonne (26) — 148 A3
Chaudefonds-sur-Layon (49) — 85 F3
Chaudefontaine (51) — 58 C1
Chaudenay (52) — 78 C4
Chaudenay (71) — 108 B1
Chaudenay-la-Ville (21) — 93 E4
Chaudenay-le-Château (21) — 93 E4
Chaudeney-sur-Moselle (54) — 60 A3
Chaudes-Aigues (15) — 144 C1
Chaudeyrac (48) — 145 F2
Chaudeyrolles (43) — 133 E4
La Chaudière (26) — 148 A2
Chaudon (28) — 54 A3
Chaudon-Norante (04) — 163 E2
Chaudrey (10) — 58 A4
Chaudun (02) — 38 B3
Chauffailles (71) — 120 C1
Chauffecourt (88) — 79 F1
Chauffour-lès-Bailly (10) — 77 D2
Chauffour-lès-Étréchy (91) — 55 D4
Chauffour-sur-Vell (19) — 129 E4
Chauffours (28) — 72 C1
Chauffourt (52) — 78 C2
Chauffry (77) — 56 B3
Chaufour-lès-Bonnières (78) — 54 A1
Chaufour-Notre-Dame (72) — 70 C3
Chaugey (21) — 78 A4
Chaulgnes (58) — 91 E4
Chaulhac (48) — 145 D1
Chaulieu (50) — 50 C3
La Chaulme (63) — 133 D2
Chaulnes (80) — 37 F1
Chaum (31) — 169 F4
Chaumard (58) — 92 B4
La Chaume (21) — 77 F4
Chaume-et-Courchamp (21) — 94 B1
Chaume-lès-Baigneux (21) — 93 E1
Chaumeil (19) — 129 F2
Chaumercenne (70) — 94 C3
Chaumergy (39) — 109 E2
Chaumes-en-Brie (77) — 55 F3
Chaumes-en-Retz (44) — 98 C1
Chaumesnil (10) — 77 E1
Chaumont (18) — 105 E2
Chaumont (52) — 78 A2
Chaumont (61) — 52 B2

Chaumont (74) — 123 D2
Chaumont (89) — 75 E1
Chaumont-devant-Damvillers (55) — 41 E3
Chaumont-en-Vexin (60) — 36 B4
Chaumont-la-Ville (52) — 78 C2
Chaumont-le-Bois (21) — 77 E4
Chaumont-le-Bourg (63) — 132 C2
Chaumont-Porcien (08) — 39 F2
Chaumont-sur-Aire (55) — 59 E2
Chaumont-sur-Loire (41) — 88 B2
Chaumont-sur-Tharonne (41) — 89 E1
Chaumontel (95) — 55 E1
Chaumot (58) — 92 A3
Chaumot (89) — 75 E3
Chaumousey (88) — 80 A2
Chaumussay (37) — 102 C1
La Chaumusse (39) — 110 B3
Chaumuzy (51) — 39 E4
Chaunac (17) — 126 B2
Chaunay (86) — 114 B1
Chauny (02) — 38 B2
Chauray (79) — 101 D4
Chauriat (63) — 119 D4
La Chaussade (23) — 117 E3
Chaussan (69) — 121 D4
La Chaussée (76) — 35 E1
La Chaussée (86) — 101 F1
La Chaussée-Saint-Victor (41) — 88 C1
La Chaussée-sur-Marne (51) — 58 B2
La Chaussée-Tirancourt (80) — 26 C3
Chaussenac (15) — 130 B3
Chaussenans (39) — 110 A2
Chausseterre (42) — 119 F3
Chaussin (39) — 109 E1
Chaussoy-Epagny (80) — 27 D4
Chaussy (45) — 73 F2
Chaussy (95) — 54 B1
Le Chautay (18) — 105 F1
Chauvac-Laux-Montaux (26) — 148 B4
Chauvé (44) — 83 F4
Chauvency-le-Château (55) — 41 E2
Chauvency-Saint-Hubert (55) — 41 E2
Chauvigné (35) — 68 C1
Chauvigny (86) — 102 B3
Chauvigny-du-Perche (41) — 72 B3
Chauvincourt-Provemont (27) — 36 A4
Chauvirey-le-Châtel (70) — 79 D4
Chauvirey-le-Vieil (70) — 79 D4
Chauvoncourt (55) — 59 F2
Chauvry (95) — 55 D1
Chaux (21) — 94 A4
La Chaux (25) — 96 A4
La Chaux (61) — 51 E4
La Chaux (71) — 109 E2
Chaux (90) — 80 C4
Chaux-Champagny (39) — 110 A1
Chaux-des-Crotenay (39) — 110 B3
La Chaux-du-Dombief (39) — 110 A3
La Chaux-en-Bresse (39) — 109 E2
Chaux-la-Lotière (70) — 95 E2
Chaux-lès-Passavant (25) — 96 A3
Chaux-lès-Port (70) — 95 E1
Chaux-Neuve (25) — 110 B2
Chauzon (07) — 146 C3
Chavagne (35) — 68 A2
Chavagnes-en-Paillers (85) — 99 F1
Chavagnes-les-Redoux (85) — 100 A2
Chavanac (19) — 130 A1
Chavanat (23) — 117 D3
Chavanatte (90) — 97 D1
Chavanay (42) — 134 A2
Chavanges (10) — 58 B4
Chavaniac-Lafayette (43) — 132 B3
Chavannaz (74) — 123 D2
Chavanne (70) — 96 B1
La Chavanne (73) — 136 A1
Chavannes (18) — 105 D2
Chavannes (26) — 134 B3
Les Chavannes-en-Maurienne (73) — 136 B2
Chavannes-les-Grands (90) — 97 D1
Chavannes-sur-l'Étang (68) — 96 C1
Chavannes-sur-Reyssouze (01) — 109 D4
Chavanod (74) — 123 D3
Chavanoz (38) — 121 F4
Chavaroux (63) — 119 D3
La Chavatte (80) — 27 F4
Chaveignes (37) — 87 D4
Chavelot (88) — 80 A2
Chavenay (78) — 54 C2
Chavençon (60) — 36 C4
Chavenon (03) — 105 F4
Chavéria (39) — 109 F3
Chaveroche (19) — 130 B1
Chaveyriat (01) — 121 F1
Chavignon (02) — 38 C3
Chavigny (02) — 38 B3
Chavigny (54) — 60 B3
Chavigny-Bailleul (27) — 53 D2
Chaville (92) — 55 D3
Chavin (36) — 103 F3
Chavonne (02) — 38 C3
Chavot-Courcourt (51) — 57 E1
Chavoy (50) — 50 A3
Chavroches (03) — 106 C4

Le Chay (17) — 112 C4
Chay (25) — 95 E4
Chazay-d'Azergues (69) — 121 D3
Chazé-sur-Argos (49) — 85 E1
Chazeaux (07) — 146 C2
Chazelet (36) — 103 F4
Chazelles (15) — 132 A4
Chazelles (16) — 114 C4
Chazelles (43) — 132 B4
Chazelles-sur-Albe (54) — 61 E3
Chazelles-sur-Lavieu (42) — 133 D1
Chazelles-sur-Lyon (42) — 133 F1
Chazemais (03) — 105 D4
Chazeuil (21) — 94 B2
Chazeuil (58) — 91 F3
Chazey-Bons (01) — 122 C3
Chazey-sur-Ain (01) — 122 A3
Chazilly (21) — 93 E4
Chazot (25) — 96 B3
Chécy (45) — 73 F4
Chédigny (37) — 88 A4
Chef-Boutonne (79) — 114 A2
Chef-Haut (88) — 79 E1
Cheffes (49) — 86 A1
Cheffois (85) — 100 B2
Cheignieu-la-Balme (01) — 122 B3
Cheillé (37) — 87 E3
Cheilly-lès-Maranges (71) — 108 B1
Chein-Dessus (31) — 170 A4
Cheissoux (87) — 116 C3
Le Cheix (63) — 119 D3
Cheix-en-Retz (44) — 84 A3
Chélan (32) — 169 F2
Chelers (62) — 27 E1
Chélieu (38) — 135 E1
Chelle-Debat (65) — 169 D2
Chelle-Spou (65) — 169 D3
Chelles (60) — 38 A3
Chelles (77) — 55 E2
Chelun (35) — 69 D4
Chemaudin et Vaux (25) — 95 E3
Chemazé (53) — 85 E4
Chemenot (39) — 109 F1
Chémeré-le-Roi (53) — 70 A3
Chémery (41) — 88 C3
Chémery-Chéhéry (08) — 40 C2
Chémery-les-Deux (57) — 42 C3
Chemillé-en-Anjou (49) — 85 F3
Chemillé-sur-Dême (37) — 87 F1
Chemillé-sur-Indrois (37) — 88 B4
Chemilli (61) — 71 E1
Chemilly (03) — 106 B4
Chemilly (70) — 95 E1
Chemilly-sur-Serein (89) — 76 B4
Chemilly-sur-Yonne (89) — 76 A4
Chemin (39) — 109 E1
Le Chemin (51) — 58 C1
Chemin-d'Aisey (21) — 93 E1
Cheminas (07) — 134 A3
Cheminon (51) — 58 C3
Cheminot (57) — 60 B2
Chemiré-en-Charnie (72) — 70 B3
Chemiré-le-Gaudin (72) — 70 C3
Chemy (59) — 22 C4
Chenac-Saint-Seurin-d'Uzet (17) — 125 F1
Chenailler-Mascheix (19) — 129 F4
La Chenalotte (25) — 96 B4
Chénas (69) — 121 D1
Chenay (51) — 39 E4
Chenay (72) — 52 A4
Chenay (79) — 101 E4
Chenay-le-Châtel (71) — 120 A1
Le Chêne (10) — 57 F4
Chêne-Bernard (39) — 109 E1
Chêne-en-Semine (74) — 123 D2
Chêne-Sec (39) — 109 E2
Chenebier (70) — 96 B1
Chenecey-Buillon (25) — 95 E4
Chénelette (69) — 120 C1
Chénérailles (23) — 117 E2
Chenereilles (42) — 133 D1
Chenereilles (43) — 133 E3
Chenevelles (86) — 102 B2
Chenevières (54) — 61 E4
Chenevrey-et-Morogne (70) — 95 D3
Chênex (74) — 123 D2
Cheney (89) — 76 B4
Chenicourt (54) — 60 C2
Chenières (54) — 42 A2
Chéniers (23) — 104 A4
Cheniers (51) — 57 F2
Chenillé-Champteussé (49) — 85 F1
Cheniménil (88) — 80 B2
Chennebrun (27) — 53 D3
Chennegy (10) — 76 B2
Chennevières-lès-Louvres (95) — 55 E1
Chennevières-sur-Marne (94) — 55 E3
Chenois (57) — 61 D1
Chenoise-Cucharmoy (77) — 56 B4
Chenon (16) — 114 B3
Chenonceaux (37) — 88 B3
Chenou (77) — 74 C2
Chenôve (21) — 94 A3
Chenôves (21) — 108 B2
Chens-sur-Léman (74) — 110 C4
Chenu (72) — 87 E1
Cheny (89) — 75 F3

Chepniers (17) — 126 B2
Chepoix (60) — 37 D2
La Cheppe (51) — 58 A1
Cheppes-la-Prairie (51) — 58 A2
Cheppy (55) — 41 D4
Cheptainville (91) — 55 D4
Chepy (51) — 58 A2
Chépy (80) — 26 A2
Chérac (17) — 113 E4
Chérancé (53) — 69 E4
Chérancé (72) — 71 D1
Chéraute (64) — 167 E2
Cherbonnières (17) — 113 F2
Cherbourg-en-Cotentin (50) — 31 E1
Chérence (95) — 54 A1
Chérencé-le-Héron (50) — 50 A2
Chéreng (59) — 23 D3
Les Chères (69) — 121 E3
Chérêt (02) — 39 D2
Chériennes (62) — 26 C1
Cherier (42) — 120 A3
Chérigné (79) — 114 A2
Chérisay (72) — 71 D1
Chérisey (57) — 60 C1
Chérisy (28) — 53 F3
Chérisy (62) — 28 A1
Chérizet (71) — 108 B3
Chermignac (17) — 113 D4
Chermisey (88) — 78 C1
Chermizy-Ailles (02) — 39 D3
Chéronnac (87) — 115 E4
Chéronvilliers (27) — 52 C3
Chéroy (89) — 75 D2
Cherré-Au (72) — 71 F2
Cherreux (35) — 49 E3
Cherval (24) — 127 E2
Cherveix-Cubas (24) — 128 C2
Cherves (86) — 101 E2
Cherves-Châtelars (16) — 115 D3
Cherves-Richemont (16) — 113 F4
Cherveux (79) — 101 D4
Chervey (10) — 77 E2
Cherville (51) — 57 F1
Chéry (18) — 89 F4
Chéry-Chartreuve (02) — 39 D4
Chéry-lès-Pouilly (02) — 38 C2
Chéry-lès-Rozoy (02) — 29 F4
Chesley (10) — 76 C3
Le Chesnay-Rocquencourt (78) — 54 C2
Chesnois-Auboncourt (08) — 40 B2
Chesny (57) — 60 C1
Chessenaz (74) — 123 D2
Chessy (69) — 121 D3
Chessy (77) — 55 F2
Chessy-les-Prés (10) — 76 B3
Chéu (89) — 76 A3
Cheuge (21) — 94 B2
Cheust (65) — 181 D1
Chevagnes (03) — 106 C3
Chevagny-les-Chevrières (71) — 121 E1
Chevagny-sur-Guye (71) — 108 A3
Chevaigné (35) — 68 B1
Chevaigné-du-Maine (53) — 51 E4
Cheval-Blanc (84) — 161 F3
Chevaline (74) — 123 E4
La Chevallerais (44) — 84 B2
Chevanceaux (17) — 126 C2
Chevannay (21) — 93 E3
Chevannes (21) — 93 F4
Chevannes (45) — 74 C2
Chevannes (89) — 91 F1
Chevannes (91) — 55 E4
Chevannes-Changy (58) — 91 F3
Chevennes (02) — 29 D4
Chevenon (58) — 106 B1
Chevenoz (74) — 111 E4
Cheverny (41) — 88 C2
Cheveuges (08) — 40 C1
Chevières (08) — 40 C3
Chevigney (70) — 94 C3
Chevigney-lès-Vercel (25) — 96 A4
Chevigney-sur-l'Ognon (25) — 95 E3
Chevigny (39) — 94 C4
Chevigny-en-Valière (21) — 108 C1
Chevigny-Saint-Sauveur (21) — 94 A3
Chevillard (01) — 122 B2
Chevillé (72) — 70 B3
Chevillon (52) — 59 D4
Chevillon-sur-Huillard (45) — 74 B3
La Chevillotte (25) — 95 F3
Chevilly (45) — 73 E3
Chevilly-Larue (94) — 55 D3
Chevinay (69) — 121 D4
Chevincourt (60) — 37 F2
Chevrainvilliers (77) — 74 B2
Chevreaux (39) — 109 E3
Chevregny (02) — 38 C3
Chèvremont (90) — 96 C1
La Chèvrerie (16) — 114 B2
Chevresis-Monceau (02) — 38 C1
Chevreuse (78) — 54 C3
Chevrier (74) — 123 D2
Chevrières (38) — 135 D3
Chevrières (42) — 133 F1
Chevrières (60) — 37 F3
Chevroches (58) — 92 A2
La Chevrolière (44) — 84 B4

Commune	Réf.
hevrotaine (39)	110 A3
hevroux (01)	108 C4
hevroz (25)	95 E3
hevru (77)	56 B3
hevry (01)	123 D1
hevry-Cossigny (77)	55 F3
hevry-en-Sereine (77)	75 D2
hevry-sous-le-Bignon (45)	75 D2
hey (79)	114 A1
heylade (15)	131 D3
e Cheylard (07)	146 C1
heylard-l'Évêque (48)	145 F2
e Cheylas (38)	136 A2
heyssieu (38)	134 B2
hezal-Benoît (18)	104 C2
a Chèze (22)	67 D2
hèze (65)	168 C4
hézeaux (52)	78 C4
hezelle (03)	118 C1
hezelles (36)	103 F1
hezelles (37)	87 E4
hèzeneuve (38)	135 D1
hézery-Forens (01)	123 D1
hézy (03)	106 C3
hézy-en-Orxois (02)	56 B1
hézy-sur-Marne (02)	56 C2
hiatra (2B)	189 E2
hiché (79)	101 D2
hichée (89)	76 B4
hichery (89)	75 F4
hichey (51)	57 D3
hichilianne (38)	148 B1
hicourt (57)	61 D2
hiddes (58)	107 E2
hiddes (71)	108 A4
hidrac (63)	131 F1
hierry (02)	56 C1
hieulles (57)	42 C4
hignin (73)	136 A1
higny (02)	29 D3
higny-les-Roses (51)	57 F1
hilhac (43)	132 A3
hillac (16)	126 C2
hille (39)	109 F2
hilleurs-aux-Bois (45)	73 F3
Le Chillou (79)	101 E2
hilly (08)	30 A4
hilly (74)	123 D2
hilly (80)	27 F4
hilly-le-Vignoble (39)	109 F3
hilly-Mazarin (91)	55 D3
hilly-sur-Salins (39)	110 A1
himilin (38)	135 E1
hindrieux (73)	123 D3
hinon (37)	87 D4
hipilly (80)	27 F3
hirac (16)	115 D3
hirac-Bellevue (19)	130 B2
hirassimont (42)	120 C3
hirat-l'Église (03)	118 C1
hiré-en-Montreuil (86)	101 F3
hirens (38)	135 E2
hirmont (80)	27 E4
hirols (07)	146 C2
hiroubles (69)	121 D1
hiry-Ourscamp (60)	38 A2
his (65)	169 D2
hisa (2B)	189 E4
hissay-en-Touraine (41)	88 B3
hisseaux (37)	88 B3
hissey-en-Morvan (71)	92 C4
hissey-lès-Mâcon (71)	108 B3
hissey-sur-Loue (39)	95 D4
hitenay (41)	88 C2
hitray (36)	103 E3
hitry (89)	92 A1
hitry-les-Mines (58)	92 A3
hives (17)	114 A2
hivres (21)	109 D1
hivres-en-Laonnois (02)	39 E2
hivres-Val (02)	38 C3
hivy-lès-Étouvelles (02)	38 C2
hizé (79)	113 F2
hocques (62)	22 B4
hoilley-Dardenay (52)	94 B1
hoisel (78)	54 C3
hoiseul (52)	78 C3
hoisey (39)	94 C4
hoisies (59)	29 E2
hoisy (74)	123 E2
hoisy-au-Bac (60)	38 A3
hoisy-en-Brie (77)	56 B3
hoisy-la-Victoire (60)	37 E3
hoisy-le-Roi (94)	55 E3
holet (49)	85 E4
holonge (38)	135 F4
holoy-Ménillot (54)	60 A3
homelix (43)	132 C3
homérac (07)	147 D2
La Chomette (43)	132 A3
honas-l'Amballan (38)	134 B1
honville-Malaumont (55)	59 F3
hooz (08)	30 C2
hoqueuse-les-Bénards (60)	36 C2
horanche (38)	135 D4
horey-les-Beaune (21)	93 F4
horges (05)	149 F2
houain (14)	33 D4
Chouday (36)	104 B1
Choue (41)	72 A3
Chougny (58)	92 A4
Chouilly (51)	57 E1
Chouppes (86)	101 F2
Chourgnac (24)	128 C3
Choussy (41)	88 C3
Chouvigny (03)	118 C2
Choux (39)	122 C1
Les Choux (45)	74 C4
Chouy (02)	38 B4
Chouzé-sur-Loire (37)	86 C3
Chouzelot (25)	95 E4
Choye (70)	95 D2
Chozeau (38)	122 A4
Chuelles (45)	75 D3
Chuffilly-Roche (08)	40 B3
Chuignes (80)	27 F3
Chuignolles (80)	27 F3
Chuisnes (28)	72 B1
Chusclan (30)	161 D1
Chuyer (42)	134 A2
Chuzelles (38)	134 B1
Ciadoux (31)	170 A2
Ciamannacce (2A)	189 D4
Ciboure (64)	166 A1
Cideville (76)	35 D2
Ciel (71)	109 D1
Cier-de-Luchon (31)	169 F4
Cier-de-Rivière (31)	169 F3
Cierges (02)	56 C1
Cierges-sous-Montfaucon (55)	41 D3
Cierp-Gaud (31)	169 F4
Cierrey (27)	53 F1
Cierzac (17)	126 B1
Cieurac (46)	142 B4
Cieutat (65)	169 D3
Cieux (87)	115 F2
Ciez (58)	91 E2
Cigogné (37)	88 A3
Cilly (02)	29 E4
Cinais (37)	87 D4
Cindré (03)	119 E1
Cinq-Mars-la-Pile (37)	87 E3
Cinqueux (60)	37 E3
Cintegabelle (31)	171 D2
Cintray (28)	72 C1
Cintré (35)	68 A2
Cintrey (70)	79 D4
La Ciotat (13)	177 F3
Cipières (06)	164 B3
Ciral (61)	51 F4
Ciran (37)	88 A4
Circourt (88)	79 F1
Circourt-sur-Mouzon (88)	79 D1
Ciré-d'Aunis (17)	112 C2
Cirès (31)	169 F4
Cires-lès-Mello (60)	37 D4
Cirey (70)	95 F2
Cirey-lès-Mareilles (52)	78 B2
Cirey-lès-Pontailler (21)	94 B3
Cirey-sur-Blaise (52)	77 F1
Cirey-sur-Vezouze (54)	61 F3
Cirfontaines-en-Azois (52)	77 F2
Cirfontaines-en-Ornois (52)	59 E4
Cirières (79)	100 C1
Ciron (36)	103 E3
Ciry-le-Noble (71)	107 F3
Ciry-Salsogne (02)	38 C3
Cisai-Saint-Aubin (61)	52 B3
Cissac-Médoc (33)	125 F2
Cissé (86)	101 F3
Cisternes-la-Forêt (63)	118 A4
Cistrières (43)	132 B2
Citerne (80)	26 B3
Citers (70)	80 A4
Citey (70)	95 D2
Citou (11)	172 C2
Citry (77)	56 B2
Civaux (86)	102 B4
Civens (42)	120 B4
Civrac-de-Blaye (33)	126 B3
Civrac-en-Médoc (33)	125 F2
Civrac-sur-Dordogne (33)	139 F1
Civray (18)	104 C1
Civray (86)	114 C1
Civray-de-Touraine (37)	88 B3
Civray-sur-Esves (37)	87 F4
Civrieux (01)	121 E3
Civrieux-d'Azergues (69)	121 E3
Civry-en-Montagne (21)	93 E3
Civry-la-Forêt (78)	54 A2
Cizancourt (80)	38 A1
Cizay-la-Madeleine (49)	86 B3
Cize (01)	122 B1
Cize (39)	110 A2
Cizely (58)	106 C1
Cizos (65)	169 E2
Clacy-et-Thierret (02)	38 C2
Cladech (24)	141 F1
Claira (66)	185 E1
Clairac (47)	140 C4
Clairavaux (23)	117 E4
Clairefontaine-en-Yvelines (78)	54 B4
Clairegoutte (70)	96 B1
Clairfayts (59)	29 F2
Clairfontaine (02)	29 E3
Clairmarais (62)	22 A2
Clairoix (60)	38 A3
Clairvaux-d'Aveyron (12)	143 F3
Clairvaux-les-Lacs (39)	110 A3
Clairy-Saulchoix (80)	27 D4
Clais (76)	36 A1
Claix (16)	127 D1
Claix (38)	135 F3
Clam (17)	126 B1
Clamanges (51)	57 F2
Clamart (92)	55 D3
Clamecy (02)	38 C3
Clamecy (58)	91 F2
Clamensane (04)	149 E4
Clamerey (21)	93 D3
Clans (06)	164 C2
Clans (70)	95 E1
Clansayes (26)	147 E4
Le Claon (55)	58 C1
Le Clapier (12)	158 C3
Clapiers (34)	159 F4
Clara-Villerach (66)	184 C2
Clarac (31)	169 F3
Clarac (65)	169 D3
Claracq (64)	168 B1
Clarafond-Arcine (74)	123 D2
Clarbec (14)	34 A4
Clarens (65)	169 E3
Clarensac (30)	160 B3
Claret (04)	149 D3
Claret (34)	159 F3
Clary (59)	28 C2
Classun (40)	153 D3
Clastres (02)	38 B1
Clasville (76)	34 C1
Le Clat (11)	184 B1
Claudon (88)	79 E3
Le Claux (15)	131 D3
Clavans-en-Haut-Oisans (38)	136 B3
Clavé (79)	101 D3
Claveisolles (69)	120 C2
Clavette (17)	112 C1
Claveyson (26)	134 B3
Clavières (15)	132 A4
Claviers (83)	179 D1
Claville (27)	53 E1
Claville-Motteville (76)	35 E2
Clavy-Warby (08)	40 B1
Claye-Souilly (77)	55 F2
Clayes (35)	68 A2
Les Clayes-sous-Bois (78)	54 C2
La Clayette (71)	120 C1
Clayeures (54)	61 D4
Clécy (14)	51 D2
Cléden-Cap-Sizun (29)	64 A1
Cléden-Poher (29)	65 E1
Cléder (29)	46 A2
Clèdes (40)	153 D4
Cleebourg (67)	63 D1
Clef Vallée d'Eure (27)	53 F1
Clefmont (52)	78 C2
Les Clefs (74)	123 F3
Cléguer (56)	66 A3
Cléguérec (56)	66 B2
Clelles (38)	148 C1
Clémensat (63)	131 F1
Clémery (54)	60 C2
Clémont (18)	90 A2
Clénay (21)	94 A2
Clenleu (62)	21 E4
Cléon (76)	35 E3
Cléon-d'Andran (26)	147 F2
Cleppé (42)	120 B4
Clérac (17)	126 C3
Cléré-du-Bois (36)	103 D1
Cléré-les-Pins (37)	87 E2
Cléré-sur-Layon (49)	86 A4
Clères (76)	35 E2
Clérey (10)	76 C2
Clérey-la-Côte (88)	60 A4
Clérey-sur-Brenon (54)	60 B4
Clergoux (19)	130 A3
Clérieux (26)	134 B4
Les Clérimois (89)	75 F2
Le Clerjus (88)	80 A3
Clerlande (63)	119 D3
Clermont (09)	183 D1
Clermont (40)	152 B4
Clermont (60)	37 E3
Clermont (74)	123 D2
Clermont-Créans (72)	86 C1
Clermont-de-Beauregard (24)	127 F4
Clermont-Dessous (47)	140 C4
Clermont-d'Excideuil (24)	128 C2
Clermont-en-Argonne (55)	59 D1
Clermont-Ferrand (63)	118 C4
Clermont-le-Fort (31)	171 D1
Clermont-les-Fermes (02)	39 E1
Clermont-l'Hérault (34)	159 D4
Clermont-Pouyguillès (32)	169 F1
Clermont-Savès (32)	155 E4
Clermont-Soubiran (47)	155 D1
Clermont-sur-Lauquet (11)	172 C3
Cléron (25)	95 E4
Clerques (62)	21 E2
Cléry (21)	94 B3
Cléry (73)	123 F4
Cléry-en-Vexin (95)	54 B1
Cléry-le-Grand (55)	41 D3
Cléry-le-Petit (55)	41 D3
Cléry-Saint-André (45)	73 E4
Cléry-sur-Somme (80)	28 A3
Clesles (51)	57 E4
Clessé (71)	108 C4
Clessé (79)	101 D2
Clessy (71)	107 E3
Cléty (62)	21 F3
Cleurie (88)	80 B3
Cleuville (76)	34 C1
Cléville (14)	33 F4
Cléville (76)	34 C2
Clévilliers (28)	53 F4
Cleyrac (33)	140 A2
Cleyzieu (01)	122 B3
Clézentaine (88)	80 A1
Clichy (92)	55 D2
Clichy-sous-Bois (93)	55 E2
Climbach (67)	63 D1
Clinchamp (52)	78 C2
Clion (17)	126 B1
Clion (36)	103 E1
Cliousclat (26)	147 E2
Cliponville (76)	34 C1
Cliron (08)	40 B1
La Clisse (17)	113 D4
Clisson (44)	84 C4
Clitourps (50)	32 A1
Clohars-Carnoët (29)	65 F3
Clohars-Fouesnant (29)	64 C3
Le Cloître-Pleyben (29)	65 E1
Le Cloître-Saint-Thégonnec (29)	46 B3
Clomot (21)	93 E4
Clonas-sur-Varèze (38)	134 B2
Clos-Fontaine (77)	56 A4
La Clotte (17)	126 C3
Clouange (57)	42 B4
Cloué (86)	101 F4
Cloyes-les-Trois-Rivières (28)	72 B3
Cloyes-sur-Marne (51)	58 B3
Clucy (39)	110 A1
Clugnat (23)	117 E1
Cluis (36)	104 A3
Clumancy (04)	163 F2
Cluny (71)	108 B4
La Clusaz (74)	123 F3
La Cluse-et-Mijoux (25)	111 D1
Les Cluses (66)	185 E3
Cluses (74)	124 A2
Clussais-la-Pommeraie (79)	114 B1
Clux-Villeneuve (71)	109 D1
Coadout (22)	47 E3
Coaraze (06)	165 D3
Coarraze (64)	168 B3
Coat-Méal (29)	45 E3
Coatascorn (22)	47 D2
Coatréven (22)	47 D2
Cobonne (26)	147 F1
Cobrieux (59)	23 E4
Cocherel (77)	56 B1
Cocheren (57)	43 E4
Coclois (10)	58 A4
Cocquerel (80)	26 C3
Cocumont (47)	140 A3
Codalet (66)	184 C2
Codognan (30)	160 B4
Codolet (30)	161 D1
Coësmes (35)	68 C3
Coëtlogon (22)	67 D2
Coëtmieux (22)	48 A4
Cœur de Causse (46)	142 B2
Cœuvres-et-Valsery (02)	38 B3
Coëx (85)	98 C3
Coggia (2A)	188 B3
Cogna (39)	110 A3
Cognac (16)	113 F4
Cognac-la-Forêt (87)	115 F3
Cognat-Lyonne (03)	119 D2
Cogners (72)	71 F4
Cognet (38)	148 C1
Cognières (70)	96 A2
Cognin (73)	135 F1
Cognin-les-Gorges (38)	135 D3
Cognocoli-Monticchi (2A)	190 C2
Cogny (18)	105 E2
Cogny (69)	121 D2
Cogolin (83)	179 D3
Cohade (43)	132 A2
Cohennoz (73)	123 F4
Cohiniac (22)	47 F4
Cohons (52)	78 B4
Coiffy-le-Bas (52)	79 D3
Coiffy-le-Haut (52)	79 D3
Coigneux (80)	27 E2
Coignières (78)	54 B3
Coimères (33)	139 F3
Coin-lès-Cuvry (57)	60 B1
Coin-sur-Seille (57)	60 B1
Coinces (45)	73 E3
Coinches (88)	80 C1
Coincourt (54)	61 D3
Coincy (02)	56 C1
Coincy (57)	60 C1
Coings (36)	104 A1
Coingt (02)	29 F4
Coirac (33)	139 F2
Coise (69)	133 F1

Coise-Saint-Jean-
  -Pied-Gauthier (73) 136 B1
Coiserette (39) 110 A4
Coisevaux (70) 96 B1
Coisy (80) 27 D3
Coivert (17) 113 E2
Coivrel (60) 37 E2
Coizard-Joches (51) 57 E2
Colayrac-Saint-Cirq (47) . . . 140 C4
Colembert (62) 21 E3
Coligny (01) 109 E4
Colincamps (80) 27 E2
Collan (89) 76 B4
La Collancelle (58) 92 A4
Collandres (15) 131 D3
Collandres-Quincarnon (27) . . . 53 D1
Collanges (63) 131 F2
Collat (43) 132 B3
La Colle-sur-Loup (06) 164 C4
Collégien (77) 55 F2
Collemiers (89) 75 E2
Le Collet-de-Dèze (48) 159 F1
Colletot (27) 34 C3
Colleville (76) 34 B1
Colleville-Montgomery (14) . . . 33 E3
Colleville-sur-Mer (14) 32 C3
Collias (30) 160 C2
Colligis-Crandelain (02) 39 D3
Colligny-Maizery (57) 60 C1
Colline-Beaumont (62) 26 B1
Collioure (66) 185 F2
Collobrières (83) 178 C3
Collonge-en-Charollais (71) . . 108 A3
Collonge-la-Madeleine (71) . . 108 A1
Collonges (01) 123 D2
Collonges-au-Mont-d'Or (69) . . 121 E3
Collonges-la-Rouge (19) 129 E4
Collonges-lès-Bévy (21) 93 F4
Collonges-lès-Premières (21) . . 94 B3
Collonges-sous-Salève (74) . . 123 E1
Collongues (06) 164 B3
Collongues (65) 169 D2
Collorec (29) 46 B4
Collorgues (30) 160 B2
Colmar (68) 81 E2
Colmars (04) 150 A4
Colmen (57) 43 D3
Colméry (58) 91 E3
Colmesnil-Manneville (76) 25 E2
Colmey (54) 41 F3
Colmier-le-Bas (52) 78 A4
Colmier-le-Haut (52) 78 A4
Colognac (30) 159 F2
Cologne (32) 155 E4
Colomars (06) 165 D3
Colombe (38) 135 D2
La Colombe (50) 50 A2
Colombé-la-Fosse (10) 77 F2
Colombé-le-Sec (10) 77 F2
Colombe-lès-Vesoul (70) 95 F1
Colombelles (14) 33 E4
Colombes (92) 55 D2
Colombey-les-Belles (54) 60 A4
Colombey les Deux Églises (52) . . 77 F2
Colombier (03) 118 B1
Colombier (21) 93 E4
Colombier (24) 140 C1
Colombier (42) 134 A2
Colombier (70) 95 F1
Colombier-en-Brionnais (71) . . 108 A4
Colombier-Fontaine (25) 96 B2
Colombier-le-Cardinal (07) . . . 134 A3
Colombier-le-Jeune (07) 134 A4
Colombier-le-Vieux (07) 134 A4
Colombier-Saugnieu (69) 121 F4
Colombières (14) 32 B3
Colombières-sur-Orb (34) 158 B4
Colombiers (17) 113 E4
Colombiers (18) 105 E3
Colombiers (34) 173 F2
Colombiers (61) 52 A4
Colombiers (86) 102 A2
Colombiers-du-Plessis (53) 69 F1
Colombiers-sur-Seulles (14) . . . 33 D3
Colombiès (12) 143 F4
Colombotte (70) 95 F1
Colomby (50) 31 E2
Colomby-Anguerny (14) 33 E3
Colomiers (31) 155 F4
Colomieu (01) 122 C4
Colondannes (23) 116 C1
Colonfay (02) 29 D4
Colonne (39) 109 F1
Colonzelle (26) 147 E3
Colpo (56) 66 C3
Colroy-la-Roche (67) 62 A4
Coltainville (28) 54 A4
Coltines (15) 131 E4
Coly-Saint-Amand (24) 128 C4
Combaillaux (34) 159 F4
Combas (30) 160 A3
La Combe-de-Lancey (38) 135 F3
Combeaufontaine (70) 95 E1
Combefa (81) 157 D2
Comberanche-et-Épeluche (24) . . 127 E2
Comberjon (70) 95 F1
Comberouger (82) 155 E3

Combertault (21) 108 C1
Les Combes (25) 96 B4
Combes (34) 158 B4
Combiers (16) 127 F1
Comblanchien (21) 94 A4
Combles (80) 28 A3
Combles-en-Barrois (55) 59 D3
Comblessac (35) 67 F3
Combleux (45) 73 F4
Comblot (61) 52 C4
Combloux (74) 124 A3
Combon (27) 53 D1
Combourg (35) 49 E4
Combourtillé (35) 69 D1
Combovin (26) 147 F1
Combrailles (63) 118 A3
Combrand (79) 100 B1
Combray (14) 51 E2
Combre (42) 120 B2
Combrée (28) 72 B1
Combres-sous-les-Côtes (55) . . . 59 F1
Combressol (19) 130 B1
Combret (12) 157 F3
Combreux (45) 74 A3
Combrimont (88) 80 C1
Combrit (29) 64 C3
Combronde (63) 118 C3
Combs-la-Ville (77) 55 E3
La Comelle (71) 107 E1
Comigne (11) 172 C3
Comines (59) 23 D2
Commana (29) 46 A4
Commarin (21) 93 E3
Commeaux (61) 51 F2
Commelle-Vernay (42) 120 B2
Commenailles (39) 109 E2
Commenchon (02) 38 B2
Commensacq (40) 138 C4
Commentry (03) 118 B1
Commeny (95) 54 C3
Commequiers (85) 98 C3
Commer (53) 70 A1
Commercy (55) 59 F3
Commerveil (72) 71 E1
Commes (14) 32 C3
Communay (69) 134 B1
Commune nouvelle d'Arrou (28) . . 72 B2
Compains (63) 131 E2
Compainville (76) 36 A1
Compans (77) 55 F2
Le Compas (23) 117 F3
Compertrix (51) 58 A2
Compeyre (12) 158 B1
Compiègne (60) 37 F3
Compigny (89) 75 E1
Compolibat (12) 143 E4
La Compôte (73) 123 E4
Comprégnac (12) 158 B2
Compreignac (87) 116 A2
Comps (26) 147 F3
Comps (30) 161 D3
Comps (33) 126 A3
Comps-la-Grand-Ville (12) . . . 157 F1
Comps-sur-Artuby (83) 163 F3
La Comté (62) 22 B4
Comus (11) 183 F2
Conan (41) 88 C1
Conand (01) 122 B3
Conat (66) 184 C2
Conca (2A) 191 E2
Concarneau (29) 65 D3
Concevreux (02) 39 D3
Concèze (19) 129 D2
Conches-en-Ouche (27) 53 D2
Conches-sur-Gondoire (77) . . . 55 F2
Conchez-de-Béarn (64) 153 E4
Conchil-le-Temple (62) 26 B1
Conchy-les-Pots (60) 37 F2
Conchy-sur-Canche (62) 27 D1
Concorès (46) 142 A2
Concoret (56) 67 F2
Concots (46) 142 B3
Concoules (30) 146 A4
Concremiers (36) 103 D3
Concressault (18) 90 B2
Concriers (41) 72 C4
Condac (16) 114 B2
Condal (71) 109 E4
Condamine (01) 122 B2
Condamine (39) 109 E3
La Condamine-Châtelard (04) . . 150 B3
Condat (15) 131 D2
Condat (46) 129 E4
Condat-en-Combraille (63) . . . 118 A3
Condat-lès-Montboissier (63) . . 132 B1
Condat-sur-Ganaveix (19) 129 E1
Condat-sur-Trincou (24) 128 A2
Condat-sur-Vézère (24) 128 C3
Condat-sur-Vienne (87) 116 A4
Condé-en-Brie (02) 56 C1
Condé-en-Normandie (14) 51 D2
Condé-Folie (80) 26 C3
Condé-lès-Autry (08) 40 C4
Condé-lès-Herpy (08) 39 F2
Condé-Northen (57) 42 C4
Condé-Sainte-Libiaire (77) 55 F2
Condé-sur-Aisne (02) 38 C3

Condé-sur-Ifs (14) 51 F1
Condé-sur-l'Escaut (59) 23 F4
Condé-sur-Marne (51) 57 F1
Condé-sur-Risle (27) 34 C3
Condé-sur-Sarthe (61) 51 F4
Condé-sur-Seulles (14) 33 D4
Condé-sur-Suippe (02) 39 E3
Condé-sur-Vesgre (78) 54 A3
Condé-sur-Vire (50) 50 B1
Condécourt (95) 54 C1
Condeissiat (01) 121 F1
Condéon (16) 126 C2
Condes (39) 109 F4
Condes (52) 78 A2
Condette (62) 21 D3
Condezaygues (47) 141 E3
Condillac (26) 147 E2
Condom (32) 154 B2
Condom-d'Aubrac (12) 144 B2
Condorcet (26) 148 A3
Condren (02) 38 B2
Condrieu (69) 134 A1
Conflandey (70) 79 E4
Conflans-en-Jarnisy (54) 42 A4
Conflans-Sainte-Honorine (78) . . 54 C1
Conflans-sur-Anille (72) 71 F3
Conflans-sur-Lanterne (70) . . . 79 F4
Conflans-sur-Loing (45) 74 C3
Conflans-sur-Seine (51) 57 D4
Confolens (16) 115 D2
Confolent-Port-Dieu (19) 130 C1
Confort (01) 122 C1
Confort-Meilars (29) 64 B2
Confracourt (70) 95 E1
Confrançon (01) 121 F1
Congé-sur-Orne (72) 71 D2
Congénies (30) 160 A3
Congerville-Thionville (91) 73 F1
Congis-sur-Thérouanne (77) . . . 56 A1
Congrier (53) 69 D4
Congy (51) 57 E2
Conie-Molitard (28) 72 C2
Conilhac-Corbières (11) 173 D3
Conjux (73) 123 D3
Conlie (72) 70 C2
Conliège (39) 109 F3
Connac (12) 157 F2
Connangles (43) 132 B2
Connantray-Vaurefroy (51) 57 F3
Connantre (51) 57 E3
Connaux (30) 160 C2
Conne-de-Labarde (24) 141 D1
Connelles (27) 35 F4
Connerré (72) 71 E3
Connezac (24) 127 F1
Connigis (02) 56 C1
Conquereuil (44) 84 A1
Conques-en-Rouergue (12) . . . 143 F2
Conques-sur-Orbiel (11) 172 B2
Le Conquet (29) 45 D4
Conqueyrac (30) 159 F2
Cons-la-Grandville (54) 41 F2
Consac (17) 126 A1
Conségudes (06) 164 C3
Consenvoye (55) 41 E4
Consigny (52) 78 B2
Consolation-Maisonnettes (25) . . 96 B4
Contalmaison (80) 27 F3
Contamine-Sarzin (74) 123 D2
Contamine-sur-Arve (74) 123 F1
Les Contamines-Montjoie (74) . . 124 B3
Contault (51) 58 C2
Contay (80) 27 E3
Conte (39) 110 B2
Contes (06) 165 D3
Contes (62) 21 E4
Contescourt (02) 38 B1
Contest (53) 69 F1
Conteville (27) 34 B3
Conteville (60) 36 C2
Conteville (76) 36 A1
Conteville (80) 26 C2
Conteville-en-Ternois (62) 22 A4
Conteville-lès-Boulogne (62) . . . 21 D3
Contigné (49) 61 E2
Contigny (03) 119 D1
Contilly (72) 71 E1
Continvoir (37) 87 D2
Contrazy (09) 170 C3
Contré (17) 113 F2
Contre (80) 36 C1
Contréglise (70) 79 E4
Contremoulins (76) 34 B1
Contres (18) 105 D2
Contrevoz (01) 122 C3
Contrexéville (88) 79 E2
Contrisson (55) 58 C3
Le Controis-en-Sologne (41) . . . 88 C2
Conty (80) 36 C1
Contz-les-Bains (57) 42 C2
Conzieu (01) 122 B4
Coole (51) 58 A3
Coolus (51) 58 A2
La Copechagnière (85) 99 E1
Copponex (74) 123 E2
Coquainvilliers (14) 34 A4
Coquelles (62) 21 E1

La Coquille (24) 128 B1
Corancez (28) 73 D1
Corancy (58) 92 B4
Coray (29) 65 E2
Corbara (2B) 186 C3
Corbarieu (82) 155 F2
Corbas (69) 121 E4
Corbehem (62) 28 A1
Corbeil (51) 58 A4
Corbeil-Cerf (60) 36 C4
Corbeil-Essonnes (91) 55 E4
Corbeilles (45) 74 B3
Corbel (73) 135 F2
Corbelin (38) 135 E1
Corbenay (70) 80 A3
Corbeny (02) 39 E3
Corbère (66) 185 D2
Corbère-Abères (64) 168 C1
Corbère-les-Cabanes (66) . . . 185 D2
Corberon (21) 108 C1
Corbès (30) 159 F2
Corbie (80) 27 E3
La Corbière (70) 80 A4
Corbières (11) 171 F3
Corbières-en-Provence (04) . . . 162 C3
Corbigny (58) 92 A3
Corbon (61) 52 C4
Corbonod (01) 122 C2
Corbreuse (91) 54 C4
Corcelle-Mieslot (25) 95 F3
Corcelles-en-Beaujolais (69) . . . 121 E2
Corcelles-Ferrières (25) 95 D3
Corcelles-les-Arts (21) 108 B1
Corcelles-lès-Cîteaux (21) 94 A4
Corcelles-les-Monts (21) 94 A3
Corcieux (88) 80 C2
Corcondray (25) 95 D3
Corconne (30) 159 F3
Corcoué-sur-Logne (44) 99 D1
Corcy (02) 38 B4
Cordebugle (14) 52 B1
Cordelle (42) 120 B3
Cordemais (44) 84 A3
Cordes-sur-Ciel (81) 156 C2
Cordes-Tolosannes (82) 155 E2
Cordesse (71) 108 A1
Cordey (14) 51 E2
Cordon (74) 124 A3
Cordonnet (70) 95 E2
Coren (15) 131 F4
Corenc (38) 135 F3
Corent (63) 119 D4
Corfélix (51) 57 D2
Corgengoux (21) 108 C1
Corgnac-sur-l'Isle (24) 128 B2
Corgoloin (21) 94 A4
Corignac (17) 126 B2
Corlay (22) 66 B3
Corlier (01) 122 B2
Cormainville (28) 73 D2
Cormatin (71) 108 B3
Corme-Écluse (17) 112 C4
Corme-Royal (17) 113 D4
Cormeilles (27) 34 B4
Cormeilles (60) 37 D2
Cormeilles-en-Parisis (95) 55 D2
Cormeilles-en-Vexin (95) 54 C1
Cormeilles-le-Royal (14) 33 E4
Cormenon (41) 72 A3
Cormeray (41) 88 C2
Cormery (37) 88 A3
Cormes (72) 71 F2
Cormicy (51) 39 E3
Le Cormier (27) 53 F2
Cormolain (14) 32 C4
Cormont (62) 21 D4
Cormontreuil (51) 39 E4
Cormoranche-sur-Saône (01) . . 121 E1
Cormost (10) 76 C2
Cormot-Vauchignon (21) 108 B1
Cormoyeux (51) 57 E1
Cormoz (01) 109 E4
Corn (46) 143 D2
Cornac (46) 143 D1
Cornant (89) 75 E2
Cornas (07) 134 B4
Cornay (08) 40 C3
La Corne en Vexin (60) 36 B4
Cornebarrieu (31) 155 F4
Corneilhan (34) 173 F1
Corneilla-de-Conflent (66) . . . 184 C2
Corneilla-del-Vercol (66) 185 E2
Corneilla-la-Rivière (66) 185 D1
Corneillan (32) 154 A3
Corneville-la-Fouquetière (27) . . 52 C1
Corneville-sur-Risle (27) 34 C3
Cornier (74) 123 F2
Cornil (19) 129 E3
Cornillac (26) 148 B3
Cornille (24) 128 A3
Cornillé (35) 68 C2
Cornillé-les-Caves (49) 86 B2
Cornillon (30) 160 C1
Cornillon-Confoux (13) 161 F4
Cornillon-en-Trièves (38) 148 B3
Cornillon-sur-l'Oule (26) 148 B3
Cornimont (88) 80 C3
Cornod (39) 122 B1

Cornot (70). 95 D1
Cornus (12) 158 C3
Cornusse (18) 105 E1
Corny-Machéroménil (08). 40 A2
Corny-sur-Moselle (57) 60 B1
Coron (49) 85 F4
Corpe (85) 99 F3
Corpeau (21) 108 B1
Corpoyer-la-Chapelle (21). 93 E2
Corps (38) 149 D1
Corps-Nuds (35) 68 A2
Corquilleroy (45) 74 C3
Corquoy (18) 105 D1
Corrano (2A) 189 D4
Corravillers (70). 80 B3
Corre (70) 79 E3
Corrençon-en-Vercors (38) 135 E4
Correns (83) 178 B2
Corrèze (19) 129 F2
Corribert (51) 57 D2
Corrobert (51) 57 D2
Corrombles (21) 92 C2
Corronsac (31) 171 D1
Corroy (51). 57 E3
Corsaint (21) 92 C2
Corsavy (66) 185 D3
Corscia (2B) 187 D4
Corsept (44) 83 F4
Corseul (22) 48 C4
Cortambert (71) 108 B4
Corte (2B). 189 D2
Cortevaix (71) 108 B3
Cortrat (45) 74 C4
Les Corvées-les-Yys (28) 72 B1
Corveissiat (01) 122 B1
Corvol-d'Embernard (58) 91 F3
Corvol-l'Orgueilleux (58) 91 F2
Corzé (49). 86 A1
Cos (09) 171 E4
Cosges (39) 109 E2
Coslédaà-Lube-Boast (64) 168 B1
Cosmes (53). 69 E3
Cosnac (19) 129 E3
Cosne-Cours-sur-Loire (58) 91 D2
Cosne-d'Allier (03). 105 F4
Cosnes-et-Romain (54) 42 A2
Cossaye (58) 106 C2
Cossé-en-Champagne (53). 70 B3
Cossé-le-Vivien (53) 69 E3
Cossesseville (14) 51 E2
Cosswiller (67). 62 B3
Costa (2B) 186 C3
Costaros (43) 145 F1
Les Costes-Gozon (12) 158 A2
La Côte (70) 96 B1
La Côte-d'Arbroz (74) 124 A1
La Côte-en-Couzan (42) 119 F4
La Côte-Saint-André (38) 135 D2
Le Coteau (42) 120 B2
Coteaux-du-Blanzacais (16) 127 D1
Coteaux du Lizon (39). 110 A4
Les Coteaux Périgourdins (24). 129 D4
Coteaux-sur-Loire (37) 87 D3
Côtebrune (25) 96 A3
Les Côtes-d'Arey (38) 134 B1
Les Côtes-de-Corps (38) 149 D1
Coti-Chiavari (2A) 190 B2
Cotignac (83). 163 E4
Cottance (42) 120 C4
Cottenchy (80) 27 E4
Cottévrard (76) 35 F2
Cottun (14). 32 C3
La Couarde-sur-Mer (17). 112 A1
Couargues (18) 91 D3
Coubert (77). 55 F3
Coubeyrac (33) 140 A1
Coubisou (12) 144 A3
Coubjours (24). 128 C3
Coublanc (52) 94 C1
Coublanc (71) 120 B1
Coublevie (38) 135 E2
Coublucq (64) 153 D4
Coubon (43). 133 D4
Coubron (93) 55 E2
Couches (71) 108 B2
Couchey (21). 94 A3
La Coucourde (26). 147 E2
Coucouron (07) 146 A1
Coucy (08) 40 A2
Coucy-la-Ville (02). 38 B2
Coucy-le-Château-Auffrique (02). 38 B2
Coucy-lès-Eppes (02) 39 D2
Couddes (41). 88 C3
Coudehard (61) 52 A2
Coudekerque-Branche (59). 22 A1
Coudes (63). 131 F1
Coudeville-sur-Mer (50) 49 F2
Coudons (11) 172 A4
Coudoux (13). 161 F4
Coudray (27) 36 A3
Le Coudray (28). 73 D1
Coudray (53). 69 F4
Coudray-au-Perche (28) 72 A2
Le Coudray-Macouard (49). 86 B3
Le Coudray-Montceaux (91). 55 E4
Le Coudray-Saint-Germer (60). 36 B3
Le Coudray-sur-Thelle (60) 36 C4
Coudrecieux (72). 71 F3

Coudres (27) 53 F2
Coudroy (45) 74 B4
Coudun (60). 37 F3
Coudures (40) 153 D3
Coueilles (31). 170 A2
Couëron (44) 84 A3
Couesmes (37) 87 E1
Couesmes-Vaucé (53) 50 C4
Couëtron-au-Perche (41) 72 A3
Couffé (44). 84 C2
Couffoulens (11) 172 B3
Couffy (41) 88 C3
Couffy-sur-Sarsonne (19) 117 F4
Couflens (09) 182 C2
Coufouleux (81). 156 B3
Couilly-Pont-aux-Dames (77) 56 A2
Couin (62) 27 E2
Couiza (11) 172 B4
Couladère (31). 170 B3
Coulaines (72) 71 D3
Coulandon (03) 106 B3
Coulanges (89) 91 F1
Coulanges (03) 107 D4
Coulanges-la-Vineuse (89) 92 A1
Coulanges-lès-Nevers (58) 106 A1
Coulanges-sur-Yonne (89) 92 A2
Coulans-sur-Gée (72) 70 C3
Coulaures (24) 128 B2
Couleuvre (03). 105 F3
Coulgens (16) 114 C3
Coulimer (61). 52 B4
Coullemelle (80) 37 E1
Coullemont (62) 27 E2
Coullons (45) 90 B1
Coulmer (61) 52 B3
Coulmier-le-Sec (21) 77 E4
Coulmiers (45) 73 D3
Coulobres (34). 174 A2
Coulogne (62) 21 E2
Couloisy (60) 38 A3
Coulombiers (86) 101 F4
Coulombs (28). 54 A3
La Coulonche (61). 51 D3
Coulombs-en-Valois (77) 56 B1
Coulomby (62). 21 F3
Coulommes (77). 56 A2
Coulommes-et-Marqueny (08). 40 B3
Coulommes-la-Montagne (51). 39 E4
Coulommiers (77). 56 A3
Coulommiers-la-Tour (41) 72 B4
Coulon (79) 100 C4
Coulonces (61) 51 F2
Coulongé (72) 87 D1
Coulonges (16) 114 B3
Coulonges (17) 113 E4
Coulonges (86) 103 D4
Coulonges-Cohan (02) 39 D4
Coulonges-sur-l'Autize (79). 100 C3
Coulonges-sur-Sarthe (61) 52 B4
Coulonges-Thouarsais (79) 101 D1
Coulonvillers (80) 26 C2
Couloumé-Mondebat (32) 153 F4
Coulounieix-Chamiers (24). 128 A3
Coulours (89). 76 A2
Couloutre (58) 91 E3
Coulouvray-Boisbenâtre (50) 50 B2
Coulx (47) 140 C3
Coume (57) 43 D4
Counozouls (11). 184 B1
Coupelle-Neuve (62). 21 F4
Coupelle-Vieille (62) 21 F4
Coupetz (51) 58 A2
Coupéville (51) 58 B2
Coupiac (12) 157 F2
Coupray (52) 78 A3
Coupru (02) 56 B1
Couptrain (53) 51 E4
Coupvray (77) 55 F2
Couquèques (33). 125 F2
Cour-Cheverny (41) 88 C2
Cour-et-Buis (38) 134 B2
Cour-l'Évêque (52). 78 A3
La Cour-Marigny (45) 74 B4
Cour-Maugis sur Huisne (61) 71 F1
Cour-Saint-Maurice (25) 96 B3
Cour-sur-Loire (41) 88 C1
Courances (91) 74 B1
Courant (17). 113 E2
Courban (21) 77 F4
Courbehaye (28) 73 D2
Courbépine (27) 34 C4
Courbes (02) 38 C1
Courbesseaux (54) 60 C3
Courbette (39) 109 F3
Courbeveille (53). 69 E3
Courbevoie (92). 55 D2
Courbiac (47) 141 F4
Courbillac (16). 113 F4
Courboin (02) 56 C2
Courbouzon (39) 109 F3
Courbouzon (41) 89 D1
Courçais (03) 105 D4
Courçay (37) 88 A3
Courcebœufs (72) 71 D2
Courcelette (80). 27 F2
Courcelles (17) 113 E2
Courcelles (25) 95 E4

Courcelles (54) 79 E1
Courcelles (58) 91 F3
Courcelles (90) 97 D2
Courcelles-au-Bois (80) 27 E2
Courcelles-Chaussy (57). 60 C1
Courcelles-de-Touraine (37). 87 D2
Courcelles-en-Barrois (55) 59 E2
Courcelles-en-Bassée (77) 75 D1
Courcelles-en-Montagne (52) 78 B4
Courcelles-Epayelles (60). 37 E2
Courcelles-Frémoy (21) 92 C2
Courcelles-la-Forêt (72) 70 C4
Courcelles-le-Comte (62) 27 F2
Courcelles-le-Roi (45) 74 A3
Courcelles-lès-Gisors (60) 36 B4
Courcelles-lès-Lens (62) 23 D4
Courcelles-lès-Montbard (21) 93 D1
Courcelles-lès-Montbéliard (25) 96 C2
Courcelles-lès-Semur (21) 93 D2
Courcelles-Sapicourt (51) 39 E4
Courcelles-sous-Châtenois (88) 79 D1
Courcelles-sous-Moyencourt (80) 36 C1
Courcelles-sous-Thoix (80) 36 C1
Courcelles-sur-Aire (55) 59 E2
Courcelles-sur-Blaise (52) 77 F1
Courcelles-sur-Nied (57) 60 C1
Courcelles-sur-Seine (27) 35 F4
Courcelles-sur-Vesle (02) 38 C3
Courcelles-sur-Viosne (95) 54 C1
Courcelles-sur-Voire (10) 58 B4
Courcemain (51) 57 E4
Courcemont (72) 71 E2
Courcerac (17) 113 F3
Courceroy (10). 56 C4
Courchamp (77). 56 B4
Courchamps (02). 56 B1
Courchamps (49). 86 B3
Courchapon (25) 95 D3
Courchaton (70). 96 B2
Courchelettes (59). 28 A1
Courchevel (73). 137 D1
Courcité (53) 70 B1
Courcival (72) 71 E2
Courçôme (16). 114 B2
Courçon (17) 113 D1
Courcoué (37) 87 E4
Courcoury (17) 113 E4
Courcuire (70) 95 D3
Courcy (14) 51 F1
Courcy (50) 50 A1
Courcy (51) 39 E3
Courcy-aux-Loges (45) 74 A3
Courdemanche (27) 53 F3
Courdemanche (72) 71 E4
Courdemanges (51) 58 B3
Courdimanche (95). 54 C1
Courdimanche-sur-Essonne (91) 74 A1
Couret (31). 170 A3
Courgains (72) 71 E2
Courgeac (16) 127 D2
Courgenard (72) 71 F2
Courgenay (89) 76 A2
Courgent (78) 54 A2
Courgeon (61) 52 C4
Courgeoût (61) 52 B4
Courgis (89). 76 A4
Courgivaux (51). 56 C3
Courgoul (63) 131 F1
Courjeonnet (51). 57 E2
Courlac (16). 127 D2
Courlandon (51) 39 D3
Courlans (39). 109 F3
Courlaoux (39). 109 E3
Courlay (79) 100 C2
Courléon (49). 86 C2
Courlon (21). 94 A1
Courlon-sur-Yonne (89) 75 E1
Courmangoux (01) 109 E4
Courmas (51). 39 E4
Courmelles (02). 38 B3
Courmemin (41) 89 D2
Courmes (06). 164 C3
Courmont (02). 56 C1
Courmont (70). 96 B1
Cournanel (11). 172 B4
La Courneuve (93). 55 E2
Courniou (34) 173 D1
Cournols (63). 118 C4
Cournon (56) 67 F4
Cournon-d'Auvergne (63). 119 D4
Cournonsec (34) 174 C1
Cournonterral (34) 174 C1
La Couronne (16) 127 D1
Courouvre (55) 59 E2
Courpalay (77). 56 A3
Courpiac (33). 139 F1
Courpière (63) 119 E4
Courpignac (17). 126 B2
Courquetaine (77). 55 F3
Courrensan (32) 154 A3
Courrières (62) 22 C4
Courris (81) 157 E2
Courry (30). 146 B4
Le Cours (56) 67 E4
Cours (69) 120 C2
Cours (79) 100 C3
Cours-de-Monségur (33) 140 A2

Cours-de-Pile (24) . . . .
Cours-les-Bains (33) . . . .
Cours-les-Barres (18) . . . .
Coursac (24) . . . .
Coursan (11) . . . .
Coursan-en-Othe (10) . . . .
Coursegoules (06) . . . .
Courset (62). . . . .
Courseulles-sur-Mer (14) . . . .
Courson-les-Carrières (89) . . . .
Courson-Monteloup (91) . . . .
Courtacon (77). . . . .
Courtagnon (51) . . . .
Courtaoult (10) . . . .
Courtauly (11) . . . .
Courtavon (68). . . . .
Courtefontaine (25). . . . .
Courtefontaine (39). . . . .
Courteilles (27) . . . .
Courteix (19) . . . .
Courtelevant (90) . . . .
Courtemanche (80) . . . .
Courtemaux (45) . . . .
Courtémont (51) . . . .
Courtemont-Varennes (02). . . . .
Courtempierre (45) . . . .
Courtenay (38). . . . .
Courtenay (45) . . . .
Courtenot (10) . . . .
Courteranges (10) . . . .
Courteron (10) . . . .
Courtes (01). . . . .
Courtesoult-et-Gatey (70). . . . .
Courtetain-et-Salans (25) . . . .
La Courtète (11) . . . .
Courteuil (60). . . . .
Courthézon (84). . . . .
Courthiézy (51) . . . .
Courties (32) . . . .
Courtieux (60) . . . .
Courtillers (72). . . . .
Courtils (50). . . . .
La Courtine (23). . . . .
Courtisols (51). . . . .
Courtivron (21) . . . .
Courtoin (89) . . . .
Courtois-sur-Yonne (89) . . . .
Courtomer (61) . . . .
Courtomer (77) . . . .
Courtonne-la-Meurdrac (14). . . . .
Courtonne-les-Deux-Églises (14) . . . .
Courtrizy-et-Fussigny (02) . . . .
Courtry (77). . . . .
Courvaudon (14) . . . .
Courvières (25) . . . .
Courville (51). . . . .
Courville-sur-Eure (28) . . . .
Courzieu (69). . . . .
Cousance (39) . . . .
Cousances-les-Forges (55) . . . .
Cousances-lès-Triconville (55) . . . .
Cousolre (59). . . . .
Coussa (09) . . . .
Coussac-Bonneval (87). . . . .
Coussan (65) . . . .
Coussay (86) . . . .
Coussay-les-Bois (86) . . . .
Coussegrey (10) . . . .
Coussey (88) . . . .
Coust (18) . . . . .
Coustaussa (11) . . . .
Coustouge (11) . . . .
Coustouges (66) . . . .
Coutances (50) . . . .
Coutansouze (03) . . . .
Coutarnoux (89) . . . .
Coutençon (77) . . . .
Coutens (09) . . . .
Couternon (21) . . . .
Couteuges (43) . . . .
Coutevroult (77) . . . .
Couthenans (70) . . . .
Couthures-sur-Garonne (47) . . . .
Coutiches (59) . . . .
Coutouvre (42) . . . .
Coutras (33). . . . .
Couture (16). . . . .
La Couture (62) . . . .
La Couture (85) . . . .
La Couture-Boussey (27) . . . .
Couture-d'Argenson (79) . . . .
Couturelle (62). . . . .
Coutures (24). . . . .
Coutures (33). . . . .
Coutures (82). . . . .
Couvains (50) . . . .
La Couvertoirade (12). . . . .
Couvertpuis (55) . . . .
Couvignon (10) . . . .
Couville (50) . . . .
Couvonges (55). . . . .
Couvrelles (02). . . . .
Couvron-et-Aumencourt (02). . . . .
Couvrot (51). . . . .
Coux (07). . . . .
Coux (17). . . . .
Coux et Bigaroque-Mouzens (24) . . . .
Couy (18) . . . . .

La Couyère (35). 68 **C3**
Couze-et-Saint-Front (24) 141 **D1**
Couzeix (87). 116 **A3**
Couziers (37) 86 **C4**
Couzon (03) 106 **A3**
Couzon-au-Mont-d'Or (69) 121 **E3**
Couzou (46) 142 **B1**
Cox (31) 155 **E3**
Coye-la-Forêt (60) 55 **E1**
Coyecques (62) 21 **F3**
Coyolles (02) 38 **A4**
Coyrière (39) 110 **A4**
Coyron (39) 109 **F3**
Coyviller (54) 60 **C4**
Cozes (17) 113 **D4**
Cozzano (2A) 189 **D4**
Crach (56) 82 **B1**
Crachier (38) 135 **D1**
Crain (89) 92 **A2**
Craincourt (57) 60 **C2**
Craintilleux (42) 133 **E1**
Crainvilliers (88) 79 **D2**
Cramaille (02) 38 **C4**
Cramans (39) 110 **A1**
Cramant (51) 57 **E2**
Cramchaban (17) 113 **D1**
Craménil (61) 51 **E3**
Cramoisy (60) 37 **E4**
Cramont (80) 26 **C2**
Crampagna (09) 171 **E4**
Crancey (10) 57 **D4**
Crandelles (15) 130 **B4**
Crannes-en-Champagne (72) 70 **C3**
Crans (01) 122 **A3**
Crans (39) 110 **B2**
Cransac (12) 143 **E3**
Crantenoy (54) 60 **C4**
Cranves-Sales (74) 123 **E1**
Craon (53) 69 **E4**
Craon (86) 101 **E2**
Craonne (02) 39 **D3**
Craonnelle (02) 39 **D3**
Crapeaumesnil (60) 37 **F2**
Craponne (69) 121 **E4**
Craponne-sur-Arzon (43) 132 **C2**
Cras (38) 135 **E2**
Cras (46) 142 **B3**
Crastatt (67) 62 **B3**
Crastes (32) 154 **C3**
Crasville (27) 35 **E4**
Crasville (50) 32 **A2**
Crasville-la-Mallet (76) 34 **C1**
Crasville-la-Rocquefort (76) 35 **D1**
La Crau (83) 178 **B3**
Cravanche (90) 96 **C1**
Cravans (17) 113 **D4**
Cravant (45) 73 **D4**
Cravant-les-Côteaux (37) 87 **D4**
Cravencères (32) 153 **F3**
Cravent (78) 54 **A1**
Crayssac (46) 142 **A3**
Craywick (59) 22 **A1**
Crazannes (17) 113 **D3**
Créances (50) 31 **E4**
Créancey (21) 93 **E3**
Crécy-sur-Tille (21) 94 **A2**
La Crèche (79) 101 **D4**
Crèches-sur-Saône (71) 121 **E1**
Créchets (65) 169 **F4**
Créchy (03) 119 **E1**
Crécy-au-Mont (02) 38 **B3**
Crécy-Couvé (28) 53 **F3**
Crécy-en-Ponthieu (80) 26 **B1**
Crécy-la-Chapelle (77) 56 **A2**
Crécy-sur-Serre (02) 29 **D4**
Crédin (56) 66 **C2**
Crégols (46) 142 **C3**
Crégy-lès-Meaux (77) 56 **A2**
Créhange (57) 61 **D1**
Créhen (22) 48 **C3**
Creil (60) 37 **E4**
Creissan (34) 173 **E2**
Creissels (12) 158 **B2**
Crémarest (62) 21 **E3**
Cremeaux (42) 120 **A3**
Crémery (80) 27 **F4**
Crémieu (38) 122 **A4**
Crempigny-Bonneguête (74) 123 **D3**
Cremps (46) 142 **B4**
Crenans (39) 110 **A4**
Creney-près-Troyes (10) 76 **C1**
Crennes-sur-Fraubée (53). 70 **B1**
Créon (33) 139 **E1**
Créon-d'Armagnac (40). 153 **F2**
Créot (71) 108 **B1**
Crépand (21) 93 **D1**
Crépey (54) 60 **B4**
Crépol (26) 134 **C3**
Crépon (14) 33 **D3**
Crépy (02) 38 **C2**
Crépy (62) 21 **F4**
Crépy-en-Valois (60) 38 **A4**
Créquy (62) 21 **F4**
Le Crès (34) 159 **F4**
Cresancey (70). 95 **D2**
Crésantignes (10) 76 **B2**
Les Cresnays (50) 50 **B3**
Crespian (30) 160 **A3**

Crespières (78) 54 **B2**
Crespin (12) 157 **E1**
Crespin (59) 23 **F4**
Crespin (81) 157 **E2**
Crespinet (81) 157 **E2**
Crespy-le-Neuf (10) 77 **E1**
Cressanges (03). 106 **A4**
Cressat (23) 117 **E2**
La Cresse (12) 158 **C1**
Cressé (17). 113 **F3**
Cressensac-Sarrazac (46) 129 **E4**
Cresserons (14) 33 **E3**
Cresseveuille (14) 34 **A4**
Cressia (39) 109 **F3**
Cressin-Rochefort (01) 122 **C3**
Cressonsacq (60) 37 **E3**
Cressy-Omencourt (80) 38 **A1**
Cressy-sur-Somme (71) 107 **D3**
Crest (26) 147 **F2**
Le Crest (63) 118 **C4**
Crest-Voland (73) 123 **F3**
Le Crestet (07) 134 **A4**
Crestet (84) 147 **F4**
Crestot (27) 35 **E4**
Créteil (94) 55 **E3**
Crêts en Belledonne (38) 136 **A2**
La Creuse (70) 96 **A1**
Creuse (80) 36 **C1**
Le Creusot (71) 108 **A2**
Creutzwald (57) 43 **E4**
Creuzier-le-Neuf (03) 119 **E1**
Creuzier-le-Vieux (03) 119 **E1**
Crevans-
  -et-la-Chapelle-lès-Granges (70) . . 96 **B1**
Crevant (36) 104 **B4**
Crevant-Laveine (63). 119 **E3**
Crévéchamps (54) 60 **C4**
Crèvecœur-en-Brie (77). 56 **A3**
Crèvecœur-le-Grand (60) 36 **C2**
Crèvecœur-le-Petit (60). 37 **E2**
Crèvecœur-sur-l'Escaut (59) 28 **B2**
Creveney (70) 95 **F1**
Crévic (54) 60 **C3**
Crevin (35) 68 **B3**
Crévoux (05) 150 **A2**
Creys-Mépieu (38) 122 **B4**
Creyssac (24) 127 **F2**
Creysse (24) 141 **D1**
Creysse (46) 142 **B1**
Creysseilles (07) 147 **D2**
Creyssensac-et-Pissot (24) 128 **A4**
Crézançay-sur-Cher (18) 105 **D2**
Crézancy (02) 56 **C1**
Crézancy-en-Sancerre (18) 90 **C3**
Crézilles (54) 60 **A4**
Cricquebœuf (14) 34 **A3**
Cricqueville-en-Auge (14) 33 **F4**
Cricqueville-en-Bessin (14). 32 **B3**
Criel-sur-Mer (76) 25 **F1**
Crillon (60) 36 **C2**
Crillon-le-Brave (84) 161 **F1**
Crimolois (21) 94 **A3**
Crion (54) 61 **D3**
La Crique (76) 35 **E1**
Criquebeuf-en-Caux (76) 34 **B1**
Criquebeuf-la-Campagne (27) 35 **E4**
Criquebeuf-sur-Seine (27) 35 **E3**
Criel-sur-Mer (76) 25 **F1**
Crillon (60) 36 **C2**
Criquetot-le-Mauconduit (76). 34 **C1**
Criquetot-l'Esneval (76) 34 **B1**
Criquetot-sur-Longueville (76) 35 **E1**
Criquetot-sur-Ouville (76) 35 **D1**
Crisenoy (77) 55 **F4**
Crisolles (60) 38 **A2**
Crissay-sur-Manse (37) 87 **E4**
Crissé (72) 70 **C2**
Crissey (39) 94 **C4**
Crissey (71) 108 **C2**
Cristinacce (2A) 188 **B2**
Cristot (14) 33 **D4**
Criteuil-la-Magdeleine (16) 126 **C1**
Critot (76) 35 **F2**
Croce (2B) 187 **E4**
Crochte (59) 22 **A1**
Crocicchia (2B) 187 **E4**
Crocq (23) 117 **F3**
Le Crocq (60) 37 **D2**
Crocy (14) 51 **F4**
Crœttwiller (67) 63 **D1**
Croignon (33) 139 **E1**
Croisette (62) 27 **D1**
Le Croisic (44) 83 **D3**
La Croisille (27) 53 **E1**
La Croisille-sur-Briance (87) 129 **E1**
Croisilles (14) 51 **D1**
Croisilles (28) 54 **A3**
Croisilles (61) 52 **A3**
Croisilles (62) 28 **A2**
Croismare (54) 61 **D3**
Croissy-Beaubourg (77) 55 **F2**
Croissy-sur-Celle (60) 27 **D4**
Croissy-sur-Seine (78). 54 **C2**
Le Croisty (56) 65 **F2**
Croisy (18) 105 **F1**
Croisy-sur-Andelle (76). 35 **F3**
Croisy-sur-Eure (27) 53 **F1**
Croix (59) 23 **D3**

Croix (90) 96 **C2**
La Croix-aux-Bois (08). 40 **C3**
La Croix-aux-Mines (88) 80 **C2**
La Croix-Blanche (47) 141 **D4**
Croix-Caluyau (59) 28 **C2**
Croix-Chapeau (17). 112 **C1**
La Croix-Comtesse (17) 113 **E2**
La Croix-de-la-Rochette (73) 136 **B1**
La Croix-du-Perche (28) 72 **B2**
La Croix-en-Brie (77) 56 **A4**
La Croix-en-Champagne (51) 58 **B1**
Croix-en-Ternois (62) 27 **D1**
La Croix-en-Touraine (37) 88 **A3**
Croix-Fonsomme (02). 28 **C3**
La Croix-Helléan (56) 67 **D3**
Croix-Mare (76) 35 **D2**
Croix-Moligneaux (80) 38 **A1**
La Croix-sur-Gartempe (87) 115 **F1**
La Croix-sur-Ourcq (02) 56 **C1**
La Croix-sur-Roudoule (06). 164 **B2**
La Croix-Valmer (83) 179 **D3**
Croixanvec (56) 66 **C2**
Croixdalle (76) 35 **F1**
La Croixille (53) 69 **E2**
Croixrault (80) 36 **C1**
Croizet-sur-Gand (42) 120 **B3**
Crolles (38) 135 **F2**
Crollon (50) 49 **F3**
Cromac (87) 103 **E4**
Cromary (70) 95 **E3**
Cronat (71) 107 **D2**
Cronce (43) 132 **A4**
La Cropte (53) 70 **A3**
Cropus (76) 35 **E1**
Cros (30) 159 **F2**
Le Cros (34) 159 **D3**
Cros (63) 131 **D1**
Cros-de-Géorand (07). 146 **B1**
Cros-de-Montvert (15) 130 **B4**
Cros-de-Ronesque (15) 144 **A1**
Crosey-le-Grand (25) 96 **A3**
Crosey-le-Petit (25). 96 **A3**
Crosmières (72) 70 **B4**
Crosne (91) 55 **E3**
Crossac (44) 83 **E3**
Crosses (18) 105 **E1**
Crosville-la-Vieille (27) 35 **D4**
Crosville-sur-Douve (50) 31 **E3**
Crosville-sur-Scie (76) 35 **E1**
Crotelles (37) 88 **A2**
Crotenay (39) 110 **A2**
Croth (27) 53 **F2**
Le Crotoy (80) 26 **A2**
Crots (05) 150 **A2**
Crottes-en-Pithiverais (45) 73 **F2**
Crottet (01) 121 **E1**
Le Crouais (35) 67 **F1**
Crouay (14) 32 **C3**
Crouseilles (64) 153 **E4**
Croutelle (86) 102 **A3**
Les Croûtes (10) 76 **B3**
Croutoy (60) 38 **A3**
Crouttes (61) 52 **A2**
Crouttes-sur-Marne (02) 56 **B2**
Crouy (02) 38 **C3**
Crouy-en-Thelle (60) 37 **D4**
Crouy-Saint-Pierre (80) 26 **C3**
Crouy-sur-Cosson (41) 89 **D1**
Crouy-sur-Ourcq (77) 56 **A1**
Le Crouzet (25) 110 **B2**
Crouzet-Migette (25) 110 **B1**
La Crouzille (63) 118 **B1**
Crouzilles (37) 87 **E4**
Crozant (23) 103 **F4**
Croze (23). 117 **E3**
Crozes-Hermitage (26) 134 **B4**
Crozet (01) 123 **D1**
Le Crozet (42) 120 **A2**
Les Crozets (39) 110 **A4**
Crozon (29) 45 **E4**
Crozon-sur-Vauvre (36) 104 **B4**
Cruas (07) 147 **E2**
Crucey-Villages (28) 53 **E3**
Crucheray (41) 88 **B1**
Cruet (73) 136 **A1**
Crugey (21) 93 **E4**
Crugny (51) 39 **D4**
Cruguel (56) 67 **D3**
Cruis (04) 162 **C2**
Crulai (61) 52 **C3**
Crupies (26) 148 **A3**
Crupilly (02) 29 **D3**
Cruscades (11) 173 **E3**
Cruseilles (74) 123 **E2**
Crusnes (54) 42 **A3**
Cruviers-Lascours (30) 160 **B2**
Crux-la-Ville (58) 91 **F4**
Cruzille (71) 108 **B4**
Cruzilles-lès-Mépillat (01) 121 **E1**
Cruzy (34) 173 **E2**
Cruzy-le-Châtel (89) 76 **C4**
Cry (89) 92 **C1**
Cubelles (43) 132 **B4**
Cubières (48) 145 **F3**
Cubières-sur-Cinoble (11) 184 **C1**
Cubiérettes (48) 145 **F3**
Cubjac-Auvézère-Val d'Ans (24) . . 128 **B3**
Cublac (19) 129 **D3**

Cublize (69) 120 **C2**
Cubnezais (33) 126 **B3**
Cubrial (25) 96 **A2**
Cubry (25) 96 **A2**
Cubry-lès-Faverney (70) 79 **F4**
Cubzac-les-Ponts (33) 126 **B4**
Cuchery (51) 57 **E1**
Cucq (62) 21 **D4**
Cucugnan (11) 185 **D1**
Cucuron (84) 162 **A3**
Cudos (33) 139 **F3**
Cudot (89) 75 **E3**
Cuébris (06) 164 **C3**
Cuélas (32) 169 **E2**
Cuers (83) 178 **B3**
Cuffies (02) 38 **B3**
Cuffy (18) 106 **A1**
Cugand (85) 84 **C4**
Cuges-les-Pins (13) 177 **F3**
Cugnaux (31). 170 **C1**
Cugney (70) 95 **D3**
Cugny (02) 38 **B1**
Cuguen (35) 49 **E4**
Cuguron (31) 169 **F3**
Cuhon (86) 101 **F2**
Cuignières (60) 37 **E3**
Cuigy-en-Bray (60) 36 **B3**
Cuillé (53) 69 **D3**
Cuinchy (62) 22 **C4**
Le Cuing (31) 169 **F3**
Cuinzier (42) 120 **B2**
Cuirieux (02) 39 **D1**
Cuiry-Housse (02) 38 **C4**
Cuiry-lès-Chaudardes (02) 39 **D3**
Cuiry-lès-Iviers (02) 29 **F4**
Cuis (51) 57 **E1**
Cuise-la-Motte (60) 38 **A3**
Cuiseaux (71) 109 **E4**
Cuiserey (21) 94 **B3**
Cuisery (71) 109 **D3**
Cuisia (39) 109 **E3**
Cuisles (51) 57 **D1**
Cuissai (61) 51 **F4**
Cuissy-et-Geny (02) 39 **D3**
Cuisy (55) 41 **D4**
Cuisy (77) 55 **F1**
Cuisy-en-Almont (02) 38 **B3**
Culan (18) 105 **D3**
Culètre (21) 93 **E4**
Culey (21) 59 **E3**
Culey-le-Patry (14) 51 **D1**
Culhat (63) 119 **D3**
Culin (38) 135 **D1**
Culles-les-Roches (71) 108 **B3**
Culmont (52) 78 **C4**
Culoz (01) 122 **C3**
Cult (70) 95 **D3**
Cultures (48) 145 **D3**
Cumières (51) 57 **E1**
Cumières-le-Mort-Homme (55) . . . 41 **E4**
Cumiès (11) 171 **F2**
Cumont (82) 155 **D2**
Cunac (81) 157 **D2**
Cuncy-lès-Varzy (58) 91 **F3**
Cunèges (24) 140 **C1**
Cunel (55) 41 **D3**
Cunelières (90) 96 **C1**
Cunfin (10) 77 **E3**
Cunlhat (63) 132 **B1**
Cuperly (51) 58 **A1**
Cuq (47) 154 **C1**
Cuq (81) 157 **D4**
Cuq-Toulza (81) 171 **F1**
Cuqueron (64) 168 **A2**
Curac (16) 127 **D2**
Curan (12) 158 **A1**
Curbans (04) 149 **E3**
Curbigny (71) 120 **C1**
Curçay-sur-Dive (86) 101 **E1**
Curchy (80) 38 **A1**
Curciat-Dongalon (01) 109 **D4**
Curdin (71) 107 **E3**
Curel (04) 162 **B1**
Curel (52) 59 **D4**
Curemonte (19) 129 **F4**
Cures (72) 70 **C2**
Curgies (59) 28 **C1**
Curgy (71) 108 **A1**
Curienne (73) 136 **A1**
Curières (12) 144 **B3**
Curis-au-Mont-d'Or (69) 121 **E3**
Curley (21) 94 **A4**
Curlu (80) 27 **F3**
Curmont (52) 78 **A2**
Curnier (26) 148 **A3**
Cursan (33) 139 **E1**
Curtafond (01) 121 **F1**
Curtil-Saint-Seine (21) 94 **A2**
Curtil-sous-Buffières (71) 108 **A4**
Curtil-sous-Burnand (71) 108 **B3**
Curtil-Vergy (21) 93 **F4**
Curvalle (81) 157 **E2**
Curzay-sur-Vonne (86). 101 **E3**
Curzon (85) 99 **E3**
Cusance (25) 96 **A3**
Cuse-et-Adrisans (25) 96 **A2**
Cusey (52) 94 **B1**

Cussac (15) 131 **E4**
Cussac (87) 115 **E4**
Cussac-Fort-Médoc (33) 125 **F3**
Cussac-sur-Loire (43) 132 **C4**
Cussangy (10) 76 **C3**
Cussay (37) 102 **C1**
Cusset (03) 119 **E2**
Cussey-les-Forges (21) 94 **A1**
Cussey-sur-Lison (25) 95 **E4**
Cussey-sur-l'Ognon (25) 95 **E3**
Cussy (14) 32 **C3**
Cussy-en-Morvan (71) 92 **C4**
Cussy-la-Colonne (21) 108 **B1**
Cussy-le-Châtel (21) 93 **E4**
Cussy-les-Forges (89) 92 **C2**
Custines (54) 60 **B2**
Cusy (74) 123 **D4**
Cutry (02) 38 **B3**
Cutry (54) 42 **A2**
Cuts (60) 38 **B2**
Cutting (57) 61 **E2**
Cuttoli-Corticchiato (2A) 188 **C4**
Cuvat (74) 123 **D4**
Cuve (39) 79 **F3**
Cuvergnon (60) 56 **A1**
Cuverville (14) 33 **E4**
Cuverville (27) 35 **F4**
Cuverville (76) 34 **B1**
Cuverville-sur-Yères (76) 25 **F1**
Cuves (50) 50 **B3**
Cuves (52) 78 **C2**
Cuvier (39) 110 **B2**
Cuvillers (59) 28 **B2**
Cuvilly (60) 37 **F2**
Cuvry (57) 60 **B1**
Cuxac-Cabardès (11) 172 **B2**
Cuxac-d'Aude (11) 173 **E2**
Cuy (60) 38 **A2**
Cuy (89) 75 **E2**
Cuy-Saint-Fiacre (76) 36 **B2**
Cuzac (46) 143 **E3**
Cuzance (46) 129 **E4**
Cuzieu (01) 122 **C3**
Cuzieu (42) 133 **E1**
Cuzion (36) 103 **F4**
Cuzorn (47) 141 **E3**
Cuzy (71) 107 **E2**
Cys-la-Commune (02) 38 **C3**
Cysoing (59) 23 **E4**

D

Dabo (57) 62 **A3**
Dachstein (67) 62 **B3**
Dadonville (45) 74 **A2**
Daglan (24) 141 **F2**
Dagneux (01) 121 **F3**
Dagny (77) 56 **B3**
Dagny-Lambercy (02) 29 **E4**
Dagonville (55) 59 **E3**
Dahlenheim (67) 62 **B3**
Daignac (33) 139 **F1**
Daigny (08) 40 **C1**
Daillancourt (52) 78 **A1**
Daillecourt (52) 78 **C3**
Dainville (62) 27 **F1**
Dainville-Bertheléville (55) 78 **C1**
Daix (21) 94 **A3**
Dalem (57) 43 **D4**
Dalhain (57) 61 **D2**
Dalhunden (67) 63 **D2**
Dallon (02) 38 **B1**
Dalou (09) 171 **E3**
Dalstein (57) 42 **C3**
Daluis (06) 164 **B2**
Damas-aux-Bois (88) 80 **A1**
Damas-et-Bettegney (88) 79 **F2**
Damazan (47) 140 **B4**
Dambach (67) 62 **C1**
Dambach-la-Ville (67) 81 **E1**
Dambelin (25) 96 **B2**
Dambenois (25) 96 **C1**
Dambenoît-lès-Colombe (70) 80 **A4**
Damblain (88) 78 **C2**
Damblainville (14) 51 **F2**
Dambron (28) 73 **E2**
Dame-Marie (61) 71 **F1**
Dame-Marie-les-Bois (37) 88 **B2**
Damelevières (54) 60 **C4**
Daméraucourt (60) 36 **C1**
Damerey (71) 108 **C2**
Damery (51) 57 **E1**
Damery (80) 27 **F4**
Damgan (56) 83 **D2**
Damiatte (81) 156 **C4**
Damigny (61) 52 **A4**
Damloup (55) 41 **F4**
Dammard (02) 56 **B1**
Dammarie (28) 73 **D1**
Dammarie-en-Puisaye (45) 90 **C1**
Dammarie-les-Lys (77) 55 **E4**
Dammarie-sur-Loing (45) 74 **C4**
Dammarie-sur-Saulx (55) 59 **E4**
Dammartin-en-Goële (77) 55 **F1**
Dammartin-en-Serve (78) 54 **A2**
Dammartin-les-Templiers (25) 95 **F3**

Dammartin-Marpain (39) 94 **C3**
Dammartin-sur-Meuse (52) 78 **C3**
Dammartin-sur-Tigeaux (77) 56 **A3**
Damousies (59) 29 **E2**
Damouzy (08) 40 **B1**
Damparis (39) 94 **C4**
Dampierre (10) 58 **A4**
Dampierre (39) 95 **D4**
Dampierre (52) 78 **B3**
Dampierre-au-Temple (51) 58 **A1**
Dampierre-en-Bray (76) 36 **A2**
Dampierre-en-Bresse (71) 109 **D2**
Dampierre-en-Burly (45) 90 **B1**
Dampierre-en-Crot (18) 90 **B2**
Dampierre-en-Graçay (18) 89 **E4**
Dampierre-en-Montagne (21) 93 **E2**
Dampierre-en-Yvelines (78) 54 **C3**
Dampierre-et-Flée (21) 94 **B2**
Dampierre-le-Château (51) 58 **C1**
Dampierre-les-Bois (25) 96 **C2**
Dampierre-lès-Conflans (70) 79 **F4**
Dampierre-Saint-Nicolas (76) 25 **F2**
Dampierre-sous-Bouhy (58) 91 **E2**
Dampierre-sous-Brou (28) 72 **B2**
Dampierre-sur-Avre (28) 53 **E3**
Dampierre-sur-Boutonne (17) 113 **E2**
Dampierre-sur-Double (25) 96 **B2**
Dampierre-sur-Linotte (70) 95 **F2**
Dampierre-sur-Moivre (51) 58 **B2**
Dampierre-sur-Salon (70) 95 **D2**
Dampjoux (25) 96 **B3**
Dampleux (02) 38 **B4**
Dampmart (77) 55 **F2**
Dampniat (19) 129 **E3**
Damprichard (25) 96 **C3**
Les Damps (27) 35 **E3**
Dampvalley-lès-Colombe (70) 95 **F1**
Dampvalley-Saint-Pancras (70) . . . 79 **F3**
Dampvitoux (54) 60 **A1**
Damrémont (52) 78 **C3**
Damvillers (55) 41 **E3**
Damvix (85) 100 **B4**
Dancevoir (52) 77 **F3**
Dancourt (76) 26 **A3**
Dancourt-Popincourt (80) 37 **F2**
Dancy (28) 72 **C2**
Danestal (14) 34 **A4**
Dangé-Saint-Romain (86) 102 **B1**
Dangeau (28) 72 **C2**
Dangers (28) 53 **F4**
Dangeul (72) 71 **D2**
Dangolsheim (67) 62 **B3**
Dangu (27) 36 **B4**
Dangy (50) 50 **A1**
Danizy (02) 38 **C2**
Danjoutin (90) 96 **C1**
Danne-et-Quatre-Vents (57) 62 **A2**
Dannelbourg (57) 62 **A3**
Dannemarie (25) 96 **C2**
Dannemarie (68) 97 **D1**
Dannemarie (78) 54 **A3**
Dannemarie-sur-Crète (25) 95 **E3**
Dannemoine (89) 76 **B4**
Dannemois (91) 74 **B1**
Dannes (62) 21 **D3**
Dannevoux (55) 41 **E3**
Danzé (41) 72 **B4**
Daon (53) 69 **F4**
Daours (80) 27 **E3**
Darazac (19) 130 **A3**
Darbonnay (39) 109 **F2**
Darbres (07) 146 **C3**
Darcey (21) 93 **E2**
Dardenac (33) 139 **F1**
Dardez (27) 53 **E1**
Dardilly (69) 121 **E4**
Dargies (60) 36 **C1**
Dargnies (80) 26 **A2**
Dargoire (42) 134 **A1**
Darmannes (52) 78 **B2**
Darnétal (76) 35 **E3**
Darnets (19) 130 **A2**
Darney (88) 79 **E2**
Darney-aux-Chênes (88) 79 **D1**
Darnieulles (88) 79 **F2**
Darois (21) 94 **A3**
Darvault (77) 74 **C2**
Darvoy (45) 73 **F4**
Dasle (25) 96 **C2**
Daubensand (67) 81 **F1**
Daubeuf-la-Campagne (27) 35 **E4**
Daubeuf-près-Vatteville (27) 35 **F4**
Daubeuf-Serville (76) 34 **B1**
Daubèze (33) 139 **F2**
Dauendorf (67) 62 **C2**
Daumazan-sur-Arize (09) 170 **C3**
Dauphin (04) 162 **C2**
Dausse (47) 141 **E4**
Daux (31) 155 **F4**
Dauzat-sur-Vodable (63) 131 **F1**
Davayat (63) 118 **C3**
Davayé (71) 121 **E1**
Davejean (11) 173 **D4**
Davenescourt (80) 27 **E4**
Davézieux (07) 134 **A3**
Davignac (19) 130 **A1**
Davrey (10) 76 **B3**

Davron (78) 54 **C2**
Dax (40) 152 **A3**
Deauville (14) 34 **A3**
Deaux (30) 160 **A2**
Débats-Rivière-d'Orpra (42) 120 **A4**
Decazeville (12) 143 **E3**
Dechy (59) 28 **B1**
Décines-Charpieu (69) 121 **F4**
Decize (58) 106 **C2**
Dégagnac (46) 142 **A2**
Degré (72) 70 **C3**
Dehault (72) 71 **F2**
Déhéries (59) 28 **B2**
Dehlingen (67) 62 **A1**
Deinvillers (88) 80 **A1**
Delain (70) 94 **C1**
Delettes (62) 22 **A3**
Delincourt (60) 36 **B4**
Delle (90) 96 **C2**
Delme (57) 60 **C2**
Delouze-Rosières (55) 59 **F4**
Delut (55) 41 **E3**
Deluz (25) 95 **F3**
Demandolx (04) 164 **A3**
Demange-Baudignécourt (55) 59 **F4**
Demangevelle (70) 79 **E3**
Demi-Quartier (74) 124 **A3**
La Demie (70) 95 **F1**
Demigny (71) 108 **C1**
Démouville (14) 33 **E4**
Dému (32) 154 **A3**
Démuin (80) 27 **E4**
Denain (59) 28 **C1**
Dénat (81) 157 **D3**
Denazé (53) 69 **E3**
Denée (49) 85 **F2**
Dénestanville (76) 35 **E1**
Deneuille-lès-Chantelle (03) 119 **D1**
Deneuille-les-Mines (03) 105 **F4**
Deneuvre (54) 61 **E4**
Denèvre (70) 94 **C1**
Denézé-sous-Doué (49) 86 **B3**
Denezières (39) 110 **A3**
Denguin (64) 168 **A1**
Denicé (69) 121 **D2**
Denier (62) 27 **E1**
Denipaire (88) 80 **C1**
Dennebrœucq (62) 21 **F3**
Dennevy (71) 108 **B2**
Denney (90) 96 **C1**
Denonville (28) 73 **E1**
Denting (57) 43 **D4**
Déols (36) 104 **A2**
Derbamont (88) 79 **F1**
Dercé (86) 101 **F1**
Dercy (02) 29 **D4**
Dernacueillette (11) 173 **D4**
Dernancourt (80) 27 **E3**
Derval (44) 84 **B1**
Désaignes (07) 133 **F4**
Désandans (25) 96 **B1**
Descartes (37) 102 **B1**
Le Deschaux (39) 109 **F1**
Désertines (03) 118 **A1**
Désertines (53) 50 **B4**
Les Déserts (73) 123 **D4**
Déservillers (25) 110 **B1**
Desges (43) 132 **A4**
Desingy (74) 123 **D2**
Desmonts (45) 74 **B2**
Desnes (39) 109 **E2**
Desseling (57) 61 **E2**
Dessenheim (68) 81 **E3**
Destord (88) 80 **B1**
La Destrousse (13) 177 **F2**
Destry (57) 61 **D2**
Desvres (62) 21 **E3**
Détain-et-Bruant (21) 93 **F4**
Détrier (73) 136 **A1**
Le Détroit (14) 51 **E2**
Dettey (71) 107 **F2**
Dettwiller (67) 62 **B2**
Deuil-la-Barre (95) 55 **D2**
Deuillet (02) 38 **C2**
Deûlémont (59) 22 **C3**
Les Deux Alpes (38) 136 **B4**
Deux-Chaises (03) 106 **A4**
Les Deux-Fays (39) 109 **E1**
Deux-Grosnes (69) 120 **C1**
Deux-Jumeaux (14) 32 **B3**
Deux Rivières (89) 92 **A1**
Deux-Verges (15) 144 **C1**
Les Deux-Villes (08) 41 **D1**
Deuxville (54) 61 **D3**
Devay (58) 106 **C2**
Devecey (25) 95 **E3**
Devesset (07) 133 **F4**
Devèze (65) 169 **F2**
Deviat (16) 127 **D2**
Dévillac (47) 141 **E2**
Deville (08) 30 **B3**
Déville-lès-Rouen (76) 35 **E3**
La Devise (17) 113 **D2**
Devise (80) 28 **A4**
Dévoluy (05) 149 **D2**
Devrouze (71) 109 **D2**
Deycimont (88) 80 **B2**
Deyme (31) 171 **D1**

Deyvillers (88) 80 **A2**
Le Dézert (50) 32 **B4**
Dezize-lès-Maranges (71) 108 **B1**
D'Huison-Longueville (91) 74 **A1**
Dhuisy (77) 56 **B1**
Dhuizel (02) 39 **D3**
Dhuizon (41) 89 **D1**
Dhuys et Morin-en-Brie (02) 56 **C2**
Dialan sur Chaîne (14) 50 **C1**
Diancey (21) 93 **D4**
Diane-Capelle (57) 61 **F3**
Diant (77) 75 **D2**
Diarville (54) 79 **E1**
Diconne (71) 109 **D2**
Die (26) 148 **B3**
Diebling (57) 43 **F4**
Diebolsheim (67) 81 **F1**
Diedendorf (67) 61 **F2**
Dieffenbach-au-Val (67) 81 **E1**
Dieffenbach-lès-Wœrth (67) 62 **C1**
Dieffenthal (67) 81 **E1**
Diefmatten (68) 81 **D4**
Dième (69) 120 **C3**
Diemeringen (67) 62 **A1**
Diémoz (38) 134 **C1**
Diénay (21) 94 **A2**
Dienne (15) 131 **D3**
Dienné (86) 102 **B4**
Diennes-Aubigny (58) 106 **C1**
Dienville (10) 77 **E1**
Dieppe (76) 25 **E2**
Dieppe-sous-Douaumont (55) 41 **F4**
Dierre (37) 88 **A3**
Dierrey-Saint-Julien (10) 76 **B1**
Dierrey-Saint-Pierre (10) 76 **B1**
Diesen (57) 43 **E4**
Dietwiller (68) 81 **E4**
Dieudonné (60) 37 **D4**
Dieue-sur-Meuse (55) 59 **E1**
Dieulefit (26) 147 **F3**
Dieulivol (33) 140 **A2**
Dieulouard (54) 60 **B2**
Dieupentale (82) 155 **F3**
Dieuze (57) 61 **E2**
Diéval (62) 22 **A4**
Diffembach-lès-Hellimer (57) 61 **E1**
Diges (89) 91 **F1**
Digna (39) 109 **E3**
Dignac (16) 127 **E1**
La Digne-d'Amont (11) 172 **A3**
La Digne-d'Aval (11) 172 **A3**
Digne-les-Bains (04) 163 **E1**
Dignonville (88) 80 **A1**
Digny (28) 53 **E4**
Digoin (71) 107 **E4**
Digosville (50) 31 **E1**
Dijon (21) 94 **A3**
Dimancheville (45) 74 **B2**
Dimbsthal (67) 62 **B3**
Dimechaux (59) 29 **E2**
Dimont (59) 29 **E2**
Dinan (22) 49 **D4**
Dinard (35) 49 **D3**
Dinéault (29) 64 **C1**
Dingé (35) 68 **B1**
Dingsheim (67) 62 **C3**
Dingy-en-Vuache (74) 123 **D2**
Dingy-Saint-Clair (74) 123 **E3**
Dinozé (88) 80 **A2**
Dinsac (87) 115 **F1**
Dinsheim-sur-Bruche (67) 62 **B4**
Dinteville (52) 77 **F3**
Dio-et-Valquières (34) 158 **C4**
Dions (30) 160 **B2**
Diors (36) 104 **A2**
Diou (03) 107 **D3**
Diou (36) 104 **B1**
Dirac (16) 127 **E1**
Dirinon (29) 45 **F4**
Dirol (58) 92 **A3**
Dissangis (89) 92 **B1**
Dissay (86) 102 **A2**
Dissay-sous-Courcillon (72) 87 **E1**
Distré (49) 86 **B3**
Distroff (57) 42 **C3**
Diusse (64) 153 **E4**
Divajeu (26) 147 **F2**
Divatte-sur-Loire (44) 84 **C3**
Dives (60) 38 **A2**
Dives-sur-Mer (14) 33 **F3**
Divion (62) 22 **B4**
Divonne-les-Bains (01) 110 **C4**
Dixmont (89) 75 **F3**
Dizimieu (38) 122 **A4**
Dizy (51) 57 **E1**
Dizy-le-Gros (02) 39 **E2**
Doazit (40) 152 **C3**
Doazon (64) 168 **A1**
Docelles (88) 80 **B2**
Dœuil-sur-le-Mignon (17) 113 **E1**
Dognen (64) 167 **F2**
Dogneville (88) 80 **A2**
Dohem (62) 21 **F3**
Dohis (02) 29 **F4**
Doignies (59) 28 **A2**
Doingt (80) 28 **A3**
Doissat (24) 141 **F2**
Doissin (38) 135 **D1**

Doix lès Fontaines (85) 100 B4
Doizieux (42) 133 F2
Dol-de-Bretagne (35) 49 E3
Dolaincourt (88) 79 D1
Dolancourt (10) 77 E2
Dolcourt (54) 60 B4
Dole (39) 94 C4
Dolignon (02) 29 F4
Dolleren (68) 80 C4
Dollon (72) 71 F3
Dollot (89) 75 D2
Dolmayrac (47) 141 D4
Dolomieu (38) 135 E1
Dolus-d'Oléron (17) 112 B3
Dolus-le-Sec (37) 88 A4
Dolving (57) 61 F2
Dom-le-Mesnil (08) 40 C1
Domagné (35) 68 C2
Domaize (63) 119 E4
Domalain (35) 69 D3
Domancy (74) 124 A3
Domarin (38) 135 D1
Domart-en-Ponthieu (80) 26 C2
Domart-sur-la-Luce (80) 27 E4
Domats (89) 75 D3
Domazan (30) 161 D2
Dombasle-devant-Darney (88) 79 E2
Dombasle-en-Argonne (55) 41 D4
Dombasle-en-Xaintois (88) 79 E1
Dombasle-sur-Meurthe (54) 60 C3
Domblain (52) 59 D4
Domblans (39) 109 F2
Dombras (55) 41 E3
Dombrot-le-Sec (88) 79 E2
Dombrot-sur-Vair (88) 79 E1
Domecy-sur-Cure (89) 92 B2
Domecy-sur-le-Vault (89) 92 B2
Doméliers (60) 36 C2
Domène (38) 135 F3
Domérat (03) 105 E4
Domesmont (80) 26 C2
Domessargues (30) 160 A2
Domessin (73) 135 F1
Domèvre-en-Haye (54) 60 B2
Domèvre-sous-Montfort (88) 79 E2
Domèvre-sur-Avière (88) 80 A2
Domèvre-sur-Durbion (88) 80 A1
Domèvre-sur-Vezouze (54) 61 E4
Domeyrat (43) 132 B3
Domeyrot (23) 117 E1
Domezain-Berraute (64) 167 E1
Domfaing (88) 80 B1
Domfessel (67) 62 A1
Domfront (60) 37 E2
Domfront-en-Champagne (72) 70 C2
Domfront en Poiraie (61) 50 C3
Domgermain (54) 60 A3
La Dominelais (35) 68 B4
Dominois (80) 26 B1
Domjean (50) 50 B1
Domjevin (54) 61 E4
Domjulien (88) 79 E2
Domléger-Longvillers (80) 26 C2
Domloup (35) 68 C2
Dommarie-Eulmont (54) 79 E1
Dommarien (52) 94 B1
Dommartemont (54) 60 C3
Dommartin (25) 110 C1
Dommartin (58) 92 B4
Dommartin (69) 121 E3
Dommartin (80) 27 E4
Dommartin-aux-Bois (88) 79 F2
Dommartin-Dampierre (51) 58 C1
Dommartin-la-Chaussée (54) 60 A1
Dommartin-la-Montagne (55) 59 F1
Dommartin-le-Coq (10) 58 A4
Dommartin-le-Franc (52) 78 A1
Dommartin-le-Saint-Père (52) 77 F1
Dommartin-lès-Cuiseaux (71) 109 E4
Dommartin-lès-Remiremont (88) . . 80 B3
Dommartin-lès-Toul (54) 60 A3
Dommartin-lès-Vallois (88) 79 E2
Dommartin-Lettrée (51) 58 A3
Dommartin-sous-Amance (54) 60 C3
Dommartin-sous-Hans (51) 58 C1
Dommartin-sur-Vraine (88) 79 E1
Dommartin-Varimont (51) 58 C2
Dommary-Baroncourt (55) 42 A3
Domme (24) 142 A1
Dommery (08) 40 A1
Dommiers (02) 38 B3
Domnom-lès-Dieuze (57) 61 E2
Domont (95) 55 D1
Dompaire (88) 79 F2
Dompcevrin (55) 59 F2
Dompierre (60) 37 E2
Dompierre (61) 51 D3
Dompierre (88) 80 A1
Dompierre-aux-Bois (55) 59 F1
Dompierre-Becquincourt (80) 27 F3
Dompierre-en-Morvan (21) 92 C3
Dompierre-les-Églises (87) 116 A1
Dompierre-les-Ormes (71) 108 A4
Dompierre-les-Tilleuls (25) 110 C3
Dompierre-sous-Sanvignes (71) . . 107 F3
Dompierre-sur-Authie (80) 26 C1
Dompierre-sur-Besbre (03) 107 D4
Dompierre-sur-Chalaronne (01) . . . 121 E2

Dompierre-sur-Charente (17) 113 E4
Dompierre-sur-Helpe (59) 29 E2
Dompierre-sur-Mer (17) 112 C1
Dompierre-sur-Mont (39) 109 F3
Dompierre-sur-Nièvre (58) 91 E3
Dompierre-sur-Veyle (01) 122 A2
Dompierre-sur-Yon (85) 99 E2
Dompnac (07) 146 B3
Domprel (25) 96 A3
Dompremy (51) 58 B3
Domprix (54) 42 A3
Domps (87) 116 C4
Domptail (88) 61 E4
Domptail-en-l'Air (54) 60 C4
Dompton (51) 56 B1
Domqueur (80) 26 C2
Domremy-la-Canne (55) 41 F3
Domremy-la-Pucelle (88) 60 A4
Domremy-Landéville (52) 78 B1
Domsure (01) 109 E4
Domvallier (88) 79 E1
Domvast (80) 26 C2
Don (59) 22 C4
Donazac (11) 172 A3
Donchery (08) 40 C1
Doncières (88) 80 B1
Doncourt-aux-Templiers (55) 60 A1
Doncourt-lès-Conflans (54) 42 A4
Doncourt-lès-Longuyon (54) 42 A3
Doncourt-sur-Meuse (52) 78 C2
Dondas (47) 141 E4
Donges (44) 83 F3
Donjeux (52) 78 A1
Donjeux (57) 60 C2
Le Donjon (03) 107 D4
Donnay (14) 51 E1
Donnazac (81) 156 C2
Donnelay (57) 61 E3
Donnemain-Saint-Mamès (28) . . . 72 C2
Donnemarie-Dontilly (77) 56 B4
Donnement (10) 58 A4
Donnenheim (67) 62 C3
Donnery (45) 73 F4
Donneville (31) 171 E1
Donnezac (33) 126 B2
Dontreix (23) 118 A3
Dontrien (51) 40 A4
Donville-les-Bains (50) 49 F2
Donzac (33) 139 F2
Donzac (82) 155 D1
Donzacq (40) 152 B4
Le Donzeil (23) 117 D2
Donzenac (19) 129 E3
Donzère (26) 147 E3
Donzy (58) 91 E3
Donzy-le-Pertuis (71) 108 B4
Doranges (63) 132 B2
Dorans (90) 96 C1
Dorat (63) 119 E3
Le Dorat (87) 115 F1
Dordives (45) 74 C2
Dore-l'Église (63) 132 C2
La Dorée (53) 50 B4
Dorengt (02) 29 D3
Dorlisheim (67) 62 B4
Dormans (51) 57 D1
Dormelles (77) 75 D1
La Dornac (24) 129 D4
Dornas (07) 146 C1
Dornecy (58) 92 A2
Dornes (58) 106 B2
Dorres (66) 184 A3
Dortan (01) 109 F4
Dosches (10) 76 C1
Dosnon (10) 57 F4
Dossenheim-Kochersberg (67) . . . 62 C3
Dossenheim-sur-Zinsel (67) 62 B2
Douadic (36) 103 D2
Douai (59) 28 A1
Douains (27) 54 A1
Douarnenez (29) 64 B1
Douaumont-Vaux (55) 41 E4
Doubs (25) 110 C1
Doucelles (72) 71 D2
Douchapt (24) 127 F3
Douchy (02) 38 B1
Douchy-lès-Ayette (62) 27 F2
Douchy-les-Mines (59) 28 C1
Douchy-Montcorbon (45) 75 D3
Doucier (39) 110 A3
Doucy-en-Bauges (73) 123 E4
Doudeauville (62) 21 E3
Doudeauville (76) 36 B2
Doudeauville-en-Vexin (27) 36 A3
Doudelainville (80) 26 B3
Doudeville (76) 35 D1
Doudrac (47) 141 D2
Doue (77) 56 B2
Doué-en-Anjou (49) 86 B3
Douelle (46) 142 A3
Le Douhet (17) 113 E3
Douillet (72) 70 C1
Douilly (80) 38 A1
Doulaincourt-Saucourt (52) 78 B1
Doulcon (55) 41 D3
Doulevant-le-Château (52) 77 F1
Doulevant-le-Petit (52) 78 A1
Doulezon (33) 140 A1

Le Doulieu (59) 22 B3
Doullens (80) 27 D2
Doumely-Bégny (08) 40 A2
Doumy (64) 168 B1
Dounoux (88) 80 A2
Dourbies (30) 159 D2
Dourdain (35) 68 C2
Dourdan (91) 54 C4
Dourges (62) 22 C4
Dourgne (81) 172 A1
Douriez (62) 26 B1
Dourlers (59) 29 E2
Le Dourn (81) 157 F2
Dournazac (87) 115 E4
Dournon (39) 110 B1
Dours (65) 169 D2
Doussard (74) 123 E3
Doussay (86) 101 F2
Douvaine (74) 110 C4
Douville (24) 127 F4
Douville-en-Auge (14) 33 F4
Douville-sur-Andelle (27) 35 F3
Douvrend (76) 25 F2
Douvres (01) 122 A2
Douvres-la-Délivrande (14) 33 E3
Douvrin (62) 22 C4
Doux (08) 40 A2
Doux (79) 101 E2
Douy-la-Ramée (77) 56 A1
Douzains (47) 140 C2
Douzat (16) 114 A4
La Douze (24) 128 B4
Douzens (11) 173 D3
Douzillac (24) 127 F3
Douzy (08) 41 D1
Doville (50) 31 E3
Doye (39) 110 B2
Doyet (03) 118 B1
Dozulé (14) 33 F4
Dracé (69) 121 E2
Draché (37) 87 F4
Drachenbronn-Birlenbach (67) 63 D1
Dracy (89) 91 E1
Dracy-le-Fort (71) 108 B2
Dracy-lès-Couches (71) 108 B1
Dracy-Saint-Loup (71) 108 A1
Dragey-Ronthon (50) 49 F3
Draguignan (83) 178 C1
Draillant (74) 111 D4
Draix (04) 163 E1
Draize (08) 40 A2
Drambon (21) 94 B3
Dramelay (39) 109 F4
Drancy (93) 55 E2
Drap (06) 165 D3
Dravegny (02) 39 D4
Draveil (91) 55 E3
Drée (21) 93 E3
Dréfféac (44) 83 F2
Drémil-Lafage (31) 156 A4
La Drenne (60) 36 C4
Le Drennec (29) 45 F3
Dreuil-lès-Amiens (80) 27 D3
Dreuilhe (09) 171 F4
Dreux (28) 53 F3
Drevant (18) 105 D3
Dricourt (08) 40 A3
Driencourt (80) 28 A3
Drincham (59) 22 A2
Drocourt (62) 28 A1
Drocourt (78) 54 B1
Droisy (27) 53 E3
Droisy (74) 123 D2
Droiturier (03) 119 F1
Droizy (02) 38 C4
Drom (01) 122 A1
Dromesnil (80) 26 B3
Drosay (76) 35 D1
Drosnay (51) 58 B4
Droué (41) 72 B3
Droue-sur-Drouette (28) 54 B4
Drouges (35) 69 D3
Drouilly (51) 58 B3
Droupt-Saint-Basle (10) 57 E4
Droupt-Sainte-Marie (10) 57 E4
Drouville (54) 60 C3
Drouvin-le-Marais (62) 22 B4
Droux (87) 116 A2
Drubec (14) 34 A4
Drucat (80) 26 B2
Drucourt (27) 52 B1
Drudas (31) 155 E3
Druelle Balsac (12) 143 F4
Drugeac (15) 130 C3
Druillat (01) 122 A2
Drulhe (12) 143 E3
Drulingen (67) 62 A2
Drumettaz-Clarafond (73) 123 D4
Drusenheim (67) 63 D2
Druy-Parigny (58) 106 B2
Druye (37) 87 E3
Druyes-les-Belles-Fontaines (89) . . 91 F2
Dry (45) 73 E4
Duault (22) 46 C4
Ducey-Les Chéris (50) 50 A3
Duclair (76) 35 D2
Ducy-Sainte-Marguerite (14) 33 D4
Duerne (69) 121 D4

Duesme (21) 93 E1
Duffort (32) 169 E2
Dugny (93) 55 E2
Dugny-sur-Meuse (55) 59 E1
Duhort-Bachen (40) 153 E3
Duilhac-sous-Peyrepertuse (11) . . 172 C4
Duingt (74) 123 E3
Duisans (62) 27 F1
Dullin (73) 135 F1
Dumes (40) 152 C3
Dun (09) 171 F4
Dun-le-Palestel (23) 116 C1
Dun-le-Poëlier (36) 89 E4
Dun-les-Places (58) 92 B3
Dun-sur-Auron (18) 105 E1
Dun-sur-Grandry (58) 92 B4
Dun-sur-Meuse (55) 41 D3
Duneau (72) 71 E3
Dunes (82) 155 D1
Dunet (36) 103 E4
Dung (25) 96 B2
Dunière-sur-Eyrieux (07) 147 D1
Dunières (43) 133 E3
Dunkerque (59) 22 A1
Duntzenheim (67) 62 B3
Duppigheim (67) 62 C4
Duran (32) 154 C4
Durance (47) 154 A1
Duranus (06) 165 D2
Duranville (27) 52 C1
Duras (47) 140 B2
Duravel (46) 141 F3
Durban (32) 169 F1
Durban-Corbières (11) 173 D4
Durban-sur-Arize (09) 183 D1
Durbans (46) 142 C2
Durcet (61) 51 D3
Durdat-Larequille (03) 118 A1
Dureil (72) 70 B4
Durenque (12) 157 F1
Durfort (09) 171 D3
Durfort (81) 172 A1
Durfort-et-Saint-Martin-
 -de-Sossenac (30) 159 F2
Durfort-Lacapelette (82) 155 E1
Durlinsdorf (68) 97 E2
Durmenach (68) 97 E1
Durmignat (63) 118 B1
Durnes (25) 95 F4
Durningen (67) 62 B3
Durrenbach (67) 62 C2
Durrenentzen (68) 81 E2
Durstel (67) 62 A2
Durtal (49) 86 B1
Durtol (63) 118 C4
Dury (02) 38 B1
Dury (62) 28 A1
Dury (80) 27 D4
Dussac (24) 128 C2
Duttlenheim (67) 62 C4
Duvy (60) 38 A4
Duzey (55) 41 F3
Dyé (89) 76 B4
Dyo (71) 107 F4

E

Eancé (35) 69 D4
Eaubonne (95) 55 D2
Eaucourt-sur-Somme (80) 26 B2
Eaunes (31) 171 D1
Eaux-Bonnes (64) 168 A4
Eaux-Puiseaux (10) 76 B2
Eauze (32) 153 F3
Ébaty (21) 108 B1
Ebblinghem (59) 22 A3
Eberbach-Seltz (67) 63 E1
Ebersheim (67) 81 E1
Ebersmunster (67) 81 E1
Ébersviller (57) 42 C3
Éblange (57) 43 D4
Ébouleau (02) 39 E1
Ébréon (16) 114 A3
Ébreuil (03) 118 C2
L'Écaille (08) 39 F3
Écaillon (59) 28 B1
Écalles-Alix (76) 35 D2
Écaquelon (27) 34 C3
Écardenville-la-Campagne (27) . . . 35 D4
Écausseville (50) 32 A2
Écauville (27) 35 E4
Eccica-Suarella (2A) 188 C4
Eccles (59) 29 F2
Échalas (69) 134 A1
Échallat (16) 114 A4
Échallon (01) 122 C1
Échalot (21) 93 E1
Échalou (61) 51 D3
Échandelys (63) 132 B1
Échannay (21) 93 E3
Écharcon (91) 55 E4
Échassières (03) 118 B1
Échauffour (61) 52 B3
Échavanne (70) 96 B1
Échay (25) 95 E4
Échebrune (17) 113 E4

L'Échelle (08) 40 **A1**
L'Échelle-Saint-Aurin (80) 27 **F4**
Les Échelles (73) 135 **F2**
Échemines (10) 76 **B1**
Échenans (25) 96 **B2**
Échenans--sous-Mont-Vaudois (70) 96 **B1**
Échenay (52) 59 **E4**
Échenevex (01) 110 **B4**
Échenon (21) 94 **B4**
Échenoz-la-Méline (70) 95 **F1**
Échenoz-le-Sec (70) 95 **F2**
Échevannes (21) 94 **B2**
Échevannes (25) 95 **F4**
Échevis (26) 135 **D4**
Échevronne (21) 93 **F4**
Échigey (21) 94 **B4**
Échillais (17) 112 **C3**
Échilleuses (45) 74 **B2**
Echinghen (62) 21 **D3**
Échiré (79) 100 **C4**
Échirolles (38) 135 **F3**
Échouboulains (77) 75 **D1**
Échourgnac (24) 127 **E3**
Eckartswiller (67) 62 **B2**
Eckbolsheim (67) 62 **C3**
Eckwersheim (67) 62 **C3**
Éclaibes (59) 29 **E2**
Éclaires (51) 58 **C1**
Éclance (10) 77 **E1**
Éclans-Nenon (39) 94 **C4**
Éclaron-Braucourt--Sainte-Livière (52) 58 **C4**
Éclassan (07) 134 **A3**
Écleux (39) 110 **A1**
Éclimeux (62) 21 **F4**
Eclose-Badinières (38) 135 **D1**
Éclusier-Vaux (80) 27 **F3**
Écluzelles (28) 53 **F3**
Écly (08) 40 **A2**
Écoche (42) 120 **C2**
Écoivres (62) 27 **D1**
École (123) 123 **E4**
École-Valentin (25) 95 **E3**
Écollemont (51) 58 **B4**
Écommoy (72) 71 **D4**
Écorcei (61) 52 **C3**
Les Écorces (25) 96 **C3**
Écorches (61) 52 **A2**
Écordal (08) 40 **B2**
Écorpain (72) 71 **F3**
Écot (25) 96 **B2**
Écot-la-Combe (52) 78 **B2**
Écotay-l'Olme (42) 133 **D1**
Écouché-les-Vallées (61) 51 **F3**
Écouen (95) 55 **D1**
Écouflant (49) 86 **A2**
Écouis (27) 36 **A3**
Écourt-Saint-Quentin (62) 28 **A1**
Écoust-Saint-Mein (62) 28 **A2**
Écouves (61) 52 **A4**
Écouviez (55) 41 **E2**
L'Écouvotte (25) 95 **F3**
Écoyeux (17) 113 **E3**
Ecquedecques (62) 22 **A4**
Ecques (62) 22 **A3**
Ecquetot (27) 35 **E4**
Ecquevilly (78) 54 **B2**
Écrainville (76) 34 **B1**
Les Écrennes (77) 56 **A4**
Écretteville-lès-Baons (76) 34 **C2**
Écretteville-sur-Mer (76) 34 **C1**
Écriennes (51) 58 **B3**
Écrille (39) 109 **F3**
Écromagny (70) 80 **B4**
Écrosnes (28) 54 **B4**
Écrouves (54) 60 **A3**
Ectot-l'Auber (76) 35 **D2**
Ectot-lès-Baons (76) 35 **D2**
Écueil (51) 39 **E4**
Écueillé (36) 88 **C4**
Écuélin (59) 29 **E2**
Écuelle (70) 94 **C2**
Écuelles (71) 109 **D1**
Écuillé (49) 86 **A1**
Écuires (62) 21 **E4**
Écuisses (71) 108 **A2**
Éculleville (50). . . . .
Écully (69) 121 **E4**
Écuras (16) 115 **D4**
Écurat (17) 113 **D3**
Écurcey (25) 96 **C2**
Écurey-en-Verdunois (55) 41 **E3**
Écurie (62) 27 **F1**
Écury-le-Repos (51) 57 **E3**
Écury-sur-Coole (51) 58 **A2**
Écutigny (21) 93 **E4**
Écuvilly (60) 38 **A2**
Edern (29) 65 **D1**
Édon (16) 127 **E1**
Les Éduts (17) 113 **F2**
Eecke (59) 22 **B2**
Effiat (63) 119 **D2**
Effincourt (52) 59 **E4**
Effry (02) 29 **E3**
Égat (66) 184 **A3**
Égleny (89) 75 **F4**
Égletons (19) 130 **A2**
Égligny (77) 75 **E1**

Eglingen (68) 97 **D1**
L'Église-aux-Bois (19) 116 **C4**
Église-Neuve-de-Vergt (24) 128 **A4**
Église-Neuve-d'Issac (24) 127 **F4**
Égliseneuve-d'Entraigues (63) 131 **E2**
Égliseneuve-des-Liards (63) 132 **A1**
Égliseneuve-près-Billom (63) 119 **E4**
Les Églises-d'Argenteuil (17) 113 **E2**
Églisolles (63) 132 **C2**
Les Églisottes-et-Chalaures (33) 127 **D3**
Égly (91) 55 **D4**
Égreville (77) 74 **C2**
Égriselles-le-Bocage (89) 75 **E2**
Égry (45) 74 **B3**
Éguelshardt (57) 62 **B1**
Éguenigue (90) 96 **C1**
L'Éguille (17) 112 **C4**
Éguilles (13) 177 **D1**
Éguilly (21) 93 **E3**
Éguilly-sous-Bois (10) 77 **D1**
Éguisheim (68) 81 **E2**
Éguzon-Chantôme (36) 103 **F4**
Éhuns (70) 80 **A4**
Eichhoffen (67) 62 **B4**
Eincheville (57) 61 **D1**
Einvaux (54) 60 **C4**
Einville-au-Jard (54) 61 **D3**
Eix (55) 41 **F4**
Élancourt (78) 54 **C3**
Elbach (68) 97 **D1**
Elbeuf (76) 35 **E4**
Elbeuf-en-Bray (76) 36 **A2**
Elbeuf-sur-Andelle (76) 35 **F3**
Élencourt (60) 36 **B1**
Élesmes (59) 29 **E1**
Életot (76) 34 **B1**
Éleu-dit-Leauwette (62) 22 **C4**
Élincourt (59) 28 **C3**
Élincourt-Sainte-Marguerite (60) 37 **F2**
Élise-Daucourt (51) 58 **C1**
Ellecourt (76) 36 **B1**
Elliant (29) 65 **D2**
Ellon (14) 32 **C4**
Elne (66) 185 **E2**
Elnes (62) 21 **F3**
Éloie (90) 96 **C1**
Éloise (74) 123 **D2**
Éloyes (88) 80 **B2**
Elsenheim (67) 81 **E2**
Elvange (57) 61 **D1**
Elven (56) 67 **D4**
Elzange (57) 42 **C3**
Émagny (25) 95 **E3**
Émalleville (27) 53 **E1**
Émancé (78) 54 **B4**
Émanville (27) 53 **D1**
Émanville (76) 35 **E2**
Emberménil (54) 61 **E3**
Embres-et-Castelmaure (11) 173 **D4**
Embreville (80) 26 **A3**
Émbrun (05) 150 **A2**
Embry (62) 21 **E4**
Émerainville (77) 55 **E3**
Émerchicourt (59) 28 **B1**
Émeringes (69) 121 **D1**
Éméville (60) 38 **A4**
Émiéville (14) 33 **E4**
Emlingen (68) 97 **E1**
Emmerin (59) 23 **D3**
Émondeville (50) 32 **A2**
Empeaux (31) 170 **B1**
Empurany (07) 134 **A4**
Empuré (16) 114 **B2**
Empury (58) 92 **B3**
Encausse (32) 155 **E4**
Encausse-les-Thermes (31) 170 **A3**
Enchastrayes (04) 150 **B3**
Enchenberg (57) 62 **A1**
Encourtiech (09) 170 **C4**
Endoufielle (32) 155 **E4**
Énencourt-Léage (60) 36 **B4**
Enfonvelle (52) 79 **D3**
Engayrac (47) 141 **E4**
Engente (10) 77 **F2**
Engenville (45) 74 **A2**
Enghien-les-Bains (95) 55 **D2**
Englancourt (02) 29 **D3**
Englebelmer (80) 27 **E2**
Englefontaine (59) 29 **D2**
Englesqueville-en-Auge (14) 34 **A3**
Englesqueville-la-Percée (14) 32 **B3**
Englos (59) 22 **C3**
Engomer (09) 170 **B4**
Engwiller (67) 62 **C2**
Ennemain (80) 28 **A4**
Ennery (57) 42 **C4**
Ennery (95) 54 **C1**
Ennetières-en-Weppes (59) 22 **C3**
Ennevelin (59) 23 **D4**
Ennezat (63) 119 **D3**
Ennordres (18) 90 **A2**
Enquin-lez-Guinegatte (62) 22 **A3**
Enquin-sur-Baillons (62) 21 **E3**
Ens (65) 181 **E2**
Ensigné (79) 113 **F2**
Ensisheim (68) 81 **E3**
Ensuès-la-Redonne (13) 177 **D2**

Entrages (04) 163 **E2**
Entraigues (38) 149 **D1**
Entraigues (63) 119 **D3**
Entraigues-sur-la-Sorgue (84) 161 **E2**
Entrains-sur-Nohain (58) 91 **E2**
Entrange (57) 42 **B3**
Entraunes (06) 164 **A1**
Entraygues-sur-Truyère (12) 144 **A2**
Entre-deux-Eaux (88) 80 **C1**
Entre-deux-Guiers (38) 135 **F2**
Entre-deux-Monts (39) 110 **B3**
Entre-Vignes (34) 160 **A4**
Entrecasteaux (83) 178 **B1**
Entrechaux (84) 147 **F4**
Entrelacs (73) 123 **D3**
Entremont-le-Vieux (73) 135 **F1**
Entrepierres (04) 163 **D1**
Entrevaux (04) 164 **B2**
Entrevennes (04) 163 **D2**
Entrevernes (74) 123 **E3**
Entzheim (67) 62 **C4**
Enval (63) 118 **C3**
Enveitg (66) 183 **F4**
Envermeu (76) 25 **D1**
Environne (76) 34 **C1**
Éole-en-Beauce (28) 73 **E2**
Éourres (05) 148 **C4**
Éoux (31) 170 **A2**
Épagne (10) 77 **D1**
Épagne-Épagnette (80) 26 **B2**
Épagny (02) 38 **B3**
Épagny (21) 94 **A2**
Épagny Metz-Tessy (74) 123 **E3**
Épaignes (27) 34 **B4**
Épaney (14) 51 **F2**
Épannes (79) 113 **E1**
Éparcy (02) 29 **E3**
Les Éparges (55) 59 **F1**
Épargnes (17) 125 **F1**
Les Éparres (38) 135 **D1**
Épaumesnil (80) 26 **B3**
Épaux-Bézu (02) 56 **B1**
Épeautrolles (28) 72 **C1**
Épécamps (80) 26 **C2**
Épégard (27) 35 **D4**
Épehy (80) 28 **B3**
Épeigné-les-Bois (37) 88 **B3**
Épeigné-sur-Dême (37) 87 **F1**
Épénancourt (80) 38 **A1**
Épenède (16) 115 **D2**
Épenouse (25) 96 **A3**
Épenoy (25) 96 **A4**
Épense (51) 58 **C2**
Épercieux-Saint-Paul (42) 120 **B4**
Éperlecques (62) 21 **F2**
Épernay (51) 57 **E1**
Épernay-sous-Gevrey (21) 94 **A4**
Épernon (28) 54 **A4**
Épertully (71) 108 **B1**
Épervans (71) 108 **C2**
Les Epesses (85) 100 **A1**
Épeugney (25) 95 **E4**
Epfig (67) 81 **E1**
Épiais (41) 72 **B4**
Épiais-lès-Louvres (95) 55 **E1**
Épiais-Rhus (95) 54 **C1**
Épieds (02) 56 **C1**
Épieds (27) 53 **F2**
Épieds (49) 86 **C4**
Épieds-en-Beauce (45) 73 **D3**
Épierre (73) 136 **B1**
Épiez-sur-Chiers (54) 41 **F2**
Épiez-sur-Meuse (55) 59 **F4**
Épinac (71) 108 **A1**
Épinal (88) 80 **A2**
Épinay-Champlâtreux (95) 55 **E1**
Épinay-sous-Sénart (91) 55 **E3**
Épinay-sur-Duclair (76) 35 **D2**
Épinay-sur-Odon (14) 51 **D1**
Épinay-sur-Orge (91) 55 **D3**
Épinay-sur-Seine (93) 55 **D2**
L'Épine (05) 148 **C3**
L'Épine (51) 58 **A2**
L'Épine (85) 98 **A1**
L'Épine-aux-Bois (02) 56 **C2**
Épineau-les-Voves (89) 75 **F3**
Épineu-le-Chevreuil (72) 70 **C3**
Épineuil (89) 76 **B4**
Épineuil-le-Fleuriel (18) 105 **E3**
Épineuse (60) 37 **E3**
Épiniac (35) 49 **E4**
Épinonville (55) 41 **D4**
Épinouze (26) 134 **B2**
Épinoy (62) 28 **B1**
Épiry (58) 92 **A4**
Épizon (52) 78 **B1**
Éplessier (80) 36 **C1**
Éply (54) 60 **C2**
Époisses (21) 92 **C2**
Épône (78) 54 **B2**
Épothémont (10) 77 **E1**
Épouville (76) 34 **A2**
Époye (51) 39 **F4**
Eppe-Sauvage (59) 29 **F2**
Eppes (02) 39 **D2**
Eppeville (80) 38 **A1**
Epping (57) 44 **A4**

Épretot (76) . . . .
Épreville (76) . . . .
Épreville-en-Lieuvin (27) . . . .
Épreville-près-le-Neubourg (27) . . . .
Épron (14) . . . .
Eps (62) . . . .
Épuisay (41) . . . .
Équancourt (80) . . . .
Équemauville (14) . . . .
Équennes-Éramecourt (80) . . . .
Équevilley (70) . . . .
Équevillon (39) . . . .
Équihen-Plage (62) . . . .
Équilly (50) . . . .
Équirre (62) . . . .
Éragny (95) . . . .
Éragny-sur-Epte (60) . . . .
Eraines (14) . . . .
Erbajolo (2B) . . . .
Erbéviller-sur-Amezule (54) . . . .
Erbray (44) . . . .
Erbrée (35) . . . .
Ercé (09) . . . .
Ercé-en-Lamée (35) . . . .
Ercé-près-Liffré (35) . . . .
Erceville (45) . . . .
Erches (80) . . . .
Ercheu (80) . . . .
Erchin (59) . . . .
Erching (57) . . . .
Erckartswiller (67) . . . .
Ercourt (80) . . . .
Ercuis (60) . . . .
Erdeven (56) . . . .
Erdre-en-Anjou (49) . . . .
Éréac (22) . . . .
Ergersheim (67) . . . .
Ergnies (80) . . . .
Ergny (62) . . . .
Ergué-Gabéric (29) . . . .
Érin (62) . . . .
Éringes (21) . . . .
Eringhem (59) . . . .
Érize-la-Brûlée (55) . . . .
Érize-la-Petite (55) . . . .
Érize-Saint-Dizier (55) . . . .
Erlon (02) . . . .
Erloy (02) . . . .
Ermenonville (60) . . . .
Ermenonville-la-Grande (28) . . . .
Ermenonville-la-Petite (28) . . . .
Ermenouville (76) . . . .
Ermont (95) . . . .
Ernée (53) . . . .
Ernemont-Boutavent (60) . . . .
Ernemont-la-Villette (76) . . . .
Ernemont-sur-Buchy (76) . . . .
Ernes (14) . . . .
Ernestviller (57) . . . .
Erneville-aux-Bois (55) . . . .
Ernolsheim-Bruche (67) . . . .
Ernolsheim-lès-Saverne (67) . . . .
Erny-Saint-Julien (62) . . . .
Érôme (26) . . . .
Érondelle (80) . . . .
Érone (2B) . . . .
Éroudeville (50) . . . .
Erp (09) . . . .
Erquery (60) . . . .
Erquinghem-le-Sec (59) . . . .
Erquinghem-Lys (59) . . . .
Erquinvillers (60) . . . .
Erquy (22) . . . .
Err (66) . . . .
Erre (59) . . . .
Errevet (70) . . . .
Errouville (54) . . . .
Ersa (2B) . . . .
Erstein (67) . . . .
Erstroff (57) . . . .
Ervauville (45) . . . .
Ervillers (62) . . . .
Ervy-le-Châtel (10) . . . .
Esbareich (65) . . . .
Esbarres (21) . . . .
Esbly (77) . . . .
Esboz-Brest (70) . . . .
Escala (65) . . . .
Escalans (40) . . . .
L'Escale (04) . . . .
Escales (11) . . . .
Escalles (62) . . . .
Escalquens (31) . . . .
Escames (60) . . . .
Escamps (46) . . . .
Escamps (89) . . . .
Escandolières (12) . . . .
Escanecrabe (31) . . . .
Escardes (51) . . . .
L'Escarène (06) . . . .
Escarmain (59) . . . .
Escaro (66) . . . .
Escassefort (47) . . . .
Escatalens (82) . . . .
Escaudain (59) . . . .
Escaudes (33) . . . .
Escaudœuvres (59) . . . .
Escaunets (65) . . . .

Escautpont (59) 23 **F4**
Escazeaux (82) 155 **E3**
Eschau (67) 62 **C4**
Eschbach (67) 62 **C2**
Eschbach-au-Val (68) 81 **D3**
Eschbourg (67) 62 **A2**
Eschentzwiller (68) 81 **E4**
Escherange (57) 42 **B3**
Esches (60) 36 **C4**
Eschwiller (67) 62 **A2**
Esclagne (09) 171 **F4**
Esclainvillers (80) 37 **E1**
Esclanèdes (48) 145 **D3**
Esclassan-Labastide (32) 169 **F1**
Esclauzels (46) 142 **B3**
Esclavelles (76) 35 **F1**
Esclavolles-Lurey (51) 57 **D4**
Escles (88) 79 **F2**
Escles-Saint-Pierre (60) 36 **B1**
Esclottes (47) 140 **B2**
Escobecques (59) 22 **C3**
Escœuilles (62) 21 **E3**
Escoire (24) 128 **B3**
Escolives-Sainte-Camille (89) . . 92 **A1**
Escombres-et-le-Chesnois (08) . . 41 **D1**
Escondeaux (65) 169 **D2**
Esconnets (65) 169 **D3**
Escorailles (15) 130 **B3**
Escornebœuf (32) 155 **D4**
Escorpain (28) 53 **E3**
Escos (64) 167 **E1**
Escosse (09) 171 **E3**
Escot (64) 167 **F3**
Escots (65) 169 **D3**
Escou (64) 168 **A2**
Escoubès (64) 168 **B1**
Escoubès-Pouts (65) 168 **C3**
Escoulis (31) 170 **B3**
Escouloubre (11) 184 **A1**
Escource (40) 138 **B4**
Escoussans (33) 139 **F2**
Escoussens (81) 172 **B1**
Escout (64) 168 **A2**
Escoutoux (63) 119 **E3**
Escoville (14) 33 **E4**
Escragnolles (06) 164 **B3**
Escrennes (45) 74 **A2**
Escrignelles (45) 90 **C1**
Escroux (81) 157 **F3**
Escueillens-et-Saint-Just-
 -de-Bélengard (11) 172 **A3**
Escurès (64) 168 **C1**
Escurolles (03) 119 **D2**
Eslettes (76) 35 **E2**
Esley (88) 79 **E2**
Eslourenties-Daban (64) 168 **C2**
Esmans (77) 75 **D1**
Esmery-Hallon (80) 38 **A1**
Esmoulières (70) 80 **B4**
Esmoulins (70) 94 **C2**
Esnandes (17) 112 **B1**
Esnans (25) 96 **A3**
Esnes (59) 28 **B2**
Esnes-en-Argonne (55) 41 **D4**
Esnon (89) 76 **A3**
Esnouveaux (52) 78 **B2**
Espagnac (19) 129 **F3**
Espagnac-Sainte-Eulalie (46) . . 142 **C2**
Espalais (82) 155 **D2**
Espalem (43) 131 **F2**
Espalion (12) 144 **B3**
Espaly-Saint-Marcel (43) 132 **C4**
Espanès (31) 171 **D1**
Espaon (32) 170 **A1**
Esparron (05) 149 **D3**
Esparron (32) 170 **A2**
Esparron (83) 162 **C4**
Esparron-de-Verdon (04) 163 **D3**
Esparros (65) 169 **E3**
Esparsac (82) 155 **D3**
Espartignac (19) 129 **E2**
Espas (32) 153 **F3**
Espaubourg (60) 36 **B3**
Espèche (65) 169 **E3**
Espéchède (64) 168 **B2**
Espédaillac (46) 142 **C2**
Espelette (64) 166 **B1**
Espeluche (26) 147 **E3**
Espenel (26) 148 **A2**
Espérausses (81) 157 **F4**
Espéraza (11) 172 **B4**
Esperce (31) 171 **D2**
Espère (46) 142 **A3**
Espès-Undurein (64) 167 **E2**
Espeyrac (12) 143 **F2**
Espeyroux (46) 143 **D1**
Espezel (11) 184 **A1**
Espieilh (65) 169 **D3**
Espiens (47) 154 **B1**
Espiet (33) 139 **F1**
Espinas (82) 156 **C1**
Espinasse (15) 144 **B3**
Espinasse (63) 118 **B2**
Espinasse-Vozelle (03) 119 **D2**
Espinasses (05) 149 **E3**
Espinchal (63) 131 **D2**
Espins (14) 51 **E1**
Espira-de-Conflent (66) 184 **C2**

Espira-de-l'Agly (66) 185 **E1**
Espirat (63) 119 **D4**
Espiute (64) 167 **E1**
Esplantas-Vazeilles (43) 145 **E1**
Esplas (09) 171 **D3**
Esplas-de-Sérou (09) 183 **D1**
Espoey (64) 168 **B2**
Espondeilhan (34) 173 **F1**
Esprels (70) 96 **A2**
Esquay-Notre-Dame (14) 33 **D4**
Esquay-sur-Seulles (14) 33 **D3**
Esquéhéries (02) 29 **D3**
Esquelbecq (59) 22 **A2**
Esquennoy (60) 37 **D2**
Esquerchin (59) 28 **A1**
Esquerdes (62) 21 **F3**
Esquièze-Sère (65) 181 **D2**
Esquiule (64) 167 **F2**
Les Essards (16) 127 **D3**
Les Essards (17) 113 **D3**
Les Essards-Taignevaux (39) . . . 109 **E1**
Essarois (21) 77 **F4**
Essars (62) 22 **B4**
Les Essarts (41) 87 **F1**
Les Essarts (85) 99 **F2**
Les Essarts-le-Roi (78) 54 **B3**
Les Essarts-le-Vicomte (51) 56 **C3**
Les Essarts-lès-Sézanne (51) . . . 57 **D3**
Essay (61) 52 **A4**
Esse (16) 115 **E2**
Essé (35) 68 **C3**
Essegney (88) 79 **F1**
Les Esseintes (33) 139 **F2**
Essert (90) 96 **C1**
Essert-Romand (74) 124 **A1**
Essertaux (80) 27 **D4**
Essertenne (71) 108 **A2**
Essertenne-et-Cecey (70) 94 **C2**
Essertines-en-Châtelneuf (42) . . 133 **D1**
Essertines-en-Donzy (42) 120 **C4**
Esserts-Blay (73) 123 **F4**
Esserval-Tartre (39) 110 **B2**
Essey (21) 93 **E4**
Essey-et-Maizerais (54) 60 **A2**
Essey-la-Côte (54) 61 **D4**
Essey-lès-Nancy (54) 60 **C3**
Essigny-le-Grand (02) 38 **B1**
Essigny-le-Petit (02) 28 **C3**
Essises (02) 56 **C2**
Essômes-sur-Marne (02) 56 **C1**
Esson (14) 51 **D1**
Essouvert (17) 113 **E2**
Essoyes (10) 77 **E3**
Essuiles (60) 37 **D3**
Les Estables (43) 146 **B1**
Estadens (31) 170 **A3**
Estagel (66) 185 **D1**
Estaing (12) 144 **A3**
Estaing (65) 168 **B4**
Estaires (59) 22 **B3**
Estal (46) 143 **D1**
Estampes (32) 169 **E1**
Estampures (65) 169 **E1**
Estancarbon (31) 170 **A3**
Estandeuil (63) 119 **E4**
Estang (32) 153 **E3**
Estarvielle (65) 181 **E2**
Estavar (66) 184 **A3**
Esteil (63) 132 **A2**
Esténos (31) 169 **F4**
Estensan (65) 181 **E2**
Estérençuby (64) 167 **D3**
Esternay (51) 56 **C3**
Esterre (65) 181 **D2**
Estevelles (62) 22 **C4**
Esteville (76) 35 **F2**
Estézargues (30) 161 **D2**
Estialescq (64) 168 **A2**
Estibeaux (40) 152 **B4**
Estigarde (40) 153 **F2**
Estillac (47) 154 **C1**
Estipouy (32) 154 **B4**
Estirac (65) 169 **D1**
Estissac (10) 76 **B2**
Estivals (19) 129 **D4**
Estivareilles (03) 105 **E4**
Estivareilles (42) 133 **D2**
Estivaux (19) 129 **E2**
Estoher (66) 184 **C2**
Estos (64) 167 **F2**
Estoublon (04) 163 **E2**
Estourmel (59) 28 **B2**
Estouy (45) 74 **A2**
Estrablin (38) 134 **B1**
Estramiac (32) 155 **D3**
Estrebay (08) 40 **A1**
Estrébœuf (80) 26 **A2**
L'Estréchure (30) 159 **F1**
Estrée (62) 21 **E4**
Estrée-Blanche (62) 22 **A3**
Estrée-Cauchy (62) 22 **B4**
Estrée-Wamin (62) 27 **E1**
Estréelles (62) 21 **E4**
Estrées (02) 28 **B3**
Estrées (59) 28 **A1**
Estrées-Deniécourt (80) 27 **F3**
Estrées-la-Campagne (14) 51 **E1**

Estrées-lès-Crécy (80) 26 **C1**
Estrées-Mons (80) 28 **A3**
Estrées-Saint-Denis (60) 37 **F3**
Estrées-sur-Noye (80) 27 **D4**
Estrennes (88) 79 **E1**
Estreux (59) 28 **C1**
Estrun (59) 28 **B1**
Estry (14) 51 **D2**
Esvres (37) 87 **F3**
Eswars (59) 28 **B2**
Étables (07) 134 **A3**
Étagnac (16) 115 **E3**
Étaimpuis (76) 35 **E2**
Étain (55) 41 **F4**
Étaing (62) 28 **A1**
Étainhus (76) 34 **B2**
Étais (01) 93 **D1**
Étais-la-Sauvin (89) 91 **F2**
Étalans (25) 95 **F4**
Étalante (21) 93 **F1**
Étalle (08) 30 **A4**
Étalleville (76) 35 **D1**
Étalon (80) 38 **A1**
Étalondes (76) 25 **F1**
Étampes (91) 73 **F1**
Étampes-sur-Marne (02) 56 **C1**
L'Étang-Bertrand (50) 31 **E2**
L'Étang-la-Ville (78) 54 **C2**
Étang-sur-Arroux (71) 107 **F2**
L'Étang-Vergy (21) 93 **F4**
Les Étangs (57) 42 **C4**
Étaples (62) 21 **D4**
Étaule (89) 92 **B2**
Étaules (17) 112 **B4**
Étaules (21) 94 **A2**
Étauliers (33) 126 **A3**
Étaux (74) 123 **E2**
Étaves-et-Bocquiaux (02) 28 **C3**
Étavigny (60) 56 **A1**
Etcharry (64) 167 **E2**
Etchebar (64) 167 **E3**
Éteignières (08) 30 **A3**
Eteimbes (68) 81 **D4**
Étel (56) 82 **A1**
Ételfay (80) 37 **E2**
Étercy (74) 123 **D3**
Éternoz (25) 110 **B1**
Éterpigny (62) 28 **A1**
Éterpigny (80) 28 **A3**
Éterville (14) 33 **E4**
Étevaux (21) 94 **B3**
Eth (59) 29 **D1**
Étienville (50) 32 **A3**
Étigny (89) 75 **E2**
Les Étilleux (28) 72 **A2**
Étinehem-Méricourt (80) 27 **F3**
Étiolles (91) 55 **E4**
Étival (39) 110 **A3**
Étival-Clairefontaine (88) 80 **C1**
Étival-lès-le-Mans (72) 70 **C3**
Étivey (89) 92 **C1**
Étobon (70) 96 **B1**
Étoges (51) 57 **E2**
L'Étoile (39) 109 **F2**
L'Étoile (80) 26 **C3**
Étoile-Saint-Cyrice (05) 148 **C4**
Étoile-sur-Rhône (26) 147 **E1**
Éton (54) 41 **F4**
Étormay (21) 93 **E1**
Étouars (24) 128 **A1**
Étourvy (10) 76 **C3**
Étoutteville (76) 35 **D1**
Étouvans (25) 96 **B2**
Étouvelles (02) 38 **C2**
Étouy (60) 37 **D3**
Étrabonne (25) 95 **D3**
Étrappe (25) 96 **B2**
L'Étrat (42) 133 **F1**
Étray (25) 96 **A4**
Étraye (55) 41 **E3**
Étréaupont (02) 29 **E3**
Étréchet (36) 104 **A2**
Étréchy (18) 90 **C4**
Étréchy (51) 57 **E2**
Étréchy (91) 55 **D4**
Étréham (14) 32 **C3**
Étreillers (02) 38 **B1**
Étréjust (80) 26 **B3**
Étrelles (35) 69 **D2**
Étrelles-et-la-Montbleuse (70) . . 95 **E2**
Étrelles-sur-Aube (10) 57 **E4**
Étrembières (74) 123 **E1**
Étrépagny (27) 36 **A3**
Étrepigney (39) 95 **D4**
Étrépigny (08) 40 **B1**
Étrepilly (02) 56 **B1**
Étrépilly (77) 56 **A1**
Étrepy (51) 58 **C3**
Étretat (76) 34 **A1**
Étreux (02) 29 **D3**
Étreval (54) 60 **B4**
Étréville (27) 34 **C3**
Étriac (16) 127 **D1**
Étriché (49) 86 **A1**
Étricourt-Manancourt (80) 28 **A3**
Étrigny (71) 108 **C3**
Étrochey (21) 77 **E4**
Étrœungt (59) 29 **E2**

Étroussat (03) 119 **D1**
Étrun (62) 27 **F1**
Etsaut (64) 167 **F4**
Ettendorf (67) 62 **C2**
Etting (57) 62 **A1**
Étueffont (90) 80 **C4**
Étupes (25) 96 **C3**
Éturqueraye (27) 34 **C3**
Étuz (70) 95 **E3**
Etzling (57) 43 **F4**
Eu (76) 26 **A2**
Euffigneix (52) 78 **A2**
Eugénie-les-Bains (40) 153 **D3**
Euilly-et-Lombut (08) 41 **D2**
Eulmont (54) 60 **C3**
Eup (31) 169 **F4**
Eurre (26) 147 **F1**
Eurville-Bienville (52) 59 **D4**
Eus (66) 184 **C1**
Euvezin (54) 60 **A2**
Euville (55) 59 **F3**
Euvy (51) 57 **E3**
Euzet (30) 160 **B2**
Évans (39) 95 **D4**
Évaux-et-Ménil (88) 79 **F1**
Évaux-les-Bains (23) 117 **F2**
Ève (60) 55 **F1**
Évecquemont (78) 54 **C1**
Évellys (56) 66 **C2**
Évenos (83) 178 **A3**
Évergnicourt (02) 39 **E3**
Everly (77) 56 **B4**
Évette-Salbert (90) 96 **C1**
Éveux (69) 121 **D3**
Évian-les-Bains (74) 111 **E4**
Évigny (08) 40 **B1**
Évillers (25) 110 **C1**
Évin-Malmaison (62) 23 **D4**
Évisa (2A) 188 **B2**
Évosges (01) 122 **B3**
Évran (22) 49 **D3**
Évrange (57) 42 **B2**
Évrecy (14) 33 **D4**
Èvres (55) 59 **D1**
Évreux (27) 53 **E1**
Évricourt (60) 38 **A2**
Évriguet (56) 67 **E2**
Évron (53) 70 **A2**
Évry (89) 75 **E2**
Évry-Courcouronnes (91) 55 **E4**
Évry-Grégy-sur-Yerre (77) 55 **E3**
Excenevex (74) 111 **E4**
Excideuil (24) 128 **B2**
Exermont (08) 40 **C3**
Exideuil-sur-Vienne (16) 115 **D3**
Exincourt (25) 96 **C2**
Exireuil (79) 101 **D4**
Exoudun (79) 101 **E4**
Expiremont (17) 126 **B2**
Eybens (38) 135 **F3**
Eybouleuf (87) 116 **B4**
Eyburie (19) 129 **E2**
Eycheil (09) 170 **C4**
Eydoche (38) 135 **D2**
Eygalayes (26) 148 **C4**
Eygalières (13) 161 **E3**
Eygaliers (26) 161 **F1**
Eygliers (05) 150 **A2**
Eygluy-Escoulin (26) 148 **A1**
Eyguières (13) 161 **E4**
Eygurande (19) 117 **F4**
Eygurande-et-Gardedeuil (24) . . 127 **D4**
Eyjeaux (87) 116 **B4**
Eymet (24) 140 **C2**
Eymeux (26) 134 **C4**
Eymouthiers (16) 115 **D4**
Eymoutiers (87) 116 **C4**
Eyne (66) 184 **A3**
Eynesse (33) 140 **B1**
Eyragues (13) 161 **E3**
Eyrans (33) 126 **A3**
Eyraud-Crempse-Maurens (24) . . 127 **F4**
Eyrein (19) 129 **F2**
Eyres-Moncube (40) 153 **D3**
Eyroles (26) 148 **A3**
Eysines (33) 126 **A4**
Eysson (25) 96 **A3**
Eysus (64) 167 **F3**
Eywiller (67) 62 **A2**
Eyzahut (26) 147 **F3**
Eyzerac (24) 128 **B2**
Les Eyzies (24) 128 **B4**
Eyzin-Pinet (38) 134 **B1**
Ézanville (95) 55 **D1**
Èze (06) 165 **D3**
Ézy-sur-Eure (27) 53 **F2**

F

Fabas (09) 182 **C1**
Fabas (31) 170 **A2**
Fabas (82) 155 **F3**
Fabras (07) 146 **C2**
Fabrègues (34) 174 **C1**
Fabrezan (11) 173 **D3**
Faches-Thumesnil (59) 23 **D3**

Fâchin (58) . . . 107 E1
La Fage-Montivernoux (48) . . . 144 C2
La Fage-Saint-Julien (48) . . . 145 D1
Le Faget (31) . . . 171 F1
Faget-Abbatial (32) . . . 169 F1
Fagnières (51) . . . 58 A2
Fagnon (08) . . . 40 B1
Fahy-lès-Autrey (70) . . . 94 C2
Failly (57) . . . 42 C4
Faimbe (25) . . . 96 B2
Fain-lès-Montbard (21) . . . 93 D1
Fain-lès-Moutiers (21) . . . 92 C1
Fains (27) . . . 53 F1
Fains-Véel (55) . . . 59 D3
Faissault (08) . . . 40 A2
Fajac-en-Val (11) . . . 172 C3
Fajac-la-Relenque (11) . . . 171 E2
Fajoles (46) . . . 142 A1
La Fajolle (11) . . . 184 A1
Fajolles (82) . . . 155 E2
Falaise (08) . . . 40 B3
Falaise (14) . . . 51 E2
La Falaise (78) . . . 54 B2
Falck (57) . . . 43 D4
Faleyras (33) . . . 139 F1
Falga (31) . . . 171 F1
Le Falgoux (15) . . . 131 D3
Falicon (06) . . . 165 D3
Falkwiller (68) . . . 97 D1
Fallencourt (76) . . . 26 A3
Fallerans (25) . . . 96 A4
Falleron (85) . . . 99 D1
Falletans (39) . . . 94 C4
Fallon (70) . . . 96 A2
La Faloise (80) . . . 27 D4
Fals (47) . . . 154 C1
Falvy (80) . . . 38 A1
Famars (59) . . . 28 C1
Famechon (62) . . . 27 E2
Famechon (80) . . . 36 C1
Fameck (57) . . . 42 B3
Fampoux (62) . . . 28 A1
Fanjeaux (11) . . . 172 A3
Fanlac (24) . . . 128 C4
Le Faou (29) . . . 45 F4
Le Faouët (22) . . . 47 E2
Le Faouët (56) . . . 65 F2
Faramans (01) . . . 121 F3
Faramans (38) . . . 134 C2
Farbus (62) . . . 27 F1
Farceaux (27) . . . 36 A4
La Fare-en-Champsaur (05) . . . 149 E2
La Fare-les-Oliviers (13) . . . 161 F4
Farébersviller (57) . . . 43 E4
Fareins (01) . . . 121 E2
Faremoutiers (77) . . . 56 A3
Farges (01) . . . 123 D1
Les Farges (24) . . . 128 C3
Farges-Allichamps (18) . . . 105 D2
Farges-en-Septaine (18) . . . 90 B4
Farges-lès-Chalon (71) . . . 108 B2
Farges-lès-Mâcon (71) . . . 108 C3
Fargues (33) . . . 139 E3
Fargues (40) . . . 153 D3
Fargues-Saint-Hilaire (33) . . . 139 E1
Fargues-sur-Ourbise (47) . . . 140 B4
Farincourt (52) . . . 95 D1
Farinole (2B) . . . 187 E2
La Farlède (83) . . . 178 B3
Farnay (42) . . . 134 A1
Farschviller (57) . . . 43 E4
Fatines (72) . . . 71 E3
Fatouville-Grestain (27) . . . 34 B3
Le Fau (15) . . . 131 D4
Fauch (81) . . . 157 E3
Faucigny (74) . . . 123 F2
Faucogney-et-la-Mer (70) . . . 80 B4
Faucompierre (88) . . . 80 B2
Faucon (84) . . . 161 F1
Faucon-de-Barcelonnette (04) . . . 150 B3
Faucon-du-Caire (04) . . . 149 E3
Faucoucourt (88) . . . 80 A1
Faudoas (82) . . . 155 E3
Le Fauga (31) . . . 170 C1
Faugères (07) . . . 146 B3
Faugères (34) . . . 173 F1
Fauguernon (14) . . . 34 B4
Fauguerolles (47) . . . 140 B3
Fauillet (47) . . . 140 B3
Le Faulq (14) . . . 34 B4
Faulquemont (57) . . . 61 D1
Faulx (54) . . . 60 C2
Faumont (59) . . . 23 D4
Fauquembergues (62) . . . 21 F3
La Faurie (05) . . . 148 C2
Faurilles (24) . . . 141 D2
Fauroux (82) . . . 141 E4
Faussergues (81) . . . 157 E2
La Faute-sur-Mer (85) . . . 99 E4
Fauverney (21) . . . 94 A3
Fauville (27) . . . 53 E1
Faux (08) . . . 40 A2
Faux (24) . . . 141 D1
Faux-Fresnay (51) . . . 57 E3
Faux-la-Montagne (23) . . . 117 D4
Faux-Mazuras (23) . . . 116 C3
Faux-Vésigneul (51) . . . 58 A3
Faux-Villecerf (10) . . . 76 A1

Favalello (2B) . . . 189 E2
Favars (19) . . . 129 E3
Faverdines (18) . . . 105 D3
Faverelles (45) . . . 91 D2
Faverges-de-la-Tour (38) . . . 135 E1
Faverges-Seythenex (74) . . . 123 F4
Faverney (70) . . . 79 E4
Faverois (90) . . . 97 D1
Faverolles (02) . . . 38 B4
Faverolles (28) . . . 54 A3
Faverolles (52) . . . 78 B3
Faverolles (61) . . . 51 E3
Faverolles (80) . . . 37 D3
Faverolles-et-Coëmy (51) . . . 39 D4
Faverolles-la-Campagne (27) . . . 53 D1
Faverolles-lès-Lucey (21) . . . 77 F4
Faverolles-sur-Cher (41) . . . 88 B3
La Favière (39) . . . 110 B2
Favières (28) . . . 53 E4
Favières (54) . . . 60 B4
Favières (77) . . . 55 F3
Favières (80) . . . 26 B1
Favresse (51) . . . 58 B3
Favreuil (62) . . . 28 A2
Favrieux (78) . . . 54 A2
Le Favril (27) . . . 34 C4
Le Favril (28) . . . 53 E4
Le Favril (59) . . . 29 D2
Fay (61) . . . 52 B3
Le Fay (71) . . . 109 E3
Fay (72) . . . 70 C3
Fay (80) . . . 27 F3
Fay-aux-Loges (45) . . . 73 F4
Fay-de-Bretagne (44) . . . 84 A2
Fay-en-Montagne (39) . . . 110 A2
Fay-le-Clos (26) . . . 134 B3
Fay-les-Étangs (60) . . . 36 C4
Fay-lès-Marcilly (10) . . . 76 A1
Fay-lès-Nemours (77) . . . 74 C2
Le Fay-Saint-Quentin (60) . . . 37 D3
Fay-sur-Lignon (43) . . . 133 E4
Faycelles (46) . . . 143 D3
La Faye (16) . . . 114 B2
Faye (41) . . . 72 B4
Faye-la-Vineuse (37) . . . 102 A1
Faye-l'Abbesse (79) . . . 101 D2
Faye-sur-Ardin (79) . . . 100 C4
Le Fayel (60) . . . 37 F3
Fayence (83) . . . 179 E1
Fayet (02) . . . 28 B4
Fayet (12) . . . 158 B3
Fayet-le-Château (63) . . . 119 E4
Fayet-Ronaye (63) . . . 132 B2
Fayl-Billot (52) . . . 78 C4
Faymont (70) . . . 96 B1
Faymoreau (85) . . . 100 B3
Fays (52) . . . 59 D4
Fays (88) . . . 80 B2
Fays-la-Chapelle (10) . . . 76 B2
Fayssac (81) . . . 156 C2
Febvin-Palfart (62) . . . 22 A4
Fécamp (76) . . . 34 B1
Féchain (62) . . . 28 B1
Fêche-l'Église (90) . . . 96 C2
Fécocourt (54) . . . 79 E1
Fédry (70) . . . 95 E1
Fegersheim (67) . . . 62 C4
Fégréac (44) . . . 83 F2
Feigères (74) . . . 123 E2
Feigneux (60) . . . 38 A4
Feignies (59) . . . 29 E1
Feillens (01) . . . 108 C4
Feings (61) . . . 52 C4
Feings (41) . . . 88 B1
Feins (35) . . . 68 B1
Feins-en-Gâtinais (45) . . . 90 C1
Feissons-sur-Salins (73) . . . 136 C1
Le Fel (12) . . . 143 F2
Felce (2B) . . . 187 E4
Feldbach (68) . . . 97 E1
Feldkirch (68) . . . 81 E3
Feliceto (2B) . . . 186 C3
Félines (07) . . . 134 A2
Félines (43) . . . 132 C3
Félines-Minervois (34) . . . 173 D2
Félines-sur-Rimandoule (26) . . . 147 F2
Félines-Termenès (11) . . . 173 D4
Felleries (59) . . . 29 E2
Fellering (68) . . . 80 C3
Felletin (23) . . . 117 E3
Felluns (66) . . . 184 C1
Felon (90) . . . 80 C4
Felzins (46) . . . 143 E2
Fenain (59) . . . 28 B1
Fénay (21) . . . 94 A3
Fendeille (11) . . . 171 F2
Fénery (79) . . . 101 D2
Fénétrange (57) . . . 61 F2
Feneu (49) . . . 86 A1
Féneyrols (82) . . . 156 B1
Féniers (23) . . . 117 E4
Fenioux (17) . . . 113 E3
Fenioux (79) . . . 100 C3
Fenneviller (54) . . . 61 F4
Fénols (81) . . . 157 D3
Le Fenouiller (85) . . . 98 C3
Fenouillet (31) . . . 156 A4
Fenouillet (66) . . . 184 C1
Fenouillet-du-Razès (11) . . . 172 A3

Fépin (08) . . . 30 B3
Fercé (44) . . . 68 C4
Fercé-sur-Sarthe (72) . . . 70 C3
Ferdrupt (88) . . . 80 B3
La Fère (02) . . . 38 C2
Fère-Champenoise (51) . . . 57 E3
Fère-en-Tardenois (02) . . . 38 C4
Fèrebrianges (51) . . . 57 F4
La Férée (08) . . . 29 F4
Férel (56) . . . 83 E2
Ferfay (62) . . . 22 A4
Féricy (77) . . . 74 C1
Férin (59) . . . 28 A1
Fermanville (50) . . . 32 A1
La Fermeté (58) . . . 106 B1
Ferney-Voltaire (01) . . . 123 E1
Fernoël (63) . . . 117 F4
Férolles (45) . . . 73 F4
Férolles-Attilly (77) . . . 55 E3
Féron (59) . . . 29 E3
Ferques (62) . . . 21 E2
Ferrals-les-Corbières (11) . . . 173 D3
Ferrals-les-Montagnes (34) . . . 173 D1
Ferran (11) . . . 172 A3
Ferrassières (26) . . . 162 B1
Le Ferré (35) . . . 50 A4
Ferrensac (47) . . . 141 D2
Ferrère (65) . . . 169 F4
Les Ferres (06) . . . 164 C3
Ferrette (68) . . . 97 E2
Ferreux-Quincey (10) . . . 76 A1
La Ferrière (37) . . . 87 F1
La Ferrière (38) . . . 135 F4
La Ferrière (85) . . . 99 E2
La Ferrière-Airoux (86) . . . 102 A4
La Ferrière-au-Doyen (61) . . . 52 B2
La Ferrière-aux-Étangs (61) . . . 51 D3
La Ferrière-Béchet (61) . . . 52 A2
La Ferrière-Bochard (61) . . . 70 C1
La Ferrière-en-Parthenay (79) . . . 101 E3
Ferrière-et-Lafolie (52) . . . 78 A1
La Ferrière-la-Grande (59) . . . 29 E1
La Ferrière-la-Petite (59) . . . 29 E1
Ferrière-Larçon (37) . . . 102 C1
La Ferrière-sur-Beaulieu (37) . . . 88 A4
La Ferrière-sur-Risle (27) . . . 53 D2
Ferrières (17) . . . 113 D1
Ferrières (54) . . . 60 C4
Ferrières (60) . . . 37 E2
Ferrières (65) . . . 168 B3
Ferrières (80) . . . 27 D3
Ferrières-en-Bray (76) . . . 36 B3
Ferrières-en-Brie (77) . . . 55 F2
Ferrières-en-Gâtinais (45) . . . 74 C3
Ferrières-Haut-Clocher (27) . . . 53 E1
Ferrières-la-Verrerie (61) . . . 52 B3
Ferrières-le-Lac (25) . . . 96 C3
Ferrières-les-Bois (25) . . . 95 D3
Ferrières-lès-Ray (70) . . . 95 D1
Ferrières-lès-Scey (70) . . . 95 D1
Ferrières-les-Verreries (34) . . . 159 F1
Ferrières-Poussarou (34) . . . 173 E1
Ferrières-Saint-Hilaire (27) . . . 52 C1
Ferrières-Saint-Mary (15) . . . 131 F3
Ferrières-sur-Ariège (09) . . . 171 E4
Ferrières-sur-Sichon (03) . . . 119 F2
Ferrussac (43) . . . 132 A4
Fertans (25) . . . 95 E4
La Ferté (39) . . . 109 F1
La Ferté-Alais (91) . . . 55 D4
La Ferté-Beauharnais (41) . . . 89 E2
La Ferté-Bernard (72) . . . 71 F2
La Ferté-Chevresis (02) . . . 38 C1
La Ferté-en-Ouche (61) . . . 52 B2
La Ferté-Gaucher (77) . . . 56 B3
La Ferté-Hauterive (03) . . . 106 B4
La Ferté-Imbault (41) . . . 89 E3
La Ferté-Loupière (89) . . . 75 E4
La Ferté-Macé (61) . . . 51 E4
La Ferté-Milon (02) . . . 38 B4
La Ferté-Saint-Aubin (45) . . . 89 E1
La Ferté-Saint-Cyr (41) . . . 89 D1
La Ferté-Saint-Samson (76) . . . 36 A2
La Ferté-sous-Jouarre (77) . . . 56 B2
La Ferté-sur-Chiers (08) . . . 41 D2
La Ferté-Vidame (28) . . . 53 D4
Fertrève (58) . . . 106 C1
Fescamps (80) . . . 37 F2
Fesches-le-Châtel (25) . . . 96 C1
Fesmy-le-Sart (02) . . . 29 D3
Fesques (76) . . . 36 A1
Fessanvilliers-Mattanvilliers (28) . . . 53 E3
Fessenheim (68) . . . 81 F3
Fessenheim-le-Bas (67) . . . 62 B3
Fessevillers (25) . . . 96 C3
Les Fessey (70) . . . 80 A4
Fessy (74) . . . 123 F1
Festes-et-Saint-André (11) . . . 172 A4
Festieux (02) . . . 39 D2
Festigny (51) . . . 57 D1
Festigny (89) . . . 92 A2
Festubert (62) . . . 22 C4
Le Fête (21) . . . 93 E4
Féternes (74) . . . 111 D4
Feucherolles (78) . . . 54 C2
Feuchy (62) . . . 28 A1
Feugarolles (47) . . . 140 B4
Feugères (50) . . . 32 A4
Feuges (10) . . . 76 C1

Feuguerolles (27) . . . 35 E4
Feuguerolles-Bully (14) . . . 33 E4
Feuilla (11) . . . 173 E4
Feuillade (16) . . . 127 F1
La Feuillade (24) . . . 129 D3
La Feuillée (29) . . . 46 B4
Feuillères (80) . . . 28 A3
La Feuillie (50) . . . 31 E4
La Feuillie (76) . . . 36 A3
Feule (25) . . . 96 B3
Feuquières (60) . . . 36 B2
Feuquières-en-Vimeu (80) . . . 26 A2
Feurs (42) . . . 120 B4
Feusines (36) . . . 104 C3
Feux (18) . . . 90 C4
Fèves (57) . . . 42 B4
Fey (57) . . . 60 B1
Fey-en-Haye (54) . . . 60 B2
Feyt (19) . . . 117 F4
Feytiat (87) . . . 116 A3
Feyzin (69) . . . 121 E4
Fiac (81) . . . 156 C4
Ficaja (2B) . . . 187 E4
Ficheux (62) . . . 27 F2
Fichous-Riumayou (64) . . . 168 A1
Le Fidelaire (27) . . . 53 D2
Le Fied (39) . . . 109 F2
Fieffes-Montrelet (80) . . . 27 D2
Fiefs (62) . . . 22 A4
Fiennes (62) . . . 21 E2
Fienvillers (80) . . . 27 D2
Fierville-les-Mines (50) . . . 31 E3
Fierville-les-Parcs (14) . . . 34 A4
Le Fieu (33) . . . 127 D4
Fieulaine (02) . . . 28 C3
Fieux (47) . . . 154 B1
Figanières (83) . . . 163 F4
Figari (2A) . . . 191 D3
Figarol (31) . . . 170 A3
Figeac (46) . . . 143 D2
Fignévelle (88) . . . 79 E3
Fignières (80) . . . 37 E1
Filain (02) . . . 38 C3
Filain (70) . . . 95 F2
Fillé (72) . . . 71 D4
Fillière (74) . . . 123 E2
Fillières (54) . . . 42 A3
Fillièvres (62) . . . 27 D1
Fillinges (74) . . . 123 F1
Fillols (66) . . . 184 C2
Filstroff (57) . . . 43 D3
Fiménil (88) . . . 80 B2
Finestret (66) . . . 184 C2
Finhan (82) . . . 155 F2
Les Fins (25) . . . 96 B4
Fins (80) . . . 28 A3
Fiquefleur-Équainville (27) . . . 34 B3
Firbeix (24) . . . 128 B1
Firfol (14) . . . 34 B4
Firmi (12) . . . 143 E3
Firminy (42) . . . 133 E2
Fislis (68) . . . 97 E2
Fismes (51) . . . 39 D4
Fitou (11) . . . 173 E4
Fitz-James (60) . . . 37 E3
Fix-Saint-Geneys (43) . . . 132 B3
Fixem (57) . . . 42 C3
Fixin (21) . . . 94 A3
Flacey (21) . . . 94 A2
Flacey (28) . . . 72 C2
Flacey-en-Bresse (71) . . . 109 E3
La Flachère (38) . . . 136 A4
Flachères (38) . . . 135 D1
Flacourt (78) . . . 54 A2
Flacy (89) . . . 76 A2
Flagey (25) . . . 95 F4
Flagey (52) . . . 78 B4
Flagey-Échézeaux (21) . . . 94 A4
Flagey-lès-Auxonne (21) . . . 94 C4
Flagey-Rigney (25) . . . 95 F2
Flagnac (12) . . . 143 E2
Flagy (70) . . . 95 F1
Flagy (71) . . . 108 B4
Flagy (77) . . . 75 D1
Flaignes-Havys (08) . . . 40 A1
Flainval (54) . . . 60 C3
Flamanville (50) . . . 31 D4
Flamanville (76) . . . 35 D2
Flamarens (32) . . . 155 D2
La Flamengrie (02) . . . 29 E3
La Flamengrie (59) . . . 29 D1
Flamets-Frétils (76) . . . 36 A1
Flammerans (21) . . . 94 C3
Flammerécourt (52) . . . 78 A1
Flancourt-
  -Crescy-en-Roumois (27) . . . 35 D3
Flangebouche (25) . . . 96 A4
Flassan (84) . . . 161 F1
Flassans-sur-Issole (83) . . . 178 B2
Flassigny (55) . . . 41 E2
Flastroff (57) . . . 43 D3
Flaucourt (80) . . . 28 A3
Flaujac-Gare (46) . . . 142 C2
Flaujac-Poujols (46) . . . 142 B3
Flaujagues (33) . . . 140 A1
Flaumont-Waudrechies (59) . . . 29 E2
Flaux (30) . . . 160 C2
Flavacourt (60) . . . 36 B3

Flaviac (07) 147 D2
Flavignac (87) 115 F4
Flavignerot (21). 94 A3
Flavigny (18) 105 F1
Flavigny (51) 57 F2
Flavigny-le-Grand-et-Beaurain (02) . . 29 D3
Flavigny-sur-Moselle (54) 60 C4
Flavigny-sur-Ozerain (21) 93 E2
Flavin (12) 144 A4
Flavy-le-Martel (02) 38 B1
Flavy-le-Meldeux (60) 38 A1
Flaxieu (01) 122 C3
Flaxlanden (68) 81 E4
Flayat (23) 117 F4
Flayosc (83) 178 C1
Fléac (16) 114 B4
Fléac-sur-Seugne (17) 126 A1
La Flèche (72) 86 C1
Fléchin (62) 22 A4
Fléchy (60) 37 D2
Flée (72) 71 E4
Fleigneux (08) 40 C1
Fleisheim (57) 62 A2
Le Fleix (24) 140 B1
Fleix (86) 102 C3
Fléré-la-Rivière (36) 103 D1
Flers (61) 51 D3
Flers (62) 27 D1
Flers (80) 27 F3
Flers-en-Escrebieux (59) 28 A1
Flers-sur-Noye (80) 27 D4
Flesquières (59) 28 B2
Flesselles (80) 27 D3
Flétrange (57) 61 D1
Flêtre (59) 22 B3
Fléty (58) 107 E2
Fleurac (16) 114 A4
Fleurac (24) 128 B4
Fleurance (32) 154 C3
Fleurat (23) 116 C1
Fleurbaix (62) 22 C3
Fleuré (61) 51 F3
Fleuré (86) 102 B4
Fleurey (25) 96 C3
Fleurey-lès-Faverney (70) 79 E4
Fleurey-lès-Lavoncourt (70) 95 D1
Fleurey-Saint-Loup (70) 79 F3
Fleurey-sur-Ouche (21) 93 F3
Fleurie (69) 121 D1
Fleuriel (03) 119 D1
Fleurieu-sur-Saône (69) 121 E3
Fleurieux-sur-l'Arbresle (69) 121 D3
Fleurigné (35) 69 D1
Fleurines (60) 37 E4
Fleurville (71) 108 C4
Fleury (02) 38 B4
Fleury (11) 173 F2
Fleury (50) 50 A2
Fleury (57) 60 C1
Fleury (60) 36 C4
Fleury (62) 22 A4
Fleury (80) 36 C1
Fleury-devant-Douaumont (55) 41 E4
Fleury-en-Bière (77) 74 B1
Fleury-la-Forêt (27) 36 A3
Fleury-la-Montagne (71) 120 B1
Fleury-la-Rivière (51) 57 E1
Fleury-la-Vallée (89) 75 F4
Fleury-les-Aubrais (45) 73 E4
Fleury-Mérogis (91) 55 D4
Fleury-sur-Andelle (27) 35 F3
Fleury-sur-Loire (58) 106 B2
Fleury-sur-Orne (14) 33 E4
Fléville (08) 40 C3
Fléville-devant-Nancy (54) 60 C3
Fléville-Lixières (54) 42 A4
Flévy (57) 42 C4
Flexanville (78) 54 B2
Flexbourg (67) 62 B3
Fley (71) 108 B3
Fleys (89) 76 B4
Flez-Cuzy (58) 92 A3
Fligny (08) 29 F3
Flin (54) 61 E4
Flines-lès-Mortagne (59) 23 F4
Flines-lez-Raches (59) 23 D4
Flins-Neuve-Église (78). 54 A2
Flins-sur-Seine (78) 54 B2
Flipou (27) 35 F3
Flirey (54) 60 A2
Flixecourt (80) 26 C3
Flize (08) 40 B1
Flocourt (57) 60 C1
Flocques (76) 25 F1
Flogny-la-Chapelle (89). 76 B3
Floing (08) 40 C1
Floirac (17) 125 F1
Floirac (33) 139 E1
Floirac (46) 142 B1
Florac Trois Rivières (48) 145 E4
Florange (57) 42 B3
Florémont (88) 79 F1
Florensac (34) 174 B2
Florent-en-Argonne (51) 58 C1
Florentin (81) 157 D3
Florentin-la-Capelle (12) 144 A2
Floressas (46) 141 F3
Florimont (90) 97 D2

Florimont-Gaumier (24) 142 A2
Floringhem (62). 22 A4
La Flotte (17) 112 B1
Flottemanville (50) 31 E2
Floudès (33). 139 F2
Floure (11) 172 C3
Flourens (31) 156 A4
Floursies (59). 29 E2
Floyon (59). 29 E3
Flumet (73) 124 A3
Fluquières (02) 38 B1
Fluy (80). 26 C4
Foameix-Ornel (55) 41 F4
Foce (2A) 191 D3
Focicchia (2B) 189 E2
Foëcy (18) 89 F4
Foisches (08) 30 B2
Foissac (12) 143 D3
Foissac (30) 160 B2
Foissiat (01) 109 D4
Foissy (21) 93 E4
Foissy-lès-Vézelay (89) 92 A2
Foissy-sur-Vanne (89) 75 F2
Foix (09) 171 E4
Folcarde (31) 171 F1
Folembray (02) 38 B2
Folgensbourg (68). 97 E1
Le Folgoët (29) 45 F3
La Folie (14) 32 B3
Folies (80) 27 F4
Folkling (57) 43 E4
Follainville-Dennemont (78) 54 B1
Folles (87) 116 B2
La Folletière-Abenon (14) 52 B1
Folleville (27) 34 B4
Folleville (80) 37 D1
Folligny (50) 49 F2
Folschviller (57) 61 E1
Fomerey (88) 80 A2
Fomperron (79) 101 E4
Fonbeauzard (31) 156 A4
Foncegrive (21) 94 A1
Fonches-Fonchette (80). 27 F4
Foncine-le-Bas (39) 110 B3
Foncine-le-Haut (39). 110 B3
Foncquevillers (62) 27 E2
Fondamente (12). 158 C3
Fondettes (37) 87 F2
Fondremand (70) 95 E2
Fongrave (47) 140 C3
Fongueusemare (76). 34 B1
Fonroque (24) 140 C2
Fons (07) 146 C2
Fons (30) 160 B3
Fons (46) 143 D2
Fons-sur-Lussan (30). 160 B1
Fonsomme (02) 28 C3
Fonsorbes (31) 170 C1
Font-Romeu-Odeillo-Via (66) 184 A3
Fontain (25) 95 E3
Fontaine (10) 77 E2
Fontaine (38) 135 F3
Fontaine (90) 96 C1
Fontaine-au-Bois (59) 29 D2
Fontaine-au-Pire (59) 28 C2
Fontaine-Bellenger (27) 35 F4
Fontaine-Bonneleau (60) 36 C2
Fontaine-Chaalis (60) 55 F1
Fontaine-Chalendray (17). 113 F3
Fontaine-Couverte (53) 69 D3
Fontaine-de-Vaucluse (84) 161 F2
Fontaine-Denis-Nuisy (51) 57 D4
Fontaine-en-Bray (76) 36 A1
Fontaine-en-Dormois (51) 40 B4
Fontaine-Étoupefour (14) 33 D4
Fontaine-Fourches (77) 75 F1
Fontaine-Française (21) 94 B2
Fontaine-Henry (14) 33 E4
Fontaine-la-Gaillarde (89) 75 F2
Fontaine-la-Guyon (28) 53 F4
Fontaine-la-Louvet (27). 34 B4
Fontaine-la-Mallet (76) 34 A2
Fontaine-la-Rivière (91) 74 A1
Fontaine-l'Abbé (27) 52 C1
Fontaine-Lavaganne (60) 36 C2
Fontaine-le-Bourg (76) 35 E2
Fontaine-le-Comte (86) 101 F3
Fontaine-le-Dun (76) 35 D1
Fontaine-le-Pin (14) 51 E1
Fontaine-le-Port (77) 55 F4
Fontaine-le-Sec (80) 26 B3
Fontaine-les-Bassets (61) 51 F2
Fontaine-lès-Boulans (62) 22 A4
Fontaine-lès-Cappy (80) 27 F3
Fontaine-lès-Clercs (02) 38 B1
Fontaine-lès-Clerval (25) 96 A2
Fontaine-les-Coteaux (41) 72 A4
Fontaine-lès-Croisilles (62) 28 A2
Fontaine-lès-Dijon (21) 94 A3
Fontaine-lès-Grès (10) 76 B3
Fontaine-lès-Hermans (62) 22 A4
Fontaine-lès-Luxeuil (70) 80 A4
Fontaine-les-Ribouts (28) 53 F3
Fontaine-lès-Vervins (02) 29 E4
Fontaine-l'Étalon (62) 26 C1
Fontaine-Mâcon (10). 56 C4
Fontaine-Notre-Dame (02) 28 C3

Fontaine-Notre-Dame (59) 28 B2
Fontaine-Raoul (41). 72 B3
Fontaine-Saint-Lucien (60) 36 C2
La Fontaine-Saint-Martin (72) 70 C4
Fontaine-Simon (28) 53 E4
Fontaine-sous-Jouy (27). 53 F1
Fontaine-sous-Montdidier (80) 37 E2
Fontaine-sous-Préaux (76) 35 E2
Fontaine-sur-Ay (51) 57 F1
Fontaine-sur-Maye (80). 26 C1
Fontaine-sur-Somme (80). 26 C3
Fontaine-Uterte (02) 28 C3
Fontainebleau (77) 74 C1
Fontainebrux (39) 109 E2
Fontaines (71) 108 B2
Fontaines (85) 91 E1
Fontaines-d'Ozillac (17) 126 B2
Fontaines-en-Duesmois (21) 93 E1
Fontaines-en-Sologne (41). 89 D2
Fontaines-les-Sèches (21) 77 D4
Fontaines-Saint-Clair (55) 41 D3
Fontaines-Saint-Martin (69) 121 E3
Fontaines-sur-Marne (52) 59 D4
Fontaines-sur-Saône (69) 121 E3
Fontains (77) 56 A4
Fontan (06) 165 F2
Fontanès (30) 160 A3
Fontanès (34) 159 F3
Fontanès (42) 133 F1
Fontanès (48) 142 B4
Fontanès-de-Sault (11) 184 A1
Fontanes (15). 130 C3
Fontangy (21) 93 D3
Fontanières (23) 117 F2
Fontanil-Cornillon (38) 135 E3
Fontanes (43) 132 A3
Fontanes (48). 145 D2
Fontarèches (30) 160 C1
Fontclaireau (16) 114 B3
Fontcouverte (11) 173 D3
Fontcouverte (17) 113 E3
Fontcouverte-la-Toussuire (73) 136 B2
La Fontelaye (76) 35 E1
Fontenailles (77) 56 A4
Fontenay (36) 89 E4
Fontenay (71) 107 F4
Fontenay (76) 34 A2
Fontenay (88) 80 B2
Fontenay-aux-Roses (92) 55 D3
Fontenay-de-Bossery (10) 75 F1
Fontenay-en-Parisis (95) 55 E1
Fontenay-le-Comte (85) 100 B3
Fontenay-le-Fleury (78) 54 C3
Fontenay-le-Marmion (14) 33 E4
Fontenay-le-Pesnel (14) 33 D4
Fontenay-le-Vicomte (91) 55 E4
Fontenay-lès-Briis (91) 54 C4
Fontenay-Mauvoisin (78) 54 A2
Fontenay-près-Chablis (89) 76 B4
Fontenay-près-Vézelay (89) 92 A2
Fontenay-Saint-Père (78) 54 B1
Fontenay-sous-Bois (94) 55 E2
Fontenay-sous-Fouronnes (89) . . . 92 A1
Fontenay-sur-Conie (28) 73 D2
Fontenay-sur-Eure (28) 72 C1
Fontenay-sur-Loing (45) 74 C3
Fontenay-sur-Mer (50) 32 A2
Fontenay-sur-Vègre (72) 70 B3
Fontenay-Torcy (60) 36 B2
Fontenay-Trésigny (77) 56 A4
Fontenelle (02) 29 E3
Fontenelle (21) 94 B2
La Fontenelle (41) 72 B3
Fontenelle (90) 96 C1
Fontenelle-Montby (25) 96 A2
Les Fontenelles (25) 96 B3
Fontenermont (14) 50 A1
Fontenet (17) 113 E3
Fontenille (16) 114 B3
Fontenille-
   -Saint-Martin-d'Entraigues (79) . .114 A2
Fontenilles (31) 170 C1
Fontenois-la-Ville (70) 79 F3
Fontenois-lès-Montbozon (70). 95 F2
Fontenotte (25) 96 A2
Fontenoy (02) 38 B3
Fontenoy (89) 91 E1
Fontenoy-la-Joûte (54) 61 E4
Fontenoy-le-Château (88) 79 F3
Fontenoy-sur-Moselle (54) 60 B3
Fontenu (39) 110 A3
Fonteny (57) 61 D2
Fonters-du-Razès (11) 171 F2
Fontès (34). 174 A1
Fontet (33) 140 A2
Fontette (10). 77 E3
Fontevraud-l'Abbaye (49) 86 C4
Fontgombault (36) 103 D3
Fontguenand (36) 89 D4
Fontienne (04) 162 C2
Fontiers-Cabardès (11) 172 B2
Fontiès-d'Aude (11) 172 C3
Fontvieille (13) 114 A1
Fontjoncouse (11) 173 D3
Fontoy (57) 42 B3
Fontpédrouse (66). 184 B3
Fontrabiouse (66) 184 A2
Fontrailles (65) 169 E2
Fontrieu (81) 157 F4

Fontvannes (10) 76 B2
Fontvieille (13) 161 D4
Forbach (57). 43 E4
Forcalqueiret (83) 178 B2
Forcalquier (04) 162 C2
La Force (11) 172 A3
La Force (24) 140 C1
Forcé (53) 69 F3
Forcelles-Saint-Gorgon (54) 60 B4
Forcelles-sous-Gugney (54) 79 E1
Forceville (80) 27 E2
Forceville-en-Vimeu (80) 26 B3
Forcey (52) 78 B2
Forciolo (2A) 189 D4
La Forclaz (74) 111 E4
Forest-en-Cambrésis (59) 28 C2
Forest-l'Abbaye (80) 26 B2
La Forest-Landerneau (29) 45 F3
Forest-Montiers (80) 26 B1
Forest-Saint-Julien (05) 149 E2
Forest-sur-Marque (59) 23 D3
Foreste (02) 38 B1
La Forestière (51) 56 C3
La Forêt-de-Tessé (16). 114 B2
La Forêt-du-Parc (27) 53 F2
La Forêt-du-Temple (23) 104 B4
La Forêt-Fouesnant (29) 65 D2
La Forêt-le-Roi (91) 54 C4
La Forêt-Sainte-Croix (91) 74 A1
La Forêt-sur-Sèvre (79) 100 B2
Forfry (77) 56 A1
La Forge (88) 80 B2
Forges (17). 112 C2
Forgès (19) 129 F3
Forges (77). 75 D1
Les Forges (79) 101 E3
Forges (88) 80 A2
Forges de Lanouée (56) 67 D2
Forges-la-Forêt (35). 68 C3
Forges-les-Bains (91) 54 C4
Forges-les-Eaux (76) 36 A2
Forges-sur-Meuse (55) 41 E4
Forgues (31) 170 B1
La Forie (63). 132 C1
Forléans (21) 92 C2
Formentin (14). 34 A4
Formerie (60) 36 B2
Formigny La Bataille (14) 32 C3
Formiguères (66). 184 A2
Fornex (09) 170 C3
Fors (79) .113 F1
Forstfeld (67) 63 D2
Forstheim (67) 62 C2
Fort-du-Plasne (39) 110 B3
Fort-Louis (67) 63 E2
Fort-Mahon-Plage (80) 26 A1
Fort-Moville (27) 34 B3
Fortan (41) 72 A4
Fortel-en-Artois (62) 27 D1
La Forteresse (38) 135 D2
Fortschwihr (68) 81 E2
Fos (31) 170 A4
Fos (34) 173 F1
Fos-sur-Mer (13) 176 B2
Le Fossat (09) 171 D3
Fossé (08) 40 C3
Fossé (41) 88 C1
Fosse (66) 184 C1
La Fosse-Corduan (10) 76 A1
Fossemagne (24). 128 B3
Fossemanant (80) 27 D4
Les Fosses (79) 113 F1
Fosses (95). 55 E1
Fossés-et-Baleyssac (33) 140 A2
Fosseux (62) 27 E1
Fossieux (57) 60 C2
Fossoy (02) 56 C1
Foucarmont (76) 26 A4
Foucart (76) 34 C2
Foucaucourt-en-Santerre (80) 27 F3
Foucaucourt-Hors-Nesle (80) 26 B3
Foucaucourt-sur-Thabas (55) 59 D1
Fouchécourt (70) 79 E4
Fouchécourt (88) 79 D3
Foucherans (39) 94 C4
Foucherans (25) 95 F4
Fouchères (10) 76 C2
Fouchères (89) 75 E2
Fouchères-aux-Bois (55). 59 E3
Foucherolles (45). 75 D3
Fouchy (67) 81 D1
Foucrainville (27) 53 F2
Fouday (67) 62 A4
Fouencamps (80) 27 E4
Fouesnant (29) 65 D3
Foufflin-Ricametz (62) 27 E1
Foug (54) 60 A3
Fougaron (31) 182 B1
Fougax-et-Barrineuf (09). 183 F2
Fougeré (85) 99 F2
Fougères (35) 69 D1
Les Fougerêts (56) 67 E4
Fougères-sur-Bièvre (41) 88 C2
Fougerolles (36) 104 B3
Fougerolles-du-Plessis (53) 50 B4
Fougerolles-Saint-Valbert (70) 80 A4
Fougueyrolles (24) 140 B1
La Fouillade (12) 157 D1
Fouilleuse (60). 37 E3
Fouillouse (05) 149 E3

a Fouillouse (42) 133 E1
Fouilloux (17) 126 C3
uilloy (60) 36 B1
uilloy (80) 27 E3
ulain (52) 78 B3
ulangues (60) 37 D4
ulayronnes (47) 141 D4
ulbec (27) 34 B3
ulcrey (57) 61 E3
uleix (24) 128 A4
ulenay (39) 109 E1
uligny (57) 43 D4
ulognes (14) 32 C4
uquebrune (16) 127 E1
uquenies (60) 36 C3
uquereuil (62) 22 B4
uquerolles (60) 37 D3
uquescourt (80) 27 F4
uqueure (16) 114 B3
uqueville (27) 35 D4
uquières-lès-Béthune (62) 22 B4
uquières-lès-Lens (62) 22 C4
ur (38) 134 C1
ouras (17) 112 B2
ourbanne (25) 96 A3
ourcatier-et-Maison-Neuve (25) 110 C2
ourcès (32) 154 A2
ourchambault (58) 106 A1
ourches (14) 51 F2
ourcigny (80) 36 B3
ourdrain (02) 38 C2
ourdrinoy (80) 26 C3
ourg (25) 95 D4
Les Fourgs (25) 111 D1
ourilles (03) 119 D1
ourmagnac (46) 143 D2
ourmies (59) 29 E3
ournaudin (89) 76 A2
ournaux (42) 120 B3
ourneaux (50) 50 B1
ourneaux (73) 137 D3
ourneaux-le-Val (14) 51 E2
ournels (48) 144 C1
ournès (30) 161 D2
ournes-Cabardès (11) 172 B2
ournes-en-Weppes (59) 22 C3
Le Fournet (14) 34 A4
ournet-Blancheroche (25) 96 C4
ournets-Luisans (25) 96 B4
ourneville (14) 34 A3
ournival (60) 37 E3
ournols (63) 132 B1
ouronnes (89) 92 A1
ourques (30) 161 D4
ourques (66) 185 E2
ourques-sur-Garonne (47) 140 B3
ourquevaux (31) 171 E1
ours (33) 126 A3
ours (58) 107 D2
ourtou (11) 172 C4
oussais-Payré (85) 100 B3
oussemagne (90) 96 C1
Le Fousseret (31) 170 B2
oussignac (16) 114 A4
ouvent-Saint-Andoche (70) 95 D1
ouzilhon (34) 174 A2
oville (57) 60 C2
ox-Amphoux (83) 163 D4
La Foye-Monjault (79) 113 E1
ozières (43) 159 D3
ozzano (2A) 191 D2
ragnes-La Loyère (71) 108 C2
rahier-et-Chatebier (70) 96 B1
raignot-et-Vesvrotte (21) 94 A1
raillicourt (08) 39 F1
raimbois (54) 61 D4
rain (88) 79 E2
rais (90) 96 C1
raisans (39) 95 D4
raisnes-en-Saintois (54) 79 E1
raisse (24) 127 E4
raisse-Cabardès (11) 172 B2
raissé-des-Corbières (11) 173 E4
raisse-sur-Agout (34) 158 A4
raisses (42) 133 E2
raissines (81) 157 F2
raissinet-de-Fourques (48) 159 E1
raize (88) 80 C2
ralignes (10) 77 D2
La Framboisière (28) 53 E4
rambouhans (25) 96 C3
ramecourt (62) 27 D1
ramerville-Rainecourt (80) 27 F4
ramicourt (80) 26 B3
ramont (70) 94 C1
rampas (52) 58 C4
rancalmont (70) 79 F4
rancaltroff (57) 61 E1
rancarville (31) 156 B4
rancastel (60) 36 C2
rançay (41) 88 B1
rancazal (31) 170 B4
rancescas (47) 154 B2
rancheleins (01) 121 E2
ranchesse (03) 106 A3
rancheval (08) 41 D1
ranchevelle (70) 80 A4

La Francheville (08) 40 B1
Francheville (21) 93 F2
Francheville (39) 109 F2
Francheville (51) 58 B2
Francheville (54) 60 B3
Francheville (61) 51 F3
Francheville (69) 121 E4
Francières (60) 37 F3
Francières (80) 26 C2
Francillon (36) 103 F1
Francillon-sur-Roubion (26) 147 F2
Francilly-Selency (02) 28 B4
Franclens (74) 123 D2
François (79) 101 D4
Francon (31) 170 B2
Franconville (54) 61 D4
Franconville (95) 55 D2
Francoulès (46) 142 B3
Francourt (70) 95 D1
Francourville (28) 73 D1
Francs (33) 127 D4
Francueil (37) 88 B3
Franey (25) 95 D3
Frangy (74) 123 D2
Frangy-en-Bresse (71) 109 E2
Franken (68) 97 E1
Franleu (80) 26 A2
Franois (25) 95 E3
Franquevielle (31) 169 F3
Franqueville (02) 29 D4
Franqueville (27) 34 C4
Franqueville (80) 26 C2
Franqueville-Saint-Pierre (76) 35 E3
Frans (01) 121 E2
Fransart (80) 27 F4
Fransèches (23) 117 E2
Fransu (80) 26 C2
Fransures (80) 27 D4
Franvillers (80) 27 E3
Franxault (21) 94 B4
Frapelle (88) 80 C1
Fraquelfing (57) 61 F3
Fraroz (39) 110 B2
Frasnay-Reugny (58) 106 C1
Frasne (25) 110 B1
Frasne-le-Château (70) 95 E2
Frasne-les-Meulières (39) 94 C3
La Frasnée (39) 110 A3
Le Frasnois (39) 110 A3
Frasnoy (59) 29 D1
Frasseto (2A) 189 D4
Frauenberg (57) 44 A4
Frausseilles (81) 156 C2
Fravaux (10) 77 E2
Le Fraysse (81) 157 E3
Frayssinet (46) 142 B2
Frayssinet-le-Gélat (46) 141 F2
Frayssinhes (46) 143 D1
Frazé (28) 72 B2
Fréauville (76) 36 A1
Frebécourt (88) 78 C1
Frébuans (39) 109 F3
Le Frêche (40) 153 E2
Fréchède (65) 169 D2
Fréchencourt (80) 27 E3
Fréchendets (65) 169 E4
Le Fréchet (31) 170 B3
Fréchet-Aure (65) 169 E4
Fréchou (47) 154 B1
Fréchou-Fréchet (65) 169 D3
Frécourt (52) 78 C3
Frédéric-Fontaine (70) 96 B1
Frédille (36) 103 F1
Frégimont (47) 140 C4
Frégouville (32) 155 D4
Fréhel (22) 48 B3
Freissinières (05) 150 A1
La Freissinouse (05) 149 E3
Freistroff (57) 43 D3
Freix-Anglards (15) 130 C4
Fréjairolles (81) 157 D3
Fréjeville (81) 157 D4
Fréjus (83) 179 E2
Fréland (68) 81 D2
Frelinghien (59) 22 C3
Frémainville (95) 54 B1
Frémécourt (95) 54 C1
Fréménil (54) 61 E4
Fréméréville-sous-les-Côtes (55) 59 F2
Frémestroff (57) 61 E1
Frémicourt (62) 28 A2
Frémifontaine (88) 80 B1
Frémontiers (80) 36 C1
Frémonville (54) 61 F3
La Frénaye (76) 34 C2
Frencq (62) 21 D4
Frenelle-la-Grande (88) 79 E1
Frenelle-la-Petite (88) 79 E1
Frenelles-en-Vexin (27) 36 A4
Freneuse (76) 35 E3
Freneuse (78) 54 A1
Freneuse-sur-Risle (27) 34 C4
Freney (73) 137 D3
Le Freney-d'Oisans (38) 136 B4
Fréniches (60) 38 A1
Frénois (21) 93 F2
Frénois (88) 79 E2

Frénouville (14) 33 E4
Frépillon (95) 55 D1
Fresles (76) 35 F1
La Fresnaie-Fayel (61) 52 A2
La Fresnais (35) 49 D3
Fresnay (01) 77 F1
Fresnay-le-Comte (28) 72 C1
Fresnay-le-Gilmert (28) 53 F4
Fresnay-le-Long (76) 35 E2
Fresnay-le-Samson (61) 52 A2
Fresnay-l'Évêque (28) 73 E2
Fresnay-sur-Sarthe (72) 70 C1
Le Fresne (51) 58 B2
Le Fresne-Camilly (14) 33 D4
Fresne-Cauverville (27) 34 B4
Fresné-la-Mère (14) 51 F2
Fresne-le-Plan (76) 35 F3
Fresne-Léguillon (60) 36 C4
Le Fresne-Poret (50) 50 C3
Fresne-Saint-Mamès (70) 95 E2
Fresnes (21) 93 D1
Fresnes (41) 88 C2
Fresnes (89) 92 B1
Fresnes (94) 55 D3
Fresnes-au-Mont (55) 59 E2
Fresnes-en-Saulnois (57) 61 D2
Fresnes-en-Tardenois (02) 56 C1
Fresnes-en-Woëvre (55) 59 F1
Fresnes-lès-Montauban (62) 28 A1
Fresnes-Mazancourt (80) 28 A4
Fresnes-sous-Coucy (02) 38 C2
Fresnes-sur-Apance (52) 79 D3
Fresnes-sur-Escaut (59) 23 F4
Fresnes-sur-Marne (77) 55 F2
Fresnes-Tilloloy (80) 26 B3
Fresneville (80) 26 B3
Fresney (27) 53 F2
Fresney-le-Puceux (14) 51 E1
Fresney-le-Vieux (14) 51 E1
Fresnicourt-le-Dolmen (62) 22 B4
Fresnières (60) 37 F4
Fresnois-la-Montagne (54) 41 F2
Fresnoy (62) 26 C1
Fresnoy-Andainville (80) 26 B3
Fresnoy-au-Val (80) 36 C1
Fresnoy-en-Chaussée (80) 27 E4
Fresnoy-en-Gohelle (62) 28 A1
Fresnoy-en-Thelle (60) 37 D4
Fresnoy-Folny (76) 26 A3
Fresnoy-la-Rivière (60) 38 A4
Fresnoy-le-Château (10) 76 C2
Fresnoy-le-Grand (02) 28 C3
Fresnoy-le-Luat (60) 37 F4
Fresnoy-lès-Roye (80) 27 F4
Frespech (47) 141 E4
Fresquiennes (76) 35 E2
Fressac (30) 159 F2
Fressain (59) 28 B1
Fressancourt (02) 38 C2
Fresse (70) 80 B4
Fresse-sur-Moselle (88) 80 B3
Fresselines (23) 104 A4
Fressenneville (80) 26 A2
Fressies (59) 28 B1
Fressin (62) 21 F4
Fressines (79) 101 D4
Le Frestoy-Vaux (60) 37 E2
Fresville (50) 32 A2
Fréterive (73) 136 B1
Fréteval (41) 72 B4
Fréthun (62) 21 E2
Fretigney-et-Velloreille (70) 95 E2
Fretin (59) 23 D4
Frétoy (77) 56 B3
Frétoy-le-Château (60) 38 A2
La Frette (38) 135 D2
La Frette (71) 109 D3
La Frette-sur-Seine (95) 54 C2
Frettecuisse (80) 26 B3
Frettemeule (80) 26 A3
Fretterans (71) 109 E1
Le Fréty (08) 40 A1
Freulleville (76) 35 F1
Frévent (62) 27 D1
Fréville (08) 78 C1
Fréville-du-Gâtinais (45) 74 B3
Frévillers (62) 27 E1
Frévin-Capelle (62) 27 F1
Freybouse (57) 61 E1
Freycenet-la-Cuche (43) 146 B1
Freycenet-la-Tour (43) 133 D4
Freychenet (09) 171 E4
Freyming-Merlebach (57) 43 E4
Freyssenet (07) 147 D2
Friaize (28) 72 B1
Friardel (14) 52 A1
Friaucourt (80) 26 A2
Friauville (54) 42 A4
Fribourg (57) 61 E2
Fricamps (80) 36 C1
Frichemesnil (76) 35 E2
Fricourt (80) 27 F3
Fridefont (15) 144 C1
Friedolsheim (67) 62 B3
Frières-Faillouël (02) 38 B1
Friesen (68) 97 D1
Friesenheim (67) 81 F1
Frignicourt (51) 58 B3
Frise (80) 27 F3

Friville-Escarbotin (80) 26 A2
Frizon (88) 80 A1
Froberville (76) 34 B1
Frocourt (60) 36 C3
Frœningen (68) 81 E4
Frœschwiller (67) 62 C1
Froges (38) 136 A2
Frohen-sur-Authie (80) 27 D2
Frohmuhl (67) 62 A2
Froideconche (70) 80 A4
Froidefontaine (90) 96 C1
Froidestrées (02) 29 E3
Froideterre (70) 96 A1
Froidevaux (25) 96 B3
Froidfond (85) 98 C2
Froidmont-Cohartille (02) 39 D1
Froidos (55) 59 D1
Froissy (60) 37 D2
Frôlois (21) 93 E2
Frolois (54) 60 B4
Fromelennes (08) 30 C2
Fromelles (59) 22 C3
Fromental (87) 116 B2
Fromentières (51) 57 D2
Fromentières (53) 69 F4
Froméréville-les-Vallons (55) 41 E4
Fromezey (55) 41 F4
Fromont (77) 74 B2
Fromy (08) 41 E2
Froncles (52) 78 A1
Fronsac (31) 169 F4
Fronsac (33) 126 B4
Frontenac (33) 139 F1
Frontenac (46) 143 D3
Frontenard (71) 109 D1
Frontenas (69) 121 D3
Frontenaud (71) 109 E3
Frontenay (39) 109 F2
Frontenay-Rohan-Rohan (79) 113 E1
Frontenex (73) 123 F4
Frontignan (34) 174 C2
Frontignan-de-Comminges (31) 169 F4
Frontignan-Savès (31) 170 B1
Fronton (31) 155 F3
Frontonas (38) 122 A4
Fronville (52) 78 A1
Frossay (44) 84 A3
Frotey-lès-Lure (70) 96 B1
Frotey-lès-Vesoul (70) 95 F1
Frouard (54) 60 B3
Frouville (95) 54 C1
Frouzins (31) 170 C1
Froville (54) 60 C4
Froyelles (80) 26 C1
Frozes (86) 101 F3
Frucourt (80) 26 B3
Frugerès-les-Mines (43) 132 A2
Fruges (62) 21 F4
Frugières-le-Pin (43) 132 B3
Fruncé (28) 72 B1
Fry (76) 36 A2
Fuans (25) 96 B4
Fublaines (77) 56 A2
Le Fugeret (04) 164 A2
Fuilla (66) 184 C2
Fuissé (71) 121 E1
Fuligny (10) 77 E1
Fulleren (68) 97 D1
Fultot (76) 35 D1
Fulvy (89) 92 C1
Fumay (08) 30 B3
Fumel (47) 141 E3
Fumichon (14) 34 B4
Furchhausen (67) 62 B3
Furdenheim (67) 62 B3
Furiani (2B) 187 E3
Furmeyer (05) 149 D3
Fursac (23) 116 B2
Fussey (21) 93 F4
Fussy (18) 90 B4
Fustérouau (32) 153 F4
Fustignac (31) 170 B2
Futeau (55) 58 C1
Fuveau (13) 177 E2
Fyé (72) 70 C1

G

Gaas (40) 152 A4
Gabarnac (33) 139 F2
Gabarret (40) 153 F2
Gabaston (64) 168 B1
Gabat (64) 167 D1
Gabian (34) 174 A2
Gabillou (24) 128 B3
Gabre (09) 183 D1
Gabriac (12) 144 B3
Gabriac (48) 159 E1
Gabrias (48) 145 D3
Gacé (61) 52 B2
La Gacilly (56) 67 F4
Gâcogne (58) 92 B3
Gadencourt (27) 53 F2
Gaël (35) 67 F2
Gageac-et-Rouillac (24) 140 B1
Gagnac-sur-Cère (46) 129 F4

Gagnac-sur-Garonne (31) 155 F4
Gagnières (30) 146 B4
Gagny (93) 55 E2
Gahard (35) 68 C1
Gailhan (30) 160 A3
Gaillac (81) 156 C3
Gaillac-d'Aveyron (12) 144 B4
Gaillac-Toulza (31) 171 D2
Gaillagos (65) 168 B4
Gaillan-en-Médoc (33) 125 E2
Gaillard (74) 123 E1
La Gaillarde (76) 25 D2
Gaillefontaine (76) 36 A2
Gaillères (40) 153 D2
Gaillon (27) 53 F1
Gaillon-sur-Montcient (78) 54 B1
Gainneville (76) 34 B2
Gaja-et-Villedieu (11) 172 B3
Gaja-la-Selve (11) 171 F3
Gajac (33) 139 F3
Gajan (09) 182 C1
Gajan (30) 160 B3
Gajoubert (87) 115 E2
Galametz (62) 26 C1
Galan (65) 169 E2
Galapian (47) 140 C4
Galargues (34) 160 A3
Galéria (2B) 186 B4
Galey (09) 170 B4
Galez (65) 169 E2
Galfingue (68) 81 D4
Galgan (12) 143 E3
Galgon (33) 126 B4
Galiax (32) 153 F4
Galié (31) 169 F4
Galinagues (11) 184 A1
Gallardon (28) 54 A4
Gallargues-le-Montueux (30) 160 A4
Le Gallet (60) 36 C2
Galluis (78) 54 B3
Gamaches (80) 26 A4
Gamaches-en-Vexin (27) 36 A4
Gamarde-les-Bains (40) 152 B3
Gamarthe (64) 167 D2
Gambais (78) 54 A3
Gambaiseuil (78) 54 B3
Gambsheim (67) 63 D3
Gan (64) 168 A2
Ganac (09) 171 E4
Ganagobie (04) 162 C2
Gancourt-Saint-Étienne (76) 36 B2
Gandelain (61) 51 F4
Gandelu (02) 56 B1
Gandrange (57) 42 B3
Ganges (34) 159 D2
Gannat (03) 119 D2
Gannay-sur-Loire (03) 106 C2
Gannes (60) 37 E2
Gans (33) 139 F3
Ganties (31) 170 A3
Ganzeville (76) 34 B1
Gap (05) 149 E2
Gapennes (80) 26 C2
Gâprée (61) 52 B3
Garac (31) 155 E4
Garancières (78) 54 B2
Garancières-en-Beauce (28) 73 E1
Garancières-en-Drouais (28) 53 F3
Garanou (09) 183 F3
Garat (16) 114 B4
Garches (92) 55 D2
Garchizy (58) 106 A1
Garchy (58) 91 D3
Gardanne (13) 177 E2
La Garde (04) 163 F3
La Garde (38) 136 A4
La Garde (83) 178 B4
La Garde-Adhémar (26) 147 E4
Garde-Colombe (05) 149 D4
La Garde-Freinet (83) 179 D2
Gardefort (18) 90 C3
Gardegan-et-Tourtirac (33) 127 D4
Gardères (65) 168 C2
Gardes-le-Pontaroux (16) 127 E1
Gardie (11) 172 B3
Gardonne (24) 140 B1
Gardouch (31) 171 E1
Garein (40) 152 C1
La Garenne-Colombes (92) 55 D2
Garennes-sur-Eure (27) 54 A2
Les Garennes sur Loire (49) 86 A2
Garentreville (77) 74 B2
Garéoult (83) 178 B2
Gargantvillar (82) 155 E2
Gargas (31) 156 A3
Gargas (84) 162 A2
Gargenville (78) 54 B2
Garges-lès-Gonesse (95) 55 E2
Gargilesse-Dampierre (36) 103 F4
Garidech (31) 156 A4
Gariès (82) 155 E3
Garigny (18) 90 C4
Garin (31) 181 F2
Garindein (64) 167 E2
Garlan (29) 46 B3
Garlède-Mondebat (64) 168 B1
Garlin (64) 153 E4
Le Garn (30) 146 C4

La Garnache (85) 98 C2
Garnat-sur-Engièvre (03) 107 D3
Garnay (28) 53 F3
Garnerans (01) 121 E1
Garons (30) 160 C3
Garos (64) 168 A1
Garravet (32) 170 B1
Garrebourg (57) 62 A3
Garrevaques (81) 171 F1
Garrey (40) 152 B4
Le Garric (81) 157 D2
Garrigues (34) 160 A3
Garrigues (81) 156 B4
Garrigues-Sainte-Eulalie (30) 160 B2
Garris (64) 167 D1
Gars (06) 164 B3
Gartempe (23) 116 C2
Gas (28) 54 A4
Gasny (27) 54 A1
Gasques (82) 155 D1
Gassin (83) 179 D3
Gastes (40) 138 B4
Gastines (53) 69 D3
Gastins (77) 56 A4
Gasville-Oisème (28) 54 A4
Gatey (39) 109 E1
Gathemo (50) 50 B2
Gatteville-le-Phare (50) 32 A1
Gattières (06) 165 D3
Gatuzières (48) 159 D1
Gaubertin (45) 74 B2
La Gaubretière (85) 100 A1
Gauchin-Légal (62) 22 B4
Gauchin-Verloingt (62) 27 D1
Gauchy (02) 38 B1
Gauciel (27) 53 F1
La Gaudaine (28) 72 A1
La Gaude (06) 164 C3
Gaudechart (60) 36 C2
Gaudent (65) 169 F4
Gaudiempré (62) 27 E2
Gaudiès (09) 171 E3
Gaudonville (32) 155 D3
Gaudreville-la-Rivière (27) 53 E2
Gaugeac (24) 141 E2
Gaujac (30) 160 C2
Gaujac (32) 170 A1
Gaujac (47) 140 A3
Gaujacq (40) 152 B4
Gaujan (32) 170 A1
Le Gault-du-Perche (41) 72 A3
Le Gault-Saint-Denis (28) 72 C2
Le Gault-Soigny (51) 56 C3
Gauré (31) 156 B4
Gauriac (33) 126 A3
Gauriaguet (33) 126 B4
Gaussan (65) 169 E2
Gausson (22) 66 C1
Gauville (80) 36 B1
Gauville-la-Campagne (27) 53 E1
Gavarnie-Gèdre (65) 181 D2
Gavarret-sur-Aulouste (32) 154 C3
Gavaudun (47) 141 E2
Gavignano (2B) 187 E4
Gavisse (57) 42 C3
Gavray-sur-Sienne (50) 50 A2
Le Gâvre (44) 84 A1
Gavrelle (62) 28 A1
Gâvres (56) 82 A1
Gavrus (14) 33 D4
Gayan (65) 169 D2
Gaye (51) 57 E3
Gayon (64) 168 B1
Gazaupouy (32) 154 B2
Gazave (65) 169 E3
Gazax-et-Baccarisse (32) 154 A4
Gazeran (78) 54 B4
Gazost (65) 181 D1
Geaune (40) 153 D4
Geay (17) 113 D3
Gée-Rivière (32) 153 E4
Geffosses (50) 31 E4
Géfosse-Fontenay (14) 32 B3
Gehée (36) 88 C4
Geishouse (68) 81 D3
Geispitzen (68) 97 E1
Geispolsheim (67) 62 C4
Geiswasser (68) 81 F3
Geiswiller-Zœbersdorf (67) 62 B2
Gélacourt (54) 61 E4
Gélannes (10) 57 D4
Gélaucourt (54) 60 B4
Gellainville (28) 73 D1
Gellenoncourt (54) 60 C3
Gelles (63) 118 B4
Gellin (25) 110 C2
Gelos (64) 168 B2
Geloux (40) 152 C2
Gelucourt (57) 61 E2
Gelvécourt-et-Adompt (88) 79 F2
Gemaingoutte (88) 81 D1
Gembrie (65) 169 F4
Gemeaux (21) 94 A2
Gémenos (13) 177 F3
Gémigny (45) 73 D3
Gémil (31) 156 A4
Gemmelaincourt (88) 79 E1

Gémonval (25) 96 B2
Gémonville (54) 79 D1
Gémozac (17) 126 A1
Genac-Bignac (16) 114 A3
Genainville (95) 54 B1
Genas (69) 121 F4
Génat (09) 183 E2
Genay (21) 93 D2
Genay (69) 121 E3
Gençay (86) 102 A4
Gendreville (88) 79 D2
Gendrey (39) 95 D3
Génébrières (82) 156 A2
Genech (59) 23 E4
Génelard (71) 107 F3
Générac (30) 160 B4
Générac (33) 126 A3
Générargues (30) 159 F2
Générest (65) 169 F3
Generville (11) 171 F3
Le Genest-Saint-Isle (53) 69 E2
Genestelle (07) 146 C2
Geneston (44) 84 B4
La Genête (71) 109 D3
La Genétouze (17) 127 D3
La Genétouze (85) 99 E2
Genêts (50) 49 F3
Les Genettes (61) 52 C3
Geneuille (25) 95 E3
La Genevraie (61) 52 B3
La Genevraye (77) 74 C1
Genevreuille (70) 96 A1
Genevrey (70) 80 A4
Genevrières (52) 94 C1
La Genevroye (52) 78 A1
Geney (25) 96 B2
La Geneytouse (87) 116 B4
Génicourt (95) 54 C1
Génicourt-sur-Meuse (55) 59 E1
Genilac (42) 133 F1
Genillé (37) 88 B4
Génis (24) 128 C2
Génissac (33) 139 F1
Génissieux (26) 134 C4
Genlis (21) 94 B3
Gennes (25) 95 F3
Gennes-Ivergny (62) 26 C1
Gennes-Longuefuye (53) 70 A4
Gennes-sur-Seiche (35) 69 D3
Gennes-Val-de-Loire (49) 86 B3
Gennetines (03) 106 B3
Genneton (79) 86 A4
Genneville (14) 34 B3
Gennevilliers (92) 55 D2
Genod (39) 109 F4
Génolhac (30) 146 A4
Génos (31) 169 F4
Génos (65) 181 E2
Genouillac (23) 104 B4
Genouillé (17) 113 D2
Genouillé (86) 114 C2
Genouilleux (01) 121 E2
Genouilly (18) 89 E4
Genouilly (71) 108 B3
Gensac (33) 140 A1
Gensac (65) 169 D1
Gensac (82) 155 E2
Gensac-de-Boulogne (31) 169 F2
Gensac-la-Pallue (16) 113 F4
Gensac-sur-Garonne (31) 170 C2
Genté (16) 113 F4
Gentelles (80) 27 E4
Gentilly (94) 55 D3
Gentioux-Pigerolles (23) 117 D4
Genvry (60) 38 A2
Georfans (70) 96 A1
Géovreisset (01) 122 B1
Ger (50) 50 C3
Ger (64) 168 C2
Ger (65) 168 C3
Geraise (39) 110 B1
Gérardmer (88) 80 C2
Géraudot (10) 77 D1
Gerbaix (73) 135 F1
Gerbamont (88) 80 B3
Gerbécourt (57) 61 D2
Gerbécourt-et-Haplemont (54) 60 C4
Gerbépal (88) 80 C2
Gerberoy (60) 36 B2
Gerbéviller (54) 61 D4
Gercourt-et-Drillancourt (55) 41 E4
Gercy (02) 29 E4
Gerde (65) 169 D3
Gerderest (64) 168 B1
Gère-Bélesten (64) 168 A3
Gergny (02) 29 E3
Gergueil (21) 93 F3
Gergy (71) 108 C1
Gerland (21) 94 A4
Germ (65) 181 E2
Germagnat (71) 108 B3
Germagny (71) 108 B3
Germaine (02) 38 B1
Germaine (51) 57 E1
Germaines (52) 78 A4
Germainville (28) 54 A3
Germainvilliers (52) 78 C2
Germay (52) 78 B1
Germéfontaine (25) 96 A3

Germenay (58) 92 A4
Germignac (17) 126 B1
Germigney (39) 95 D4
Germigney (70) 94 C2
Germigny (51) 39 E4
Germigny (89) 76 A4
Germigny-des-Prés (45) 74 A4
Germigny-l'Évêque (77) 56 A2
Germigny-l'Exempt (18) 105 F1
Germigny-sous-Coulombs (77) 56 B1
Germigny-sur-Loire (58) 91 D4
Germinon (51) 57 F2
Germiny (54) 60 B4
Germisay (52) 78 B2
Germolles-sur-Grosne (71) 121 D1
Germond-Rouvre (79) 100 C4
Germondans (25) 95 F3
Germont (08) 40 C3
Germonville (54) 79 F1
Germs-sur-l'Oussouet (65) 169 D2
Gernelle (08) 40 C2
Géronce (64) 167 E2
Gerponville (76) 34 C1
Gerrots (14) 34 A4
Gerstheim (67) 62 C4
Gertwiller (67) 62 B4
Geruge (39) 109 F3
Gervans (26) 134 B3
Gerville (76) 34 B1
Géry (55) 59 E3
Gerzat (63) 119 D3
Gesnes (53) 70 A2
Gesnes-en-Argonne (55) 41 D3
Gesnes-le-Gandelin (72) 70 C1
Gespunsart (08) 40 C1
Gestas (64) 167 E1
Gestel (56) 65 F3
Gestiès (09) 183 E3
Gesvres (53) 70 C1
Gesvres-le-Chapitre (77) 56 A1
Gétigné (44) 84 C4
Les Gets (74) 124 A1
Geu (65) 168 C3
Geudertheim (67) 62 C3
Géus-d'Arzacq (64) 168 A1
Geüs-d'Oloron (64) 167 F2
Gévezé (35) 68 B1
Gevigney-et-Mercey (70) 79 E4
Geville (55) 60 A3
Gevingey (39) 109 F2
Gevresin (25) 110 B1
Gevrey-Chambertin (21) 94 A3
Gevrolles (21) 77 F3
Gevry (39) 94 C4
Gex (01) 110 B4
Geyssans (26) 134 C3
Gez (65) 168 C3
Gez-ez-Angles (65) 181 D1
Gézaincourt (80) 27 D2
Gézier-et-Fontenelay (70) 95 E3
Gézoncourt (54) 60 B2
Ghisonaccia (2B) 189 E3
Ghisoni (2B) 189 D3
Ghissignies (59) 29 D2
Ghyvelde (59) 22 B1
Giat (63) 117 F4
Gibeaumeix (54) 60 A4
Gibel (31) 171 E2
Gibercourt (02) 38 B1
Giberville (14) 33 E4
Gibles (71) 120 C1
Gibourne (17) 113 F2
Gibret (40) 152 B3
Le Gicq (17) 113 F3
Gidy (45) 73 E3
Giel-Courteilles (61) 51 E3
Gien (45) 90 B1
Gien-sur-Cure (58) 92 C4
Gières (38) 135 F3
La Giettaz (73) 123 F3
Gièvres (41) 89 D3
Giey-sur-Aujon (52) 78 A4
Giez (74) 123 E4
Gif-sur-Yvette (91) 54 C3
Giffaumont-Champaubert (51) 58 C4
Gigean (34) 174 C2
Gignac (34) 174 B1
Gignac (46) 129 D4
Gignac (84) 162 B2
Gignac-la-Nerthe (13) 177 D2
Gignat (63) 131 F1
Gignéville (88) 79 E2
Gigney (88) 80 A2
Gigny (39) 109 E4
Gigny (89) 77 D4
Gigny-Bussy (51) 58 B4
Gigny-sur-Saône (71) 108 C3
Gigondas (84) 161 E1
Gigors (04) 149 E3
Gigors-et-Lozeron (26) 147 F1
Gigouzac (46) 142 B2
Gijounet (81) 157 F4
Gildwiller (68) 81 D4
Gilette (06) 164 C3
Gilhac-et-Bruzac (07) 147 E1
Gilhoc-sur-Ormèze (07) 134 A4
Gillancourt (52) 78 A2
Gillaumé (52) 59 E4

Gilles (28) 54 A2
Gilley (25) 96 A4
Gilley (52) 94 C1
Gillois (39) 110 B2
Gillonnay (38) 135 D2
Gilly (71) 94 A4
Gilly-lès-Cîteaux (21) . . 94 A4
Gilly-sur-Isère (73) . . . 123 F4
Gilly-sur-Loire (71) . . . 107 D3
Gilocourt (60) 38 A4
Gimat (82) 155 D3
Gimbrède (32) 154 C2
Gimeaux (63) 118 C3
Gimécourt (55) 59 E2
Gimel-les-Cascades (19) . 129 F2
Gimeux (16) 113 F4
La Gimond (42) 133 F1
Gimont (32) 155 D4
Gimouille (58) 106 A1
Ginai (61) 52 A3
Ginals (82) 156 C1
Ginasservis (83) 162 C4
Ginchy (80) 27 F3
Gincla (11) 184 B1
Gincrey (55) 41 F4
Gindou (46) 142 A2
Ginestas (11) 173 E2
Ginestet (24) 127 F4
Ginoles (11) 172 A4
Ginouillac (46) 142 B2
Gintrac (46) 142 C1
Giocatojo (2B) 187 E4
Giou-de-Mamou (15) . . 143 F1
Gioux (23) 117 E4
Gipcy (03) 106 A4
Girac (46) 142 C1
Giraumont (88) 79 F2
Giraumont (54) 42 A4
Giraumont (60) 37 F3
Girauvoisin (55) 59 F2
Gircourt-lès-Viéville (88) . 79 F1
Girecourt-sur-Durbion (88) . 80 B1
Girefontaine (70) 79 F4
Giremoutiers (77) 56 A2
Girgols (15) 130 C4
Giriviller (54) 61 D4
Girmont-Val-d'Ajol (88) . 80 A3
Girolles (45) 74 C3
Girolles (89) 92 B2
Giromagny (90) 80 C4
Giron (01) 122 C1
Gironcourt-sur-Vraine (88) . 79 E1
Gironde-sur-Dropt (33) . 139 F2
Girondelle (08) 30 A4
Gironville (77) 74 B2
Gironville-sur-Essonne (91) . 74 A1
Le Girouard (85) 99 D3
Giroussens (81) 156 B3
Giroux (36) 89 E4
Giry (58) 91 F4
Giscaro (32) 155 D4
Giscos (33) 139 F4
Gisors (27) 36 B4
Gissac (12) 158 B3
Gissey-le-Vieil (21) . . . 93 E3
Gissey-sous-Flavigny (21) . 93 E2
Gissey-sur-Ouche (21) . . 93 F3
Gisy-les-Nobles (89) . . . 75 E2
Giuncaggio (2B) 189 E2
Giuncheto (2A) 190 C3
Givardon (18) 105 F2
Givenchy-en-Gohelle (62) . 27 F1
Givenchy-le-Noble (62) . 27 E1
Givenchy-lès-la-Bassée (62) . 22 C4
Giverny (27) 54 A1
Giverville (27) 34 C4
Givet (08) 30 C2
Givonne (08) 40 C1
Givors (69) 134 A1
Givraines (45) 74 A2
Givrand (85) 98 C3
Le Givre (85) 99 E3
Givrezac (17) 126 A1
Givron (08) 40 A2
Givry (08) 40 B2
Givry (71) 108 B2
Givry (89) 92 B2
Givry-en-Argonne (51) . . 58 C2
Givry-lès-Loisy (51) . . . 57 E2
Givrycourt (57) 61 F2
Gizaucourt (51) 58 C1
Gizay (86) 102 A4
Gizeux (37) 87 D2
Gizia (39) 109 E3
Gizy (02) 39 D2
Glageon (59) 29 E2
Glaignes (60) 38 A4
Glaine-Montaigut (63) . .119 E4
Glaire (08) 40 C1
Le Glaizil (05) 149 D1
Glamondans (25) 96 A3
Gland (02) 56 C1
Gland (89) 76 C4
Glandage (26) 148 C2
Glandon (87) 128 C3
Glanes (46) 143 D1
Glanges (87) 116 B4
Glannes (51) 58 B3

Glanon (21) 94 A4
Glanville (14) 34 A3
Glatens (82) 155 D3
Glatigny (57) 42 C4
Glatigny (60) 36 B2
Glay (25) 96 C2
Gleizé (69) 121 D2
Glénat (15) 143 E1
Glénay (79) 101 D1
Glénic (23) 117 D1
Glénouze (86) 101 E1
Glère (25) 96 C2
Glières-Val-de-Borne (74) . 123 F2
Glisolles (27) 53 E1
Glisy (80) 27 E3
Glomel (22) 66 A1
Glonville (54) 61 E4
Glorianes (66) 185 D2
Glos (14) 52 B1
Glos-sur-Risle (27) . . . 34 C4
Gluiras (07) 147 D1
Glun (07) 134 B4
Glux-en-Glenne (58) . . 107 E1
Goas (82) 155 E3
Godenvillers (60) 37 E2
Goderville (76) 34 B1
Godewaersvelde (59) . . 22 B2
Godisson (61) 52 A3
La Godivelle (63) 131 E2
Godoncourt (88) 79 E3
Gœrlingen (67) 62 A2
Gœrsdorf (67) 62 C1
Gœs (64) 167 F2
Goetzenbruck (57) . . . 62 B1
Gœulzin (59) 28 A1
Gogney (54) 61 E3
Gognies-Chaussée (59) . 29 E1
Gohory (28) 72 B2
Goin (57) 60 C1
Goincourt (60) 36 C3
Golancourt (60) 38 A1
Golbey (88) 80 A2
Goldbach-Altenbach (68) . 81 D3
Golfech (82) 155 D1
Golinhac (12) 144 A2
Golleville (50) 31 E2
Gombergean (41) 88 B1
Gomelange (57) 43 D4
Gomené (22) 67 D1
Gomer (64) 168 B2
Gometz-la-Ville (91) . . . 54 C3
Gometz-le-Châtel (91) . . 54 C3
Gomiécourt (62) 27 F2
Gommecourt (62) 27 F2
Gommecourt (78) 54 A1
Gommegnies (59) 29 D1
Gommenec'h (22) 47 E3
Gommersdorf (68) 97 D1
Gommerville (28) 73 F1
Gommerville (76) 34 B2
Gomméville (21) 77 E3
Gomont (08) 39 F2
Goncelin (38) 136 A2
Gond-Pontouvre (16) . . .114 B4
Gondecourt (59) 22 C4
Gondenans-les-Moulins (25) . 96 A2
Gondenans-Montby (25) . 96 A2
Gondeville (16) 114 A4
Gondrecourt-Aix (54) . . 42 A4
Gondrecourt-le-Château (55) . 59 F4
Gondreville (45) 74 C3
Gondreville (54) 60 B3
Gondreville (60) 38 A4
Gondrexange (57) 61 F3
Gondrexon (54) 61 E3
Gondrin (32) 154 A3
Les Gonds (17) 113 E4
Gonesse (95) 55 E2
Gonez (65) 169 D2
Gonfaron (83) 178 C2
Gonfreville (50) 32 A3
Gonfreville-Caillot (76) . . 34 B1
Gonfreville-l'Orcher (76) . 34 A2
La Gonfrière (61) 52 B2
Gonnehem (62) 22 B4
Gonnelieu (59) 28 B2
Gonnetot (76) 35 D1
Gonneville-en-Auge (14) . 33 F4
Gonneville-la-Mallet (76) . 34 A1
Gonneville-Le Theil (50) . 31 E1
Gonneville-sur-Honfleur (14) . 34 B3
Gonneville-sur-Mer (14) . 33 F3
Gonneville-sur-Scie (76) . 35 E1
Gonsans (25) 96 A3
Gontaud-de-Nogaret (47) . 140 B3
Gonzeville (76) 35 D1
Goos (40) 152 B3
Gorbio (06) 165 E3
Gorcy (54) 41 F2
Gordes (84) 161 F2
Gorenflos (80) 26 C2
Gorges (44) 84 C4
Gorges (50) 32 A3
Gorges (80) 27 D2
Gorges du Tarn Causses (48) . 145 E4
La Gorgue (59) 22 B3
Gorhey (88) 79 F2
Gornac (33) 139 F2

Gorniès (34) 159 E3
Gorre (87) 115 F4
Gorrevod (01) 108 C4
Gorron (53) 50 C4
Gorses (46) 143 D1
Gorze (57) 60 B1
Gosnay (62) 22 B4
Gosné (35) 68 C1
Gosselming (57) 61 F2
Gotein-Libarrenx (64) . . 167 E2
Gottenhouse (67) 62 B3
Gottesheim (67) 62 B2
Gouaix (77) 56 B4
Goualade (33) 139 F4
Gouarec (22) 66 B1
Gouaux (65) 169 E4
Gouaux-de-Larboust (31) . 181 F2
Gouaux-de-Luchon (31) . 169 F4
Goudargues (30) 160 C1
Goudelancourt-lès-Berrieux (02) . 39 E2
Goudelancourt-lès-Pierrepont (02) . 39 E1
Goudelin (22) 47 E3
Goudet (43) 146 A1
Goudex (31) 170 B2
Goudon (65) 169 D2
Goudourville (82) 155 D1
Gouesnach (29) 64 C2
La Gouesnière (35) . . . 49 D3
Gouesnou (29) 45 E3
Gouex (86) 102 B4
Gouézec (29) 65 D1
Gouffern en Auge (61) . . 52 A3
Gougenheim (67) 62 B3
Gouhelans (25) 96 A2
Gouhenans (70) 96 A1
Gouillons (28) 73 E1
Gouise (03) 106 B4
Goujounac (46) 141 F2
La Goulafrière (27) . . . 52 B2
Goulien (29) 64 A1
Goulles (19) 130 A4
Les Goulles (21) 77 F4
Gouloux (58) 92 C3
Goult (84) 161 F3
Goulven (29) 45 F2
Goumois (25) 96 C3
Goupil-Othon (27) 52 C1
Goupillières (76) 35 E2
Goupillières (78) 54 B2
Gouraincourt (55) 41 F3
Gourbera (40) 152 A3
Gourbesville (50) 31 E2
Gourbit (09) 183 E2
Gourchelles (60) 36 B1
Gourdan-Polignan (31) . 169 F3
Gourdièges (15) 131 E4
Gourdon (06) 164 C3
Gourdon (07) 146 C2
Gourdon (46) 142 A2
Gourdon (71) 108 A3
Gourdon-Murat (19) . . . 129 F1
Gourgançon (51) 57 E3
Gourgé (79) 101 E2
Gourgeon (70) 95 D1
Gourgue (65) 169 D3
Gourhel (56) 67 E3
Gourin (56) 65 F1
Gourlizon (29) 64 C2
Gournay (36) 104 A3
Gournay-en-Bray (76) . . 36 B3
Gournay-le-Guérin (27) . 52 C3
Gournay-sur-Aronde (60) . 37 F2
Gournay-sur-Marne (93) . 55 E2
Les Gours (16) 114 A2
Gours (33) 127 D4
Gourvieille (11) 171 F2
Gourvillette (17) 113 F3
Goussaincourt (55) . . . 60 A4
Goussainville (28) 54 A3
Goussainville (95) 55 E1
Goussancourt (02) 57 D1
Gousse (40) 152 B3
Goussonville (78) 54 B2
Goustranville (14) 33 F4
Gout-Rossignol (24) . . . 127 E2
La Goutelle (63) 118 B3
Goutevernisse (31) . . . 170 C2
Goutrens (12) 143 F3
Gouts (40) 152 B3
Goutières (63) 118 B2
Goutz (32) 155 D3
Gouvernes (77) 55 F2
Gouves (62) 27 F1
Gouvets (50) 50 B1
Gouvieux (60) 37 E4
Gouville (27) 52 C2
Gouville-sur-Mer (50) . . 31 E4
Gouvix (14) 51 E1
Goux (01) 153 F4
Goux-lès-Dambelin (25) . 96 B2
Goux-les-Usiers (25) . . .110 C1
Goux-sous-Landet (25) . 95 E4
Gouy (02) 28 B3
Gouy (76) 35 E3
Gouy-en-Artois (62) . . . 27 E1
Gouy-en-Ternois (62) . . 27 E1
Gouy-les-Groseillers (60) . 27 D4
Gouy-Saint-André (62) . . 26 B1
Gouy-Servins (62) 27 F1
Gouy-sous-Bellonne (62) . 28 A1

Gouzangrez (95) 54 B1
Gouzeaucourt (59) 28 B2
Gouzens (31) 170 C3
Gouzon (23) 117 E1
Goven (35) 68 A3
Goviller (54) 60 B4
Goxwiller (67) 62 B4
Goyencourt (80) 27 F4
Goyrans (31) 171 D1
Grabels (34) 159 F4
Graçay (18) 89 E4
Grâce-Uzel (22) 66 C1
Grâces (22) 47 E3
Gradignan (33) 139 D1
Graffigny-Chemin (52) . . 78 C2
Gragnague (31) 156 A4
Graignes-Mesnil-Angot (50) . 32 A3
Grailhen (65) 169 E4
Graimbouville (76) 34 B2
Graincourt-lès-Havrincourt (62) . 28 B2
Grainville (76) 35 E2
Grainville-la-Teinturière (76) . 34 C1
Grainville-Langannerie (14) . 51 E1
Grainville-sur-Odon (14) . 33 D4
Grainville-sur-Ry (76) . . 35 F2
Grainville-Ymauville (76) . 34 B1
Le Grais (61) 51 E3
Graissessac (34) 158 B4
Graix (42) 133 F2
Gramat (46) 142 C1
Gramazie (11) 172 A3
Grambois (84) 162 B3
Grammond (42) 133 F1
Grammont (70) 96 A2
Gramond (12) 157 E1
Gramont (82) 155 D2
Granace (2A) 191 D3
Grancey-le-Château-
-Neuvelle (21) 94 A1
Grancey-sur-Ource (21) . 77 E3
Grand (88) 78 C1
Grand-Aigueblanche (73) . 136 C1
Grand-Auverné (44) . . . 84 C1
Le Grand-Bornand (74) . 123 F3
Le Grand-Bourg (23) . . .116 C2
Grand Bourgtheroulde (27) . 35 D3
Grand-Brassac (24) . . . 127 F2
Grand-Camp (27) 52 C1
Grand-Camp (76) 34 C2
Le Grand-Celland (50) . . 50 A3
Grand-Champ (56) . . . 82 C1
Grand-Charmont (25) . . 96 C1
La Grand-Combe (30) . . 160 A1
Grand-Corent (01) . . . 122 B1
Grand-Couronne (76) . . 35 E3
La Grand-Croix (42) . . . 133 F1
Grand-Failly (54) 41 F3
Grand-Fayt (59) 29 D2
Grand-Fort-Philippe (59) . 21 F1
Le Grand-Fougeray (35) . 68 B4
Grand-Laviers (80) . . . 26 B2
Le Grand-Lemps (38) . . 135 D2
Le Grand-Lucé (72) . . . 71 E4
Le Grand-Madieu (16) . .114 C3
Le Grand-Pressigny (37) . 102 C1
Le Grand-Quevilly (76) . . 35 E3
Grand-Rozoy (02) 38 C4
Grand-Rullecourt (62) . . 27 E1
Le Grand-Serre (26) . . . 134 C3
Grand-Verly (02) 28 C3
Le Grand-Village-Plage (17) . 112 B3
Grandcamp-Maisy (14) . . 32 B3
Grandchamp (08) 40 A2
Grandchamp (52) 94 C1
Grandchamp (72) 71 D1
Grandchamp (78) 54 A3
Grandchamps-des-Fontaines (44) . 84 B2
Grand'Combe-Châteleu (25) . 96 B4
Grand'Combe-des-Bois (25) . 96 C4
Grandcourt (76) 26 A3
Grandcourt (80) 27 F2
La Grande-Fosse (88) . . 80 C1
La Grande-Motte (34) . . 175 D1
La Grande-Paroisse (77) . 75 D1
La Grande-Résie (70) . . 94 C3
Grande-Rivière Château (39) . 110 B3
Grande-Synthe (59) . . . 22 A1
La Grande-Verrière (71) . 107 F1
Grandecourt (70) 95 E1
Les Grandes-Armoises (08) . 40 C2
Les Grandes-Chapelles (10) . 76 B1
Les Grandes-Loges (51) . 58 A1
Les Grandes-Ventes (76) . 35 F1
Grandeyrolles (63) . . . 131 F1
Grandfontaine (25) . . . 95 E3
Grandfontaine (67) . . . 62 A4
Grandfontaine-sur-Creuse (25) . 96 A3
Grandfresnoy (60) 37 F3
Grandham (08) 40 C3
Grandjean (17) 113 E3
Grand'Landes (85) . . . 99 D1
Grandlup-et-Fay (02) . . 39 D2
Grandparigny (50) 50 B3
Grandpré (08) 40 C3
Grandpuits-Bailly-Carrois (77) . 56 A4
Grandrieu (48) 145 F1
Grandrieux (02) 29 F4
Grandrif (63) 132 C1
Grandris (69) 120 C2

Grandrû (60) 38 A2
Grandrupt (88) 80 C1
Grandrupt-de-Bains (88) 79 F3
Les Grands-Chézeaux (87) 103 E4
Grandsaigne (19) 129 F1
Grandval (63) 132 B1
Grandvals (48) 144 C2
Grandvaux (71) 107 F4
Grandvelle-et-le-Perrenot (70) . . 95 E2
Grandvillars (90) 96 C1
La Grandville (08) 40 C1
Grandville (10) 57 F4
Grandvillers (88) 80 B1
Grandvillers-aux-Bois (60) 37 E3
Grandvilliers (60) 36 C1
Grane (26) 147 E2
Granès (11) 172 B4
La Grange (25) 96 B3
Grange-de-Vaivre (39) 110 A1
Grangermont (45) 74 B2
Les Granges (10) 76 C3
Granges (71) 108 B2
Granges-Aumontzey (88) 80 B2
Granges-d'Ans (24) 128 C3
Les Granges-Gontardes (26) . . . 147 E3
Granges-la-Ville (70) 96 B1
Granges-le-Bourg (70) 96 B1
Les Granges-le-Roi (91) 54 C4
Granges-les-Beaumont (26) . . . 134 B4
Granges-Narboz (25) 110 C1
Granges-sur-Aube (51) 57 E4
Granges-sur-Lot (47) 140 C4
Les Grangettes (25) 110 C2
Grangues (14) 33 F4
Granieu (38) 135 E1
Grans (13) 161 F4
Granville (50) 49 F2
Granzay-Gript (79) 113 E1
Gras (07) 147 D3
Les Gras (25) 111 D1
Grassac (16) 127 F1
Grasse (06) 164 B4
Grassendorf (67) 62 C2
Grateloup-Saint-Gayrand (47) . . 140 C3
Gratens (31) 170 B2
Gratentour (31) 156 A4
Gratibus (80) 37 E1
Gratot (50) 31 E4
Gratreuil (51) 40 B4
Grattepanche (80) 27 D4
Le Gratteris (25) 95 F4
Grattery (70) 95 E1
Le Grau-du-Roi (30) 175 E1
Graulhet (81) 156 C3
Grauves (51) 57 E2
Graval (76) 36 A1
La Grave (05) 136 B4
Gravelines (59) 21 F1
La Gravelle (53) 69 E2
Gravelotte (57) 60 B1
Graveron-Sémerville (27) 53 E1
Graves-Saint-Amant (16) 114 A4
Graveson (13) 161 D3
Gravières (07) 146 B3
Gravigny (27) 53 E1
Gravon (77) 75 E1
Gray (70) 94 C2
Gray-la-Ville (70) 94 C2
Grayan-et-l'Hôpital (33) 125 E1
Graye-et-Charnay (39) 109 E4
Graye-sur-Mer (14) 33 D3
Grayssas (47) 155 D1
Grazac (31) 171 D2
Grazac (43) 133 E3
Grazac (81) 156 B3
Grazay (53) 70 A1
Gréalou (46) 143 D3
Gréasque (13) 177 E2
Grébault-Mesnil (80) 26 B3
Gredisans (39) 94 C4
La Grée-Saint-Laurent (56) 67 D2
Gréez-sur-Roc (72) 72 A2
Greffeil (11) 172 B3
Grèges (76) 25 E2
Grémecey (57) 60 C2
Grémévillers (60) 36 B2
Gremilly (55) 41 E4
Grémonville (76) 35 D1
Grenade (31) 155 F3
Grenade-sur-l'Adour (40) 153 D3
Grenant (21) 94 C1
Grenant-lès-Sombernon (21) . . . 93 F3
Grenay (38) 121 F4
Grenay (62) 22 C4
Grendelbruch (67) 62 B4
Greneville-en-Beauce (45) 73 F2
Grenier-Montgon (43) 131 F1
Gréning (57) 61 E1
Grenoble (38) 135 F4
Grenois (58) 91 F3
Grentheville (14) 33 E4
Gréolières (06) 164 B3
Gréoux-les-Bains (04) 163 D3
Grépiac (31) 171 D1
Le Grès (31) 155 E4
Grésigny-Sainte-Reine (21) 93 E2
La Gresle (42) 120 B2
Gresse-en-Vercors (38) 148 B1

Gressey (78) 54 A2
Gresswiller (67) 62 B4
Gressy (77) 55 F2
Grésy-sur-Aix (73) 123 D4
Grésy-sur-Isère (73) 123 E4
Gretz-Armainvilliers (77) 55 F3
Greuville (76) 35 D1
Greux (88) 60 A4
La Grève-sur-Mignon (17) 113 D1
Grévillers (62) 27 F2
Grevilly (71) 108 C3
Grez (60) 36 C2
Le Grez (72) 70 B2
Grez-en-Bouère (53) 70 A4
Grez-Neuville (49) 85 F1
Grez-sur-Loing (77) 74 C1
Grézac (17) 113 D4
Grézels (46) 141 F3
Grèzes (43) 145 E1
Grèzes (24) 142 C2
Grèzes (48) 145 D3
Grézet-Cavagnan (47) 140 A3
Grézian (65) 169 E4
Grézieu-la-Varenne (69) 121 D4
Grézieu-le-Marché (69) 120 C4
Grézieux-le-Fromental (42) 133 E1
Grézillac (33) 139 F1
Grézolles (42) 120 A3
Gricourt (02) 28 B3
Grièges (01) 121 E1
Gries (67) 62 C2
Griesbach-au-Val (68) 81 D3
Griesheim-près-Molsheim (67) . . 62 B4
Griesheim-sur-Souffel (67) 62 C3
Grignan (26) 147 E3
Grigneuseville (76) 35 E2
Grignols (24) 127 F4
Grignols (33) 140 A3
Grignon (21) 93 D2
Grignon (73) 123 F4
Grignoncourt (88) 79 E3
Grigny (62) 26 C1
Grigny (69) 134 A1
Grigny (91) 55 D3
Grillon (84) 147 F3
Grilly (01) 110 B4
Grimaucourt-en-Woëvre (55) . . . 41 F4
Grimaucourt-près-Sampigny (55) . 59 F3
Grimaud (83) 179 D3
La Grimaudière (86) 101 E2
Grimault (89) 92 B1
Grimbosq (14) 51 D1
Grimesnil (50) 50 A1
Grimonviller (54) 79 E1
Grincourt-lès-Pas (62) 27 E2
Grindorff-Bizing (57) 43 D3
La Gripperie-
  -Saint-Symphorien (17) 112 C3
Le Grippon (50) 49 F2
Gripport (54) 79 F1
Griscourt (54) 60 B2
Griselles (21) 77 D4
Griselles (45) 74 C3
Grisolles (02) 56 C1
Grisolles (82) 155 F3
Grisy-les-Plâtres (95) 54 C1
Grisy-Suisnes (77) 55 E3
Grisy-sur-Seine (77) 75 E1
Grives (24) 141 F1
Grivesnes (80) 37 D1
Grivillers (80) 37 F2
Grivy-Loisy (08) 40 B3
Groffliers (62) 26 A1
La Groise (59) 29 D2
Groises (18) 90 C4
Groissiat (01) 122 B1
Groisy (74) 123 E2
Groix (56) 65 F4
Groléjac (24) 142 A1
Gron (18) 90 C4
Gron (89) 75 E2
Gronard (02) 29 E4
Gros-Chastang (19) 130 A3
Gros-Réderching (57) 62 A1
Grosbliederstroff (57) 43 F4
Grosbois (25) 96 A3
Grosbois-en-Montagne (21) . . . 93 E3
Grosbois-lès-Tichey (21) 109 D1
Grosbreuil (85) 99 D3
Les Groseillers (79) 101 D3
Groslay (95) 55 D2
Groslée-Saint-Benoit (01) 122 B4
Grosley-sur-Risle (27) 53 D1
Grosmagny (90) 80 C4
Grosne (90) 96 C1
Grospierres (07) 146 C3
Grosrouvre (78) 54 B3
Grosrouvres (54) 60 A2
Grossa (2A) 190 C3
Grosseto-Prugna (2A) 188 C4
Grossœuvre (27) 53 E1
Grossouvre (18) 105 F2
Grostenquin (57) 61 E1
Grosville (50) 31 D2
Grouches-Luchuel (80) 27 E2
Grougis (02) 28 C3
La Groutte (18) 105 D3

Grozon (39) 109 F1
Gruchet-le-Valasse (76) 34 B2
Gruchet-Saint-Siméon (76) 35 D1
Grues (85) 99 E4
Gruey-lès-Surance (88) 79 F3
Gruffy (74) 123 E3
Grugies (02) 38 B1
Grugny (76) 35 E2
Gruissan (11) 173 F3
Grumesnil (76) 36 B2
Grun-Bordas (24) 128 A4
Grundviller (57) 61 F1
Gruny (80) 27 F4
Grury (71) 107 E3
Gruson (59) 23 E3
Grussenheim (68) 81 E2
Grust (65) 168 C4
Gruyères (08) 40 B1
Le Gua (17) 112 C4
Le Gua (38) 135 E4
Guagno (2A) 188 C3
Guainville (28) 54 A2
Guarbecque (62) 22 B3
Guargualé (2A) 188 C4
Guchan (65) 169 E4
Guchen (65) 169 E4
Gudas (09) 171 E4
Gudmont-Villiers (52) 78 A1
Le Gué-d'Alleré (17) 113 D1
Le Gué-de-Longroi (28) 54 B4
Le Gué-de-Velluire (85) 100 A4
Gué-d'Hossus (08) 30 A3
Guebenhouse (57) 43 F4
Gueberschwihr (68) 81 D3
Guébestroff (57) 61 E2
Guéblange-lès-Dieuze (57) 61 E2
Guébling (57) 61 E2
Guebwiller (68) 81 D3
Guécélard (72) 71 D4
Guégon (56) 67 D3
Guéhenno (56) 67 D3
Gueltas (56) 66 C2
Guémappe (62) 28 A1
Guémar (68) 81 D2
Guémené-Penfao (44) 84 A1
Guémené-sur-Scorff (56) 66 A2
Guemps (62) 21 E2
Guénange (57) 42 B3
Guengat (29) 64 C2
Guénin (56) 66 B3
Guenroc (22) 67 F1
Guenrouet (44) 84 A1
Guenviller (57) 43 E4
Guêprei (61) 51 F2
Guer (56) 67 F3
Guérande (44) 83 D3
Guérard (77) 56 A2
Guerbigny (80) 27 F4
La Guerche (37) 102 C1
La Guerche-de-Bretagne (35) . . . 69 D3
La Guerche-sur-l'Aubois (18) . . . 105 F1
Guercheville (77) 74 B2
Guéreins (01) 121 E2
Guéret (23) 117 D2
Guerfand (71) 109 D2
Guérigny (58) 91 E4
Guérin (47) 140 A3
La Guérinière (85) 98 B1
Guerlédan (22) 66 B1
Guerlesquin (29) 46 C3
Guermange (57) 61 E2
Guermantes (77) 55 F2
Guern (56) 66 B2
Guernes (78) 54 A1
Le Guerno (56) 83 E2
Guerny (27) 36 B4
Guéron (14) 32 C4
Guerpont (55) 59 E3
Guerquesalles (61) 52 A2
Les Guerreaux (71) 107 E3
Guerstling (57) 43 D3
Guerting (57) 43 D4
Guerville (76) 25 F3
Guerville (78) 54 B2
Gueschart (80) 26 C2
Guesnain (59) 28 B1
Guesnes (86) 101 F1
Guessling-Hémering (57) 61 E1
Guéthary (64) 166 B1
Gueudecourt (80) 27 F2
Gueugnon (71) 107 E2
Gueures (76) 35 E1
Gueutteville (76) 35 E2
Gueutteville-les-Grès (76) 25 D2
Gueux (51) 39 E4
Guevenatten (68) 97 D1
Guewenheim (68) 81 D4
Gugnécourt (88) 80 B1
Gugney (54) 79 E1
Gugney-aux-Aulx (88) 79 F1
Guibeville (91) 55 D4
Guichainville (27) 53 E1
Guiche (64) 151 F4
La Guiche (71) 108 A3
Guichen (35) 68 A3
Guiclan (29) 46 A3
Guidel (56) 65 F3
La Guierche (72) 71 D2

Guignecourt (60) . . . . 36 C
Guignemicourt (80) . . . . 27 D
Guignen (35) 68 A3
Guignes (77) 55 F4
Guigneville (45) 74 A2
Guigneville-sur-Essonne (91) . . . 74 A1
Guignicourt-sur-Vence (08) . . . . 40 B
Guigny (62) . . . . 26 C
Guiler-sur-Goyen (29) . . . . 64 B
Guilers (29) 45 E3
Guilherand-Granges (07) 134 B4
Guillac (33) 139 F1
Guillac (56) 67 D3
Guillaucourt (80) 27 E4
Guillaumes (06) . . . . 164 B
Guillemont (80) 27 F3
La Guillermie (03) 119 F3
Guillerval (91) 73 F1
Guillestre (05) 150 A2
Guilleville (28) 73 E2
Guilliers (56) 67 E2
Guilligomarc'h (29) 65 F3
Guillon-les-Bains (25) 96 A3
Guillon-Terre-Plaine (89) 92 C2
Guillonville (28) 73 D3
Guillos (33) 139 E2
Guilly (36) 89 D4
Guilly (45) 74 A4
Guilvinec (29) 64 B3
Guimaëc (29) 46 B2
Guimiliau (29) 46 A3
Guimps (16) 126 C1
Guinarthe-Parenties (64) 167 E1
Guincourt (08) 40 B2
Guindrecourt-aux-Ormes (52) . . . 59 D4
Guindrecourt-sur-Blaise (52) . . . 78 A1
Guinecourt (62) 27 D1
Guînes (62) 21 E2
Guingamp (22) 47 E3
Guinglange (57) 61 D1
Guinkirchen (57) 43 D4
Guinzeling (57) 61 E2
Guipavas (29) 45 E2
Guipel (35) 68 B1
Guipry-Messac (35) 68 A4
Guipy (58) 92 A4
Guiry-en-Vexin (95) 54 B1
Guiscard (60) 38 A2
Guiscriff (56) 65 E2
Guise (02) 29 D3
Guiseniers (27) 36 B4
Le Guislain (50) 50 A1
Guissény (29) 45 E2
Guitalens-L'Albarède (81) 157 D4
Guitera-les-Bains (2A) 189 D4
Guitinières (17) 126 B1
Guitrancourt (78) 54 B1
Guîtres (33) 126 C4
Guitté (22) 67 F1
Guivry (02) 38 B2
Guizancourt (80) 36 C1
Guizengeard (16) 126 C2
Guizerix (65) 169 E2
Gujan-Mestras (33) 138 B2
Gumbrechtshoffen (67) 62 C2
Gumery (10) 75 F4
Gumiane (26) 148 A3
Gumières (42) 133 D1
Gumond (19) 130 A3
Gundershoffen (67) 62 C2
Gundolsheim (68) 81 E3
Gungwiller (67) 62 A2
Gunsbach (68) 81 D2
Gunstett (67) 62 C1
Guntzviller (57) 62 A3
Guny (02) 38 A2
Guran (31) 169 F4
Gurat (16) 127 E2
Gurcy-le-Châtel (77) 56 A4
Gurgy (89) 76 A4
Gurgy-la-Ville (21) 78 A4
Gurgy-le-Château (21) 78 A4
Gurmençon (64) 167 F2
Gurs (64) 167 F1
Gurunhuel (22) 47 D3
Gury (60) 37 F2
Gussainville (55) 41 F4
Gussignies (59) 29 D1
Guyancourt (78) 54 C3
Guyans-Durnes (25) 95 F4
Guyans-Vennes (25) 96 B4
Guyencourt (02) 39 E3
Guyencourt-Saulcourt (80) 28 A3
Guyencourt-sur-Noye (80) 27 D4
Guyonvelle (52) 79 D4
Guzargues (34) 159 F4
Gy (70) 95 D2
Gy-en-Sologne (41) 88 C3
Gy-les-Nonains (45) 74 C3
Gy-l'Évêque (89) 92 A1
Gye (54) 60 A3
Gyé-sur-Seine (10) 77 D3

H

Habarcq (62) 27 **E1**
Habas (40) 152 **B4**
Habère-Lullin (74) 123 **F1**
Habère-Poche (74) 123 **F1**
L'Habit (27) 53 **F2**
Hablainville (54) 61 **E4**
Habloville (61) 51 **F2**
Haboudange (57) 61 **D2**
Habsheim (68) 81 **E4**
Hachan (65) 169 **E2**
Hâcourt (52) 78 **C2**
Hacqueville (27) 36 **A4**
Hadancourt-le-Haut-Clocher (60) 36 **B4**
Hadigny-les-Verrières (88) 80 **A1**
Hadol (88) 80 **A2**
Haegen (67) 62 **B3**
Hagécourt (88) 79 **F2**
Hagedet (65) 168 **C1**
Hagen (57) 42 **B2**
Hagenbach (68) 97 **D1**
Hagenthal-le-Bas (68) 97 **F1**
Hagenthal-le-Haut (68) 97 **E1**
Haget (32) 169 **D1**
Hagetaubin (64) 152 **C4**
Hagetmau (40) 152 **C4**
Hagéville (54) 60 **A1**
Hagnéville-et-Roncourt (88) . . . 79 **D2**
Hagnicourt (08) 40 **B2**
Hagondange (57) 42 **B4**
La Hague (50) 31 **D1**
Haguenau (67) 62 **C2**
La Haie-Fouassière (44) 84 **C3**
La Haie-Traversaine (53) 70 **A1**
Les Haies (69) 134 **A1**
Haigneville (54) 60 **C4**
Haillainville (88) 80 **A1**
Le Haillan (33) 139 **D1**
Hailles (80) 27 **E4**
Haillicourt (62) 22 **B4**
Haimps (17) 113 **F3**
Haims (86) 102 **C4**
Hainvillers (60) 37 **F2**
Haironville (55) 59 **D3**
Haisnes (62) 22 **C4**
Halinghen (62) 21 **D3**
Hallencourt (80) 26 **B3**
Hallennes-lez-Haubourdin (59) 22 **C3**
Hallering (57) 43 **D4**
Les Halles (69) 120 **C4**
Halles-sous-les-Côtes (55) 41 **D3**
Hallignicourt (52) 58 **C3**
Hallines (62) 21 **F3**
Hallivillers (80) 27 **D4**
La Hallotière (76) 36 **A2**
Halloville (54) 61 **F4**
Halloy (60) 36 **C2**
Halloy (62) 27 **E2**
Halloy-lès-Pernois (80) 27 **D2**
Hallu (80) 27 **F4**
Halluin (59) 23 **D2**
Halsou (64) 166 **C1**
Halstroff (57) 43 **D3**
Le Ham (50) 32 **A2**
Le Ham (53) 70 **B1**
Ham (80) 38 **A1**
Ham-en-Artois (62) 22 **A3**
Ham-les-Moines (08) 40 **B1**
Ham-sous-Varsberg (57) 43 **D4**
Ham-sur-Meuse (08) 30 **B2**
Hambach (57) 61 **F1**
Hambers (53) 70 **A1**
Hamblain-les-Prés (62) 28 **A1**
Hambye (50) 50 **A1**
Hamel (59) 28 **A1**
Le Hamel (60) 36 **C2**
Le Hamel (80) 27 **E3**
Hamelet (80) 27 **E3**
Hamelin (50) 50 **A4**
Hamelincourt (62) 27 **F1**
Hames-Boucres (62) 21 **E2**
Hammeville (54) 60 **B4**
Hamonville (54) 60 **A2**
Hampigny (10) 58 **B2**
Hampont (57) 61 **D2**
Han-devant-Pierrepont (54) 42 **A3**
Han-lès-Juvigny (55) 41 **E2**
Han-sur-Meuse (55) 59 **F2**
Han-sur-Nied (57) 61 **D1**
Hanches (28) 54 **A4**
Hancourt (80) 28 **A3**
Handschuheim (67) 62 **C3**
Hangard (80) 27 **E4**
Hangenbieten (67) 62 **C3**
Hangest-en-Santerre (80) 27 **E4**
Hangest-sur-Somme (80) 26 **C3**
Hangviller (57) 62 **A2**
Hannaches (60) 36 **B2**
Hannapes (02) 29 **D3**
Hannappes (08) 29 **F4**
Hannescamps (62) 27 **F2**
Hannocourt (57) 61 **D2**
Hannogne-Saint-Martin (08) 40 **C1**

Hannogne-Saint-Rémy (08) 39 **F2**
Hannonville-sous-les-Côtes (55) . . . 59 **F1**
Hannonville-Suzémont (54) 60 **A1**
Le Hanouard (76) 34 **C1**
Hans (51) 58 **B1**
Hantay (59) 22 **C4**
Hanvec (29) 45 **F4**
Hanviller (57) 44 **B4**
Hanvoile (60) 36 **B2**
Haplincourt (62) 28 **A1**
Happencourt (02) 38 **B1**
Happonvilliers (28) 72 **B1**
Haramont (02) 38 **A4**
Haraucourt (08) 40 **C2**
Haraucourt (54) 60 **C3**
Haraucourt-sur-Seille (57) 61 **D2**
Haravesnes (62) 26 **C1**
Haravilliers (95) 36 **C4**
Harbonnières (80) 27 **F4**
Harbouey (54) 61 **F3**
Harcanville (76) 35 **D1**
Harchéchamp (88) 79 **D1**
Harcigny (02) 29 **E4**
Harcourt (27) 35 **D4**
Harcy (08) 40 **B1**
Hardancourt (88) 80 **A1**
Hardanges (53) 70 **A1**
Hardecourt-aux-Bois (80) 27 **F3**
Hardencourt-Cocherel (27) 53 **F1**
Hardifort (59) 22 **B2**
Hardinghen (62) 21 **E2**
Hardinvast (50) 31 **E2**
Hardivillers (60) 37 **D2**
Hardivillers-en-Vexin (60) 54 **B1**
La Harengère (27) 35 **E4**
Haréville (88) 79 **E2**
Harfleur (76) 34 **A2**
Hargarten-aux-Mines (57) 43 **D4**
Hargeville (78) 54 **B2**
Hargicourt (02) 28 **B3**
Hargnies (08) 30 **B3**
Hargnies (59) 29 **E1**
Harly (02) 38 **B1**
Harmonville (88) 60 **A4**
La Harmoye (22) 47 **E4**
Harnes (62) 22 **C4**
Harol (88) 79 **F2**
Haroué (54) 60 **C4**
Harponville (80) 27 **E3**
Harprich (57) 61 **E1**
Harquency (27) 36 **A4**
Harreberg (57) 62 **A3**
Harréville-les-Chanteurs (52) 78 **C1**
Harricourt (08) 40 **C3**
Harskirchen (67) 61 **F1**
Hartennes-et-Taux (02) 38 **C4**
Hartmannswiller (68) 81 **D3**
Hartzviller (57) 62 **A3**
Harville (55) 60 **A1**
Hary (02) 29 **E4**
Haselbourg (57) 62 **A3**
Hasnon (59) 23 **E4**
Hasparren (64) 166 **C1**
Haspelschiedt (57) 62 **B1**
Haspres (59) 28 **C1**
Hastingues (40) 151 **F4**
Hatrize (54) 42 **A4**
Hatten (67) 63 **D1**
Hattencourt (80) 27 **F4**
Hattenville (76) 34 **C1**
Hattigny (57) 61 **F3**
Hattmatt (67) 62 **B2**
Hattstatt (68) 81 **D3**
Hauban (65) 169 **D3**
Haubourdin (59) 22 **C3**
Hauconcourt (57) 42 **B4**
Haucourt (60) 36 **C2**
Haucourt (62) 28 **A1**
Haucourt (76) 36 **A2**
Haucourt-en-Cambrésis (59) 28 **B2**
Haucourt-Moulaine (54) 42 **A2**
Haudainville (55) 41 **F4**
Haudiomont (55) 41 **F4**
Haudivillers (60) 37 **D3**
Haudonville (54) 61 **D4**
Haudrecy (08) 40 **B1**
Haudricourt (76) 36 **B2**
Haulchin (59) 28 **C1**
Haulies (32) 154 **C4**
Haulmé (08) 30 **B3**
Haumont-près-Samogneux (55) 41 **E4**
Hauriet (40) 152 **C3**
Hausgauen (68) 97 **E1**
Haussez (76) 36 **B2**
Haussignémont (51) 58 **B3**
Haussimont (51) 57 **F3**
Haussonville (54) 60 **C4**
Haussy (59) 28 **C2**
Haut-Bocage (03) 105 **E4**
Le Haut-Bréda (38) 136 **A2**
Haut-Clocher (57) 61 **F2**
Le Haut-Corlay (22) 47 **E4**
Haut-de-Bosdarros (64) 168 **B2**
Haut-du-Them-
 -Château-Lambert (70) 80 **B4**
Haut-Lieu (59) 29 **E2**
Haut-Loquin (62) 21 **E3**
Haut-Mauco (40) 153 **D3**

Le Haut Soultzbach (68) 80 **C4**
Haut Valromey (01) 122 **C2**
Hautaget (65) 169 **E3**
Hautbos (60) 36 **B2**
Haute-Amance (52) 78 **C4**
Haute-Avesnes (62) 27 **F1**
La Haute-Beaume (05) 148 **C2**
Haute-Épine (60) 36 **C2**
Haute-Goulaine (44) 84 **C3**
Haute-Isle (95) 54 **A1**
Haute-Kontz (57) 42 **C2**
La Haute-Maison (77) 56 **A2**
Haute-Rivoire (69) 120 **C4**
Haute-Vigneulles (57) 43 **D4**
Hautecloque (62) 27 **D1**
Hautecour (39) 110 **A3**
Hautecour (73) 136 **C1**
Hautecourt-Romanèche (01) . . . 122 **B1**
Hautefage (19) 130 **A4**
Hautefage-la-Tour (47) 141 **D4**
Hautefaye (24) 127 **F1**
Hautefeuille (77) 56 **A3**
Hautefond (71) 107 **F4**
Hautefontaine (60) 38 **A3**
Hautefort (24) 128 **C3**
Hauteluce (73) 124 **A4**
Hauterive (03) 119 **E2**
Hauterive (61) 52 **A4**
Hauterive (89) 76 **A4**
Hauterive-la-Fresse (25) 111 **D1**
Hauterives (26) 134 **C3**
Hauteroche (21) 93 **E2**
Hauteroche (39) 109 **F2**
Hautes-Duyes (04) 163 **E1**
Les Hautes-Rivières (08) 30 **B3**
Hautesvignes (47) 140 **B3**
Hautevelle (70) 79 **F4**
Hautevesnes (02) 56 **B1**
Hauteville (02) 28 **C3**
Hauteville (08) 40 **A2**
Hauteville (51) 58 **B3**
Hauteville (62) 27 **E1**
Hauteville (73) 136 **B1**
La Hauteville (78) 54 **A3**
Hauteville-la-Guichard (50) 32 **A4**
Hauteville-lès-Dijon (21) 94 **A3**
Hauteville-sur-Fier (74) 123 **D3**
Hauteville-sur-Mer (50) 49 **F1**
Haution (02) 29 **E4**
Hautmont (59) 29 **E1**
Hautot-l'Auvray (76) 35 **D1**
Hautot-le-Vatois (76) 34 **C1**
Hautot-Saint-Sulpice (76) 35 **D1**
Hautot-sur-Mer (76) 25 **E2**
Hautot-sur-Seine (76) 35 **E3**
Les Hauts-d'Anjou (49) 86 **A1**
Hauts de Bienne (39) 110 **B3**
Les Hauts-de-Caux (76) 34 **C1**
Les Hauts-de-Chée (55) 59 **D2**
Les Hauts de Forterre (89) 91 **F1**
Les Hauts Talican (60) 36 **C3**
Hautteville-Bocage (50) 31 **E2**
Hautvillers (51) 57 **E1**
Hautvillers-Ouville (80) 26 **B2**
Hauville (27) 35 **D3**
Hauviné (08) 40 **A3**
Haux (33) 139 **E1**
Haux (64) 167 **E3**
Havange (57) 42 **B3**
Havelu (28) 54 **A3**
Haveluy (59) 28 **C1**
Havernas (80) 27 **D3**
Haverskerque (59) 22 **B3**
Le Havre (76) 34 **A2**
Havrincourt (62) 28 **A2**
L'Ha ÿ-les-Roses (94) 55 **D3**
Hayange (57) 42 **B3**
Haybes (08) 30 **B3**
La Haye (50) 31 **E3**
La Haye (76) 36 **A3**
La Haye (88) 79 **F3**
La Haye-Aubrée (27) 34 **C3**
La Haye-Bellefond (50) 50 **A1**
La Haye-de-Calleville (27) 35 **D4**
La Haye-de-Routot (27) 34 **C3**
La Haye-d'Ectot (50) 31 **D3**
La Haye-du-Theil (27) 35 **D4**
La Haye-le-Comte (27) 35 **E4**
La Haye-Malherbe (27) 35 **E4**
La Haye-Pesnel (50) 49 **F2**
La Haye-Saint-Sylvestre (27) 52 **C2**
Les Hayes (41) 88 **A1**
Hayes (57) 42 **C4**
Haynecourt (59) 28 **B2**
Les Hays (39) 109 **E1**
Hazebrouck (59) 22 **B3**
Hazembourg (57) 61 **F1**
Le Heaulme (95) 54 **C1**
Héauville (50) 31 **D1**
Hébécourt (27) 36 **B3**
Hébécourt (80) 27 **D4**
Héberville (76) 35 **D1**
Hébuterne (62) 27 **F2**
Hèches (65) 169 **E3**
Hecken (68) 81 **D4**
Hecmanville (27) 34 **C4**
Hécourt (27) 53 **F2**
Hécourt (60) 36 **B2**

Hecq (59) 29 **D2**
Hectomare (27) 35 **D4**
Hédauville (80) 27 **E3**
Hédé-Bazouges (35) 68 **A1**
Hédouville (95) 54 **C1**
Hegeney (67) 62 **C2**
Hégenheim (68) 97 **F1**
Heidolsheim (67) 81 **E2**
Heidwiller (68) 97 **E1**
Heiligenberg (67) 62 **B4**
Heiligenstein (67) 62 **B4**
Heillecourt (54) 60 **C3**
Heilles (60) 37 **D3**
Heilly (80) 27 **E3**
Heiltz-le-Hutier (51) 58 **C3**
Heiltz-le-Maurupt (51) 58 **C3**
Heiltz-l'Évêque (51) 58 **B3**
Heimersdorf (68) 97 **E1**
Heimsbrunn (68) 81 **D4**
Heining-lès-Bouzonville (57) 43 **D3**
Heippes (55) 59 **E1**
Heiteren (68) 81 **F3**
Heiwiller (68) 97 **E1**
Hélesmes (59) 28 **C1**
Hélette (64) 166 **C2**
Helfaut (62) 22 **A3**
Helfrantzkirch (68) 97 **E1**
Helléan (56) 67 **D3**
Hellering-lès-Fénétrange (57) 61 **F2**
Helleville (50) 31 **D2**
Hellimer (57) 61 **E1**
Héloup (61) 70 **C1**
Helstroff (57) 43 **D4**
Hem (59) 23 **D3**
Hem-Hardinval (80) 27 **D2**
Hem-Lenglet (59) 28 **B1**
Hem-Monacu (80) 27 **F3**
Hémevez (50) 32 **A2**
Hémévillers (60) 37 **F3**
Hémilly (57) 61 **D1**
Héming (57) 61 **F2**
Hémonstoir (22) 66 **C1**
Hénaménil (54) 61 **D3**
Hénanbihen (22) 48 **B3**
Hénansal (22) 48 **B3**
Hendaye (64) 166 **A1**
Hendecourt-lès-Cagnicourt (62) 28 **A2**
Hendecourt-lès-Ransart (62) 27 **F2**
Hénencourt (80) 27 **E3**
Hengwiller (67) 62 **B3**
Hénin-Beaumont (62) 22 **C4**
Hénin-sur-Cojeul (62) 27 **F2**
Héninel (62) 28 **A1**
Hennebont (56) 66 **A3**
Hennecourt (88) 79 **F2**
Hennemont (55) 41 **F4**
Henneveux (62) 21 **E3**
Hennezel (88) 79 **E3**
Hennezis (27) 36 **A4**
Hénon (22) 48 **A4**
Hénonville (60) 36 **C4**
Hénouville (76) 35 **E2**
Henrichemont (18) 90 **B3**
Henridorff (57) 62 **A3**
Henriville (57) 43 **E4**
Hénu (62) 27 **E2**
Henvic (29) 46 **B2**
Hérange (57) 62 **A2**
Herbault (41) 88 **B1**
Herbécourt (80) 27 **F3**
L'Herbergement (85) 99 **E1**
Herbeuval (08) 41 **E2**
Herbeuville (55) 59 **F1**
Herbeville (78) 54 **B2**
Herbéviller (54) 61 **E4**
Herbeys (38) 135 **F3**
Les Herbiers (85) 100 **A1**
Herbignac (44) 83 **E3**
Herbinghen (62) 21 **E2**
Herbisse (10) 57 **F3**
Herbitzheim (67) 61 **F1**
Herblay-sur-Seine (95) 55 **D2**
Herbsheim (67) 81 **F1**
Hercé (53) 50 **C4**
Herchies (59) 36 **C2**
La Hérelle (60) 37 **E2**
Hérépian (34) 158 **B4**
Hères (65) 153 **F4**
Hergnies (59) 23 **F4**
Hergugney (88) 79 **F1**
Héric (44) 84 **B2**
Héricourt (62) 27 **D1**
Héricourt (70) 96 **B1**
Héricourt-en-Caux (76) 34 **C1**
Héricourt-sur-Thérain (60) 36 **B2**
Héricy (77) 74 **C1**
La Hérie (02) 29 **E3**
Le Hérie-la-Viéville (02) 29 **D4**
Hériménil (54) 61 **D4**
Hérimoncourt (25) 96 **C2**
Hérin (59) 28 **C1**
Hérissart (80) 27 **E3**
Hérisson (03) 105 **E4**
Herleville (80) 27 **F4**
La Herlière (62) 27 **E2**
Herlies (59) 22 **C3**
Herlin-le-Sec (62) 27 **D1**
Herlincourt (62) 27 **D1**

Herly (62). 21 E4
Herly (80). 38 A1
L'Herm (09). 171 E4
Herm (40). 152 A3
Hermanville (76) 35 E1
Hermanville-sur-Mer (14) 33 E3
Les Hermaux (48) 144 C3
Hermaville (62) 27 E1
Hermé (77). 56 C4
Hermelange (57) 61 F3
Hermelinghen (62) 21 E2
L'Hermenault (85) 100 A3
Herment (63). 118 A4
Hermeray (78) 54 A3
Hermes (60). 37 D3
Hermeville (76) 34 B2
Herméville-en-Woëvre (55) . . . 41 F4
Hermies (62) 28 A2
Hermin (62) 22 B4
L'Hermitage (35) 68 A2
Les Hermites (37) 87 F1
Hermival-les-Vaux (14) 34 B4
Hermonville (51) 39 E3
Hernicourt (62) 22 A4
Herny (57) 61 D1
Le Héron (76). 35 F2
Héronchelles (76) 35 F2
Hérouville-en-Vexin (95). 54 C1
Hérouville-Saint-Clair (14) . . . 33 E4
Hérouvillette (14). 33 E4
Herpelmont (88) 80 B2
Herpont (51) 58 B1
Herpy-l'Arlésienne (08) 39 F2
Herqueville (27). 35 F4
Herran (31). 170 B4
Herré (40). 153 F2
Herrère (64) 168 A2
Herrin (59) 22 C4
Herrlisheim (67) 63 D2
Herrlisheim-près-Colmar (68) . . 81 E3
Herry (18). 91 D4
Herserange (54). 42 A2
Hersin-Coupigny (62) 22 B4
Hertzing (57) 61 F3
Hervelinghen (62) 21 D2
Hervilly (80). 28 B3
Héry (58) 92 A3
Héry (89) 76 A4
Héry-sur-Alby (74) 123 D3
Herzeele (59) 22 B2
Hesbécourt (80). 28 B3
Hescamps (80) 36 B1
Hesdigneul-lès-Béthune (62) . . 22 B4
Hesdigneul-lès-Boulogne (62) . . 21 D3
Hesdin (62) 26 C1
Hesdin-l'Abbé (62). 21 D3
Hésingue (68) 97 F1
Hesmond (62) 21 E4
Hesse (57) 61 F3
Hessenheim (67). 81 F1
Hestroff (57). 42 C4
Hestrud (59). 29 F2
Hestrus (62) 22 A4
Hétomesnil (60). 36 C2
Hettange-Grande (57) 42 B3
Hettenschlag (68) 81 E3
Heubécourt-Haricourt (27) 54 A1
Heuchin (62) 22 A4
Heucourt-Croquoison (80) 26 B3
Heudebouville (27) 35 F4
Heudicourt (27). 36 A3
Heudicourt (80). 28 A3
Heudicourt-sous-les-Côtes (55) . . 60 A2
Heudreville-en-Lieuvin (27) . . . 34 B4
Heudreville-sur-Eure (27) 35 E4
Heugas (40) 152 A4
Heugleville-sur-Scie (76). 35 E1
Heugnes (36). 103 F1
Heugueville-sur-Sienne (50). . . 49 F1
Heuilley-le-Grand (52) 78 B4
Heuilley-sur-Saône (21) 94 C3
Heuland (14) 34 A3
Heume-l'Église (63). 118 A4
La Heunière (27) 53 F1
Heuqueville (27) 35 F4
Heuqueville (76) 34 A2
Heuringhem (62) 22 A3
Heurteauville (76) 35 D3
Heutrégiville (51). 39 F3
Heuzecourt (80). 27 D2
Hévilliers (55) 59 E4
Heyrieux (38). 121 F4
Hézecques (62) 21 F4
Le Hézo (56). 82 C2
Hibarette (65) 168 C3
Hières-sur-Amby (38) 122 A3
Hierges (08). 30 B2
Hiermont (80) 26 C2
Hiersac (16) 114 A4
Hiesse (16). 115 D2
Hiesville (50). 32 A3
Higuères-Souye (64) 168 B1
Hiis (65) 169 D3
Hilbesheim (57) 62 A2
Hillion (22). 48 A3
Hilsenheim (67) 81 F1
Hilsprich (57) 61 F1
Hinacourt (02) 38 B1

Hinckange (57) 43 D4
Hindisheim (67) 62 C4
Hindlingen (68) 97 D1
Hinges (62) 22 B4
Le Hinglé (22) 48 C4
Hinsbourg (67) 62 A2
Hinsingen (67). 61 F1
Hinx (40) 152 B3
Hipsheim (67) 62 C4
Hirel (35) 49 E3
Hirschland (67) 62 A2
Hirsingue (68) 97 E1
Hirson (02). 29 F3
Hirtzbach (68) 97 D1
Hirtzfelden (68) 81 E3
His (31). 170 B3
Hitte (65) 169 D3
Hochfelden (67) 62 B2
Hochstatt (68) 81 E4
Hochstett (67) 62 C2
Hocquigny (50) 49 F2
Hocquinghen (62) 21 E2
Hodenc-en-Bray (60). 36 B3
Hodenc-l'Évêque (60) 37 D3
Hodeng-au-Bosc (76) 26 B4
Hodeng-Hodenger (76) 36 A2
Hodent (95) 54 B1
Hœdic (56) 82 B3
Hœnheim (67) 62 C3
Hœrdt (67) 62 C3
Hoéville (54) 61 D3
Hoffen (67) 63 D1
Les Hogues (27) 35 F3
La Hoguette (14) 51 F2
Hohengœft (67) 62 B3
Hohfrankenheim (67) 62 C3
Hohrod (68) 81 D2
Le Hohwald (67) 62 B4
Holacourt (57) 61 D1
Holling (57) 43 D3
Holnon (02). 28 B4
Holque (59) 21 F2
Holtzheim (67). 62 C3
Holving (57) 61 F1
Le Hom (14). 51 D1
Hombleux (80). 38 A1
Homblières (02). 28 C4
Hombourg (68) 81 F4
Hombourg-Budange (57) 42 C3
Hombourg-Haut (57). 43 E4
L'Hôme-Chamondot (61). 52 C4
Hommarting (57) 62 A3
Hommert (57) 62 A3
Hommes (37) 87 D2
Homps (11) 173 D2
Homps (32) 155 D3
Hon-Hergies (59) 29 D1
Hondainville (60). 37 D3
Hondeghem (59) 22 B2
Hondevilliers (77) 56 B2
Hondouville (27) 35 E4
Hondschoote (59) 22 B1
Honfleur (14) 34 A3
Honguemare-Guenouville (27) . . 35 D3
Honnechy (59) 28 C2
Honnecourt-sur-Escaut (59) . . . 28 B3
L'Honor-de-Cos (82). 155 F1
Honskirch (57) 61 F1
Hontanx (40) 153 E3
L'Hôpital (57) 43 E4
Hôpital-Camfrout (29). 45 F4
L'Hôpital-d'Orion (64) 167 E1
L'Hôpital-du-Grosbois (25) 95 F4
L'Hôpital-le-Grand (42) 133 E1
L'Hôpital-le-Mercier (71). 107 E4
L'Hôpital-Saint-Blaise (64) . . . 167 F2
L'Hôpital-Saint-Lieffroy (25) . . . 96 A2
L'Hôpital-sous-Rochefort (42) . . 120 A4
Les Hôpitaux-Neufs (25) 111 D2
Les Hôpitaux-Vieux (25) 111 D2
Horbourg-Wihr (68) 81 E2
Hordain (59). 28 B1
La Horgne (08). 40 B2
Horgues (65) 169 D2
L'Horme (42) 133 F1
Hornaing (59) 28 B1
Hornoy-le-Bourg (80) 26 B4
Le Horps (53). 70 A1
Horsarrieu (40) 152 C4
Horville-en-Ornois (55) 59 F4
L'Hosmes (27) 53 E3
L'Hospitalet (04). 162 B1
L'Hospitalet-du-Larzac (12) . . . 158 C2
L'Hospitalet-près-l'Andorre (09) . . 183 F4
Hosta (64) 167 D2
Hoste (61) 61 E1
Hostens (33) 139 D3
Hostun (26) 134 C4
L'Hôtellerie (14) 52 B1
Hotot-en-Auge (14) 33 F4
Hottot-les-Bagues (14) 33 D4
Hottviller (57). 62 B1
La Houblonnière (14) 52 A1
Les Houches (74) 124 B3
Houchin (62) 22 B4
Houdain (62) 22 B4
Houdain-lez-Bavay (59) 29 D1

Houdan (78). 54 A3
Houdancourt (60) 37 F3
Houdelaincourt (55) 59 F4
Houdelmont (54) 60 B4
Houdemont (54) 60 C3
Houdetot (76). 35 D1
Houdilcourt (08) 39 F3
Houdreville (54). 60 B4
Houécourt (88) 79 E1
Houeillès (47) 153 F1
Houetteville (27) 35 E4
Houéville (88) 79 D1
Houeydets (65) 169 E3
Le Houga (32) 153 E3
Houilles (78) 55 D2
Houlbec-Cocherel (27) 53 F1
Houldizy (08) 40 B1
Houlette (16) 113 F4
Houlgate (14) 33 F3
Houlle (62). 21 F2
Le Houlme (76) 35 E2
L'Houmeau (17) 112 B1
Hounoux (11). 172 A3
Houplin-Ancoisne (59) 23 D4
Houplines (59) 22 C3
Houppeville (76) 35 E2
Houquetot (76) 34 B2
Hourc (65) 169 D2
Hourges (51) 39 D4
Hours (64) 168 B2
Hourtin (33) 125 E3
Houry (02) 29 E4
Houssay (41) 72 A4
Houssay (53) 69 F3
La Houssaye (27). 53 D1
La Houssaye-Béranger (76) . . . 35 E2
La Houssaye-en-Brie (77). 56 A3
Le Housseau-Brétignolles (53) . . 51 D4
Houssen (88) 81 E2
Housseras (88) 80 B1
Housset (02) 29 D4
Housséville (54). 79 E1
La Houssière (88) 80 C2
La Houssoye (60) 36 C3
Houtaud (25) 110 C1
Houtkerque (59) 22 B2
Houville-en-Vexin (27) 35 F4
Houville-la-Branche (28) 73 D1
Houvin-Houvigneul (62) 27 E1
Houx (28). 54 A4
Hoymille (59) 22 A1
Huanne-Montmartin (25) 96 A2
Hubersent (62). 21 D3
Huberville (50). 32 A2
Huby-Saint-Leu (62) 26 C1
Huchenneville (80) 26 B2
Huclier (62) 22 A4
Hucqueliers (62) 21 E4
Hudimesnil (60). 49 F2
Hudiviller (54). 60 C3
Huelgoat (29). 46 B4
Huest (27) 53 E1
Huêtre (45). 73 E3
Huez (38). 136 A3
Hugier (70). 95 D3
Hugleville-en-Caux (76) 35 E2
Huillé-Lézigné (49) 86 B1
Huilliécourt (52) 78 C2
Huilly-sur-Seille (71) 109 D3
Huiron (51). 58 B3
Huismes (37) 87 D3
Huisnes-sur-Mer (50) 49 F3
Huisseau-en-Beauce (41) 88 A1
Huisseau-sur-Cosson (41). 88 C1
Huisseau-sur-Mauves (45) 73 D4
L'Huisserie (53) 69 F3
Hulluch (62) 22 C4
Hultehouse (57) 62 A3
Humbauville (51) 58 A3
Humbécourt (52). 58 C4
Humbercamps (62) 27 E2
Humbercourt (80) 27 E2
Humbert (62) 21 E4
Humberville (52) 78 B1
Humbligny (18) 90 C3
Humerœuille (62) 21 F4
Humes-Jorquenay (52) 78 B4
Humières (62) 27 D1
Hunawihr (68) 81 E2
Hundling (67) 43 F4
Hundsbach (68) 97 E1
Huningue (68) 97 F1
Hunspach (67) 63 D1
Hunting (57). 42 C3
Huos (31). 169 F3
Huparlac (12) 144 B2
Huppy (80). 26 B3
Hurbache (88) 80 C1
Hure (33) 140 A3
Hurecourt (70) 79 E3
Hures-la-Parade (48) 145 D4
Huriel (03) 105 D4
Hurigny (71). 108 C4
Hurtières (38). 136 A2
Hurtigheim (67) 62 C3
Husseren-les-Châteaux (68). . . 81 E3
Husseren-Wesserling (68) 80 C3
Hussigny-Godbrange (54) 42 A2

Huttendorf (67) 62 C2
Huttenheim (67) 81 F1
Hyds (03) 118 B3
Hyémondans (25) 96 B2
Hyères (83) 178 B4
Hyet (70) 95 F2
Hyèvre-Magny (25) 96 A2
Hyèvre-Paroisse (25). 96 A2
Hymont (88). 79 F1
Hypercourt (80) 38 A1

I

Ibarrolle (64) 167 D2
Ibigny (57) 61 F3
Ibos (65) 168 C2
Ichtratzheim (67) 62 C4
Ichy (77) 74 B2
Idaux-Mendy (64) 167 E2
Idrac-Respaillès (32) 169 E1
Idron (64). 168 B2
Ids-Saint-Roch (18) 104 C2
Iffendic (35) 67 F2
Les Iffs (35) 68 A1
Ifs (14) 33 E4
Les Ifs (76) 25 F3
Igé (61). 71 E1
Igé (71). 108 B4
Ignaucourt (80) 27 E4
Ignaux (09). 183 F3
Igney (54). 61 E3
Igney (88) 80 A1
Ignol (18) 105 F1
Igny (70). 95 D2
Igny (91). 55 D3
Igny-Comblizy (51) 57 D1
Igon (64). 168 B3
Igornay (71) 108 A1
Igoville (27) 35 E3
Iguerande (71). 120 B1
Iholdy (64) 167 D2
Île-aux-Moines (56). 82 C2
L'Île-Bouchard (37) 87 E4
Île-d'Aix (17). 112 B2
Île-d'Arz (56). 82 C2
Île-de-Batz (29). 46 A2
Île-de-Bréhat (22) 47 F2
Île-de-Sein (29) 64 A4
L'Île-d'Elle (85) 100 A4
Île-d'Houat (56) 82 B3
L'Île-d'Olonne (85) 98 C4
Île-d'Yeu (85) 98 A3
Île-Molène (29) 45 E1
L'Île-Rousse (2B) 186 C3
L'Île-Saint-Denis (93) 55 D2
Île-Tudy (29). 64 C3
Ilharre (64) 167 D1
Ilhat (09). 171 F4
Les Ilhes (11) 172 B2
Ilhet (65) 169 E4
Ilheu (65) 169 F4
Illange (57) 42 B3
Illartein (09) 170 B4
Illats (33) 139 E2
Ille-sur-Têt (66) 185 D2
Illeville-sur-Montfort (27) 34 C3
Illfurth (68) 97 E1
Illhaeusern (68) 81 E2
Illiat (01). 121 E1
Illier-et-Laramade (09). 183 E2
Illiers-Combray (28) 72 C1
Illiers-l'Évêque (27) 53 F2
Illies (59) 22 C4
Illifaut (22) 67 E2
Illkirch-Graffenstaden (67) 62 C4
Illois (76) 36 A1
Illoud (52). 78 C2
Illtal (68) 97 E1
Illy (08). 40 C1
Illzach (68) 81 E4
Ilonse (06) 164 C2
Imbleville (76) 35 E1
Imécourt (08). 40 C3
Imling (57) 61 F3
Imphy (58) 106 B1
Inaumont (08) 40 A2
Incarville (27). 35 E4
Incheville (76) 26 A3
Inchy (59) 28 C2
Inchy-en-Artois (62). 28 A2
Incourt (62) 26 C1
Indevillers (25). 96 C3
Indre (44). 84 B3
Ineuil (18) 105 D2
Ingenheim (67) 62 B3
Ingersheim (68) 81 E2
Inglange (57) 42 C3
Ingolsheim (67) 63 D1
Ingouville (76) 25 D2
Ingrandes (36) 103 D3
Ingrandes (86) 102 B1
Ingrandes-
  -Le Fresne sur Loire (49). . . . 85 E2
Ingrannes (45) 74 A2
Ingré (45) 73 E4
Inguiniel (56). 66 A2

Ingwiller (67) 62 **B2**
Injoux-Génissiat (01) 122 **C2**
Innenheim (67) 62 **C4**
Innimond (01) 122 **B4**
Inor (55) 41 **D2**
Insming (57) 61 **E1**
Insviller (57) 61 **F2**
Intréville (28) 73 **E1**
Intville-la-Guétard (45) 74 **A2**
Inval-Boiron (80) 26 **B3**
Inxent (62) 21 **E4**
Inzinzac-Lochrist (56) 66 **A3**
Ippécourt (55) 59 **D1**
Ippling (57) 43 **F4**
Irai (61) 52 **C3**
Irais (79) 101 **E1**
Irancy (89) 92 **A1**
Iré-le-Sec (55) 41 **E2**
Irigny (69) 121 **E4**
Irissarry (64) 167 **D2**
Irles (80) 27 **F2**
Irodouër (35) 68 **A1**
Iron (02) 29 **D3**
Irouléguy (64) 166 **C2**
Irreville (27) 53 **E1**
Irvillac (29) 45 **F4**
Is-en-Bassigny (52) 78 **C3**
Is-sur-Tille (21) 94 **A2**
Isbergues (62) 22 **A3**
Isches (88) 79 **D3**
Isdes (45) 90 **A1**
Isenay (58) 107 **D1**
Isigny-le-Buat (50) 50 **A3**
Isigny-sur-Mer (14) 32 **B3**
Island (89) 92 **B2**
Isle (87) 116 **A4**
L'Isle-Adam (95) 55 **D1**
L'Isle-Arné (32) 155 **D4**
Isle-Aubigny (10) 58 **A4**
Isle-Aumont (10) 76 **C2**
L'Isle-Bouzon (32) 155 **D2**
L'Isle-d'Abeau (38) 135 **D1**
L'Isle-de-Noé (32) 154 **B4**
L'Isle-d'Espagnac (16) 114 **B4**
L'Isle-en-Dodon (31) 170 **A1**
L'Isle-en-Rigault (55) 59 **D3**
Isle-et-Bardais (03) 105 **F3**
L'Isle-Jourdain (32) 155 **E4**
L'Isle-Jourdain (86) 115 **D1**
Isle-Saint-Georges (33) 139 **E1**
L'Isle-sur-la-Sorgue (84) 161 **E2**
L'Isle-sur-le-Doubs (25) 96 **B2**
Isle-sur-Marne (51) 58 **B3**
L'Isle-sur-Serein (89) 92 **B1**
Les Isles-Bardel (14) 51 **E2**
Isles-les-Meldeuses (77) 56 **A1**
Isles-lès-Villenoy (77) 55 **F2**
Isles-sur-Suippe (51) 39 **F3**
Les Islettes (55) 58 **C1**
Isneauville (76) 35 **E2**
Isola (06) 150 **C4**
Isolaccio-di-Fiumorbo (2B) 189 **E3**
Isômes (52) 94 **B1**
Ispagnac (48) 145 **E4**
Ispoure (64) 166 **C2**
Isques (62) 21 **D3**
Issac (24) 127 **F4**
Issamoulenc (07) 146 **C1**
Issancourt-et-Rumel (08) 40 **C1**
Issanlas (07) 146 **A1**
Issans (25) 96 **B2**
Les Issards (09) 171 **E3**
Issarlès (07) 146 **A1**
Issé (44) 84 **C1**
Isse (51) 57 **F1**
Issel (11) 171 **F2**
Issendolus (46) 142 **C2**
Issenhausen (67) 62 **B2**
Issenheim (68) 81 **D3**
Issepts (46) 143 **D2**
Isserpent (03) 119 **E2**
Isserteaux (63) 119 **E4**
Issigeac (24) 141 **D2**
Issirac (30) 146 **C4**
Issoire (63) 131 **F1**
Issor (64) 167 **F3**
Issou (78) 54 **B2**
Issoudun (36) 104 **B1**
Issoudun-Létrieix (23) 117 **E2**
Issus (31) 171 **D1**
Issy-les-Moulineaux (92) 55 **D2**
Issy-l'Évêque (71) 107 **E2**
Istres (13) 176 **C2**
Les Istres-et-Bury (51) 57 **F2**
Isturits (64) 167 **D1**
Itancourt (02) 38 **B1**
Iteuil (86) 102 **A4**
Itterswiller (67) 81 **E1**
Itteville (91) 55 **D4**
Itxassou (64) 166 **C1**
Itzac (81) 156 **C2**
Ivergny (62) 27 **E1**
Iverny (77) 55 **F1**
Iviers (02) 29 **F4**
Iville (27) 35 **D4**
Ivors (60) 38 **A4**
Ivory (39) 110 **A1**

Ivoy-le-Pré (18) 90 **B3**
Ivrey (39) 110 **A1**
Ivry-la-Bataille (27) 54 **A2**
Ivry-le-Temple (60) 36 **C4**
Ivry-sur-Seine (94) 55 **D3**
Iwuy (59) 28 **B1**
Izaourt (65) 169 **F3**
Izaut-de-l'Hôtel (31) 170 **A4**
Izaux (65) 169 **E3**
Izé (53) 70 **B2**
Izeaux (38) 135 **D2**
Izel-lès-Équerchin (62) 28 **A1**
Izel-lès-Hameau (62) 27 **E1**
Izenave (01) 122 **B2**
Izernore (01) 122 **B1**
Izeron (38) 135 **D3**
Izeste (64) 168 **A3**
Izeure (21) 94 **A4**
Izier (21) 94 **B3**
Izieu (01) 122 **C4**
Izon (33) 126 **B4**
Izon-la-Bruisse (26) 148 **C4**
Izotges (32) 153 **F4**

J

Jablines (77) 55 **F2**
Jabreilles-les-Bordes (87) 116 **B2**
Jabrun (15) 144 **B1**
Jacob-Bellecombette (73) 135 **F1**
Jacou (34) 159 **F4**
Jacque (65) 169 **D2**
Jagny-sous-Bois (95) 55 **E1**
Jaignes (77) 56 **A2**
Jaillans (28) 134 **C4**
La Jaille-Yvon (49) 69 **F4**
Jaillon (54) 60 **B3**
Jailly (58) 91 **F4**
Jailly-les-Moulins (21) 93 **E2**
Jainvillotte (88) 79 **D2**
Jalesches (23) 117 **E1**
Jaleyrac (15) 130 **B3**
Jaligny-sur-Besbre (03) 106 **C4**
Jallanges (21) 109 **D1**
Jallans (28) 72 **C3**
Jallaucourt (57) 60 **C2**
Jallerange (25) 95 **D3**
Jalognes (18) 90 **C3**
Jalogny (71) 108 **B4**
Jâlons (51) 57 **F1**
Jambles (71) 108 **B2**
Jambville (78) 54 **B1**
Jaméricourt (60) 36 **B4**
Jametz (55) 41 **E3**
Janailhac (87) 116 **A4**
Janaillat (23) 116 **C2**
Jancigny (21) 94 **C3**
Jandun (08) 40 **B1**
Janneyrias (38) 121 **F4**
Jans (44) 84 **B1**
Janville (14) 33 **F4**
Janville (60) 38 **A3**
Janville-en-Beauce (28) 73 **E2**
Janville-sur-Juine (91) 55 **D4**
Janvilliers (51) 57 **D2**
Janvry (51) 39 **E4**
Janvry (91) 54 **C3**
Janzé (35) 68 **C3**
Jarcieu (38) 134 **B2**
La Jard (17) 113 **E4**
Jard-sur-Mer (85) 99 **D4**
Le Jardin (19) 130 **A2**
Jardin (38) 134 **B1**
Jardres (86) 102 **B3**
Jargeau (45) 73 **F4**
Jarjayes (05) 149 **E3**
Jarménil (88) 80 **A2**
Jarnac (16) 113 **F4**
Jarnac-Champagne (17) 126 **B1**
Jarnages (23) 117 **E1**
La Jarne (17) 112 **C1**
Jarnosse (42) 120 **B2**
Jarny (54) 42 **A4**
Jarret (65) 168 **C3**
La Jarrie (17) 112 **C1**
La Jarrie-Audouin (17) 113 **E2**
Jarrier (73) 136 **B2**
Jars (18) 90 **C3**
Jarsy (73) 123 **E4**
Jarville-la-Malgrange (54) 60 **C3**
Jarzé Villages (49) 86 **B1**
Jas (42) 120 **C4**
Jasney (70) 79 **F4**
Jassans-Riottier (01) 121 **E2**
Jasseines (10) 58 **A4**
Jasseron (01) 122 **A1**
Jasses (64) 167 **F2**
Jatxou (64) 166 **C1**
Jau-Dignac-et-Loirac (33) 125 **E1**
Jaucourt (10) 77 **E2**
La Jaudonnière (85) 100 **A2**
Jaudrais (28) 53 **E4**
Jaujac (07) 146 **B2**
Jauldes (16) 114 **B4**
Jaulges (89) 76 **B3**

Jaulgonne (02) 56 **C1**
Jaulnay (37) 102 **A1**
Jaulnes (77) 75 **E1**
Jaulny (54) 60 **A1**
Jaulzy (60) 38 **A3**
Jaunac (07) 146 **C1**
Jaunay-Marigny (86) 102 **A3**
Jaure (24) 127 **F4**
Jausiers (04) 150 **B3**
Jaux (60) 37 **F3**
Jauzé (72) 71 **E2**
Javaugues (43) 132 **B3**
Javené (35) 69 **D1**
Javerdat (87) 115 **F3**
Javerlhac-
   -et-la-Chapelle-Saint-Robert (24) . 127 **F1**
Javernant (10) 76 **B2**
La Javie (04) 163 **E1**
Javrezac (16) 113 **F4**
Javron-les-Chapelles (53) 51 **D1**
Jax (43) 132 **B3**
Jaxu (64) 167 **D2**
Jayac (24) 129 **D4**
Jayat (01) 109 **D4**
Jazeneuil (86) 101 **E4**
Jazennes (17) 126 **A1**
Jeancourt (02) 28 **B3**
Jeandelaincourt (54) 60 **C2**
Jeandelize (54) 42 **A4**
Jeanménil (88) 80 **B1**
Jeantes (02) 29 **E4**
Jebsheim (68) 81 **E2**
Jegun (32) 154 **B3**
La Jemaye-Ponteyraud (24) 127 **E3**
Jenlain (59) 29 **D1**
Jenzat (03) 119 **D2**
Jésonville (88) 79 **E2**
Jessains (10) 77 **E1**
Jetterswiller (67) 62 **B3**
Jettingen (68) 97 **E1**
Jeu-les-Bois (36) 104 **A3**
Jeu-Maloches (36) 103 **F1**
Jeugny (10) 76 **B2**
Jeumont (59) 29 **F1**
Jeurre (39) 110 **A4**
Jeux-lès-Bard (21) 92 **C2**
Jeuxey (88) 80 **A2**
Jevoncourt (54) 79 **F1**
Jezainville (54) 60 **B2**
Jézeau (65) 169 **E4**
Joannas (07) 146 **B3**
Job (63) 132 **C1**
Joch (66) 184 **C2**
Jœuf (54) 42 **B4**
Joganville (50) 32 **A2**
Joigny (89) 75 **F3**
Joigny-sur-Meuse (08) 30 **B4**
Joinville (52) 78 **A1**
Joinville-le-Pont (94) 55 **E2**
Joiselle (51) 56 **C3**
Jolimetz (59) 29 **D1**
Jolivet (54) 61 **D3**
Jonage (69) 121 **F4**
Joncels (34) 158 **C4**
La Jonchère (85) 99 **E4**
La Jonchère-Saint-Maurice (87) . .116 **B2**
Jonchères (26) 148 **B2**
Joncherey (90) 96 **C1**
Jonchery (52) 78 **A2**
Jonchery-sur-Suippe (51) 58 **A1**
Jonchery-sur-Vesle (51) 39 **E4**
Joncourt (02) 28 **B3**
Joncreuil (10) 58 **B4**
Joncy (71) 108 **A3**
Jongieux (73) 122 **C4**
Jonquerettes (84) 161 **E2**
Jonquery (51) 57 **D1**
Jonquières (11) 173 **D4**
Jonquières (34) 159 **D4**
Jonquières (60) 37 **F3**
Jonquières (81) 157 **D4**
Jonquières (84) 161 **E1**
Jonquières-Saint-Vincent (30) . . . 160 **C3**
Jons (69) 121 **F3**
Jonval (08) 40 **B2**
Jonvelle (70) 79 **E3**
Jonville-en-Woëvre (55) 60 **A1**
Jonzac (17) 126 **B1**
Jonzier-Épagny (74) 123 **D2**
Jonzieux (42) 133 **F2**
Joppécourt (54) 42 **A3**
Jort (14) 51 **F1**
Jorxey (88) 79 **F1**
Josat (43) 132 **B3**
Josnes (41) 73 **D4**
Josse (40) 151 **F4**
Jossigny (77) 55 **F2**
Jou-sous-Monjou (15) 131 **D4**
Jouac (87) 103 **E4**
Jouaignes (02) 38 **C4**
Jouancy (89) 92 **C1**
Jouarre (77) 56 **B2**
Jouars-Pontchartrain (78) 54 **B3**
Jouaville (54) 42 **B4**
Joucas (84) 161 **F2**
Joucou (11) 184 **A1**
Joudes (71) 109 **E4**

Joudreville (54) 42 **A3**
Joué-du-Bois (61) 51 **E4**
Joué-du-Plain (61) 51 **F3**
Joué-en-Charnie (72) 70 **B3**
Joué-l'Abbé (72) 71 **D3**
Joué-lès-Tours (37) 87 **F3**
Joué-sur-Erdre (44) 84 **C2**
Jouet-sur-l'Aubois (18) 105 **F1**
Jouey (21) 93 **D4**
Jougne (25) 111 **D2**
Jouhe (39) 94 **C4**
Jouhet (86) 102 **C4**
Jouillat (23) 117 **D1**
Jouques (13) 177 **D1**
Jouqueviel (81) 157 **D1**
Journgac (87) 116 **A4**
Journans (01) 122 **A2**
Journet (86) 103 **D4**
Journiac (24) 128 **B4**
Journy (62) 21 **E2**
Jours-lès-Baigneux (21) 93 **E1**
Joursac (15) 131 **E3**
Joussé (86) 115 **D1**
Jouvençon (71) 109 **D3**
Joux (69) 120 **C3**
Joux-la-Ville (89) 92 **B1**
Jouy (28) 54 **A4**
Jouy (89) 75 **D2**
Jouy-aux-Arches (57) 60 **B1**
Jouy-en-Argonne (55) 41 **D4**
Jouy-en-Josas (78) 54 **C3**
Jouy-en-Pithiverais (45) 73 **F2**
Jouy-le-Châtel (77) 56 **B3**
Jouy-le-Moutier (95) 54 **C1**
Jouy-le-Potier (45) 89 **E1**
Jouy-lès-Reims (51) 39 **E4**
Jouy-Mauvoisin (78) 54 **A2**
Jouy-sous-Thelle (60) 36 **C3**
Jouy-sur-Eure (27) 53 **F1**
Jouy-sur-Morin (77) 56 **B3**
Joyeuse (07) 146 **B3**
Joyeux (01) 121 **F3**
Joze (63) 119 **D3**
Jozerand (63) 118 **C2**
Jû-Belloc (32) 153 **F4**
Juaye-Mondaye (14) 32 **C4**
Jubainville (88) 60 **A4**
Jublains (53) 70 **A1**
Le Juch (29) 64 **C2**
Jugazan (33) 139 **E1**
Jugeals-Nazareth (19) 129 **E4**
Jugon-les-Lacs -
   - Commune nouvelle (22) 48 **B4**
Jugy (71) 108 **C3**
Juicq (17) 113 **E3**
Juif (71) 109 **D3**
Juignac (16) 127 **E2**
Juigné-des-Moutiers (44) 85 **D1**
Juigné-sur-Sarthe (72) 70 **B4**
Juignettes (27) 52 **C2**
Juillac (19) 129 **D2**
Juillac (32) 153 **F4**
Juillac (33) 140 **A1**
Juillac-le-Coq (16) 126 **C1**
Juillan (65) 168 **C2**
Juillé (16) 114 **B3**
Juillé (72) 71 **D2**
Juillé (79) 113 **F2**
Juillenay (21) 93 **D3**
Juilles (32) 155 **D4**
Juilley (50) 50 **A3**
Juilly (21) 93 **D2**
Juilly (77) 55 **F1**
Jujols (66) 184 **B2**
Jujurieux (01) 122 **B2**
Julianges (48) 145 **D1**
Juliénas (69) 121 **D1**
Julienne (16) 113 **F4**
Jullianges (43) 132 **C2**
Jullié (69) 121 **D1**
Jullouville (50) 49 **F2**
Jully (89) 77 **D4**
Jully-lès-Buxy (71) 108 **B3**
Jully-sur-Sarce (10) 77 **D2**
Julos (65) 168 **C3**
Julvécourt (55) 59 **D1**
Jumeauville (78) 54 **B2**
Jumeaux (63) 132 **A2**
Jumel (80) 27 **D4**
Jumelles (27) 53 **F2**
Jumencourt (02) 38 **C2**
Jumièges (76) 35 **D3**
Jumigny (02) 39 **D3**
Jumilhac-le-Grand (24) 128 **C2**
Junas (30) 160 **A3**
Junay (89) 76 **B4**
Juncalas (65) 181 **D1**
Jungholtz (68) 81 **D3**
Junhac (15) 143 **F2**
Les Junies (46) 142 **A3**
Juniville (08) 40 **A3**
Jupilles (72) 71 **E4**
Jurançon (64) 168 **A2**
Juranville (45) 74 **B3**
Juré (42) 120 **A3**
Jurvielle (31) 181 **F2**
Jury (57) 60 **C1**
Juscorps (79) 113 **F1**

Jusix (47) 140 A3
Jussac (15) 130 C4
Jussarupt (88) 80 B2
Jussas (17) 126 B2
Jussecourt-Minecourt (51) 58 C3
Jussey (70) 79 E4
Jussy (02) 38 B1
Jussy (57) 60 B1
Jussy (89) 92 A1
Jussy-Champagne (18) 105 E1
Jussy-le-Chaudrier (18) 91 D4
Justian (32) 154 A3
Justine-Herbigny (08) 40 A2
Justiniac (09) 171 D2
Jutigny (77) 56 B4
Juvaincourt (88) 79 E1
Juvancourt (10) 77 F2
Juvanzé (10) 77 E1
Juvardeil (49) 86 A1
Juvelize (57) 61 E3
Juvignac (34) 159 F4
Juvigné (53) 69 E1
Juvignies (60) 36 C2
Juvigny (02) 38 B3
Juvigny (51) 58 A1
Juvigny (74) 123 E1
Juvigny-en-Perthois (55) 59 D4
Juvigny les Vallées (50) 50 B3
Juvigny-sur-Loison (55) 41 E3
Juvigny-sur-Orne (61) 52 A3
Juvigny-sur-Seulles (14) 33 D4
Juvigny Val d'Andaine (61) 51 D4
Juville (57) 60 C2
Juvinas (07) 146 C2
Juvincourt-et-Damary (02) 39 E3
Juvisy-sur-Orge (91) 55 D3
Juvrecourt (54) 61 D3
Juxue (64) 167 D2
Juzanvigny (10) 77 E1
Juzennecourt (52) 77 A2
Juzes (31) 171 F1
Juzet-de-Luchon (31) 181 F2
Juzet-d'Izaut (31) 170 A4
Juziers (78) 54 B2

K

Kalhausen (57) 62 A1
Kaltenhouse (67) 63 D2
Kanfen (57) 42 B3
Kappelen (68) 97 E1
Kappelkinger (57) 61 F1
Katzenthal (68) 81 E2
Kauffenheim (67) 63 D2
Kaysersberg Vignoble (68) 81 D2
Kédange-sur-Canner (57) 42 C3
Keffenach (67) 63 D1
Kembs (68) 81 F4
Kemplich (57) 42 C3
Kerbach (57) 43 F4
Kerbors (22) 47 E2
Kerfot (22) 47 E2
Kerfourn (56) 66 C2
Kergloff (29) 65 F1
Kergrist (56) 66 B1
Kergrist-Moëlou (22) 47 D4
Kerien (22) 47 D4
Kerlaz (29) 64 C1
Kerling-lès-Sierck (57) 42 C3
Kerlouan (29) 45 F2
Kermaria-Sulard (22) 47 D2
Kermoroc'h (22) 47 E3
Kernascléden (56) 66 A2
Kernilis (29) 45 E3
Kernouës (29) 45 F3
Kerpert (22) 47 E4
Kerprich-aux-Bois (57) 61 F3
Kersaint-Plabennec (29) 45 F3
Kertzfeld (67) 62 C4
Kervignac (56) 66 A4
Keskastel (67) 61 F1
Kesseldorf (67) 63 E2
Kienheim (67) 62 C3
Kiffis (68) 97 E2
Killem (59) 22 B1
Kilstett (67) 63 D3
Kindwiller (67) 62 C2
Kingersheim (68) 81 E4
Kintzheim (67) 81 E1
Kirchberg (68) 80 C4
Kirchheim (67) 62 B3
Kirrberg (67) 61 F2
Kirrwiller (67) 62 B2
Kirsch-lès-Sierck (57) 42 C2
Kirschnaumen (57) 42 C3
Kirviller (57) 61 F1
Klang (57) 42 C3
Kleingœft (67) 62 B3
Knœringue (68) 97 E1
Knœrsheim (67) 62 B3
Knutange (57) 42 B3
Kœnigsmacker (57) 42 C3
Kœstlach (68) 97 E2
Kœtzingue (68) 97 E1
Kœur-la-Grande (55) 59 F2
Kœur-la-Petite (55) 59 F2

Kogenheim (67) 81 F1
Kolbsheim (67) 62 C3
Krautergersheim (67) 62 C4
Krautwiller (67) 62 C2
Kriegsheim (67) 62 C2
Kruth (68) 80 C3
Kunheim (68) 81 F2
Kuntzig (57) 42 C3
Kurtzenhouse (67) 62 C2
Kuttolsheim (67) 62 B3
Kutzenhausen (67) 63 D1

L

Laà-Mondrans (64) 167 F1
Laas (32) 169 E1
Laas (45) 74 A2
Laàs (64) 167 F1
Labalme (01) 122 B2
Labarde (33) 126 A4
Labaroche (68) 81 D2
Labarthe (32) 169 F1
Labarthe (82) 155 F1
Labarthe-Bleys (81) 156 C2
Labarthe-Inard (31) 170 A3
Labarthe-Rivière (31) 169 F3
Labarthe-sur-Lèze (31) 171 D1
Labarthète (32) 153 E4
Labassère (65) 169 D3
Labastide (65) 169 D3
Labastide-Beauvoir (31) 171 E1
Labastide-Castel-Amouroux (47) 140 A4
Labastide-Cézéracq (64) 168 A1
Labastide-Chalosse (40) 152 C4
Labastide-Clermont (31) 170 B2
Labastide-d'Anjou (11) 171 F2
Labastide-d'Armagnac (40) 153 E2
Labastide-de-Lévis (81) 156 C2
Labastide-de-Penne (82) 142 B4
Labastide-de-Virac (07) 146 C4
Labastide-du-Haut-Mont (46) 143 E1
Labastide-du-Temple (82) 155 F2
Labastide-du-Vert (46) 142 A3
Labastide-en-Val (11) 172 C3
Labastide-Esparbairenque (11) 172 B2
Labastide-Gabausse (81) 157 D2
Labastide-Marnhac (46) 142 A4
Labastide-Monréjau (64) 168 A1
Labastide-Paumès (31) 170 B2
Labastide-Rouairoux (81) 173 D1
Labastide-Saint-Georges (81) 156 C4
Labastide-Saint-Pierre (82) 155 F2
Labastide-Saint-Sernin (31) 156 A3
Labastide-Savès (32) 170 B1
Labastide-sur-Bésorgues (07) 146 C2
Labastide-Villefranche (64) 167 E1
Labastidette (31) 170 C1
Labathude (46) 143 D2
Labatie-d'Andaure (07) 133 F4
Labatmale (64) 168 B2
Labatut (09) 171 D2
Labatut (40) 152 A4
Labatut (64) 168 C1
Labatut-Rivière (65) 169 D1
Labbeville (95) 54 C1
Labeaume (07) 146 C3
Labécède-Lauragais (11) 172 A2
Labège (31) 171 D1
Labégude (07) 146 C2
Labéjan (32) 169 F1
Labenne (40) 151 E4
Labergement-Foigney (21) 94 B3
Labergement-lès-Auxonne (21) 94 B4
Labergement-lès-Seurre (21) 109 D1
Labergement-Sainte-Marie (25) 110 C2
Laberlière (60) 37 F2
Labescau (33) 139 F3
Labesserette (15) 143 F2
Labessière-Candeil (81) 156 C3
Labets-Biscay (64) 167 D1
Labeuville (55) 60 A1
Labeuvrière (62) 22 B4
Labeyrie (64) 152 C4
Lablachère (07) 146 B3
Laboissière-en-Santerre (80) 37 F2
Laboissière-en-Thelle (60) 36 C4
Laborde (65) 169 E3
Laborel (26) 148 C4
Labosse (60) 36 B3
Labouheyre (40) 138 C4
Laboulbène (81) 157 D4
Laboule (07) 146 B2
Labourgade (82) 155 E2
Labourse (62) 22 B4
Laboutarie (81) 157 D3
Labretonie (47) 140 C3
Labrihe (32) 155 D3
Labrit (40) 139 D1
Labroquère (31) 169 F3
Labrosse (45) 74 C2
Labroye (62) 26 C1
Labruguière (81) 172 B1
Labruyère (21) 94 B4

Labruyère (60) 37 E3
Labruyère-Dorsa (31) 171 D1
Labry (54) 42 A4
Laburgade (46) 142 B4
Lac-des-Rouges-Truites (39) 110 B3
Le Lac-d'Issarlès (07) 146 B1
Lacabarède (81) 172 C1
Lacadée (64) 152 C4
Lacajunte (40) 152 C4
Lacanau (33) 125 E4
Lacanche (21) 93 E4
Lacapelle-Barrès (15) 144 A1
Lacapelle-Biron (47) 141 E2
Lacapelle-Cabanac (46) 141 F3
Lacapelle-del-Fraisse (15) 143 F1
Lacapelle-Livron (82) 156 B1
Lacapelle-Marival (46) 143 D2
Lacapelle-Pinet (81) 157 E2
Lacapelle-Ségalar (81) 156 C1
Lacapelle-Viescamp (15) 143 E1
Lacarre (64) 167 D2
Lacarry-Arhan-
  -Charritte-de-Haut (64) 167 E3
Lacassagne (65) 169 D2
Lacaugne (31) 170 C2
Lacaune (81) 157 F4
Lacaussade (47) 141 E3
Lacave (09) 182 B1
Lacave (46) 142 B1
Lacaze (81) 157 F4
Lacelle (19) 117 D4
Lacenas (69) 121 D2
Lacépède (47) 140 C4
Lachaise (16) 126 C1
Lachalade (55) 40 C4
Lachambre (57) 43 E4
Lachamp-Raphaël (07) 146 C1
Lachamp-Ribennes (48) 145 E2
Lachapelle (47) 140 B2
Lachapelle (54) 61 E4
Lachapelle (80) 36 C1
Lachapelle (82) 155 D2
Lachapelle-aux-Pots (60) 36 B3
Lachapelle-Auzac (46) 142 B1
Lachapelle-en-Blaisy (52) 78 A2
Lachapelle-Graillouse (07) 146 A1
Lachapelle-Saint-Pierre (60) 37 D4
Lachapelle-sous-Aubenas (07) 146 C3
Lachapelle-sous-Chanéac (07) 133 E4
Lachapelle-sous-Chaux (90) 80 C4
Lachapelle-sous-Gerberoy (60) 36 B2
Lachapelle-sous-Rougemont (90) 80 C4
Lachassagne (69) 121 D3
Lachau (26) 148 C4
Lachaussée (55) 60 A1
Lachaussée-du-Bois-d'Écu (60) 37 D2
Lachaux (63) 119 E3
Lachelle (60) 37 F3
Lachy (51) 57 D3
Lacollonge (90) 96 C1
Lacommande (64) 168 A2
Lacoste (34) 159 D4
Lacoste (84) 161 F3
Lacougotte-Cadoul (81) 156 B4
Lacour (82) 141 E4
Lacour-d'Arcenay (21) 92 C3
Lacourt (09) 170 C4
Lacourt-Saint-Pierre (82) 155 F2
Lacq (64) 167 F1
Lacquy (40) 153 E2
Lacrabe (40) 152 C4
Lacres (62) 21 E3
Lacroisille (81) 156 C4
Lacroix-Barrez (12) 144 A1
Lacroix-Falgarde (31) 171 D1
Lacroix-Saint-Ouen (60) 37 F3
Lacroix-sur-Meuse (55) 59 F1
Lacropte (24) 128 B4
Lacrost (71) 108 C3
Lacrouzette (81) 157 E4
Lacs (36) 104 B3
Ladapeyre (23) 117 E1
Ladaux (33) 139 F2
Ladern-sur-Lauquet (11) 172 B3
Ladevèze-Rivière (32) 153 F4
Ladevèze-Ville (32) 153 F4
Ladignac-le-Long (87) 128 C1
Ladignac-sur-Rondelles (19) 129 F3
Ladinhac (15) 143 F2
Ladirat (46) 143 D1
Ladiville (16) 127 D1
Ladoix-Serrigny (21) 93 F4
Ladon (45) 74 B3
Lados (33) 139 F3
Ladoye-sur-Seille (39) 109 F2
Lafage (11) 171 F3
Lafage-sur-Sombre (19) 130 A2
Lafare (84) 161 E1
Lafarre (07) 146 A1
Lafarre (43) 146 A1
Lafat (23) 116 C1
Lafauche (52) 78 C1
Laféline (03) 119 D1
Laferté-sur-Amance (52) 79 D4
Laferté-sur-Aube (52) 77 F3
Lafeuillade-en-Vézie (15) 143 F1
Laffaux (02) 38 C3

Laffite-Toupière (31) 170 A3
Laffrey (38) 135 F4
Lafitole (65) 169 D1
Lafitte (82) 155 E2
Lafitte-sur-Lot (47) 140 C4
Lafitte-Vigordane (31) 170 C2
Lafox (47) 154 C1
Lafrançaise (82) 155 F1
Lafraye (60) 37 D2
Lafresguimont-Saint-Martin (80) 36 B1
Lafrimbolle (57) 61 F3
Lagamas (34) 159 D4
Lagarde (09) 171 F3
Lagarde (31) 171 E2
Lagarde (32) 154 C2
Lagarde (57) 61 E3
Lagarde (65) 168 C2
Lagarde-d'Apt (84) 162 B2
Lagarde-Hachan (32) 169 F1
Lagarde-Marc-la-Tour (19) 129 F3
Lagarde-Paréol (84) 147 E4
Lagarde-sur-le-Né (16) 126 C1
Lagardelle (81) 141 F3
Lagardelle-sur-Lèze (31) 171 D1
Lagardère (32) 154 B3
Lagardiolle (81) 172 A1
Lagarrigue (47) 140 C4
Lagarrigue (81) 157 E4
Lageon (79) 101 D2
Lagery (51) 39 D4
Lagesse (10) 76 C3
Lagleygeolle (19) 129 E4
Laglorieuse (40) 153 D3
Lagnes (84) 161 F3
Lagney (54) 60 A3
Lagnicourt-Marcel (62) 28 A2
Lagnieu (01) 122 A3
Lagny (60) 38 A2
Lagny-le-Sec (60) 55 F1
Lagny-sur-Marne (77) 55 F2
Lagor (64) 167 F1
Lagorce (07) 146 C3
Lagorce (33) 126 C3
Lagord (17) 112 B1
Lagos (64) 168 B2
Lagrâce-Dieu (31) 171 D2
Lagrange (40) 153 F2
Lagrange (65) 169 E3
Lagrange (90) 96 C1
Lagrasse (11) 173 D3
Lagraulet-du-Gers (32) 154 A2
Lagraulet-Saint-Nicolas (31) 155 E3
Lagraulière (19) 129 E2
Lagrave (81) 156 C3
Lagruère (47) 140 B3
Laguenne-sur-Avalouze (19) 129 F3
Laguépie (82) 156 C1
Laguian-Mazous (32) 169 E1
Laguinge-Restoue (64) 167 E3
Laguiole (12) 144 B2
Lagupie (47) 140 A2
Lahage (31) 170 B1
Lahas (32) 155 D4
Lahaymeix (55) 59 E2
Lahayville (55) 60 A2
Laheycourt (55) 59 D2
Lahitère (31) 170 C3
Lahitte (32) 154 C4
Lahitte-Toupière (65) 168 C1
Lahonce (64) 151 E4
Lahontan (64) 152 A4
Lahosse (40) 152 B3
Lahourcade (64) 167 F1
Lahoussoye (80) 27 E3
Laifour (08) 30 B3
La Laigne (17) 113 D1
Laigné-en-Belin (72) 71 D4
Laignelet (35) 69 D1
Laignes (21) 77 E1
Laigneville (60) 37 E4
Laigny (02) 39 D1
Laillé (35) 68 B3
Lailly (89) 75 F2
Lailly-en-Val (45) 73 D4
Laimont (55) 59 D2
Lain (89) 91 F1
Laines-aux-Bois (10) 76 B2
Lainsecq (89) 91 E2
Lainville-en-Vexin (78) 54 B1
Laire (25) 96 B1
Laires (62) 22 A4
Lairière (11) 172 C4
Lairoux (85) 99 F3
Laissac-Sévérac l'Église (12) 144 B4
Laissaud (73) 136 A1
Laissey (25) 95 F3
Laître-sous-Amance (54) 60 C3
Laives (71) 108 C3
Laix (54) 42 A3
Laiz (01) 121 E1
Laizé (71) 108 C4
Laizy-Clinchamps (14) 51 E1
Laize (14) 107 F1
Lajo (48) 145 E1
Lajoux (39) 110 B4
Lalacelle (61) 51 F4
Lalande (89) 91 E1
Lalande-de-Pomerol (33) 126 B3

alande-en-Son (60) 36 B3
alandelle (60) 36 B3
alandusse (47) 140 C2
alanne (32) 154 C3
alanne (65) 169 F2
alanne-Arqué (32) 169 F2
alanne-Trie (65) 169 E2
alaye (67) 81 D1
albenque (46) 142 B4
aleu (61) 52 B4
aleu (80) 26 C3
alevade-d'Ardèche (07) 146 C2
alheue (71) 108 B3
alinde (24) 141 D1
alizolle (03) 118 C2
allaing (59) 28 B1
alleu (35) 68 C3
alley (38) 148 C1
alobbe (08) 40 A1
alœuf (54) 60 B4
alongue (64) 168 B1
alonquette (64) 168 B1
aloubère (65) 169 D2
alouret-Laffiteau (31) 170 A3
alouvesc (07) 133 F3
aluque (40) 152 A2
ama (2B) 187 D3
amadeleine-Val-des-Anges (90) 80 C4
amagdelaine (46) 142 B3
amagistère (82) 155 D1
amaguère (32) 169 F1
amaids (03) 117 F1
amalou-les-Bains (34) 158 B4
amancine (52) 78 A2
amanère (66) 184 C3
amanon (13) 161 F4
amarche (88) 79 D3
amarche-sur-Saône (21) 94 B3
amargelle (21) 93 F2
amaronde (80) 36 B1
amarque (33) 125 F3
amarque-Pontacq (65) 168 C2
amarque-Rustaing (65) 169 E2
amasquère (31) 170 C1
amastre (07) 133 F4
amath (54) 61 D4
amayou (64) 168 C1
amazère (32) 154 B4
amazière-Basse (19) 130 B2
amazière-Haute (19) 117 F4
ambach (57) 62 B1
amballe-Armor (22) 48 A4
ambersart (59) 23 D3
amberville (50) 50 B1
amberville (76) 35 E1
ambesc (13) 161 F4
amblore (28) 53 D3
ambres (62) 22 A3
ambres-lez-Douai (59) 28 A1
ambrey (70) 79 E4
ambruisse (04) 163 F2
améac (65) 169 D2
amécourt (60) 37 E3
amelouze (30) 160 A1
amenay-sur-Loire (58) 106 C2
ametz (80) 40 B2
amillarié (81) 157 D3
amillerville (76) 35 E1
amnay (72) 71 F2
amongerie (19) 129 E1
amontélarié (81) 157 F4
amontgie (63) 132 A1
amontjoie (48) 154 B2
amonzie-Montastruc (24) 141 D1
amonzie-Saint-Martin (24) 140 C1
amorlaye (60) 55 E1
amorville (55) 59 F2
amothe (40) 152 C3
amothe (43) 132 A2
amothe-Capdeville (82) 155 F2
amothe-Cassel (46) 142 B2
amothe-Cumont (82) 155 D3
amothe-Fénelon (46) 142 A1
amothe-Goas (32) 154 C3
amothe-Landerron (33) 140 A2
amothe-Montravel (24) 140 A1
amotte-Beuvron (41) 89 F1
amotte-Brebière (80) 27 E3
amotte-Buleux (80) 26 B2
amotte-du-Rhône (84) 147 D4
amotte-Warfusée (80) 27 E3
amouilly (55) 41 D2
amoura (39) 110 B4
ampaul-Guimiliau (29) 46 A3
ampaul-Plouarzel (29) 45 D3
ampaul-Ploudalmézeau (29) 45 D3
ampertheim (67) 62 C3
ampertsloch (67) 62 C1
amure-sur-Azergues (69) 120 C2
anans (25) 96 A3
anarce (07) 146 A2
anarvily (29) 45 E3
anas (07) 146 C3
ancé (41) 88 B1
anchères (80) 26 A2
anches-Saint-Hilaire (80) 26 C2
anchy (02) 38 A1
anciè (69) 121 D1

Lancieux (22) 48 C3
Lancôme (41) 88 B1
Lançon (08) 40 C4
Lançon (65) 169 E4
Lançon-Provence (13) 161 F4
Landange (57) 61 F3
Landas (59) 23 E4
Landaul (35) 82 B1
Landavran (35) 69 D2
La Lande-Chasles (49) 86 C2
La Lande-d'Airou (50) 50 A2
La Lande-de-Fronsac (33) 126 B4
La Lande-de-Goult (61) 51 F4
La Lande-de-Lougé (61) 51 E3
La Lande-Patry (61) 51 D3
La Lande-Saint-Léger (27) 34 B3
La Lande-Saint-Siméon (61) 51 D2
Landéan (35) 50 A4
Landebaëron (22) 47 E3
Landébia (22) 48 B3
Landécourt (54) 61 D4
Landéda (29) 45 E2
Landéhen (22) 48 A4
Landeleau (29) 65 E1
Landelles (28) 53 E4
Landelles-et-Coupigny (14) 50 B2
Landerneau (29) 45 F3
Landéronde (85) 99 D2
Landerrouat (33) 140 B1
Landerrouet-sur-Ségur (33) 140 A2
Landersheim (67) 62 B3
Landes (17) 113 E2
Les Landes-Genusson (85) 99 F1
Landes-le-Gaulois (41) 88 B1
Landes-sur-Ajon (14) 51 D1
Landes-Vieilles-et-Neuves (76) 36 A1
Landévant (56) 82 B1
Landévennec (29) 45 F4
Landevieille (85) 98 C3
Landeyrat (15) 131 E3
Landifay-et-Bertaignemont (02) 38 C1
Landigou (61) 51 D3
Le Landin (27) 35 D3
Landiras (33) 139 E2
Landisacq (61) 50 C3
Landivisiau (29) 46 A3
Landivy (53) 50 B4
Landogne (63) 118 A3
Landorthe (31) 170 A3
Landos (43) 145 F1
Landouzy-la-Cour (02) 29 E4
Landouzy-la-Ville (02) 29 E4
Landrais (17) 113 D2
Le Landreau (44) 84 C3
Landrecies (59) 29 D2
Landrecourt-Lempire (55) 59 E1
Landremont (54) 60 B2
Landres (54) 42 A3
Landres-et-Saint-Georges (08) 40 C3
Landresse (25) 96 A3
Landrethun-le-Nord (62) 21 E2
Landrethun-lès-Ardres (62) 21 E2
Landrévarzec (29) 65 D1
Landreville (10) 77 D3
Landricourt (02) 38 C2
Landricourt (51) 58 C4
Landroff (57) 61 D1
Landser (68) 81 E4
Landudal (29) 65 D2
Landudec (29) 64 B2
Landujan (35) 68 A1
Landunvez (29) 45 D3
Lanespède (65) 169 D3
Lanester (56) 66 A4
Lanet (11) 172 C4
Laneuvelle (52) 79 D3
Laneuvelotte (54) 60 C3
Laneuveville-aux-Bois (54) 61 E3
Laneuveville-derrière-Foug (54) 60 A3
Laneuveville-devant-Bayon (54) 60 C4
Laneuveville-devant-Nancy (54) 60 C3
Laneuveville-en-Saulnois (57) 61 D2
Laneuveville-lès-Lorquin (57) 61 F2
Laneuville-à-Rémy (52) 58 C4
Laneuville-au-Pont (52) 58 C3
Laneuville-au-Rupt (55) 59 F3
Laneuville-sur-Meuse (55) 41 D2
Lanfains (22) 47 F4
Lanfroicourt (54) 60 C2
Langan (35) 68 A1
Langate (57) 61 F2
Langé (36) 88 C4
Langeac (43) 132 B4
Langeais (37) 87 E3
Langensoultzbach (67) 62 C1
Langeron (58) 106 A2
Langesse (45) 74 C4
Langlade (30) 160 B3
Langley (88) 79 F1
Langoat (22) 47 D2
Langoëlan (56) 66 A2
Langogne (48) 145 F2
Langoiran (33) 139 E2
Langolen (29) 65 D2

Langon (33) 139 F2
Langon (35) 68 A4
Le Langon (85) 100 A4
Langon-sur-Cher (41) 89 E3
Langonnet (56) 65 F2
Langouet (35) 68 A1
Langrolay-sur-Rance (22) 49 D3
Langrune-sur-Mer (14) 33 E3
Languédias (22) 48 C4
Languenan (22) 48 C4
Langueux (22) 48 A4
Languevoisin-Quiquery (80) 38 A1
Languidic (56) 66 A3
Languimberg (57) 61 E3
Langy (03) 119 E1
Lanhères (55) 42 A4
Lanhouarneau (29) 45 F3
Lanildut (29) 45 D3
Laning (57) 61 E1
Laniscourt (02) 38 C2
Lanleff (22) 47 E2
Lanloup (22) 47 F2
Lanmérin (22) 47 D2
Lanmeur (29) 46 B2
Lanmodez (22) 47 E2
Lanne (65) 168 C3
Lanne-en-Barétous (64) 167 F3
Lanne-Soubiran (32) 153 F4
Lannéanou (29) 46 C3
Lannebert (22) 47 E3
Lannecaube (64) 168 B1
Lannédern (29) 46 B4
Lannemaignan (32) 153 E2
Lannemezan (65) 169 E3
Lannepax (32) 154 A3
Lanneplaà (64) 167 F1
Lannes (47) 154 A2
Lanneuffret (29) 45 F3
Lannilis (29) 45 E3
Lannion (22) 47 D2
Lannoy (59) 23 E3
Lannoy-Cuillère (60) 36 B1
Lannux (32) 153 E4
Lano (2B) 187 D4
Lanobre (15) 130 C2
Lanouaille (24) 128 C2
Lanoux (09) 183 D1
Lanquais (24) 141 D1
Lanques-sur-Rognon (52) 78 B3
Lanquetot (76) 34 C2
Lanrelas (22) 67 E1
Lanrigan (35) 49 E4
Lanrivain (22) 47 D4
Lanrivoaré (29) 45 D3
Lanrodec (22) 47 E3
Lans (71) 108 C2
Lans-en-Vercors (38) 135 E3
Lansac (33) 126 A3
Lansac (65) 169 D2
Lansac (66) 185 D1
Lansargues (34) 175 D1
Lanta (31) 171 E1
Lantabat (64) 167 D2
Lantages (10) 76 C3
Lantan (18) 105 E1
Lantéfontaine (54) 42 A4
Lantenay (01) 122 B2
Lantenay (21) 93 F3
Lantenne-Vertière (25) 95 D3
Lantenot (70) 80 A4
La Lanterne-et-les-Armonts (70) 80 A4
Lanteuil (19) 129 E3
Lanthenans (25) 96 B2
Lanthes (21) 109 D1
Lantic (22) 47 F3
Lantignié (69) 121 D2
Lantillac (56) 67 D3
Lantilly (21) 93 D2
Lanton (33) 138 B1
Lantosque (06) 165 D2
Lantriac (43) 133 D4
Lanty (58) 107 D2
Lanty-sur-Aube (52) 77 F3
Lanuéjols (30) 159 D1
Lanuéjols (48) 145 E3
Lanuéjouls (12) 143 E3
Lanvallay (22) 49 D4
Lanvaudan (56) 66 A3
Lanvellec (22) 46 C3
Lanvénégen (56) 65 F2
Lanvéoc (29) 45 E4
Lanvollon (22) 47 F3
Lanzac (46) 142 B1
Laon (02) 39 D2
Laons (28) 53 E3
Lapalisse (03) 119 F1
Lapalud (84) 147 E4
Lapan (18) 105 D1
Lapanouse-de-Cernon (12) 158 B2
Laparade (47) 140 C3
Laparrouquial (81) 157 D1
Lapège (09) 183 E2
Lapenche (82) 156 A1
Lapenne (09) 171 E3
Lapenty (50) 50 B3
Laperche (47) 140 C3
Laperrière-sur-Saône (21) 94 B4

Lapeyre (65) 169 E2
Lapeyrère (31) 170 C3
Lapeyrouse (01) 121 F2
Lapeyrouse (63) 118 B1
Lapeyrouse-Fossat (31) 156 A4
Lapeyrouse-Mornay (26) 134 B2
Lapeyrugue (15) 143 F2
Lapleau (19) 130 B2
Laplume (47) 154 C1
Lapoutroie (68) 81 D2
Lapouyade (33) 126 B3
Lappion (02) 39 E2
Laprade (11) 172 B1
Laprade (16) 127 E2
Laprugne (03) 119 F3
Laps (63) 119 D4
Lapte (43) 133 E3
Lapugnoy (62) 22 B4
Laquenexy (57) 60 C1
Laqueuille (63) 118 B4
Laragne-Montéglin (05) 149 D4
Larajasse (69) 133 F1
Laramière (46) 143 D4
Laran (65) 169 E2
Larbey (40) 152 C3
Larbont (09) 183 D1
Larbroye (60) 38 A2
Larcan (31) 170 A3
Larcat (09) 183 E2
Larçay (37) 87 F3
Larceveau-Arros-Cibits (64) 167 D2
Larchamp (53) 69 E1
Larchant (77) 74 B2
Larche (19) 129 D3
Le Larderet (39) 110 B2
Lardier-et-Valença (05) 149 D3
Lardiers (04) 162 C2
Le Lardin-Saint-Lazare (24) 128 C3
Lardy (91) 55 D4
Larée (32) 153 F2
Laréole (31) 155 E3
Largeasse (79) 100 C2
L'Argentière (07) 146 C3
Largillay-Marsonnay (39) 109 F3
Largitzen (68) 97 D1
Largny-sur-Automne (02) 38 A4
Larians-et-Munans (70) 95 F2
Larivière (90) 96 C1
Larivière-Arnoncourt (52) 79 D3
Larmor-Baden (56) 82 B2
Larmor-Plage (56) 65 F4
Larnage (26) 134 B4
Larnagol (46) 142 C3
Larnas (07) 147 D3
Larnat (09) 183 E2
Larnaud (39) 109 E2
Larnod (25) 95 E4
Laroche-près-Feyt (19) 117 F4
Laroche-Saint-Cydroine (89) 75 F3
Larochemillay (58) 107 E2
Larodde (63) 130 C1
Laroin (64) 168 A2
Laronxe (54) 61 D4
Laroque (33) 139 E2
Laroque (34) 159 E3
Laroque-de-Fa (11) 172 C4
Laroque-des-Albères (66) 185 E2
Laroque-d'Olmes (09) 171 F4
Laroque-Timbaut (47) 141 D4
Laroquebrou (15) 130 B4
Laroquevieille (15) 130 C4
Larouillies (59) 29 E3
Larra (31) 155 F3
Larrau (64) 167 E3
Larrazet (82) 155 E2
Larré (56) 67 D4
Larré (61) 52 A4
Larressingle (32) 154 B2
Larressore (64) 166 B1
Larret (70) 94 C1
Larreule (64) 168 A1
Larreule (65) 168 C1
Larrey (21) 77 D4
Larribar-Sorhapuru (64) 167 D2
Larringes (74) 111 D4
Larrivière-Saint-Savin (40) 153 D3
Larrivoire (39) 110 A4
Larroque (31) 169 F2
Larroque (65) 169 F2
Larroque (81) 156 B2
Larroque-Engalin (32) 154 C2
Larroque-Saint-Sernin (32) 154 B3
Larroque-sur-l'Osse (32) 154 A2
Larroque-Toirac (46) 143 D3
Lartigue (32) 170 A1
Lartigue (33) 139 F4
Laruns (64) 168 A3
Laruscade (33) 126 B3
Larzac (24) 141 F1
Larzicourt (51) 58 B3
Lasalle (30) 159 F2
Lasbordes (11) 172 A2
Lascaux (19) 129 D2
Lascazères (65) 168 C1
Lascelle (15) 131 D4
Lasclaveries (64) 168 B1
Lasfaillades (81) 157 F4
Lasgraisses (81) 157 D3

Laslades (65) 169 D2
Lassales (65) 169 E2
Lassay-les-Châteaux (53) 51 D4
Lassay-sur-Croisne (41) 89 D3
Lasse (64) 166 C2
Lasserade (32) 153 F4
Lasséran (32) 154 B4
Lasserre (09) 170 C3
Lasserre (47) 154 B2
Lasserre (64) 168 C1
Lasserre-de-Prouille (11) 172 A3
Lasserre-Pradère (31) 155 E4
Lasseube (64) 168 A2
Lasseube-Propre (32) 154 C4
Lasseubetat (64) 168 A2
Lassicourt (10) 77 D1
Lassigny (60) 37 F2
Lasson (89) 76 B3
Lassouts (12) 144 B3
Lassur (09) 183 F3
Lassy (35) 68 A3
Lassy (89) 110 B2
Lassy (95) 55 E1
Lastic (15) 131 F4
Lastic (63) 118 A4
Lastours (11) 172 B2
Lataule (60) 37 F2
Le Latet (39) 110 B2
La Latette (39) 110 B2
Lathuile (74) 123 E3
Lathus-Saint-Rémy (86) 103 D4
Latillé (86) 101 F3
Latilly (02) 56 B1
Latoue (31) 170 A3
Latouille-Lentillac (46) 143 D1
Latour (31) 170 C3
Latour-Bas-Elne (66) 185 F2
Latour-de-Carol (66) 183 F4
Latour-de-France (66) 185 D1
Latour-en-Woëvre (55) 60 A1
Latrape (31) 170 C2
Latrecey-Ormoy-sur-Aube (52) 77 F3
Latresne (33) 139 E1
Latrille (40) 153 E4
Latronche (19) 130 B2
Latronquière (46) 143 D1
Lattainville (60) 36 B4
Lattes (34) 159 F4
Lattre-Saint-Quentin (62) 27 E1
Lau-Balagnas (65) 168 C4
Laubach (67) 62 C2
Laubert (48) 145 F2
Les Laubies (48) 145 E2
Laubressel (10) 76 C1
Laubrières (53) 69 D3
Laucourt (80) 37 F1
Laudrefang (57) 43 D4
Laudun-l'Ardoise (30) 161 D1
Laugnac (47) 141 D4
Laujuzan (32) 153 E3
Laulne (50) 31 E3
Laumesfeld (57) 42 C3
Launac (31) 155 E3
Launaguet (31) 156 A4
Launay (27) 52 C1
Launay-Villiers (53) 69 E2
Launois-sur-Vence (08) 40 B2
Launoy (02) 38 C4
Launstroff (57) 43 D3
La Laupie (26) 147 E2
Laurabuc (11) 171 F2
Laurac (11) 171 F2
Laurac-en-Vivarais (07) 146 C3
Lauraët (32) 154 A2
Lauraguel (11) 172 A3
Laure-Minervois (11) 172 C2
Laurède (40) 152 B3
Laurenan (22) 67 D1
Laurens (34) 173 F1
Lauresses (46) 143 E1
Lauret (34) 159 F3
Lauret (40) 153 D4
Laurie (15) 131 F3
Laurière (87) 116 B2
Lauris (84) 162 A3
Lauroux (34) 158 C3
Laussonne (43) 133 D4
Laussou (47) 141 E3
Lautenbach (68) 81 D3
Lautenbachzell (68) 81 D3
Lauterbourg (67) 63 E1
Lauthiers (86) 102 B3
Lautignac (31) 170 B1
Lautrec (81) 157 D4
Lauw (68) 81 D4
Lauwin-Planque (59) 28 A1
Lauzach (56) 83 D2
Lauzerte (82) 141 F4
Lauzerville (31) 171 E1
Lauzès (46) 142 B3
Le Lauzet-Ubaye (04) 149 F3
Lauzun (47) 140 C2
Lavacquerie (60) 36 C1
Laval (38) 136 A3
Laval (53) 69 F2
Laval-d'Aix (26) 148 B2
Laval-de-Cère (46) 129 F4
Laval-du-Tarn (48) 145 D4
Laval-en-Brie (77) 75 D1

Laval-en-Laonnois (02) 38 C2
Laval-le-Prieuré (25) 96 B3
Laval-Morency (08) 40 A1
Laval-Pradel (30) 146 B4
Laval-Roquecézière (12) 157 F3
Laval-Saint-Roman (30) 147 D4
Laval-sur-Doulon (43) 132 B2
Laval-sur-Luzège (19) 130 A3
Laval-sur-Tourbe (51) 58 B1
Laval-sur-Vologne (88) 80 B2
Lavalade (24) 141 E2
Lavaldens (38) 135 F4
Lavalette (11) 172 B3
Lavalette (31) 156 A4
Lavalette (34) 158 C4
Lavallée (55) 59 E2
Lavancia-Epercy (39) 109 F4
Le Lavandou (83) 178 C3
Lavangeot (39) 94 C4
Lavannes (51) 39 F3
Lavans-lès-Dole (39) 94 C4
Lavans-lès-Saint-Claude (39) 110 A4
Lavans-Quingey (25) 95 E4
Lavans-Vuillafans (25) 95 F4
Lavaqueresse (02) 29 D3
Lavardac (47) 154 B1
Lavardens (32) 154 B3
Lavardin (41) 88 A1
Lavardin (72) 70 C3
Lavaré (72) 71 F3
Lavars (38) 148 C1
Lavatoggio (2B) 186 B3
Lavau (10) 76 C1
Lavau (89) 91 D1
Lavau-sur-Loire (44) 83 F3
Lavaudieu (43) 132 A3
Lavaufranche (23) 117 F1
Lavault-de-Frétoy (58) 92 B4
Lavault-Sainte-Anne (03) 118 A1
Lavaur (24) 141 F2
Lavaur (81) 156 B4
Lavaurette (82) 156 B1
Lavaveix-les-Mines (23) 117 E2
Lavazan (33) 139 F3
Laveissenet (15) 131 E4
Laveissière (15) 131 E3
Lavelanet (09) 171 F4
Lavelanet-de-Comminges (31) 170 B2
Laveline-devant-Bruyères (88) 80 B2
Laveline-du-Houx (88) 80 B2
Laventie (62) 22 C3
Laveraët (32) 169 D1
Lavercantière (46) 142 A2
Lavergne (46) 142 C1
Lavergne (47) 140 C2
Lavernat (72) 87 E1
Lavernay (25) 95 D3
Lavernose-Lacasse (31) 170 C1
Lavernoy (52) 78 C3
Laverrière (60) 36 C1
Laversine (02) 38 B3
Laversines (60) 37 D3
Lavérune (34) 159 F4
Laveyron (26) 134 B3
Laveyrune (07) 146 A2
Lavieu (42) 133 D1
Laviéville (80) 27 E3
Lavigerie (15) 131 D3
Lavignac (87) 115 F4
Lavigney (70) 95 D1
Lavigny (39) 109 F2
Lavillatte (07) 146 A2
Laville-aux-Bois (52) 78 B2
Lavilledieu (07) 146 C3
Lavilleneuve (52) 78 C3
Lavilleneuve-au-Roi (52) 77 F2
Lavilletertre (60) 36 C4
Lavincourt (55) 59 D3
Laviolle (07) 146 C1
Laviron (25) 96 B3
Lavit (82) 155 D2
Lavoine (03) 119 D4
Lavoncourt (70) 95 D1
Lavours (01) 122 C3
Lavoûte-Chilhac (43) 132 A3
Lavoûte-sur-Loire (43) 133 D3
Lavoux (86) 102 B3
Lavoye (55) 59 D1
Lawarde-Mauger-l'Hortoy (80) 27 D4
Laxou (54) 60 B3
Lay (42) 120 B3
Lay-Lamidou (64) 167 F2
Lay-Saint-Christophe (54) 60 C3
Lay-Saint-Remy (54) 60 A3
Laye (05) 149 E2
Laymont (32) 170 B1
Layrac (47) 154 C1
Layrac-sur-Tarn (31) 156 A3
Layrisse (65) 168 C3
Lays-sur-le-Doubs (71) 109 D1
Laz (29) 65 E1
Lazenay (18) 89 F4
Lazer (05) 149 D4
Léalvillers (80) 27 E2
Léaupartie (14) 34 A4
Léaz (01) 123 D2
Lebetain (90) 96 C2
Lebeuville (54) 60 C4

Lebiez (62) 21 E4
Leboulin (32) 154 C4
Lebucquière (62) 28 A2
Lecci (2A) 191 E2
Lecelles (59) 23 E4
Lecey (52) 78 C4
Lechâtelet (21) 94 B4
Léchelle (62) 28 A2
Léchelle (77) 56 C4
La Léchère (73) 136 C1
Les Lèches (24) 127 E4
Lécluse (59) 28 A1
Lécousse (35) 69 D1
Lecques (30) 160 A3
Lect (39) 109 F4
Lectoure (32) 154 C2
Lecumberry (64) 167 D3
Lécussan (31) 169 F3
Lédas-et-Penthiès (81) 157 E2
Lédat (47) 141 D3
Lédenon (30) 160 C2
Lédergues (12) 157 E2
Lederzeele (59) 22 A2
Ledeuix (64) 167 F2
Lédignan (30) 160 A2
Ledinghem (62) 21 E3
Ledringhem (59) 22 A2
Lée (64) 168 B2
Leers (59) 23 E3
Lées-Athas (64) 167 F4
Lefaux (62) 21 D4
Leffard (14) 51 E2
Leffincourt (08) 40 B3
Leffonds (52) 78 A3
Leffrinckoucke (59) 22 A1
Leforest (62) 23 D4
Lège (31) 169 F4
Legé (44) 99 D1
Lège-Cap-Ferret (33) 138 B1
Légéville-et-Bonfays (88) 79 F2
Léglantiers (60) 37 E2
Légny (69) 121 D3
Léguevin (31) 155 F4
Léguillac-de-l'Auche (24) 127 F3
Lehaucourt (02) 28 B3
Léhon (22) 78 A1
Leigné-les-Bois (86) 102 B2
Leigné-sur-Usseau (86) 102 A1
Leignes-sur-Fontaine (86) 102 C3
Leigneux (42) 120 A4
Leimbach (68) 81 D4
Leintrey (54) 61 E3
Lélex (01) 123 D1
Lelin-Lapujolle (32) 153 E3
Lelling (57) 61 E1
Lemainville (54) 60 C4
Lembach (67) 62 C1
Lemberg (57) 62 C1
Lembeye (64) 168 C1
Lembras (24) 140 C1
Lemé (02) 29 D4
Lème (64) 168 B1
Leménil-Mitry (54) 60 C4
Lémeré (37) 87 D4
Lemmecourt (88) 79 D2
Lemmes (55) 59 E1
Lemoncourt (57) 60 C2
Lempaut (81) 172 A1
Lempdes (63) 119 D4
Lempdes-sur-Allagnon (43) 132 A2
Lempire (02) 28 B3
Lemps (07) 134 A3
Lemps (26) 148 B4
Lempty (63) 119 D3
Lempzours (24) 128 B2
Lemud (57) 60 C1
Lemuy (39) 110 B1
Lenax (03) 119 F1
Lencloître (86) 102 A2
Lencouacq (40) 153 D1
Lendou-en-Quercy (46) 142 A4
Lengelsheim (57) 44 B4
Lengronne (50) 50 A1
Lenharrée (51) 57 F3
Léning (57) 61 E1
Lennon (29) 65 D1
Lenoncourt (54) 60 C3
Lens (62) 22 C4
Lens-Lestang (26) 134 C2
Lent (01) 122 A2
Lent (39) 110 B2
Lentigny (42) 120 A2
Lentillac-du-Causse (46) 142 B3
Lentillac-Saint-Blaise (46) 143 E2
Lentillères (07) 146 C2
Lentilles (10) 58 B4
Lentilly (69) 121 D3
Lentiol (38) 134 C2
Lento (2B) 187 E3
Léobard (46) 142 A2
Léogeats (33) 139 E3
Léognan (33) 139 D1
Léojac (82) 156 A2
Léon (40) 151 F2
Léoncel (26) 148 A1
Léotoing (43) 131 F2
Léouville (45) 73 F2
Léoville (17) 126 B2
Lépanges-sur-Vologne (88) 80 B2

Lépaud (23) 117 F1
Lépin-le-Lac (73) 135 F1
Lépinas (23) 117 D2
Lépine (62) 26 B1
Lépron-les-Vallées (08) 40 A2
Lepuix (90) 80 C3
Lepuix-Neuf (90) 97 D3
Léran (09) 172 A4
Lercoul (09) 183 E3
Léré (18) 90 C2
Léren (64) 152 A4
Lérigneux (42) 133 D1
Lerm-et-Musset (33) 139 F3
Lerné (37) 86 C3
Lérouville (55) 59 F3
Lerrain (88) 79 F4
Léry (21) 93 F3
Léry (27) 35 E3
Lerzy (02) 29 E3
Lesbœufs (80) 28 A3
Lesbois (53) 50 C4
Lescar (64) 168 A2
Leschaux (74) 123 E4
Leschelle (02) 29 D3
Lescheraines (73) 123 E3
Leschères (39) 110 A4
Leschères-sur-le-Blaiseron (52) . . . 78 A1
Lescherolles (77) 56 C3
Lescheroux (01) 109 D4
Lesches (77) 55 F2
Lesches-en-Diois (26) 148 B2
Lescouët-Gouarec (22) 66 A4
Lescousse (09) 171 D3
Lescout (81) 172 A1
Lescun (64) 167 F4
Lescuns (31) 170 B2
Lescure (09) 170 C2
Lescure-d'Albigeois (81) 157 D2
Lescure-Jaoul (12) 157 D1
Lescurry (65) 169 D2
Lesdain (59) 28 B2
Lesdins (02) 28 B3
Lesges (02) 38 C4
Lesgor (40) 152 B3
Lésigny (77) 55 E3
Lésigny (86) 102 C2
Le Leslay (22) 47 E4
Le Lesme (27) 53 D2
Lesme (71) 107 D3
Lesménils (54) 60 B2
Lesmont (10) 77 D1
Lesneven (29) 45 F3
Lesparre-Médoc (33) 125 E2
Lesparrou (09) 171 F4
Lespéron (07) 146 A2
Lesperon (40) 152 A2
Lespesses (62) 22 A4
Lespielle (64) 168 C1
Lespignan (34) 173 F2
Lespinasse (31) 155 F4
Lespinassière (11) 172 C1
Lespinoy (62) 21 E4
Lespiteau (31) 170 A3
Lespouey (65) 169 D2
Lespourcy (64) 168 C2
Lespugue (31) 169 F2
Lesquerde (66) 184 C1
Lesquielles-Saint-Germain (02) . . . 29 D3
Lesquin (59) 23 D3
Lessac (16) 115 D2
Lessard-en-Bresse (71) 109 D2
Lessard-et-le-Chêne (14) 52 A1
Lessard-le-National (71) 108 C2
Lessay (50) 31 E4
Lesse (57) 61 D1
Lesseux (88) 80 C1
Lessy (57) 60 B1
Lestanville (76) 35 E1
Lestards (19) 129 F1
Lestelle-Bétharram (64) 168 B3
Lestelle-de-Saint-Martory (31) . . . 170 B3
Lesterps (16) 115 E2
Lestiac-sur-Garonne (33) 139 E2
Lestiou (41) 89 D1
Lestrade-et-Thouels (12) 157 F2
Lestre (50) 32 A2
Lestrem (62) 22 B3
Létanne (08) 41 D2
Lételon (03) 105 E3
Léthuin (28) 73 E1
Letia (2A) 188 C3
Létra (69) 121 D3
Létricourt (54) 60 C2
Letteguives (27) 35 F3
Lettret (05) 149 E3
Leubringhen (62) 21 D2
Leuc (11) 172 B3
Leucamp (15) 143 F1
Leucate (11) 173 E4
Leuchey (52) 94 B1
Leudeville (91) 55 E2
Leudon-en-Brie (77) 56 B3
Leuglay (21) 77 F4
Leugny (86) 102 B1
Leugny (89) 91 F1
Leuhan (29) 65 E1
Leuilly-sous-Coucy (02) 38 C3

ulinghem (62)	21	F3
ulinghen-Bernes (62)	21	D2
urville (52)	78	B1
ury (02)	38	B3
utenheim (67)	63	D2
uville-sur-Orge (91)	55	D4
uvrigny (51)	57	D1
Leuy (40)	152	C3
uze (02)	29	F4
vainville (28)	54	B4
val (59)	29	E2
val (90)	80	C4
vallois-Perret (92)	55	D2
varé (53)	50	B4
vécourt (52)	78	C2
vens (06)	165	D3
vergies (02)	28	B3
vernois (21)	108	C1
ves (28)	54	A4
s Lèves- -et-Thoumeyragues (33)	140	B1
vesville-la-Chenard (28)	73	E1
vet (18)	105	D1
vie (2A)	191	D2
vier (25)	110	B1
vignac (31)	155	F4
vignac-de-Guyenne (47)	140	B2
vignacq (40)	152	A2
vignen (60)	38	A4
vigny (10)	77	E1
vis (89)	91	E1
vis-Saint-Nom (78)	54	C3
voncourt (55)	59	E2
voncourt (68)	97	D2
vroux (36)	103	F1
warde (59)	28	B1
xxy (54)	42	A2
y (57)	61	E3
ychert (09)	171	E4
yme (46)	143	D1
ymen (68)	97	F2
yment (01)	122	A3
ynes (71)	121	E1
ynhac (15)	143	E2
yr (54)	60	C2
yrat (23)	104	C4
yrieu (38)	122	A4
yriz-Moncassin (47)	140	B4
yssard (01)	122	B1
yvaux (15)	131	F2
yviller (57)	61	E1
ez-Fontaine (59)	29	E2
zan (30)	160	A2
zardrieux (22)	47	E2
zat-sur-Lèze (09)	170	C2
zay (79)	114	A1
zennes (59)	23	D3
zéville (52)	78	B1
zey (57)	61	E3
zignan (65)	181	D1
zignan-Corbières (11)	173	D3
zignan-la-Cèbe (34)	174	A2
zigneux (42)	133	D1
zinnes (89)	76	C4
zoux (63)	119	E3
éraule (60)	36	C2
erm (31)	170	C1
erm (46)	142	A3
éry (51)	39	D4
ez (65)	169	D2
ommaizé (86)	102	B4
omme (72)	71	E4
or (57)	61	E2
ospitalet (46)	142	A4
oumois (79)	101	E2
uis (01)	122	B4
uître (10)	57	F4
uys (02)	38	C4
ac (65)	169	D1
ancourt (60)	37	E3
ancourt-Fosse (80)	27	F4
ancourt-Saint-Pierre (60)	36	B4
art (08)	40	A1
as (32)	155	E4
as-d'Armagnac (32)	153	F3
ausson (34)	159	D4
baros (65)	169	E2
bercourt (62)	23	D4
bermont (60)	38	A1
bourne (33)	126	C4
cey-sur-Vingeanne (21)	94	B2
chans-Sunhar (64)	167	E3
chères (16)	114	B3
chères-près-Aigremont (89)	92	B1
chères-sur-Yonne (89)	92	A3
chos (64)	167	E2
chtenberg (67)	62	B1
court (80)	38	A1
cq-Athérey (64)	167	E3
cques (62)	21	E2
cy-Clignon (02)	56	B1
drezing (57)	61	E2
ebenswiller (68)	97	E2
ebsdorf (68)	97	E2
ebvillers (25)	96	C3
ederschiedt (57)	44	B4
effrans (70)	95	E2
e Liège (37)	88	B3
Liéhon (57)	60	C1
Liencourt (62)	27	E1
Lieoux (31)	170	A3
Lièpvre (68)	81	D1
Liéramont (80)	28	A3
Liercourt (80)	26	B3
Lières (62)	22	A4
Liernais (21)	93	D4
Liernolles (03)	107	D4
Lierval (02)	39	D3
Lierville (60)	36	B4
Lies (65)	169	D3
Liesle (25)	95	D4
Liesse-Notre-Dame (02)	39	D2
Liessies (59)	29	F2
Liesville-sur-Douve (50)	32	A3
Liettres (62)	22	A3
Lieu-Saint-Amand (59)	28	B1
Lieuche (06)	164	C2
Lieucourt (70)	94	C3
Lieudieu (38)	134	C1
Lieurac (09)	171	F4
Lieuran-Cabrières (34)	159	D4
Lieuran-lès-Béziers (34)	173	F1
Lieurey (27)	34	B4
Lieuron (35)	68	A3
Lieusaint (50)	31	E2
Lieusaint (77)	55	E4
Lieutadès (15)	144	B1
Lieuvillers (60)	37	E3
Liévans (70)	96	A1
Liévin (62)	22	C4
Liez (02)	38	B1
Liez (85)	100	B4
Liézey (88)	80	B2
Liffol-le-Grand (88)	78	C1
Liffol-le-Petit (52)	78	C1
Liffré (35)	68	C1
Ligardes (32)	154	B2
Ligescourt (80)	26	B3
Liginiac (19)	130	B2
Liglet (86)	103	D3
Lignac (36)	103	E4
Lignairolles (11)	171	F3
Lignan-de-Bazas (33)	139	F3
Lignan-de-Bordeaux (33)	139	E1
Lignan-sur-Orb (34)	173	F2
Lignareix (19)	130	B1
Ligné (16)	114	B3
Ligné (44)	84	C2
Lignères (61)	52	B3
Lignereuil (62)	27	E1
Lignerolles (03)	118	A1
Lignerolles (21)	77	F4
Lignerolles (27)	53	F2
Lignerolles (36)	104	C4
Lignéville (88)	79	E2
Ligneyrac (19)	129	E4
Lignières (10)	76	B3
Lignières (18)	104	C2
Lignières (41)	72	B4
Lignières (80)	37	F1
Lignières-Châtelain (80)	36	B1
Lignières-de-Touraine (37)	87	E3
Lignières-en-Vimeu (80)	26	B3
Lignières-Orgères (53)	51	E4
Lignières-Sonneville (16)	126	C1
Lignières-sur-Aire (55)	59	E2
Lignol (56)	66	A2
Lignol-le-Château (10)	77	F2
Lignon (52)	58	B4
Lignorelles (89)	76	A4
Lignou (61)	51	E3
Ligny-en-Barrois (55)	59	E3
Ligny-en-Brionnais (71)	120	B1
Ligny-en-Cambrésis (59)	28	C2
Ligny-le-Châtel (89)	76	A4
Ligny-le-Ribault (45)	89	E1
Ligny-lès-Aire (62)	22	A4
Ligny-Saint-Flochel (62)	27	E1
Ligny-sur-Canche (62)	27	D1
Ligny-Thilloy (62)	27	F2
Ligré (37)	87	D4
Ligron (72)	70	C4
Ligsdorf (68)	97	E2
Ligueil (37)	88	A4
Ligueux (33)	140	B1
Ligugé (86)	102	A3
Lihons (80)	27	F4
Lihus (60)	36	C2
Les Lilas (93)	55	E2
Lilhac (31)	170	A2
Lille (59)	23	D3
Lillebonne (76)	34	C2
Lillemer (35)	49	D3
Lillers (62)	22	B4
Lilly (27)	36	A3
Limalonges (79)	114	B2
Limans (04)	162	C2
Limanton (58)	107	D1
Limas (69)	121	D3
Limay (78)	54	B1
Limbrassac (09)	171	F4
Limé (02)	38	C3
Limeil-Brévannes (94)	55	E3
Limendous (64)	168	B2
Limeray (37)	88	B2
Limersheim (67)	62	C4
Limerzel (56)	67	E4
Limésy (76)	35	D2
Limetz-Villez (78)	54	A1
Limeuil (24)	141	E1
Limeux (18)	89	F4
Limeux (80)	26	B3
Limey-Remenauville (54)	60	A2
Limeyrat (24)	128	B3
Limoges (87)	116	A3
Limoges-Fourches (77)	55	F4
Limogne-en-Quercy (46)	142	C4
Limoise (03)	106	A3
Limon (58)	106	B1
Limonest (69)	121	E3
Limons (63)	119	E3
Limont-Fontaine (59)	29	E2
Limony (07)	134	A2
Limours (91)	54	C3
Limousis (11)	172	B2
Limoux (11)	172	B3
La Limouzinière (44)	84	B4
Limpiville (76)	34	C1
Linac (46)	143	E2
Linard-Malval (23)	104	B4
Linards (87)	116	B4
Linars (16)	114	A4
Linas (91)	55	D4
Linay (08)	41	D2
Linazay (86)	114	B1
Lindebeuf (76)	35	D1
Le Lindois (16)	115	D4
Lindre-Basse (57)	61	E2
Lindre-Haute (57)	61	E2
Lindry (89)	75	F4
Linexert (70)	80	A4
Lingé (36)	103	D2
Lingeard (50)	50	B3
Lingèvres (14)	32	C4
Linghem (62)	22	A3
Lingolsheim (67)	62	C3
Lingreville (50)	49	F1
Linguizzetta (2B)	189	E2
Liniers (86)	102	B3
Liniez (36)	104	A1
Linsdorf (68)	97	E2
Linselles (59)	23	D3
Linthal (68)	81	D3
Linthelles (51)	57	E3
Linthes (51)	57	E3
Lintot (76)	34	C2
Lintot-les-Bois (76)	35	E1
Linxe (40)	151	F2
Liny-devant-Dun (55)	41	D3
Linzeux (62)	27	D1
Liocourt (57)	60	C2
Liomer (80)	26	B4
Le Lion-d'Angers (49)	85	F1
Lion-devant-Dun (55)	41	D3
Lion-en-Beauce (45)	73	E2
Lion-en-Sullias (45)	90	B1
Lion-sur-Mer (14)	33	E3
Liorac-sur-Louyre (24)	141	D1
Liouc (30)	160	A3
Liourdres (19)	142	C1
Lioux (84)	162	A2
Lioux-les-Monges (23)	117	F3
Liposthey (40)	138	C4
Lipsheim (67)	62	C4
Lirac (30)	161	D2
Lirey (10)	76	C2
Lironcourt (88)	79	E3
Lironville (54)	60	A2
Liry (08)	40	B3
Lisbourg (62)	21	F4
Lisieux (14)	34	A4
Lisle (24)	127	F2
Lisle (41)	72	B4
Lisle-en-Barrois (55)	59	D2
Lisle-sur-Tarn (81)	156	B3
Lislet (02)	39	E1
Lison (14)	32	B4
Lisores (14)	52	A2
Lisors (27)	36	A3
Lissac (09)	171	D2
Lissac (43)	132	C3
Lissac-et-Mouret (46)	143	D2
Lissac-sur-Couze (19)	129	D3
Lissay-Lochy (18)	105	D1
Lisse-en-Champagne (51)	58	B2
Lisses (91)	55	E4
Lisseuil (63)	118	B2
Lissey (55)	41	E3
Lissieu (69)	121	E3
Lissy (77)	55	F4
Listrac-de-Durèze (33)	140	A1
Listrac-Médoc (33)	125	F3
Lit-et-Mixe (40)	151	F1
Litteau (14)	32	C4
Littenheim (67)	62	B3
Litz (60)	37	D3
Livarot-Pays-d'Auge (14)	52	A1
Liverdun (54)	60	B3
Liverdy-en-Brie (77)	55	F3
Livers-Cazelles (81)	156	C2
Livet (53)	70	A2
Livet-en-Saosnois (72)	71	D1
Livet-et-Gavet (38)	135	F3
Livet-sur-Authou (27)	34	C4
Livilliers (95)	54	C1
Livinhac-le-Haut (12)	143	E2
La Livinière (34)	173	D2
Livré-la-Touche (53)	69	E3
Livré-sur-Changeon (35)	68	C1
Livron (64)	168	C2
Livron-sur-Drôme (26)	147	E1
Livry (58)	106	A2
Livry-Gargan (93)	55	E2
Livry-Louvercy (51)	58	A1
Livry-sur-Seine (77)	55	F4
Lixhausen (67)	62	B2
Lixheim (57)	62	A2
Lixing-lès-Rouhling (57)	43	F4
Lixing-lès-Saint-Avold (57)	61	E1
Lixy (89)	75	E2
Lizac (82)	155	F1
Lizant (86)	114	C2
Lizeray (36)	104	B1
Lizières (23)	116	B1
Lizine (25)	95	E4
Lizines (77)	56	B4
Lizio (56)	67	D3
Lizos (65)	169	D2
Lizy-sur-Ourcq (77)	56	A1
La Llagonne (66)	184	A2
Llauro (66)	185	D2
Llo (66)	184	A3
Llupia (66)	185	E2
Lobsann (67)	63	D1
Loc-Brévalaire (29)	45	E3
Loc-Eguiner (29)	46	A3
Loc-Envel (22)	47	D3
Locarn (22)	46	C4
Loché-sur-Indrois (37)	88	B4
Loches (37)	88	A4
Loches-sur-Ource (10)	77	E3
Lochwiller (67)	62	B3
Locmalo (56)	66	A2
Locmaria (56)	82	A3
Locmaria-Grand-Champ (56)	82	C3
Locmaria-Plouzané (29)	45	D4
Locmariaquer (56)	82	B2
Locmélar (29)	46	A3
Locminé (56)	66	C3
Locmiquélic (56)	82	A1
Locoal-Mendon (56)	82	B1
Locon (62)	22	B4
Loconville (60)	36	B4
Locqueltas (56)	82	C1
Locquénolé (29)	46	B2
Locquignol (59)	29	D2
Locquirec (29)	46	C2
Locronan (29)	64	C1
Loctudy (29)	64	C3
Locunolé (29)	65	F3
Loddes (03)	119	F1
Lodes (31)	169	F3
Lodève (34)	159	D4
Lods (25)	95	F4
Lœuilley (70)	94	B2
Loffre (59)	28	B1
La Loge (62)	21	F4
La Loge-aux-Chèvres (10)	77	D2
Loge-Fougereuse (85)	100	B3
La Loge-Pomblin (10)	76	B3
Logelheim (68)	81	E3
Les Loges (14)	50	C1
Les Loges (52)	78	C4
Les Loges (76)	34	B1
Les Loges-en-Josas (78)	54	C3
Les Loges-Marchis (50)	50	B4
Les Loges-Margueron (10)	76	C3
Les Loges-Saulces (14)	51	E2
Les Loges-sur-Brécey (50)	50	A2
Lognes (77)	55	E2
Logny-Bogny (08)	40	A1
Logny-lès-Aubenton (02)	29	F4
Logonna-Daoulas (29)	45	F4
Logrian-Florian (30)	160	A2
Logron (28)	72	C2
Loguivy-Plougras (22)	46	C3
Lohéac (35)	68	A3
Lohitzun-Oyhercq (64)	167	E2
Lohr (67)	62	A2
Lohuec (22)	46	C4
Loigny-la-Bataille (28)	73	E2
Loir en Vallée (72)	71	F4
Loiré (49)	85	E1
Loire-Authion (49)	86	B2
Loire-les-Marais (17)	112	C2
Loiré-sur-Nie (17)	113	F2
Loire-sur-Rhône (69)	134	B1
Loireauxence (44)	85	D2
Loiron-Ruillé (53)	69	E2
Loisail (61)	52	C4
Loisey (55)	59	E3
Loisia (39)	109	E4
Loisieux (73)	122	C4
Loisin (74)	123	F1
Loison (55)	41	F3
Loison-sous-Lens (62)	22	C4
Loison-sur-Créquoise (62)	21	E4
Loisy (54)	60	B2
Loisy (71)	109	D3
Loisy-en-Brie (51)	57	E2
Loisy-sur-Marne (51)	58	B3

Loivre (51) . . . 39 E3
Loix (17) . . . 112 A1
Lolif (50) . . . 49 F3
Lolme (24) . . . 141 E2
Lombard (25) . . . 95 E4
Lombard (39) . . . 109 F2
Lombers (81) . . . 157 D3
Lombez (32) . . . 170 B1
Lombia (64) . . . 168 C2
Lombrès (65) . . . 169 F3
Lombreuil (45) . . . 74 B3
Lombron (72) . . . 71 E3
Lommerange (57) . . . 42 B3
Lommoye (78) . . . 54 A1
Lomné (65) . . . 169 E3
Lomont (70) . . . 96 B1
Lomont-sur-Crête (25) . . . 96 A3
Lompnas (01) . . . 122 B3
Lompret (59) . . . 22 C3
Lonçon (64) . . . 168 A1
La Londe (76) . . . 35 D3
La Londe-les-Maures (83) . . . 178 C3
Londigny (16) . . . 114 B2
Londinières (76) . . . 35 F1
Long (80) . . . 26 C3
Longages (31) . . . 170 C2
Longaulnay (35) . . . 68 A1
Longavesnes (80) . . . 28 A3
Longchamp (21) . . . 94 B3
Longchamp (52) . . . 78 C2
Longchamp (88) . . . 80 A2
Longchamp-sous-Châtenois (88) . . . 79 D1
Longchamp-sur-Aujon (10) . . . 77 F2
Longchamps (27) . . . 36 A3
Longchamps-sur-Aire (55) . . . 59 E2
Longchaumois (39) . . . 110 B4
Longcochon (39) . . . 110 B2
Longeau-Percey (52) . . . 78 B4
Longeault-Pluvault (21) . . . 94 B3
Longeaux (55) . . . 59 E2
Longechaux (25) . . . 96 A4
Longechenal (38) . . . 135 D2
Longecourt-en-Plaine (21) . . . 94 B4
Longecourt-lès-Culêtre (21) . . . 93 E4
Longemaison (25) . . . 96 A4
Longepierre (71) . . . 109 D1
Longes (69) . . . 134 A1
Longessaigne (69) . . . 120 C4
Longevelle (70) . . . 96 A1
Longevelle-lès-Russey (25) . . . 96 B3
Longevelle-sur-Doubs (25) . . . 96 B2
Longèves (17) . . . 112 C1
Longèves (85) . . . 100 A3
La Longeville (25) . . . 111 D1
Longeville (25) . . . 95 F4
Longeville-en-Barrois (55) . . . 59 E3
Longeville-lès-Metz (57) . . . 60 B1
Longeville-lès-Saint-Avold (57) . . . 43 D4
Longeville-sur-Mer (85) . . . 99 E4
Longeville-sur-Mogne (10) . . . 76 C2
Longevilles-Mont-d'Or (25) . . . 110 C2
Longfossé (62) . . . 21 E3
La Longine (70) . . . 80 B3
Longjumeau (91) . . . 55 D3
Longlaville (54) . . . 42 A2
Longmesnil (76) . . . 36 A2
Longnes (72) . . . 70 C3
Longnes (78) . . . 54 A2
Longny les Villages (61) . . . 52 C4
Longperrier (77) . . . 55 F1
Longpont (02) . . . 38 B4
Longpont-sur-Orge (91) . . . 55 D3
Longpré-le-Sec (10) . . . 77 E2
Longpré-les-Corps-Saints (80) . . . 26 C3
Longré (16) . . . 114 A2
Longroy (76) . . . 26 A3
Longsols (10) . . . 76 C1
Longué-Jumelles (49) . . . 86 B2
Longueau (80) . . . 27 D4
Longueil (76) . . . 25 E2
Longueil-Annel (60) . . . 38 A3
Longueil-Sainte-Marie (60) . . . 37 F3
Longuenée-en-Anjou (49) . . . 85 F1
Longuenesse (62) . . . 22 A3
Longuerue (76) . . . 35 F2
Longues-sur-Mer (14) . . . 32 C3
Longuesse (95) . . . 54 C1
Longueval (80) . . . 27 F3
Longueville (14) . . . 32 B3
Longueville (47) . . . 140 B3
Longueville (50) . . . 49 F2
La Longueville (59) . . . 29 E1
Longueville (62) . . . 21 E3
Longueville (77) . . . 56 B4
Longueville-sur-Aube (10) . . . 57 E4
Longueville-sur-Scie (76) . . . 35 E1
Longuevillette (80) . . . 27 D2
Longuyon (54) . . . 41 F3
Longvic (21) . . . 94 A3
Longvillers (14) . . . 51 D1
Longvilliers (62) . . . 21 D4
Longvilliers (78) . . . 54 C4
Longwé (08) . . . 40 C3
Longwy (54) . . . 42 A2
Longwy-sur-le-Doubs (39) . . . 109 E1
Lonlay-l'Abbaye (61) . . . 50 C3
Lonlay-le-Tesson (61) . . . 51 E3
Lonnes (16) . . . 114 B3

Lonny (08) . . . 40 B1
Lonrai (61) . . . 51 F4
Lons (64) . . . 168 A2
Lons-le-Saunier (39) . . . 109 F3
Lonzac (17) . . . 113 E4
Le Lonzac (19) . . . 129 F1
Looberghe (59) . . . 22 A2
Loon-Plage (59) . . . 22 A1
Loos (59) . . . 23 D3
Loos-en-Gohelle (62) . . . 22 C4
Looze (89) . . . 75 F3
Lopérec (29) . . . 46 A4
Loperhet (29) . . . 45 F4
Lopigna (2A) . . . 188 C3
Loqueffret (29) . . . 46 B4
Lor (02) . . . 39 E2
Loray (25) . . . 96 A4
Lorcières (15) . . . 132 A4
Lorcy (45) . . . 74 B3
Lordat (09) . . . 183 F3
Lorentzen (67) . . . 62 A1
Loreto-di-Casinca (2B) . . . 187 E4
Loreto-di-Tallano (2A) . . . 191 D2
Lorette (42) . . . 133 F1
Loretz-d'Argenton (79) . . . 86 B4
Le Loreur (50) . . . 49 F2
Loreux (41) . . . 89 E3
Le Lorey (50) . . . 50 A1
Lorey (54) . . . 60 C4
Les Masos (66) . . . 72 C4
Lorges (41) . . . 72 C4
Lorgies (62) . . . 22 C4
Lorgues (83) . . . 178 C1
Lorient (56) . . . 82 A1
Loriges (03) . . . 119 D1
Lorignac (17) . . . 126 A1
Lorigné (79) . . . 114 B2
Loriol-du-Comtat (84) . . . 161 E2
Loriol-sur-Drôme (26) . . . 147 E1
Lorlanges (43) . . . 131 F2
Lorleau (27) . . . 36 C4
Lormaison (60) . . . 36 C4
Lormaye (28) . . . 54 A3
Lormes (58) . . . 92 B3
Lormont (33) . . . 139 E1
Lornay (74) . . . 123 D3
Loromontzey (54) . . . 60 C4
Le Loroux (35) . . . 50 B4
Le Loroux-Bottereau (44) . . . 84 C3
Lorp-Sentaraille (09) . . . 182 C1
Lorquin (57) . . . 61 F3
Lorrez-le-Bocage-Préaux (77) . . . 75 D2
Lorris (45) . . . 74 B4
Lorry-lès-Metz (57) . . . 42 B4
Lorry-Mardigny (57) . . . 60 B1
Lortet (65) . . . 169 E3
Los Masos (66) . . . 184 C2
Loscouët-sur-Meu (22) . . . 67 E1
Losne (21) . . . 94 B4
Losse (40) . . . 153 F1
Lostanges (19) . . . 129 F4
Lostroff (57) . . . 61 E2
Lothey (29) . . . 65 D1
Lottinghen (62) . . . 21 E3
Louailles (72) . . . 70 B4
Louan-Villegruis-Fontaine (77) . . . 56 C4
Louannec (22) . . . 47 D2
Louans (37) . . . 87 F4
Louargat (22) . . . 47 D3
Louâtre (02) . . . 38 B4
Loubajac (65) . . . 168 C3
Loubaresse (07) . . . 146 B2
Loubaut (09) . . . 170 C3
Loubédat (32) . . . 154 F1
Loubejac (24) . . . 141 F2
Loubens (09) . . . 171 E4
Loubens (33) . . . 140 A2
Loubens-Lauragais (31) . . . 156 B4
Loubers (81) . . . 156 C2
Loubersan (32) . . . 169 F1
Loubès-Bernac (47) . . . 140 B2
Loubeyrat (63) . . . 118 C3
Loubieng (64) . . . 167 F1
La Loubière (12) . . . 144 A4
Loubières (09) . . . 171 E4
Loubigné (79) . . . 114 A2
Loubillé (79) . . . 114 A2
Loubressac (46) . . . 142 C1
Loucelles (14) . . . 33 D4
Louchats (33) . . . 139 D3
Louches (62) . . . 21 F2
Louchy-Montfand (03) . . . 119 D1
Loucrup (65) . . . 169 D3
Loudéac (22) . . . 66 C1
Loudenvielle (65) . . . 181 E2
Loudervielle (65) . . . 181 E2
Loudes (43) . . . 132 C4
Loudet (43) . . . 169 F3
Loudrefing (57) . . . 61 F2
Loudun (86) . . . 101 F1
Loué (72) . . . 70 B3
Louer (40) . . . 152 B3
Louesme (21) . . . 77 F4
Loueuse (60) . . . 36 B2
Louey (65) . . . 168 C3
Lougé-sur-Maire (61) . . . 51 E3
Lougratte (47) . . . 141 D2
Lougres (25) . . . 96 B2
Louhans (71) . . . 109 D3

Louhossoa (64) . . . 166 C1
Louignac (19) . . . 128 C3
Louin (79) . . . 101 E2
Louisfert (44) . . . 84 C1
Louit (65) . . . 169 D2
Loulans-Verchamp (70) . . . 95 F2
Loulay (17) . . . 113 E2
Loulle (39) . . . 110 A2
La Loupe (28) . . . 53 E4
Loupeigne (02) . . . 38 C4
Loupershouse (57) . . . 43 F4
Loupes (33) . . . 139 E1
Loupfougères (53) . . . 70 B1
Loupia (11) . . . 172 A3
Loupiac (33) . . . 139 E2
Loupiac (46) . . . 142 B1
Loupiac (81) . . . 156 B3
Loupiac-de-la-Réole (33) . . . 140 A2
Loupian (34) . . . 174 B2
Louplande (72) . . . 70 C3
Loupmont (55) . . . 60 A2
Louppy-le-Château (55) . . . 59 D2
Louppy-sur-Loison (55) . . . 41 E3
La Louptière-Thénard (10) . . . 75 F1
Lourches (59) . . . 28 B1
Lourde (31) . . . 169 F4
Lourdes (65) . . . 168 C3
Lourdios-Ichère (64) . . . 167 F3
Lourdoueix-Saint-Michel (36) . . . 104 A4
Lourdoueix-Saint-Pierre (23) . . . 104 A4
Lourenties (64) . . . 168 B2
Loures-Barousse (65) . . . 169 F3
Louresse-Rochemenier (49) . . . 86 B3
Lourmais (35) . . . 49 E4
Lourmarin (84) . . . 162 A3
Lournand (71) . . . 108 B4
Lourouer-Saint-Laurent (36) . . . 104 B3
Le Louroux (37) . . . 87 F4
Louroux-Bourbonnais (03) . . . 105 F3
Louroux-de-Beaune (03) . . . 118 B1
Louroux-de-Bouble (03) . . . 118 C1
Lourquen (40) . . . 152 B3
Lourties-Monbrun (32) . . . 169 F1
Loury (45) . . . 73 F3
Louslitges (32) . . . 154 A4
Loussous-Débat (32) . . . 153 F4
Loutehel (35) . . . 67 F3
Loutzviller (57) . . . 44 B4
Louvagny (14) . . . 51 F2
Louvatange (39) . . . 95 D4
Louveciennes (78) . . . 54 C2
Louvemont (52) . . . 58 C4
Louvemont-Côte-du-Poivre (55) . . . 41 E4
Louvencourt (80) . . . 27 E2
Louvergny (08) . . . 39 F1
Le Louverot (39) . . . 109 F2
Louversey (27) . . . 53 D1
Louvetot (76) . . . 34 C2
Louvie-Juzon (64) . . . 168 A3
Louvie-Soubiron (64) . . . 168 A3
La Louvière-Lauragais (11) . . . 171 E2
Louvières (52) . . . 78 B3
Louvières-en-Auge (61) . . . 52 A2
Louviers (27) . . . 35 E4
Louvigné (53) . . . 69 F3
Louvigné-de-Bais (35) . . . 68 C2
Louvigné-du-Désert (35) . . . 50 A4
Louvignies-Quesnoy (59) . . . 29 D2
Louvigny (14) . . . 33 E4
Louvigny (57) . . . 60 C1
Louvigny (64) . . . 168 A1
Louvigny (72) . . . 71 D1
Louvil (59) . . . 23 D4
Louville-la-Chenard (28) . . . 73 E1
Louvilliers-en-Drouais (28) . . . 53 F3
Louvilliers-lès-Perche (28) . . . 53 E4
Louvrechy (80) . . . 27 E4
Louvres (95) . . . 55 E1
Louvroil (59) . . . 29 E1
Louye (27) . . . 53 F3
Louzac-Saint-André (16) . . . 113 E4
Louzes (72) . . . 71 E1
Louzignac (17) . . . 113 F3
Louzouer (45) . . . 74 C3
Louzy (79) . . . 86 B4
Lovagny (74) . . . 123 D3
Loyat (56) . . . 67 E3
La Loye (39) . . . 94 C4
Loye-sur-Arnon (18) . . . 105 D3
Loyettes (01) . . . 122 A4
Lozanne (69) . . . 121 D3
Lozay (17) . . . 113 E2
Loze (82) . . . 142 C4
Lozinghem (62) . . . 22 B4
Lozzi (2B) . . . 188 C2
Luant (36) . . . 103 F2
Le Luart (72) . . . 71 F3
Lubbon (40) . . . 153 F1
Lubécourt (57) . . . 61 D2
Lubersac (19) . . . 129 D2
Lubey (54) . . . 42 A4
Lubilhac (43) . . . 131 F3
Lubine (88) . . . 81 D1
Lublé (37) . . . 87 D2
Lubret-Saint-Luc (65) . . . 169 E2
Luby-Betmont (65) . . . 169 E2
Luc (48) . . . 146 A2
Luc (65) . . . 169 D3

Le Luc (83) . . . 178 C
Luc-Armau (64) . . . 168 C
Luc-en-Diois (26) . . . 148 E
Luc-la-Primaube (12) . . . 143 H
Luc-sur-Aude (11) . . . 172 B
Luc-sur-Mer (14) . . . 33 E
Luc-sur-Orbieu (11) . . . 173 D
Lucarré (64) . . . 168 C
Luçay-le-Libre (36) . . . 89 E
Luçay-le-Mâle (36) . . . 88 C
Lucbardez-et-Bargues (40) . . . 153 E
Lucciana (2B) . . . 187 E
Lucé (28) . . . 72 C
Lucé-sous-Ballon (72) . . . 71 D
Luceau (72) . . . 87 E
Lucelle (68) . . . 97 E
Lucenay (69) . . . 121 D
Lucenay-le-Duc (21) . . . 93 E
Lucenay-lès-Aix (58) . . . 106 C
Lucenay-l'Évêque (71) . . . 92 C
Lucéram (06) . . . 165 D
La Lucerne-d'Outremer (50) . . . 49 F
Lucey (21) . . . 77 F
Lucey (54) . . . 60 A
Lucey (73) . . . 122 C
Lucgarier (64) . . . 168 B
Luchapt (86) . . . 115 E
Luchat (17) . . . 113 D
Luché-Pringé (72) . . . 86 C
Luché-sur-Brioux (79) . . . 114 A
Luché-Thouarsais (79) . . . 101 D
Lucheux (80) . . . 27 E
Luchy (60) . . . 36 C
Lucinges (74) . . . 123 F
Lucmau (33) . . . 139 E
Luçon (85) . . . 99 F
Lucq-de-Béarn (64) . . . 167 F
Lucquy (08) . . . 40 A
Les Lucs-sur-Boulogne (85) . . . 99 E
Lucy (57) . . . 61 D
Lucy (76) . . . 36 A
Lucy-le-Bocage (02) . . . 56 B
Lucy-le-Bois (89) . . . 92 B
Lucy-sur-Cure (89) . . . 92 A
Lucy-sur-Yonne (89) . . . 92 A
Le Lude (72) . . . 87 D
Ludes (51) . . . 57 F
Ludesse (63) . . . 131 F
Ludiès (09) . . . 171 E
Ludon-Médoc (33) . . . 126 A
Ludres (54) . . . 60 C
Lüe (40) . . . 138 B
Luemschwiller (68) . . . 97 E
Lugagnac (46) . . . 142 C
Lugagnan (65) . . . 168 C
Lugaignac (33) . . . 139 F
Lugan (12) . . . 143 E
Lugan (81) . . . 156 B
Lugarde (15) . . . 131 D
Lugasson (33) . . . 139 F
Luglon (40) . . . 152 C
Lugny (02) . . . 29 D
Lugny (71) . . . 108 C
Lugny-Bourbonnais (18) . . . 105 E
Lugny-Champagne (18) . . . 90 C
Lugny-lès-Charolles (71) . . . 107 F
Lugo-di-Nazza (2B) . . . 189 E
Lugon-et-l'Île-du-Carnay (33) . . . 126 B
Lugos (33) . . . 138 C
Lugrin (74) . . . 111 E
Lugy (62) . . . 21 F
Le Luhier (25) . . . 96 B
Luigné (28) . . . 72 B
Luigny (28) . . . 72 C
Luisant (28) . . . 72 C
Luisetaines (77) . . . 56 B
Luitré-Dompierre (35) . . . 69 D
Lullin (74) . . . 123 F
Lully (74) . . . 123 F
Lumbin (38) . . . 135 F
Lumbres (62) . . . 21 F
Lumeau (28) . . . 73 E
Lumes (08) . . . 40 B
Lumigny-Nesles-Ormeaux (77) . . . 56 A
Lumio (2B) . . . 186 B
Lunac (12) . . . 143 E
Lunan (46) . . . 143 D
Lunas (24) . . . 127 E
Lunas (34) . . . 158 C
Lunay (41) . . . 72 A
Luneau (03) . . . 107 E
Lunegarde (46) . . . 142 C
Lunel (34) . . . 160 A
Lunel-Viel (34) . . . 175 D
Luneray (76) . . . 25 D
Lunery (18) . . . 104 C
Lunéville (54) . . . 61 D
Le Luot (50) . . . 50 A
Lupcourt (54) . . . 60 C
Lupé (42) . . . 134 A
Lupersat (23) . . . 117 F
Lupiac (32) . . . 154 A
Luplanté (28) . . . 72 C
Luppé-Violles (32) . . . 153 E
Luppy (57) . . . 60 C
Lupsault (16) . . . 114 A
Lupstein (67) . . . 62 B
Luquet (65) . . . 168 C
Lurais (36) . . . 102 C

uray (28) 53 F3
urbe-Saint-Christau (64) 167 F3
urcy (01) 121 F2
urcy-le-Bourg (58) 91 F4
urcy-Lévis (03) 105 F2
uré (42) 120 A3
ure (70) 96 A1
ureuil (36) 103 D2
uri (2B) 187 E1
uriecq (42) 133 D2
urs (04) 163 D2
ury-sur-Arnon (18) 89 F4
usanger (44) 68 B4
uscan (31) 169 F4
usignac (24) 127 E2
usignan (86) 101 F4
usignan-Petit (47) 140 C4
usigny (03) 106 C3
usigny-sur-Barse (10) 76 C2
usigny-sur-Ouche (21) 93 E4
ussac (16) 114 C3
ussac (17) 126 B1
ussac (33) 126 C4
ussac-les-Châteaux (86) 102 B4
ussac-les-Églises (87) 103 D4
ussagnet (40) 153 E3
ussagnet-Lusson (64) 168 B1
ussan (30) 160 B1
ussan (32) 154 C4
ussan-Adeilhac (31) 170 B2
ussant (17) 113 D2
ussas (07) 147 D4
ussas-et-Nontronneau (24) 127 F1
ussat (23) 117 F1
ussat (63) 119 D3
ussault-sur-Loire (37) 88 A2
usse (88) 81 D1
usseray (79) 114 A1
ustar (65) 169 E2
uthenay-Uxeloup (58) 106 B2
utilhous (65) 169 E3
uttange (57) 42 C3
uttenbach-près-Munster (68) . . . 81 D3
utter (68) 97 E2
utterbach (68) 81 E4
utzelbourg (57) 62 A3
utzelhouse (67) 62 A4
uvigny (88) 62 A4
ux (21) 94 B2
ux (31) 171 F1
ux (71) 108 C2
uxé (16) 114 B3
uxe-Sumberraute (64) 167 D1
uxémont-et-Villotte (51) 58 B3
uxeuil-les-Bains (70) 80 A4
uxey (40) 139 D4
uxiol (25) 96 A2
uyères (10) 76 C1
uynes (37) 87 E2
uz-Saint-Sauveur (65) 168 C4
uzanchy (77) 56 B2
uzarches (95) 55 E1
uzay (79) 101 E1
uzé (37) 102 A1
uze (70) 96 B1
uzech (46) 142 A3
uzenac (09) 183 F3
uzeret (36) 103 E3
a Luzerne (50) 32 B4
uzillat (63) 119 E3
uzillé (37) 88 B3
uzinay (38) 134 B1
uzoir (02) 29 E3
uzy (58) 107 E2
uzy-Saint-Martin (55) 41 D2
uzy-sur-Marne (52) 78 B3
y-Fontaine (02) 38 B1
yas (07) 147 D2
yaud (74) 111 D4
ye (36) 88 C3
ynde (59) 22 A3
yoffans (70) 96 B1
yon (69) 121 E4
yons-la-Forêt (27) 36 A3
ys (58) 92 A3
ys (64) 168 B3
ys-Haut-Layon (49) 86 A4
ys-lez-Lannoy (59) 23 E3
ys-Saint-Georges (36) 104 A3

M

Maast-et-Violaine (02) 38 C4
Maâtz (52) 94 C1
Mably (42) 120 B2
Macau (33) 126 A4
Macaye (64) 166 C1
Macé (61) 52 A3
Macey (10) 76 B1
Machault (08) 40 A3
Machault (77) 74 C1
Maché (85) 99 D2
Machecoul-Saint-Même (44) . . . 98 C1
Machecourt (02) 39 E2
Machemont (60) 38 A2

Macheren (57) 43 E4
Marchézal (42) 120 C3
Machiel (80) 26 B1
Machilly (74) 123 F1
La Machine (58) 106 C1
Machy (10) 76 C2
Machy (80) 26 B1
Mackenheim (67) 81 F2
Mackwiller (67) 62 A2
Maclas (42) 134 A2
Macogny (02) 56 B1
Mâcon (71) 121 E1
Maconcourt (88) 79 E1
Maconge (21) 93 E4
Macornay (39) 109 F3
Macqueville (17) 113 F3
Macquigny (02) 28 C3
Madaillan (47) 141 D4
Madecourt (88) 79 E2
Madegney (88) 79 F1
La Madelaine-sous-Montreuil (62) . . 21 E4
La Madeleine (59) 23 D3
La Madeleine-Bouvet (61) 53 D4
La Madeleine-de-Nonancourt (27) . . 53 E3
La Madeleine-sur-Loing (77) . . . 74 C2
La Madeleine-Villefrouin (41) . . . 72 C4
Madic (15) 130 C2
Madière (09) 171 D3
Madirac (33) 139 E1
Madiran (65) 153 F4
Madonne-et-Lamerey (88) 79 F2
Madranges (19) 129 F1
Madré (53) 51 E4
Madriat (63) 131 F2
Maël-Carhaix (22) 66 A1
Maël-Pestivien (22) 47 D4
Maen Roch (35) 49 F4
Maennolsheim (67) 62 B3
Maffliers (95) 55 D1
Maffrécourt (51) 58 C1
Magalas (34) 173 F1
La Magdelaine-sur-Tarn (31) . . 156 A3
La Magdeleine (16) 114 B2
Le Mage (61) 53 D4
Magenta (51) 57 E1
Les Mages (30) 146 B4
Magescq (40) 151 E3
Magland (74) 124 A2
Magnac-Bourg (87) 129 D1
Magnac-Laval (87) 116 A1
Magnac-Lavalette-Villars (16) . . 127 E1
Magnac-sur-Touvre (16) 114 B4
Magnan (32) 153 E3
Magnant (10) 77 D2
Magnanville (78) 54 B2
Magnas (32) 155 D3
Magnat-l'Étrange (23) 117 F4
Magné (79) 100 C4
Magné (86) 101 A4
Magnet (03) 119 E1
Magneux (51) 39 D4
Magneux (52) 59 D4
Magneux-Haute-Rive (42) 120 B4
Magneville (50) 31 E2
Magnicourt (10) 77 D1
Magnicourt-en-Comte (62) 22 B4
Magnicourt-sur-Canche (62) . . . 27 E1
Magnien (21) 93 D4
Magnières (54) 61 D4
Magnieu (01) 122 C4
Les Magnils-Reigniers (85) 99 F3
Magnivray (70) 80 A4
Magnoncourt (70) 79 F3
Le Magnoray (70) 95 F2
Magny (28) 72 C1
Le Magny (36) 104 B3
Magny (68) 97 D1
Les Magny (70) 96 A2
Magny (89) 92 B2
Magny-Châtelard (25) 96 A3
Magny-Cours (58) 106 A1
Magny-Danigon (70) 96 B1
Magny-en-Bessin (14) 33 D3
Magny-en-Vexin (95) 54 B1
Magny-Fouchard (10) 77 D2
Magny-Jobert (70) 96 B1
Magny-la-Fosse (02) 28 B3
Magny-la-Ville (21) 93 D2
Magny-Lambert (21) 93 E1
Magny-le-Désert (61) 51 E4
Magny-le-Hongre (77) 55 F2
Magny-lès-Aubigny (21) 94 B4
Magny-les-Hameaux (78) 54 C3
Magny-lès-Jussey (70) 79 E4
Magny-lès-Villers (21) 93 F4
Magny-Lormes (58) 92 A3
Magny-Montarlot (21) 94 B3
Magny-Saint-Médard (21) 94 B3
Magny-sur-Tille (21) 94 B3
Magny-Vernois (70) 96 A1
Magoar (22) 47 E4
Magrie (11) 172 B4
Magrin (81) 156 C4
Magstatt-le-Bas (68) 97 E1
Magstatt-le-Haut (68) 97 E1
Mahalon (29) 64 B2
Mahéru (61) 52 B3
Maîche (25) 96 C3

Maidières (54) 60 B2
Maignaut-Tauzia (32) 154 B3
Maigné (72) 70 C3
Maignelay-Montigny (60) 37 E2
Mailhac (11) 173 E2
Mailhac-sur-Benaize (87) 116 A1
Mailhoc (81) 157 D2
Mailholas (31) 170 C2
Maillane (13) 161 D3
Maillas (40) 139 F4
Maillat (01) 122 B2
Maillé (37) 87 E4
Maillé (85) 100 B4
Maillé (86) 101 F2
Maillebois (28) 53 E3
Maillères (40) 153 D2
Mailleroncourt-Charette (70) . . . 79 F4
Mailleroncourt-Saint-Pancras (70) . . 79 F3
Maillet (36) 104 A3
Mailley-et-Chazelot (70) 95 E2
Maillezais (85) 100 B4
Maillot (89) 75 E2
Mailly (71) 120 B1
Mailly-Champagne (51) 57 F1
Mailly-la-Ville (89) 92 A1
Mailly-le-Camp (10) 57 F3
Mailly-le-Château (89) 92 A1
Mailly-Maillet (80) 27 E4
Mailly-Raineval (80) 27 E4
Mailly-sur-Seille (54) 60 C2
Les Maillys (21) 94 B4
Maimbeville (60) 37 E3
Maincy (77) 55 F4
Maine-de-Boixe (16) 114 B3
Maing (59) 28 C1
Mainneville (27) 36 B3
Mainsat (23) 117 F2
Maintenay (62) 26 B1
Maintenon (28) 54 A4
Mainvillers (57) 61 D1
Mainvilliers (28) 72 C1
Mainxe-Gondeville (16) 113 F4
Mainzac (16) 127 F1
Mairé (86) 102 C2
Mairé-Levescault (79) 114 B1
Mairieux (59) 29 E1
Mairy-Mainville (54) 42 A3
Mairy-sur-Marne (51) 58 A2
Maisdon-sur-Sèvre (44) 84 C4
Maisey-le-Duc (21) 77 E4
Maisnières (80) 26 A3
Le Maisnil (59) 22 C3
Maisnil (62) 27 D1
Maisnil-lès-Ruitz (62) 22 B4
Maisod (39) 109 F4
Maison-des-Champs (10) 77 E2
La Maison-Dieu (58) 92 A2
Maison-Feyne (23) 116 C1
Maison-Ponthieu (80) 26 C2
Maison-Roland (80) 26 C2
Maison-Rouge (77) 56 B4
Maisoncelle (62) 21 F4
Maisoncelle-et-Villers (08) 40 C2
Maisoncelle-Saint-Pierre (60) . . 36 C2
Maisoncelle-Tuilerie (60) 37 D2
Maisoncelles (52) 78 C2
Maisoncelles (72) 71 F3
Maisoncelles-du-Maine (53) . . . 69 F3
Maisoncelles-en-Brie (77) 56 A2
Maisoncelles-en-Gâtinais (77) . . 74 B2
Maisoncelles-Pelvey (14) 50 C1
Maisoncelles-sur-Ajon (14) 51 D1
Maisonnais (18) 104 C3
Maisonnais-sur-Tardoire (87) . .115 D4
Maisonnay (79) 114 A1
Maisonneuve (86) 101 F2
Maisonnisses (23) 117 D1
Maisons (11) 173 D4
Maisons (14) 32 C3
Maisons (28) 73 E1
Maisons-Alfort (94) 55 E3
Maisons-du-Bois-Lièvremont (25) . .111 D1
Maisons-en-Champagne (51) . . 58 A3
Maisons-Laffitte (78) 54 C2
Maisons-lès-Chaource (10) 76 C3
Maisons-lès-Soulaines (10) 77 F1
Maisonsgoutte (67) 81 D1
Maisontiers (79) 101 D2
Maisse (91) 74 A1
Maissemy (02) 28 B3
Maixe (54) 61 D3
Maizeray (55) 60 A1
Maizeroy (57) 60 C1
Maizet (14) 51 D1
Maizey (55) 59 F2
Maizicourt (80) 26 C2
Maizières (14) 51 D2
Maizières (52) 59 D4
Maizières (54) 60 B4
Maizières (62) 27 D1
Maizières (70) 95 E2
Maizières-la-Grande-Paroisse (10) . . 57 D4
Maizières-lès-Brienne (10) 77 E1
Maizières-lès-Metz (57) 42 B4
Maizières-lès-Vic (57) 61 E3
Maizières-sur-Amance (52) 78 C4
Maizilly (42) 120 B1
Maizy (02) 39 D3

Majastres (04) 163 E2
Malabat (32) 169 D1
La Malachère (70) 95 E2
Malafretaz (01) 121 F1
Mâlain (21) 93 F3
Malaincourt (88) 79 D2
Malaincourt-sur-Meuse (52) . . . 78 C2
Malakoff (92) 55 D3
Malancourt (55) 41 D4
Malandry (08) 41 D2
Malange (39) 94 C4
Malans (25) 95 E4
Malans (70) 94 C3
Malansac (56) 67 E4
Malarce-sur-la-Thines (07) 146 B3
Malataverne (26) 147 E3
Malaucène (84) 161 F1
Malaucourt-sur-Seille (57) 60 C2
Malaunay (76) 35 E2
Malause (82) 155 E1
Malaussanne (64) 153 D4
Malaussène (06) 164 C2
Malauzat (63) 118 C3
Malavillers (54) 42 A3
Malay (71) 108 B3
Malay-le-Grand (89) 75 E2
Malay-le-Petit (89) 75 F2
Malbo (15) 131 D4
Malbosc (07) 146 B4
Malbouhans (70) 80 B4
Malbrans (25) 95 F4
Malbuisson (25) 110 C2
Malegoude (09) 171 F3
Malemort (19) 129 E3
Malemort-du-Comtat (84) 161 F2
La Malène (48) 145 D4
Le Malesherbois (45) 74 B1
Malestroit (56) 67 E4
Maleville (12) 143 E4
Malguénac (56) 66 B2
Malherbe-sur-Ajon (14) 51 D1
La Malhoure (22) 48 B4
Malicornay (36) 103 F3
Malicorne (03) 118 B1
Malicorne-sur-Sarthe (72) 70 C4
Maligny (21) 93 E4
Maligny (89) 76 A4
Malijai (04) 163 D2
Malincourt (59) 28 B3
Malintrat (63) 119 D4
Malissard (26) 147 F1
Mallefougasse-Augès (04) 163 D1
Malleloy (54) 60 B2
Mallemoisson (04) 163 E2
Mallemort (13) 161 F3
Malléon (09) 171 E4
Malleret (23) 117 F2
Malleret-Boussac (23) 117 E1
Malleval (42) 134 A2
Malleval-en-Vercors (38) 135 D3
Malleville-les-Grès (76) 24 C2
Malleville-sur-le-Bec (27) 34 C4
Mallièvre (85) 100 B1
Malling (57) 42 C3
La Malmaison (02) 39 E2
Malmerspach (68) 80 C4
Malmy (51) 40 C4
Malons-et-Elze (30) 146 A3
Malouy (27) 52 C1
Malpart (80) 37 E1
Malpas (25) 110 C2
Malras (11) 172 A3
Malrevers (43) 133 D4
Malroy (57) 42 C4
Maltat (71) 107 D3
Maltot (14) 33 E4
Malvalette (43) 133 E2
Malves-en-Minervois (11) 172 C2
Malvezie (31) 169 F4
Malvières (43) 132 C2
Malviès (11) 172 B3
Malville (44) 84 A2
Malvillers (70) 79 D4
Malzéville (54) 60 C3
Le Malzieu-Forain (48) 145 D1
Le Malzieu-Ville (48) 145 D1
Malzy (02) 29 D3
Mamers (72) 71 E1
Mametz (62) 22 A3
Mamey (54) 60 B2
Mamirolle (25) 95 F3
Manas (26) 147 F2
Manas-Bastanous (32) 169 E1
La Mancelière (28) 53 E3
Mancenans (25) 96 B2
Mancenans-Lizerne (25) 96 C3
Mancey (71) 108 C3
Manciet (32) 153 F3
Mancioux (31) 170 B3
Mancy (51) 57 E2
Mandagout (30) 159 E2
Mandailles-Saint-Julien (15) . . . 131 D4
Mandelieu-la-Napoule (06) 179 F1
Manderen-Ritzing (57) 42 C2
Mandeure (25) 96 C2
Mandeville (27) 35 E4
Mandeville-en-Bessin (14) 32 C3
Mandray (88) 80 C2

Mandres (27) 53 D3
Mandres-aux-Quatre-Tours (54) 60 A2
Mandres-en-Barrois (55) 59 E4
Mandres-la-Côte (52) 78 B3
Mandres-les-Roses (94) 55 E3
Mandres-sur-Vair (88) 79 E2
Mandrevillars (70) 96 B1
Manduel (30) 160 C3
Mane (04) 162 C2
Mane (31) 170 B3
Manéglise (76) 34 B2
Manéhouville (76) 25 E2
Manent-Montané (32) 169 F2
Manerbe (14) 34 A4
Mangiennes (55) 41 F3
Manglieu (63) 132 A1
Mangonville (54) 60 C4
Manhac (12) 157 F1
Manheulles (55) 41 F4
Manhoué (57) 60 C2
Manicamp (02) 38 B2
Manigod (74) 123 F3
Manin (62) 27 E1
Maningham (62) 21 E4
Maninghen-Henne (62) 21 D2
Maniquerville (76) 34 B1
Manlay (21) 93 D4
Manneville-ès-Plains (76) 25 D2
Manneville-la-Goupil (76) 34 B2
Manneville-la-Pipard (14) 34 A4
Manneville-la-Raoult (27) 34 B3
Manneville-sur-Risle (27) 34 C3
Mannevillette (76) 34 A2
Mano (40) 139 D3
Le Manoir (14) 33 D3
Le Manoir (27) 35 E3
Manois (52) 78 B1
Manom (57) 42 B3
Manoncourt-en-Vermois (54) 60 C3
Manoncourt-en-Woëvre (54) 60 B3
Manonville (54) 60 A2
Manonviller (54) 61 E4
Manosque (04) 162 C3
Manot (16) 115 D3
Manou (28) 53 D4
Manre (08) 40 B4
Le Mans (72) 71 D3
Mansac (19) 129 D3
Mansan (65) 169 D2
Mansat-la-Courrière (23) 117 D3
Mansempuy (32) 155 D3
Mansencôme (32) 154 B3
Manses (09) 171 F3
Mansigné (72) 71 D4
Mansle (16) 114 B3
Manso (2B) 188 B2
Mansonville (82) 155 D2
Manspach (68) 97 D1
Mant (40) 153 D4
Mantallot (22) 47 D2
Mantenay-Montlin (01) 109 D4
Mantes-la-Jolie (78) 54 B2
Mantes-la-Ville (78) 54 B2
Mantet (66) 184 B3
Manteyer (05) 149 D3
Manthelan (37) 87 F4
Manthes (26) 134 B2
Mantilly (61) 50 C4
Mantoche (70) 94 C2
Mantry (39) 109 F2
Manvieux (14) 33 D3
Many (57) 61 D1
Manzac-sur-Vern (24) 127 F4
Manzat (63) 118 B3
Manziat (01) 108 C4
Marac (52) 78 B3
Marainville-sur-Madon (88) 79 F1
Marainviller (54) 61 D3
Le Marais-la-Chapelle (14) 51 F2
Marais-Vernier (27) 34 B3
Marambat (32) 154 A3
Marandeuil (21) 94 B4
Marange-Silvange (57) 42 B4
Marange-Zondrange (57) 43 D4
Marans (17) 100 A4
Maransin (33) 126 B3
Marant (62) 21 E4
Maranville (52) 77 F2
Maranwez (08) 40 A1
Marast (70) 96 A1
Marat (63) 119 F4
Maraussan (34) 173 F2
Maravat (32) 155 D3
Maray (41) 89 E3
Maraye-en-Othe (10) 76 B2
Marbache (54) 60 B2
Marbaix (59) 29 E2
Marbeuf (27) 35 E4
Marbéville (52) 78 A2
Marbois (27) 53 D2
Marboué (28) 72 C2
Marboz (01) 109 E4
Marby (08) 40 A1
Marçais (18) 105 D3
Marçay (37) 87 D4
Marçay (86) 101 F4
Marcé (49) 86 B1
Marcé-sur-Esves (37) 87 F4

Marcelcave (80) 27 E4
Marcellaz (74) 123 F1
Marcellaz-Albanais (74) 123 D3
Marcellois (21) 93 E3
Marcellus (47) 140 A3
Marcenais (33) 126 B4
Marcenat (03) 119 E1
Marcenat (15) 131 E2
Marcenay (21) 77 D4
Marcenod (42) 133 F1
Marcey-les-Grèves (50) 49 F3
Marchais (02) 39 E2
Marchamp (01) 122 B4
Marchampt (69) 121 D2
Marchastel (15) 131 D3
Marchastel (48) 144 C2
Marchaux-Chaudefontaine (25) 95 F3
La Marche (58) 91 D4
Marché-Allouarde (80) 38 A1
Marchélepot-Misery (80) 38 A1
Marchemaisons (61) 52 B4
Marchémoret (77) 55 F1
Marchenoir (41) 72 C4
Marcheprime (33) 138 C2
Marches (26) 134 C4
Marcheseuil (21) 93 D4
Marchésieux (50) 32 A4
Marchéville (28) 72 C1
Marchéville-en-Woëvre (55) 59 F1
Marchezais (28) 54 A3
Marchiennes (59) 23 E4
Marciac (32) 169 D1
Marcieu (38) 135 F4
Marcieux (73) 135 F1
Marcigny (71) 120 A1
Marcigny-sous-Thil (21) 93 D3
Marcilhac-sur-Célé (46) 142 C3
Marcillac-la-Croisille (19) 130 A3
Marcillac-la-Croze (19) 129 F4
Marcillac-Lanville (16) 114 A3
Marcillac-Saint-Quentin (24) 128 C4
Marcillac-Vallon (12) 143 F3
Marcillat (63) 118 C2
Marcillat-en-Combraille (03) 118 A2
Marcillé (79) 114 A1
Marcillé-la-Ville (53) 70 A1
Marcillé-Raoul (35) 49 E4
Marcillé-Robert (35) 68 C3
Marcilloles (38) 134 C2
Marcilly (50) 50 A3
Marcilly (77) 56 A1
Marcilly-d'Azergues (69) 121 E3
Marcilly-en-Bassigny (52) 78 C4
Marcilly-en-Beauce (41) 72 A4
Marcilly-en-Gault (41) 89 E2
Marcilly-en-Villette (45) 73 F4
Marcilly-et-Dracy (21) 93 E2
Marcilly-la-Campagne (27) 53 E2
Marcilly-la-Gueurce (71) 107 F4
Marcilly-le-Châtel (42) 120 A4
Marcilly-le-Hayer (10) 76 A1
Marcilly-lès-Buxy (71) 108 B2
Marcilly-Ogny (21) 93 D3
Marcilly-sur-Eure (27) 53 F2
Marcilly-sur-Maulne (37) 87 D2
Marcilly-sur-Seine (51) 57 D4
Marcilly-sur-Tille (21) 94 A2
Marcilly-sur-Vienne (37) 87 E4
Marck (62) 21 E1
Marckolsheim (67) 81 F2
Marclopt (42) 120 B4
Marcoing (59) 28 B2
Marcolès (15) 143 F1
Marcollin (38) 134 C2
Marcols-les-Eaux (07) 146 C1
Marçon (72) 87 E1
Marconne (62) 26 C1
Marconnelle (62) 26 C1
Marcorignan (11) 173 E2
Marcoussis (91) 55 D3
Marcoux (04) 163 E1
Marcoux (42) 120 A4
Marcq (08) 40 C3
Marcq (78) 54 B2
Marcq-en-Barœul (59) 23 D3
Marcq-en-Ostrevent (59) 28 B1
Marcy (02) 28 C3
Marcy (58) 91 F3
Marcy (69) 121 D3
Marcy-l'Étoile (69) 121 D4
Marcy-sous-Marle (02) 29 D4
Mardeuil (51) 57 E1
Mardié (45) 73 F4
Mardilly (61) 52 B2
Mardor (52) 78 B4
Mareau-aux-Bois (45) 74 A3
Mareau-aux-Prés (45) 73 E4
Mareil-en-Champagne (72) 70 B3
Mareil-en-France (95) 55 E1
Mareil-le-Guyon (78) 54 B3
Mareil-Marly (78) 54 C2
Mareil-sur-Loir (72) 86 C1
Mareil-sur-Mauldre (78) 54 B2
Mareilles (52) 78 B2
Marenla (62) 21 E4
Marennes (69) 134 B1
Marennes-Hiers-Brouage (17) 112 B3
Mareschés (72) 71 D2

Maresches (59) 28 C1
Maresquel-Ecquemicourt (62) 21 E4
Marest (62) 22 A4
Marest-Dampcourt (02) 38 B2
Marest-sur-Matz (60) 37 F2
Marestaing (32) 155 E4
Marestmontiers (80) 37 E1
Maresville (62) 21 D4
Les Marêts (77) 56 B3
Maretz (59) 28 C3
Mareugheol (63) 131 F1
Mareuil (16) 114 A4
Mareuil-Caubert (80) 26 B2
Mareuil-en-Brie (51) 57 D2
Mareuil-en-Dôle (02) 38 C4
Mareuil en Périgord (24) 127 F1
Mareuil-la-Motte (60) 37 F2
Mareuil-le-Port (51) 57 D1
Mareuil-lès-Meaux (77) 56 A2
Mareuil-sur-Arnon (18) 104 C1
Mareuil-sur-Cher (41) 88 C3
Mareuil-sur-Lay-Dissais (85) 99 F3
Mareuil-sur-Ourcq (60) 56 A1
Marey (88) 79 E2
Marey-lès-Fussey (21) 93 F4
Marey-sur-Tille (21) 94 A1
Marfaux (51) 57 E1
Marfontaine (02) 29 D4
Margaux-Cantenac (33) 126 A4
Margencel (74) 111 D4
Margency (95) 55 D1
Margerides (19) 130 C2
Margerie-Chantagret (42) 133 D1
Margerie-Hancourt (51) 58 B4
Margès (26) 134 C3
Margival (02) 38 C3
Margny (08) 41 E2
Margny (51) 57 D2
Margny-aux-Cerises (60) 38 A1
Margny-lès-Compiègne (60) 37 F3
Margny-sur-Matz (60) 37 F2
Margon (34) 174 A2
Margouët-Meymes (32) 153 F3
Margueray (50) 50 B2
Margueritte (30) 160 C3
Margueron (33) 140 B1
Marguestau (32) 153 F2
Margut (08) 41 E2
Mariac (07) 146 C1
Maricourt (80) 27 F3
Marie (06) 164 C2
Marieulles (57) 60 B1
Marieux (80) 27 E2
Marigna-sur-Valouse (39) 109 F4
Marignac (17) 126 B1
Marignac (31) 169 F4
Marignac (82) 155 D3
Marignac-en-Diois (26) 148 A1
Marignac-Lasclares (31) 170 B2
Marignac-Laspeyres (31) 170 B2
Marignana (2A) 188 B2
Marignane (13) 177 D2
Marigné-Laillé (72) 71 E4
Marigné-Peuton (53) 69 F4
Marignier (74) 123 F2
Marignieu (01) 122 C3
Marigny (03) 106 B3
Marigny (39) 110 A2
Marigny (51) 57 E3
Marigny (71) 108 A3
Marigny (79) 113 E1
Marigny-Chemereau (86) 101 F4
Marigny-en-Orxois (02) 56 B1
Marigny-le-Cahouët (21) 93 D2
Marigny-le-Châtel (10) 76 A1
Marigny-Le-Lozon (50) 32 A4
Marigny-l'Église (58) 92 B3
Marigny-les-Reullée (21) 108 C1
Marigny-les-Usages (45) 73 F3
Marigny-Marmande (37) 102 B1
Marigny-Saint-Marcel (74) 123 D3
Marigny-sur-Yonne (58) 92 A3
Marillac-le-Franc (16) 114 C4
Marillet (85) 100 B3
Marimbault (33) 139 F3
Marimont-lès-Bénestroff (57) 61 E2
Marin (74) 111 D4
Marines (95) 54 C1
Maringes (42) 120 C4
Maringues (63) 119 D3
Mariol (03) 119 E2
Marions (33) 139 F3
Marizy-Saint-Mard (02) 38 B4
Marizy-Sainte-Geneviève (02) 38 B4
Marle (02) 29 D4
Marlemont (08) 40 A1
Marlenheim (67) 62 B3
Marlers (80) 36 B1
Marles-en-Brie (77) 56 A4
Marles-les-Mines (62) 22 B4
Marles-sur-Canche (62) 21 E4
Marlhes (42) 133 F3
Marliac (31) 171 D2
Marliens (21) 94 B3
Marlieux (01) 121 F2
Marlioz (74) 123 D2
Marly (57) 60 B1
Marly (59) 28 C1

Marly-Gomont (02) 29 D4
Marly-la-Ville (95) 55 E1
Marly-le-Roi (78) 54 C2
Marly-sous-Issy (71) 107 E3
Marly-sur-Arroux (71) 107 F3
Marmagne (18) 90 A4
Marmagne (21) 93 D1
Marmagne (71) 108 A4
Marmande (47) 140 B1
Marmanhac (15) 130 C2
Marmeaux (89) 92 C3
Marminiac (46) 141 F1
Marmont-Pachas (47) 154 C2
Marmouillé (67) 62 B3
Marnac (24) 141 F1
Marnans (38) 135 D2
Marnaves (81) 156 C2
Marnay (70) 95 D3
Marnay (71) 108 C2
Marnay (86) 102 A4
Marnay-sur-Marne (52) 78 B2
Marnay-sur-Seine (10) 56 C4
Marnaz (74) 123 F2
La Marne (44) 84 A2
Marnes (79) 101 E2
Marnes-la-Coquette (92) 54 C2
Marnézia (39) 109 F3
Marnhagues-et-Latour (12) 158 B2
Marnoz (39) 110 A3
Marœuil (62) 27 F2
Maroilles (59) 29 D2
La Marolle-en-Sologne (41) 89 E1
Marolles (14) 34 B4
Marolles (41) 88 C2
Marolles (51) 58 B3
Marolles (60) 56 B4
Marolles-en-Beauce (91) 74 A4
Marolles-en-Brie (77) 56 B4
Marolles-en-Brie (94) 55 E3
Marolles-en-Hurepoix (91) 55 D4
Marolles-lès-Bailly (10) 77 D2
Marolles-les-Braults (72) 71 E2
Marolles-les-Buis (28) 72 C1
Marolles-lès-Saint-Calais (72) 72 A4
Marolles-sous-Lignières (10) 76 B3
Marolles-sur-Seine (77) 75 D2
Marollette (72) 71 E1
Marols (42) 133 D2
Maromme (76) 35 E2
Mâron (36) 104 B3
Maron (54) 60 B3
Maroncourt (88) 79 F1
Marpaps (40) 152 C2
Marpent (59) 29 E1
Marpiré (35) 68 C2
Marquaix (80) 28 A2
Marquay (24) 128 C4
Marquay (62) 27 E1
Marquefave (31) 170 C2
Marquéglise (60) 37 F2
Marquein (11) 171 E2
Marquerie (65) 169 D2
Marques (76) 36 B1
Marquette-en-Ostrevant (59) 28 B1
Marquette-lez-Lille (59) 23 D2
Marquigny (08) 40 B2
Marquillies (59) 22 C3
Marquion (62) 28 A2
Marquise (62) 21 D2
Marquivillers (80) 37 F1
Marquixanes (66) 184 C2
Marray (37) 87 F2
La Marre (39) 109 F2
Marre (55) 41 E4
Mars (07) 133 E4
Les Mars (23) 117 F3
Mars (42) 120 B3
Mars-la-Tour (54) 60 A1
Mars-sous-Bourcq (08) 40 B3
Mars-sur-Allier (58) 106 A3
Marsa (11) 184 B3
Marsac (16) 114 B3
Marsac (23) 116 B3
Marsac (65) 169 D2
Marsac (82) 155 D2
Marsac-en-Livradois (63) 132 C2
Marsac-sur-Don (44) 84 B2
Marsac-sur-l'Isle (24) 128 A3
Marsainvilliers (45) 74 A2
Marsais (17) 113 E2
Marsais-Sainte-Radégonde (85) . . . 100 A3
Marsal (57) 61 D2
Marsalès (24) 141 E2
Marsan (32) 154 C3
Marsangis (51) 57 E4
Marsangy (89) 75 E3
Marsannay-la-Côte (21) 94 A3
Marsannay-le-Bois (21) 94 A3
Marsanne (26) 147 E2
Marsas (33) 126 B3
Marsas (65) 169 D3
Marsat (03) 118 C2
Marsaz (26) 134 B3
Marseillan (32) 169 E1
Marseillan (34) 174 B2
Marseillan (65) 169 D2
Marseille (13) 177 E3
Marseille-en-Beauvaisis (60) 36 C2

'arseilles-lès-Aubigny (18) 91 D4
arseillette (11) 172 C3
arsillargues (34) 160 B4
Marsilly (17) 112 B1
Marsilly (57) 60 C1
Marsolan (32) 154 C2
Marson (51) 58 B2
Marson-sur-Barboure (55) ... 59 E3
arsonnas (01) 109 D4
arsoulas (31) 170 B3
artagny (02) 29 F4
artagny (76) 25 E2
artagny-Courpierre (02) ... 39 D2
artagny-le-Comte (71) 108 A3
artagny-les-Bains (88) 79 D2
artagny-les-Gerbonvaux (88) .. 60 A4
artagny-sur-l'Ante (14) ... 51 E2
artigues (13) 176 C2
artillac (33) 139 D1
artignargues (30) 160 A2
artignas-sur-Jalle (33) ... 138 C1
artignat (01) 122 B1
artigné-Ferchaud (35) 68 C4
artigné-sur-Mayenne (53) .. 69 F2
artigny (02) 29 F4
artigny (76) 25 E2
artigny-Courpierre (02) ... 39 D2
artigny-le-Comte (71) 108 A3
artigny-les-Bains (88) 79 D2
artigny-les-Gerbonvaux (88) .. 60 A4
artigny-sur-l'Ante (14) ... 51 E2
artigues (13) 176 C2
artillac (33) 139 D1
artincourt (54) 60 B2
artin-Église (76) 25 E2
artincourt (60) 36 B2
artincourt-sur-Meuse (55) .. 41 D2
Martinet (30) 146 B4
artinet (85) 99 D2
artinpuich (62) 27 F2
artinvast (50) 31 E1
artrinhem (88) 79 E3
artisserre (31) 170 A1
artizay (36) 103 D2
artot (27) 35 E4
Martre (83) 164 A3
artres (33) 139 F2
s Martres-d'Artière (63) .. 119 D3
artres-de-Rivière (31) 169 F3
s Martres-de-Veyre (63) ... 119 D4
artres-sur-Morge (63) 119 D3
artres-Tolosane (31) 170 B3
artrin (12) 157 F2
artrois (21) 93 E3
Martyre (29) 46 A3
s Martys (11) 172 B1
aruéjols-lès-Gardon (30) .. 160 A2
arval (87) 115 E4
arvaux-Vieux (08) 40 B4
arvejols (48) 145 D3
arvelise (25) 96 B2
arville (55) 41 E3
arville-Moutiers-Brûlé (28) .. 53 F3
ry (71) 108 A3
ary-sur-Marne (77) 56 A1
arzan (52) 83 E2
arzens (81) 156 C4
arzy (58) 106 A1
Mas (06) 164 B3
as-Blanc-des-Alpilles (13) .. 161 D3
as-Cabardès (11) 172 B2
Mas-d'Agenais (47) 140 B3
Mas-d'Artige (23) 117 E4
as-d'Auvignon (32) 154 B3
Mas-d'Azil (09) 183 D1
as-de-Londres (34) 159 E3
Mas-de-Tence (43) 133 F3
as-des-Cours (11) 172 C4
as-Grenier (82) 155 F3
as-Saint-Chély (48) 145 E4
as-Saintes-Puelles (11) ... 171 F2
ascaraàs-Haron (64) 153 E4
ascaras (32) 154 A4
ascaras (65) 169 D2
ascarville (31) 171 E1
asclat (46) 142 A1
asevaux-Niederbruck (68) ... 80 C4
aslacq (64) 167 F1
asléon (87) 116 B4
aslives (31) 88 C1
asnau-Massuguiès (81) 157 F3
asnières (59) 28 B2
asny (59) 28 B1
asparraute (64) 167 D1
aspie-Lalonquère-Juillacq (64) .. 168 C1
asquières (47) 141 E3
assabrac (31) 171 D2
assac (11) 172 C3
assac (17) 113 F3
assac-Séran (81) 156 C4
assaguel (81) 172 A1
assals (81) 157 F3

Massanes (30) 160 A2
Massangis (89) 92 B1
Massat (09) 183 D2
Massay (18) 89 F4
Massegros Causses Gorges (48) .. 145 D4
Masseilles (33) 139 F3
Massels (47) 141 E4
Massérac (44) 68 A4
Masseret (19) 129 E1
Masseube (32) 169 F1
Massiac (15) 131 F3
Massieu (38) 135 E2
Massieux (01) 121 E3
Massignac (16) 115 D4
Massignieu-de-Rives (01) .. 122 C4
Massillargues-Attuech (30) .. 160 A2
Massilly (71) 108 B4
Massingy (21) 77 E4
Massingy (74) 123 D3
Massingy-lès-Semur (21) 93 D2
Massingy-lès-Vitteaux (21) . 93 E3
Massognes (86) 101 F2
Massoins (06) 164 C2
Massoulès (47) 141 E4
Massugas (33) 140 A1
Massy (71) 108 B4
Massy (76) 35 F1
Massy (91) 55 D3
Mastaing (59) 28 B1
Les Matelles (34) 159 F4
Matemale (66) 184 A2
Matha (17) 113 F3
Mathaux (10) 77 D1
Mathay (25) 96 C2
Mathenay (39) 109 F1
Les Mathes (17) 112 B4
Mathieu (14) 33 E4
Mathons (52) 78 A1
Mathonville (76) 35 F2
Matignicourt-Goncourt (51) . 58 B3
Matignon (22) 48 B3
Matigny (80) 38 A1
Matougues (51) 57 F1
Matour (71) 120 C1
Matra (2B) 189 E2
Mattaincourt (88) 79 E1
Matton-et-Clémency (08) 41 D1
Matzenheim (67) 62 C4
Maubec (38) 135 D1
Maubec (82) 155 D3
Maubec (84) 161 F3
Maubert-Fontaine (08) 30 A3
Maubeuge (59) 29 E1
Maubourguet (65) 168 C1
Mauchamps (91) 55 D4
Maucomble (76) 35 F1
Maucor (64) 168 B1
Maucourt (60) 38 A2
Maucourt (80) 27 F4
Maucourt-sur-Orne (55) 41 F4
Maudétour-en-Vexin (95) 54 B1
Mauges-sur-Loire (49) 85 E2
Mauguio (34) 175 D1
Maulan (55) 59 E3
Maulay (86) 101 F1
Maulde (59) 23 E4
Maule (78) 54 B2
Mauléon (79) 100 B1
Mauléon-Barousse (65) 169 F4
Mauléon-d'Armagnac (32) ... 153 E2
Mauléon-Licharre (64) 167 E2
Maulers (60) 36 C2
Maulette (78) 54 A3
Maulévrier (49) 85 F4
Maulévrier-Sainte-Gertrude (76) .. 34 C2
Maulichères (32) 153 F4
Maumusson (82) 155 D3
Maumusson-Laguian (32) 153 E4
Mauny (76) 35 D3
Maupas (10) 76 C2
Maupas (32) 153 E3
Mauperthuis (77) 56 A3
Maupertuis (50) 50 A1
Maupertus-sur-Mer (50) 31 E1
Mauprévoir (86) 115 D1
Mauquenchy (76) 36 A2
Mauran (31) 170 B3
Maure (64) 168 C1
Maurecourt (78) 54 C1
Mauregard (77) 55 E1
Mauregny-en-Haye (02) 39 D2
Maureilhan (34) 173 F2
Maureillas-las-Illas (66) .. 185 E3
Mauremont (31) 171 E1
Maurens (31) 171 F1
Maurens (32) 155 D4
Maurens-Scopont (81) 156 B4
Maurepas (77) 54 C3
Maurepas (80) 28 A3
Mauressac (31) 170 C2
Mauressargues (30) 160 A2
Maureville (31) 171 E1
Mauriac (15) 130 B3
Mauriac (33) 140 A1

Mauries (40) 153 D4
Maurines (15) 144 C1
Maurois (59) 28 C2
Mauron (56) 67 E2
Mauroux (32) 155 D2
Mauroux (46) 141 F3
Maurrin (40) 153 D3
Maurs (15) 143 E2
Maurupt-le-Montois (51) 58 C3
Maury (66) 185 D1
Mausoléo (2B) 186 C4
Maussac (19) 130 B1
Maussane-les-Alpilles (13) . 161 D4
Maussans (70) 95 F2
Mautes (23) 117 F3
Mauvages (55) 59 F4
Mauvaisin (31) 171 E2
Mauves (07) 134 B4
Mauves-sur-Huisne (61) 52 C4
Mauves-sur-Loire (44) 84 C3
Mauvezin (31) 170 B1
Mauvezin (32) 155 D3
Mauvezin (65) 169 E3
Mauvezin-d'Armagnac (40) .. 153 E2
Mauvezin-de-Prat (09) 170 B3
Mauvezin-de-Sainte-Croix (09) .. 170 C3
Mauvezin-sur-Gupie (47) ... 140 B2
Mauvières (36) 103 D3
Mauvilly (21) 93 E1
Maux (58) 107 D1
Mauzac (31) 170 C2
Mauzac-et-Grand-Castang (24) .. 141 E1
Mauzé-sur-le-Mignon (79) .. 113 D1
Mauzens-et-Miremont (24) .. 128 B4
Mauzun (63) 119 E4
Maves (41) 88 C1
Mavilly-Mandelot (21) 93 F4
La Maxe (57) 42 B4
Maxent (35) 67 F3
Maxéville (54) 60 C3
Maxey-sur-Meuse (88) 60 A4
Maxey-sur-Vaise (55) 60 A4
Maxilly-sur-Léman (74) 111 E4
Maxilly-sur-Saône (21) 94 C3
Maxou (46) 142 B3
Maxstadt (57) 61 E1
May-en-Multien (77) 56 A1
Le May-sur-Èvre (49) 85 E4
May-sur-Orne (14) 51 D4
Mayac (24) 128 B2
Mayenne (53) 70 A1
Mayet (72) 71 D4
Le Mayet-de-Montagne (03) . 119 F2
Le Mayet-d'École (03) 119 D2
Maylis (40) 152 C3
Maynal (39) 109 E3
Les Mayons (83) 178 C2
Mayot (02) 38 C1
Mayrac (46) 142 B1
Mayran (12) 143 F4
Mayrègne (31) 169 F4
Mayres (07) 146 B2
Mayres (63) 132 B2
Mayres-Savel (38) 148 C1
Mayreville (11) 171 F2
Mayrinhac-Lentour (46) 142 C1
Mayronnes (11) 172 C3
Maysel (60) 37 D4
Mazamet (81) 172 B1
Mazan (84) 161 F2
Mazan-l'Abbaye (07) 146 B2
Mazangé (41) 72 A4
Mazaugues (83) 178 A2
Mazaye (63) 118 B4
Mazé-Milon (49) 86 B2
Le Mazeau (85) 100 B4
Mazeirat (23) 117 D2
Mazeley (88) 80 A2
Mazerat-Aurouze (43) 132 B3
Mazeray (17) 113 E3
Mazères (09) 171 E2
Mazères (33) 139 F3
Mazères-de-Neste (65) 169 F3
Mazères-Lezons (64) 168 B2
Mazères-sur-Salat (31) 170 B3
Mazerier (03) 119 D2
Mazerolles (16) 115 D4
Mazerolles (17) 126 A1
Mazerolles (40) 153 D2
Mazerolles (64) 168 A1
Mazerolles (65) 169 E2
Mazerolles (86) 102 B4
Mazerolles-du-Razès (11) .. 172 A3
Mazerolles-le-Salin (25) .. 95 E3
Mazerulles (54) 60 C3
Mazet-Saint-Voy (43) 133 E4
Mazeuil (86) 101 F2
Mazeyrat-d'Allier (43) 132 B3
Mazeyrolles (24) 141 F2
La Mazière-
-aux-Bons-Hommes (23) 117 F4
Mazières-de-Touraine (37) .. 87 E2
Mazières-en-Gâtine (79) ... 101 D3
Mazières-en-Mauges (49) ... 85 E4
Mazières-Naresse (47) 141 D2
Mazille (71) 108 B4
Mazingarbe (62) 22 B4

Mazinghem (62) 22 A3
Mazinghien (59) 28 C2
Mazion (33) 126 A3
Mazirat (03) 118 A1
Mazirot (88) 79 F1
Le Mazis (80) 26 B3
Mazoires (63) 131 F2
Mazouau (65) 169 E3
Mazuby (11) 184 A1
Les Mazures (08) 30 B3
Mazzola (2B) 189 E2
Méailles (04) 164 A2
Méallet (15) 130 C3
Méasnes (23) 104 A4
Meaucé (28) 53 E4
La Meauffe (50) 32 B4
La Méaugon (22) 47 F4
Meaulne-Vitray (03) 105 E3
Méaulte (80) 27 F3
Méautis (50) 32 A3
Meaux (77) 56 A2
Meaux-la-Montagne (69) 120 C2
Meauzac (82) 155 F2
Mecé (35) 68 C1
Mechmont (46) 142 B2
Mécleuves (57) 60 C1
Mecquignies (59) 29 D1
Mécrin (55) 59 F2
Mécringes (51) 56 C2
Médan (78) 54 C2
Médavy (61) 52 A3
Medeyrolles (63) 132 C2
Médière (25) 96 B2
Médillac (16) 127 D3
Médis (17) 112 C4
Médonville (88) 79 D2
Médréac (35) 67 F1
Le Mée (53) 69 E4
Le Mée-sur-Seine (77) 55 E4
Les Mées (04) 163 D2
Les Mées (72) 71 D1
Mégange (57) 42 C4
Megève (74) 124 A3
Mégevette (74) 123 F1
Mégrit (22) 48 C4
Méharicourt (80) 27 F4
Méharin (64) 167 D1
Méhers (41) 88 C3
Méhoncourt (54) 60 C4
Méhoudin (61) 51 E4
Mehun-sur-Yèvre (18) 90 A4
Meigneux (77) 56 B4
Meigneux (80) 36 B1
Meilhac (87) 116 A4
Meilhan (32) 169 F1
Meilhan (40) 152 C2
Meilhan-sur-Garonne (47) .. 140 A3
Meilhards (19) 129 E1
Meilhaud (63) 131 F1
Meillac (35) 49 D4
Meillant (18) 105 D2
Meillard (03) 106 B4
Le Meillard (80) 27 D2
La Meilleraie-Tillay (85) . 100 B2
Meilleray (77) 56 C3
La Meilleraye-de-Bretagne (44) .. 84 C1
Meillerie (74) 111 E4
Meillers (03) 106 A4
Meillon (64) 168 B2
Meillonnas (01) 122 A1
Meilly-sur-Rouvres (21) 93 E4
Meisenthal (57) 62 B1
Meistratzheim (67) 62 B4
Le Meix (21) 94 A1
Le Meix-Saint-Epoing (51) .. 57 D3
Le Meix-Tiercelin (51) 58 A3
Méjannes-le-Clap (30) 146 C4
Méjannes-lès-Alès (30) 160 A1
Mela (2A) 191 D2
Mélagues (12) 158 B4
Mélamare (76) 34 B2
Melay (52) 79 D4
Melay (71) 120 A1
Le Mêle-sur-Sarthe (61) 52 B4
Mélecey (70) 96 A2
Melesse (35) 68 B1
Melgven (29) 65 E3
Mélicocq (60) 38 A2
Mélicourt (27) 52 B2
Méligny-le-Grand (55) 59 F3
Méligny-le-Petit (55) 59 F3
Melin (70) 79 D4
Melincourt (70) 79 F4
Mélisey (70) 80 B4
Mélisey (89) 76 C4
Meljac (12) 157 E1
Mellac (29) 65 F3
Mellé (35) 50 A4
Melle (79) 114 A1
Mellecey (71) 108 B2
Melleran (79) 114 A2
Melleray (72) 72 A2
Melleroy (45) 75 D4
Melles (31) 170 A4
Melleville (76) 26 A3
Mellionnec (22) 66 A1
Mello (60) 37 D4

Meloisey (21) 108 B1
Melrand (56) 66 B2
Melsheim (67) 62 B2
Melun (77) 55 F4
Melve (04) 149 D4
Melz-sur-Seine (77) 56 C4
Membrey (70) 95 D1
La Membrolle-sur-Choisille (37) . . . 87 F2
Méménil (88) 80 B2
Memmelshoffen (67) 63 D1
Le Mémont (25) 96 B4
Menades (89) 92 B2
Ménarmont (88) 61 E4
Menars (41) 88 C1
Menat (63) 118 B2
Menaucourt (55) 59 E3
Mencas (62) 21 F4
Menchhoffen (67) 62 B2
Mende (48) 145 E3
Mendionde (64) 166 C1
Menditte (64) 167 E2
Mendive (64) 167 D3
Le Mené (22) 67 D1
Ménéac (56) 67 E2
Ménerbes (84) 161 F3
Ménerval (76) 36 A2
Ménerville (78) 54 A2
Menesble (21) 77 F4
Méneslies (80) 26 A2
Ménesplet (24) 127 D4
Ménesqueville (27) 35 F3
Ménessaire (21) 92 C4
Menestreau (58) 91 E2
Ménestreau-en-Villette (45) . . 89 F1
Menet (15) 131 D2
Menetou-Couture (18) 105 F1
Menetou-Râtel (18) 90 C3
Menetou-Salon (18) 90 B3
Menetou-sur-Nahon (36) 89 D4
Ménétréol-sous-Sancerre (18) . . 90 C3
Ménétréol-sur-Sauldre (18) . . 90 A2
Ménétréols-sous-Vatan (36) . . 104 A1
Ménétreuil (71) 109 D3
Ménétreux-le-Pitois (21) 93 D2
Ménétrol (63) 118 C2
Ménétru-le-Vignoble (39) 109 F2
Ménétrux-en-Joux (39) 110 A3
Ménévillers (60) 37 E2
Menglon (26) 148 B2
Ménigoute (79) 101 E3
Ménil (53) 69 F4
Le Ménil (88) 80 B3
Ménil-Annelles (08) 40 A3
Ménil-aux-Bois (55) 59 E2
Le Ménil-Bérard (61) 52 B3
Le Ménil-Broût (61) 52 A4
Le Ménil-Ciboult (61) 50 C2
Le Ménil-de-Briouze (61) 51 E3
Ménil-de-Senones (88) 80 C1
Ménil-en-Xaintois (88) 79 E1
Ménil-Erreux (61) 52 A2
Ménil-Froger (61) 52 A3
Ménil-Gondouin (61) 51 E3
Le Ménil-Guyon (61) 52 A3
Ménil-Hermei (61) 51 E2
Ménil-Hubert-en-Exmes (61) . . 52 A2
Ménil-Hubert-sur-Orne (61) . . . 51 D2
Ménil-la-Horgne (55) 59 E3
Ménil-la-Tour (54) 60 A3
Ménil-Lépinois (08) 40 A3
Le Ménil-Scelleur (61) 51 F3
Ménil-sur-Belvitte (88) 80 B1
Ménil-sur-Saulx (55) 59 E3
Le Ménil-Vicomte (61) 52 B3
Ménil-Vin (61) 51 E2
Ménilles (27) 53 F1
La Ménitré (49) 86 B2
Mennecy (91) 56 C3
Mennessis (02) 38 B1
Mennetou-sur-Cher (41) 89 E3
Menneval (27) 52 C1
Menneville (62) 21 E3
Mennevret (02) 28 C3
Mennouveaux (52) 78 B2
Ménoire (19) 129 F4
Menomblet (85) 100 B2
Menoncourt (90) 96 C1
Ménonval (76) 36 A1
Menotey (39) 94 C4
Menou (58) 91 E3
Menouville (95) 54 C1
Le Menoux (36) 103 F3
Menoux (70) 79 E4
Mens (38) 148 C1
Mensignac (24) 127 F3
Menskirch (57) 42 C3
Mentheville (76) 34 B1
Menthon-Saint-Bernard (74) . . 123 E2
Menthonnex-en-Bornes (74) . . 123 E2
Menthonnex-sous-Clermont (74) . . 123 D2
Mentières (15) 131 F4
Menton (06) 165 E3
Mentque-Nortbécourt (62) . . . 21 F2
Menucourt (95) 54 C1
Les Menus (61) 53 D4
Menville (31) 155 F4
Méobecq (36) 103 E2
Méolans-Revel (04) 150 A3

Méounes-lès-Montrieux (83) 178 A3
Mer (41) 88 C1
Méracq (64) 168 B1
Méral (53) 69 E3
Méras (09) 170 C3
Mercatel (62) 27 F1
Mercenac (09) 182 C1
Merceuil (21) 108 C1
Mercey (27) 53 F1
Mercey-le-Grand (25) 95 D3
Mercey-sur-Saône (70) 95 D2
Mercin-et-Vaux (02) 38 B3
Merck-Saint-Liévin (62) 21 F3
Merckeghem (59) 22 A2
Mercœur (19) 129 F4
Mercœur (43) 132 A3
Mercuer (07) 146 C2
Mercuès (46) 142 A3
Mercurey (71) 108 B2
Mercurol-Veaunes (26) 134 B4
Mercury (73) 123 F4
Mercus-Garrabet (09) 171 E4
Mercy (03) 106 C4
Mercy (89) 76 A3
Mercy-le-Bas (54) 42 A3
Mercy-le-Haut (54) 42 A3
Merdrignac (22) 67 E1
Méré (78) 54 B3
Méré (89) 76 B4
Méreau (18) 89 F4
Méréaucourt (80) 36 C1
Méréglise (28) 72 B1
Mérélessart (80) 26 B3
Mérens (32) 154 B3
Mérens-les-Vals (09) 183 F3
Mérenvielle (31) 155 E4
Méreuil (05) 148 C3
Méréville (54) 60 B4
Le Mérévillois (91) 73 F1
Merey (27) 53 F2
Mérey-sous-Montrond (25) . . . 95 E4
Mérey-Vieilley (25) 95 E3
Merfy (51) 39 E4
Mergey (10) 76 B1
Meria (2B) 187 E1
Mérial (11) 184 A1
Méricourt (62) 28 A1
Méricourt (78) 54 A1
Méricourt-en-Vimeu (80) 26 C3
Méricourt-l'Abbé (80) 27 E3
Mériel (95) 55 D1
Mérifons (34) 158 C4
Mérignac (16) 114 A4
Mérignac (17) 126 B2
Mérignac (33) 139 D1
Mérignas (33) 139 F1
Mérignat (01) 122 B2
Mérignies (59) 23 D4
Mérigny (36) 102 C3
Mérigon (09) 170 C3
Mérilheu (65) 169 D3
Mérillac (22) 67 E1
Mérinchal (23) 117 F3
Mérindol (84) 161 F3
Mérindol-les-Oliviers (26) . . . 148 A4
Mérinville (45) 75 D3
Le Mériot (10) 56 C4
Méritein (64) 167 F1
Merkwiller-Pechelbronn (67) . . 62 C1
Merlas (38) 135 E1
La Merlatière (85) 99 F2
Merlaut (51) 58 B3
Merle-Leignec (42) 133 D2
Merléac (22) 66 C1
Le Merlerault (61) 52 B2
Merles (82) 155 E2
Merles-sur-Loison (55) 41 E3
Merlevenez (56) 82 A1
Merlieux-et-Fouquerolles (02) . . 38 C2
Merlimont (62) 21 D4
Merlines (19) 117 F4
Merry-la-Vallée (89) 75 F4
Merry-Sec (89) 91 F1
Merry-sur-Yonne (89) 92 A2
Mers-les-Bains (80) 25 F1
Mers-sur-Indre (36) 104 B3
Merschweiller (57) 42 C2
Mersuay (70) 79 F4
Merten (57) 43 E4
Mertrud (52) 77 F1
Mertzen (68) 97 D1
Mertzwiller (67) 62 C2
Méru (60) 36 C4
Mervans (71) 109 D2
Mervent (85) 100 B3
Mervilla (31) 171 D1
Merville (31) 155 F4
Merville (59) 22 B3

Merville-Franceville-Plage (14) 33 F3
Merviller (54) 61 E4
Merxheim (68) 81 E3
Méry (73) 123 D4
Méry-Bissières-en-Auge (14) . . 33 F4
Méry-ès-Bois (18) 90 A3
Méry-la-Bataille (60) 37 E2
Méry-Prémecy (51) 39 E4
Méry-sur-Cher (18) 89 F3
Méry-sur-Marne (77) 56 B2
Méry-sur-Oise (95) 55 D1
Méry-sur-Seine (10) 57 E4
Le Merzer (22) 47 E3
Mésandans (25) 96 A2
Mésanger (49) 85 D2
Mésangueville (76) 36 A2
Mesbrecourt-Richecourt (02) . . 38 C1
Meschers-sur-Gironde (17) . . . 125 E1
Mescoules (24) 140 C1
Le Mesge (80) 26 C3
Mesgrigny (10) 57 E4
Mésigny (74) 123 D2
Meslan (56) 65 F2
Mesland (41) 88 B2
Meslay (14) 51 E1
Meslay (41) 72 B4
Meslay-du-Maine (53) 70 A3
Meslay-le-Grenet (28) 72 C1
Meslay-le-Vidame (28) 72 C2
Meslières (25) 96 C2
Mesmay (25) 95 E4
Mesmont (08) 40 A2
Mesmont (21) 93 F3
Mesnac (16) 113 F3
Mesnard-la-Barotière (85) . . . 99 F1
Mesnay (39) 110 A1
Les Mesneux (51) 39 E4
La Mesnière (61) 52 B4
Mesnières-en-Bray (76) 35 F1
Le Mesnil (50) 31 D3
Le Mesnil-Adelée (50) 50 B3
Le Mesnil-Amelot (77) 55 E1
Le Mesnil-Amey (50) 32 A4
Le Mesnil-au-Grain (14) 51 D1
Le Mesnil-au-Val (50) 31 E1
Le Mesnil-Aubert (50) 49 F1
Le Mesnil-Aubry (95) 55 E1
Mesnil-Bruntel (80) 28 A3
Le Mesnil-Conteville (60) 26 C1
Mesnil-Domqueur (80) 26 C2
Le Mesnil-Durdent (76) 35 D1
Mesnil-en-Arrouaise (80) 28 A3
Le Mesnil-en-Ouche (27) 52 C1
Le Mesnil-en-Thelle (60) 37 D4
Le Mesnil-Esnard (76) 35 E3
Le Mesnil-Eudes (14) 34 A4
Le Mesnil-Eury (50) 32 A4
Mesnil-Follemprise (76) 35 F1
Le Mesnil-Fuguet (27) 53 E1
Le Mesnil-Garnier (50) 50 A2
Le Mesnil-Gilbert (50) 50 B3
Le Mesnil-Guillaume (14) 52 B1
Le Mesnil-Jourdain (27) 35 E4
Mesnil-la-Comtesse (10) 57 F4
Le Mesnil-le-Roi (78) 54 C2
Mesnil-Lettre (10) 76 C1
Le Mesnil-Lieubray (76) 36 A2
Mesnil-Martinsart (80) 27 F2
Le Mesnil-Mauger (76) 36 A1
Le Mesnil-Ozenne (50) 50 A3
Mesnil-Panneville (76) 35 D2
Mesnil-Raoul (76) 35 F3
Le Mesnil-Réaume (76) 26 A3
Le Mesnil-Robert (14) 50 B2
Mesnil-Roc'h (35) 49 D4
Le Mesnil-Rouxelin (50) 32 A4
Le Mesnil-Rousset (27) 52 C2
Le Mesnil-Saint-Denis (78) . . . 54 C3
Le Mesnil-Saint-Firmin (60) . . . 37 E2
Mesnil-Saint-Georges (80) . . . 37 E2
Mesnil-Saint-Jean (27) 34 C4
Mesnil-Saint-Laurent (02) 38 C1
Mesnil-Saint-Loup (10) 76 A1
Mesnil-Saint-Nicaise (80) 38 A1
Mesnil-Saint-Père (10) 77 D2
Mesnil-Sellières (10) 76 C1
Le Mesnil-Simon (14) 52 A1
Le Mesnil-Simon (28) 54 A2
Le Mesnil-sous-Jumièges (76) . . . 35 D3
Mesnil-sous-Vienne (27) 36 A3
Le Mesnil-sur-Blangy (14) . . . 34 B4
Le Mesnil-sur-Bulles (60) 37 D3
Mesnil-sur-l'Estrée (27) 53 F3
Le Mesnil-sur-Oger (51) 57 E2
Le Mesnil-Théribus (60) 36 C4
Le Mesnil-Thomas (28) 53 E4
Mesnil-Véneron (50) 32 A4
Mesnil-Verclives (27) 36 A3
Le Mesnil-Villeman (50) 50 A2
Le Mesnil-Villement (14) 51 E2
Le Mesnillard (50) 50 B3
Mesnils-sur-Iton (27) 53 E2
Mesnois (39) 109 F3
Les Mesnuls (78) 54 B3
Mespaul (29) 46 A2
Mesplède (64) 167 F1
Mesples (03) 105 D4
Mespuits (91) 74 A1

Mesquer (44) . . . . 83 D
Messac (17) . . . . 126 B
Messanges (21) . . . . 93 F
Messanges (40) . . . . 151 F
Messas (45) . . . . 88 C
Messé (79) . . . . 114 B
Messei (61) . . . . 51 D
Messein (54) . . . . 60 B
Messeix (63) . . . . 130 C
Messemé (86) . . . . 101 F
Messery (74) . . . . 110 C
Messey-sur-Grosne (71) . . . . 108 B
Messia-sur-Sorne (39) . . . . . 109 F
Messigny-et-Vantoux (21) . . . 94 A
Messimy (69) . . . . 121 D
Messimy-sur-Saône (01) . . . . 121 E
Messincourt (08) . . . . 41 D
Messon (10) . . . . 76 B
Messy (77) . . . . 55 F
Mesterrieux (33) . . . . 140 A
Mestes (19) . . . . 130 B
Mesves-sur-Loire (58) . . . . . 91 D
Mesvres (71) . . . . 107 F
Métabief (25) . . . . 110 C
Les Métairies (16) . . . . 113 F
Métairies-Saint-Quirin (57) . . . 61 F
Méteren (59) . . . . 22 B
Méthamis (84) . . . . 161 F
Métigny (80) . . . . 26 C
Metting (57) . . . . 62 A
Mettray (37) . . . . 87 F
Metz (57) . . . . 60 B
Metz-en-Couture (62) . . . . . . 28 A
Metz-le-Comte (58) . . . . 92 A
Metz-Robert (10) . . . . 76 C
Metzeral (68) . . . . 81 D
Metzeresche (57) . . . . 42 C
Metzervisse (57) . . . . 42 C
Metzing (57) . . . . 43 F
Meucon (56) . . . . 82 C
Meudon (92) . . . . 55 D
Meuilley (21) . . . . 93 F
Meulan-en-Yvelines (78) . . . . 54 B
Meulers (76) . . . . 25 F
Meulson (21) . . . . 93 E
Meunet-Planches (36) . . . . . 104 B
Meunet-sur-Vatan (36) . . . . . 89 E
Meung-sur-Loire (45) . . . . . . 73 D
Meurcé (72) . . . . 71 D
Meurchin (62) . . . . 22 C
Meurcourt (70) . . . . 79 F
La Meurdraquière (50) . . . . . 49 F
Meures (52) . . . . 78 A
Meurival (02) . . . . 39 D
Meursac (17) . . . . 113 D
Meursanges (21) . . . . 108 C
Meursault (21) . . . . 108 B
Meurville (10) . . . . 77 E
Meusnes (41) . . . . 89 D
Meussia (39) . . . . 110 A
Meuvaines (14) . . . . 33 E
Meux (17) . . . . 126 B
Le Meux (60) . . . . 37 D
Meuzac (87) . . . . 129 D
Mévoisins (28) . . . . 54 A
Mévouillon (26) . . . . 148 B
Meximieux (01) . . . . 122 A
Mexy (54) . . . . 42 A
Mey (57) . . . . 42 C
Meyenheim (68) . . . . 81 E
Meylan (38) . . . . 135 F
Meymac (19) . . . . 130 B
Meynes (30) . . . . 160 C
Meyrals (24) . . . . 141 F
Meyrannes (30) . . . . 159 E
Meyrargues (13) . . . . 177 E
Meyras (07) . . . . 146 E
Meyreuil (13) . . . . 177 E
Meyrié (38) . . . . 135 D
Meyrieu-les-Étangs (38) . . . . 135 E
Meyrieux-Trouet (73) . . . . . . 122 C
Meyrignac-l'Église (19) . . . . . 129 F
Meyronne (46) . . . . 142 B
Meyrueis (48) . . . . 159 D
Meys (69) . . . . 120 C
Meyssac (19) . . . . 129 E
Meysse (07) . . . . 147 E
Meyssiez (38) . . . . 134 C
La Meyze (87) . . . . 128 C
Meyzieu (69) . . . . 121 F
Mézangers (53) . . . . 70 A
Mèze (34) . . . . 174 B
Mézel (04) . . . . 163 E
Mézens (81) . . . . 156 E
Mézeray (72) . . . . 70 C
Mézères (43) . . . . 133 D
Mézériat (01) . . . . 121 E
Mézerolles (80) . . . . 27 D
Mézerville (11) . . . . 171 E
Mézidon Vallée d'Auge (14) . . . 51 E
La Mézière (35) . . . . 68 C
Mézières-en-Brenne (36) . . . . 103 E
Mézières-en-Drouais (28) . . . . 53 F
Mézières-en-Gâtinais (45) . . . 74 C
Mézières-en-Santerre (80) . . . 27 E
Mézières-en-Vexin (27) . . . . . 36 A
Mézières-lez-Cléry (45) . . . . . 73 D
Mézières-sous-Lavardin (72) . . . 70 C

Mézières-sur-Couesnon (35) 68 C1
Mézières-sur-Oise (02) 38 C1
Mézières-sur-Ponthouin (72) 71 D2
Mézières-sur-Seine (78) 54 B2
Mézilhac (07) 146 C1
Mézilles (89) 91 E1
Mézin (47) 154 A2
Méziré (90) 96 C1
Mézos (40) 152 A1
Mézy-Moulins (02) 56 C1
Mézy-sur-Seine (78) 54 B1
Mhère (58) 92 B4
Mialet (24) 128 B1
Mialet (30) 159 F1
Mialos (64) 168 A1
Miannay (80) 26 B2
Michelbach-le-Bas (68) 97 C1
Michelbach-le-Haut (68) 97 C1
Michery (89) 75 E1
Midrevaux (88) 78 C1
Mièges (39) 110 B2
Miélan (32) 169 E1
Miermaigne (28) 72 A2
Miers (46) 142 C1
Miéry (39) 109 F2
Mietesheim (67) 62 C2
Mieussy (74) 123 F1
Mieuxcé (61) 70 C1
Migé (89) 92 A1
Migennes (89) 75 F3
Miglos (09) 183 E2
Mignaloux-Beauvoir (86) 102 A3
Mignavillers (70) 96 B1
Migné (36) 103 E2
Migné-Auxances (86) 102 A3
Mignères (45) 74 B3
Mignerette (45) 74 B3
Migneville (54) 61 E4
Mignières (28) 72 C1
Mignovillard (39) 110 B2
Migny (36) 104 B1
Migré (17) 113 E2
Migron (17) 113 E3
Mijanès (09) 184 A1
Mijoux (01) 110 B4
La Milesse (72) 71 D3
Milhac (46) 142 A1
Milhac-de-Nontron (24) 128 A1
Milhars (81) 156 C1
Milhas (31) 170 A4
Milhaud (30) 160 B3
Milhavet (81) 156 C2
Milizac-Guipronvel (29) 45 E3
Millac (86) 115 D1
Millam (59) 22 A2
Millançay (41) 89 E2
Millas (66) 185 D2
Millau (12) 158 B2
Millay (58) 107 E2
Millebosc (76) 26 A3
Millemont (78) 54 B3
Millencourt (80) 27 E3
Millencourt-en-Ponthieu (80) 26 B2
Millery (21) 93 D2
Millery (54) 60 B2
Millery (69) 121 E4
Millevaches (19) 117 E4
Millières (50) 31 E4
Millières (52) 78 B2
Millonfosse (59) 23 E4
Milly-la-Forêt (91) 74 B1
Milly-Lamartine (71) 108 B4
Milly-sur-Bradon (55) 41 D3
Milly-sur-Thérain (60) 36 C2
Milon-la-Chapelle (78) 54 C3
Mimbaste (40) 152 A4
Mimet (13) 177 E2
Mimeure (21) 93 E4
Mimizan (40) 151 F1
Minaucourt-
    -le-Mesnil-lès-Hurlus (51) 40 B4
Minerve (34) 173 D2
Mingot (65) 169 D1
Mingoval (62) 27 E1
Miniac-Morvan (35) 49 D4
Miniac-sous-Bécherel (35) 68 A1
Le Minihic-sur-Rance (35) 49 D3
Minihy-Tréguier (22) 47 E2
Minorville (54) 60 A2
Minot (21) 93 F1
Minversheim (67) 62 C2
Minzac (24) 127 D4
Minzier (74) 123 D2
Miolles (81) 157 F3
Mionnay (01) 121 E3
Mions (69) 121 F4
Mios (33) 138 C2
Miossens-Lanusse (64) 168 B1
Mirabeau (04) 163 D1
Mirabeau (84) 162 B4
Mirabel (07) 146 C2
Mirabel (82) 156 A1
Mirabel-aux-Baronnies (26) 147 F4
Mirabel-et-Blacons (26) 147 F2
Miradoux (32) 155 D2
Miramas (13) 161 E4
Mirambeau (17) 126 A2
Mirambeau (31) 170 A1

Miramont-d'Astarac (32) 154 B4
Miramont-de-Comminges (31) 170 A3
Miramont-de-Guyenne (47) 140 C2
Miramont-de-Quercy (82) 141 F4
Miramont-Latour (32) 154 C3
Miramont-Sensacq (40) 153 D4
Mirande (32) 169 E1
Mirandol-Bourgnounac (81) 157 D1
Mirannes (32) 154 B4
Miraumont (80) 27 F2
Miraval-Cabardès (11) 172 B2
Mirbel (52) 78 A1
Miré (49) 70 A4
Mirebeau (86) 101 F2
Mirebeau-sur-Bèze (21) 94 B2
Mirecourt (88) 79 E1
Mirefleurs (63) 119 D4
Miremont (31) 171 D2
Miremont (63) 118 B3
Mirepeisset (11) 173 E2
Mirepeix (64) 168 B2
Mirepoix (09) 171 F3
Mirepoix (32) 154 C3
Mirepoix-sur-Tarn (31) 156 A3
Mireval (34) 174 C2
Mireval-Lauragais (11) 171 F2
Miribel (01) 121 F3
Miribel-Lanchâtre (38) 135 E4
Miribel-les-Échelles (38) 135 F2
Le Miroir (71) 109 E3
Mirvaux (80) 27 E3
Mirville (76) 34 B2
Miscon (26) 148 B2
Miserey (27) 53 F1
Miserey-Salines (25) 95 E3
Misérieux (01) 121 E3
Mison (04) 149 D4
Missé (79) 100 C4
Missècle (81) 156 C4
Missègre (11) 172 B4
Missery (21) 93 D3
Missillac (44) 83 F2
Missiriac (56) 67 E3
Misson (40) 152 A4
Missy-aux-Bois (02) 38 B3
Missy-lès-Pierrepont (02) 39 D2
Missy-sur-Aisne (02) 38 C3
Misy-sur-Yonne (77) 75 D1
Mitry-Mory (77) 55 E2
Mittainville (78) 54 A3
Mittainvilliers-Vérigny (28) 53 F4
Mittelbergheim (67) 62 B4
Mittelbronn (57) 62 A2
Mittelhausbergen (67) 62 C3
Mittelschaeffolsheim (67) 62 C3
Mittelwihr (68) 81 E2
Mittersheim (57) 61 F2
Mittlach (68) 80 C3
Mitzach (68) 80 C3
Mizérieux (42) 120 B4
Mizoën (38) 136 B4
Moca-Croce (2A) 191 D2
Modane (73) 137 D3
Modène (84) 161 F1
Moëlan-sur-Mer (29) 65 E3
Moëslains (52) 58 C4
Mœurnach (68) 97 E2
Mœurs-Verdey (51) 57 D3
Mœuvres (59) 28 A2
Moëze (17) 112 C3
Moffans-et-Vacheresse (70) 96 B1
Mogeville (55) 41 F4
Mogneneins (01) 121 E2
Mognéville (55) 58 C3
Mogneville (60) 37 E3
Mogues (08) 41 E1
Mohon (56) 67 D2
Moidieu-Détourbe (38) 134 B1
Moigny-sur-École (91) 74 B1
Moimay (70) 96 A1
Moineville (54) 42 B4
Moinville-la-Jeulin (28) 73 E1
Moirans (38) 135 E2
Moirans-en-Montagne (39) 110 A4
Moirax (47) 154 C1
Moiré (69) 121 D3
Moiremont (51) 58 C1
Moirey-Flabas-Crépion (55) 41 E3
Moiron (39) 109 F3
Moiry (08) 41 E2
Moisdon-la-Rivière (44) 84 C1
Moisenay (77) 55 F4
Moislains (80) 28 A3
Moissac (82) 155 E1
Moissac-Bellevue (83) 163 E4
Moissac-Vallée-Française (48) 159 F1
Moissannes (87) 116 B3
Moissat (63) 119 D4
Moisselles (95) 55 D1
Moissey (39) 94 C4
Moissieu-sur-Dolon (38) 134 B2
Moisson (78) 54 A1
Moissy-Cramayel (77) 55 E4
Moissy-Moulinot (58) 92 A3
Moisville (27) 53 E2
Moisy (41) 72 C4
Moïta (2B) 189 E2
Les Moitiers-d'Allonne (50) 31 D2

Moitron (21) 93 F1
Moitron-sur-Sarthe (72) 70 C2
Moivre (51) 58 B2
Moivrons (54) 60 C2
Molac (56) 67 E4
Molagnies (76) 36 B2
Molain (02) 28 C3
Molain (39) 110 A2
Molamboz (39) 109 F1
Molandier (11) 171 E2
Molas (31) 170 A1
Molay (39) 109 E1
Molay (70) 79 D4
Môlay (89) 92 B1
Le Molay-Littry (14) 32 C4
La Môle (83) 179 D3
Moléans (28) 72 C2
Molèdes (15) 131 F3
Molesme (21) 77 D3
Molezon (48) 159 E1
Moliens (60) 36 B1
Molières (24) 141 E1
Molières (46) 143 D1
Molières (82) 155 F1
Les Molières (91) 54 C3
Molières-Cavaillac (30) 159 E2
Molières-sur-Cèze (30) 146 B4
Moliets-et-Maa (40) 151 F2
Molinchart (02) 38 C2
Molines-en-Queyras (05) 150 B1
Molinet (03) 107 E4
Molinons (89) 75 F2
Molinot (21) 108 B1
Molins-sur-Aube (10) 77 D1
Molitg-les-Bains (66) 184 C2
Mollans (70) 96 A1
Mollans-sur-Ouvèze (26) 161 F1
Mollau (68) 80 C3
Mollégès (13) 161 E3
Molles (03) 119 E2
Les Mollettes (73) 136 A1
Molleville (11) 171 F2
Molliens-au-Bois (80) 27 E3
Molliens-Dreuil (80) 26 C3
Mollkirch (67) 62 B4
Moloy (21) 94 A2
Molompize (15) 131 F3
Molosmes (89) 76 C4
Moloy (21) 94 A2
Molphey (21) 92 C3
Molring (57) 61 E2
Molsheim (67) 62 B4
Moltifao (2B) 187 D4
Momas (64) 168 A1
Mombrier (33) 126 A3
Momères (65) 169 D3
Momerstroff (57) 43 D4
Mommenheim (67) 62 C2
Momuy (40) 152 C4
Momy (64) 168 C1
Monacia-d'Aullène (2A) 191 D3
Monacia-d'Orezza (2B) 187 E4
Monampteuil (02) 38 C3
Monassut-Audiracq (64) 168 B1
Le Monastère (12) 144 A4
Le Monastier-sur-Gazeille (43) . . . 133 D4
Monay (39) 109 F2
Monbahus (47) 140 C3
Monbalen (47) 141 D4
Monbardon (32) 169 F1
Monbazillac (24) 140 C1
Monbéqui (82) 155 F3
Monblanc (32) 170 B1
Monbrun (32) 155 E4
Moncale (2B) 186 B4
Moncassin (32) 169 E1
Moncaup (31) 169 F4
Moncaup (64) 168 C1
Moncaut (47) 154 B1
Moncayolle-
    -Larrory-Mendibieu (64) 167 E2
Moncé-en-Belin (72) 71 D4
Moncé-en-Saosnois (72) 71 E1
Monceau-le-Neuf-et-Faucouzy (02) . . 29 D4
Monceau-le-Waast (02) 39 D2
Monceau-lès-Leups (02) 38 C1
Monceau-Saint-Waast (59) 29 E2
Monceau-sur-Oise (02) 29 D3
Les Monceaux (14) 52 A1
Monceaux (60) 37 E3
Monceaux-en-Bessin (14) 32 C3
Monceaux-l'Abbaye (60) 36 B2
Monceaux-le-Comte (58) 92 A3
Monceaux-sur-Dordogne (19) 129 F4
Moncel-lès-Lunéville (54) 61 D4
Moncel-sur-Seille (54) 61 D3
Moncel-sur-Vair (88) 79 D1
La Moncelle (08) 40 C1
Moncetz-l'Abbaye (51) 58 B3
Moncetz-Longevas (51) 58 A2
Moncey (25) 95 F3
Monchaux-Soreng (76) 26 A3
Monchaux-sur-Écaillon (59) 28 C1
Moncheaux (59) 23 D4
Moncheaux-lès-Frévent (62) 27 D1
Monchecourt (59) 28 A1
Monchel-sur-Canche (62) 27 D1
Moncheux (57) 60 C2
Monchiet (62) 27 E1

Monchy-au-Bois (62) 27 F2
Monchy-Breton (62) 22 A4
Monchy-Cayeux (62) 22 A4
Monchy-Humières (60) 37 F3
Monchy-Lagache (80) 28 A4
Monchy-le-Preux (62) 28 A1
Monchy-Saint-Éloi (60) 37 E4
Monchy-sur-Eu (76) 26 A3
Moncla (64) 153 E4
Monclar (32) 153 F2
Monclar (32) 140 C3
Monclar-de-Quercy (82) 156 A4
Monclar-sur-Losse (32) 169 E1
Moncley (25) 95 E3
Moncontour (22) 48 A4
Moncontour (86) 101 E1
Moncorneil-Grazan (32) 169 F1
Moncourt (57) 61 E3
Moncoutant-sur-Sèvre (79) 100 C2
Moncrabeau (47) 154 B2
Moncy (61) 50 C2
Mondavezan (31) 170 B2
Mondelange (57) 42 B4
Mondement-Montgivroux (51) 57 D3
Mondescourt (60) 38 B2
Mondevert (35) 69 D2
Mondeville (14) 33 E4
Mondeville (91) 55 E4
Mondicourt (62) 27 E2
Mondigny (08) 40 B1
Mondilhan (31) 169 F2
Mondion (86) 102 B1
Mondon (25) 96 A2
Mondonville (31) 155 F4
Mondonville-Saint-Jean (28) 73 E1
Mondorff (57) 42 C2
Mondoubleau (41) 72 A3
Mondouzil (31) 156 A4
Mondragon (84) 147 E4
Mondrainville (14) 33 D4
Mondrepuis (02) 29 E3
Mondreville (77) 74 B2
Mondreville (78) 54 A2
Monein (64) 167 F2
Monès (31) 170 B1
Monesple (09) 183 D1
Monestier (03) 118 C1
Monestier (07) 133 F3
Monestier (24) 140 B1
Le Monestier (63) 132 B1
Monestier-d'Ambel (38) 149 D1
Monestier-de-Clermont (38) 135 E4
Le Monestier-du-Percy (38) 148 C1
Monestier-Merlines (19) 117 F4
Monestier-Port-Dieu (19) 130 C1
Monestiés (81) 157 D2
Monestrol (31) 171 E2
Monétay-sur-Allier (03) 106 B4
Monétay-sur-Loire (03) 107 D4
Monéteau (89) 76 A4
Monêtier-Allemont (05) 149 D3
Le Monêtier-les-Bains (05) 136 C4
Monfaucon (24) 127 E4
Monfaucon (65) 169 D1
Monferran-Plavès (32) 169 F1
Monferran-Savès (32) 155 E4
Monflanquin (47) 141 D3
Monfort (32) 155 D3
Monfréville (14) 32 B3
Mongaillard (47) 140 B4
Mongausy (32) 170 A1
Mongauzy (33) 140 A2
Monget (40) 153 D4
Monguilhem (32) 153 E3
Monheurt (47) 140 B4
Monhoudou (72) 71 E1
Monieux (84) 162 A2
Monistrol-d'Allier (43) 132 B4
Monistrol-sur-Loire (43) 133 E2
Monlaur-Bernet (32) 169 F2
Monléon-Magnoac (65) 169 F2
Monlet (43) 132 C3
Monlezun (32) 169 D1
Monlezun-d'Armagnac (32) 153 E3
Monlong (65) 169 E2
Monmadalès (24) 141 D1
Monmarvès (24) 141 D2
Monnaie (37) 87 F2
Monneren (57) 42 C3
La Monnerie-le-Montel (63) 119 E3
Monnerville (91) 73 F1
Monnes (02) 56 B1
Monnet-la-Ville (39) 110 A2
Monnetay (39) 109 F4
Monnetier-Mornex (74) 123 E1
Monneville (60) 36 C4
Monnières (39) 94 C4
Monnières (44) 84 C4
Monoblet (30) 159 F2
Monpardiac (32) 169 D1
Monpazier (24) 141 E2
Monpezat (64) 168 C1
Monplaisant (24) 141 E1
Monprimblanc (33) 139 F2
Mons (16) 114 A3
Mons (17) 113 F3
Mons (30) 160 A1
Mons (31) 156 A4

Mons (34). 173 E1
Mons (63). 119 E2
Mons (83). 164 A4
Mons-Boubert (80) 26 B2
Mons-en-Barœul (59) 23 D3
Mons-en-Laonnois (02) . . . 38 C2
Mons-en-Montois (77) . . . 56 B4
Mons-en-Pévèle (59). . . . 23 D4
Monsac (24). 141 D1
Monsaguel (24) 141 D2
Monségur (33). 140 A2
Monségur (40). 153 D4
Monségur (47). 141 E3
Monségur (64) 168 C1
La Monselie (15) 130 C2
Monsempron-Libos (47). . . 141 E3
Monsireigne (85). 100 A2
Monsteroux-Milieu (38) . . 134 B2
Monsures (80). 27 D4
Monswiller (67). 62 B2
Mont (64). 167 F1
Mont (65). 181 E2
Mont (71). 107 D3
Le Mont (88). 61 F4
Mont-Bernanchon (62) . . . 22 B3
Mont-Bonvillers (54). . . . 42 A3
Mont-Cauvaire (76). 35 E2
Mont-d'Astarac (32). . . . 169 F2
Mont-Dauphin (05). 150 A2
Mont-de-Galié (31) 169 F4
Mont-de-Laval (25) 96 B4
Mont-de-Marrast (32). . . . 169 E1
Mont-de-Marsan (40) 153 D2
Mont-de-Vougney (25). . . . 96 B3
Mont-devant-Sassey (55) . . 41 D3
Le Mont-Dieu (08). 40 C2
Mont-Disse (64). 153 E4
Mont-Dol (35). 49 E3
Mont-Dore (63). 131 E1
Mont-d'Origny (02). 38 C1
Mont-et-Marré (58). 92 A4
Mont-Laurent (08). 40 A3
Mont-le-Vernois (70). . . . 95 E1
Mont-le-Vignoble (54). . . . 60 A3
Mont-lès-Lamarche (88) . . 79 D3
Mont-lès-Neufchâteau (88). . 78 C1
Mont-lès-Seurre (71). . . . 109 D1
Mont-l'Étroit (54). 60 A4
Mont-l'Évêque (60) 37 E4
Mont-Louis (66). 184 A3
Mont Lozère et Goulet (48) . 145 F3
Mont-Notre-Dame (02) . . . 38 C4
Mont-Ormel (61) 52 A2
Mont-Roc (81). 157 E3
Le Mont-Saint-Adrien (60) . 36 C3
Mont-Saint-Aignan (76) . . 35 E3
Mont-Saint-Éloi (62) . . . 27 F1
Mont-Saint-Jean (02) . . . 29 F4
Mont-Saint-Jean (21) . . . 93 D3
Mont-Saint-Jean (72) . . . 70 C2
Mont-Saint-Léger (70) . . . 95 D1
Mont-Saint-Martin (02). . . 39 D4
Mont-Saint-Martin (08). . . 40 B3
Mont-Saint-Martin (38). . . 135 E2
Mont-Saint-Martin (54). . . 42 A2
Le Mont-Saint-Michel (50) . 49 F3
Mont-Saint-Père (02) . . . 56 C1
Mont-Saint-Remy (08) . . . 40 A3
Mont-Saint-Sulpice (89) . . 76 A3
Mont-Saint-Vincent (71) . . 108 A3
Mont-Saxonnex (74) 123 F2
Mont-sous-Vaudrey (39). . . 109 F1
Mont-sur-Courville (51). . . 39 D4
Mont-sur-Meurthe (54) . . . 61 D4
Mont-sur-Monnet (39). . . . 110 A2
Montabard (61) 51 F2
Montabot (50). 50 B1
Montacher-Villegardin (89) . 75 D2
Montadet (32). 170 B1
Montady (34). 173 F2
Montagagne (09). 183 D1
Montagna-le-Reconduit (39) . 109 E4
Montagnac (30). 160 A2
Montagnac (34). 174 B2
Montagnac-d'Auberoche (24). . 128 B3
Montagnac-la-Crempse (24) . 127 F4
Montagnac-Montpezat (04) . 163 D3
Montagnac-sur-Auvignon (47). . 154 B1
Montagnac-sur-Lède (47) . . 141 E3
Montagnat (01). 122 A1
Montagne (33). 126 C4
Montagne (38). 134 C3
La Montagne (44). 84 B3
La Montagne (70) 80 B3
Montagne-Fayel (80). . . . 26 C3
Montagney (70). 95 D3
Montagney-Servigney (25). . 96 A2
Montagnieu (01). 122 B3
Montagnieu (38). 135 D1
Montagnol (12). 158 B3
Montagnole (73). 135 F1
Montagny (42). 120 B2
Montagny (69). 121 E4
Montagny (73). 137 D1
Montagny-en-Vexin (60) . . 36 B4
Montagny-lès-Beaune (21). . 108 C1
Montagny-lès-Buxy (71). . . 108 B2

Montagny-les-Lanches (74) . 123 D3
Montagny-lès-Seurre (21). . . 109 D1
Montagny-près-Louhans (71). . 109 E3
Montagny-Sainte-Félicité (60) . 55 F1
Montagoudin (33). 140 A2
Montagrier (24). 127 F2
Montagudet (82). 141 F4
Montagut (64). 153 D4
Montaignac-Saint-Hippolyte (19). . 130 A2
Montaigu (02). 39 E2
Montaigu (39). 109 F3
Montaigu-de-Quercy (82). . . 141 E4
Montaigu-la-Brisette (50) . . 32 A2
Montaigu-le-Blin (03). 119 E1
Montaigu-les-Bois (50). . . . 50 A2
Montaigu-Vendée (85) . . . 84 C4
Montaiguët-en-Forez (03). . . .119 F1
Montaigut (63). 118 B1
Montaigut-le-Blanc (23) . . .116 C2
Montaigut-le-Blanc (63) . . 131 F1
Montaigut-sur-Save (31). . . 155 F4
Montaillé (72). 71 F3
Montailleur (73). 123 F4
Montaillou (09). 183 F2
Montain (39). 109 F3
Montaïn (82). 155 E2
Montainville (78). 54 B2
Montalba-le-Château (66). . 185 D1
Montalembert (79) 116 B1
Montalet-le-Bois (78) . . . 54 B1
Montalieu-Vercieu (38). . . 122 B3
Montalzat (82). 156 A1
Montamat (32). 170 A1
Montambert (58). 107 D2
Montamel (46). 142 B2
Montamisé (86). 102 A3
Montanay (69). 121 D3
Montancy (25). 97 D2
Montandon (25) 96 C3
Montaner (64). 168 C2
Montanges (01). 122 C1
Montans (81). 156 C3
Montapas (58). 92 A4
Montarcher (42). 133 D2
Montardit (09). 170 C3
Montardon (64). 168 B1
Montaren-et-Saint-Médiers (30). . 160 B2
Montargis (45). 74 C3
Montarlot-lès-Rioz (70). . . 95 E2
Montarnaud (34). 159 E4
Montaron (58). 107 D1
Montastruc (47). 140 C3
Montastruc (65). 169 E2
Montastruc (82). 155 F1
Montastruc-de-Salies (31). . 170 A3
Montastruc-la-Conseillère (31). . 156 A4
Montastruc-Savès (31). . . 170 B2
Le Montat (46). 142 B4
Montataire (60). 37 E4
Montauban (82). 155 F2
Montauban-de-Bretagne (35). . 67 F1
Montauban-de-Luchon (31). . 181 F2
Montauban-de-Picardie (80) . 27 F3
Montauban-sur-l'Ouvèze (26). . 148 B4
Montaud (34). 159 F3
Montaud (38). 135 E3
Montaudin (53). 69 E1
Montaulieu (26). 148 A4
Montaulin (10). 76 C2
Montauriol (11). 171 F2
Montauriol (47). 141 D2
Montauriol (66). 185 D2
Montauriol (81). 157 E2
Montauroux (83). 179 E1
Montaut (09). 171 E3
Montaut (24). 141 D1
Montaut (31). 170 C2
Montaut (32). 169 E1
Montaut (40). 152 C3
Montaut (47). 141 D2
Montaut (64). 168 B3
Montaut-les-Créneaux (32) . 154 C4
Montautour (35). 69 D2
Montauville (54). 60 B2
Montay (59). 28 C2
Montayral (47). 141 E3
Montazeau (24). 140 B1
Montazels (11). 172 B4
Montbard (21). 93 D1
Montbarla (82). 141 F4
Montbarrey (39). 109 F1
Montbarrois (45). 74 A3
Montbartier (82). 155 F2
Montbavin (02). 38 C2
Montbazens (12). 143 E3
Montbazin (34). 174 C2
Montbazon (37). 87 F3
Montbel (09). 171 F4
Montbel (48). 145 F2
Montbéliard (25). 96 C2
Montbéliardot (25). 96 B3
Montbellet (71). 108 C4
Montbenoît (25). 111 D1
Montberaud (31). 170 C3
Montbernard (31). 170 A2
Montberon (31). 156 A4
Montbert (44). 84 B4
Montberthault (21). 92 C2

Montbeton (82). 155 F2
Montbeugny (03). 106 C3
Montbizot (72). 71 D2
Montblainville (55). 40 C4
Montblanc (34). 174 A2
Montboillon (70) 95 E3
Montboissier (28). 72 C2
Montbolo (66). 185 D3
Montbonnot-Saint-Martin (38). . 135 F3
Montboucher (26). 116 C3
Montboucher-sur-Jabron (26). . 147 E3
Montboudif (15). 131 D2
Montbouton (90). 96 C2
Montbouy (45). 74 C4
Montboyer (16). 127 D2
Montbozon (70). 95 F2
Montbrand (05). 148 C2
Montbras (55). 60 A4
Montbray (50). 50 B2
Montbré (51). 39 E4
Montbrehain (02). 28 B3
Montbrison (42). 133 D1
Montbrison-sur-Lez (26). . . 147 F3
Montbron (16). 115 D4
Montbronn (57). 62 A1
Montbrun (46). 143 D3
Montbrun-Bocage (31). . . 170 C3
Montbrun-des-Corbières (11). . 173 D3
Montbrun-Lauragais (31). . 171 D1
Montbrun-les-Bains (26). . . 162 A1
Montcabrier (46). 141 F3
Montcabrier (81). 156 B4
Montcaret (24). 140 A1
Montcarra (38). 135 D1
Montcavrel (62). 21 E4
Montceau-et-Écharnant (21). . 93 E4
Montceau-les-Mines (71). . . 108 A3
Montceaux (01). 121 E2
Montceaux-lès-Meaux (77). . 56 A4
Montceaux-lès-Provins (77). . 56 C3
Montceaux-lès-Vaudes (10) . 76 C3
Montceaux-l'Étoile (71). . . 107 E4
Montceaux-Ragny (71). . . 108 C3
Montcel (63). 118 C2
Montcel (73). 123 D4
Montcenis (71). 108 A2
Montcet (01). 121 F1
Montcey (70). 95 F1
Montchaboud (38). 135 F3
Montchal (42). 120 C3
Montchâlons (02). 39 D2
Montchamp (15). 131 F4
Montchanin (71). 108 A2
Montcharvot (52). 79 D4
Montchauvet (78). 54 A2
Montchenu (26). 134 C3
Montcheutin (08). 40 C4
Montchevrel (61). 52 B4
Montchevreuil (60). 36 C4
Montchevrier (36). 104 A4
Montclar (04). 149 F3
Montclar (11). 172 B3
Montclar (12). 157 F2
Montclar-de-Comminges (31). . 170 B3
Montclar-Lauragais (31). . . 171 E2
Montclar-sur-Gervanne (26). . 147 F1
Montclard (43). 132 B3
Montcléra (46). 142 A2
Montclus (05). 148 C3
Montclus (30). 146 C4
Montcombroux-les-Mines (03). . 107 D4
Montcony (71). 109 E2
Montcornet (02). 29 E4
Montcornet (08). 40 B1
Montcourt (70). 79 E3
Montcourt-Fromonville (77). . 74 C1
Montcoy (71). 108 C2
Montcresson (45). 74 C4
Montcuit (50). 32 A4
Montcuq-en-Quercy-Blanc (46). . 141 F4
Montcusel (71). 109 F4
Montcy-Notre-Dame (08). . . 40 B1
Montdardier (30). 159 E2
Montdauphin (77). 56 C2
Montdidier (57). 61 E2
Montdidier (80). 37 E2
Montdoré (70). 79 E3
Montdoumerc (46). 142 B4
Montdragon (81). 157 D3
Montdurausse (81). 156 A2
Monte (2B). 187 E4
Monteaux (41). 88 B2
Montebourg (50). 32 A2
Montech (82). 155 F2
Montécheroux (25). 96 C2
Montegrosso (2B). 186 B4
Montégut (32). 154 C4
Montégut (40). 153 E3
Montégut (65). 169 F3
Montégut-Arros (32). . . . 169 D1
Montégut-Bourjac (31). . . 170 B2
Montégut-en-Couserans (09). . 182 C1
Montégut-Lauragais (31). . . 171 F1
Montégut-Plantaurel (09). . 183 E1
Montégut-Savès (32). . . . 170 B1
Monteignet-sur-l'Andelot (03). . .119 D2
Le Monteil (15). 130 C2
Le Monteil (43). 133 D4

Le Monteil-au-Vicomte (23). . .117 D3
Monteils (12). 156 C1
Monteils (30). 160 A2
Monteils (82). 156 A1
Montel-de-Gelat (63). 118 A3
Montéléger (26). 147 E1
Montélier (26). 134 C4
Montélimar (26). 147 E3
Le Montellier (01). 121 F3
Montels (09). 183 D1
Montels (34). 173 E2
Montels (81). 156 C2
Montembœuf (16). 115 D4
Montenach (57). 42 C3
Montenay (53). 69 E1
Montendre (17). 126 B2
Montendry (73). 136 B1
Montenescourt (62) 27 E1
Monteneuf (56). 67 E3
Montenils (77). 56 C2
Montenois (25). 96 B2
Montenoison (58). 91 F4
Montenoy (54). 60 C2
Montépilloy (60). 37 F4
Monteplain (39). 95 D4
Montépreux (51). 57 F3
Monterblanc (56). 82 C1
Montereau (45). 74 B4
Montereau-Fault-Yonne (77). . 75 D1
Montereau-sur-le-Jard (77) . 55 F4
Monterfil (35). 68 A2
Montérolier (76). 35 F2
Monterrein (56). 67 E3
Montescot (66). 185 E2
Montescourt-Lizerolles (02). . 38 B1
Montespan (31). 170 A3
Montesquieu (34). 174 A1
Montesquieu (47). 140 C4
Montesquieu (82). 155 E1
Montesquieu-Avantès (09). . 170 C4
Montesquieu-des-Albères (66). . 185 E2
Montesquieu-Guittaut (31). . 170 A2
Montesquieu-Lauragais (31). . 171 E1
Montesquieu-Volvestre (31). . 170 C2
Montesquiou (32). 154 B4
Montessaux (70). 80 B4
Montesson (78). 54 C2
Montestruc-sur-Gers (32). . 154 C3
Le Montet (03). 106 A4
Montet-et-Bouxal (46). . . 143 D2
Monteton (47). 140 B2
Monteux (84). 161 E2
Montévrain (77). 55 F2
Monteynard (38). 135 F4
Montézic (12). 144 A2
Montfa (09). 183 D1
Montfa (81). 157 D4
Montfalcon (38). 134 C3
Montfarville (50). 32 A1
Montfaucon (02). 56 C2
Montfaucon (25). 95 F3
Montfaucon (30). 161 D2
Montfaucon (46). 142 B2
Montfaucon-d'Argonne (55). . 41 D4
Montfaucon-en-Velay (43). . 133 E3
Montfermeil (93). 55 E2
Montfermier (82). 142 A4
Montfermy (63). 118 B3
Montferrand (11). 171 F2
Montferrand-du-Périgord (24). . 141 E1
Montferrand-la-Fare (26). . 148 B4
Montferrand-le-Château (25). . 95 E4
Montferrat (38). 135 E1
Montferrat (83). 163 F4
Montferrer (66). 185 D3
Montferrier (09). 171 F4
Montferrier-sur-Lez (34). . . 159 F4
Montfey (10). 76 B3
Montfiquet (14). 32 C4
Montfleur (39). 109 E4
Montflours (53). 69 F2
Montflovin (25). 111 D1
Montfort (04). 163 D2
Montfort (64). 167 E1
Montfort-en-Chalosse (40). . 152 B3
Montfort-l'Amaury (78). . . 54 B3
Montfort-le-Gesnois (72). . . 71 E3
Montfort-sur-Argens (83). . 178 B2
Montfort-sur-Boulzane (11). . 184 B1
Montfort-sur-Meu (35). . . 68 A2
Montfort-sur-Risle (27). . . 34 C3
Montfranc (12). 157 F3
Montfrin (30). 160 C3
Montfroc (26). 162 B1
Montfuron (04). 162 C3
Montgaillard (09). 171 E4
Montgaillard (11). 173 D4
Montgaillard (40). 153 D3
Montgaillard (65). 169 D3
Montgaillard (81). 156 A3
Montgaillard (82). 155 D2
Montgaillard-de-Salies (31). . 170 B3
Montgaillard-Lauragais (31). . 171 E1
Montgaillard-sur-Save (31). . 170 A2
Montgardin (05). 149 F2
Montgauch (09). 170 B4
Montgaudry (61). 71 E1
Montgazin (31). 170 C2

Montgé-en-Goële (77) 55 F1
Montgeard (31) 171 E2
Montgenèvre (05) 137 D4
Montgenost (51) 57 D4
Montgérain (60) 37 E2
Montgermont (35) 68 B2
Montgeron (91) 55 E3
Montgeroult (95) 54 C1
Montgesoye (25) 95 F4
Montgesty (46) 142 A2
Montgey (81) 171 F1
Montgibaud (19) 129 D1
Montgilbert (73) 136 B1
Montgiscard (31) 171 E1
Montgivray (36) 104 B3
Montgobert (02) 38 B4
Montgon (08) 40 B2
Montgradail (11) 172 A3
Montgras (31) 170 B1
Montgreleix (15) 131 D4
Montgru-Saint-Hilaire (02) 38 B4
Montguers (26) 148 B4
Montgueux (10) 76 B1
Montguyon (17) 126 C3
Les Monthairons (55) 59 E1
Montharville (28) 72 C2
Monthault (35) 50 A4
Monthaut (11) 172 A3
Monthelie (21) 108 B1
Monthelon (51) 57 E2
Monthelon (71) 107 F1
Monthenault (02) 39 D3
Montheries (52) 77 F2
Monthermé (08) 30 B3
Monthiers (02) 56 B1
Monthieux (01) 121 E3
Monthion (73) 123 F4
Monthodon (37) 88 A1
Monthoiron (86) 102 B2
Monthois (08) 40 B3
Montholier (39) 109 F1
Monthou-sur-Bièvre (41) 88 C2
Monthou-sur-Cher (41) 88 C3
Monthuchon (50) 31 E4
Monthurel (02) 56 C1
Monthureux-le-Sec (88) 79 E3
Monthureux-sur-Saône (88) 79 E3
Monthyon (77) 55 F1
Monticello (2B) 186 C3
Montier-en-l'Isle (10) 77 E2
Montiéramey (10) 77 D2
Montierchaume (36) 104 A2
Montiers (60) 37 E2
Montiers-sur-Saulx (55) 59 E4
Monties (32) 169 F1
Montignac (24) 128 C4
Montignac (33) 139 F2
Montignac (65) 169 D2
Montignac-Charente (16) 114 B3
Montignac-de-Lauzun (47) 140 C2
Montignac-le-Coq (16) 127 E2
Montignac-Toupinerie (47) 140 B3
Montignargues (30) 160 B2
Montigné-le-Brillant (53) 69 F3
Montigné-lès-Rairies (49) 86 B1
Montigny (14) 51 D1
Montigny (18) 90 C3
Montigny (45) 73 F2
Montigny (54) 61 E4
Montigny (76) 35 E3
Montigny-aux-Amognes (58) 106 B1
Montigny-devant-Sassey (55) 41 D3
Montigny-en-Arrouaise (02) 28 C3
Montigny-en-Cambrésis (59) 28 C2
Montigny-en-Gohelle (62) 22 C4
Montigny-en-Morvan (58) 92 B4
Montigny-en-Ostrevent (59) 28 B4
Montigny-la-Resle (89) 76 A4
Montigny-l'Allier (02) 56 B1
Montigny-le-Bretonneux (78) 54 C3
Montigny-le-Chartif (28) 72 B1
Montigny-le-Franc (02) 39 E1
Montigny-le-Guesdier (77) 75 E1
Montigny-Lencoup (77) 75 D1
Montigny-Lengrain (02) 38 B3
Montigny-lès-Arsures (39) 110 A1
Montigny-lès-Cherlieu (70) 79 D4
Montigny-lès-Condé (02) 56 C2
Montigny-lès-Cormeilles (95) 55 D2
Montigny-lès-Jongleurs (80) 26 C2
Montigny-lès-Metz (57) 60 B1
Montigny-lès-Monts (10) 76 B3
Montigny-lès-Vaucouleurs (55) 59 F4
Montigny-lès-Vesoul (70) 95 E1
Montigny-Montfort (21) 93 D2
Montigny-Mornay-
  -Villeneuve-sur-Vingeanne (21) 94 C1
Montigny-Saint-Barthélemy (21) 93 D2
Montigny-sous-Marle (02) 29 D4
Montigny-sur-Armançon (21) 93 D2
Montigny-sur-Aube (21) 77 F3
Montigny-sur-Avre (28) 53 E3
Montigny-sur-Canne (58) 107 D1
Montigny-sur-Chiers (54) 41 F2
Montigny-sur-Crécy (02) 38 C1
Montigny-sur-l'Ain (39) 110 A2
Montigny-sur-l'Hallue (80) 27 E3

Montigny-sur-Loing (77) 74 C1
Montigny-sur-Meuse (08) 30 B2
Montigny-sur-Vence (08) 40 B2
Montigny-sur-Vesle (51) 39 D3
Montillières-sur-Orne (14) 51 D1
Montilliers (49) 86 A3
Montillot (89) 92 A4
Montilly (03) 106 B3
Montilly-sur-Noireau (61) 51 D2
Montils (17) 113 E4
Les Montils (41) 88 C2
Montipouret (36) 104 B3
Montirat (11) 172 C3
Montirat (81) 157 D1
Montireau (28) 72 B1
Montiron (32) 155 D4
Montivernage (25) 96 A3
Montivilliers (76) 34 A2
Montjardin (11) 172 A4
Montjaux (12) 158 B2
Montjavoult (60) 36 B4
Montjay (05) 148 C4
Montjay (71) 109 E2
Montjean (16) 114 B2
Montjean (53) 69 E3
Montjoi (11) 172 C4
Montjoi (82) 155 D1
Montjoie-en-Couserans (09) 170 C4
Montjoie-le-Château (25) 96 C2
Montjoie-Saint-Martin (50) 50 A4
Montjoire (31) 156 A3
Montjoux (26) 147 F3
Montjoyer (26) 147 E3
Montjustin (04) 162 B3
Montjustin-et-Velotte (70) 96 A1
Montlainsia (39) 109 F4
Montlandon (28) 72 B1
Montlaur (12) 158 A3
Montlaur (31) 171 E1
Montlaur-en-Diois (26) 148 B2
Montlaux (04) 162 C2
Montlauzun (46) 141 F4
Montlay-en-Auxois (21) 93 D3
Montlebon (25) 96 B4
Montlevicq (36) 104 B3
Montlevon (02) 56 C2
Montlhéry (91) 55 D4
Montliard (45) 74 A3
Montlieu-la-Garde (17) 126 C3
Montlignon (95) 55 D1
Montliot-et-Courcelles (21) 77 E4
Montlivault (41) 88 C1
Montlognon (60) 55 F1
Montloué (02) 39 F1
Montlouis (18) 104 C2
Montlouis-sur-Loire (37) 88 A3
Montluçon (03) 118 A1
Montluel (01) 121 F3
Montmachoux (77) 75 D1
Montmacq (60) 38 A3
Montmagny (95) 55 D2
Montmahoux (25) 110 B1
Montmain (21) 109 D1
Montmain (76) 35 F3
Montmançon (21) 94 B3
Montmarault (03) 118 C1
Montmarlon (39) 110 B1
Montmartin (60) 37 F3
Montmartin-le-Haut (10) 77 E2
Montmartin-sur-Mer (50) 49 F1
Montmaur (05) 149 D2
Montmaur (11) 171 F1
Montmaur-en-Diois (26) 148 B2
Montmaurin (31) 169 F2
Montmédy (55) 41 E2
Montmeillant (08) 40 A1
Montmelard (71) 120 C1
Montmelas-Saint-Sorlin (69) 121 D2
Montmélian (73) 136 A1
Montmérac (16) 126 C1
Montmerle-sur-Saône (01) 121 E2
Montmerrei (61) 52 A3
Montmeyan (83) 163 D4
Montmeyran (26) 147 F1
Montmirail (51) 56 C2
Montmirail (72) 72 A2
Montmiral (26) 134 C3
Montmirat (30) 160 A3
Montmirey-la-Ville (39) 94 C3
Montmirey-le-Château (39) 94 C3
Montmoreau (16) 127 D2
Montmorency (95) 55 D2
Montmorency-Beaufort (10) 58 B4
Montmorillon (86) 102 C4
Montmorin (63) 119 D4
Montmorot (39) 109 F2
Montmort (71) 107 E2
Montmort-Lucy (51) 57 E2
Montmotier (88) 79 F3
Montmoyen (21) 93 F1
Montmurat (15) 143 E2
Montner (66) 185 D1
Montoillot (21) 93 E3
Montoir-de-Bretagne (44) 83 F3
Montoire-sur-le-Loir (41) 72 A4
Montois-la-Montagne (57) 42 B4
Montoison (26) 147 F1
Montoldre (03) 119 E1

Montolieu (11) 172 B2
Montolivet (77) 56 C2
Montonvillers (80) 27 D3
Montord (03) 119 D1
Montory (64) 167 E3
Montot (21) 94 B4
Montot (70) 94 C1
Montot-sur-Rognon (52) 78 B1
Montouliers (34) 173 E2
Montoulieu (09) 171 E4
Montoulieu (34) 159 F2
Montoulieu-Saint-Bernard (31) 170 B2
Montournais (85) 100 B3
Montoussé (65) 169 E3
Montoussin (31) 170 B2
Montpellier (34) 159 F4
Montpellier-de-Médillan (17) 113 D4
Montpensier (63) 119 D2
Montperreux (25) 110 C2
Montpeyroux (12) 144 B2
Montpeyroux (24) 127 D4
Montpeyroux (34) 159 D4
Montpeyroux (63) 131 F1
Montpezat (30) 160 A3
Montpezat (32) 170 B1
Montpezat (47) 140 C2
Montpezat-de-Quercy (82) 156 A1
Montpezat-sous-Bauzon (07) 146 B2
Montpinchon (50) 50 A1
Montpinier (81) 157 D4
Montpitol (31) 156 B4
Montplonne (55) 59 D3
Montpon-Ménestérol (24) 127 D4
Montpont-en-Bresse (71) 109 D3
Montpothier (10) 56 C4
Montpouillan (47) 140 A3
Montrabé (31) 156 A4
Montrabot (50) 50 C1
Montracol (01) 121 F1
Montravers (79) 100 B1
Montréal (07) 146 C3
Montréal (11) 172 A3
Montréal (32) 154 A2
Montréal (89) 92 C2
Montréal-la-Cluse (01) 122 B1
Montréal-les-Sources (26) 148 A3
Montrécourt (59) 28 C1
Montredon (24) 143 E2
Montredon-des-Corbières (11) 173 E3
Montredon-Labessonnié (81) 157 E4
Montregard (43) 133 E3
Montréjeau (31) 169 F3
Montrelais (44) 85 E2
Montrem (24) 127 F3
Montrésor (37) 88 B4
Montret (71) 109 D3
Montreuil (28) 53 F3
Montreuil (62) 21 E4
Montreuil (85) 100 B4
Montreuil (93) 55 E2
Montreuil-au-Houlme (61) 51 E3
Montreuil-aux-Lions (02) 56 B1
Montreuil-Bellay (49) 86 B4
Montreuil-des-Landes (35) 69 D1
Montreuil-en-Auge (14) 34 A4
Montreuil-en-Caux (76) 35 E1
Montreuil-en-Touraine (37) 88 A2
Montreuil-Juigné (49) 85 F2
Montreuil-la-Cambe (61) 52 A4
Montreuil-l'Argillé (27) 52 B2
Montreuil-le-Chétif (72) 70 C2
Montreuil-le-Gast (35) 68 B1
Montreuil-le-Henri (72) 71 E4
Montreuil-Poulay (53) 70 A1
Montreuil-sous-Pérouse (35) 69 D2
Montreuil-sur-Barse (10) 77 D2
Montreuil-sur-Blaise (52) 58 C4
Montreuil-sur-Brêche (60) 37 D2
Montreuil-sur-Epte (95) 36 B4
Montreuil-sur-Ille (35) 68 B1
Montreuil-sur-Loir (49) 86 A1
Montreuil-sur-Lozon (50) 32 A4
Montreuil-sur-Maine (49) 85 F1
Montreuil-sur-Thérain (60) 37 D3
Montreuil-sur-Thonnance (52) 59 E4
Montreuillon (58) 92 B4
Montreux (54) 61 F4
Montreux-Château (90) 96 C1
Montreux-Jeune (68) 97 D1
Montreux-Vieux (68) 96 C1
Montrevault-sur-Èvre (49) 85 D3
Montrevel (38) 135 D1
Montrevel (39) 109 F4
Montrevel-en-Bresse (01) 109 D4
Montréverd (85) 99 F1
Montrichard Val de Cher (41) 88 B3
Montricher-Albanne (73) 136 C2
Montricoux (82) 156 B2
Montrieux-en-Sologne (41) 89 E2
Montriond (74) 124 A1
Montrodat (48) 145 D3
Montrol-Sénard (87) 115 F2
Montrollet (16) 115 E2
Montromant (69) 121 D4
Montrond (05) 148 C3
Montrond (39) 110 A2
Montrond-le-Château (25) 95 E4
Montrond-les-Bains (42) 120 B4

Montrosier (81) 156 C1
Montrottier (69) 120 C4
Montroty (76) 36 A3
Montrouge (92) 55 D3
Montrouveau (41) 87 F1
Montroy (17) 112 C1
Montrozier (12) 144 A4
Montry (77) 55 F2
Monts (37) 87 F3
Monts (60) 36 C4
Les Monts d'Andaine (61) 51 E3
Les Monts d'Aunay (14) 51 D1
Monts-de-Randon (48) 145 E2
Les Monts du Roumois (27) 35 D3
Monts-en-Bessin (14) 33 D4
Monts-en-Ternois (62) 27 E1
Monts-sur-Guesnes (86) 101 F1
Monts-sur-Orne (61) 51 F3
Les Monts-Verts (48) 145 D1
Montsalès (12) 143 D3
Montsalier (04) 162 B2
Montsalvy (15) 143 F2
Montsapey (73) 136 B1
Montsauche-les-Settons (58) 92 C3
Le Montsaugeonnais (52) 94 B1
Montsaunès (31) 170 B3
Montsec (55) 60 A2
Montsecret-Clairefougère (61) 50 C2
Montségur (09) 171 F4
Montségur-sur-Lauzon (26) 147 E4
Montselgues (07) 146 A3
Montsenelle (50) 31 E3
Montséret (11) 173 D3
Montsérié (65) 169 E3
Montseron (09) 183 D1
Montseveroux (38) 134 B2
Montsoreau (49) 86 C3
Montsoué (40) 153 D3
Montsoult (95) 55 D1
Montsûrs (53) 70 A2
Montsuzain (10) 76 C1
Montureux-et-Prantigny (70) 94 C2
Montureux-lès-Baulay (70) 79 E4
Montusclat (43) 133 E4
Montussaint (25) 96 A2
Montussan (33) 139 E1
Montval-sur-Loir (72) 87 E1
Montvalen (81) 156 A3
Montvalent (46) 142 B1
Montvalezan (73) 124 B4
Montvendre (26) 147 F1
Montverdun (42) 120 B4
Montvernier (73) 136 C2
Montvert (15) 130 B4
Montvicq (03) 118 B1
Montville (76) 35 E2
Montzéville (55) 41 D4
Monviel (47) 140 C2
Monze (11) 172 C3
Moon-sur-Elle (50) 32 B4
Moosch (68) 81 D4
Mooslargue (68) 97 D2
Moraches (58) 92 A3
Moragne (17) 113 D2
Morainville (28) 73 E1
Morainville-Jouveaux (27) 34 B4
Morainvilliers (78) 54 C2
Morancé (69) 121 D3
Morancez (28) 73 D1
Morancourt (52) 78 A1
Morand (37) 88 A2
Morangis (51) 57 E2
Morangis (91) 55 D3
Morangles (60) 37 D4
Morannes sur Sarthe-
  -Daumeray (49) 70 A4
Moranville (55) 41 F4
Moras (38) 122 A4
Moras-en-Valloire (26) 134 B2
Morbecque (59) 22 B3
Morbier (39) 110 B3
Morcenx-la-Nouvelle (40) 152 B2
Morchain (80) 38 A1
Morchies (62) 28 A2
Morcourt (02) 28 B3
Morcourt (80) 27 F3
Mordelles (35) 68 A2
Moréac (56) 66 C3
Morée (41) 72 B4
Moreilles (85) 99 F4
Morelmaison (88) 79 E3
Morembert (10) 58 A4
Morestel (38) 122 A4
Moret-Loing-et-Orvanne (77) 74 C1
Morette (38) 135 E2
Moreuil (80) 27 E4
Morey (71) 108 B2
Morey-Saint-Denis (21) 94 A4
Morfontaine (54) 42 A3
Morganx (40) 152 C4
Morgemoulin (55) 41 F4
Morgny (27) 36 A3
Morgny-en-Thiérache (02) 29 F1
Morgny-la-Pommeraye (76) 35 F2
Morhange (57) 61 E2
Moriat (63) 131 F2
Morienne (76) 36 B1
Morienval (60) 38 A4

Morières-lès-Avignon (84) 161 **E2**
Moriers (28). 72 **C2**
Moriez (04). 163 **F2**
Morigny (50). 50 **B2**
Morigny-Champigny (91) 74 **A1**
Morillon (74) 124 **A2**
Moringhem (62) 21 **F2**
Morionvilliers (52). 78 **B1**
Morisel (80) 27 **E4**
Moriville (88) 80 **A1**
Moriviller (54) 61 **D4**
Morizécourt (88) 79 **D3**
Morizès (33). 139 **F2**
Morlaàs (64) 168 **B2**
Morlac (18) 105 **D2**
Morlaix (29) 46 **B3**
Morlancourt (80) 27 **E3**
Morlanne (64) 153 **D4**
Morlet (71) 108 **A1**
Morley (55) 59 **E4**
Morlhon-le-Haut (12) 143 **D4**
Morlincourt (60) 38 **A2**
Mormant (77) 56 **A4**
Mormant-sur-Vernisson (45) 74 **C3**
Mormès (32) 153 **E3**
Mormoiron (84). 161 **F2**
Mornac (16) 114 **B4**
Mornac-sur-Seudre (17) 112 **C4**
Mornand-en-Forez (42) 120 **B4**
Mornans (26) 147 **F2**
Mornant (69) 134 **A1**
Mornas (84) 161 **D1**
Mornay (71) 108 **A4**
Mornay-Berry (18) 105 **F1**
Mornay-sur-Allier (18) 106 **A2**
Moroges (71) 108 **B2**
Morogues (18) 90 **B3**
Morosaglia (2B) 187 **D4**
Morre (25) 95 **B3**
Morsain (02) 38 **B3**
Morsains (51) 56 **C3**
Morsan (27) 34 **C4**
Morsang-sur-Orge (91) 55 **D3**
Morsang-sur-Seine (91) 55 **E4**
Morsbach (57) 43 **E4**
Morsbronn-les-Bains (67). 62 **C2**
Morschwiller (67) 62 **C2**
Morschwiller-le-Bas (68). 81 **E4**
Morsiglia (2B) 187 **E1**
Mortagne (88) 80 **B1**
Mortagne-au-Perche (61) 52 **C4**
Mortagne-du-Nord (59) 23 **E4**
Mortagne-sur-Gironde (17) 125 **F1**
Mortagne-sur-Sèvre (85) 85 **E4**
Mortain-Bocage (50) 50 **B3**
Mortcerf (77) 56 **A3**
La Morte (38) 135 **F4**
Morteau (25) 96 **B4**
Morteaux-Coulibœuf (14) 51 **F2**
Mortefontaine (02) 38 **A3**
Mortefontaine (60) 55 **E1**
Mortefontaine-en-Thelle (60) 37 **D4**
Mortemart (87) 115 **F2**
Mortemer (60) 37 **F2**
Mortemer (76) 36 **A1**
Mortery (77) 56 **B4**
Morthomiers (18) 104 **C1**
Mortiers (02) 39 **D1**
Mortiers (17) 126 **B2**
Morton (86) 86 **C4**
Mortrée (61) 52 **A3**
Mortroux (23) 104 **B4**
Morval (62) 28 **A3**
Morvillars (90) 96 **C1**
Morville (50) 31 **E2**
Morville (88) 79 **D2**
Morville-en-Beauce (45) 74 **A2**
Morville-lès-Vic (57) 61 **D2**
Morville-sur-Andelle (76) 36 **A3**
Morville-sur-Nied (57) 61 **D2**
Morville-sur-Seille (54) 60 **B2**
Morvillers (60) 36 **B2**
Morvillers-Saint-Saturnin (80) 36 **B1**
Morvilliers (10) 77 **E1**
Morvilliers (28) 53 **D3**
Mory (62) 28 **A2**
Mory-Montcrux (60) 37 **E2**
Morzine (74) 124 **A1**
Mosles (14) 32 **C3**
Moslins (51) 57 **E2**
Mosnac (16) 114 **A4**
Mosnac (17) 126 **A1**
Mosnay (36) 103 **F3**
Mosnes (37). 88 **B2**
Mosset (66) 184 **B2**
Mosson (21). 77 **E4**
Mostuéjouls (12) 158 **C1**
Motey-Besuche (70) 95 **D3**
La Mothe-Saint-Héray (79) 101 **E4**
Mothern (67) 63 **E1**
Motreff (29) 65 **F1**
La Motte (22) 66 **C1**
La Motte (83) 179 **D1**
La Motte-Chalancon (26) 148 **B3**
La Motte-d'Aigues (84) 162 **B3**
La Motte-d'Aveillans (38) 135 **F4**
La Motte-de-Galaure (26) 134 **B3**
La Motte-du-Caire (04) 149 **E4**

La Motte-en-Bauges (73) 123 **E4**
La Motte-en-Champsaur (05) 149 **E1**
La Motte-Fanjas (26) 135 **D4**
La Motte-Feuilly (36) 104 **B3**
La Motte-Fouquet (61) 51 **E4**
La Motte-Saint-Jean (71) 107 **E4**
La Motte-Servolex (73) 135 **F1**
La Motte-Saint-Martin (38) 135 **F4**
La Motte-Ternant (21) 93 **D3**
La Motte-Tilly (10) 56 **C4**
Mottereau (28). 72 **B2**
Motteville (76) 35 **D2**
Mottier (38) 135 **D2**
Motz (73) 123 **D3**
Mouacourt (54) 61 **E3**
Mouais (44) 68 **B4**
Mouans-Sartoux (06) 179 **F1**
Mouaville (54) 42 **A4**
Mouazé (35) 68 **B1**
Mouchamps (85) 100 **A2**
Mouchan (32) 154 **A2**
Mouchard (39) 110 **A1**
La Mouche (50) 50 **A2**
Mouchès (32). 154 **B4**
Mouchin (59) 23 **E4**
Mouchy-le-Châtel (60). 37 **D3**
Moudeyres (43) 133 **D4**
Mouen (14) 33 **D4**
Mouettes (27) 53 **F2**
Mouffy (89) 91 **F1**
Mouflaines (27) 36 **A4**
Mouflers (80) 26 **C2**
Mouflières (80) 26 **B3**
Mougins (06) 179 **F1**
Mouguerre (64) 166 **C1**
Mouhers (36) 104 **A3**
Mouhet (36) 103 **F4**
Mouhous (64) 168 **B1**
Mouillac (33) 126 **B4**
Mouillac (82) 156 **B1**
Mouilleron (52) 94 **A1**
Mouilleron-le-Captif (85) 99 **E2**
Mouilleron-Saint-Germain (85) 100 **B2**
Mouilly (55) 59 **F1**
Moulainville (55) 41 **F4**
Moularès (81) 157 **E2**
Moulay (53) 70 **A1**
Moulayrès (81) 157 **D4**
Moulédous (65) 169 **D2**
Moulès-et-Baucels (34) 159 **E2**
Mouleydier (24) 141 **D1**
Moulézan (30) 160 **A2**
Moulhard (28) 72 **B2**
Moulidars (16) 114 **A4**
Mouliets-et-Villemartin (33) 140 **A1**
Mouliherne (49) 86 **C2**
Moulin-Mage (81) 158 **A4**
Moulin-Neuf (09) 171 **F3**
Moulin-Neuf (24) 127 **D4**
Moulin-sous-Touvent (60) 38 **A3**
Moulineaux (76) 35 **E3**
Moulines (14). 51 **E1**
Moulines (50) 50 **B4**
Moulinet (06) 165 **E2**
Moulinet (47) 141 **D3**
Le Moulinet-sur-Solin (45) 74 **B4**
Moulins (02) 39 **D3**
Moulins (03) 106 **B3**
Moulins (35) 68 **C3**
Moulins en Bessin (14) 33 **D4**
Moulins-en-Tonnerrois (89) 92 **C1**
Moulins-Engilbert (58) 107 **D1**
Moulins-la-Marche (61) 52 **B3**
Moulins-le-Carbonnel (72) 70 **C1**
Moulins-lès-Metz (57) 60 **B1**
Moulins-Saint-Hubert (55) 41 **D2**
Moulins-sur-Céphons (36) 103 **F1**
Moulins-sur-Orne (61) 51 **F3**
Moulins-sur-Ouanne (89) 91 **E1**
Moulins-sur-Tardoire (16) 114 **C4**
Moulins-sur-Yèvre (18) 90 **B4**
Moulis (09) 182 **C1**
Moulis-en-Médoc (33) 125 **F3**
Moulismes (86) 115 **E1**
Moulle (62) 21 **F2**
Moulon (33) 139 **F1**
Moulon (45) 74 **B3**
Moulotte (54) 60 **A1**
Moult-Chicheboville (14) 33 **F4**
Moumoulous (65) 169 **D2**
Moumour (64) 167 **F2**
Mounes-Prohencoux (12) 158 **A3**
Mourède (32) 154 **A3**
Mourens (33) 139 **F2**
Mourenx (64) 167 **F1**
Mouret (12) 143 **F3**
Mourioux-Vieilleville (23) 116 **C2**
Mourjou (15) 143 **E1**
Mourmelon-le-Grand (51) 58 **A1**
Mourmelon-le-Petit (51) 58 **A1**
Mournans-Charbonny (39) 110 **B2**
Mouron (08) 40 **C3**
Mouron-sur-Yonne (58) 92 **A4**
Mouroux (77) 56 **A2**
Mours (95) 55 **D1**

Mours-Saint-Eusèbe (26) 134 **C4**
Mourvilles-Basses (31) 171 **E1**
Mourvilles-Hautes (31) 171 **F1**
Mouscardès (40) 152 **B4**
Moussac (30) 160 **B2**
Moussac (86) 115 **E1**
Moussages (15) 130 **C3**
Moussan (11) 173 **E2**
Moussé (35) 69 **D3**
Mousseaux-lès-Bray (77) 75 **E1**
Mousseaux-Neuville (27) 53 **F2**
Mousseaux-sur-Seine (78) 54 **A1**
Moussey (10) 76 **C2**
Moussey (57) 61 **E3**
Moussey (58) 91 **F4**
Moussy (95) 54 **B1**
Moussy-le-Neuf (77) 55 **E1**
Moussy-le-Vieux (77) 55 **E1**
Moussy-Verneuil (02) 39 **D3**
Moustajon (31) 181 **F2**
Moustéru (22) 47 **D3**
Moustey (40) 138 **C3**
Moustier (47) 140 **B2**
Moustier-en-Fagne (59) 29 **F2**
Moustier-Ventadour (19) 130 **A2**
Moustiers-Sainte-Marie (04) 163 **E3**
Le Moustoir (22) 65 **F1**
Moustoir-Ac (56) 66 **C3**
Le Moutaret (38) 136 **A1**
Mouterhouse (57) 62 **B1**
Mouterre-Silly (86) 101 **F1**
Mouterre-sur-Blourde (86) 115 **E1**
Mouthe (25) 110 **C2**
Le Moutherot (25) 95 **D3**
Mouthier-en-Bresse (71) 109 **E1**
Mouthier-Haute-Pierre (25) 96 **A4**
Mouthiers-sur-Boëme (16) 127 **D1**
Mouthoumet (11) 172 **C4**
Moutier-d'Ahun (23) 117 **E2**
Moutier-Malcard (23) 104 **B4**
Moutier-Rozeille (23) 117 **E3**
Moutiers (28) 73 **E1**
Moutiers (35) 69 **D3**
Moutiers (54) 42 **B4**
Moûtiers (73) 136 **C1**
Moutiers-au-Perche (61) 53 **D4**
Les Moutiers-en-Auge (14) 51 **F2**
Les Moutiers-en-Cinglais (14) 51 **E1**
Les Moutiers-en-Puisaye (89) 91 **E1**
Les Moutiers-en-Retz (44) 98 **C1**
Moutiers-les-Mauxfaits (85) 99 **E3**
Moutiers-Saint-Jean (21) 92 **C2**
Moutiers-sur-le-Lay (85) 99 **F3**
Mouton (16) 114 **B3**
Moutonne (39) 109 **F3**
Moutonneau (16) 114 **B3**
Moutoux (39) 110 **B2**
Moutrot (54) 60 **A4**
Mouvaux (59) 23 **D3**
Moux (11) 173 **D3**
Moux-en-Morvan (58) 92 **C4**
Mouxy (73) 123 **D4**
Mouy (60) 37 **D3**
Mouy-sur-Seine (77) 75 **E1**
Mouzay (37) 88 **A4**
Mouzay (55) 41 **D3**
Mouzeil (44) 84 **C2**
Mouzens (81) 171 **F1**
Mouzeuil-Saint-Martin (85) 100 **A3**
Mouzieys-Panens (81) 156 **C2**
Mouzieys-Teulet (81) 157 **E3**
Mouzillon (44) 84 **C4**
Mouzon (08) 41 **D2**
Mouzon (16) 115 **D3**
Moÿ-de-l'Aisne (02) 38 **C1**
Moyaux (14) 34 **B4**
Moydans (05) 148 **B3**
Moye (74) 123 **D3**
Moyemont (88) 80 **A1**
Moyen (54) 61 **D4**
Moyencourt (80) 38 **A1**
Moyencourt-lès-Poix (80) 36 **C1**
Moyenmoutier (88) 80 **C1**
Moyenneville (60) 37 **F2**
Moyenneville (62) 27 **F2**
Moyenneville (80) 26 **B2**
Moyenvic (57) 61 **D2**
Moyeuvre-Grande (57) 42 **B4**
Moyeuvre-Petite (57) 42 **B4**
Moyon Villages (50) 50 **B1**
Moyrazès (12) 143 **F4**
Moyvillers (60) 37 **F3**
Mozac (63) 118 **C3**
Mozé-sur-Louet (49) 86 **A2**
Muchedent (76) 35 **E1**
Mudaison (34) 175 **D1**
Muel (35) 67 **F2**
Muespach (68) 97 **E1**
Muespach-le-Haut (68) 97 **E1**
Mugron (40) 152 **B3**
Muhlbach-sur-Bruche (67) 62 **A4**
Muhlbach-sur-Munster (68) 81 **D3**
Muides-sur-Loire (41) 89 **D1**

Muidorge (60) 36 **C2**
Muids (27) 35 **F4**
Muille-Villette (80) 38 **A1**
Muirancourt (60) 38 **A2**
Muizon (51) 39 **E4**
Les Mujouls (06) 164 **B3**
La Mulatière (69) 121 **E4**
Mulcent (78) 54 **A2**
Mulcey (57) 61 **E2**
Mulhausen (67) 62 **B2**
Mulhouse (68) 81 **E4**
Mulsanne (72) 71 **D3**
Mulsans (41) 88 **C1**
Mun (65) 169 **E2**
Munchausen (67) 63 **E1**
Munchhouse (68) 81 **E3**
Muncq-Nieurlet (62) 21 **F2**
Mundolsheim (67) 62 **C3**
Muneville-le-Bingard (50) 31 **E4**
Muneville-sur-Mer (50) 49 **F1**
Le Mung (17) 113 **D3**
Munster (57) 61 **F2**
Munster (68) 81 **D3**
Muntzenheim (68) 81 **E2**
Munwiller (68) 81 **E3**
Mur-de-Barrez (12) 144 **A1**
Mur-de-Sologne (41) 89 **D2**
Mur-sur-Allier (63) 119 **D4**
Muracciole (2B) 189 **D3**
Murasson (12) 158 **A3**
Murat (03) 105 **F4**
Murat (15) 131 **E4**
Murat-le-Quaire (63) 131 **D1**
Murat-sur-Vèbre (81) 158 **A4**
Murato (2B) 187 **E3**
La Muraz (74) 123 **E2**
Murbach (68) 81 **D3**
La Mure (38) 135 **F4**
La Mure-Argens (04) 163 **F2**
Mureaumont (60) 36 **B2**
Les Mureaux (78) 54 **B2**
Mureils (52) 134 **B3**
Mûres (74) 123 **D3**
Muret (31) 170 **C1**
Muret-et-Crouttes (02) 38 **C4**
Muret-le-Château (12) 144 **A3**
La Murette (38) 135 **E2**
Murianette (38) 135 **F3**
Murinais (38) 135 **D3**
Murles (34) 159 **E4**
Murlin (58) 91 **E4**
Muro (2B). 186 **C3**
Murol (63) 131 **E1**
Murols (12) 144 **A2**
Muron (17) .113 **D2**
Murs (36) 103 **D1**
Murs (84) 161 **F2**
Mûrs-Erigné (49) 86 **A2**
Murs-et-Gélignieux (01) 122 **C4**
Murtin-et-Bogny (08) 40 **B1**
Murvaux (55) 41 **E3**
Murviel-lès-Béziers (34) 173 **F1**
Murviel-lès-Montpellier (34) 159 **E4**
Murville (54) 42 **A3**
Murzo (2A) 188 **B3**
Mus (30) 160 **B4**
Muscourt (02) 39 **D3**
Musculdy (64) 167 **E2**
Musièges (74) 123 **D2**
Musigny (21) 93 **E4**
Mussey-sur-Marne (52) 78 **A1**
Mussidan (24) 127 **E4**
Mussig (67) 81 **E1**
Mussy-la-Fosse (21) 93 **D2**
Mussy-sous-Dun (71) 120 **C1**
Mussy-sur-Seine (10) 77 **E3**
Mutigney (39) 94 **C3**
Mutigny (51) 57 **E1**
Mutrécy (14) 51 **E1**
Muttersholtz (67) 81 **F1**
Mutzenhouse (67) 62 **C2**
Mutzig (67) 62 **B4**
Le Muy (83) 179 **D2**
Muzeray (55) 41 **F3**
Muzillac (56) 83 **D2**
Muzy (27) 53 **F3**
Myans (73). 136 **A1**
Myennes (58) 91 **D2**
Myon (25) 95 **E4**

N

Nabas (64) 167 **E1**
Nabinaud (16) 127 **E2**
Nabirat (24) 142 **A1**
Nabringhen (62) 21 **E3**
Nachamps (17) 113 **E2**
Nadaillac (24) 129 **D4**
Nadaillac-de-Rouge (46) 142 **B1**
Nades (03) 118 **C2**
Nadillac (46) 142 **B3**
Nagel-Séez-Mesnil (27) 53 **D2**
Nages (81) 158 **A4**
Nages-et-Solorgues (30) 160 **B3**
Nahuja (66) 184 **A3**
Nailhac (24) 128 **C3**

aillat (23)	116 C1
ailloux (31)	171 E2
ailly (89)	75 E2
aintré (86)	102 A2
ainville-les-Roches (91)	55 E4
aisey-les-Granges (25)	95 F3
aives-en-Blois (55)	59 F3
aives-Rosières (55)	59 E3
aix-aux-Forges (55)	59 E3
ajac (12)	156 C1
alliers (85)	100 A3
alliers (85)	102 C3
alzen (09)	171 E4
ambsheim (68)	81 F3
ampcel (60)	38 B3
ampcelles-la-Cour (02)	29 E4
ampont (26)	26 B1
amps-Maisnil (80)	36 C1
ampteuil-sous-Muret (02)	38 C4
ampty (80)	27 D4
an-sous-Thil (21)	93 D3
ance (18)	90 A3
ance (39)	109 E2
ances (73)	135 F1
anchez (39)	110 A3
anclars (16)	114 B3
ançois-le-Grand (55)	59 E3
ançois-sur-Ornain (55)	59 E3
ancras (17)	112 C4
ancray (25)	95 F3
ancray-sur-Rimarde (45)	74 A3
ancuise (39)	109 F4
ancy (54)	60 C3
ancy-sur-Cluses (74)	124 A2
andax (42)	120 B2
andy (77)	55 E4
angis (77)	56 A4
angy (74)	123 F1
annay (58)	91 E3
ans (25)	96 A2
es Nans (39)	110 B2
ans-les-Pins (83)	177 F2
ans-sous-Sainte-Anne (25)	110 B1
ant (12)	158 C2
ant-le-Grand (55)	59 E3
ant-le-Petit (55)	59 E3
anteau-sur-Essonne (77)	74 B1
anteau-sur-Lunain (77)	74 C2
anterre (92)	55 D2
antes (44)	84 B3
antes-en-Ratier (38)	135 F4
anteuil (79)	101 D4
anteuil-Auriac-de-Bourzac (24)	127 E2
anteuil-en-Vallée (16)	114 C2
anteuil-la-Forêt (51)	57 E1
anteuil-la-Fosse (02)	38 C3
anteuil-le-Haudouin (60)	55 F1
anteuil-lès-Meaux (77)	56 A2
anteuil-Notre-Dame (02)	38 C4
anteuil-sur-Aisne (08)	40 A2
anteuil-sur-Marne (77)	56 B2
antheuil (24)	128 B2
anthiat (24)	128 B2
antiat (87)	116 A2
antillé (17)	113 E3
antillois (55)	41 D3
antilly (70)	94 C2
antois (55)	59 E3
anton (71)	108 C3
antouillet (77)	55 F1
antoux (21)	108 B1
antua (01)	122 B1
aours (80)	27 D3
arbéfontaine (57)	43 D4
arbief (25)	96 B4
arbonne (11)	173 E3
arcastet (64)	168 B2
arcy (52)	59 D4
arcy (58)	91 D3
argis (45)	74 C3
arnhac (15)	144 B1
arp (64)	167 E1
arrosse (40)	152 A3
asbinals (48)	144 C2
assandres sur Risle (27)	52 C1
assiet (40)	152 C4
assigny (03)	105 E4
astringues (24)	140 B1
atzwiller (67)	62 A4
aucelle (12)	157 E2
aucelles (15)	130 C4
aujac-sur-Mer (33)	125 E2
aujan-et-Postiac (33)	139 F1
auroy (02)	28 B3
aussac (12)	143 E3
aussac-Fontanes (48)	145 F2
aussannes (24)	141 D1
auvay (72)	71 E2
auviale (12)	143 F3
avacelles (30)	160 B1
availles-Angos (64)	168 B3
avarrenx (64)	167 F2
aveil (41)	72 B4
avenne (70)	95 F1
aves (03)	118 C2
aves (19)	129 F2
aves (59)	28 B2
avès (81)	157 D4
Nâves-Parmelan (74)	123 E3
Navilly (71)	109 D1
Navour-sur-Grosne (71)	108 B4
Nay (50)	32 A3
Nay (64)	168 B2
Nayemont-les-Fosses (88)	80 C1
Le Nayrac (12)	144 A2
Nazelles-Négron (37)	88 A2
Néac (33)	126 C4
Néant-sur-Yvel (56)	67 E2
Neau (53)	70 A2
Neaufles-Auvergny (27)	52 C2
Neaufles-Saint-Martin (27)	36 B4
Neauphe-sous-Essai (61)	52 A4
Neauphe-sur-Dive (61)	52 A2
Neauphle-le-Château (78)	54 B3
Neauphle-le-Vieux (78)	54 B2
Neauphlette (78)	54 A2
Neaux (42)	120 B3
Nébian (34)	159 D4
Nébias (11)	172 A4
Nébing (57)	61 E2
Nébouzat (63)	118 B4
Nécy (51)	51 F2
Nedde (87)	117 D4
Nédon (62)	22 A4
Nédonchel (62)	22 A4
Neewiller-près-Lauterbourg (67)	63 E1
Neffes (05)	149 E3
Neffiès (34)	174 A1
Néfiach (66)	185 D1
Nègrepelisse (82)	156 A2
Négreville (50)	31 E2
Négrondes (24)	128 B2
Néhou (50)	31 E2
Nelling (57)	61 E1
Nemours (77)	74 C2
Nempont-Saint-Firmin (62)	26 B1
Nénigan (31)	169 F2
Néons-sur-Creuse (36)	102 C2
Néoules (83)	178 B3
Néoux (23)	117 E3
Nepvant (55)	41 D2
Nérac (47)	154 B1
Nerbis (40)	152 C3
Nercillac (16)	113 F4
Néré (17)	113 F2
Néret (36)	104 C3
Nérigean (33)	139 F1
Nérignac (86)	115 E1
Néris-les-Bains (03)	118 A1
Néron (28)	54 A4
Néronde (42)	120 B3
Néronde-sur-Dore (63)	119 E4
Nérondes (18)	105 F1
Ners (30)	160 A2
Nersac (16)	114 B4
Nervieux (42)	120 B4
Nerville-la-Forêt (95)	55 D1
Néry (60)	37 F4
Neschers (63)	131 F1
Nescus (09)	183 D1
Nesle (80)	38 A1
Nesle-et-Massoult (21)	77 D4
Nesle-Hodeng (76)	36 A1
Nesle-la-Reposte (51)	56 C4
Nesle-le-Repons (51)	57 D1
Nesle-l'Hôpital (80)	26 B3
Nesle-Normandeuse (76)	26 B3
Nesles (62)	21 D3
Nesles-la-Montagne (02)	56 C1
Nesles-la-Vallée (95)	54 C1
Neslette (80)	26 B3
Nesmy (85)	99 E3
Nesploy (45)	74 A3
Nespouls (19)	129 E4
Nessa (2B)	186 A2
Nestier (65)	169 E3
Nettancourt (55)	58 C2
Neublans-Abergement (39)	109 E1
Neubois (67)	81 E1
Le Neubourg (27)	35 D4
Neuchâtel-Urtière (25)	96 B2
Neuf-Berquin (59)	22 B3
Neuf-Brisach (68)	81 F3
Neuf-Église (63)	118 B2
Neuf-Marché (76)	36 B3
Neuf-Mesnil (59)	29 E1
Neufbosc (76)	35 F2
Le Neufbourg (50)	50 B3
Neufchâteau (88)	79 D1
Neufchâtel-en-Bray (76)	36 A1
Neufchâtel-en-Saosnois (72)	71 D1
Neufchâtel-Hardelot (62)	21 D3
Neufchâtel-sur-Aisne (02)	39 E3
Neufchef (57)	42 B3
Neufchelles (60)	56 A1
Neuffons (33)	140 A2
Neuffontaines (58)	92 A3
Neufgrange (57)	43 F4
Neuflieux (02)	38 B2
Neuflize (08)	40 A3
Neufmaison (08)	40 A1
Neufmaisons (54)	61 E4
Neufmanil (08)	40 C1
Neufmesnil (50)	31 E3
Neufmoulin (80)	26 C2
Neufmoulins (57)	61 F3
Neufmoutiers-en-Brie (77)	55 F3
Le Neufour (55)	58 C1
Neufvillage (57)	61 E2
Neufvy-sur-Aronde (60)	37 F2
Neugartheim-Ittlenheim (67)	62 B3
Neuhaeusel (67)	63 E2
Neuil (37)	87 E4
Neuilh (65)	169 D3
Neuillac (17)	126 B1
Neuillay-les-Bois (36)	103 F2
Neuillé (49)	86 C3
Neuillé-le-Lierre (37)	88 A2
Neuillé-Pont-Pierre (37)	87 E2
Neuilly (27)	53 F2
Neuilly (58)	91 F3
Neuilly-en-Donjon (03)	107 E4
Neuilly-en-Dun (18)	105 F2
Neuilly-en-Sancerre (18)	90 C3
Neuilly-en-Thelle (60)	37 D4
Neuilly-en-Vexin (95)	54 C1
Neuilly-le-Bisson (61)	52 A4
Neuilly-le-Brignon (37)	102 C1
Neuilly-le-Dien (80)	26 C2
Neuilly-le-Réal (03)	106 B4
Neuilly-le-Vendin (53)	51 E4
Neuilly-lès-Dijon (21)	94 A3
Neuilly-l'Évêque (52)	78 C3
Neuilly-l'Hôpital (80)	26 B2
Neuilly-Plaisance (93)	55 E2
Neuilly-Saint-Front (02)	56 B1
Neuilly-sous-Clermont (60)	37 E3
Neuilly-sur-Marne (93)	55 E2
Neuilly-sur-Seine (92)	55 D2
Neuilly-sur-Suize (52)	78 A3
Neulette (62)	27 D1
Neulise (42)	120 B3
Neulles (17)	126 B1
Neulliac (56)	66 B2
Neung-sur-Beuvron (41)	89 E2
Neunkirchen-lès-Bouzonville (57)	43 D3
Neure (03)	105 F2
Neurey-en-Vaux (70)	79 F4
Neussargues en Pinatelle (15)	131 E3
Neuve-Chapelle (62)	22 C3
Neuve-Église (67)	81 E1
La Neuve-Grange (27)	36 A3
La Neuve-Lyre (27)	52 C2
Neuve-Maison (02)	29 E3
Neuvecelle (74)	111 E4
Neuvéglise-sur-Truyère (15)	144 C1
Neuville-lès-Cromary (70)	95 E2
Neuve-lès-la-Charité (70)	95 E2
La Neuvelle-lès-Lure (70)	80 B4
Neuvelle-lès-Scey (70)	95 E1
Neuvelle-lès-Voisey (52)	79 D4
Neuves-Maisons (54)	60 B3
La Neuveville- -devant-Lépanges (88)	80 B2
La Neuveville-sous-Châtenois (88)	79 D1
La Neuveville-sous-Montfort (88)	79 E2
Neuvic (19)	130 B2
Neuvic (24)	127 F3
Neuvic-Entier (87)	116 B4
Neuvicq (17)	126 C3
Neuvicq-le-Château (17)	113 F3
Neuvillalais (72)	70 C2
Neuville (19)	129 F3
La Neuville (59)	23 D4
Neuville (63)	119 E4
La Neuville-à-Maire (08)	40 C2
Neuville-au-Bois (80)	26 B3
Neuville-au-Cornet (62)	27 D1
Neuville-au-Plain (50)	32 A2
La Neuville-au-Pont (51)	58 C1
Neuville-aux-Bois (45)	73 F3
La Neuville-aux-Bois (51)	58 C2
La Neuville-aux-Joûtes (08)	29 F3
La Neuville-aux-Larris (51)	57 E1
Neuville-Bosc (60)	36 C4
La Neuville-Bosmont (02)	29 E4
Neuville-Bourjonval (62)	28 A2
La Neuville-Chant-d'Oisel (76)	35 F3
Neuville-Coppegueule (80)	26 B4
Neuville-Day (08)	40 B2
Neuville-de-Poitou (86)	101 F2
Neuville-du-Bosc (27)	35 D4
Neuville-en-Avesnois (59)	28 C2
La Neuville-en-Beaumont (50)	31 E3
La Neuville-en-Beine (02)	38 B1
La Neuville-en-Ferrain (59)	23 D3
La Neuville-en-Hez (60)	37 D3
La Neuville-en-Tourne-à-Fuy (08)	40 A3
Neuville-en-Verdunois (55)	59 E2
La Neuville-Ferrières (76)	36 A1
La Neuville-Housset (02)	29 D4
La Neuville-lès-Bray (80)	27 F3
Neuville-les-Dames (01)	121 F1
La Neuville-lès-Decize (58)	106 B2
La Neuville-lès-Dorengt (02)	29 D3
Neuville-lès-This (08)	40 B1
Neuville-lès-Vaucouleurs (55)	60 A4
La Neuville-lès-Wasigny (08)	40 A2
Neuville-lez-Beaulieu (08)	30 A3
La Neuville-Roy (60)	37 E3
Neuville-Saint-Amand (02)	38 B1
La Neuville-Saint-Pierre (60)	37 D2
Neuville-Saint-Rémy (59)	28 B2
Neuville-Saint-Vaast (62)	27 F1
La Neuville-Sire-Bernard (80)	27 E4
Neuville-sous-Montreuil (62)	21 E4
Neuville-sur-Ailette (02)	39 D3
Neuville-sur-Ain (01)	122 A2
Neuville-sur-Authou (27)	34 C4
Neuville-sur-Brenne (37)	88 A1
Neuville-sur-Escaut (59)	28 B1
La Neuville-sur-Essonne (45)	74 A2
Neuville-sur-Margival (02)	38 C3
Neuville-sur-Oise (95)	54 C1
Neuville-sur-Ornain (55)	59 D2
La Neuville-sur-Oudeuil (60)	36 C2
La Neuville-sur-Ressons (60)	37 F2
Neuville-sur-Saône (69)	121 E3
Neuville-sur-Sarthe (72)	71 D3
Neuville-sur-Seine (10)	77 D3
Neuville-sur-Touques (61)	52 B2
Neuville-sur-Vanne (10)	76 A2
La Neuville-Vault (60)	36 C2
Neuville-Vitasse (62)	27 F1
Neuviller-la-Roche (67)	62 A4
Neuviller-lès-Badonviller (54)	61 F4
Neuviller-sur-Moselle (54)	60 C4
Neuvillers-sur-Fave (88)	80 C1
Neuvillette (02)	28 C4
Neuvillette (80)	27 D2
Neuvillette-en-Charnie (72)	70 B2
Neuvilley (39)	109 F1
Neuvilly (59)	28 C2
Neuvilly-en-Argonne (55)	41 D4
Neuvireuil (62)	28 A1
Neuvizy (08)	40 B2
Neuvy (03)	106 B3
Neuvy (41)	89 D2
Neuvy (51)	56 C3
Neuvy-au-Houlme (61)	51 E2
Neuvy-Bouin (79)	100 C2
Neuvy-Deux-Clochers (18)	90 C3
Neuvy-en-Beauce (28)	73 E2
Neuvy-en-Dunois (28)	73 D2
Neuvy-en-Sullias (45)	74 A4
Neuvy-Grandchamp (71)	107 E3
Neuvy-le-Barrois (18)	106 A2
Neuvy-le-Roi (37)	87 F1
Neuvy-Pailloux (36)	104 B1
Neuvy-Saint-Sépulchre (36)	104 A3
Neuvy-Sautour (89)	76 B3
Neuvy-sur-Barangeon (18)	90 A3
Neuvy-sur-Loire (58)	90 C2
Neuwiller (68)	97 F1
Neuwiller-lès-Saverne (67)	62 B2
Névache (05)	137 D4
Nevers (58)	106 A1
Névez (29)	65 E3
Névian (11)	173 E3
Néville (76)	34 C1
Nevoy (45)	90 B1
Nevy-lès-Dole (39)	109 F1
Nevy-sur-Seille (39)	109 F2
Nexon (87)	116 A4
Ney (39)	110 A2
Neydens (74)	123 E2
Les Neyrolles (01)	122 C2
Neyron (01)	121 E3
Nézel (78)	54 B2
Nézignan-l'Évêque (34)	174 A2
Niafles (53)	69 E4
Niaux (09)	183 E2
Nibas (80)	26 A2
Nibelle (45)	74 A3
Nibles (04)	149 E4
Nice (06)	165 D4
Nicey (21)	77 D4
Nicey-sur-Aire (55)	59 E2
Nicole (47)	140 B4
Nicorps (50)	49 F1
Niderhoff (57)	61 F3
Niderviller (57)	62 A3
Niederbronn-les-Bains (67)	62 C1
Niederentzen (68)	81 E3
Niederhaslach (67)	62 B4
Niederhausbergen (67)	62 C3
Niederhergheim (68)	81 E3
Niederlauterbach (67)	63 E1
Niedermodern (67)	62 C2
Niedermorschwihr (68)	81 E2
Niedernai (67)	62 B4
Niederrœdern (67)	63 E1
Niederschaeffolsheim (67)	62 C2
Niedersoultzbach (67)	62 B2
Niedersteinbach (67)	62 C1
Niederstinzel (57)	61 F2
Niedervisse (57)	43 D4
Nielles-lès-Ardres (62)	21 F2
Nielles-lès-Bléquin (62)	21 F3
Nielles-lès-Calais (62)	21 E2
Nieppe (59)	22 C3
Niergnies (59)	28 B2
Nieudan (15)	130 B4
Nieuil (16)	115 D3
Nieuil-l'Espoir (86)	102 A4
Nieul (87)	116 A3
Nieul-le-Dolent (85)	99 E3
Nieul-le-Virouil (17)	126 A2
Nieul-lès-Saintes (17)	113 D3
Nieul-sur-Mer (17)	112 B1

Nieulle-sur-Seudre (17) 112 C3
Nieurlet (59) 22 A2
Niévroz (01) 121 F3
Niffer (68) 81 F4
Niherne (36) 103 F2
Nilvange (57) 42 B3
Nîmes (30) 160 B3
Ninville (52) 78 C3
Niort (79) 100 C4
Niort-de-Sault (11) 184 A1
Niozelles (04) 162 C2
Nissan-lez-Enserune (34) 173 F2
Nistos (65) 169 E3
Nitry (89) 92 B1
Nitting (57) 61 F3
Nivelle (59) 23 F4
Nivigne et Suran (01) 122 B1
Nivillac (56) 83 E2
Nivillers (60) 36 C3
Nivolas-Vermelle (38) 135 D1
Nivollet-Montgriffon (01) 122 B2
Nixéville-Blercourt (55) 59 E1
Le Nizan (33) 139 F3
Nizan-Gesse (31) 169 F2
Nizas (32) 170 B1
Nizas (34) 174 A2
Nizerolles (03) 119 F2
Nizy-le-Comte (02) 39 E2
Noailhac (19) 129 E4
Noailhac (81) 157 E4
Noaillac (33) 140 A3
Noaillan (33) 139 E3
Noailles (19) 129 E4
Noailles (60) 37 D3
Noailles (81) 156 C2
Noailly (42) 120 A2
Noalhac (48) 144 C1
Noalhat (63) 119 E3
Noards (27) 34 C4
Nocario (2B) 187 E4
Noceta (2B) 189 D2
Nochize (71) 107 F4
La Nocle-Maulaix (58) 107 D2
Nod-sur-Seine (21) 77 E4
Noé (31) 170 C2
Noé (89) 75 F2
La Noë-Blanche (35) 68 B4
Noé-les-Mallets (10) 77 E3
La Noë-Poulain (27) 34 C4
Noël-Cerneux (25) 96 B4
Les Noës (42) 120 A2
Les Noës-près-Troyes (10) 76 C1
Nœux-lès-Auxi (62) 27 D1
Nœux-les-Mines (62) 22 B4
Nogaret (31) 171 F1
Nogaro (32) 153 F3
Nogent (52) 78 B3
Nogent-en-Othe (10) 76 B2
Nogent-l'Abbesse (51) 39 F4
Nogent-l'Artaud (02) 56 B2
Nogent-le-Bernard (72) 71 E2
Nogent-le-Phaye (28) 73 D1
Nogent-le-Roi (28) 54 A3
Nogent-le-Rotrou (28) 72 A1
Nogent-le-Sec (27) 53 E2
Nogent-lès-Montbard (21) 93 D1
Nogent-sur-Aube (10) 58 A4
Nogent-sur-Eure (28) 72 C1
Nogent-sur-Loir (72) 87 E1
Nogent-sur-Marne (94) 55 E2
Nogent-sur-Oise (60) 37 E4
Nogent-sur-Seine (10) 56 C4
Nogent-sur-Vernisson (45) 74 C4
Nogentel (02) 56 C1
Nogna (39) 109 F3
Noguères (64) 167 F1
Nohanent (63) 118 C4
Nohant-en-Goût (18) 90 B4
Nohant-en-Graçay (18) 89 E4
Nohant-Vic (36) 104 B3
Nohèdes (66) 184 B2
Nohic (82) 156 A3
Noidan (21) 93 D3
Noidans-le-Ferroux (70) 95 E1
Noidans-lès-Vesoul (70) 95 E1
Noidant-Chatenoy (52) 78 B4
Noidant-le-Rocheux (52) 78 B4
Noilhan (32) 170 B1
Nointel (60) 37 E3
Nointel (95) 37 E3
Nointot (76) 34 B2
Noircourt (02) 39 F1
Noirefontaine (25) 96 B3
Noirémont (60) 37 D2
Noirétable (42) 119 F3
Noirlieu (51) 58 C2
Noirmoutier-en-l'Île (85) 90 B1
Noiron (70) 94 C2
Noiron-sous-Gevrey (21) 94 A4
Noiron-sur-Bèze (21) 94 B2
Noiron-sur-Seine (21) 77 E3
Noironte (25) 95 E3
Noirval (08) 40 C3
Noiseau (94) 55 E3
Noisiel (77) 55 E2
Noisseville (57) 42 C4
Noisy-le-Grand (93) 55 E2
Noisy-le-Roi (78) 54 C2

Noisy-le-Sec (93) 55 E2
Noisy-Rudignon (77) 75 D1
Noisy-sur-École (77) 74 B1
Noisy-sur-Oise (95) 55 D1
Noizay (37) 88 A2
Nojeon-en-Vexin (27) 36 A3
Nolay (21) 108 B1
Nolay (58) 91 E4
Nolléval (76) 36 A2
Nollieux (42) 120 A3
Nomain (59) 23 E4
Nomdieu (47) 154 B1
Nomécourt (52) 78 A1
Nomeny (54) 60 C2
Nomexy (88) 80 A1
Nommay (25) 96 C1
Nompatelize (88) 80 C1
Nonac (16) 127 D2
Nonancourt (27) 53 E3
Nonant (14) 33 D4
Nonant-le-Pin (61) 52 A3
Nonards (19) 129 F4
Nonette-Orsonnette (63) 132 A1
Nonglard (74) 123 D3
Nonhigny (54) 61 F4
Nonsard-Lamarche (55) 60 A2
Nontron (24) 128 A1
Nonville (77) 74 C2
Nonville (88) 79 E2
Nonvilliers-Grandhoux (28) 72 B1
Nonza (2B) 187 E2
Nonzeville (88) 80 B1
Noordpeene (59) 22 A2
Nordausques (62) 21 F2
Nordheim (67) 62 B3
Nordhouse (67) 62 C4
Noreuil (62) 28 A2
Norges-la-Ville (21) 94 A2
Normanville (27) 53 E1
Normanville (76) 34 C1
Normier (21) 93 D3
Norolles (14) 34 A4
Noron-la-Poterie (14) 32 C4
Noron-l'Abbaye (14) 51 E2
Noroy (60) 37 E3
Noroy-le-Bourg (70) 96 A1
Noroy-sur-Ourcq (02) 38 B4
Norrent-Fontes (62) 22 A3
Norrey-en-Auge (14) 51 F2
Norrois (51) 58 B3
Norroy (88) 79 E2
Norroy-le-Sec (54) 42 A3
Norroy-le-Veneur (57) 42 B4
Norroy-lès-Pont-à-Mousson (54) 60 B2
Nort-Leulinghem (62) 21 F2
Nort-sur-Erdre (44) 84 B2
Nortkerque (62) 21 F2
Norville (76) 34 C2
La Norville (91) 55 D4
Nossage-et-Bénévent (05) 148 C4
Nossoncourt (88) 80 B1
Nostang (56) 82 A1
Noth (23) 116 B1
Nothalten (67) 81 E1
Notre-Dame-d'Aliermont (76) 25 F2
Notre-Dame-de-Bellecombe (73) 124 A3
Notre-Dame-de-Bliquetuit (76) 35 D2
Notre-Dame-de-Boisset (42) 120 B2
Notre-Dame-de-Bondeville (76) 35 E2
Notre-Dame-de-Cenilly (50) 50 A1
Notre-Dame-de-Commiers (38) 135 F4
Notre-Dame-de-la-Mer (78) 54 A1
Notre-Dame-de-l'Isle (27) 54 A1
Notre-Dame-de-Livaye (14) 52 A1
Notre-Dame-de-Livoye (50) 50 A3
Notre-Dame-de-Londres (34) 159 F3
Notre-Dame-de-l'Osier (38) 135 D3
Notre-Dame-de-Mésage (38) 135 F4
Notre-Dame-de-Monts (85) 98 B2
Notre-Dame-de-Riez (85) 98 C3
Notre-Dame-de-Vaulx (38) 135 F4
Notre-Dame-d'Épine (27) 34 C4
Notre-Dame-des-Landes (44) 84 B2
Notre-Dame-des-Millières (73) 123 F4
Notre-Dame-d'Estrées-
  -Corbon (14) 33 F4
Notre-Dame-d'Oé (37) 87 F2
Notre-Dame-du-Bec (76) 34 A2
Notre-Dame-du-Cruet (73) 136 B2
Notre-Dame-du-Hamel (27) 52 B2
Notre-Dame-du-Parc (76) 35 E1
Notre-Dame-du-Pé (72) 70 B4
Notre-Dame-du-Pré (73) 137 D1
Nottonville (28) 73 D2
La Nouaille (23) 117 E3
Nouaillé-Maupertuis (86) 102 A3
Nouainville (50) 31 E1
Nouan-le-Fuzelier (41) 89 F2
Nouans (72) 71 D3
Nouans-les-Fontaines (37) 88 C4
Nouart (08) 41 D3
Nouâtre (37) 87 E4
La Nouaye (35) 68 A2
La Noue (51) 57 D3
Noueilles (31) 171 D1
Noues de Sienne (14) 50 B2
Nougaroulet (32) 154 C4

Nouhant (23) 117 F1
Nouic (87) 115 E2
Nouilhan (65) 169 D1
Les Nouillers (17) 113 D3
Nouillonpont (55) 41 F3
Nouilly (57) 42 C4
Noulens (32) 154 A3
Nourard-le-Franc (60) 37 D2
Nourray (41) 88 B1
Nousse (40) 152 B3
Nousseviller-lès-Bitche (57) 44 B4
Nousseviller-Saint-Nabor (57) 43 E4
Nousty (64) 168 B2
Nouvelle-Église (62) 21 F2
Nouvion (80) 26 B2
Le Nouvion-en-Thiérache (02) 29 D3
Nouvion-et-Catillon (02) 38 C1
Nouvion-le-Comte (02) 38 C1
Nouvion-le-Vineux (02) 39 D2
Nouvion-sur-Meuse (08) 40 C1
Nouvoitou (35) 68 B2
Nouvron-Vingré (02) 38 B3
Nouzerines (23) 104 C4
Nouzerolles (23) 104 A4
Nouziers (23) 104 A4
Nouzilly (37) 87 F2
Nouzonville (08) 40 B1
Novacelles (63) 132 B2
Novalaise (73) 135 F1
Novale (2B) 189 E2
Novéant-sur-Moselle (57) 60 B1
Novel (74) 111 E4
Novella (2B) 187 D3
Noves (13) 161 E3
Noviant-aux-Prés (54) 60 A2
Novillard (90) 96 C1
Novillars (25) 95 F3
Novillers (60) 37 D4
Novion-Porcien (08) 40 A2
Novy-Chevrières (08) 40 A2
Noyal (22) 48 B4
Noyal-Châtillon-sur-Seiche (35) 68 B2
Noyal-Muzillac (56) 83 D2
Noyal-Pontivy (56) 66 C2
Noyal-sous-Bazouges (35) 49 E4
Noyal-sur-Brutz (44) 68 C4
Noyal-sur-Vilaine (35) 68 C2
Noyales (02) 28 C3
Noyant-d'Allier (03) 106 A4
Noyant-de-Touraine (37) 87 E4
Noyant-et-Aconin (02) 38 B3
Noyant-Villages (49) 86 C2
Noyarey (38) 135 E3
Noyelle-Vion (62) 27 E1
Noyelles-en-Chaussée (80) 26 C2
Noyelles-Godault (62) 22 B4
Noyelles-lès-Humières (62) 27 D1
Noyelles-lès-Seclin (59) 23 D3
Noyelles-lès-Vermelles (62) 22 B4
Noyelles-sous-Bellonne (62) 28 A1
Noyelles-sous-Lens (62) 22 C4
Noyelles-sur-Escaut (59) 28 B2
Noyelles-sur-Mer (80) 26 B2
Noyelles-sur-Sambre (59) 29 D2
Noyelles-sur-Selle (59) 28 C1
Noyellette (62) 27 E1
Noyen-sur-Sarthe (72) 70 C4
Noyen-sur-Seine (77) 75 F1
Le Noyer (05) 149 E2
Le Noyer (18) 90 C3
Le Noyer (73) 123 E4
Le Noyer-en-Ouche (27) 53 D1
Noyers (27) 36 B4
Noyers (45) 74 B4
Noyers (52) 78 C3
Noyers (89) 92 B1
Noyers-Auzécourt (55) 58 C2
Noyers-Pont-Maugis (08) 40 C1
Noyers-Saint-Martin (60) 37 D2
Noyers-sur-Cher (41) 88 C3
Noyers-sur-Jabron (04) 162 C1
Noyon (60) 38 A2
Nozay (10) 57 F4
Nozay (44) 84 B1
Nozay (91) 55 D3
Nozeroy (39) 110 B2
Nozières (07) 133 F4
Nozières (18) 105 D2
Nuaillé (49) 85 E4
Nuaillé-d'Aunis (17) 112 C1
Nuaillé-sur-Boutonne (17) 113 E2
Nuars (58) 92 A3
Nubécourt (55) 59 D1
Nucourt (95) 54 B1
Nueil-les-Aubiers (79) 100 C1
Nueil-sous-Faye (86) 101 F1
Nuillé-le-Jalais (72) 71 E3
Nuillé-sur-Vicoin (53) 69 F3
Nuisement-sur-Coole (51) 58 A2
Nuits (89) 92 C1
Nuits-Saint-Georges (21) 94 A4
Nullemont (76) 36 A1
Nully (52) 77 F1
Nuncq-Hautecôte (62) 27 D1
Nuret-le-Ferron (36) 103 F3
Nurieux-Volognat (01) 122 B1
Nurlu (80) 28 A3
Nuzéjouls (46) 142 A3

Nyer (66) 184 B2
Nyons (26) 147 F4

O

Ô-de-Selle (80) 27 D4
Obenheim (67) 81 F1
Oberbronn (67) 62 C1
Oberbruck (68) 80 C4
Oberdorf-Spachbach (67) 62 C1
Oberdorff (57) 43 D3
Oberentzen (68) 81 E3
Obergailbach (57) 44 A4
Oberhaslach (67) 62 B4
Oberhausbergen (67) 62 C3
Oberhergheim (68) 81 E3
Oberhoffen-lès-Wissembourg (67) 63 D1
Oberhoffen-sur-Moder (67) 63 D2
Oberlarg (68) 97 E2
Oberlauterbach (67) 63 E1
Obermodern-Zutzendorf (67) 62 B2
Obermorschwihr (68) 81 E3
Obermorschwiller (68) 97 E1
Obernai (67) 62 B4
Oberrœdern (67) 63 D1
Obersaasheim (68) 81 F3
Oberschaeffolsheim (67) 62 C3
Obersoultzbach (67) 62 B2
Obersteinbach (67) 62 C1
Oberstinzel (57) 61 F2
Obervisse (57) 43 D4
Obies (59) 29 D1
Objat (19) 129 D3
Oblinghem (62) 22 B4
Obrechies (59) 29 E2
Obreck (57) 61 D2
Obsonville (77) 74 B2
Obterre (36) 103 D1
Obtrée (21) 77 E4
Ocana (2A) 188 C4
Occagnes (61) 51 F3
Occey (52) 94 B1
Occhiatana (2B) 186 C3
Occoches (80) 27 D2
Ochancourt (80) 26 A2
Oches (08) 40 C2
Ochey (54) 60 B4
Ochtezeele (59) 22 A2
Ocquerre (77) 56 A1
Ocqueville (76) 34 C1
Octeville-l'Avenel (50) 32 A2
Octeville-sur-Mer (76) 34 A2
Octon (34) 158 C4
Odars (31) 171 E1
Odenas (69) 121 D2
Oderen (68) 80 C3
Odomez (59) 23 F4
Odos (65) 169 D2
Odratzheim (67) 62 B3
Oëlleville (88) 79 E1
Oermingen (67) 62 A1
Œting (57) 43 F4
Œuf-en-Ternois (62) 27 D1
Œuilly (02) 39 D3
Œuilly (51) 57 D1
Oeyregave (40) 152 A4
Oeyreluy (40) 152 A3
Offekerque (62) 21 F1
Offemont (90) 96 C1
Offendorf (67) 63 D3
Offignies (80) 36 B1
Offin (62) 21 E4
Offlanges (39) 94 C3
Offoy (60) 36 C1
Offoy (80) 38 A1
Offranville (76) 25 E2
Offrethun (62) 21 D2
Offroicourt (88) 79 E1
Offwiller (67) 62 B2
Ogenne-Camptort (64) 167 F2
Ogeu-les-Bains (64) 168 A3
Ogéviller (54) 61 E4
Ogliastro (2B) 187 E2
Ognes (02) 38 B2
Ognes (51) 57 E3
Ognes (60) 55 F1
Ognéville (54) 60 B4
Ognolles (60) 38 A1
Ogy-Montoy-Flanville (57) 60 C1
Ohain (59) 29 F3
Oherville (76) 34 C1
Ohis (02) 29 E3
Ohlungen (67) 62 C2
Ohnenheim (67) 81 E2
Oigney (70) 79 D4
Oignies (62) 23 D4
Oigny (21) 93 E1
Oigny-en-Valois (02) 38 B4
Oinville-Saint-Liphard (28) 73 E2
Oinville-sous-Auneau (28) 54 A1
Oinville-sur-Montcient (78) 54 B1
Oiry (51) 57 E1
Oiselay-et-Grachaux (70) 95 E2
Oisemont (80) 26 B3
Oisilly (21) 94 B2
Oisly (41) 88 C3

Commune	Page		Commune	Page		Commune	Page		Commune	Page
...ison (45)	73	F2	Orange (84)	161	D1	Ormoy-le-Davien (60)	38	A4	Ouanne (89)	91
...isseau (53)	69	F1	Orbais-l'Abbaye (51)	57	D2	Ormoy-lès-Sexfontaines (52)	78	A2	Ouarville (28)	73
...isseau-le-Petit (72)	70	C1	Orban (81)	157	D3	Ormoy-Villers (60)	37	F4	Ouches (42)	120
...issel (76)	35	E3	Orbec (14)	52	B1	Ornacieux-Balbins (38)	134	C2	Oucques La Nouvelle (41)	72
...issery (77)	55	F1	Orbeil (63)	132	A1	Ornaisons (11)	173	E3	Oudalle (76)	34
...issy (80)	26	C3	Orbessan (32)	169	F1	Ornans (25)	95	F4	Oudan (58)	91
...isy (02)	29	D3	Orbey (68)	81	D2	Ornes (55)	41	E4	Oudeuil (60)	36
...isy (58)	91	F2	Orbigny (37)	88	B4	Ornex (01)	123	E1	Oudezeele (59)	22
...isy (59)	28	C1	Orbigny-au-Mont (52)	78	C4	Ornézan (32)	169	F1	Oudincourt (52)	78
...isy-le-Verger (62)	28	B1	Orbigny-au-Val (52)	78	C4	Orniac (46)	142	C3	Oudon (44)	84
...izé (72)	70	C4	L'Orbrie (85)	100	B3	Ornolac-Ussat-les-Bains (09)	183	E2	Oudrenne (57)	42
...izon (18)	90	B2	Orçay (41)	89	F3	Ornon (38)	136	A4	Oudry (71)	107
...largues (34)	173	E1	Orcemont (78)	54	B4	Orny (57)	60	C1	Oueilloux (65)	169
...lby (63)	118	B4	Orcenais (18)	105	D2	Oroër (60)	37	D2	Ouerre (28)	54
...lcani (2B)	187	E2	Orcet (63)	119	D4	Oroix (65)	168	C2	Ouessant (29)	45
...léac-Debat (65)	169	D2	Orcevaux (52)	78	B4	Oron (57)	61	D2	Ouézy (14)	51
...léac-Dessus (65)	169	D3	Orchamps (39)	95	D4	Oroux (79)	101	E2	Ouffières (14)	51
...lemps (12)	144	A4	Orchamps-Vennes (25)	96	B4	Orphin (78)	54	B4	Ouge (70)	79
...lendon (14)	51	F1	Orches (86)	102	A1	Orpierre (05)	148	C4	Ouges (21)	94
...letta (2B)	187	E3	Orchies (59)	23	E4	Orquevaux (52)	78	B1	Ougney (39)	95
...lette (66)	184	B2	Orcier (74)	111	D4	Les Orres (05)	150	A3	Ougney-Douvot (25)	95
...livese (2A)	189	D4	Orcières (05)	149	F2	Orret (21)	93	E1	Ougny (58)	92
...livet (45)	73	E4	Orcinas (26)	147	F3	Orriule (64)	167	E1	Ouhans (25)	110
...livet (53)	69	E2	Orcines (63)	118	C4	Orrouer (28)	72	C1	Ouides (43)	145
...lizy (51)	57	D1	Orcival (63)	118	B4	Orrouy (60)	38	A4	Ouillon (64)	168
...lizy-Primat (08)	40	C3	Orconte (51)	58	B3	Orry-la-Ville (60)	55	E1	Ouilly-du-Houley (14)	34
...lizy-sur-Chiers (55)	41	D2	Ordan-Larroque (32)	154	B4	Ors (59)	29	D2	Ouilly-le-Tesson (14)	51
...llainville (88)	79	D1	Ordiarp (64)	167	E2	Orsan (30)	161	D1	Ouilly-le-Vicomte (14)	34
...llainville (91)	55	D4	Ordizan (65)	169	D3	Orsanco (64)	167	D2	Ouistreham (14)	33
...llans (25)	95	F2	Ordonnac (33)	125	F2	Orsans (11)	171	F3	Oulches (36)	103
...lle (28)	72	C1	Ordonnaz (01)	122	B3	Orsans (25)	96	A3	Oulches-la-Vallée-Foulon (02)	39
...lley (54)	42	A4	Ore (31)	169	F4	Orsay (91)	55	D3	Oulchy-la-Ville (02)	38
...llezy (02)	38	B1	Orée d'Anjou (49)	84	C2	Orschwihr (68)	81	D3	Oulchy-le-Château (02)	38
...llières (83)	178	A2	L'Orée-d'Écouves (61)	51	F4	Orschwiller (67)	81	E1	Oulins (28)	54
Les Ollières-sur-Eyrieux (07)	147	D1	Orègue (64)	167	D1	Orsennes (36)	104	A4	Oulles (38)	136
...lliergues (63)	119	F4	Oreilla (66)	184	B2	Orsinval (59)	29	D1	Oullins (69)	121
...llioules (83)	178	A3	Orelle (73)	136	C3	Orsonville (78)	54	B4	Oulon (58)	91
...lloix (63)	131	F1	Oresmaux (80)	27	D4	Ortaffa (66)	185	E2	Ounans (39)	109
...lmet (63)	119	F4	Organ (65)	169	E2	Ortale (2B)	189	E2	Oupia (34)	173
...lmet-et-Villecun (34)	158	C4	Orgeans-Blanchefontaine (25)	96	B3	Orthevielle (40)	151	F4	Our (39)	95
...lmeta-di-Capocorso (2B)	187	E2	Orgedeuil (16)	115	D4	Orthez (64)	167	F1	Ourches (26)	147
...lmeta-di-Tuda (2B)	187	E3	Orgeix (09)	183	F3	Orthoux-Sérignac-Quilhan (30)	160	A3	Ourches-sur-Meuse (55)	60
...lmeto (2B)	190	C2	Orgelet (39)	109	F3	Ortillon (10)	57	F4	Ourde (65)	169
...lmi-Cappella (2B)	186	C4	Orgères (35)	68	B3	Ortiporio (2B)	187	E4	Ourdis-Cotdoussan (65)	181
...lmiccia (2A)	191	D2	Orgères (61)	52	B3	Orto (2A)	188	C3	Ourdon (65)	168
...lmo (2B)	187	E4	Orgères-en-Beauce (28)	73	D2	Ortoncourt (88)	80	A1	Ourouer-les-Bourdelins (18)	105
...lonzac (34)	173	D2	Orgerus (78)	54	B2	Orus (09)	183	E2	Ouroux-en-Morvan (58)	92
...loron-Sainte-Marie (64)	167	F2	Orges (52)	77	F3	Orval (18)	105	D2	Ouroux-sous-le-Bois- -Sainte-Marie (71)	107
...ls-et-Rinhodes (12)	143	D3	Orgeux (21)	94	B3	Orval sur Sienne (50)	49	F1	Ouroux-sur-Saône (71)	108
...ltingue (68)	97	E2	Orgeval (02)	39	D2	Orvault (44)	84	B3	Oursbelille (65)	168
...lwisheim (67)	62	C3	Orgeval (78)	54	C2	Orve (25)	96	B3	Oursel-Maison (60)	36
...mblèze (26)	148	A1	Orgibet (09)	170	B4	Orveau (91)	74	A1	Ourton (62)	22
...mbrée d'Anjou (49)	69	D4	Orglandes (50)	31	E2	Orville (21)	94	B2	Ourville-en-Caux (76)	34
...mécourt (60)	36	B2	Orgnac-l'Aven (07)	146	C4	Orville (36)	89	E4	Ousse (64)	168
...melmont (54)	60	B4	Orgnac-sur-Vézère (19)	129	D2	Orville (45)	74	B2	Ousse-Suzan (40)	152
Les Omergues (04)	162	B1	Orgon (13)	161	E3	Orville (62)	27	E2	Oussières (39)	109
...merville (95)	54	B1	Orgueil (82)	156	A3	Orvillers-Sorel (60)	37	F2	Ousson-sur-Loire (45)	90
...messa (2B)	187	D4	Oricourt (70)	96	A1	Orvilliers (78)	54	A2	Oussoy-en-Gâtinais (45)	74
...met (33)	139	F2	Orieux (65)	169	E2	Orvilliers-Saint-Julien (10)	76	B1	Oust (09)	170
...mex (65)	168	C3	Orignac (65)	169	D3	Orx (09)	151	F4	Oust-Marest (80)	26
...mey (51)	58	A2	Origne (33)	139	E3	Os-Marsillon (64)	167	F1	Ousté (65)	168
...micourt (08)	40	C2	Origné (53)	69	F3	Osani (2A)	188	B2	Outarville (45)	73
...missy (02)	28	B3	Orignolles (17)	126	C3	Osches (55)	59	E1	Outines (51)	58
...mmeray (57)	61	E3	Origny (21)	93	E1	Osenbach (68)	81	D3	Outreau (62)	21
...mmoy (61)	51	F2	Origny-en-Thiérache (02)	29	E3	Oslon (71)	108	C2	Outrebois (80)	27
...mont (08)	40	B2	Origny-le-Roux (61)	71	E1	Osly-Courtil (02)	38	B3	Outremécourt (52)	79
...monville (76)	35	E1	Origny-le-Sec (10)	76	A1	Osmanville (14)	32	B3	Outrepont (51)	58
...mps (15)	143	E1	Origny-Sainte-Benoite (02)	38	C1	Osmery (18)	105	E1	Outriaz (01)	122
...ms (66)	185	D2	Orin (64)	167	F2	Osmets (65)	169	E2	Ouvans (25)	96
...nans (25)	96	B2	Orincles (65)	168	C3	Osmoy (18)	90	B4	Ouve-Wirquin (62)	21
...nard (40)	152	B3	Oriocourt (57)	60	C2	Osmoy (78)	54	B2	Ouveillan (11)	173
...nay (70)	95	D2	Oriol-en-Royans (26)	135	D4	Osmoy-Saint-Valery (76)	35	F1	Ouville (50)	50
...ncieu (01)	122	B3	Oriolles (16)	126	C2	Osne-le-Val (52)	59	D4	Ouville-la-Rivière (76)	25
...ncy-sur-École (91)	74	B1	Orion (64)	167	E1	Osnes (08)	41	D1	Ouville-l'Abbaye (76)	35
...ndes (31)	155	F3	Oris-en-Rattier (38)	135	F4	Osny (95)	54	C1	Ouvrouer-les-Champs (45)	74
...ndres (40)	151	E4	Orist (40)	151	F4	Ossages (40)	152	B4	Ouzilly (86)	102
...ndreville-sur-Essonne (45)	74	B2	Orival (16)	127	D2	Ossas-Suhare (64)	167	E3	Ouzouer-des-Champs (45)	74
...nesse-Laharie (40)	152	A1	Orival (76)	35	E3	Osse (25)	95	F3	Ouzouer-le-Doyen (41)	72
...net-le-Château (12)	144	A4	Orléans (45)	73	E4	Osse-en-Aspe (64)	167	F3	Ouzouer-sous-Bellegarde (45)	74
...neux (80)	26	C2	Orléat (63)	119	E3	Osséja (66)	184	A3	Ouzouer-sur-Loire (45)	74
...ngles (04)	162	C2	Orleix (65)	169	D2	Osselle-Routelle (25)	95	E4	Ouzouer-sur-Trézée (45)	90
...nglières (39)	110	B2	Orliac (24)	141	F2	Ossen (65)	168	C3	Ouzous (65)	168
...njon (10)	76	C1	Orliac-de-Bar (19)	129	F2	Ossenx (64)	167	E1	Ovanches (70)	95
...nlay (58)	107	E1	Orliaguet (24)	142	A1	Osserain-Rivareyte (64)	167	E1	Ovillers-la-Boisselle (80)	27
...nnaing (59)	28	C1	Orliénas (69)	121	E4	Ossès (64)	166	C2	Oxelaëre (59)	22
...nnion (74)	123	F1	Orlu (09)	183	F3	Ossey-les-Trois-Maisons (10)	76	A1	Oyé (71)	120
...noz (39)	109	F4	Orly (94)	55	E3	Ossun (65)	168	C2	Oye-et-Pallet (25)	110
...ns-en-Bray (60)	36	B3	Orly-sur-Morin (77)	56	B2	Ossun-ez-Angles (65)	169	D3	Oye-Plage (62)	21
...ntex (73)	123	D4	Ormancey (52)	78	B4	Ostabat-Asme (64)	167	D2	Oyes (51)	57
...nville (54)	60	B1	Ormenans (70)	95	F2	Ostel (02)	38	C3	Oyeu (38)	135
Oô (31)	181	F2	Ormersviller (57)	44	A4	Ostheim (68)	81	E2	Oyonnax (01)	122
Oost-Cappel (59)	22	B2	Ormes (10)	57	F4	Osthoffen (67)	62	B3	Oyré (86)	102
Opio (06)	164	C4	Ormes (27)	53	D1	Osthouse (67)	62	C4	Oyrières (70)	94
Opoul-Périllos (66)	173	E4	Ormes (45)	73	E3	Ostreville (62)	22	A4	Oysonville (28)	73
Oppède (84)	161	F3	Ormes (51)	39	E4	Ostricourt (59)	23	D4	Oytier-Saint-Oblas (38)	134
Oppedette (04)	162	B2	Ormes (71)	108	C3	Ostwald (67)	62	C4	Oz (38)	136
Oppenans (70)	96	A1	Les Ormes (86)	102	B1	Ota (2A)	188	B2	Ozan (01)	108
Oppy (62)	28	A1	Les Ormes (89)	75	E4	Othe (54)	41	E2	Oze (05)	149
Optevoz (38)	122	A4	Ormes-et-Ville (54)	60	C4	Othis (77)	55	F1	Ozenay (71)	108
Oraàs (64)	167	E1	Les Ormes-sur-Voulzie (77)	75	E1	Ottange (57)	42	B3	Ozenx-Montestrucq (64)	167
Oradour (16)	114	A3	Ormesson (77)	74	C2	Otterbach (67)	62	B2	Ozerailles (54)	42
Oradour-Fanais (16)	115	E2	Ormesson-sur-Marne (94)	55	E3	Ottersthal (67)	62	B3	Ozeville (50)	32
Oradour-Saint-Genest (87)	115	F1	Ormoiche (70)	80	A4	Ottmarsheim (68)	81	F4	Ozières (52)	78
Oradour-sur-Glane (87)	115	F3	Ormoy (28)	54	A4	Ottonville (57)	43	D4	Ozillac (17)	126
Oradour-sur-Vayres (87)	115	E4	Ormoy (70)	79	E4	Ottrott (67)	62	B4	Ozoir-la-Ferrière (77)	55
Orain (21)	94	C1	Ormoy (89)	76	A3	Ottwiller (67)	62	A2	Ozolles (71)	108
Orainville (02)	39	E3	Ormoy (91)	55	E4	Ouagne (58)	91	F3	Ozon (07)	134
Oraison (04)	163	D2	Ormoy-la-Rivière (91)	74	A1	Ouainville (76)	34	C1		

Ozon (65) 169 D3
Ozouer-le-Voulgis (77) 55 F3
Ozourt (40) 152 B4

P

Paars (02) 38 C3
Pabu (22) 47 E3
La Pacaudière (42) 120 A1
Pacé (35) 68 B2
Pacé (61) 51 F4
Pact (38) 134 B2
Pacy-sur-Armançon (89) 76 C4
Pacy-sur-Eure (27) 53 F1
Padern (11) 173 D4
Padiès (81) 157 E2
Padirac (46) 142 C1
Padoux (88) 80 A1
Pageas (87) 115 F4
Pagney (39) 95 D3
Pagney-derrière-Barine (54) 60 A3
Pagnoz (39) 110 A1
Pagny-la-Blanche-Côte (55) 60 A4
Pagny-la-Ville (21) 94 B4
Pagny-le-Château (21) 94 B4
Pagny-lès-Goin (57) 60 C1
Pagny-sur-Meuse (55) 60 A3
Pagny-sur-Moselle (54) 60 B1
Pagolle (64) 167 E2
Pailhac (65) 169 E4
Pailharès (07) 133 F4
Pailherols (15) 131 D4
Pailhès (09) 183 D1
Pailhès (34) 173 F1
Paillart (60) 37 D1
Paillé (17) 113 F2
Paillencourt (59) 28 B1
Paillet (33) 139 E2
Pailloles (47) 141 D3
Le Pailly (52) 78 B4
Pailly (89) 75 E1
Paimbœuf (44) 83 F3
Paimpol (22) 47 E2
Paimpont (35) 67 F2
Painblanc (21) 93 E4
Pair-et-Grandrupt (88) 80 C1
Paissy (02) 39 D3
Paisy-Cosdon (10) 76 A2
Paizay-le-Chapt (79) 113 F2
Paizay-le-Sec (86) 102 C3
Paizay-Naudouin-Embourie (16) 114 A2
Pajay (38) 134 C2
Palairac (11) 173 D4
Le Palais (56) 82 A3
Le Palais-sur-Vienne (87) 116 A3
Palaiseau (91) 55 D3
Palaiseul (52) 78 B4
Palaja (11) 172 B3
Palaminy (31) 170 B3
Palante (70) 96 B1
Palantine (25) 95 E4
Palasca (2B) 186 C3
Palau-de-Cerdagne (66) 184 A3
Palau-del-Vidre (66) 185 E2
Palavas-les-Flots (34) 175 D2
Palazinges (19) 129 E3
Paley (77) 74 C2
Palhers (48) 145 D3
Palinges (71) 107 F3
Palise (25) 95 F2
Palisse (19) 130 B2
Palladuc (63) 119 F3
Pallanne (32) 169 D1
Palleau (71) 109 D1
Pallegney (88) 80 A1
Le Pallet (44) 84 C4
Palleville (81) 172 A4
La Pallu (53) 51 E4
Palluau (85) 99 D1
Palluau-sur-Indre (36) 103 E1
Palluaud (16) 127 E2
Pallud (73) 123 F4
Palluel (62) 28 A1
Palmas d'Aveyron (12) 144 B4
La Palme (11) 173 E4
Palneca (2A) 189 D4
Palogneux (42) 120 A4
La Palud-sur-Verdon (04) 163 F3
Paluel (76) 24 C1
Pamfou (77) 74 C1
Pamiers (09) 171 E3
Pampelonne (81) 157 E1
Pamplie (79) 100 C3
Pamproux (79) 101 E4
Panassac (32) 169 F1
Panazol (87) 116 A3
Pancé (35) 68 B3
Pancheraccia (2B) 189 E2
Pancy-Courtecon (02) 39 D3
Pandrignes (19) 129 F3
Pange (57) 60 C1
Panges (21) 93 F3
Panissières (42) 120 C3
Panjas (32) 153 F3
Pannecé (44) 84 C2
Pannecières (45) 73 F1

Pannes (45) 74 C3
Pannes (54) 60 A2
Pannessières (39) 109 F2
Panon (72) 71 D1
Panossas (38) 122 A4
La Panouse (48) 145 E2
Pansey (52) 59 E4
Pantin (93) 55 E2
Panzoult (37) 87 E4
Papleux (02) 29 E3
Paradou (13) 161 D4
Parassy (18) 90 B3
Parata (2B) 187 E4
Paray-Douaville (78) 54 B4
Paray-le-Frésil (03) 106 C3
Paray-le-Monial (71) 107 E4
Paray-sous-Briailles (03) 119 D1
Paray-Vieille-Poste (91) 55 D3
Paraza (11) 173 E2
Parbayse (64) 168 A2
Le Parc (50) 50 A2
Parc-d'Anxtot (76) 34 B2
Parçay-Meslay (37) 87 F2
Parçay-sur-Vienne (37) 87 E4
Parcé (35) 69 D1
Parcé-sur-Sarthe (72) 70 B4
Parcey (39) 109 E1
Parcieux (01) 121 E3
Parcoul-Chenaud (24) 127 D3
Le Parcq (62) 26 C1
Parcy-et-Tigny (02) 38 B4
Pardailhan (34) 173 E1
Pardaillan (47) 140 B2
Pardies (64) 167 F1
Pardies-Piétat (64) 168 B2
Pardines (63) 131 F1
Paréac (65) 168 C3
Pareid (55) 60 A1
Parempuyre (33) 126 A4
Parennes (72) 70 B2
Parent (63) 131 F1
Parentignat (63) 132 A1
Parentis-en-Born (40) 138 B3
Parenty (62) 21 E3
Parey-Saint-Césaire (54) 60 B4
Parey-sous-Montfort (88) 79 E2
Parfondeval (02) 29 F4
Parfondeval (61) 52 B4
Parfondru (02) 39 D2
Parfondrupt (55) 42 A4
Parfouru-sur-Odon (14) 33 D4
Pargnan (02) 39 D3
Pargny (80) 38 A1
Pargny-Filain (02) 38 C3
Pargny-la-Dhuys (02) 56 C2
Pargny-lès-Reims (51) 39 E4
Pargny-sous-Mureau (88) 78 C1
Pargny-sur-Saulx (51) 58 C3
Pargues (10) 76 C3
Pargnargues (30) 160 B3
Parigné (35) 50 A4
Parigné-le-Pôlin (72) 70 C4
Parigné-l'Évêque (72) 71 E3
Parigné-sur-Braye (53) 69 F1
Parigny (42) 120 B3
Parigny-la-Rose (58) 91 F3
Parigny-les-Vaux (58) 91 E4
Paris (75) 55 D2
Paris-l'Hôpital (71) 108 B1
Parisot (81) 156 C3
Parisot (82) 156 C1
Parlan (15) 143 E1
Parlebosq (40) 153 F2
Parly (89) 75 F4
Parmain (95) 55 D1
Parmilieu (38) 122 A3
Parnac (36) 103 F4
Parnac (46) 141 F2
Parnans (26) 134 C3
Parnay (18) 105 E2
Parnay (49) 86 C3
Parné-sur-Roc (53) 69 E1
Parnes (60) 36 B4
Parnoy-en-Bassigny (52) 78 C3
Les Paroches (55) 59 F2
Paron (89) 75 E2
Paroy (25) 95 E4
Paroy (77) 56 B4
Paroy-en-Othe (89) 76 A3
Paroy-sur-Saulx (52) 59 E4
Paroy-sur-Tholon (89) 75 F3
Parpeville (02) 38 C1
Parranquet (47) 141 E2
Parroy (54) 61 D3
Pars-lès-Chavanges (10) 58 B4
Pars-lès-Romilly (10) 57 D4
Parsac-Rimondeix (23) 117 E1
Parthenay (79) 101 D3
Parthenay-de-Bretagne (35) 68 A2
Partinello (2A) 188 B2
Parux (54) 61 F4
Parves et Nattages (01) 122 C4
Parville (27) 53 E1
Parvillers-le-Quesnoy (80) 27 F4
Parzac (16) 114 C3
Le Pas (53) 50 C4
Pas-de-Jeu (79) 101 E1

Pas-en-Artois (62) 27 E2
Le Pas-Saint-l'Homer (61) 53 D4
Pasilly (89) 92 C1
Paslières (63) 119 E3
Pasly (02) 38 B3
Pasques (21) 93 F3
Le Pasquier (39) 110 A2
Passa (66) 185 E2
Le Passage (38) 135 E1
Le Passage (47) 154 C1
Passais Villages (61) 50 C4
Passavant (25) 96 A3
Passavant-en-Argonne (51) 58 C1
Passavant-la-Rochère (70) 79 E3
Passavant-sur-Layon (49) 86 A4
Passel (60) 38 A2
Passenans (39) 109 F2
Passins (38) 122 B2
Passirac (16) 127 D2
Passonfontaine (25) 96 A4
Passy (71) 108 A3
Passy (74) 124 A3
Passy (89) 75 E3
Passy-en-Valois (02) 56 B1
Passy-Grigny (51) 57 D1
Passy-sur-Marne (02) 56 C1
Passy-sur-Seine (77) 75 F1
Pastricciola (2A) 188 C3
Patay (45) 73 D3
Patornay (39) 109 F3
Patrimonio (2B) 187 E2
Pau (64) 168 B2
Paucourt (45) 74 C3
Paudy (36) 104 B1
Pauilhac (32) 154 C3
Pauillac (33) 125 F3
Paule (22) 65 F1
Paulhac (15) 131 E4
Paulhac (31) 156 A3
Paulhac (43) 132 A2
Paulhac-en-Margeride (48) 132 A4
Paulhaguet (43) 132 B3
Paulhan (34) 174 B1
Paulhe (12) 158 B1
Paulhenc (15) 144 B1
Paulhiac (47) 141 E2
Pauligne (11) 172 A3
Paulin (24) 129 D4
Paulinet (81) 157 E3
Paulmy (37) 102 C1
Paulnay (36) 103 D2
Paulx (44) 84 A4
Paunat (24) 141 E1
Paussac-et-Saint-Vivien (24) 127 F2
Pauvres (08) 40 A3
Pavant (02) 56 B2
Pavezin (42) 134 A1
Pavie (32) 154 C4
Le Pavillon-Sainte-Julie (10) 76 B1
Les Pavillons-sous-Bois (93) 55 E2
Pavilly (76) 35 E2
Payns (10) 76 B1
Payra-sur-l'Hers (11) 171 F2
Payrac (46) 142 B1
Payrignac (46) 142 A1
Payrin-Augmontel (81) 172 B1
Payros-Cazautets (40) 153 D4
Payroux (86) 115 D1
Pays de Belvès (24) 141 F1
Pays-de-Clerval (25) 96 A2
Payssous (31) 169 F3
Payzac (07) 146 B3
Payzac (24) 128 C2
Pazayac (24) 129 D3
Paziols (11) 185 D1
Pazy (58) 92 A4
Le Péage-de-Roussillon (38) 134 B2
Péas (51) 57 D3
Peaugres (07) 134 A2
Péaule (56) 83 E2
Péault (85) 99 F3
Pébées (32) 170 B1
Pébrac (43) 132 B4
Pech (09) 183 E2
Pech-Luna (11) 171 F2
Péchabou (31) 171 D1
Pécharic-et-le-Py (11) 171 F3
Péchaudier (81) 171 F1
Pechbonnieu (31) 156 A4
Pechbusque (31) 171 D1
Le Pêchereau (36) 103 F3
Les Pechs du Vers (46) 142 B2
Pécorade (40) 153 D4
Le Pecq (78) 54 C2
Pecquencourt (59) 28 B1
Pecqueuse (91) 54 C3
Pécy (77) 56 A3
Pédernec (22) 47 D3
Pégairolles-de-Buèges (34) 159 E3
Pégairolles-de-l'Escalette (34) 159 D3
Pégomas (06) 179 F1
Le Pègue (26) 147 F3
Péguilhan (31) 169 F2
Peigney (52) 78 B4
Peillac (56) 67 E4
Peille (06) 165 E3
Peillon (06) 165 D3
Peillonnex (74) 123 F1
Peintre (39) 94 C4

Les Peintures (33) . . . . 126 C
Peipin (04) . . . . 163 D
Peisey-Nancroix (73) . . . . 137 D
Pel-et-Der (10) . . . . 77 D
Pélissanne (13) . . . . 161 F
Pellafol (38) . . . . 149 D
Pelleautier (05) . . . . 149 E
Pellefigue (32) . . . . 170 A
Pellegrue (33) . . . . 140 A
Pelleport (31) . . . . 155 E
Pellerey (21) . . . . 93 F
Le Pellerin (44) . . . . 84 A
La Pellerine (49) . . . . 86 C
La Pellerine (53) . . . . 69 E
Pellevoisin (36) . . . . 103 F
Pelonne (26) . . . . 148 B
Pelouse (48) . . . . 145 E
Pelousey (25) . . . . 95 F
Peltre (57) . . . . 60 C
Pélussin (42) . . . . 134 A
Pelves (62) . . . . 28 A
Penchard (77) . . . . 56 A
Pencran (29) . . . . 45 F
Pendé (80) . . . . 26 A
Pénestin (56) . . . . 83 D
Penguily (22) . . . . 48 B
Penin (62) . . . . 27 E
Penmarch (29) . . . . 64 B
Pennautier (11) . . . . 172 B
La Penne (06) . . . . 164 B
Penne (81) . . . . 156 B
Penne-d'Agenais (47) . . . . 141 E
La Penne-sur-Huveaune (13) . . . . 177 E
La Penne-sur-l'Ouvèze (26) . . . . 161 F
Pennedepie (14) . . . . 34 A
Pennes-le-Sec (26) . . . . 148 A
Les Pennes-Mirabeau (13) . . . . 177 D
Pennesières (70) . . . . 95 F
Penol (38) . . . . 134 C
Pensol (87) . . . . 128 B
Penta-Acquatella (2B) . . . . 187 E
Penta-di-Casinca (2B) . . . . 187 E
Penvénan (22) . . . . 47 D
Péone (06) . . . . 164 B
Pépieux (11) . . . . 173 D
Pérassay (36) . . . . 104 C
Peray (72) . . . . 71 E
Perceneige (89) . . . . 75 F
Percey (89) . . . . 76 B
Percey-le-Grand (70) . . . . 94 B
Le Perchay (95) . . . . 54 C
La Perche (18) . . . . 105 E
Perche en Nocé (61) . . . . 71 F
Perchède (32) . . . . 153 E
Percy (38) . . . . 148 C
Percy-en-Normandie (50) . . . . 50 A
Perdreauville (78) . . . . 54 A
Péré (65) . . . . 169 E
Péreille (09) . . . . 171 F
Perelli (2B) . . . . 189 E
Pérenchies (59) . . . . 22 C
Péret (34) . . . . 159 D
Péret-Bel-Air (19) . . . . 130 A
Péreyres (07) . . . . 146 B
Pergain-Taillac (32) . . . . 154 C
Peri (2A) . . . . 188 C
Périers (50) . . . . 32 A
Périers-en-Auge (14) . . . . 33 F
Périers-sur-le-Dan (14) . . . . 33 E
Pérignac (16) . . . . 127 D
Pérignac (17) . . . . .113 E
Pérignat-lès-Sarliève (63) . . . . .119 D
Pérignat-sur-Allier (63) . . . . .119 D
Périgné (79) . . . . .113 F
Périgneux (42) . . . . 133 E
Périgny (03) . . . . .119 E
Périgny (14) . . . . 51 D
Périgny (17) . . . . 112 B
Périgny (41) . . . . 88 B
Périgny (94) . . . . 55 E
Périgny-la-Rose (10) . . . . 57 D
Périgueux (24) . . . . 128 A
Périssac (33) . . . . 126 B
Perles-et-Castelet (09) . . . . 183 F
Pern (46) . . . . 142 A
Pernand-Vergelesses (21) . . . . 93 F
Pernant (02) . . . . 38 B
Pernay (37) . . . . 87 E
La Pernelle (50) . . . . 32 A
Pernes (62) . . . . 22 A
Pernes-lès-Boulogne (62) . . . . 21 D
Pernes-les-Fontaines (84) . . . . 161 F
Pernois (80) . . . . 27 D
Pero-Casevecchie (2B) . . . . 187 E
Pérols (34) . . . . 175 D
Pérols-sur-Vézère (19) . . . . 130 A
Péron (01) . . . . 123 D
Péronnas (01) . . . . 122 A
Péronne (71) . . . . 108 C
Péronne (80) . . . . 28 A
Péronne-en-Mélantois (59) . . . . 23 D
Péronville (28) . . . . 73 D
Pérouges (01) . . . . 121 F
La Pérouille (36) . . . . 103 F
Pérouse (90) . . . . 96 C
Péroy-les-Gombries (60) . . . . 56 A
Perpezac-le-Blanc (19) . . . . 129 D
Perpezac-le-Noir (19) . . . . 129 D

Perpezat (63) 118 **B4**
Perpignan (66) 185 **E1**
Perquie (40) 153 **E2**
Perrancey-les-Vieux-Moulins (52) . . 78 **B4**
Le Perray-en-Yvelines (78) 54 **B3**
Perrecy-les-Forges (71) 107 **F3**
Le Perréon (69) 121 **D2**
Perreuil (71) 108 **B2**
Perreux (42) 120 **B2**
Le Perreux-sur-Marne (94) 55 **E2**
Perrex (01) 121 **F1**
Le Perrey (27) 34 **C3**
Perrier (63) 131 **F1**
Le Perrier (85) 98 **B2**
Perrières (14) 51 **F1**
Perriers-en-Beauficel (50) 50 **B3**
Perriers-sur-Andelle (27) 35 **F3**
Perrignier (74) 111 **D4**
Perrigny (39) 109 **F3**
Perrigny (89) 75 **F4**
Perrigny-lès-Dijon (21) 94 **A3**
Perrigny-sur-Armançon (89) 92 **C1**
Perrigny-sur-l'Ognon (21) 94 **C3**
Perrigny-sur-Loire (71) 107 **D3**
Perrogney-les-Fontaines (52) 78 **B4**
Le Perron (50) 50 **C1**
Perros-Guirec (22) 47 **D2**
Perrou (61) 51 **D4**
Perrouse (70) 95 **E3**
Perroy (58) 91 **E3**
Perruel (27) 25 **F4**
Perrusse (52) 78 **C2**
Perrusson (37) 88 **A4**
Pers (79) 114 **B1**
Pers-en-Gâtinais (45) 75 **D2**
Pers-Jussy (74) 123 **E2**
Persac (86) 102 **B4**
Persan (95) 55 **D1**
Persquen (56) 66 **A2**
Perthes (08) 40 **A3**
Perthes (52) 58 **C3**
Perthes (77) 55 **E4**
Perthes-lès-Brienne (10) 77 **E1**
Pertheville-Ners (14) 51 **F2**
Le Perthus (66) 185 **E3**
Le Pertre (35) 69 **E3**
Le Pertuis (43) 133 **D4**
Pertuis (84) 162 **B4**
Pervenchères (61) 52 **B4**
Perville (82) 155 **D1**
Pescadoires (46) 141 **F3**
Peschadoires (63) 119 **E3**
Le Pescher (19) 129 **F4**
Péseux (25) 96 **B3**
Peseux (39) 109 **E1**
Peslières (63) 132 **A2**
Pesmes (70) 94 **C3**
Pessac (33) 139 **D1**
Pessac-sur-Dordogne (33) 140 **A1**
Pessan (32) 154 **C4**
Pessans (25) 95 **E4**
Pessat-Villeneuve (63) 119 **D3**
La Pesse (39) 123 **D1**
Pessines (17) 113 **D4**
Pessoulens (32) 155 **D3**
Petersbach (67) 62 **A2**
Petit-Auverné (44) 84 **C1**
Petit-Bersac (24) 127 **E2**
Petit-Caux (76) 25 **F1**
Le Petit-Celland (50) 50 **A3**
Petit-Couronne (76) 35 **E3**
Petit-Croix (90) 96 **C1**
Petit-Failly (54) 41 **E3**
Petit-Fayt (59) 29 **D2**
Le Petit-Fougeray (35) 68 **B3**
Petit-Landau (68) 81 **F4**
Petit-Mars (44) 84 **C2**
Petit-Mesnil (10) 77 **E1**
Petit-Noir (39) 109 **E1**
Petit-Palais-et-Cornemps (33) 126 **C4**
Le Petit-Pressigny (37) 102 **C1**
Le Petit-Quevilly (76) 35 **E3**
Petit-Réderching (57) 62 **A1**
Petit-Tenquin (57) 61 **E1**
Petit-Verly (02) 28 **C3**
La Petite-Boissière (79) 100 **B1**
Petite-Chaux (25) 110 **C2**
Petite-Forêt (59) 28 **C1**
La Petite-Fosse (88) 80 **C1**
La Petite-Marche (03) 118 **A1**
La Petite-Pierre (67) 62 **A2**
La Petite-Raon (88) 61 **F4**
Petite-Rosselle (57) 43 **E4**
La Petite-Verrière (71) 92 **C4**
Petitefontaine (90) 80 **C4**
Les Petites-Armoises (08) 40 **C2**
Les Petites-Loges (51) 57 **F1**
Petitmagny (90) 80 **C4**
Petitmont (54) 61 **F4**
Petiville (14) 33 **F4**
Petiville (76) 34 **C3**
Petosse (85) 100 **A3**
Petreto-Bicchisano (2A) 190 **C2**
Pettoncourt (57) 60 **C2**
Pettonville (54) 61 **E4**
Peujard (33) 126 **B4**
Peumerit (29) 64 **B2**
Peumerit-Quintin (22) 47 **D4**

Peuplingues (62) 21 **E2**
Peuton (53) 69 **E3**
Peuvillers (55) 41 **E3**
Peux-et-Couffouleux (12) 158 **A3**
Pévange (57) 61 **D2**
Pévy (51) 39 **E3**
Pexiora (11) 172 **A2**
Pexonne (54) 61 **F4**
Pey (40) 151 **F4**
Peymeinade (06) 164 **B4**
Peynier (13) 177 **F2**
Peypin (13) 177 **E2**
Peypin-d'Aigues (84) 162 **B3**
Peyrabout (23) 117 **D2**
Le Peyrat (09) 171 **F4**
Peyrat-de-Bellac (87) 115 **F2**
Peyrat-la-Nonière (23) 117 **E2**
Peyrat-le-Château (87) 116 **C3**
La Peyratte (79) 101 **E2**
Peyraube (65) 169 **D2**
Peyraud (07) 134 **B2**
Peyre (11) 152 **C4**
Peyre en Aubrac (48) 145 **D2**
Peyrecave (32) 155 **D2**
Peyregoux (81) 157 **D4**
Peyreleau (12) 158 **C1**
Peyrelevade (19) 117 **E4**
Peyrelongue-Abos (64) 168 **C1**
Peyremale (48) 146 **B4**
Peyrens (11) 171 **F2**
Peyrestortes (66) 185 **E1**
Peyret-Saint-André (65) 169 **F2**
Peyriac-de-Mer (11) 173 **E3**
Peyriac-Minervois (11) 172 **C2**
Peyriat (01) 122 **B1**
Peyrière (47) 140 **B2**
Peyrieu (01) 122 **C4**
Peyrignac (24) 128 **C3**
Peyriguère (65) 169 **D2**
Peyrilhac (87) 116 **A3**
Peyrillac-et-Millac (24) 142 **A1**
Peyrilles (46) 142 **A4**
Peyrins (26) 134 **C4**
Peyrissac (19) 129 **E1**
Peyrissas (31) 170 **B2**
Peyrole (81) 156 **C3**
Peyrolles (11) 172 **B4**
Peyrolles (30) 159 **F1**
Peyrolles-en-Provence (13) 177 **E1**
Peyroules (04) 164 **A3**
Peyrouse (65) 168 **C3**
Peyrouzet (31) 170 **A2**
Peyruis (04) 163 **D2**
Peyrun (65) 169 **D2**
Peyrus (26) 147 **F1**
Peyrusse (15) 131 **E3**
Peyrusse-Grande (32) 154 **A4**
Peyrusse-le-Roc (12) 143 **E3**
Peyrusse-Massas (32) 154 **C3**
Peyrusse-Vieille (32) 154 **A4**
Peyssies (31) 170 **C2**
Peyzac-le-Moustier (24) 128 **C4**
Peyzieux-sur-Saône (01) 121 **E2**
Pézarches (77) 56 **A3**
Pezé-le-Robert (72) 70 **C2**
Pézenas (34) 174 **A2**
Pézènes-les-Mines (34) 158 **C4**
Pezens (11) 172 **B2**
Pézilla-de-Conflent (66) 184 **C1**
Pézilla-la-Rivière (66) 185 **E1**
Pezou (41) 72 **B4**
Pezuls (24) 128 **A4**
Pfaffenheim (68) 81 **E3**
Pfalzweyer (67) 62 **A2**
Pfastatt (68) 81 **E4**
Pfetterhouse (68) 97 **D2**
Pfulgriesheim (67) 62 **C3**
Phaffans (90) 96 **C1**
Phalempin (59) 23 **D4**
Phalsbourg (57) 62 **A2**
Philippsbourg (57) 62 **B1**
Philondenx (40) 153 **D4**
Phlin (54) 60 **C2**
Pia (66) 185 **E1**
Piacé (72) 71 **D1**
Le Pian-Médoc (33) 126 **A4**
Le Pian-sur-Garonne (33) 139 **F2**
Piana (2A) 188 **B2**
Pianello (2B) 189 **E2**
Piano (2B) 187 **E4**
Pianottoli-Caldarello (2A) 191 **D3**
La Piarre (05) 148 **C3**
Piazzali (2B) 189 **E2**
Piazzole (2B) 187 **E4**
Piblange (57) 43 **D4**
Pibrac (31) 155 **F4**
Picarreau (39) 110 **A2**
Picauville (50) 32 **A3**
Pichanges (21) 94 **A2**
Picherande (63) 131 **D2**
Picquigny (80) 26 **C3**
Pie-d'Orezza (2B) 187 **E4**
Pied-de-Borne (48) 145 **F2**
Piedicorte-di-Gaggio (2B) 189 **E2**
Piedicroce (2B) 187 **E4**

Piedigriggio (2B) 187 **D4**
Piedipartino (2B) 187 **E4**
Piégon (26) 147 **F4**
Piégros-la-Clastre (26) 147 **F2**
Piégut (04) 149 **E3**
Piégut-Pluviers (24) 115 **D4**
Piencourt (27) 34 **B4**
Piennes (54) 42 **A3**
Piennes-Onvillers (80) 37 **F2**
Pierlas (06) 164 **C2**
La Pierre (38) 136 **A2**
Pierre-Bénite (69) 121 **E4**
Pierre-Buffière (87) 116 **A4**
Pierre-Châtel (38) 135 **F4**
Pierre-de-Bresse (71) 109 **E1**
Pierre-la-Treiche (54) 60 **B3**
Pierre-Levée (77) 56 **A2**
Pierre-Morains (51) 57 **E2**
Pierre-Percée (54) 61 **F4**
Pierre-Perthuis (89) 92 **B2**
Pierreclos (71) 121 **D1**
Pierrecourt (70) 94 **C1**
Pierrecourt (76) 26 **A3**
Pierrefeu (06) 164 **C3**
Pierrefeu-du-Var (83) 178 **B3**
Pierrefiche (12) 144 **B3**
Pierrefiche (48) 145 **F2**
Pierrefiques (76) 34 **B1**
Pierrefitte (19) 129 **E2**
Pierrefitte (23) 117 **E2**
Pierrefitte (79) 101 **D1**
Pierrefitte (88) 79 **F2**
Pierrefitte-en-Auge (14) 34 **A4**
Pierrefitte-en-Beauvaisis (60) 36 **C3**
Pierrefitte-en-Cinglais (14) 51 **E2**
Pierrefitte-ès-Bois (45) 90 **C2**
Pierrefitte-Nestalas (65) 168 **C4**
Pierrefitte-sur-Aire (55) 59 **E2**
Pierrefitte-sur-Loire (03) 107 **D4**
Pierrefitte-sur-Sauldre (41) 89 **F2**
Pierrefitte-sur-Seine (93) 55 **D2**
Pierrefonds (60) 38 **A3**
Pierrefontaine-lès-Blamont (25) . . . 96 **C2**
Pierrefontaine-les-Varans (25) 96 **B3**
Pierrefort (15) 144 **B1**
Pierregot (80) 27 **E3**
Pierrelatte (26) 147 **E4**
Pierrelaye (95) 54 **C1**
Pierrelongue (26) 161 **F1**
Pierremande (02) 38 **B2**
Pierremont (62) 22 **A4**
Pierremont-sur-Amance (52) 78 **C4**
Pierrepont (02) 39 **D2**
Pierrepont (14) 51 **E2**
Pierrepont (54) 42 **A3**
Pierrepont-sur-l'Arentèle (88) 80 **B1**
Pierrerue (04) 162 **C2**
Pierrerue (34) 173 **E1**
Pierres (28) 54 **A4**
Pierreval (76) 35 **F2**
Pierrevert (04) 162 **C3**
Pierreville (50) 31 **D2**
Pierreville (54) 60 **B4**
Pierrevillers (57) 42 **B4**
Pierric (44) 68 **B4**
Pierry (51) 57 **E1**
Pietra-di-Verde (2B) 189 **E2**
Pietracorbara (2B) 187 **E2**
Pietralba (2B) 187 **D3**
Pietraserena (2B) 189 **E2**
Pietricaggio (2B) 187 **E4**
Pietrosella (2A) 190 **C2**
Pietroso (2B) 189 **E3**
Piets-Plasence-Moustrou (64) 153 **D4**
Pieusse (11) 172 **B3**
Les Pieux (50) 31 **D2**
Piève (2B) 187 **E3**
Piffonds (89) 75 **E3**
Pigna (2B) 186 **C3**
Pignan (34) 159 **F4**
Pignans (83) 178 **B3**
Pignicourt (02) 39 **E3**
Pignols (63) 119 **D4**
Pigny (18) 90 **B4**
Pihem (62) 21 **F3**
Pihen-lès-Guînes (62) 21 **E2**
Pila-Canale (2A) 190 **C2**
Pillac (16) 127 **E2**
Pillemoine (39) 110 **A2**
Les Pilles (26) 148 **A4**
Pillon (55) 41 **F3**
Pimbo (40) 153 **D4**
Pimelles (89) 76 **C4**
Pimorin (39) 109 **F3**
Pimprez (60) 38 **A2**
Le Pin (03) 107 **E4**
Le Pin (14) 34 **B4**
Le Pin (17) 126 **B2**
Le Pin (30) 160 **C2**
Le Pin (39) 109 **F2**
Le Pin (44) 85 **D1**
Le Pin (77) 55 **E2**
Le Pin (79) 100 **B1**
Le Pin (82) 155 **E2**
Le Pin-au-Haras (61) 52 **A3**
Le Pin-la-Garenne (61) 52 **C4**

Le Pin-Murelet (31) 170 **B1**
Pinas (65) 169 **E3**
Pinay (42) 120 **B3**
Pincé (72) 70 **A4**
Pindères (47) 140 **A4**
Pindray (86) 102 **C4**
Les Pineaux (85) 99 **F3**
Pinel-Hauterive (47) 141 **D3**
Pinet (34) 174 **B2**
Pineuilh (33) 140 **B1**
Piney (10) 77 **D1**
Pino (2B) 187 **E1**
Pinols (43) 132 **A4**
Pinon (02) 38 **C3**
Les Pins (16) 114 **C3**
Pins-Justaret (31) 171 **D1**
Pinsac (46) 142 **B1**
Pinsaguel (31) 171 **D1**
Pintac (65) 168 **C2**
Pinterville (27) 35 **E4**
Pintheville (55) 41 **F4**
Les Pinthières (28) 54 **A3**
Piobetta (2B) 187 **E4**
Pioggiola (2B) 186 **C3**
Piolenc (84) 161 **D1**
Pionnat (23) 117 **D2**
Pionsat (63) 118 **A2**
Pipriac (35) 68 **A4**
Piquecos (82) 155 **F1**
Pirajoux (01) 109 **E4**
Piré-Chancé (35) 68 **C3**
Pirey (25) 95 **E3**
Piriac-sur-Mer (44) 83 **D3**
Pirmil (72) 70 **C3**
Pirou (50) 31 **E4**
Pis (32) 154 **C3**
Pisany (17) 113 **D4**
Piscop (95) 55 **D1**
Piseux (27) 53 **D3**
Pisieu (38) 134 **C2**
Pisseleux (60) 36 **C2**
Pisseleu (52) 79 **D4**
La Pisseure (70) 79 **F4**
Pissos (40) 138 **C4**
Pissotte (85) 100 **B3**
Pissy (80) 26 **C4**
Pissy-Pôville (76) 35 **E2**
Pisy (89) 92 **C2**
Pitgam (59) 22 **A2**
Pithiviers (45) 74 **A2**
Pithiviers-le-Vieil (45) 74 **A2**
Pithon (02) 38 **A1**
Pîtres (27) 35 **F3**
Pittefaux (62) 21 **D2**
Pizay (01) 121 **F3**
Pizieux (72) 71 **E1**
Le Pizou (24) 127 **D4**
Le Pla (09) 184 **A1**
Plabennec (29) 45 **E3**
Placé (53) 69 **F1**
Les Places (27) 34 **B4**
Placey (25) 95 **E3**
Plachy-Buyon (80) 27 **D4**
Le Plagnal (07) 146 **A2**
Plagne (01) 122 **C1**
Plagne (31) 170 **B3**
La Plagne Tarentaise (73) 137 **D1**
Plagnole (31) 170 **B1**
Plaigne (11) 171 **F3**
Plailly (60) 55 **E1**
Plaimbois-du-Miroir (25) 96 **B3**
Plaimbois-Vennes (25) 96 **B3**
Plaimpied-Givaudins (18) 105 **D1**
La Plaine (49) 85 **F4**
Plaine (67) 62 **A4**
Plaine-d'Argenson (79) 113 **E1**
Plaine-de-Walsch (57) 62 **A3**
Plaine-et-Vallées (79) 101 **E1**
Plaine-Haute (22) 47 **F4**
La Plaine-sur-Mer (44) 83 **E4**
Plainemont (70) 79 **F4**
Plaines-Saint-Lange (10) 77 **D3**
Plainfaing (88) 80 **C2**
Plainoiseau (39) 109 **F2**
Les Plains-et-Grands-Essarts (25) . . 96 **C3**
Plaintel (22) 47 **F4**
Plainval (60) 37 **E2**
Plainville (27) 52 **B1**
Plainville (60) 37 **E2**
Plaisance (12) 157 **F2**
Plaisance (24) 141 **D2**
Plaisance (32) 153 **F4**
Plaisance (86) 115 **E1**
Plaisance-du-Touch (31) 155 **F4**
Plaisia (39) 109 **F3**
Plaisians (26) 148 **A4**
Plaisir (78) 54 **C2**
Plaissan (34) 174 **B1**
Le Plan (31) 170 **B3**
Plan (38) 135 **D2**
Plan-d'Aups-Sainte-Baume (83) . . .177 **F2**
Plan-de-Baix (26) 147 **F1**
Plan-de-Cuques (13) 177 **E2**
Le Plan-de-la-Tour (83) 179 **D2**
Plan-d'Orgon (13) 161 **E3**
Planaise (73) 136 **A1**
Planay (21) 93 **D1**
Planay (73) 137 **D1**

La Planche (44) 84 C4
Plancher-Bas (70) 80 B4
Plancher-les-Mines (70) 80 B4
Plancherine (73) 123 F4
Planches (61) 52 B3
Les Planches-en-Montagne (39) 110 B3
Les Planches-près-Arbois (39) 110 A1
Planchez (58) 92 B4
Plancoët (22) 48 C4
Plancy-l'Abbaye (10) 57 E4
La Planée (25) 110 C1
Planès (66) 184 B3
Planèzes (66) 185 D1
Planfoy (42) 133 F2
Planioles (46) 143 D2
Le Planois (71) 109 E2
Le Planquay (27) 52 B1
Planquery (14) 32 C4
Planques (62) 21 F4
Planrupt (52) 58 C4
Les Plans (30) 160 B1
Les Plans (34) 158 C3
Le Plantay (01) 121 F2
Les Plantiers (30) 159 E1
Le Plantis (61) 52 B4
Planty (10) 76 A2
Planzolles (07) 146 B3
Plappeville (57) 60 B1
Plasne (39) 109 F2
Plasnes (27) 52 C1
Plassac (17) 126 A1
Plassac (33) 126 A3
Plassac-Rouffiac (16) 127 D1
Plassay (17) 113 D3
Plateau-des-Petites-Roches (38) . . 135 F2
Plateau d'Hauteville (01) 122 B2
Plats (07) 134 B4
Plaudren (56) 82 C1
Plauzat (63) 131 F1
Plavilla (11) 171 F3
Plazac (24) 128 B4
Pleaux (15) 130 B3
Pléboulle (22) 48 B3
Pléchâtel (35) 68 B3
Plédéliac (22) 48 B4
Plédran (22) 48 A4
Pléguien (22) 47 F3
Pléhédel (22) 47 E2
Pleine-Fougères (35) 49 F4
Pleine-Selve (02) 38 C1
Pleine-Selve (33) 126 A2
Pleine-Sève (76) 35 D1
Plélan-le-Grand (35) 67 F3
Plélan-le-Petit (22) 48 C4
Plélauff (22) 66 A1
Plélo (22) 47 F3
Plémet (22) 67 D1
Plémy (22) 48 A4
Plénée-Jugon (22) 48 B4
Pléneuf-Val-André (22) 48 A3
Plénise (39) 110 B2
Plénisette (39) 110 B2
Plerguer (35) 49 D4
Plérin (22) 48 A3
Plerneuf (22) 47 F3
Plescop (56) 82 C1
Plesder (35) 49 D4
Plésidy (22) 47 E4
Pleslin-Trigavou (22) 49 D3
Plesnois (57) 42 B4
Plesnoy (52) 78 C4
Plessé (44) 84 A1
Le Plessier-Huleu (02) 38 B4
Le Plessier-Rozainvillers (80) 27 E4
Le Plessier-sur-Bulles (60) 37 D2
Le Plessier-sur-Saint-Just (60) 37 E2
Le Plessis-aux-Bois (77) 55 F1
Le Plessis-Barbuise (10) 56 C4
Le Plessis-Belleville (60) 55 F1
Le Plessis-Bouchard (95) 55 D1
Le Plessis-Brion (60) 38 A3
Plessis-de-Roye (60) 37 F2
Le Plessis-Dorin (41) 72 A3
Le Plessis-Feu-Aussoux (77) 56 A3
Le Plessis-Gassot (95) 55 E1
Le Plessis-Grammoire (49) 86 A2
Le Plessis-Grohan (27) 53 E2
Le Plessis-Hébert (27) 53 F1
Le Plessis-Lastelle (50) 32 A3
Le Plessis-l'Échelle (41) 72 C4
Le Plessis-l'Évêque (77) 55 F1
Le Plessis-Luzarches (95) 55 E1
Le Plessis-Pâté (91) 55 D4
Le Plessis-Patte-d'Oie (60) 38 A1
Le Plessis-Placy (77) 56 A1
Le Plessis-Robinson (92) 55 D3
Plessis-Saint-Benoist (91) 73 F1
Plessis-Saint-Jean (89) 75 E1
Le Plessis-Sainte-Opportune (27) . . 53 D1
Le Plessis-Trévise (94) 55 E3
Plestan (22) 48 B4
Plestin-les-Grèves (22) 46 C2
Pleubian (22) 47 E1
Pleucadeuc (56) 67 E4
Pleudaniel (22) 47 E2
Pleudihen-sur-Rance (22) 49 D4
Pleugriffet (56) 66 C2
Pleugueneuc (35) 49 D4

Pleumartin (86) 102 C2
Pleumeleuc (35) 68 A2
Pleumeur-Bodou (22) 46 C2
Pleumeur-Gautier (22) 47 E2
Pleure (39) 109 E4
Pleurtuit (35) 49 D3
Pleurs (51) 57 E3
Pleuven (29) 65 D2
Pleuvezain (88) 79 E1
Pleuville (16) 115 D2
Pléven (22) 48 B4
Plévenon (22) 48 B3
Plévin (22) 65 F1
Pleyben (29) 65 D1
Pleyber-Christ (29) 46 B3
Pliboux (79) 114 B1
Plichancourt (51) 58 B3
Plieux (32) 155 D2
Plivot (51) 57 F1
Plobannalec-Lesconil (29) 64 C3
Plobsheim (67) 62 C3
Ploemel (56) 82 B1
Ploemeur (56) 65 F4
Ploërdut (56) 66 A2
Ploeren (22) 82 C1
Ploërmel (56) 67 E3
Plœuc-L'Hermitage (22) 47 F4
Ploéven (29) 64 C1
Ploëzal (22) 47 E2
Plogastel-Saint-Germain (29) 64 C2
Plogoff (29) 64 A2
Plogonnec (29) 64 C1
Ploisy (02) 38 B3
Plomb (50) 49 F3
Plombières-les-Bains (88) 80 A3
Plombières-lès-Dijon (21) 94 A3
Plomelin (29) 64 C2
Plomeur (29) 64 C3
Plomion (02) 29 E4
Plomodiern (29) 64 C1
Plonéis (29) 64 C2
Plonévez-du-Faou (29) 65 E1
Plonévez-Porzay (29) 64 C1
Plorec-sur-Arguenon (22) 48 B4
Plottes (71) 108 C3
Plou (18) 104 C1
Plouaret (22) 46 C3
Plouarzel (29) 45 D3
Plouasne (22) 68 A1
Plouay (56) 66 A3
Ploubazlanec (22) 47 E2
Ploubezre (22) 47 D2
Ploudalmézeau (29) 45 D3
Ploudaniel (29) 45 F3
Ploudiry (29) 46 A3
Plouëc-du-Trieux (22) 47 E2
Plouédern (29) 45 F3
Plouégat-Guérand (29) 46 C3
Plouégat-Moysan (29) 46 C3
Plouénan (29) 46 B3
Plouër-sur-Rance (22) 49 D4
Plouescat (29) 46 A2
Plouézec (22) 47 F2
Plouezoc'h (29) 46 B2
Ploufragan (22) 47 F3
Plougar (29) 46 A3
Plougasnou (29) 46 B2
Plougastel-Daoulas (29) 45 E4
Plougonvelin (29) 45 D4
Plougonven (29) 46 C3
Plougonver (22) 47 D3
Plougoulm (29) 46 A2
Plougoumelen (56) 82 B1
Plougourvest (29) 46 A3
Plougras (29) 46 C3
Plougrescant (22) 47 E1
Plouguenast-Langast (22) 66 C1
Plouguerneau (29) 45 E2
Plouguernével (22) 66 A1
Plouguiel (22) 47 E2
Plouguin (29) 45 E3
Plouha (22) 47 F2
Plouharnel (56) 82 B1
Plouhinec (29) 64 B2
Plouhinec (56) 82 A1
Plouider (29) 45 F2
Plouigneau (29) 46 B3
Plouisy (22) 47 E3
Ploulec'h (22) 46 C2
Ploumagoar (22) 47 E3
Ploumilliau (22) 46 C2
Ploumoguer (29) 45 D3
Plounéour-Brignogan-plages (29) . . 45 F2
Plounéour-Ménez (29) 46 B4
Plounérin (22) 46 C3
Plounéventer (29) 45 F3
Plounévez-Lochrist (29) 45 F2
Plounévez-Moëdec (22) 47 D3
Plounévez-Quintin (22) 66 A1
Plounévézel (29) 46 C4
Plourac'h (22) 46 C4
Plouray (56) 66 A1
Plourhan (22) 47 F3
Plourin (29) 45 D3
Plourin-lès-Morlaix (29) 46 B3
Plourivo (22) 47 E2
Plouvain (62) 28 A1
Plouvara (22) 47 F3

Plouvien (29) 45 E3
Plouvorn (29) 46 A3
Plouyé (29) 46 B4
Plouzané (29) 45 E4
Plouzélambre (22) 46 C2
Plouzévédé (29) 46 A3
Plovan (29) 64 B2
Ployart-et-Vaurseine (02) 39 D2
Le Ployron (60) 37 E2
Plozévet (29) 64 B2
Pludual (22) 47 F3
Pluduno (22) 48 C3
Plufur (22) 46 C3
Pluguffan (29) 64 C2
Pluherlin (56) 67 E4
Plumaudan (22) 48 C4
Plumaugat (22) 67 F1
Plumelec (56) 67 D3
Pluméliau-Bieuzy (56) 66 B3
Plumelin (56) 66 C3
Plumergat (56) 82 B1
Plumetot (14) 33 E3
Plumieux (22) 67 D2
Plumont (39) 95 D4
Pluneret (22) 82 B1
Plurien (22) 48 B3
Plusquellec (22) 46 C4
Plussulien (22) 66 B1
Pluvet (21) 94 B4
Pluvigner (56) 66 B4
Pluzunet (22) 47 D3
Pocancy (51) 57 F2
Pocé-les-Bois (35) 69 D2
Pocé-sur-Cisse (37) 88 A2
Podensac (33) 139 D2
Le Poët (05) 149 D4
Le Poët-Célard (26) 147 F2
Le Poët-en-Percip (26) 148 B4
Le Poët-Laval (26) 147 F3
Le Poët-Sigillat (26) 148 A4
Pœuilly (80) 28 B3
Poey-de-Lescar (64) 168 A1
Poey-d'Oloron (64) 167 F2
Poëzat (03) 119 D2
Poggio-di-Nazza (2B) 189 E3
Poggio-di-Venaco (2B) 189 D2
Poggio-d'Oletta (2B) 187 E3
Poggio-Marinaccio (2B) 187 E4
Poggio-Mezzana (2B) 187 E4
Poggiolo (2A) 188 C3
Pogny (51) 58 A2
Poids-de-Fiole (39) 109 F3
Poigny (77) 56 B4
Poigny-la-Forêt (78) 54 B3
Poil (58) 107 E2
Poilcourt-Sydney (08) 39 F3
Poilhes (34) 173 F2
Poillé-sur-Vègre (72) 70 B3
Poilley (35) 50 A4
Poilley (50) 50 A3
Poilly (51) 39 E4
Poilly-lez-Gien (45) 90 B1
Poilly-sur-Serein (89) 76 B4
Poilly-sur-Tholon (89) 75 F4
Poinçon-lès-Larrey (21) 77 D4
Le Poinçonnet (36) 104 A2
Poincy (77) 56 A2
Poinsenot (52) 94 A1
Poinson-lès-Fayl (52) 78 C4
Poinson-lès-Grancey (52) 94 A1
Poinson-lès-Nogent (52) 78 B3
Pointel (61) 51 E3
Pointis-de-Rivière (31) 169 F3
Pointis-Inard (31) 170 A3
Pointre (39) 94 C3
Poinville (28) 73 F2
Le Poiré-sur-Vie (85) 99 E2
Poiroux (85) 99 D3
Poisat (38) 135 F3
Poiseul (52) 78 C3
Poiseul-la-Grange (21) 93 F1
Poiseul-la-Ville-et-Laperrière (21) . . 93 E2
Poiseul-lès-Saulx (21) 94 A1
Poiseux (58) 91 E4
Poisieux (18) 104 C1
Poisson (71) 107 F4
Poissons (52) 78 B1
Poissy (78) 54 C2
Poisvilliers (28) 54 A4
Poisy (74) 123 E3
Poitiers (86) 102 A3
Poivres (10) 58 A3
Poix (51) 58 B2
Poix-de-Picardie (80) 36 C1
Poix-du-Nord (59) 28 C2
Poix-Terron (08) 40 B2
Le Poizat-Lalleyriat (01) 122 C1
Polaincourt-
  -et-Clairefontaine (70) 79 E4
Polastron (31) 170 B2
Polastron (32) 170 A1
Poleymieux-au-Mont-d'Or (69) 121 E3
Poliénas (38) 135 E3
Polignac (17) 126 B3
Polignac (43) 132 C4
Poligné (35) 68 B3
Poligny (05) 149 E2

Poligny (10) 77 D2
Poligny (39) 109 F2
Poligny (77) 74 C2
Polincove (62) 21 F2
Polisot (10) 77 D3
Polisy (10) 77 D3
Pollestres (66) 185 E2
Polliat (01) 121 F1
Pollieu (01) 122 C3
Pollionnay (69) 121 D4
Polminhac (15) 131 D4
Polveroso (2B) 187 E4
Pomacle (51) 39 F3
La Pomarède (11) 171 F1
Pomarède (46) 141 F3
Pomarez (40) 152 B4
Pomas (11) 172 B3
Pomayrols (12) 144 C3
Pomerol (33) 126 C4
Pomérols (34) 174 B2
Pomeys (69) 120 C4
Pommard (21) 108 B3
Pommera (62) 27 E3
La Pommeraye (14) 51 E2
Pommeret (22) 48 A4
Pommereuil (59) 28 C2
Pommereux (76) 36 A2
Pommeréval (76) 35 F1
Pommerieux (53) 69 E4
Pommérieux (57) 60 B1
Pommerit-le-Vicomte (22) 47 E3
Pommerol (26) 148 B3
Pommeuse (77) 56 A3
Pommevic (82) 155 D1
Pommier (62) 27 E2
Pommier-de-Beaurepaire (38) 134 C2
Pommiers (02) 38 B3
Pommiers (30) 159 E2
Pommiers (36) 103 F3
Pommiers (42) 120 B3
Pommiers (69) 121 D3
Pommiers-Moulons (17) 126 B2
Pomoy (70) 96 A1
Pompaire (79) 101 D3
Pompéjac (33) 139 E3
Pompertuzat (31) 171 D1
Pompey (54) 60 B3
Pompiac (32) 170 A2
Le Pompidou (48) 159 E1
Pompierre (88) 78 C2
Pompierre-sur-Doubs (25) 96 A2
Pompiey (47) 154 A4
Pompignac (33) 139 E1
Pompignan (30) 159 F3
Pompignan (82) 155 F3
Pompogne (47) 140 A4
Pomponne (77) 55 F2
Pomport (24) 140 C1
Pomps (64) 168 A1
Pomy (11) 172 A3
Poncey-lès-Athée (21) 94 B3
Poncey-sur-l'Ignon (21) 93 F2
Le Ponchel (62) 26 C1
Ponches-Estruval (80) 26 B1
Ponchon (60) 37 D3
Poncin (01) 122 B2
Poncins (42) 120 B4
Pondaurat (33) 139 F3
Le Pondy (18) 105 E2
Ponet-et-Saint-Auban (26) 148 A1
Ponlat-Taillebourg (31) 169 F3
Pons (17) 126 A1
Ponsampère (32) 169 E1
Ponsan-Soubiran (32) 169 E2
Ponsas (26) 134 B3
Ponson-Debat-Pouts (64) 168 C2
Ponson-Dessus (64) 168 C2
Ponsonnas (38) 149 D1
Pont (21) 94 B4
Pont-à-Marcq (59) 23 D4
Pont-à-Mousson (54) 60 B2
Pont-à-Vendin (62) 22 C4
Pont-Arcy (02) 39 D3
Pont-Audemer (27) 34 C3
Pont-Authou (27) 34 C4
Pont-Aven (29) 65 E3
Pont-Bellanger (14) 50 B2
Le Pont-Chrétien-Chabenet (36) . . . 103 F3
Pont-Croix (29) 64 B2
Pont-d'Ain (01) 122 A2
Pont-de-Barret (26) 147 F2
Le Pont-de-Beauvoisin (38) 135 E1
Le Pont-de-Beauvoisin (73) 135 E1
Pont-de-Buis-lès-Quimerch (29) . . . 46 A4
Pont-de-Chéruy (38) 121 F4
Le Pont-de-Claix (38) 135 F3
Pont-de-Labeaume (07) 146 C2
Pont-de-l'Arche (27) 35 E3
Pont-de-Larn (81) 172 C1
Pont-de-l'Isère (26) 134 B4
Pont-de-Metz (80) 27 D3
Pont de Montvert -
  - Sud Mont Lozère (48) 145 F4
Pont-de-Poitte (39) 109 F3
Pont-de-Roide-Vermondans (25) . . . 96 B2
Pont-de-Ruan (37) 87 E3
Pont-de-Salars (12) 158 A1
Pont-de-Vaux (01) 108 C4

Pont-de-Veyle (01)............ 121 E1
Pont-d'Héry (39)............. 110 A1
Pont-d'Ouilly (14)............. 51 E2
Pont-du-Bois (70)............. 79 F3
Pont-du-Casse (47)........... 141 D4
Pont-du-Château (63)......... 119 D4
Pont-du-Navoy (39)........... 110 A2
Pont-en-Royans (38).......... 135 D4
Pont-et-Massène (21).......... 93 D2
Pont-Évêque (38)............. 134 B1
Pont-Hébert (50)............. 32 B4
Pont-la-Ville (52)............. 77 F3
Pont-l'Abbé (29)............. 64 C3
Pont-l'Abbé-d'Arnoult (17)....112 C3
Pont-lès-Bonfays (88)......... 79 F2
Pont-les-Moulins (25)......... 96 A3
Pont-l'Évêque (14)............ 34 A3
Pont-l'Évêque (60)............ 38 A2
Pont-Melvez (22)............. 47 D4
Pont-Noyelles (80)............ 27 E3
Pont-Péan (35)............... 68 B3
Pont-Remy (80)............... 26 B2
Pont-Saint-Esprit (30)....... 147 D4
Pont-Saint-Mard (02)......... 38 B2
Pont-Saint-Martin (44)........ 84 B4
Pont-Saint-Pierre (27)........ 35 F3
Pont-Saint-Vincent (54)....... 60 B3
Pont-Sainte-Marie (10)....... 76 C1
Pont-Sainte-Maxence (60)...... 37 E4
Pont-Salomon (43)........... 133 E2
Pont-Scorff (56)............. 65 F3
Pont-sur-l'Ognon (70)......... 96 A2
Pont-sur-Madon (88).......... 79 F1
Pont-sur-Meuse (55).......... 59 F2
Pont-sur-Sambre (59)......... 29 E2
Pont-sur-Seine (10).......... 57 D4
Pont-sur-Vanne (89).......... 75 F2
Pont-sur-Yonne (89).......... 75 E2
Pontacq (64)................ 168 C2
Pontailler-sur-Saône (21)..... 94 C3
Pontaix (26)................ 148 A1
Pontamafrey (73).............137 D2
Pontarion (23)...............117 D2
Pontarlier (25).............. 110 C1
Pontarmé (60)................ 55 E1
Pontaubault (50)............. 50 A3
Pontaubert (89).............. 92 B2
Pontault-Combault (77)........ 55 E3
Pontaumur (63)...............118 A3
Pontavert (02)............... 39 E3
Pontcarré (77)............... 55 F3
Pontcey (70)................. 95 E1
Pontchardon (61)............. 52 A2
Pontcharra (38)..............136 A1
Pontcharraud (23)............117 E3
Pontchâteau (44)............. 83 F3
Pontcirq (46)................142 A3
Pontécoulant (14)............ 51 D2
Pontéilla (66)...............185 E2
Pontéils-et-Brésis (30).......146 A4
Pontenx-les-Forges (40).......138 B4
Le Pontet (73)...............136 B1
Le Pontet (84)...............161 E2
Les Pontets (25)............. 110 C2
Pontevès (83)................163 D4
Pontfaverger-Moronvilliers (51)... 40 A4
Pontgibaud (63)..............118 B3
Pontgouin (28)............... 53 E4
Ponthévrard (78)............. 54 B4
Ponthion (51)................ 58 B3
Ponthoile (80)............... 26 B2
Pontiacq-Viellepinte (64).....168 C1
Pontigny (89)................ 76 A4
Pontis (04)..................149 F3
Pontivy (56)................. 66 B2
Pontlevoy (41)............... 88 B3
Pontmain (53)................ 50 B4
Pontoise (95)................ 54 C1
Pontoise-lès-Noyon (60)....... 38 A2
Pontonx-sur-l'Adour (40)......152 B3
Pontorson (50)............... 49 F4
Pontours (24)................141 D1
Pontoux (71).................109 D1
Pontoy (57).................. 60 C1
Pontpierre (57).............. 61 E1
Pontpoint (60)............... 37 F4
Pontrieux (22)............... 47 E2
Pontru (02).................. 28 B3
Pontruet (02)................ 28 B3
Ponts (50)................... 50 A3
Les Ponts-de-Cé (49)......... 86 A2
Ponts-et-Marais (76)......... 26 A2
Ponts sur Seulles (14)........ 33 D3
Pontvallain (72)............. 71 D4
Popian (34)..................159 E4
Popolasca (2B)...............187 D4
Porcaro (56)................. 67 F3
Porcelette (57).............. 43 E4
Porchères (33)...............127 D4
La Porcherie (87)............129 E1
Porcheux (60)................ 36 C3
Porcheville (78)............. 54 B2
Porcieu-Amblagnieu (38).......122 B3
Pordic (22).................. 47 F3
Le Porge (33)................124 B4
Pornic (44).................. 83 F4
Pornichet (44)............... 83 E4
Porquéricourt (60)........... 38 A2
Porri (2B)...................187 E4

Porspoder (29)............... 45 D3
Port (01)....................122 B1
Le Port (09).................183 D2
Port-Bail-sur-Mer (50)........ 31 D3
Port-Brillet (53)............. 69 E2
Port-de-Bouc (13)............176 C2
Port-de-Lanne (40)...........151 F4
Port-de-Piles (86)............102 B1
Port-d'Envaux (17)...........113 D3
Port-des-Barques (17)........112 B2
Port-en-Bessin-Huppain (14)... 32 C3
Port-Jérôme-sur-Seine (76).... 34 C2
Port-la-Nouvelle (11)........173 F4
Port-Launay (29)............. 65 D1
Port-le-Grand (80)........... 26 B2
Port-Lesney (39)............. 110 A1
Port-Louis (56).............. 82 A1
Le Port-Marly (78)........... 54 C2
Port-Mort (27)............... 35 F4
Port-Saint-Louis-du-Rhône (13)...176 B2
Port-Saint-Père (44)......... 84 A4
Port-Sainte-Foy-et-Ponchapt (24)...141 D1
Port-Sainte-Marie (47).......140 C4
Port-sur-Saône (70).......... 95 E1
Port-sur-Seille (54).......... 60 B2
Port-Vendres (66)............185 F2
La Porta (2B)................187 E4
Porta (66)...................183 F4
Porte-de-Benauge (33)........139 F2
Porte-de-Savoie (73).........136 A1
Porte-de-Seine (27).......... 35 F4
Portes-des-Bonnevaux (38)....134 C2
Porte des Pierres Dorées (69)..121 D3
La Porte du Der (52).......... 58 C4
Porte-du-Quercy (46).........141 F3
Porte du Ried (68)........... 81 E2
Le Portel (62)............... 21 D3
Portel-des-Corbières (11).....173 E3
Portes (27).................. 53 D1
Portes (30)..................146 A4
Les Portes du Coglais (35).... 50 A4
Les Portes-en-Ré (17)........112 A1
Portes-en-Valdaine (26)......147 E3
Portes-lès-Valence (26)......147 E1
Portet (64)..................153 E4
Portet-d'Aspet (31)..........170 A4
Portet-de-Luchon (31)........181 F2
Portet-sur-Garonne (31)......171 D1
Portets (33).................139 E2
Portieux (88)................ 80 A1
Portiragnes (34).............174 A3
Porto-Vecchio (2A)...........191 E3
Ports (37)...................102 B1
Posanges (21)................ 93 E2
Poses (27)................... 35 F3
Possesse (51)................ 58 C2
La Possonnière (49).......... 85 F2
La Postolle (89)............. 75 F2
Postroff (57)................ 61 F2
Potangis (51)................ 57 D4
Potelières (30)..............160 B1
Potelle (59)................. 29 E2
La Poterie-Cap-d'Antifer (76).. 34 A1
La Poterie-Mathieu (27)...... 34 C4
Pothières (21)............... 77 E4
Potigny (14)................. 51 E1
Potte (80)................... 38 A1
Pouan-les-Vallées (10)........ 57 F4
Pouançay (86)................ 86 C2
Pouant (86)..................101 F1
Poubeau (31).................181 F2
Poucharramet (31)............170 C1
Poudenas (47)................154 A2
Poudenx (40).................152 C4
Poudis (81)..................171 F1
Poueyferré (65)..............168 C3
La Pouge (23)................117 D3
Le Pouget (34)...............159 D4
Pougnadoresse (30)...........160 C2
Pougne-Hérisson (79).........100 C2
Pougny (01)..................123 D1
Pougny (58).................. 91 D3
Pougues-les-Eaux (58)........ 91 E4
Pougy (10)................... 57 D1
Pouillac (17)................126 C2
Pouillat (01)................109 E4
Pouillé (41)................. 88 C3
Pouillé (85).................100 A3
Pouillé (86).................102 B3
Pouillé-les-Côteaux (44)...... 85 D2
Pouillenay (21)............... 93 D2
Pouilley-Français (25)........ 95 E3
Pouilley-les-Vignes (25)...... 95 E3
Pouillon (40)................152 A4
Pouillon (51)................ 39 E3
Pouilloux (71)...............108 A3
Pouilly (57)................. 60 C1
Pouilly (60)................. 36 C4
Pouilly-en-Auxois (21)........ 93 E3
Pouilly-lès-Feurs (42)........120 B4
Pouilly-les-Nonains (42)......120 A2
Pouilly-sous-Charlieu (42)....120 B2
Pouilly-sur-Loire (58)........ 91 D3
Pouilly-sur-Meuse (55)........ 41 D2
Pouilly-sur-Saône (21).......109 D1
Pouilly-sur-Serre (02)........ 38 C1
Pouilly-sur-Vingeanne (21).... 94 C2

Le Poujol-sur-Orb (34).......158 B4
Poujols (34).................159 D3
Poulaines (36)............... 89 D4
Poulainville (80)............. 27 D3
Poulan-Pouzols (81)..........157 D3
Poulangy (52)................ 78 B3
Pouldergat (29).............. 64 B2
Pouldreuzic (29)............. 64 B2
Poule-les-Écharmeaux (69)....120 C2
Pouliacq (64)................153 D4
Les Poulières (88)........... 80 B2
Pouligney-Lusans (25)........ 95 F3
Pouligny-Notre-Dame (36).....104 B4
Pouligny-Saint-Martin (36)...104 B4
Pouligny-Saint-Pierre (36)...103 D3
Le Pouliguen (44)............ 83 D3
Poullan-sur-Mer (29)......... 64 B1
Poullaouen (29).............. 46 C4
Poullignac (16)..............127 D2
Poulx (30)...................160 C3
Poumarous (65)...............169 D3
Poupas (82)..................155 D2
Poupry (28).................. 73 E3
Pouques-Lormes (58).......... 92 A3
Pourcharesses (48)...........146 A3
Pourchères (07)..............146 C2
Pourcieux (83)...............177 F2
Pourcy (51).................. 57 E1
Pourlans (71)................109 D1
Pournoy-la-Chétive (57)...... 60 B1
Pournoy-la-Grasse (57)....... 60 C1
Pourrain (89)................ 91 F1
Pourrières (83)..............177 F1
Poursac (16).................114 B3
Poursay-Garnaud (17).........113 E2
Poursiugues-Boucoue (64).....153 D4
Pouru-aux-Bois (08).......... 41 D1
Pouru-Saint-Remy (08)........ 41 D1
Poussan (34).................174 B2
Poussanges (23)..............117 E3
Poussay (88)................. 79 E1
Pousseaux (58)............... 91 F2
Poussignac (47)..............140 A4
Poussthomy (12)..............157 F3
Le Pout (33).................139 E1
Pouvrai (61)................. 71 E1
Pouxeux (88)................. 80 A2
Pouy (65)....................169 F2
Pouy-de-Touges (31).........170 B2
Pouy-Loubrin (32)............169 F1
Pouy-Roquelaure (32).........154 B2
Pouy-sur-Vannes (10)......... 76 A1
Pouyastruc (65)..............169 D2
Pouydesseaux (40)............153 E2
Pouydraguin (32).............153 F4
Pouylebon (32)...............154 A4
Pouzac (65)..................169 D3
Pouzauges (85)...............100 B2
Pouzay (37).................. 87 E4
Pouze (31)...................171 D1
Pouzilhac (30)...............160 C2
Le Pouzin (07)...............147 E1
Pouzol (63)..................118 C2
Pouzolles (34)...............174 A2
Pouzols (34).................159 D4
Pouzols-Minervois (11).......173 E2
Pouzy-Mésangy (03)...........105 F2
Poyanne (40).................152 B3
Poyans (70).................. 94 C2
Poyartin (40)................152 B3
Poyols (26)..................148 B2
Pozières (80)................ 27 F3
Le Pradal (34)...............158 B4
Les Pradeaux (63)............132 A1
Pradelle (26)................148 A2
Pradelles (43)...............146 A1
Pradelles (59)............... 22 B3
Pradelles-Cabardès (11)......172 C1
Prades (07)..................146 C2
Prades (09)..................183 F2
Prades (43)..................132 B4
Prades (66)..................184 C2
Prades (81)..................156 C4
Prades-d'Aubrac (12).........144 B3
Prades-le-Lez (34)...........159 F4
Prades-Salars (12)...........144 B4
Prades-sur-Vernazobre (34)...173 E1
Le Pradet (83)...............178 B4
Pradettes (09)...............171 F4
Pradières (09)...............171 E4
Pradiers (15)................131 E3
Pradinas (12)................157 E1
Pradines (19)................129 F1
Pradines (42)................120 B2
Pradines (46)................142 A3
Pradons (07).................146 C3
Prads-Haute-Bléone (04)......163 F1
Prahecq (79).................113 F1
Prailles-La Couarde (79).....101 D4
Pralognan-la-Vanoise (73)....137 D2
Prâlon (21).................. 93 F3
Pralong (42).................120 A4
Pranles (07).................147 D1
Pranzac (16).................114 C4
Praslay (52)................. 94 A1
Praslin (10)................. 76 C3
Prasville (28)............... 73 E2
Prat (22).................... 47 D3

Prat-Bonrepaux (09).......... 170 B3
Prato-di-Giovellina (2B)..... 187 D4
Prats-de-Carlux (24)......... 142 A4
Prats-de-Mollo-la-Preste (66).. 184 C3
Prats-de-Sournia (66)........ 184 C1
Prats-du-Périgord (24)....... 141 F2
Pratviel (81)................ 156 C4
Pray (41).................... 88 B3
Praye (54)................... 60 B4
Prayols (09)................. 171 E4
Prayssac (46)................ 141 F3
Prayssas (47)................ 140 C4
Praz-sur-Arly (74)........... 124 A3
Préaux (07).................. 134 A3
Les Préaux (27).............. 34 B3
Préaux (36).................. 103 E1
Préaux (53).................. 70 A3
Préaux (76).................. 35 F2
Préaux-Bocage (14)........... 51 D1
Prébois (38)................. 148 C1
Précey (50).................. 49 F3
Préchac (32)................. 154 C3
Préchac (33)................. 139 E3
Préchac (65)................. 168 C4
Préchac-sur-Adour (32)....... 153 F4
Préchacq-Josbaig (64)........ 167 F2
Préchacq-les-Bains (40)...... 152 B3
Préchacq-Navarrenx (64)...... 167 F2
Précieux (42)................ 133 E1
Précigné (72)................ 70 B4
Précilhon (64)............... 167 F2
Précy (18)................... 91 D4
Précy-le-Sec (89)............ 92 B1
Précy-Notre-Dame (10)........ 77 D1
Précy-Saint-Martin (10)...... 77 D1
Précy-sous-Thil (21)......... 93 D3
Précy-sur-Marne (77)......... 55 F2
Précy-sur-Oise (60).......... 37 D4
Précy-sur-Vrin (89).......... 75 E3
Prédefin (62)................ 22 A4
Prée-d'Anjou (53)............ 69 E4
Préfailles (44).............. 83 E4
Préfontaines (45)............ 74 C3
Prégilbert (89).............. 92 A1
Préguillac (17).............. 113 E4
Préhy (89)................... 92 A1
Preignac (33)................ 139 E2
Preignan (32)................ 154 C4
Preigney (70)................ 79 D4
Preixan (11)................. 172 B3
Prémanon (39)................ 110 B4
Premeaux-Prissey (21)........ 94 A4
Prémery (58)................. 91 E4
Prémesques (59).............. 22 C3
Prémeyzel (01)............... 122 C4
Prémian (34)................. 173 E1
Premières (21)............... 94 B3
Prémierfait (10)............. 57 E4
Les Premiers Sapins (25)..... 96 A4
Prémilhat (03)............... 118 A1
Prémillieu (01).............. 122 B3
Prémont (02)................. 28 C3
Prémontré (02)............... 38 C2
Prendeignes (46)............. 143 E2
Préneron (32)................ 154 A3
La Prénessaye (22)........... 67 D1
Prenois (21)................. 93 F3
Prény (54)................... 60 B1
Préporché (58)............... 107 D1
Les Prés (26)................ 148 C3
Présailles (43).............. 146 A1
Préseau (59)................. 28 C1
Présentevillers (25)......... 96 B2
Préserville (31)............. 171 E1
Présilly (39)................ 109 F3
Présilly (74)................ 123 E2
Presle (73).................. 136 B1
Presles (38)................. 135 D3
Presles (95)................. 55 D1
Presles-en-Brie (77)......... 55 F3
Presles-et-Boves (02)........ 38 C3
Presles-et-Thierny (02)...... 39 D2
Presly (18).................. 90 A3
Presnoy (45)................. 74 B3
Pressac (86)................. 115 D2
Pressagny-l'Orgueilleux (27).. 54 A1
Pressignac (16).............. 115 E3
Pressignac-Vicq (24)......... 141 D1
Pressigny (52)............... 79 D4
Pressigny (79)............... 101 E2
Pressigny-les-Pins (45)...... 74 C4
Pressins (38)................ 135 E1
Pressy (62).................. 22 A4
Pressy-sous-Dondin (71)...... 108 A4
La Prétière (25)............. 96 B2
Pretin (39).................. 110 A1
Prétot-Vicquemare (76)....... 35 D1
Prétreville (14)............. 52 A1
Préty (71)................... 108 C3
Pretz-en-Argonne (55)........ 59 D2
Preuilly (18)................ 90 A4
Preuilly-la-Ville (36)....... 103 D2
Preuilly-sur-Claise (37)..... 103 D2

Preures (62)	21	E3
Preuschdorf (67)	62	C1
Preuseville (76)	26	A3
Preutin-Higny (54)	42	A3
Preux-au-Bois (59)	29	D2
Preux-au-Sart (59)	29	D1
Préval (72)	71	F2
Prévelles (72)	71	E2
Prévenchères (48)	146	A3
Préveranges (18)	104	C4
Prévessin-Moëns (01)	123	E1
Prévillers (60)	36	C2
Prévinquières (12)	143	E4
Prévocourt (57)	61	D2
Prey (27)	53	E2
Prey (88)	80	B2
Preyssac-d'Excideuil (24)	128	C2
Prez (08)	40	A1
Prez-sous-Lafauche (52)	78	C1
Priay (01)	122	A2
Priez (02)	56	B1
Prignac (17)	113	F3
Prignac-et-Marcamps (33)	126	A4
Prigonrieux (24)	140	C1
Primarette (38)	134	C2
Primelin (29)	64	A2
Primelles (18)	104	C1
Prin-Deyrançon (79)	113	E1
Prinçay (86)	101	F1
Princé (35)	69	E2
Pringy (51)	58	B3
Pringy (77)	55	E4
Prinquiau (44)	83	F3
Prinsuéjols-Malbouzon (48)	144	C2
Printzheim (67)	62	B2
Prisces (02)	29	E4
Prisches (59)	29	D2
Prissac (36)	103	E4
Prissé (71)	121	E1
Privas (07)	147	D2
Privezac (12)	143	E3
Prix-lès-Mézières (08)	40	B1
Priziac (56)	66	A2
Prizy (71)	107	F4
La Proiselière-et-Langle (70)	80	A4
Proissans (24)	128	C4
Proisy (02)	29	D3
Proix (02)	28	C3
Projan (32)	153	E4
Promilhanes (46)	142	C4
Prompsat (63)	118	C3
Prondines (63)	118	A4
Pronleroy (60)	37	E3
Pronville-en-Artois (62)	28	A2
Propiac (26)	148	A4
Propières (69)	120	C1
Propriano (2A)	190	C2
Prosnes (51)	40	A4
Prouilly (51)	39	E4
Proupiary (31)	170	A3
Prouvais (02)	39	E3
Prouville (80)	26	C2
Prouvy (59)	28	C1
Prouzel (80)	27	D4
Provenchère (25)	96	B3
Provenchère (70)	79	F4
Provenchères-et-Colroy (88)	80	C1
Provenchères-lès-Darney (88)	79	E2
Provency (89)	92	B2
Proverville (10)	77	E2
Proveysieux (38)	135	F2
Proville (59)	28	B2
Provin (59)	22	C4
Provins (77)	56	B4
Provisieux-et-Plesnoy (02)	39	E3
Proyart (80)	27	F3
Prudemanche (28)	53	E2
Prudhomat (46)	142	C1
Prugnanes (66)	184	C1
Prugny (10)	76	B2
Pruillé-le-Chétif (72)	70	C3
Pruillé-l'Éguillé (72)	71	E4
Pruines (12)	143	F3
Prunay (51)	39	F4
Prunay-Belleville (10)	76	A1
Prunay-Cassereau (41)	88	A1
Prunay-en-Yvelines (78)	54	B4
Prunay-le-Gillon (28)	73	D1
Prunay-le-Temple (78)	54	A2
Prunay-sur-Essonne (91)	74	A1
Prunelli-di-Casacconi (2B)	187	E4
Prunelli-di-Fiumorbo (2B)	189	E3
Prunet (07)	146	B2
Prunet (15)	143	F1
Prunet (31)	171	E1
Prunet-et-Belpuig (66)	185	D2
Prunières (05)	149	F2
Prunières (38)	148	C1
Prunières (48)	145	D1
Pruniers (36)	104	B2
Pruniers-en-Sologne (41)	89	D3
Pruno (2B)	187	E4
Prusly-sur-Ource (21)	77	E4
Prusy (10)	76	C3
Pruzilly (71)	121	D1
Puberg (67)	62	A2
Publier (74)	111	D4
Publy (39)	109	F3
Puceul (44)	84	B1
Le Puch (09)	184	A1
Puch-d'Agenais (47)	140	B4
Puchay (27)	36	A3
Puchevillers (80)	27	E2
Le Puech (34)	159	D4
Puéchabon (34)	159	E4
Puéchoursi (81)	171	F1
Puechredon (30)	160	A2
Puessans (25)	96	A2
Puget (84)	161	F3
Puget-Rostang (06)	164	B2
Puget-sur-Argens (83)	179	E2
Puget-Théniers (06)	164	B2
Puget-Ville (83)	178	B3
Pugey (25)	95	E4
Pugieu (01)	122	A2
Puginier (11)	171	F2
Pugnac (33)	126	A3
Pugny-Chatenod (73)	123	D4
Puichéric (11)	173	D2
Le Puid (88)	80	C1
Puihardy (79)	100	C3
Puilacher (34)	159	D4
Puilaurens (11)	184	B1
Puilboreau (17)	112	B1
Puilly-et-Charbeaux (08)	41	E2
Puimichel (04)	163	D2
Puimisson (34)	173	F1
Puimoisson (04)	163	E3
La Puisaye (28)	53	D4
Puiseaux (45)	74	B2
Puiselet-le-Marais (91)	74	A1
Puisenval (76)	26	A3
Puiseux (08)	40	B2
Puiseux (28)	53	F3
Puiseux-en-Bray (60)	36	B3
Puiseux-en-France (95)	55	E1
Puiseux-en-Retz (02)	38	B4
Puiseux-le-Hauberger (60)	37	D4
Puiseux-Pontoise (95)	54	C1
Puisieulx (51)	39	F4
Puisieux (62)	27	F2
Puisieux (77)	56	A1
Puisieux-et-Clanlieu (02)	29	D4
Puissalicon (34)	173	F1
Puisseguin (33)	126	C4
Puisserguier (34)	173	E2
Puits (21)	93	D1
Puits-et-Nuisement (10)	77	E2
Puits-la-Vallée (60)	37	D2
Puivert (11)	172	A4
Pujaudran (32)	155	E4
Pujaut (30)	161	D2
Pujo (65)	169	D2
Pujo-le-Plan (40)	153	E3
Les Pujols (09)	171	E3
Pujols (33)	140	A1
Pujols (47)	141	D3
Pujols-sur-Ciron (33)	139	E2
Le Puley (71)	108	B3
Puligny-Montrachet (21)	108	B1
Pullay (28)	53	D3
Pulligny (54)	60	B4
Pulney (54)	79	E1
Pulnoy (54)	60	C3
Pulvérières (63)	118	B3
Pulversheim (68)	81	E4
Punchy (80)	27	F4
Punerot (88)	60	A4
Puntous (65)	169	E2
Pupillin (39)	110	A1
Pure (08)	41	D1
Purgerot (70)	79	E4
Pusey (70)	95	F1
Pusignan (69)	121	F4
Pussay (91)	73	F1
Pussigny (37)	102	B3
Pusy-et-Épenoux (70)	95	F1
Putanges-le-Lac (61)	51	E3
Puteaux (92)	55	D2
Putot-en-Auge (14)	33	F4
Puttelange-aux-Lacs (57)	61	F1
Puttelange-lès-Thionville (57)	42	C2
Puttigny (57)	61	D2
Puxe (54)	42	A4
Puxieux (54)	60	A1
Le Puy (25)	95	F3
Le Puy (33)	140	A2
Puy-d'Arnac (19)	129	F4
Puy-de-Serre (85)	100	B3
Puy-du-Lac (17)	113	D2
Le Puy-en-Velay (43)	132	C4
Puy-Guillaume (63)	119	E3
Puy-l'Évêque (46)	141	F3
Puy-Malsignat (23)	117	E2
Le Puy-Notre-Dame (49)	86	B4
Puy-Saint-André (05)	137	D4
Puy-Saint-Eusèbe (05)	149	F2
Puy-Saint-Gulmier (63)	118	A4
Puy-Saint-Martin (26)	147	F2
Puy-Saint-Pierre (05)	137	D4
Puy-Saint-Vincent (05)	150	A1
Le Puy-Sainte-Réparade (13)	177	E1
Puy-Sanières (05)	149	F2
Puybarban (33)	139	F2
Puybegon (81)	156	C2
Puybrun (46)	142	C1
Puycalvel (81)	157	D2
Puycapel (15)	143	F2
Puycasquier (32)	155	D3
Puycelsi (81)	156	B2
Puycornet (82)	155	F1
Puydaniel (31)	171	D2
Puydarrieux (65)	169	E2
La Puye (86)	102	C3
Puygaillard-de-Lomagne (82)	155	D2
Puygaillard-de-Quercy (82)	156	B2
Puygiron (26)	147	E3
Puygouzon (81)	157	D3
Puygros (73)	136	A1
Puyjourdes (46)	143	D3
Puylagarde (82)	142	C4
Puylaroque (82)	156	B1
Puylaurens (81)	156	C4
Puylausic (32)	170	B1
Puyloubier (13)	177	F1
Puymaurin (31)	170	A2
Puyméras (84)	147	F4
Puymiclan (47)	140	B3
Puymirol (47)	155	D1
Puymoyen (16)	127	E1
Puynormand (33)	127	D4
Puyol-Cazalet (40)	153	D4
Puyôô (64)	152	B2
Puyravault (17)	113	D1
Puyravault (85)	99	F4
Puyréaux (16)	114	B3
Puyrolland (17)	113	E2
Puységur (32)	154	C3
Puysségur (31)	155	E3
Puysserampion (47)	140	B2
Puyvalador (66)	184	A2
Puyvert (84)	162	A3
Puzeaux (80)	27	F4
Puzieux (57)	60	C2
Puzieux (88)	79	E1
Py (66)	184	B3
La Pyle (27)	35	D4
Pys (80)	27	F2

Q

Quaëdypre (59)	22	A1
Quaix-en-Chartreuse (38)	135	F3
Quantilly (18)	90	B4
Quarante (34)	173	E2
Quarouble (59)	29	D1
Quarré-les-Tombes (89)	92	B3
La Quarte (70)	79	D4
Le Quartier (63)	118	B2
Quasquara (2A)	189	D4
Quatre-Champs (08)	40	B3
Quatremare (27)	35	E4
Quatzenheim (67)	62	C3
Quéant (62)	28	A2
Queaux (86)	102	B4
Québriac (35)	68	A1
Quédillac (35)	67	F1
Queige (73)	123	F4
Quelaines-Saint-Gault (53)	69	F3
Quelmes (62)	21	F3
Quéménéven (29)	64	C1
Quemigny-sur-Seine (21)	93	E1
Quemper-Guézennec (22)	47	E2
Quemperven (22)	47	D2
Quend (80)	26	A1
Quenne (89)	76	A4
Quenoche (70)	95	F2
Quenza (2A)	191	D2
Quercamps (62)	21	F2
Quercitello (2B)	187	E4
Quérénaing (59)	28	C1
Quérigut (09)	184	A1
Quernes (62)	22	A3
Querrien (29)	65	F2
Querrieu (80)	27	E3
Quers (70)	80	A4
Quesmy (60)	38	A2
Le Quesne (80)	26	B4
Le Quesnel (80)	27	E4
Le Quesnel-Aubry (60)	37	D2
Le Quesnoy (59)	29	D1
Le Quesnoy-en-Artois (62)	26	C1
Quesnoy-le-Montant (80)	26	B2
Quesnoy-sur-Airaines (80)	26	C3
Quesnoy-sur-Deûle (59)	23	D3
Quesques (62)	21	E3
Quessoy (22)	48	A4
Questembert (56)	67	D4
Questrecques (62)	21	E3
Quet-en-Beaumont (38)	149	D1
Quetigny (21)	94	A3
Quettehou (50)	32	A1
Quetteville (14)	34	B3
Quettreville-sur-Sienne (50)	49	F1
Queudes (51)	57	D3
La Queue-en-Brie (94)	55	E3
La Queue-les-Yvelines (78)	54	B3
Queuille (63)	118	B3
Quevauvillers (80)	36	C1
Quéven (56)	65	F3
Quévert (22)	48	C4
Quevillon (76)	35	D3
Quevilloncourt (54)	60	B3
Quévreville-la-Poterie (76)	35	E3
Queyrac (33)	125	E2
Queyrières (43)	133	D4
Queyssac (24)	141	D1
Queyssac-les-Vignes (19)	129	F4
Quézac (15)	143	E2
Quiberon (56)	82	A2
Quiberville (76)	25	D2
Quibou (50)	50	A1
Quié (09)	183	E2
Quiers (77)	56	A4
Quiers-sur-Bézonde (45)	74	B3
Quiéry-la-Motte (62)	28	A1
Quiévy (59)	28	C2
Quilen (62)	21	E4
Quillan (11)	172	A4
Quillebeuf-sur-Seine (27)	34	C2
Le Quillio (22)	66	C1
Quilly (08)	40	B3
Quilly (44)	84	A2
Quimper (29)	64	C2
Quimperlé (29)	65	F3
Quincampoix (76)	35	E2
Quincampoix-Fleuzy (60)	36	B3
Quinçay (86)	101	F3
Quincerot (21)	92	C1
Quincerot (89)	76	C3
Quincey (21)	94	A4
Quincey (70)	95	F1
Quincié-en-Beaujolais (69)	121	D2
Quincieu (38)	135	D2
Quincieux (69)	121	E3
Quincy (18)	89	F4
Quincy-Basse (02)	38	C2
Quincy-Landzécourt (55)	41	E2
Quincy-le-Vicomte (21)	92	C1
Quincy-sous-le-Mont (02)	38	C4
Quincy-sous-Sénart (91)	55	E3
Quincy-Voisins (77)	56	A2
Quinéville (50)	32	A2
Quingey (25)	95	E4
Quinquempoix (60)	37	E2
Quins (12)	157	E1
Quinsac (24)	128	A2
Quinsac (33)	139	E1
Quinson (04)	163	D4
Quinssaines (03)	118	A1
Quint-Fonsegrives (31)	156	A4
Quintal (74)	123	E3
La Quinte (72)	70	C3
Quintenas (07)	134	A3
Quintenic (22)	48	B4
Quintigny (39)	109	F2
Quintillan (11)	173	D4
Quintin (22)	47	F4
Le Quiou (22)	68	A1
Quirbajou (11)	184	B1
Quiry-le-Sec (80)	37	E1
Quissac (30)	160	A3
Quissac (46)	142	C2
Quistinic (56)	66	B3
Quittebeuf (27)	53	E1
Quivières (80)	38	A1
Quœux-Haut-Maînil (62)	26	C1

R

Rabastens (81)	156	B3
Rabastens-de-Bigorre (65)	169	D1
Rabat-les-Trois-Seigneurs (09)	171	E4
La Rabatelière (85)	99	F1
Rabou (05)	149	E2
Rabouillet (66)	184	C1
Racécourt (88)	79	F1
Rachecourt-sur-Marne (52)	59	D4
Rachecourt-Suzémont (52)	58	C4
Râches (59)	23	D4
Racines (10)	76	B3
La Racineuse (71)	109	D2
Racquinghem (62)	22	A3
Racrange (57)	61	E2
Raddon-et-Chapendu (70)	80	A4
Radenac (56)	66	C3
Radepont (27)	35	F3
Radinghem (62)	21	F4
Radinghem-en-Weppes (59)	22	C3
Radonvilliers (10)	77	E1
Raedersdorf (68)	97	E2
Raedersheim (68)	81	E3
Raffetot (76)	34	C2
Rageade (15)	132	A4
Rahart (41)	72	B4
Rahay (72)	72	A3
Rahling (57)	62	A1
Rahon (25)	96	B3
Rahon (39)	109	E1
Rai (61)	52	C3
Raids (50)	32	A4
Raillencourt-Sainte-Olle (59)	28	B2
Railleu (66)	184	B2
Raillicourt (08)	40	B2

Raillimont (02). 29 **F4**
Raimbeaucourt (59) 23 **D4**
Rainans (39). 94 **C4**
Raincheval (80) 27 **E2**
Raincourt (70) 79 **E4**
Le Raincy (93) 55 **E2**
Rainfreville (76). 35 **D1**
Rainneville (80) 27 **D3**
Rainsars (59) 29 **E2**
Rainville (88) 79 **D1**
Rainvillers (60) 36 **C3**
Les Rairies (49) 86 **B1**
Raismes (59) 28 **C1**
Raissac (09) 171 **F4**
Raissac-d'Aude (11). 173 **E2**
Raissac-sur-Lampy (11). 172 **A2**
Raival (55) 59 **E2**
Raix (16). 114 **B2**
Raizeux (78) 54 **A4**
Ramasse (01) 122 **A1**
Ramatuelle (83) 179 **D3**
Rambaud (05) 149 **E2**
Rambervillers (88). 80 **B1**
Rambluzin-et-Benoite-Vaux (55) . . 59 **E1**
Rambouillet (78) 54 **B3**
Rambucourt (55) 60 **A2**
Ramburelles (80). 26 **B3**
Rambures (80). 26 **B3**
Ramecourt (62) 27 **D1**
Ramecourt (88) 79 **E1**
Ramerupt (10) 58 **A4**
Ramicourt (02). 28 **B3**
Ramillies (59). 28 **B2**
Rammersmatt (68) 81 **D4**
Ramonchamp (88). 80 **B3**
Ramonville-Saint-Agne (31) . . . 171 **D1**
Ramoulu (45). 74 **A2**
Ramous (64) 152 **B4**
Ramousies (59) 29 **E2**
Ramouzens (32). 154 **A3**
Rampan (50) 32 **B4**
Rampieux (24) 141 **E2**
Rampillon (77). 56 **A4**
Rampoux (46) 142 **A2**
Rancé (01) 121 **E3**
Rancenay (25) 95 **E4**
Rancennes (08) 30 **C2**
Rances (10) 58 **B4**
Ranchal (69) 120 **C2**
Ranchot (39) 95 **D4**
Ranchy (14) 32 **C3**
Rançon (87) 116 **A2**
Rançonnières (52) 78 **C3**
Rancourt (80) 28 **A3**
Rancourt (88) 79 **E2**
Rancourt-sur-Ornain (55) 58 **C2**
Rancy (71) 109 **D3**
Randan (63) 119 **D2**
Randevillers (25) 96 **A3**
Rânes (61) 51 **E3**
Rang (25) 96 **B2**
Rang-du-Fliers (62) 21 **D4**
Rangecourt (52). 78 **C3**
Rangen (67) 62 **B3**
Ranguevaux (57). 42 **B3**
Rannée (35) 69 **D3**
Ranrupt (67). 81 **D1**
Rans (39) 95 **D4**
Ransart (62) 27 **F2**
Ranspach (68) 80 **C3**
Ranspach-le-Bas (68) 97 **E1**
Ranspach-le-Haut (68) 97 **E1**
Rantigny (60). 37 **E3**
Ranton (86) 101 **E1**
Rantzwiller (68) 97 **E1**
Ranville (14). 33 **E4**
Ranville-Breuillaud (16) 114 **A3**
Ranzevelle (70) 79 **E3**
Ranzières (55) 59 **F1**
Raon-aux-Bois (88) 80 **A3**
Raon-lès-Leau (54) 62 **A4**
Raon-l'Étape (88). 80 **B1**
Raon-sur-Plaine (88) 62 **A4**
Rapaggio (2B) 187 **E4**
Rapale (2B) 187 **E3**
Rapey (88) 79 **F1**
Rapilly (14) 51 **E2**
Rapsécourt (51) 58 **C1**
Raray (60) 37 **F4**
Rarécourt (55) 59 **D1**
Rasiguères (66) 185 **D1**
Raslay (86) 86 **C4**
Rasteau (84). 147 **F4**
Ratenelle (71) 109 **D3**
Ratières (26) 134 **B3**
Ratte (71) 109 **E3**
Ratzwiller (67) 62 **A1**
Raucoules (43) 133 **E3**
Raucourt (54) 60 **C2**
Raucourt-au-Bois (59) 29 **D2**
Raucourt-et-Flaba (08) 40 **C2**
Raulhac (15). 144 **A1**
Rauret (43) 145 **F1**
Rauville-la-Bigot (50) 31 **E2**
Rauville-la-Place (50) 31 **E3**
Rauwiller (67) 62 **A2**
Rauzan (33) 139 **F1**
Raveau (58) 91 **D4**

Ravel (63). 119 **E4**
Ravenel (60). 37 **E2**
Raves (88) 80 **C1**
Ravières (89) 92 **C1**
Ravigny (53). 51 **F4**
Raville (57). 43 **D4**
Raville-sur-Sânon (54) 61 **D3**
Ravilloles (39) 110 **A4**
La Ravoire (73) 136 **A1**
Ray-sur-Saône (70) 95 **D1**
Raye-sur-Authie (62) 26 **C1**
Rayet (47). 141 **D2**
Raymond (18) 105 **E1**
Raynans (25) 96 **B1**
Rayol-Canadel-sur-Mer (83) . . 179 **D3**
Rayssac (81) 157 **E3**
Razac-de-Saussignac (24). . . . 140 **B1**
Razac-d'Eymet (24). 140 **C2**
Razac-sur-l'Isle (24) 127 **F3**
Raze (70) 95 **E1**
Razecueillé (31) 170 **A4**
Razengues (32) 155 **E4**
Razès (87) 116 **A2**
Razimet (47). 140 **B4**
Razines (37) 102 **A1**
Réal (66) 184 **B2**
Réalcamp (76) 26 **A4**
Réallon (05) 149 **F2**
Réalmont (81) 157 **D3**
Réalville (82) 156 **A1**
Réans (32) 153 **F3**
Réau (77) 55 **E4**
Réaumont (38). 135 **E2**
Réaumur (85). 100 **B2**
Réaup-Lisse (47) 154 **A1**
Réauville (26). 147 **E3**
Réaux sur Trèfle (17) 126 **B1**
Rebais (77). 56 **B2**
Rébénacq (64) 168 **A3**
Rebergues (62) 21 **E2**
Rebets (76). 35 **F2**
Rebeuville (88) 79 **D1**
Rebigue (31) 171 **D1**
Rebourguil (12) 158 **A3**
Reboursin (36). 89 **E4**
Rebréchien (45) 73 **F3**
Rebreuve-Ranchicourt (62) . . . 22 **B4**
Rebreuve-sur-Canche (62) 27 **D1**
Rebreuviette (62). 27 **D1**
Recanoz (39) 109 **F2**
Recey-sur-Ource (21) 77 **F4**
Réchésy (90) 97 **D2**
Réchicourt-la-Petite (54) 61 **D3**
Réchicourt-le-Château (57) . . . 61 **E3**
Récicourt (55) 41 **D4**
Réclainville (28). 73 **E1**
Reclesne (71) 107 **F1**
Reclinghem (62) 21 **F4**
Réclonville (54) 61 **E4**
Recloses (77). 74 **B1**
Recologne (25) 95 **D3**
Recologne (70) 95 **D1**
Recologne-lès-Rioz (70) 95 **E2**
Recoubeau-Jansac (26) 148 **B2**
Recoules-d'Aubrac (48). 144 **C2**
Recoules-de-Fumas (48) 145 **D2**
Récourt (62) 28 **A1**
Récourt-le-Creux (55) 59 **E1**
Recouvrance (90) 96 **C1**
Recques-sur-Course (62) 21 **D4**
Recques-sur-Hem (62) 21 **F2**
Recquignies (59) 29 **E1**
Reculfoz (25) 110 **B2**
Recurt (65) 169 **E2**
Recy (51) 57 **F1**
Rédange (57) 42 **A2**
Rédené (29) 65 **F3**
Redessan (30) 160 **C3**
Réding (57) 62 **A2**
Redon (35) 67 **F4**
La Redorte (11) 173 **D2**
Redortiers (04) 162 **B1**
Réez-Fosse-Martin (60) 56 **A1**
Reffannes (79) 101 **D3**
Reffroy (55) 59 **F3**
Reffuveille (50) 50 **B3**
Régades (31) 169 **F3**
Régat (09) 171 **F4**
Regnauville (62) 26 **C1**
Regnévelle (88) 79 **E3**
Regnéville-sur-Mer (50) 49 **F1**
Regnéville-sur-Meuse (55) 41 **E4**
Regney (88) 79 **F1**
Régnié-Durette (69) 121 **D2**
Regnière-Écluse (80) 26 **B1**
Regniowez (08) 30 **A3**
Regny (02) 38 **C1**
Régny (42) 120 **B3**
La Regrippière (44) 85 **D3**
Réguiny (56) 66 **C2**
Réguisheim (68) 81 **E1**
Régusse (83) 163 **E4**
Rehaincourt (88) 80 **A1**
Rehainviller (54) 61 **D4**
Rehaupal (88) 80 **B2**
Reherrey (54) 61 **E4**
Réhon (54) 42 **A2**
Reichsfeld (67) 81 **E1**

Reichshoffen (67) 62 **C1**
Reichstett (67) 62 **C3**
Reignac (16) 126 **C2**
Reignac (33) 126 **A3**
Reignac-sur-Indre (37) 88 **A3**
Reignat (63) 119 **D4**
Reigneville-Bocage (50) 31 **E2**
Reignier-Ésery (74) 123 **E1**
Reigny (18). 105 **D3**
Reilhac (15) 130 **C4**
Reilhac (46) 142 **C2**
Reilhaguet (46) 142 **B1**
Reilhanette (26) 162 **A1**
Reillanne (04) 162 **B3**
Reillon (54) 61 **E3**
Reilly (60) 36 **B4**
Reims (51) 39 **E4**
Reims-la-Brûlée (51) 58 **B3**
Reinhardsmunster (67) 62 **A3**
Reiningue (68) 81 **D4**
Reipertswiller (67) 62 **B1**
Reithouse (39) 109 **F3**
Réjaumont (32) 154 **C3**
Réjaumont (65) 169 **E3**
Rejet-de-Beaulieu (59) 29 **D3**
Relanges (88) 79 **E2**
Relans (39) 109 **E2**
Le Relecq-Kerhuon (29) 45 **E4**
Relevant (01) 121 **E2**
Rely (62) 22 **A4**
Remaisnil (80) 27 **D2**
Rémalard en Perche (61) 72 **A1**
Remaucourt (02) 28 **B3**
Remaucourt (08) 39 **F2**
La Remaudière (44) 84 **C3**
Remaugies (80) 37 **E1**
Remauville (77) 74 **C2**
Rembercourt-Sommaisne (55) . . 59 **D2**
Rembercourt-sur-Mad (54) 60 **A1**
Rémécourt (60) 37 **E3**
Rémelfang (57) 43 **D3**
Rémelfing (57) 61 **F1**
Rémeling (57) 43 **D3**
Remennecourt (55) 58 **C3**
Remenoville (54) 61 **D4**
Rémérangles (60) 37 **E2**
Réméréville (54) 60 **C3**
Rémering (57) 43 **D3**
Rémering-lès-Puttelange (57) . . 61 **F1**
Remicourt (51) 58 **C2**
Remicourt (88) 79 **E1**
Remiencourt (80) 27 **E4**
Remies (02) 38 **C1**
Remigny (02) 38 **B1**
Remigny (71) 108 **B1**
Rémilly (57) 60 **C1**
Rémilly (58) 107 **D2**
Remilly-Aillicourt (08) 40 **C1**
Remilly-en-Montagne (21) 93 **F3**
Remilly Les Marais (50) 32 **A4**
Remilly-les-Pothées (08). 40 **A1**
Remilly-sur-Tille (21) 94 **B3**
Remilly-Wirquin (62). 21 **F3**
Réminiac (56) 67 **E3**
Remiremont (88) 80 **B3**
Remoiville (55) 41 **E3**
Remollon (05) 149 **E3**
Remomeix (88) 80 **C1**
Remoncourt (54) 61 **E3**
Remoncourt (88) 79 **E2**
Remondans-Vaivre (25) 96 **B2**
Remoray-Boujeons (25) 110 **C2**
Remouillé (44) 84 **C4**
Remoulins (30) 160 **C2**
Removille (88) 79 **D1**
Rempnat (87). 117 **D4**
La Remuée (76) 34 **B2**
Rémuzat (26) 148 **B3**
Remy (60) 37 **F3**
Rémy (62) 28 **A1**
Renac (35) 68 **A4**
Renage (38) 135 **E2**
Renaison (42) 120 **A2**
Renansart (02) 38 **C1**
Renaucourt (70) 95 **D1**
La Renaudie (63) 119 **F4**
Renauvoid (88) 80 **A2**
Renay (41) 72 **B4**
Renazé (53) 69 **E4**
Rencurel (38) 135 **E3**
René (72) 71 **D1**
Renédale (21) 96 **A4**
Renescure (59) 22 **A3**
Renève (21) 94 **C2**
Réning (57) 61 **E1**
Rennemoulin (78) 54 **C2**
Rennepont (52) 77 **F3**
Rennes (35) 68 **B2**
Rennes-en-Grenouilles (53) . . . 51 **D4**
Rennes-le-Château (11) 172 **B4**
Rennes-les-Bains (11) 172 **B4**
Rennes-sur-Loue (25) 110 **A1**
Renneval (02) 29 **E4**
Renneville (08) 39 **F2**
Renneville (27) 35 **F3**
Renneville (31) 171 **E2**
Renno (2A). 188 **B2**
Le Renouard (61) 52 **A2**

Rentières (63) 131 **F2**
Renty (62) 21 **F3**
Renung (40) 153 **D3**
Renwez (08) 30 **B4**
La Réole (33) 140 **A2**
La Réorthe (85) 100 **A3**
Réotier (05) 150 **A2**
Repaix (54) 61 **E3**
La Répara-Auriples (26) 147 **F2**
Réparsac (16). 113 **F4**
Repel (88) 79 **E1**
Repentigny (14) 34 **A4**
Replonges (01) 121 **E1**
Le Reposoir (74) 124 **A2**
Les Repôts (39) 109 **E2**
Reppe (90) 96 **C1**
Requeil (72) 71 **D4**
Requista (12) 157 **F2**
Résenlieu (61) 52 **B2**
La Résie-Saint-Martin (70) 94 **C3**
Résigny (02) 29 **F4**
Resson (55) 59 **E3**
Ressons-le-Long (02) 38 **B3**
Ressons-sur-Matz (60) 37 **F2**
Les Ressuintes (28) 53 **D4**
Restigné (37) 87 **D3**
Restinclières (34) 160 **A4**
Le Retail (79) 100 **C3**
Rétaud (17) 113 **D4**
Reterre (23) 117 **F2**
Rethel (08) 40 **A2**
Retheuil (02) 38 **A3**
Rethondes (60) 38 **A3**
Rethonvillers (80) 38 **A1**
Retiers (35) 68 **C3**
Retjons (40) 153 **E1**
Retonfey (57) 42 **C4**
Rétonval (76) 36 **A1**
Retournac (43) 133 **D3**
Retschwiller (67) 63 **D1**
Rettel (57). 42 **C2**
Rety (62) 21 **E2**
Retzwiller (68) 97 **D1**
Reugney (25) 95 **F4**
Reugny (03) 105 **E4**
Reugny (37) 88 **A2**
Reuil (51) 57 **D1**
Reuil-en-Brie (77) 56 **B2**
Reuil-sur-Brêche (60) 37 **D2**
Reuilly (27) 53 **F1**
Reuilly (36) 89 **F4**
Reuilly-Sauvigny (02) 56 **C1**
Reulle-Vergy (21) 93 **F4**
Reumont (59). 28 **C2**
La Réunion (47) 140 **A4**
Reutenbourg (67) 62 **B3**
Reuves (51) 57 **E3**
Reuville (76) 35 **D1**
Reux (14) 34 **A4**
Réveillon (51) 56 **C3**
Réveillon (61) 52 **C4**
Revel (31). 172 **A1**
Revel (38) 135 **F3**
Revel-Tourdan (38) 134 **C2**
Revelles (80) 26 **C4**
Revens (30) 158 **C2**
Reventin-Vaugris (38) 134 **B1**
Revercourt (28) 53 **E3**
Revest-des-Brousses (04) 162 **B2**
Revest-du-Bion (04) 162 **B1**
Le Revest-les-Eaux (83) 178 **A3**
Revest-les-Roches (06) 164 **C3**
Revest-Saint-Martin (04) 162 **C2**
Reviers (14) 33 **D3**
Revigny (39) 109 **F3**
Revigny-sur-Ornain (55) 59 **D2**
Réville (50). 32 **A1**
Réville-aux-Bois (55). 41 **E3**
Revin (08). 30 **B3**
Revonnas (01) 122 **A1**
Rexingen (67) 62 **A2**
Rexpoëde (59) 22 **A2**
Reyersviller (57) 62 **B1**
Reygade (19) 129 **F4**
Reynel (52). 78 **B1**
Reynès (66) 185 **D3**
Reyniès (82) 155 **F2**
Reyrevignes (46) 143 **D2**
Reyrieux (01) 121 **E3**
Reyssouze (01). 108 **C4**
Reyvroz (74) 111 **D4**
Rezay (18) 104 **C3**
Rezé (44) 84 **B3**
Rézentières (15). 131 **E2**
Rezonville-Vionville (57) 60 **B1**
Rezza (2A) 188 **C3**
Rhèges (10) 57 **E4**
Le Rheu (35) 68 **A2**
Rhinau (67) 81 **F1**
Rhodes (57) 61 **F2**
Rhodon (41) 88 **C1**
Rhuis (60). 37 **F4**
Ri (61). 51 **F2**
Ria-Sirach (66) 184 **C2**
Riaillé (44) 84 **C1**
Le Rialet (81) 172 **C1**
Rians (18) 90 **B4**
Rians (83) 177 **F1**

Riantec (56)	82 A1	Rimogne (08)	30 B4	Roche-en-Régnier (43)	133 D3	La Roë (53)	69 D3
Riaucourt (52)	78 A2	Rimon-et-Savel (26)	148 A2	Roche-et-Raucourt (70)	95 D1	Roëllecourt (62)	27 E1
Riaville (55)	59 F1	Rimons (33)	140 A2	La Roche-Guyon (95)	54 A1	Rœschwoog (67)	63 D2
Ribagnac (24)	140 C1	Rimont (09)	183 D1	La Roche-Jaudy (22)	47 D2	Rœulx (59)	28 B1
Ribarrouy (64)	153 E4	Rimou (35)	49 F4	La Roche-la-Molière (42)	133 E2	Rœux (62)	28 A1
Ribaute (11)	173 D3	Rimplas (06)	164 C2	La Roche-l'Abeille (87)	128 C1	Roézé-sur-Sarthe (72)	70 C4
Ribaute-les-Tavernes (30)	160 A2	Rimsdorf (67)	62 A1	La Roche-le-Peyroux (19)	130 C2	Roffey (89)	76 B4
Le Ribay (53)	70 A1	Ringendorf (67)	62 B2	La Roche-lès-Clerval (25)	96 A2	Roffiac (15)	131 F4
Ribeaucourt (55)	59 E4	Rinxent (62)	21 D2	La Roche-lez-Beaupré (25)	95 F3	Rogécourt (02)	38 C2
Ribeaucourt (80)	26 C2	Riocaud (33)	140 B1	La Roche-Mabile (61)	51 F4	Rogerville (76)	34 B2
Ribeauville (02)	28 C3	Riolas (31)	170 B2	La Roche-Maurice (29)	45 F3	Rogéville (54)	60 B2
Ribeauvillé (68)	81 E2	Riols (34)	173 D1	La Roche-Morey (70)	95 D1	Roggenhouse (68)	81 E3
Ribécourt-Dreslincourt (60)	38 A2	Le Riols (81)	156 C1	La Roche-Neuville (53)	69 F4	Rogliano (2B)	187 E1
Ribécourt-la-Tour (59)	28 B2	Riom (63)	118 C3	La Roche-Noire (63)	119 D4	Rogna (39)	110 A4
Ribemont (02)	38 C1	Riom-ès-Montagnes (15)	131 D3	La Roche-Posay (86)	102 C2	Rognac (13)	177 D2
Ribemont-sur-Ancre (80)	27 E2	Rioms (26)	148 A4	La Roche-Rigault (86)	101 F1	Rognaix (73)	136 C1
Ribérac (24)	127 E3	Rion-des-Landes (40)	152 B2	Roche-Saint-Secret-Béconne (26)	147 F3	Rognes (13)	177 D1
Ribes (07)	146 B3	Rions (33)	139 E2	La Roche-sur-Foron (74)	123 F2	Rognon (25)	96 A2
Ribeyret (05)	148 B3	Riorges (42)	120 A2	La Roche-sur-Grane (26)	147 F2	Rognonas (13)	161 D3
Ribouisse (11)	171 F3	Riotord (43)	133 F3	La Roche-sur-le-Buis (26)	148 A4	Rogny (02)	29 D4
Riboux (83)	177 E3	Rioux (17)	113 D4	Roche-sur-Linotte-		Rogny-les-Sept-Écluses (89)	90 C1
La Ricamarie (42)	133 F2	Rioux-Martin (16)	127 D3	-et-Sorans-les-Cordiers (70)	95 F2	Rogues (30)	159 E3
Ricarville-du-Val (76)	35 F1	Rioz (70)	95 E2	La Roche-sur-Yon (85)	99 E2	Rogy (80)	27 D4
Ricaud (11)	171 F2	Riquewihr (68)	81 E2	La Roche-Vanneau (21)	93 E2	Rohaire (28)	53 D3
Ricaud (65)	169 D3	Ris (63)	119 E2	La Roche-Vineuse (71)	108 B4	Rohan (56)	66 C2
Les Riceys (10)	77 D3	Ris (65)	169 E4	Rochebaudin (26)	147 F2	Rohr (67)	62 B3
La Richardais (35)	49 D3	Ris-Orangis (91)	55 E3	La Rochebeaucourt-		Rohrbach-lès-Bitche (57)	62 A1
Richardménil (54)	60 C4	Riscle (32)	153 F4	-et-Argentine (24)	127 E3	Rohrwiller (67)	63 D2
Richarville (91)	54 C4	Risoul (05)	150 A2	Rochebrune (05)	149 E3	Roiffé (86)	86 C4
La Riche (37)	87 F2	Rittershoffen (67)	63 D1	Rochebrune (26)	148 A4	Roiffieux (07)	134 A3
Riche (57)	61 D2	Riupeyrous (64)	168 B1	Rochechinard (26)	135 D4	Roiglise (80)	37 F1
Richebourg (52)	78 A3	Rivarennes (36)	103 E3	Rochechouart (87)	115 E3	Roilly (21)	93 D2
Richebourg (62)	22 C3	Rivarennes (37)	87 E3	Rochecolombe (07)	146 C3	Roinville (28)	73 E1
Richebourg (78)	54 A2	Rivas (42)	133 E1	Rochecorbon (37)	87 F2	Roinville (91)	54 C4
Richecourt (55)	60 A2	Rive-de-Gier (42)	134 A1	Rochefort (17)	112 C2	Roinvilliers (91)	74 A1
Richelieu (37)	102 A1	Rivecourt (60)	37 F3	Rochefort (73)	135 F1	Roisel (80)	28 A3
Richeling (57)	61 F1	Rivedoux-Plage (17)	112 B1	Rochefort-du-Gard (30)	161 D2	Les Roises (55)	59 F4
Richemont (57)	42 B3	Rivehaute (64)	167 E1	Rochefort-en-Terre (56)	67 E4	Roisey (42)	134 A2
Richemont (76)	36 A1	Rivel (11)	172 A4	Rochefort-en-Valdaine (26)	147 E3	Roissard (38)	148 C1
Richerenches (84)	147 E4	Riventosa (2B)	189 D2	Rochefort-en-Yvelines (78)	54 C4	Roissy-en-Brie (77)	55 F3
Richeval (57)	61 F3	Rivèrenert (09)	170 C4	Rochefort-Montagne (63)	118 B4	Roissy-en-France (95)	55 E1
Richeville (27)	36 A4	Rivière (69)	133 F1	Rochefort-Samson (26)	134 C4	Roiville (61)	52 A2
Richtolsheim (67)	81 F1	Rivery (80)	27 D3	Rochefort-sur-Brévon (21)	93 E1	Roizy (08)	39 F3
Richwiller (68)	81 E4	Les Rives (34)	158 C3	Rochefort-sur-la-Côte (52)	78 B2	Rolampont (52)	78 B3
Ricourt (32)	169 D1	Rives (38)	135 E2	Rochefort-sur-Loire (49)	85 F2	Rolbing (57)	44 B4
Ricquebourg (60)	37 F2	Rives (47)	141 D2	Rochefort-sur-Nenon (39)	94 C4	Rollainville (88)	79 D1
Riec-sur-Bélon (29)	65 E3	Rives-d'Andaine (61)	51 D4	La Rochefoucauld-		Rollancourt (62)	21 F4
Riedisheim (68)	81 E4	Rives-d'Autise (85)	100 B4	-en-Angoumois (16)	114 C3	Rolleboise (78)	54 A1
Riedseltz (67)	63 D1	Rives de l'Yon (85)	99 E3	Rochefourchat (26)	148 A2	Rolleville (76)	34 A2
Riel-les-Eaux (21)	77 E3	Rives Dervoises (52)	58 B4	La Rochegiron (04)	162 B1	Rollot (80)	37 F2
Riencourt (80)	26 C3	Rives-du-Couesnon (35)	68 C1	Rochegude (26)	147 E4	Rom (79)	114 B1
Riencourt-lès-Bapaume (62)	28 A2	Rives-du-Loir-en-Anjou (49)	86 A1	Rochegude (30)	146 C4	Romagnat (63)	118 C4
Riencourt-lès-Cagnicourt (62)	28 A2	Rives-en-Seine (76)	34 C2	Rochejean (25)	110 C2	La Romagne (08)	40 A1
Riervescemont (90)	80 C4	Rivesaltes (66)	185 E1	La Rochelle (17)	112 B1	Romagne (33)	139 F1
Riespach (68)	97 E1	Rivière (33)	126 B4	La Rochelle (70)	79 D4	Romagné (35)	69 D1
Rieucazé (31)	170 A3	Rivière (37)	87 D4	Rochemaure (07)	147 E2	La Romagne (49)	85 D4
Rieucros (09)	171 E3	Rivière (38)	135 E3	La Rochénard (79)	113 E1	Romagne (86)	114 C1
Rieulay (59)	28 B1	Rivière (62)	27 F1	Rochepaule (07)	133 F4	Romagne-sous-les-Côtes (55)	41 E4
Rieumajou (31)	171 F1	La Rivière-de-Corps (10)	76 B2	Le Rochepot (21)	108 B1	Romagne-sous-Montfaucon (55)	41 D3
Rieumes (31)	170 B1	La Rivière-Drugeon (25)	110 C1	Rocher (07)	146 C3	Romagnieu (38)	135 E1
Rieupeyroux (12)	143 E4	La Rivière-Enverse (74)	124 A2	Roches (23)	117 D1	Romagny (68)	97 D1
Rieussec (34)	173 D1	Rivière-les-Fosses (52)	94 B1	Roches (41)	72 C4	Romagny Fontenay (50)	50 B3
Rieux (51)	56 C2	Rivière-Saas-et-Gourby (40)	152 A3	Roches-Bettaincourt (52)	78 B1	Romagny-sous-Rougemont (90)	80 C4
Rieux (56)	83 F2	La Rivière-Saint-Sauveur (14)	34 B3	Les Roches-de-Condrieu (38)	134 A2	Romain (25)	96 A2
Rieux (60)	37 E4	Rivière-sur-Tarn (12)	158 C1	Roches-lès-Blamont (25)	96 C2	Romain (39)	95 D3
Rieux (76)	26 A3	Rivières (16)	114 C4	Les Roches-l'Évêque (41)	72 A4	Romain (51)	39 D3
Rieux-de-Pelleport (09)	171 E3	Rivières (30)	146 C4	Roches-Prémarie-Andillé (86)	102 A4	Romain (54)	60 C4
Rieux-en-Cambrésis (59)	28 B2	Rivières (81)	156 C3	Rocheservière (85)	99 E1	Romain-aux-Bois (88)	79 D3
Rieux-en-Val (11)	172 C3	Les Rivières-Henruel (51)	58 B3	Rochessauve (07)	147 D2	Romain-sur-Meuse (52)	78 C2
Rieux-Minervois (11)	172 C2	Rivières-le-Bois (52)	94 C1	Rochesson (88)	80 B3	La Romaine (70)	95 E2
Rieux-Volvestre (31)	170 C2	La Rivière (76)	34 C1	Rochetaillée (52)	78 A4	Romainville (93)	55 E2
Riez (04)	163 D3	Rivolet (69)	121 D2	Rochetaillée-sur-Saône (69)	121 E3	Romanèche-Thorins (71)	121 E1
Rigarda (66)	184 C2	Rix (39)	110 B2	Rochetoirin (38)	135 D1	Romange (39)	94 C4
Rigaud (06)	164 B2	Rix (58)	91 F2	Rochetrejoux (85)	100 A2	Romans (01)	121 F2
Rignac (12)	143 E3	Rixheim (68)	81 E4	La Rochette (04)	164 B2	Romans (79)	101 D4
Rignac (46)	142 C1	La Rixouse (39)	110 A4	La Rochette (05)	149 E2	Romans-sur-Isère (26)	134 C4
Rigney (25)	95 F2	Rizaucourt-Buchey (52)	77 F2	La Rochette (07)	146 B1	Romanswiller (67)	62 B3
Rignieux-le-Franc (01)	122 A3	Roaillan (33)	139 F3	La Rochette (16)	114 C3	Romazières (17)	113 F2
Rignosot (25)	95 F2	Roaix (84)	147 F4	La Rochette (77)	55 F4	Romazy (35)	68 C1
Rignovelle (70)	80 A4	Roanne (42)	120 B2	La Rochette-du-Buis (26)	148 B4	Rombach-le-Franc (68)	81 D1
Rigny (70)	94 C2	Roannes-Saint-Mary (15)	143 F1	Rocheville (50)	31 E2	Rombas (57)	42 B4
Rigny-la-Nonneuse (10)	76 A1	Robécourt (88)	79 D2	Rochonvillers (57)	42 B3	Rombies-et-Marchipont (59)	29 D1
Rigny-la-Salle (55)	60 A3	Robecq (62)	22 B3	Rochy-Condé (60)	37 D3	Rombly (62)	22 A3
Rigny-le-Ferron (10)	76 A2	Robersart (59)	29 D2	Rocles (03)	106 A4	Romegoux (17)	113 D3
Rigny-Saint-Martin (55)	60 A4	Robert-Espagne (55)	59 D3	Rocles (07)	146 B3	Romelfing (57)	61 F2
Rigny-sur-Arroux (71)	107 F3	Robertot (76)	34 C1	Rocles (48)	145 F2	Romenay (71)	109 D4
Rigny-Ussé (37)	87 D3	Roberval (60)	37 F4	Roclincourt (62)	27 F1	Romeny-sur-Marne (02)	56 B2
Riguepeu (32)	154 B4	Robiac-Rochessadoule (30)	146 B4	Rocourt (88)	79 D3	Romeries (59)	28 C2
Rilhac-Lastours (87)	115 F4	La Robine-sur-Galabre (04)	163 E1	Rocourt-Saint-Martin (02)	56 C1	Romery (02)	29 D3
Rilhac-Rancon (87)	116 A3	Robion (84)	161 F3	Rocquefort (76)	34 C1	Romery (51)	57 E1
Rilhac-Treignac (19)	129 E3	Le Roc (46)	142 B1	Rocquemont (60)	37 F4	Romescamps (60)	36 B1
Rilhac-Xaintrie (19)	130 B3	Rocamadour (46)	142 B1	Rocquemont (76)	35 F2	Romestaing (47)	140 A3
Rillans (25)	96 A2	Rocbaron (83)	178 B3	Rocquencourt (60)	37 E2	Romeyer (26)	148 B1
Rillé (37)	87 D2	Rocé (41)	72 B4	Rocques (14)	34 A4	La Romieu (32)	154 B2
Rillieux-la-Pape (69)	121 E3	Roche (38)	134 C1	Rocquigny (02)	29 E4	Romigny (51)	57 D1
Rilly-la-Montagne (51)	57 E1	Roche (42)	133 D1	Rocquigny (08)	29 F4	Romiguières (34)	158 C3
Rilly-Sainte-Syre (10)	76 B1	La Roche-Bernard (56)	83 E2	Rocquigny (62)	28 A2	Romillé (35)	68 A1
Rilly-sur-Aisne (08)	40 B2	La Roche-Blanche (44)	85 D2	Rocroi (08)	30 A3	Romilly (41)	72 B3
Rilly-sur-Loire (41)	88 B2	La Roche-Blanche (63)	118 C4	Rodalbe (57)	61 E2	Romilly-la-Puthenaye (27)	53 D1
Rilly-sur-Vienne (37)	87 E4	La Roche-Canillac (19)	130 A3	Rodelinghem (62)	21 E2	Romilly-sur-Andelle (27)	35 F3
Rimaucourt (52)	78 B2	La Roche-Chalais (24)	127 D3	Rodelle (12)	144 A3	Romilly-sur-Seine (10)	76 B1
Rimbach-près-Guebwiller (68)	81 D3	Roche-Charles-la-Mayrand (63)	131 E2	Rodemack (57)	42 C2	Romont (88)	80 A1
Rimbach-près-Masevaux (68)	80 C4	La Roche-Clermault (37)	87 D4	Roden (68)	81 D4	Romorantin-Lanthenay (41)	89 E3
Rimbachzell (68)	81 D3	Roche-d'Agoux (63)	118 A2	Rodern (68)	81 E1	Rompon (07)	147 E1
Rimbez-et-Baudiets (40)	153 F2	La Roche-de-Glun (26)	134 B4	Rodès (66)	185 D2	Ronai (61)	51 F2
Rimboval (62)	21 E4	La Roche-de-Rame (05)	150 A1	Rodez (12)	144 A4	Roncenay (10)	76 C2
Rimeize (48)	145 D1	La Roche-des-Arnauds (05)	149 D2	Rodilhan (30)	160 C3	Roncey (50)	50 A4
Rimling (57)	62 A1	La Roche-en-Brenil (21)	92 C3	Rodome (11)	184 A1	Ronchamp (70)	96 B1

Ronchaux (25) 95 E4
Ronchères (02) 57 D1
Ronchères (89) 91 E1
Roncherolles-en-Bray (76) 36 A2
Roncherolles-sur-le-Vivier (76) 35 E3
Ronchin (59) 23 D3
Ronchois (76) 36 A1
Roncourt (57) 42 B4
Roncq (59) 23 D3
La Ronde (17) 100 B4
Rondefontaine (25) 110 C2
Rongères (03) 119 E1
Ronnet (03) 118 A1
Ronno (69) 120 C3
Ronquerolles (95) 55 D1
Ronsenac (16) 127 E1
Ronssoy (80) 28 B3
Rontalon (69) 121 D4
Rontignon (64) 168 B2
Ronvaux (55) 41 F4
Roost-Warendin (59) 23 D4
Roppe (90) 96 C1
Roppenheim (67) 63 E2
Roppentzwiller (68) 97 E1
Roppeviller (57) 44 B4
La Roque-Alric (84) 161 F1
La Roque-Baignard (14) 34 A4
La Roque-d'Anthéron (13) 162 A4
La Roque-en-Provence (06) 164 C3
La Roque-Esclapon (83) 164 A4
La Roque-Gageac (24) 141 F1
La Roque-Sainte-Marguerite (12) 158 C1
La Roque-sur-Cèze (30) 160 C1
La Roque-sur-Pernes (84) 161 F2
Roquebillière (06) 165 D2
Roquebrun (34) 173 E1
Roquebrune (32) 154 A3
Roquebrune (33) 140 A2
Roquebrune-Cap-Martin (06) 165 E3
Roquebrune-sur-Argens (83) 179 D2
La Roquebrussanne (83) 178 A2
Roquecor (82) 141 E4
Roquecourbe (81) 157 E4
Roquecourbe-Minervois (11) 173 D2
Roquedur (30) 159 E2
Roquefère (11) 172 B2
Roquefeuil (11) 184 A1
Roquefixade (09) 171 E4
Roquefort (32) 154 C3
Roquefort (40) 153 E2
Roquefort (47) 154 C1
Roquefort-de-Sault (11) 184 B1
Roquefort-des-Corbières (11) 173 E4
Roquefort-la-Bédoule (13) 177 E3
Roquefort-les-Cascades (09) 171 E4
Roquefort-les-Pins (06) 164 C4
Roquefort-sur-Garonne (31) 170 B3
Roquefort-sur-Soulzon (12) 158 B2
Roquelaure (32) 154 C3
Roquelaure-Saint-Aubin (32) 155 E4
Roquemaure (30) 161 D2
Roquemaure (81) 156 B3
Roquepine (32) 154 B2
Roqueredonde (34) 158 C3
Roques (31) 171 D1
Roques (32) 154 A3
Roquesérière (31) 156 B4
Roquessels (34) 173 F1
Roquestéron (06) 164 C3
Roquetaillade-et-Conilhac (11) 172 B4
Roquetoire (62) 22 A3
La Roquette (27) 35 F4
La Roquette-sur-Siagne (06) 179 F1
La Roquette-sur-Var (06) 165 D3
Roquettes (31) 171 D1
Roquevaire (13) 177 F2
Roquevidal (81) 156 C4
Roquiague (64) 167 E2
La Roquille (33) 140 B1
Rorbach-lès-Dieuze (57) 81 E1
Rorschwihr (68) 81 E1
Rosans (05) 148 B3
Rosay (39) 109 E3
Rosay (76) 35 F1
Rosay (78) 54 A2
Rosay-sur-Lieure (27) 36 A3
Rosazia (2A) 188 C3
Rosbruck (57) 43 E4
Roscanvel (29) 45 E4
Roscoff (29) 46 A2
Rosel (14) 33 E4
Rosenau (68) 97 F1
Rosenwiller (67) 62 B4
Roset-Fluans (25) 95 D4
Rosey (70) 95 E1
Rosey (71) 108 B2
Rosheim (67) 62 B4
La Rosière (70) 80 B3
Rosières (07) 146 B3
Rosières (43) 133 D3
Rosières (60) 37 F4
Rosières (81) 157 D2
Rosières-aux-Salines (54) 60 C4
Rosières-en-Haye (54) 60 B4
Rosières-en-Santerre (80) 27 F4
Rosières-près-Troyes (10) 76 C4
Rosières-sur-Barbèche (25) 96 B3
Rosières-sur-Mance (70) 79 D4

Rosiers-de-Juillac (19) 129 D2
Rosiers-d'Égletons (19) 130 A2
Rosis (34) 158 B4
Rosnay (36) 103 E2
Rosnay (51) 39 E4
Rosnay (85) 99 E3
Rosnay-l'Hôpital (10) 58 B4
Rosnoën (29) 45 F4
Rosny-sous-Bois (93) 55 E2
Rosny-sur-Seine (78) 54 A1
Rosoy (60) 37 E3
Rosoy (89) 75 E2
Rosoy-en-Multien (60) 56 A1
Rospez (22) 47 D2
Rospigliani (2B) 189 D2
Rosporden (29) 65 E2
Rosselange (57) 42 B4
Rossfeld (67) 81 F1
Rossillon (01) 122 B3
Rosteig (67) 62 A1
Rostrenen (22) 66 A1
Rosult (59) 23 E4
Rosureux (25) 96 B3
Rotalier (39) 109 F3
Rotangy (60) 36 C2
Rothau (67) 62 A4
Rothbach (67) 62 B2
Rotherens (73) 136 B1
La Rothière (10) 77 E1
Rothois (60) 36 C2
Rothonay (39) 109 F3
Rots (14) 33 D4
Rott (67) 63 D1
Rottelsheim (67) 62 C2
Rottier (26) 148 B3
Rou-Marson (49) 86 B3
Rouairoux (81) 172 C1
Rouans (44) 84 A3
La Rouaudière (53) 69 D4
Roubaix (59) 23 D3
Roubia (11) 173 D2
Roubion (06) 164 C1
Roucourt (59) 28 B1
Roucy (02) 39 E3
Roudouallec (56) 65 E1
Rouécourt (52) 78 A1
Rouède (31) 170 A3
Rouelles (52) 78 A4
Rouen (76) 35 E3
Rouessé-Fontaine (72) 71 D1
Rouessé-Vassé (72) 70 B2
Rouet (34) 159 F3
Rouez (72) 70 C2
Rouffach (68) 81 E3
Rouffange (39) 95 D3
Rouffiac (15) 130 A4
Rouffiac (16) 127 D2
Rouffiac (17) 113 E4
Rouffiac (81) 157 D3
Rouffiac-d'Aude (11) 172 B3
Rouffiac-des-Corbières (11) 172 C4
Rouffiac-Tolosan (31) 156 A4
Rouffignac (17) 126 B2
Rouffignac-de-Sigoulès (24) 140 C1
Rouffignac-Saint-Cernin-de-Reilhac (24) 128 B4
Rouffilhac (46) 142 A1
Rouffy (51) 57 F2
Rougé (44) 68 C4
Rouge-Perriers (27) 35 D4
Rougefay (62) 27 D1
Rougegoutte (90) 80 C4
Rougemont (21) 92 C1
Rougemont (25) 96 A2
Rougemont-le-Château (90) 80 C4
Rougemontiers (27) 34 C3
Rougemontot (25) 95 F2
Rougeou (41) 89 D3
Rougeries (02) 29 D4
Les Rouges-Eaux (88) 80 B1
Le Rouget-Pers (15) 143 E1
Rougeux (52) 78 C4
Rougiers (83) 178 A2
Rougnac (16) 127 E1
Rougnat (23) 117 F2
Rougon (04) 163 F3
Rouhe (25) 95 E4
Rouhling (57) 43 E4
Rouillac (16) 114 A4
Rouillac (22) 67 E1
Rouillé (86) 101 E4
Rouillon (72) 71 D3
Rouilly (77) 56 B4
Rouilly-Sacey (10) 76 C1
Rouilly-Saint-Loup (10) 76 C2
Roujan (34) 174 A2
Roulans (25) 95 F3
Le Roulier (88) 80 B2
Roullens (11) 172 B3
Roullet-Saint-Estèphe (16) 127 D1
Roumagne (47) 140 B2
Roumare (76) 35 E2
Roumégoux (15) 143 E1
Roumengoux (09) 171 F3
Roumens (31) 171 F1
Roumoules (04) 163 E3
Rountzenheim-Auenheim (67) 63 D2
Roupeldange (57) 43 D4

Rouperroux (61) 51 F4
Rouperroux-le-Coquet (72) 71 E2
Roupy (02) 28 B1
La Rouquette (12) 143 D4
Roure (06) 164 C1
Le Rouret (06) 164 C4
Rousies (59) 29 E1
Roussas (26) 147 E3
Roussayrolles (81) 156 C1
Rousseloy (60) 37 E4
Roussennac (12) 143 E3
Roussent (62) 26 B1
Les Rousses (39) 110 B3
Rousses (48) 159 E1
Rousset (60) 149 F3
Rousset (13) 177 F2
Rousset-les-Vignes (26) 147 F3
Le Rousset-Marizy (71) 108 A3
Roussieux (26) 148 B3
Roussillon (38) 134 B2
Roussillon (84) 162 A2
Roussillon-en-Morvan (71) 107 E1
Roussines (16) 115 D4
Roussines (36) 103 E4
Rousson (30) 160 A1
Rousson (89) 75 E3
Roussy-le-Village (57) 42 B2
Routes (76) 35 D1
Routier (11) 172 A3
Routot (27) 34 C3
Rouves (54) 60 C2
La Rouvière (30) 160 B2
Rouvignies (59) 28 C1
Rouville (60) 38 A4
Rouville (76) 34 C2
Rouvillers (60) 37 E3
Rouvray (21) 92 C2
Rouvray (27) 53 F1
Rouvray (89) 76 A4
Rouvray-Catillon (76) 36 A2
Rouvray-Saint-Denis (28) 73 E2
Rouvray-Sainte-Croix (45) 73 E3
Rouvrel (80) 27 E4
Rouvres (14) 51 F1
Rouvres (28) 54 A2
Rouvres (77) 55 F1
Rouvres-en-Multien (60) 56 A1
Rouvres-en-Plaine (21) 94 A3
Rouvres-en-Woëvre (55) 41 F4
Rouvres-en-Xaintois (88) 79 E1
Rouvres-la-Chétive (88) 79 D1
Rouvres-les-Bois (36) 89 D4
Rouvres-les-Vignes (10) 77 F2
Rouvres-Saint-Jean (45) 74 A1
Rouvres-sous-Meilly (21) 93 E4
Rouvres-sur-Aube (52) 78 A4
Rouvrois-sur-Meuse (55) 59 F2
Rouvrois-sur-Othain (55) 41 F3
Rouvroy (02) 28 B4
Rouvroy (62) 28 A1
Rouvroy-en-Santerre (80) 27 F4
Rouvroy-les-Merles (60) 37 D2
Rouvroy-Ripont (51) 40 B4
Rouvroy-sur-Audry (08) 40 A1
Rouvroy-sur-Marne (52) 78 A1
Rouvroy-sur-Serre (02) 29 F4
Le Roux (07) 146 B2
Rouxmesnil-Bouteilles (76) 25 E2
Rouy (58) 106 C1
Rouy-le-Grand (80) 38 A1
Rouy-le-Petit (80) 38 A1
Rouze (09) 184 A1
Rouzède (16) 115 D4
Rouziers (15) 143 E1
Rouziers-de-Touraine (37) 87 F2
Le Rove (13) 177 D2
Roville-aux-Chênes (88) 80 B1
Roville-devant-Bayon (54) 60 C4
Rovon (38) 135 E3
Roy-Boissy (60) 36 C2
Royan (17) 112 C4
Royas (38) 134 C1
Royat (63) 117 D3
Royaucourt (60) 37 E2
Royaucourt-et-Chailvet (02) 38 C2
Royaumeix (54) 60 A3
Roybon (38) 135 D3
Roye (70) 96 A1
Roye (80) 27 F4
Roye-sur-Matz (60) 37 F2
Royer (71) 108 C3
Royère-de-Vassivière (23) 117 D3
Royères (87) 116 C3
Roynac (26) 147 F2
Royon (62) 21 E4
Royville (76) 35 E1
Roz-Landrieux (35) 49 E4
Roz-sur-Couesnon (35) 49 E3
Rozay-en-Brie (77) 56 A3
Le Rozel (50) 31 D2
Rozelieures (54) 61 D4
Rozérieulles (57) 60 B1
Rozerotte (88) 79 E2
Rozès (32) 154 B3
Rozet-Saint-Albin (02) 38 B4
Le Rozier (48) 158 C1
Rozier-Côtes-d'Aurec (42) 133 D2
Rozier-en-Donzy (42) 120 C4

Rozières-en-Beauce (45) 73 D3
Rozières-sur-Crise (02) 38 C3
Rozières-sur-Mouzon (88) 79 D2
Roziers-Saint-Georges (87) 116 B4
Rozoy-Bellevalle (02) 56 C2
Rozoy-le-Vieil (45) 75 D2
Rozoy-sur-Serre (02) 29 F4
Ruages (58) 92 A3
Ruan (45) 73 E2
Ruan-sur-Egvonne (41) 72 B3
Ruaudin (72) 71 D3
Rubelles (77) 55 F4
Rubempré (80) 27 E3
Rubercy (14) 32 C3
Rubescourt (80) 37 E2
Rubigny (08) 39 F1
Rubrouck (59) 22 A2
Ruca (22) 48 B3
Ruch (33) 140 A1
Rudeau-Ladosse (24) 127 F1
Rudelle (46) 143 D2
Rue (80) 26 B1
La Rue-Saint-Pierre (60) 37 D3
La Rue-Saint-Pierre (76) 35 F2
Ruederbach (68) 97 E1
Rueil-la-Gadelière (28) 53 D3
Rueil-Malmaison (92) 55 D2
Ruelisheim (68) 81 E4
Ruelle-sur-Touvre (16) 114 B4
Les Rues-des-Vignes (59) 28 B2
Ruesnes (59) 28 C1
Rueyres (46) 142 C2
Ruffec (16) 114 B2
Ruffec (36) 103 D3
Ruffey-le-Château (25) 95 D3
Ruffey-lès-Beaune (21) 108 C1
Ruffey-lès-Echirey (21) 94 A3
Ruffey-sur-Seille (39) 109 F2
Ruffiac (47) 140 A4
Ruffiac (56) 67 E3
Ruffieu (01) 122 C2
Ruffieux (73) 123 D3
Ruffigné (44) 68 C2
Rugles (27) 52 C2
Rugney (88) 79 F1
Rugny (89) 76 C4
Ruhans (70) 95 F2
Ruillé-en-Champagne (72) 70 C3
Ruillé-Froid-Fonds (53) 69 F3
Ruisseauville (62) 21 F4
Ruitz (62) 22 B4
Rullac-Saint-Cirq (12) 157 F1
Rully (60) 37 F4
Rully (71) 108 B1
Rumaucourt (62) 28 A1
Rumegies (59) 23 E4
Rumersheim-le-Haut (68) 81 F3
Rumesnil (14) 34 A4
Rumigny (08) 29 F4
Rumigny (80) 27 D4
Rumilly (62) 21 F3
Rumilly (74) 123 D3
Rumilly-en-Cambrésis (59) 28 B2
Rumilly-lès-Vaudes (10) 76 C2
Ruminghem (62) 21 F2
Rumont (55) 59 E2
Rumont (77) 74 B2
Runan (22) 47 E2
Rungis (94) 55 D3
Ruoms (07) 146 C3
Rupéreux (77) 56 B4
Ruppes (88) 60 A4
Rupt (52) 78 A1
Rupt-aux-Nonains (55) 59 E2
Rupt-devant-Saint-Mihiel (55) 59 E2
Rupt-en-Woëvre (55) 59 F1
Rupt-sur-Moselle (88) 80 B3
Rupt-sur-Othain (55) 41 F3
Rupt-sur-Saône (70) 95 E1
Rurange-lès-Thionville (57) 42 C3
Rurey (25) 95 E4
Rusio (2B) 187 D4
Russ (67) 62 A4
Russange (57) 42 A2
Le Russey (25) 96 B4
Russy-Bémont (60) 38 A4
Rustenhart (68) 81 E3
Rustiques (11) 172 C3
Rustrel (84) 162 B2
Rustroff (57) 42 C2
Rutali (2B) 187 E4
Ruvigny (10) 76 C2
Ruy-Montceau (38) 135 D1
Ruyaulcourt (62) 28 A2
Ruynes-en-Margeride (15) 131 F4
Ry (76) 35 F3
Rye (39) 109 E1
Ryes (14) 33 D3

S

Saâcy-sur-Marne (77) 56 B2
Saales (67) 81 D1
Saâne-Saint-Just (76) 35 D1
Saasenheim (67) 81 F1
Sabadel-Latronquière (46) 143 D2

Sabadel-Lauzès (46) 142 B3
Sabaillan (32) 170 A1
Sabalos (65) 169 D2
Sabarat (09) 183 D1
Sabarros (65) 169 E2
Sabazan (32) 153 F4
Sablé-sur-Sarthe (72) 70 B4
Les Sables-d'Olonne (85) 98 C4
Sablet (84) 161 E1
Sablières (07) 146 B3
Sablonceaux (17) 112 C4
Sablonnières (77) 56 B2
Sablons (33) 126 C4
Sablons (38) 134 A2
Sablons sur Huisne (61) 72 A1
Sabonnères (31) 170 B1
La Sabotterie (08) 40 B2
Sabran (30) 160 C1
Sabres (40) 152 C1
Saccourville (31) 181 F2
Sacé (53) 69 F2
Sacey (50) 49 F4
Saché (37) 87 E3
Sachin (62) 22 A4
Sachy (08) 41 D1
Sacierges-Saint-Martin (36) 103 E4
Saclas (91) 73 F1
Saclay (91) 54 C3
Saconin-et-Breuil (02) 38 B4
Sacoué (65) 169 F4
Sacquenay (21) 94 B1
Sacquenville (27) 53 E1
Sacy (51) 39 E4
Sacy-le-Grand (60) 37 E3
Sacy-le-Petit (60) 37 E3
Sadeillan (32) 169 E1
Sadillac (24) 140 C2
Sadirac (33) 139 E1
Sadournin (65) 169 E2
Sadroc (19) 129 E2
Saessolsheim (67) 62 B3
Saffais (54) 60 C4
Saffloz (39) 110 A2
Saffré (44) 84 B1
Saffres (21) 93 E3
Sagelat (24) 141 F1
Sagnat (23) 116 C1
Sagnes-et-Goudoulet (07) 146 B1
Sagonne (18) 105 F2
Sagy (71) 109 E3
Sagy (95) 54 C1
Sahorre (66) 184 C2
Sahune (26) 148 A3
Sahurs (76) 35 D3
Sai (61) 51 F3
Saignes (15) 130 C2
Saignes (46) 142 C1
Saigneville (80) 26 B2
Saignon (84) 162 A3
Saiguède (31) 170 C1
Sail-les-Bains (42) 119 F1
Sail-sous-Couzan (42) 120 A4
Sailhan (65) 181 E2
Saillac (19) 129 E4
Saillac (46) 142 C4
Saillagouse (66) 184 A3
Saillans (26) 148 A2
Saillans (33) 126 B4
Saillant (63) 133 D2
Saillat-sur-Vienne (87) 115 E3
Saillenard (71) 109 E2
Sailly (08) 41 D2
Sailly (52) 78 B1
Sailly (71) 108 B3
Sailly (78) 54 B1
Sailly-Achâtel (57) 60 C2
Sailly-au-Bois (62) 27 E3
Sailly-en-Ostrevent (62) 28 A1
Sailly-Flibeaucourt (80) 26 B2
Sailly-Labourse (62) 22 B4
Sailly-Laurette (80) 27 E3
Sailly-le-Sec (80) 27 E3
Sailly-lez-Cambrai (59) 28 B2
Sailly-lez-Lannoy (59) 23 E3
Sailly-Saillisel (80) 28 A3
Sailly-sur-la-Lys (62) 22 C3
Sain-Bel (69) 121 D3
Saincaize-Meauce (58) 106 A1
Sainghin-en-Mélantois (59) 23 D3
Sainghin-en-Weppes (59) 22 C4
Sainneville (76) 34 B2
Sainpuits (89) 91 E2
Sains (35) 49 E4
Sains-du-Nord (59) 29 E2
Sains-en-Amiénois (80) 27 D4
Sains-en-Gohelle (62) 22 B4
Sains-lès-Fressin (62) 21 F4
Sains-lès-Marquion (62) 28 A2
Sains-lès-Pernes (62) 22 A4
Sains-Morainvillers (60) 37 E2
Sains-Richaumont (02) 29 D4
Le Saint (56) 65 F2
Saint-Abit (64) 168 B2
Saint-Abraham (56) 67 E4
Saint-Acheul (80) 27 D2
Saint-Adjutory (16) 115 D4
Saint-Adrien (22) 47 E3
Saint-Affrique (12) 158 A2

Saint-Affrique-les-Montagnes (81) . 172 B1
Saint-Agathon (22) 47 E3
Saint-Agnan (58) 92 C3
Saint-Agnan (71) 107 D4
Saint-Agnan (81) 156 B4
Saint-Agnan (89) 75 D1
Saint-Agnan-de-Cernières (27) 52 B2
Saint-Agnan-en-Vercors (26) 135 E4
Saint-Agnan-sur-Sarthe (61) 52 B4
Saint-Agnant (17) 112 C3
Saint-Agnant-de-Versillat (23) ... 116 B1
Saint-Agnant-près-Crocq (23) 117 F4
Saint-Agne (24) 141 D1
Saint-Agnet (40) 153 E4
Saint-Agnin-sur-Bion (38) 135 D1
Saint-Agoulin (63) 118 C2
Saint-Agrève (07) 133 F4
Saint-Aignan (08) 40 C2
Saint-Aignan (33) 126 B4
Saint-Aignan (41) 88 C3
Saint-Aignan (56) 66 B1
Saint-Aignan (72) 71 E2
Saint-Aignan (82) 155 F2
Saint-Aignan-de-Couptrain (53) 51 E4
Saint-Aignan-des-Noyers (18) 105 F2
Saint-Aignan-Grandlieu (44) 84 B4
Saint-Aignan-le-Jaillard (45) 90 B1
Saint-Aignan-sur-Roë (53) 69 D4
Saint-Aignan-sur-Ry (76) 35 F2
Saint-Aigny (36) 103 D3
Saint-Aigulin (17) 127 D3
Saint-Ail (54) 42 B4
Saint-Albain (71) 108 C4
Saint-Alban (01) 122 B2
Saint-Alban (22) 48 A3
Saint-Alban (31) 155 F4
Saint-Alban-Auriolles (07) 146 C3
Saint-Alban-d'Ay (07) 134 A3
Saint-Alban-de-Montbel (73) 135 F1
Saint-Alban-de-Roche (38) 135 D1
Saint-Alban-des-Villards (73) 136 B2
Saint-Alban-d'Hurtières (73) 136 B1
Saint-Alban-du-Rhône (38) 134 A2
Saint-Alban-en-Montagne (07) 146 A2
Saint-Alban-les-Eaux (42) 120 A2
Saint-Alban-Leysse (73) 136 A1
Saint-Alban-sur-Limagnole (48) ... 145 D1
Saint-Albin-de-Vaulserre (38) 135 F1
Saint-Alexandre (30) 147 D4
Saint-Algis (02) 29 E3
Saint-Allouestre (56) 66 C3
Saint-Alpinien (23) 117 E3
Saint-Alyre-d'Arlanc (63) 132 B2
Saint-Alyre-ès-Montagne (63) 131 E2
Saint-Amadou (09) 171 E3
Saint-Amancet (81) 172 A1
Saint-Amand (23) 117 E3
Saint-Amand (62) 27 E2
Saint-Amand-de-Vergt (24) 128 A4
Saint-Amand-en-Puisaye (58) 91 D2
Saint-Amand-Jartoudeix (23) 116 C3
Saint-Amand-le-Petit (87) 116 C4
Saint-Amand-les-Eaux (59) 23 E4
Saint-Amand-Longpré (41) 88 A1
Saint-Amand-Magnazeix (87) 116 A1
Saint-Amand-Montrond (18) 105 D2
Saint-Amand-sur-Fion (51) 58 B2
Saint-Amand-sur-Ornain (55) 59 E3
Saint-Amand-sur-Sèvre (79) 100 B1
Saint-Amand-Villages (50) 50 B1
Saint-Amandin (15) 131 D2
Saint-Amans (09) 171 E3
Saint-Amans (11) 171 F2
Saint-Amans-de-Pellagal (82) 141 F4
Saint-Amans-des-Cots (12) 144 A2
Saint-Amans-du-Pech (82) 141 E4
Saint-Amans-Soult (81) 172 C1
Saint-Amans-Valtoret (81) 172 C1
Saint-Amant-de-Boixe (16) 114 B3
Saint-Amant-de-Nouère (16) 114 A4
Saint-Amant-Roche-Savine (63) 132 B1
Saint-Amant-Tallende (63) 118 C4
Saint-Amarin (68) 80 C3
Saint-Ambreuil (71) 108 C2
Saint-Ambroix (18) 104 C1
Saint-Ambroix (30) 160 B1
Saint-Amé (88) 80 B3
Saint-Amour (39) 109 E4
Saint-Amour-Bellevue (71) 121 E1
Saint-Andelain (58) 91 D3
Saint-Andéol (26) 148 A1
Saint-Andéol (38) 135 E4
Saint-Andéol-de-Berg (07) 147 D3
Saint-Andéol-de-Fourchades (07) .. 146 C1
Saint-Andéol-de-Vals (07) 146 C2
Saint-Andeux (21) 92 C3
Saint-Andiol (13) 161 E3
Saint-André (31) 170 A2
Saint-André (32) 155 D4
Saint-André (66) 185 E2
Saint-André (73) 137 D3
Saint-André (81) 157 E2
Saint-André-Capcèze (48) 146 A3
Saint-André-d'Allas (24) 141 F1
Saint-André-d'Apchon (42) 120 A2
Saint-André-de-Bâgé (01) 121 E1
Saint-André-de-Boëge (74) 123 F1

Saint-André-de-Bohon (50) 32 A4
Saint-André-de-Briouze (61) 51 E3
Saint-André-de-Buèges (34) 159 E3
Saint-André-de-Chalencon (43) 133 D3
Saint-André-de-Corcy (01) 121 F3
Saint-André-de-Cruzières (07) 146 B4
Saint-André-de-Cubzac (33) 126 B4
Saint-André-de-Double (24) 127 E3
Saint-André-de-la-Roche (06) 165 D3
Saint-André-de-Lancize (48) 145 F4
Saint-André-de-l'Épine (50) 32 B4
Saint-André-de-l'Eure (27) 53 F2
Saint-André-de-Lidon (17) 113 D4
Saint-André-de-Majencoules (30) .. 159 E2
Saint-André-de-Messei (61) 51 D3
Saint-André-de-Najac (12) 157 D1
Saint-André-de-Roquelongue (11) .. 173 E3
Saint-André-de-Roquepertuis (30) . 146 C4
Saint-André-de-Rosans (05) 148 B4
Saint-André-de-Sangonis (34) 159 D4
Saint-André-de-Seignanx (40) 151 F4
Saint-André-de-Valborgne (30) 159 E1
Saint-André-de-Vézines (12) 158 C1
Saint-André-des-Eaux (22) 49 D4
Saint-André-des-Eaux (44) 83 E3
Saint-André-d'Embrun (05) 150 A2
Saint-André-d'Hébertot (14) 34 B3
Saint-André-d'Huiriat (01) 121 E1
Saint-André-d'Olérargues (30) 160 C1
Saint-André-du-Bois (33) 139 F2
Saint-André-en-Barrois (55) 59 E1
Saint-André-en-Bresse (71) 109 D3
Saint-André-en-Morvan (58) 92 B3
Saint-André-en-Royans (38) 135 D4
Saint-André-en-Terre-Plaine (89) .. 92 C2
Saint-André-en-Vivarais (07) 133 F3
Saint-André-et-Appelles (33) 140 B1
Saint-André-Farivillers (60) 37 D2
Saint-André-Goule-d'Oie (85) 99 F1
Saint-André-la-Côte (69) 133 F1
Saint-André-Lachamp (07) 146 B3
Saint-André-le-Bouchoux (01) 121 F2
Saint-André-le-Coq (63) 119 D3
Saint-André-le-Désert (71) 108 A4
Saint-André-le-Gaz (38) 135 E1
Saint-André-le-Puy (42) 120 B4
Saint-André-les-Alpes (04) 163 F2
Saint-André-les-Vergers (10) 76 C2
Saint-André-lez-Lille (59) 23 D3
Saint-André-sur-Cailly (76) 35 F2
Saint-André-sur-Orne (14) 33 E4
Saint-André-sur-Sèvre (79) 100 B2
Saint-André-sur-Vieux-Jonc (01) .. 121 F1
Saint-Androny (33) 126 A3
Saint-Ange-et-Torçay (28) 53 E3
Saint-Angel (03) 105 E4
Saint-Angel (19) 130 B1
Saint-Angel (63) 118 B3
Saint-Anthème (63) 133 D1
Saint-Anthot (21) 93 E3
Saint-Antoine (15) 143 F2
Saint-Antoine (25) 110 C2
Saint-Antoine (32) 155 D2
Saint-Antoine-de-Breuilh (24) 140 B1
Saint-Antoine-de-Ficalba (47) 141 D4
Saint-Antoine-du-Queyret (33) 140 A1
Saint-Antoine-du-Rocher (37) 87 F2
Saint-Antoine-la-Forêt (76) 34 B2
Saint-Antoine-l'Abbaye (38) 135 D3
Saint-Antoine-sur-l'Isle (33) 127 D4
Saint-Antonin (06) 164 B2
Saint-Antonin (32) 155 D4
Saint-Antonin-de-Sommaire (27) 52 C2
Saint-Antonin-du-Var (83) 178 C1
Saint-Antonin-Noble-Val (82) 156 B1
Saint-Antonin-sur-Bayon (13) 177 E1
Saint-Aoustrille (36) 104 B1
Saint-Août (36) 104 B2
Saint-Apollinaire (05) 149 F2
Saint-Apollinaire (21) 94 A3
Saint-Apollinaire-de-Rias (07) ... 147 D1
Saint-Apollinaire (69) 120 C3
Saint-Appolinard (38) 135 D3
Saint-Appolinard (42) 134 A2
Saint-Aquilin (24) 127 F3
Saint-Aquilin-de-Corbion (61) 52 B3
Saint-Araille (31) 170 B2
Saint-Arailles (32) 154 B4
Saint-Arcons-d'Allier (43) 132 B4
Saint-Arcons-de-Barges (43) 146 A1
Saint-Arey (38) 148 C1
Saint-Armel (35) 103 E1
Saint-Armel (56) 82 C2
Saint-Armou (64) 168 B1
Saint-Arnac (66) 184 C1
Saint-Arnoult (14) 34 A3
Saint-Arnoult (41) 88 A1
Saint-Arnoult (60) 36 B2
Saint-Arnoult (76) 34 C2
Saint-Arnoult-des-Bois (28) 53 F4
Saint-Arnoult-en-Yvelines (78) 54 C4
Saint-Arroman (32) 169 F1
Saint-Arroman (65) 169 E3
Saint-Arroumex (82) 155 E2
Saint-Astier (24) 127 F3

Saint-Astier (47) 140 B2
Saint-Auban (06) 164 A3
Saint-Auban-d'Oze (05) 149 D3
Saint-Auban-sur-l'Ouvèze (26) 148 B4
Saint-Aubert (59) 28 C2
Saint-Aubin (02) 38 B2
Saint-Aubin (10) 57 D4
Saint-Aubin (21) 108 B1
Saint-Aubin (36) 104 B2
Saint-Aubin (39) 94 B4
Saint-Aubin (40) 152 C3
Saint-Aubin (47) 141 E3
Saint-Aubin (59) 29 E2
Saint-Aubin (62) 21 D4
Saint-Aubin (91) 54 C3
Saint-Aubin-Celloville (76) 35 E3
Saint-Aubin-d'Appenai (61) 52 B4
Saint-Aubin-d'Arquenay (14) 33 E4
Saint-Aubin-d'Aubigné (35) 68 B1
Saint-Aubin-de-Blaye (33) 126 A2
Saint-Aubin-de-Bonneval (61) 52 B2
Saint-Aubin-de-Branne (33) 139 F1
Saint-Aubin-de-Cadelech (24) 140 C2
Saint-Aubin-de-Courteraie (61) 52 B4
Saint-Aubin-de-Crétot (76) 34 C2
Saint-Aubin-de-Lanquais (24) 141 D1
Saint-Aubin-de-Locquenay (72) 70 C1
Saint-Aubin-de-Médoc (33) 125 F4
Saint-Aubin-de-Nabirat (24) 142 A2
Saint-Aubin-de-Scellon (27) 34 B4
Saint-Aubin-de-Terregatte (50) 50 A3
Saint-Aubin-d'Écrosville (27) 53 E1
Saint-Aubin-des-Bois (14) 50 B2
Saint-Aubin-des-Bois (28) 53 F4
Saint-Aubin-des-Châteaux (44) 68 C4
Saint-Aubin-des-Chaumes (58) 92 A3
Saint-Aubin-des-Coudrais (72) 71 F2
Saint-Aubin-des-Landes (35) 68 C2
Saint-Aubin-des-Ormeaux (85) 85 D4
Saint-Aubin-des-Préaux (50) 49 F2
Saint-Aubin-du-Cormier (35) 68 C1
Saint-Aubin-du-Désert (53) 70 B1
Saint-Aubin-du-Plain (79) 100 C1
Saint-Aubin-du-Thenney (27) 52 B1
Saint-Aubin-en-Bray (60) 36 B3
Saint-Aubin-en-Charollais (71) ... 107 F4
Saint-Aubin-Épinay (76) 35 E3
Saint-Aubin-Fosse-Louvain (53) 50 C4
Saint-Aubin-la-Plaine (85) 99 F3
Saint-Aubin-le-Cauf (76) 25 E2
Saint-Aubin-le-Cloud (79) 101 D3
Saint-Aubin-le-Dépeint (37) 87 E1
Saint-Aubin-le-Monial (03) 105 F3
Saint-Aubin-lès-Elbeuf (76) 35 E3
Saint-Aubin-les-Forges (58) 91 E4
Saint-Aubin-Montenoy (80) 26 C4
Saint-Aubin-Rivière (80) 26 B3
Saint-Aubin-Routot (76) 34 B2
Saint-Aubin-sous-Erquery (60) 37 E3
Saint-Aubin-sur-Aire (55) 59 E3
Saint-Aubin-sur-Gaillon (27) 53 F1
Saint-Aubin-sur-Loire (71) 107 D3
Saint-Aubin-sur-Mer (14) 33 E3
Saint-Aubin-sur-Mer (76) 25 D2
Saint-Aubin-sur-Quillebeuf (27) ... 34 C3
Saint-Aubin-sur-Scie (76) 25 E2
Saint-Aubin-sur-Yonne (89) 75 F3
Saint-Augustin (17) 112 B4
Saint-Augustin (19) 129 F2
Saint-Augustin (62) 22 A3
Saint-Augustin (77) 56 A3
Saint-Augustin-des-Bois (49) 85 E2
Saint-Aulaire (19) 129 D3
Saint-Aulais-la-Chapelle (16) 127 D1
Saint-Aulaye-Puymangou (24) 127 D3
Saint-Aunès (34) 159 F4
Saint-Aunix-Lengros (32) 153 F4
Saint-Aupre (38) 135 E2
Saint-Austremoine (43) 132 A3
Saint-Auvent (87) 115 E3
Saint-Avaugourd-des-Landes (85) ... 99 E3
Saint-Avé (56) 82 C1
Saint-Aventin (31) 181 F2
Saint-Avertin (37) 87 F3
Saint-Avit (16) 127 D3
Saint-Avit (26) 134 B3
Saint-Avit (40) 153 D2
Saint-Avit (41) 140 B2
Saint-Avit (47) 140 B2
Saint-Avit (63) 118 A3
Saint-Avit (81) 172 A1
Saint-Avit-de-Soulège (33) 140 B1
Saint-Avit-de-Tardes (23) 117 F3
Saint-Avit-de-Vialard (24) 128 B4
Saint-Avit-Frandat (32) 154 C2
Saint-Avit-le-Pauvre (23) 117 E2
Saint-Avit-les-Guespières (28) 72 C2
Saint-Avit-Rivière (24) 141 E1
Saint-Avit-Saint-Nazaire (33) 140 B1
Saint-Avit-Sénieur (24) 141 E1
Saint-Avold (57) 43 E4
Saint-Avre (73) 136 B2
Saint-Ay (45) 73 E4
Saint-Aybert (59) 23 F4
Saint-Babel (63) 132 A1
Saint-Baldoph (73) 136 A1
Saint-Bandry (02) 38 B3
Saint-Baraing (39) 109 E1
Saint-Bard (23) 117 F3

aint-Bardoux (26) 134 B4
aint-Barnabé (22) 66 C2
aint-Barthélemy (38) 134 C2
aint-Barthélemy (40) 151 F4
aint-Barthélemy (50) 50 B3
aint-Barthélemy (56) 66 B3
aint-Barthélemy (70) 80 B4
aint-Barthélemy (77) 56 C3
aint-Barthélemy-d'Agenais (47) 140 C3
aint-Barthélemy-d'Anjou (49) 86 A2
aint-Barthélemy-
  -de-Bellegarde (24) 127 E4
aint-Barthélemy-
  -de-Bussière (24) 115 E4
aint-Barthélemy-
  -de-Séchilienne (38) 135 F4
aint-Barthélemy-de-Vals (26) 134 B3
aint-Barthélemy-Grozon (07) 134 A4
aint-Barthélemy-le-Meil (07) 146 C1
aint-Barthélemy-le-Plain (07) 134 A4
aint-Barthélemy-Lestra (42) 120 C4
aint-Basile (07) 133 F4
aint-Baslemont (88) 79 E2
aint-Baudel (18) 104 C2
aint-Baudelle (53) 70 A1
aint-Baudille-de-la-Tour (38) 122 A4
aint-Baudille-et-Pipet (38) 148 C1
aint-Baussant (54) 60 A2
aint-Bauzeil (09) 183 E1
aint-Bauzely (30) 160 B2
aint-Bauzile (07) 147 D2
aint-Bauzile (48) 145 E3
aint-Bauzile-de-la-Sylve (34) 159 E4
aint-Bauzile-de-Montmel (34) 159 F3
aint-Bauzile-de-Putois (34) 159 E3
aint-Bazile (87) 115 E4
aint-Bazile-de-Meyssac (19) 129 F4
aint-Bazile-la-Roche (19) 129 F4
aint-Béat-Lez (31) 169 F4
aint-Beaulize (12) 158 B3
aint-Beauzeil (82) 141 E4
aint-Beauzély (12) 158 B1
aint-Beauzile (81) 156 C2
aint-Beauzire (43) 131 F3
aint-Beauzire (63) 119 D3
aint-Bénézet (30) 160 A2
aint-Bénigne (01) 108 C4
aint-Benin (59) 28 C2
aint-Benin-d'Azy (58) 106 B1
aint-Benin-des-Bois (58) 91 F4
aint-Benoist-sur-Mer (85) 99 E4
aint-Benoist-sur-Vanne (10) 76 A2
aint-Benoît (04) 164 A2
aint-Benoît (11) 172 A4
aint-Benoît (86) 102 A3
aint-Benoît-de-Carmaux (81) 157 D2
aint-Benoît-des-Ombres (27) 34 C4
aint-Benoît-des-Ondes (35) 49 D3
aint-Benoît-d'Hébertot (14) 34 B3
aint-Benoît-du-Sault (36) 103 E4
aint-Benoît-en-Diois (26) 148 A2
aint-Benoît-la-Chipotte (88) 80 B1
aint-Benoît-la-Forêt (37) 87 D3
aint-Benoît-sur-Loire (45) 74 A4
aint-Benoît-sur-Seine (10) 76 B1
aint-Bérain (43) 132 B4
aint-Berain-
  -sous-Sanvignes (71) 107 F2
aint-Bernard (01) 121 E3
aint-Bernard (21) 94 A4
aint-Bernard (68) 97 D1
aint-Béron (73) 135 F1
aint-Berthevin (53) 69 F2
aint-Berthevin-la-Tannière (53) 50 B4
aint-Bertrand-
  -de-Comminges (31) 169 F3
aint-Biez-en-Belin (72) 71 D4
aint-Bihy (22) 47 E4
aint-Blaise (06) 165 D3
aint-Blaise (74) 123 E2
aint-Blaise-du-Buis (38) 135 E2
aint-Blaise-la-Roche (67) 62 A4
aint-Blancard (32) 169 F2
aint-Blimont (80) 26 A2
aint-Blin (52) 78 B1
aint-Boès (64) 152 B4
aint-Bohaire (41) 88 B1
aint-Boil (71) 108 B3
aint-Boingt (54) 61 D4
aint-Bomer (28) 72 A2
aint-Bômer-les-Forges (61) 50 C4
aint-Bon (56) 56 C3
aint-Bonnet (16) 126 C1
aint-Bonnet-Briance (87) 116 B4
aint-Bonnet-de-Bellac (87) 115 F1
aint-Bonnet-de-Chavagne (38) 135 D3
aint-Bonnet-de-Chirac (48) 145 D3
aint-Bonnet-de-Condat (15) 131 D3
aint-Bonnet-de-Cray (71) 120 B1
aint-Bonnet-de-Four (03) 118 B1
aint-Bonnet-de-Joux (71) 108 A4
aint-Bonnet-de-Mure (69) 121 F4
aint-Bonnet-de-Rochefort (03) 118 C2
aint-Bonnet-
  -de-Salendrinque (30) 159 F2
aint-Bonnet-de-Salers (15) 130 C3
aint-Bonnet-
  -de-Vieille-Vigne (71) 107 F3

Saint-Bonnet-des-Bruyères (69) . . . 120 C1
Saint-Bonnet-des-Quarts (42) 119 F2
Saint-Bonnet-du-Gard (30) 160 C2
Saint-Bonnet-Elvert (19) 129 F3
Saint-Bonnet-en-Bresse (71) 109 D2
Saint-Bonnet-
  -en-Champsaur (05) 149 E2
Saint Bonnet-la-Rivière (19) 129 D2
Saint Bonnet-Laval (48) 145 F1
Saint-Bonnet-le-Bourg (63) 132 B2
Saint-Bonnet-le-Chastel (63) 132 B2
Saint-Bonnet-le-Château (42) 133 D2
Saint-Bonnet-le-Courreau (42) 120 A4
Saint-Bonnet-le-Froid (43) 133 F3
Saint-Bonnet-le-Troncy (69) 120 C2
Saint-Bonnet-l'Enfantier (19) 129 E2
Saint-Bonnet-lès-Allier (63) 119 D4
Saint-Bonnet-les-Oules (42) 133 E1
Saint-Bonnet-
  -les-Tours-de-Merle (19) 130 A4
Saint-Bonnet-près-Bort (19) 130 C1
Saint-Bonnet-près-Orcival (63) 118 B4
Saint-Bonnet-près-Riom (63) 118 C3
Saint-Bonnet-sur-Gironde (17) 126 A2
Saint-Bonnet-Tronçais (03) 105 E3
Saint-Bonnot (58) 91 E3
Saint-Bouize (18) 90 C3
Saint-Brancher (89) 92 B2
Saint-Branchs (37) 87 F3
Saint-Brandan (22) 47 F4
Saint-Brès (30) 146 B4
Saint-Brès (32) 155 D3
Saint-Brès (34) 160 A4
Saint-Bresson (30) 159 E2
Saint-Bresson (70) 80 A4
Saint-Bressou (46) 143 D2
Saint-Brevin-les-Pins (44) 83 E4
Saint-Briac-sur-Mer (35) 48 C3
Saint-Brice (16) 113 F4
Saint-Brice (33) 139 F2
Saint-Brice (50) 50 A3
Saint-Brice (53) 70 A4
Saint-Brice (61) 50 C4
Saint-Brice (77) 56 B4
Saint-Brice-Courcelles (51) 39 E4
Saint-Brice-de-Landelles (50) 50 A4
Saint-Brice-sous-Forêt (95) 55 D1
Saint-Brice-sous-Rânes (61) 51 E3
Saint-Brice-sur-Vienne (87) 115 F3
Saint-Brieuc (22) 48 A3
Saint-Brieuc-de-Mauron (56) 67 E2
Saint-Brieuc-des-Iffs (35) 68 A1
Saint-Bris-des-Bois (17) 113 E3
Saint-Bris-le-Vineux (89) 92 A1
Saint-Brisson (58) 92 C3
Saint-Brisson-sur-Loire (45) 90 C1
Saint-Broing (70) 95 D2
Saint-Broing-les-Moines (21) 93 F1
Saint-Broingt-le-Bois (52) 94 C1
Saint-Broingt-les-Fosses (52) 94 B1
Saint-Broladre (35) 49 E3
Saint-Bueil (38) 135 F1
Saint-Calais (72) 71 F3
Saint-Calais-du-Désert (53) 51 E4
Saint-Calez-en-Saosnois (72) 71 E1
Saint-Cannat (13) 177 D1
Saint-Caprais (03) 105 E3
Saint-Caprais (18) 105 D1
Saint-Caprais (32) 155 D4
Saint-Caprais (46) 141 F2
Saint-Caprais-de-Bordeaux (33) . . . 139 E1
Saint-Caprais-de-Lerm (47) 141 D4
Saint-Capraise-de-Lalinde (24) 141 D1
Saint-Capraise-d'Eymet (24) 140 C2
Saint-Caradec (22) 66 C1
Saint-Caradec-Trégomel (56) 66 A2
Saint-Carné (22) 48 C4
Saint-Carreuc (22) 48 A4
Saint-Cassien (24) 141 E2
Saint-Cassien (38) 135 E2
Saint-Cassin (73) 135 F1
Saint-Cast-le-Guildo (22) 48 C3
Saint-Célerin (72) 71 E2
Saint-Céneri-le-Gérei (61) 70 C1
Saint-Céols (18) 90 B4
Saint-Céré (46) 143 D1
Saint-Cergues (74) 123 F1
Saint-Cernin (15) 130 C4
Saint-Cernin-de-Labarde (24) 141 D1
Saint-Cernin-de-Larche (19) 129 D3
Saint-Cernin-de-l'Herm (24) 141 F2
Saint-Césaire (17) 113 E4
Saint-Césaire-de-Gauzignan (30) . . . 160 B2
Saint-Césaire-sur-Siagne (06) 164 B4
Saint-Cézaire (30) 160 B2
Saint-Cézert (31) 155 F3
Saint-Chabrais (23) 117 E2
Saint-Chaffrey (05) 137 D4
Saint-Chamant (15) 130 C4
Saint-Chamant (19) 129 F3
Saint-Chamarand (46) 142 B2
Saint-Chamas (13) 161 E4
Saint-Chamassy (24) 141 E1
Saint-Chamond (42) 133 F1
Saint-Chaptes (30) 160 B2
Saint-Charles-la-Forêt (53) 70 A3
Saint-Chartier (36) 104 B3
Saint-Chef (38) 122 A4

Saint-Chels (46) 142 C3
Saint-Chély-d'Apcher (48) 145 D1
Saint-Chély-d'Aubrac (12) 144 B2
Saint-Chéron (51) 58 B3
Saint-Chéron (91) 54 C4
Saint-Chinian (34) 173 E1
Saint-Christ-Briost (80) 28 A4
Saint-Christaud (31) 170 B3
Saint-Christaud (32) 169 E1
Saint-Christo-en-Jarez (42) 133 F1
Saint-Christol (07) 146 C1
Saint-Christol (84) 162 B2
Saint-Christol-de-Rodières (30) 147 D4
Saint-Christol-lès-Alès (30) 160 A2
Saint-Christoly-de-Blaye (33) 126 A3
Saint-Christoly-Médoc (33) 125 F2
Saint-Christophe (03) 119 E2
Saint-Christophe (16) 115 E2
Saint-Christophe (17) 112 C1
Saint-Christophe (23) 117 D2
Saint-Christophe (28) 72 C2
Saint-Christophe (73) 135 F1
Saint-Christophe (81) 157 D1
Saint-Christophe (86) 102 A1
Saint-Christophe-à-Berry (02) 38 B3
Saint-Christophe-d'Allier (43) 145 F1
Saint-Christophe-
  -de-Chaulieu (61) 50 C3
Saint-Christophe-de-Double (33) . . . 127 D3
Saint-Christophe-de-Valains (35) . . . 68 C1
Saint-Christophe-des-Bardes (33) . . 126 C4
Saint-Christophe-des-Bois (35) 69 D1
Saint-Christophe-Dodinicourt (10) . . 77 D1
Saint-Christophe-du-Bois (49) 85 E4
Saint-Christophe-du-Foc (50) 31 D2
Saint-Christophe-du-Jambet (72) . . . 70 C2
Saint-Christophe-du-Ligneron (85) . . 98 C2
Saint-Christophe-en-Bazelle (36) . . . 89 D4
Saint-Christophe-
  -en-Boucherie (36) 104 C3
Saint-Christophe-en-Bresse (71) . . . 108 C2
Saint-Christophe-
  -en-Brionnais (71) 120 B1
Saint-Christophe-
  -en-Champagne (72) 70 B3
Saint-Christophe-en-Oisans (38) . . . 136 B4
Saint-Christophe-et-le-Laris (26) . . . 134 C3
Saint-Christophe-le-Chaudry (18) . . . 105 D3
Saint-Christophe-sur-Avre (27) 53 D3
Saint-Christophe-sur-Condé (27) . . . 34 C4
Saint-Christophe-
  -sur-Dolaison (43) 132 C4
Saint-Christophe-sur-Guiers (38) . . . 135 F1
Saint-Christophe-sur-le-Nais (37) . . . 87 E1
Saint-Christophe-sur-Roc (79) 101 D4
Saint-Christophe-Vallon (12) 143 F3
Saint-Cibard (33) 127 D4
Saint-Cierge-la-Serre (07) 147 D1
Saint-Cierge-
  -sous-le-Cheylard (07) 146 C1
Saint-Ciergues (52) 78 B4
Saint-Ciers-Champagne (17) 126 B3
Saint-Ciers-d'Abzac (33) 126 B4
Saint-Ciers-de-Canesse (33) 126 A3
Saint-Ciers-du-Taillon (17) 126 A1
Saint-Ciers-sur-Bonnieure (16) 114 B3
Saint-Ciers-sur-Gironde (33) 126 A2
Saint-Cirgue (81) 157 E2
Saint-Cirgues (43) 132 A3
Saint-Cirgues (46) 143 E2
Saint-Cirgues-de-Jordanne (15) 131 D4
Saint-Cirgues-de-Malbert (15) 130 C4
Saint-Cirgues-de-Prades (07) 146 B2
Saint-Cirgues-en-Montagne (07) . . . 146 B2
Saint-Cirgues-la-Loutre (19) 130 A4
Saint-Cirgues-sur-Couze (63) 131 F1
Saint-Cirice (82) 155 D2
Saint-Cirq (82) 156 B1
Saint-Cirq-Lapopie (46) 142 C3
Saint-Cirq-Madelon (46) 142 A1
Saint-Cirq-Souillaguet (46) 142 B2
Saint-Civran (36) 103 E4
Saint-Clair (07) 134 A3
Saint-Clair (46) 142 A2
Saint-Clair (82) 155 E1
Saint-Clair (86) 101 F1
Saint-Clair-de-Halouze (61) 51 D3
Saint-Clair-de-la-Tour (38) 135 E1
Saint-Clair-du-Rhône (38) 134 A2
Saint-Clair-sur-Epte (95) 36 B4
Saint-Clair-sur-Galaure (38) 134 C3
Saint-Clair-sur-l'Elle (50) 32 B4
Saint-Clair-sur-les-Monts (76) 35 D2
Saint-Clar (32) 155 D3
Saint-Clar-de-Rivière (31) 170 C1
Saint-Claud (16) 114 C3
Saint-Claude (39) 110 A4
Saint-Claude-de-Diray (41) 88 C1
Saint-Clément (02) 29 F4
Saint-Clément (03) 119 F2
Saint-Clément (07) 133 E4
Saint-Clément (15) 131 D4
Saint-Clément (19) 129 E2
Saint-Clément (30) 160 A3
Saint-Clément (54) 61 D4
Saint-Clément (89) 75 E2
Saint-Clément-à-Arnes (08) 40 A4
Saint-Clément-de-la-Place (49) 85 F2

Saint-Clément-de-Régnat (63) 119 D2
Saint-Clément-de-Rivière (34) 159 F4
Saint-Clément-de-Valorgue (63) 133 D1
Saint-Clément-de-Vers (69) 120 C1
Saint-Clément-des-Baleines (17) 112 A1
Saint-Clément-des-Levées (49) 86 B3
Saint-Clément-les-Places (69) 120 C4
Saint-Clément-Rancoudray (50). 50 B3
Saint-Clément-sur-Durance (05) 150 A2
Saint-Clément-sur-Guye (71) 108 B3
Saint-Clément-sur-Valsonne (69) . . . 120 C4
Saint-Clet (22) 47 E3
Saint-Cloud (92) 55 D2
Saint-Colomb-de-Lauzun (47) 140 C2
Saint-Colomban (44) 84 B4
Saint-Colomban-des-Villards (73) . . . 136 B2
Saint-Côme (33) 139 F3
Saint-Côme-de-Fresné (14) 33 D3
Saint-Côme-d'Olt (12) 144 B3
Saint-Côme-et-Maruéjols (30) 160 B3
Saint-Congard (56) 67 E4
Saint-Connan (22) 47 E4
Saint-Connec (22) 66 C1
Saint-Constant-Fournoulès (15) 143 E2
Saint-Contest (14) 33 E4
Saint-Corneille (72) 71 E3
Saint-Cosme (68) 97 D1
Saint-Cosme-en-Vairais (72) 71 E1
Saint-Couat-d'Aude (11) 173 D3
Saint-Couat-du-Razès (11) 172 A4
Saint-Coulitz (29) 65 D1
Saint-Coulomb (35) 49 D3
Saint-Coutant (16) 114 C2
Saint-Coutant (79) 114 A1
Saint-Coutant-le-Grand (17) 113 D2
Saint-Créac (32) 155 D2
Saint-Créac (65) 168 C3
Saint-Crépin (05) 150 A1
Saint-Crépin (17) 113 D2
Saint-Crépin-aux-Bois (60) 38 A4
Saint-Crépin-d'Auberoche (24) 128 B3
Saint-Crépin-et-Carlucet (24) 128 C4
Saint-Crépin-Ibouvillers (60) 36 C4
Saint-Crespin (76) 35 E1
Saint-Cricq (32) 155 E4
Saint-Cricq-Chalosse (40) 152 C4
Saint-Cricq-du-Gave (40) 152 A4
Saint-Cricq-Villeneuve (40) 153 D2
Saint-Cybardeaux (16) 114 A4
Saint-Cybranet (24) 141 E1
Saint-Cyprien (19) 129 D3
Saint-Cyprien (24) 141 F1
Saint-Cyprien (42) 133 E1
Saint-Cyprien (66) 185 F2
Saint-Cyr (07) 134 A3
Saint-Cyr (50) 32 A2
Saint-Cyr (71) 108 C3
Saint-Cyr (87) 115 F4
Saint-Cyr-au-Mont-d'Or (69) 121 E3
Saint-Cyr-de-Favières (42) 120 B3
Saint-Cyr-de-Salerne (27) 34 C4
Saint-Cyr-de-Valorges (42) 120 C3
Saint-Cyr-des-Gâts (85) 100 A3
Saint-Cyr-du-Bailleul (50) 50 C4
Saint-Cyr-du-Doret (17) 113 D1
Saint-Cyr-du-Gault (41) 88 B1
Saint-Cyr-en-Arthies (95) 54 B1
Saint-Cyr-en-Pail (53) 51 E4
Saint-Cyr-en-Talmondais (85) 99 E3
Saint-Cyr-en-Val (45) 73 F4
Saint-Cyr-la-Campagne (27) 35 E4
Saint-Cyr-la-Lande (79) 86 B4
Saint-Cyr-la-Rivière (91) 73 F1
Saint-Cyr-la-Roche (19) 129 D3
Saint-Cyr-la-Rosière (61) 71 F1
Saint-Cyr-le-Chatoux (69) 121 D2
Saint-Cyr-le-Gravelais (53) 69 E3
Saint-Cyr-l'École (78) 54 C3
Saint-Cyr-les-Champagnes (24) 129 D2
Saint-Cyr-les-Colons (89) 92 A1
Saint-Cyr-les-Vignes (42) 120 C4
Saint-Cyr-Montmalin (39) 109 F1
Saint-Cyr-sous-Dourdan (91) 54 C4
Saint-Cyr-sur-le-Rhône (69) 134 B1
Saint-Cyr-sur-Loire (37) 87 F2
Saint-Cyr-sur-Menthon (01) 121 F1
Saint-Cyr-sur-Mer (83) 177 F3
Saint-Cyr-sur-Morin (77) 56 B2
Saint-Cyran-du-Jambot (36) 103 D1
Saint-Dalmas-le-Selvage (06) 150 C4
Saint-Denis (11) 172 B2
Saint-Denis (30) 160 B1
Saint-Denis (93) 55 D2
Saint-Denis-Catus (46) 142 A3
Saint-Denis-Combarnazat (63). 119 D3
Saint-Denis-d'Aclon (76) 25 E2
Saint-Denis-d'Anjou (53) 70 A4
Saint-Denis-de-Cabanne (42) 120 B1
Saint-Denis-de-Gastines (53) 69 F1
Saint-Denis-de-Jouhet (36) 104 B3
Saint-Denis-de-l'Hôtel (45) 73 F4
Saint-Denis-de-Mailloc (14) 52 B1
Saint-Denis-de-Méré (14) 51 D2
Saint-Denis-de-Palin (18) 105 E1
Saint-Denis-de-Pile (33) 126 C4
Saint-Denis-de-Vaux (71) 108 B2
Saint-Denis-des-Coudrais (72) 71 E2

Saint-Denis-des-Monts (27) 35 D4
Saint-Denis-des-Murs (87) 116 B4
Saint-Denis-des-Puits (28) 72 B1
Saint-Denis-d'Oléron (17) 112 A2
Saint-Denis-d'Orques (72) 70 B3
Saint-Denis-du-Maine (53) 70 A3
Saint-Denis-du-Payré (85) 99 F4
Saint-Denis-en-Bugey (01) 122 A3
Saint-Denis-en-Margeride (48) 145 E2
Saint-Denis-en-Val (45) 73 F4
Saint-Denis-la-Chevasse (85) 99 E1
Saint-Denis-Lanneray (28) 72 C3
Saint-Denis-le-Ferment (27) 36 B3
Saint-Denis-le-Gast (50) 50 A1
Saint-Denis-le-Thiboult (76) 35 F3
Saint-Denis-le-Vêtu (50) 49 F1
Saint-Denis-lès-Bourg (01) 121 F1
Saint-Denis-lès-Martel (46) 129 E4
Saint-Denis-lès-Rebais (77) 56 B2
Saint-Denis-lès-Sens (89) 75 E2
Saint-Denis-sur-Coise (42) 133 F1
Saint-Denis-sur-Huisne (61) 52 C4
Saint-Denis-sur-Loire (41) 88 C1
Saint-Denis-sur-Sarthon (61) 51 F4
Saint-Denis-sur-Scie (76) 35 E1
Saint-Deniscourt (60) 36 B2
Saint-Denœux (62) 21 E4
Saint-Denoual (22) 48 B3
Saint-Derrien (29) 45 F3
Saint-Désert (71) 108 B2
Saint-Désir (14) 52 A1
Saint-Désirat (07) 134 B3
Saint-Désiré (03) 105 D4
Saint-Dézéry (30) 160 B2
Saint-Didier (21) 92 C3
Saint-Didier (35) 68 C2
Saint-Didier (39) 109 F2
Saint-Didier (58) 92 A3
Saint-Didier (84) 161 F2
Saint-Didier-au-Mont-d'Or (69) 121 E3
Saint-Didier-d'Aussiat (01) 121 F1
Saint-Didier-de-Bizonnes (38) 135 D1
Saint-Didier-de-Formans (01) 121 E3
Saint-Didier-de-la-Tour (38) 135 E1
Saint-Didier-des-Bois (27) 35 E4
Saint-Didier-en-Bresse (71) 109 D2
Saint-Didier-en-Brionnais (71) 120 B1
Saint-Didier-en-Donjon (03) 107 D4
Saint-Didier-en-Velay (43) 133 E2
Saint-Didier-la-Forêt (03) 119 D1
Saint-Didier-sous-Aubenas (07) . . . 146 C2
Saint-Didier-sur-Arroux (71) 107 E2
Saint-Didier-sur-Beaujeu (69) 121 D2
Saint-Didier-
  -sur-Chalaronne (01) 121 E1
Saint-Didier-sur-Doulon (43) 132 B2
Saint-Didier-sur-Rochefort (42) 120 A4
Saint-Dié-des-Vosges (88) 80 C1
Saint-Dier-d'Auvergne (63) 119 E4
Saint-Diéry (63) 131 E1
Saint-Dionisy (30) 160 B3
Saint-Divy (29) 45 F3
Saint-Dizant-du-Bois (17) 126 A2
Saint-Dizant-du-Gua (17) 126 A1
Saint-Dizier (52) 58 C3
Saint-Dizier-en-Diois (26) 148 B3
Saint-Dizier-la-Tour (23) 117 E2
Saint-Dizier-les-Domaines (23) 117 E1
Saint-Dizier-l'Évêque (90) 96 C2
Saint-Dizier-Masbaraud (23) 116 C2
Saint-Dolay (56) 83 F2
Saint-Domet (23) 117 F2
Saint-Domineuc (35) 49 D4
Saint-Donan (22) 47 F4
Saint-Donat (63) 131 D2
Saint-Donat-sur-l'Herbasse (26) . . . 134 B3
Saint-Dos (64) 167 E1
Saint-Doulchard (18) 90 A4
Saint-Drézéry (34) 159 F4
Saint-Dyé-sur-Loire (41) 88 C1
Saint-Edmond (71) 120 B1
Saint-Égrève (38) 135 F3
Saint-Élier (27) 53 D1
Saint-Éliph (28) 72 B1
Saint-Élix-d'Astarac (32) 170 A1
Saint-Élix-le-Château (31) 170 C2
Saint-Élix-Séglan (31) 170 A3
Saint-Élix-Theux (32) 169 E1
Saint-Ellier-du-Maine (53) 50 B4
Saint-Ellier-les-Bois (61) 51 F4
Saint-Éloi (01) 121 F3
Saint-Éloi (23) 117 D2
Saint-Éloi (58) 106 B1
Saint-Éloi-de-Fourques (27) 35 D4
Saint-Éloy (29) 46 A4
Saint-Éloy-d'Allier (03) 105 D4
Saint-Éloy-de-Gy (18) 90 A4
Saint-Éloy-la-Glacière (63) 132 B1
Saint-Éloy-les-Mines (63) 118 B2
Saint-Éloy-les-Tuileries (19) 129 D2
Saint-Éman (28) 72 B1
Saint-Émiland (71) 108 A1
Saint-Émilion (33) 126 C4
Saint-Ennemond (03) 106 B3
Saint-Épain (37) 87 E4
Saint-Epvre (57) 61 D1
Saint-Erblon (35) 68 B3
Saint-Erblon (53) 69 D4

Saint-Erme-
  -Outre-et-Ramecourt (02) 39 E2
Saint-Escobille (91) 73 F1
Saint-Esteben (64) 167 D1
Saint-Estèphe (24) 128 A1
Saint-Estèphe (33) 125 F2
Saint-Estève (66) 185 E1
Saint-Estève-Janson (13) 162 A4
Saint-Étienne (42) 133 F2
Saint-Étienne-à-Arnes (08) 40 A3
Saint-Étienne-au-Mont (62) 21 D3
Saint-Étienne-au-Temple (51) 58 A1
Saint-Étienne-aux-Clos (19) 130 C1
Saint-Étienne-Cantalès (15) 130 B4
Saint-Étienne-d'Albagnan (34) 173 E1
Saint-Étienne-de-Baïgorry (64) 166 C2
Saint-Étienne-de-Boulogne (07) . . . 146 C2
Saint-Étienne-de-Brillouet (85) 100 A3
Saint-Étienne-de-Carlat (15) 144 A1
Saint-Étienne-de-Chigny (37) 87 E3
Saint-Étienne-de-Chomeil (15) 131 D2
Saint-Étienne-de-Crossey (38) 135 E2
Saint-Étienne-de-Cuines (73) 136 B2
Saint-Étienne-de-Fontbellon (07) . . 146 C2
Saint-Étienne-de-Fougères (47) . . . 140 C3
Saint-Étienne-de-Gourgas (34) 159 D3
Saint-Étienne-de-Lisse (33) 139 F1
Saint-Étienne-de-l'Olm (30) 160 B2
Saint-Étienne-de-Lugdarès (07) . . . 146 A2
Saint-Étienne-de-Maurs (15) 143 E2
Saint-Étienne-de-Mer-Morte (44) . . 99 D1
Saint-Étienne-de-Montluc (44) 84 A3
Saint-Étienne-de-Puycorbier (24) . . 127 E3
Saint-Étienne-
  -de-Saint-Geoirs (38) 135 D2
Saint-Étienne-de-Serre (07) 147 D1
Saint-Étienne-de-Tinée (06) 150 C4
Saint-Étienne-de-Tulmont (82) 156 A2
Saint-Étienne-de-Valoux (07) 134 A3
Saint-Étienne-de-Villeréal (47) 141 D2
Saint-Étienne-des-Champs (63) 118 A3
Saint-Étienne-des-Guérets (41) 88 B1
Saint-Étienne-des-Oullières (69) . . . 121 D2
Saint-Étienne-des-Sorts (30) 161 D1
Saint-Étienne-d'Orthe (40) 151 F4
Saint-Étienne-du-Bois (01) 122 A1
Saint-Étienne-du-Bois (85) 99 D1
Saint-Étienne-du-Grès (13) 161 D3
Saint-Étienne-
  -du-Gué-de-l'Isle (22) 67 D2
Saint-Étienne-du-Rouvray (76) 35 E3
Saint-Étienne-du-Valdonnez (48) . . 145 E3
Saint-Étienne-du-Vauvray (27) 35 F4
Saint-Étienne-du-Vigan (43) 145 F1
Saint-Étienne-en-Bresse (71) 109 D2
Saint-Étienne-Estréchoux (34) 158 B4
Saint-Étienne-la-Geneste (19) 130 B2
Saint-Étienne-la-Thillaye (14) 34 A3
Saint-Étienne-la-Varenne (69) 121 D2
Saint-Étienne-l'Allier (27) 34 C4
Saint-Étienne-Lardeyrol (43) 133 D4
Saint-Étienne-le-Laus (05) 149 E3
Saint-Étienne-le-Molard (42) 120 B4
Saint-Étienne-les-Orgues (04) 162 C2
Saint-Étienne-lès-Remiremont (88) . . 80 B3
Saint-Étienne-Roilaye (60) 38 A3
Saint-Étienne-sous-Bailleul (27) . . . 53 F1
Saint-Étienne-sous-Barbuise (10) . . 57 F4
Saint-Étienne-sur-Blesle (43) 131 F2
Saint-Étienne-sur-Chalaronne (01) . . 121 E2
Saint-Étienne-sur-Reyssouze (01) . . 109 D4
Saint-Étienne-sur-Suippe (51) 39 F3
Saint-Étienne-sur-Usson (63) 132 A1
Saint-Étienne-
  -Vallée-Française (48) 159 F1
Saint-Eugène (02) 56 C1
Saint-Eugène (17) 126 B1
Saint-Eugène (71) 107 F2
Saint-Eulien (51) 58 C3
Saint-Euphraise-et-Clairizet (51) . . 39 E4
Saint-Euphrône (21) 93 D2
Saint-Eusèbe (71) 108 A2
Saint-Eusèbe (74) 123 D3
Saint-Eustache (74) 123 E3
Saint-Eustache-la-Forêt (76) 34 B2
Saint-Eutrope-de-Born (47) 141 D2
Saint-Évarzec (29) 65 D2
Saint-Évroult-
  -Notre-Dame-du-Bois (61) 52 B3
Saint-Exupéry (33) 139 F2
Saint-Exupéry-les-Roches (19) 130 B1
Saint-Fargeau (89) 91 D1
Saint-Fargeau-Ponthierry (77) 55 E4
Saint-Fargeol (03) 118 A2
Saint-Faust (64) 168 A2
Saint-Félicien (07) 134 A4
Saint-Féliu-d'Amont (66) 185 D2
Saint-Féliu-d'Avall (66) 185 D2
Saint-Félix (03) 119 E1
Saint-Félix (16) 127 D2
Saint-Félix (17) 113 E2
Saint-Félix (46) 143 E2
Saint-Félix (60) 37 D3
Saint-Félix (74) 123 D3
Saint-Félix-de-Bourdeilles (24) 127 F2
Saint-Félix-de-Foncaude (33) 139 F2

Saint-Félix-de-l'Héras (34) 158 C3
Saint-Félix-de-Lodez (34) 159 D4
Saint-Félix-de-Lunel (12) 143 F3
Saint-Félix-de-Pallières (30) 159 F2
Saint-Félix-de-Reillac-
  -et-Mortemart (24) 128 B4
Saint-Félix-de-Rieutord (09) 171 D3
Saint-Félix-de-Sorgues (12) 158 B3
Saint-Félix-de-Tournegat (09) 171 E3
Saint-Félix-de-Villadeix (24) 128 A4
Saint-Félix-Lauragais (31) 171 F1
Saint-Fergeux (08) 39 F2
Saint-Ferjeux (70) 96 A1
Saint-Ferme (33) 140 A2
Saint-Ferréol (74) 123 F4
Saint-Ferréol-d'Auroure (43) 133 E2
Saint-Ferréol-de-Comminges (31) . . 170 A2
Saint-Ferréol-des-Côtes (63) 132 C1
Saint-Ferréol-Trente-Pas (26) 148 A3
Saint-Ferriol (11) 172 B4
Saint-Fiacre (22) 47 E4
Saint-Fiacre (77) 56 A2
Saint-Fiacre-sur-Maine (44) 84 C4
Saint-Fiel (23) 117 D1
Saint-Firmin (05) 149 E1
Saint-Firmin (54) 79 E1
Saint-Firmin (58) 106 B1
Saint-Firmin (71) 108 A2
Saint-Firmin-des-Bois (45) 75 D3
Saint-Firmin-des-Prés (41) 72 B4
Saint-Firmin-sur-Loire (45) 90 C1
Saint-Flavy (10) 76 A1
Saint-Florent (2B) 187 E3
Saint-Florent (45) 90 B1
Saint-Florent-sur-Auzonnet (30) . . . 146 B4
Saint-Florent-sur-Cher (18) 104 C1
Saint-Florentin (36) 89 E4
Saint-Florentin (89) 76 A3
Saint-Floret (63) 131 F1
Saint-Floris (62) 22 B3
Saint-Flour (15) 131 F4
Saint-Flour (63) 119 E4
Saint-Flour-de-Mercoire (48) 145 F2
Saint-Flovier (37) 103 D1
Saint-Floxel (50) 32 A2
Saint-Folquin (62) 21 F1
Saint-Fons (69) 121 E4
Saint-Forgeot (71) 107 F1
Saint-Forget (78) 54 C3
Saint-Forgeux (69) 120 C3
Saint-Forgeux-Lespinasse (42) 120 A2
Saint-Fort-sur-Gironde (17) 125 F1
Saint-Fort-sur-le-Né (16) 126 B1
Saint-Fortunat-sur-Eyrieux (07) . . . 147 D1
Saint-Fraigne (16) 114 A3
Saint-Fraimbault (61) 50 C4
Saint-Fraimbault-de-Prières (53) . . . 70 A1
Saint-Frajou (31) 170 A2
Saint-Franc (73) 135 F1
Saint-Franchy (58) 91 F4
Saint-François-de-Sales (73) 123 E4
Saint-François-Lacroix (57) 43 D3
Saint François Longchamp (73) 136 C2
Saint-Frégant (29) 45 F2
Saint-Fréjoux (19) 130 C1
Saint-Fréhal-d'Albuges (48) 145 F3
Saint-Frichoux (11) 172 C2
Saint-Frion (23) 117 E3
Saint-Fromond (50) 32 B4
Saint-Front (16) 114 C3
Saint-Front (43) 133 E4
Saint-Front-d'Alemps (24) 128 A2
Saint-Front-de-Pradoux (24) 127 E4
Saint-Front-la-Rivière (24) 128 A1
Saint-Front-sur-Lémance (47) 141 E2
Saint-Front-sur-Nizonne (24) 128 A1
Saint-Froult (17) 112 C3
Saint-Fulgent (85) 99 F1
Saint-Fulgent-des-Ormes (61) 71 E1
Saint-Fuscien (80) 27 D4
Saint-Gal (48) 145 E2
Saint-Gal-sur-Sioule (63) 118 C2
Saint-Galmier (42) 133 E1
Saint-Gand (70) 95 E2
Saint-Ganton (35) 68 A4
Saint-Gatien-des-Bois (14) 34 A3
Saint-Gaudens (31) 170 A3
Saint-Gaudent (86) 114 C2
Saint-Gaudéric (11) 171 E3
Saint-Gaultier (36) 103 F3
Saint-Gauzens (81) 156 C3
Saint-Gein (40) 153 E3
Saint-Gelais (79) 101 D4
Saint-Gély-du-Fesc (34) 159 F4
Saint-Gence (87) 116 A3
Saint-Généroux (79) 101 E1
Saint-Genès-Champanelle (63) 118 C4
Saint-Genès-Champespe (63) 131 D2
Saint-Genès-de-Blaye (33) 126 A3
Saint-Genès-de-Castillon (33) 126 C4
Saint-Genès-de-Fronsac (33) 126 B4
Saint-Genès-de-Lombaud (33) 139 E1
Saint-Genès-du-Retz (63) 119 D2
Saint-Genès-la-Tourette (63) 132 B1
Saint-Genest (03) 118 A2
Saint-Genest (88) 80 A1
Saint-Genest-d'Ambière (86) 102 A2
Saint-Genest-de-Beauzon (07) 146 B3

Saint-Genest-de-Contest (81) . . . . . 157 D
Saint-Genest-Lachamp (07) . . . . . . 146 C
Saint-Genest-Lerpt (42) . . . . 133 E
Saint-Genest-Malifaux (42) . . . . . . 133 F
Saint-Genest-sur-Roselle (87) . . . . 116 B
Saint-Geneys-
  -près-Saint-Paulien (43) . . . . 132 C
Saint-Gengoulph (02) . . . . 56 B
Saint-Gengoux-de-Scissé (71) . . . . 108 B
Saint-Gengoux-le-National (71) . . . 108 B
Saint-Geniès (24) . . . . 128 C
Saint-Geniès-Bellevue (31) . . . . . . 156 A
Saint-Geniès-de-Comolas (30) . . . . 161 D
Saint-Geniès-de-Fontedit (34) . . . . 173 F
Saint-Geniès-de-Malgoirès (30) . . . 160 B
Saint-Geniès-de-Varensal (34) . . . . 158 B
Saint-Geniès-des-Mourgues (34) . . 175 D
Saint-Geniez (04) . . . . 149 E
Saint-Geniez-d'Olt et d'Aubrac (12) . 144 C
Saint-Geniez-ô-Merle (19) . . . . 130 A
Saint-Genis-de-Saintonge (17) . . . . 126 A
Saint-Génis-des-Fontaines (66) . . . 185 E
Saint-Génis-d'Hiersac (16) . . . . 114 A
Saint-Génis-du-Bois (33) . . . . 139 F
Saint-Génis-l'Argentière (69) . . . . . 120 C
Saint-Génis-Laval (69) . . . . 121 E
Saint-Génis-les-Ollières (69) . . . . . 121 E
Saint-Genis-Pouilly (01) . . . . 123 D
Saint-Genis-sur-Menthon (01) . . . . 121 F
Saint-Genix-les-Villages (73) . . . . . 135 E
Saint-Genou (36) . . . . 103 E
Saint-Genouph (37) . . . . 87 F
Saint-Geoire-en-Valdaine (38) . . . . 135 E
Saint-Geoirs (38) . . . . 135 D
Saint-Georges (16) . . . . 131 F
Saint-Georges (16) . . . . 114 C
Saint-Georges (32) . . . . 155 D
Saint-Georges (47) . . . . 141 E
Saint-Georges (57) . . . . 61 F
Saint-Georges (62) . . . . 26 C
Saint-Georges (82) . . . . 156 B
Saint-Georges-Antignac (17) . . . . . 126 B
Saint-Georges-Armont (25) . . . . 96 B
Saint-Georges-Blancaneix (24) . . . 127 E
Saint-Georges-Buttavent (53) . . . . . 69 F
Saint-Georges-d'Annebecq (61) . . . . 51 E
Saint-Georges-d'Aurac (43) . . . . . . 132 B
Saint-Georges-de-Baroille (42) . . . 120 B
Saint-Georges-de-Commiers (38) . . 135 F
Saint-Georges-de-Didonne (17) . . . 112 C
Saint-Georges-de-Gréhaigne (35) . . 49 F
Saint-Georges-de-la-Couée (72) . . . 71 F
Saint-Georges-de-la-Rivière (50) . . . 31 D
Saint-Georges-de-Livoye (50) . . . . . 50 A
Saint-Georges-
  -de-Longuepierre (17) . . . . 113 F
Saint-Georges-de-Luzençon (12) . . 158 B
Saint-Georges-de-Mons (63) . . . . . 118 B
Saint-Georges-de-Montclard (24) . . 127 F
Saint-Georges-de-Noisné (79) . . . . 101 D
Saint-Georges-
  -de-Pointindoux (85) . . . . 99 D
Saint-Georges-de-Poisieux (18) . . . 105 D
Saint-Georges-
  -de-Reintembault (35) . . . . 50 A
Saint-Georges-de-Reneins (69) . . . 121 E
Saint-Georges-de-Rex (79) . . . . . . 113 E
Saint-Georges-de-Rouelley (50) . . . . 50 C
Saint-Georges-d'Elle (50) . . . . 32 B
Saint-Georges-des-Agoûts (17) . . . 126 A
Saint-Georges-des-Coteaux (17) . . 113 D
Saint-Georges-des-Groseillers (61). . 51 D
Saint-Georges-d'Espéranche (38) . . 134 C
Saint-Georges-d'Hurtières (73) . . . 136 B
Saint-Georges-d'Oléron (17) . . . . . 112 A
Saint-Georges-d'Orques (34) . . . . . 159 F
Saint-Georges-du-Bois (17) . . . . . . 113 D
Saint-Georges-du-Bois (72) . . . . 70 C
Saint-Georges-du-Rosay (72) . . . . . 71 E
Saint-Georges-du-Vièvre (27) . . . . . 34 C
Saint-Georges-en-Couzan (42) . . . . 120 A
Saint-Georges-Haute-Ville (42) . . . 133 D
Saint-Georges-la-Pouge (23) . . . . . 117 D
Saint-Georges-Lagricol (43) . . . . . . 132 C
Saint-Georges-le-Fléchard (53) . . . . 70 A
Saint-Georges-le-Gaultier (72) . . . . 70 C
Saint-Georges-
  -lès-Baillargeaux (86) . . . . 102 A
Saint-Georges-les-Bains (07) . . . . . 147 E
Saint-Georges-les-Landes (87) . . . . 103 E
Saint-Georges-Montcocq (50) . . . . . 32 B
Saint-Georges-Motel (27) . . . . 53 F
Saint-Georges-Nigremont (23) . . . . 117 E
Saint-Georges-sur-Allier (63) . . . . . 119 D
Saint-Georges-sur-Arnon (36) . . . . 104 C
Saint-Georges-sur-Baulche (89) . . . . 75 F
Saint-Georges-sur-Cher (41) . . . . . . 88 B
Saint-Georges-sur-Erve (53) . . . . . . 70 B
Saint-Georges-sur-Eure (28) . . . . . . 72 C
Saint-Georges-sur-Fontaine (76) . . . 35 E
Saint-Georges-sur-la-Prée (18) . . . . 89 E
Saint-Georges-sur-l'Aa (59) . . . . . . 21 F
Saint-Georges-sur-Loire (49) . . . . . . 85 F
Saint-Georges-sur-Moulon (18) . . . . 90 B
Saint-Georges-sur-Renon (01) . . . . 121 F
Saint-Geours-d'Auribat (40) . . . . . . 152 B
Saint-Geours-de-Maremne (40) . . . 151 F
Saint-Gérand (56) . . . . 66 C

int-Gérand-de-Vaux (03). 106 B4
int-Gérand-le-Puy (03). 119 E1
int-Géraud (47). 140 B2
int-Géraud-de-Corps (24). 127 E4
int-Germain (07). 146 C3
int-Germain (10). 76 B2
int-Germain (54). 60 C4
int-Germain (70). 80 A4
int-Germain (86). 102 C3
int-Germain-au-Mont-d'Or (69). . 121 E3
int-Germain-Beaupré (23). 116 B1
int-Germain-Chassenay (58). . . . 106 B2
int-Germain-d'Anxure (53). 69 F2
int-Germain-d'Arcé (72). 87 D1
int-Germain-d'Aunay (61). 52 B2
int-Germain-de-Belvès (24). . . . 141 F1
int-Germain-de-Calberte (48). . . 159 F1
int-Germain-de-Clairefeuille (61). . 52 A3
int-Germain-de-Coulamer (53). . . 70 B1
int-Germain-de-Fresney (27). . . . 53 F2
int-Germain-de-Grave (33). 139 F2
int-Germain-de-Joux (01). 122 C1
int-Germain-de-la-Coudre (61). . . 71 F1
int-Germain-de-la-Grange (78). . . 54 B2
int-Germain-de-la-Rivière (33). . . 126 B4
int-Germain-de-Livet (14). 52 A1
int-Germain-
 -de-Longue-Chaume (79). 101 D2
int-Germain-de-Lusignan (17). . . 126 B1
int-Germain-de-Martigny (61). . . . 52 B2
int-Germain-de-Modéon (21). . . . 92 C3
int-Germain-de-Montbron (16). . .114 C4
int-Germain-de-Pasquier (27). . . . 35 E4
int-Germain-de-Prinçay (85). . . . 100 A2
int-Germain-de-Salles (03). 119 D1
int-Germain-de-Tournebut (50). . . 32 A2
int-Germain-de-Varreville (50). . . 32 A2
int-Germain-de-Vibrac (17). . . . 126 B1
int-Germain-d'Elle (50). 32 B4
int-Germain-des-Angles (27). . . . 53 E1
int-Germain-des-Bois (18). 105 D1
int-Germain-des-Bois (58). 91 F3
int-Germain-des-Champs (89). . . 92 B2
int-Germain-des-Essourts (76). . . 35 F2
int-Germain-des-Fossés (03). . . .119 E1
int-Germain-des-Grois (61). 72 A1
int-Germain-des-Prés (24). 128 B2
int-Germain-des-Prés (45). 74 C3
int-Germain-des-Prés (49). 85 E2
int-Germain-des-Prés (81). 172 A1
int-Germain-d'Esteuil (33). 125 F2
int-Germain-d'Étables (76). 25 E2
int-Germain-du-Bel-Air (46). . . . 142 B2
int-Germain-du-Bois (71). 109 D2
int-Germain-du-Corbéis (61). . . . 70 C1
int-Germain-du-Pert (14). 32 B3
int-Germain-du-Pinel (35). 69 D3
int-Germain-du-Plain (71). 108 C2
int-Germain-du-Puch (33). 139 E1
int-Germain-du-Puy (18). 90 B4
int-Germain-du-Salembre (24). . . 127 F3
int-Germain-du-Seudre (17). . . . 126 A1
int-Germain-du-Teil (48). 145 D3
int-Germain-en-Brionnais (71). . . 107 F4
int-Germain-en-Coglès (35). . . . 50 A4
int-Germain-en-Laye (78). 54 C2
int-Germain-en-Montagne (39). . .110 B2
int-Germain-et-Mons (24). 141 D1
int-Germain-
 -la-Blanche-Herbe (14). 33 E4
int-Germain-la-Campagne (27). . . 52 B1
int-Germain-la-Montagne (42). . . 120 C1
int-Germain-la-Poterie (60). 36 C3
int-Germain-la-Ville (51). 58 A2
int-Germain-Langot (14). 51 E2
int-Germain-Laprade (43). 133 D4
int-Germain-Laval (42). 120 A3
int-Germain-Laval (77). 75 D1
int-Germain-Lavolps (19). 130 B1
int-Germain-Laxis (51). 55 F4
int-Germain-le-Châtelet (90). . . . 96 C1
int-Germain-le-Fouilloux (53). . . 69 F2
int-Germain-le-Gaillard (28). . . . 72 C1
int-Germain-le-Gaillard (50). . . . 31 D2
int-Germain-le-Guillaume (53). . . 69 F2
int-Germain-le-Rocheux (21). . . . 77 E4
int-Germain-le-Vasson (14). 51 E1
int-Germain-le-Vieux (61). 52 B4
int-Germain-Lembron (63). 131 F2
int-Germain-lès-Arpajon (91). . . . 55 D4
int-Germain-lès-Belles (87). . . . 129 E1
int-Germain-lès-Buxy (71). 108 B2
int-Germain-lès-Corbeil (91). . . . 55 E4
int-Germain-lès-Paroisses (01). . . 122 C4
int-Germain-lès-Senailly (21). . . . 93 D1
int-Germain-les-Vergnes (19). . . 129 E3
int-Germain-Lespinasse (42). . . . 120 A2
int-Germain-l'Herm (63). 132 B2
int-Germain-Nuelles (69). 121 D3
int-Germain-près-Herment (63). . .118 A4
int-Germain-sous-Cailly (76). . . . 35 F2
int-Germain-sous-Doue (77). . . . 56 B2
int-Germain-sur-Avre (27). 53 F3
int-Germain-sur-Ay (50). 31 E3
int-Germain-sur-Bresle (80). . . . 36 B1
int-Germain-sur-Eaulne (76). . . . 36 A1
int-Germain-sur-École (77). 55 E4
int-Germain-sur-Ille (35). 68 B1

Saint-Germain-sur-Meuse (55). 60 A3
Saint-Germain-sur-Morin (77). 56 A2
Saint-Germain-sur-Renon (01). 121 F2
Saint-Germain-sur-Rhône (74). 122 C2
Saint-Germain-sur-Sèves (50). 32 A4
Saint-Germain-sur-Vienne (37). 86 C4
Saint-Germainmont (08). 39 F2
Saint-Germé (32). 153 E4
Saint-Germer-de-Fly (60). 36 B3
Saint-Germier (31). 171 E1
Saint-Germier (32). 155 D4
Saint-Germier (79). 101 E4
Saint-Germier (81). 157 D4
Saint-Géron (43). 132 A2
Saint-Gérons (15). 130 B4
Saint-Gervais (30). 160 C1
Saint-Gervais (33). 126 B4
Saint-Gervais (38). 135 E3
Saint-Gervais (85). 98 B2
Saint-Gervais (95). 54 B1
Saint-Gervais-d'Auvergne (63). . . .118 B2
Saint-Gervais-de-Vic (72). 71 F4
Saint-Gervais-des-Sablons (61). . . . 52 A2
Saint-Gervais-du-Perron (61). 52 A4
Saint-Gervais-en-Belin (72). 71 D4
Saint-Gervais-en-Vallière (71). . . . 108 C1
Saint-Gervais-la-Forêt (41). 88 C2
Saint-Gervais-les-Bains (74). 124 A3
Saint-Gervais-
 -les-Trois-Clochers (86). 102 A1
Saint-Gervais-sous-Meymont (63). . .119 E4
Saint-Gervais-sur-Couches (71). . . . 108 B1
Saint-Gervais-sur-Mare (34). 158 B4
Saint-Gervais-sur-Roubion (26). . . . 147 E2
Saint-Gervasy (30). 160 C3
Saint-Gervazy (63). 131 F2
Saint-Géry (24). 127 E4
Saint-Géry-Vers (46). 142 B3
Saint-Geyrac (24). 128 B4
Saint-Gibrien (51). 58 A2
Saint-Gildas (22). 47 E4
Saint-Gildas-de-Rhuys (56). 82 C2
Saint-Gildas-des-Bois (44). 83 F2
Saint-Gilles (30). 175 F1
Saint-Gilles (35). 68 A2
Saint-Gilles (36). 103 F4
Saint-Gilles (50). 50 A1
Saint-Gilles (51). 39 D4
Saint-Gilles (71). 108 B1
Saint-Gilles-Croix-de-Vie (85). . . . 98 C3
Saint-Gilles-de-Crétot (76). 34 C2
Saint-Gilles-de-la-Neuville (76). . . . 34 B2
Saint-Gilles-des-Marais (61). 50 C4
Saint-Gilles-les-Bois (22). 47 E3
Saint-Gilles-les-Forêts (87). 129 E1
Saint-Gilles-Pligeaux (22). 47 E4
Saint-Gilles-Vieux-Marché (22). . . . 66 B1
Saint-Gineis-en-Coiron (07). 147 D2
Saint-Gingolph (74). 111 E2
Saint-Girons (09). 170 C4
Saint-Girons-d'Aiguevives (33). . . . 126 A3
Saint-Girons-en-Béarn (64). 152 B4
Saint-Gladie-Arrive-Munein (64). . . 167 E1
Saint-Glen (22). 48 A4
Saint-Goazec (29). 65 E1
Saint-Gobain (02). 38 C2
Saint-Gobert (02). 29 D4
Saint-Goin (64). 167 F2
Saint-Gondon (45). 90 B1
Saint-Gondran (35). 68 A1
Saint-Gonlay (35). 67 F2
Saint-Gonnery (56). 66 C2
Saint-Gor (40). 153 E2
Saint-Gorgon (56). 67 E4
Saint-Gorgon (88). 80 B1
Saint-Gorgon-Main (25). 96 A4
Saint-Gourgon (41). 88 A1
Saint-Gourson (16). 114 C3
Saint-Goussaud (23). 116 B2
Saint-Gratien (80). 27 E3
Saint-Gratien (95). 55 D2
Saint-Gratien-Savigny (58). 107 D1
Saint-Gravé (56). 67 E4
Saint-Grégoire (35). 68 B2
Saint-Grégoire (81). 157 E2
Saint-Grégoire-d'Ardennes (17). . . . 126 B1
Saint-Grégoire-du-Vièvre (27). . . . 34 C4
Saint-Griède (32). 153 F3
Saint-Groux (16). 114 B3
Saint-Guen (22). 66 B1
Saint-Guilhem-le-Désert (34). . . . 159 E4
Saint-Guillaume (38). 135 E4
Saint-Guinoux (35). 49 D3
Saint-Guiraud (34). 159 D4
Saint-Guyomard (56). 67 D4
Saint-Haon (43). 145 F1
Saint-Haon-le-Châtel (42). 120 A2
Saint-Haon-le-Vieux (42). 120 A2
Saint-Héand (42). 133 F1
Saint-Hélen (22). 49 D4
Saint-Hélier (21). 93 E3
Saint-Hellier (76). 35 E1
Saint-Herblain (44). 84 B3
Saint-Hérent (63). 131 F2
Saint-Hernin (29). 65 F1
Saint-Hervé (22). 66 C1
Saint-Hilaire (03). 106 A4
Saint-Hilaire (11). 172 B3
Saint-Hilaire (25). 95 F3

Saint-Hilaire (31). 170 C1
Saint-Hilaire (43). 132 A2
Saint-Hilaire (46). 143 E1
Saint-Hilaire (63). 118 A2
Saint-Hilaire (91). 73 F1
Saint-Hilaire-au-Temple (51). 58 A1
Saint-Hilaire-Bonneval (87). 116 A4
Saint-Hilaire-Cottes (62). 22 A4
Saint-Hilaire-
 -Cusson-la-Valmitte (42). 133 D2
Saint-Hilaire-de-Beauvoir (34). . . . 160 A3
Saint-Hilaire-de-Brens (38). 122 A4
Saint-Hilaire-de-Brethmas (30). . . . 160 A2
Saint-Hilaire-de-Briouze (61). 51 E3
Saint-Hilaire-de-Chaléons (44). . . . 98 C1
Saint-Hilaire-de-Clisson (44). 84 C4
Saint-Hilaire-de-Court (18). 89 F4
Saint-Hilaire-de-Gondilly (18). . . . 105 F1
Saint-Hilaire-de-la-Côte (38). 135 D2
Saint-Hilaire-de-la-Noaille (33). . . . 140 A2
Saint-Hilaire-de-Lavit (48). 159 F1
Saint-Hilaire-de-Lusignan (47). . . . 140 C4
Saint-Hilaire-de-Riez (85). 98 C3
Saint-Hilaire-de-Villefranche (17). . .113 E3
Saint-Hilaire-de-Voust (85). 100 B3
Saint-Hilaire-des-Landes (35). . . . 68 C1
Saint-Hilaire-des-Loges (85). 100 B3
Saint-Hilaire-d'Estissac (24). 127 F4
Saint-Hilaire-d'Ozilhan (30). 160 C2
Saint-Hilaire-du-Bois (17). 126 B1
Saint-Hilaire-du-Bois (33). 139 F2
Saint-Hilaire-du-Harcouët (50). . . . 50 B3
Saint-Hilaire-du-Maine (53). 69 E2
Saint-Hilaire-du-Rosier (38). 135 D3
Saint-Hilaire-en-Lignières (18). . . . 104 C2
Saint-Hilaire-en-Morvan (58). 92 B4
Saint-Hilaire-en-Woëvre (55). 60 A1
Saint-Hilaire-Foissac (19). 130 A2
Saint-Hilaire-Fontaine (58). 106 C2
Saint-Hilaire-la-Croix (63). 118 C2
Saint-Hilaire-la-Forêt (85). 99 D3
Saint-Hilaire-la-Gravelle (41). 72 B3
Saint-Hilaire-la-Palud (79). 113 D1
Saint-Hilaire-la-Plaine (23). 117 D2
Saint-Hilaire-la-Treille (87). 116 A1
Saint-Hilaire-le-Château (23). 117 D3
Saint-Hilaire-le-Châtel (61). 52 B4
Saint-Hilaire-le-Grand (51). 40 A4
Saint-Hilaire-le-Petit (51). 40 A4
Saint-Hilaire-le-Vouhis (85). 99 F2
Saint-Hilaire-les-Andrésis (45). . . . 75 D3
Saint-Hilaire-les-Courbes (19). . . . 129 F1
Saint-Hilaire-les-Monges (63). 118 A4
Saint-Hilaire-les-Places (87). 116 A4
Saint-Hilaire-lez-Cambrai (59). . . . 28 C2
Saint-Hilaire-Luc (19). 130 B2
Saint-Hilaire-Peyroux (19). 129 E3
Saint-Hilaire-Saint-Mesmin (45). . . 73 E4
Saint-Hilaire-sous-Charlieu (42). . . 120 B2
Saint-Hilaire-sous-Romilly (10). . . . 57 D4
Saint-Hilaire-sur-Benaize (36). . . . 103 D3
Saint-Hilaire-sur-Erre (61). 71 F1
Saint-Hilaire-sur-Helpe (59). 29 E2
Saint-Hilaire-sur-Puiseaux (45). . . . 74 C4
Saint-Hilaire-sur-Risle (61). 52 B3
Saint-Hilaire-Taurieux (19). 129 F4
Saint-Hilarion (78). 54 B4
Saint-Hilliers (77). 56 B4
Saint-Hippolyte (12). 144 A2
Saint-Hippolyte (15). 131 D3
Saint-Hippolyte (25). 112 C3
Saint-Hippolyte (33). 96 C3
Saint-Hippolyte (33). 139 F1
Saint-Hippolyte (37). 88 B4
Saint-Hippolyte (66). 185 E1
Saint-Hippolyte (68). 81 E1
Saint-Hippolyte-de-Caton (30). . . . 160 B2
Saint-Hippolyte-de-Montaigu (30). . . 160 C2
Saint-Hippolyte-du-Fort (30). 159 F2
Saint-Hippolyte-
 -le-Graveyron (84). 161 F1
Saint-Honoré (38). 135 F4
Saint-Honoré (76). 35 E1
Saint-Honoré-les-Bains (58). 107 D1
Saint-Hostien (43). 133 D4
Saint-Hubert (57). 42 C4
Saint-Huruge (71). 108 B3
Saint-Hymer (14). 34 A4
Saint-Hymetière-sur-Valouse (39). . . 109 F4
Saint-Igeaux (22). 66 B1
Saint-Igest (12). 143 D3
Saint-Ignan (31). 169 F3
Saint-Ignat (63). 119 D3
Saint-Igny-de-Roche (71). 120 C1
Saint-Igny-de-Vers (69). 120 C1
Saint-Illide (15). 130 B4
Saint-Illiers-la-Ville (78). 54 A2
Saint-Illiers-le-Bois (78). 54 A2
Saint-Ilpize (43). 132 A3
Saint-Imoges (51). 57 E1
Saint-Inglevert (62). 21 E2
Saint-Ismier (38). 135 F3
Saint-Izaire (12). 158 A2
Saint-Jacques (04). 163 F2
Saint-Jacques-d'Aliermont (76). . . . 25 F2
Saint-Jacques-d'Ambur (63). 118 B3
Saint-Jacques-d'Atticieux (07). . . . 134 A3
Saint-Jacques-de-la-Lande (35). . . . 68 B2

Saint-Jacques-de-Néhou (50). . . . 31 E2
Saint-Jacques-de-Thouars (79). . . .101 D1
Saint-Jacques-des-Blats (15). . . . 131 D4
Saint-Jacques-des-Guérets (41). . . 72 A4
Saint-Jacques-
 -en-Valgodemard (05). 149 E1
Saint-Jacques-sur-Darnétal (76). . . 35 E3
Saint-Jacut-de-la-Mer (22). 48 C3
Saint-Jacut-les-Pins (56). 67 E4
Saint-Jal (19). 129 E2
Saint-James (50). 50 A4
Saint-Jammes (64). 168 B1
Saint-Jans-Cappel (59). 22 B2
Saint-Jean (31). 156 A4
Saint-Jean-aux-Amognes (58). . . . 106 B3
Saint-Jean-aux-Bois (08). 40 A1
Saint-Jean-aux-Bois (60). 38 A3
Saint-Jean-Bonnefonds (42). . . . 133 F2
Saint-Jean-Brévelay (56). 66 C3
Saint-Jean-Cap-Ferrat (06). . . . 165 D4
Saint-Jean-Chambre (07). 147 D1
Saint-Jean-d'Aigues-Vives (09). . . 171 F4
Saint-Jean-d'Alcapiès (12). 158 B2
Saint-Jean-d'Angély (17). 113 E2
Saint-Jean-d'Angle (17). 112 C4
Saint-Jean-d'Arves (73). 136 B3
Saint-Jean-d'Arvey (73). 136 A1
Saint-Jean-d'Assé (72). 71 D2
Saint-Jean-d'Ataux (24). 127 F3
Saint-Jean-d'Aubrigoux (43). . . . 132 C2
Saint-Jean-d'Aulps (74). 124 A1
Saint-Jean-d'Avelanne (38). . . . 135 E1
Saint-Jean-de-Barrou (11). 173 E4
Saint-Jean-de-Bassel (57). 61 F2
Saint-Jean-de-Beauregard (91). . . 54 C3
Saint-Jean-de-Beugné (85). 99 F3
Saint-Jean-de-Blaignac (33). . . . 139 F1
Saint-Jean-de-Bœuf (21). 93 F4
Saint-Jean-de-Boiseau (44). 84 A3
Saint-Jean-de-Bonneval (10). . . . 76 C2
Saint-Jean-de-Bournay (38). . . . 134 C1
Saint-Jean-de-Braye (45). 73 F4
Saint-Jean-de-Buèges (34). 159 E3
Saint-Jean-de-Ceyrargues (30). . . 160 B2
Saint-Jean-de-Chevelu (73). . . . 123 D4
Saint-Jean-de-Côle (24). 128 B2
Saint-Jean-de-Cornies (34). . . . 160 A3
Saint-Jean-de-Couz (73). 135 F1
Saint-Jean-de-Crieulon (30). . . . 160 A2
Saint-Jean-de-Cuculles (34). . . . 159 F3
Saint-Jean-de-Daye (50). 32 B4
Saint-Jean-de-Duras (47). 140 B2
Saint-Jean-de-Folleville (76). . . . 34 C2
Saint-Jean-de-Fos (34). 159 E4
Saint-Jean-de-Gonville (01). . . . 123 D1
Saint-Jean-de-la-Blaquière (34). . . 159 D4
Saint-Jean-de-la-Croix (49). . . . 85 F2
Saint-Jean-de-la-Haize (50). . . . 50 A3
Saint-Jean-de-la-Motte (72). . . . 70 C4
Saint-Jean-de-la-Neuville (76). . . 34 B2
Saint-Jean-de-la-Porte (73). . . . 136 B1
Saint-Jean-de-la-Rivière (50). . . . 31 D3
Saint-Jean-de-la-Ruelle (45). . . . 73 E4
Saint-Jean-de-Laur (46). 142 C3
Saint-Jean-de-Lier (40). 152 B3
Saint-Jean-de-Liversay (17). 113 D1
Saint-Jean-de-Livet (14). 52 A1
Saint-Jean-de-Losne (21). 94 B4
Saint-Jean-de-Luz (64). 166 B1
Saint-Jean-de-Marcel (81). 157 E2
Saint-Jean-de-Marsacq (40). . . . 151 F4
Saint-Jean-de-Maruéjols-
 -et-Avéjan (30). 146 C4
Saint-Jean-de-Maurienne (73). . . 136 C2
Saint-Jean-de-Minervois (34). . . . 173 E2
Saint-Jean-de-Moirans (38). . . . 135 E2
Saint-Jean-de-Monts (85). 98 B2
Saint-Jean-de-Muzols (07). 134 B4
Saint-Jean-de-Nay (43). 132 C4
Saint-Jean-de-Niost (01). 122 A3
Saint-Jean-de-Paracol (11). 172 A4
Saint-Jean-de-Rebervilliers (28). . . 53 F4
Saint-Jean-de-Rives (81). 156 B3
Saint-Jean-de-Sauves (86). 101 F2
Saint-Jean-de-Savigny (50). . . . 32 B4
Saint-Jean-de-Serres (30). 160 A2
Saint-Jean-de-Sixt (74). 123 F3
Saint-Jean-de-Soudain (38). . . . 135 D1
Saint-Jean-de-Tholome (74). . . . 123 F2
Saint-Jean-de-Thouars (79). 101 D1
Saint-Jean-de-Thurac (47). 155 D1
Saint-Jean-de-Thurigneux (01). . . 121 E3
Saint-Jean-de-Trézy (71). 108 B2
Saint-Jean-de-Valériscle (30). . . . 146 B4
Saint-Jean-de-Vals (81). 157 E4
Saint-Jean-de-Vaulx (38). 135 F4
Saint-Jean-de-Vaux (71). 108 B2
Saint-Jean-de-Védas (34). 159 F4
Saint-Jean-de-Verges (09). 171 E4
Saint-Jean-d'Elle (50). 50 B1
Saint-Jean-Delnous (12). 157 F2
Saint-Jean-des-Champs (50). . . . 49 F2
Saint-Jean-des-Échelles (72). . . . 71 F2
Saint-Jean-des-Ollières (63). 119 E4
Saint-Jean-des-Vignes (69). . . . 121 D3
Saint-Jean-d'Estissac (24). 127 F4
Saint-Jean-devant-Possesse (51). . . 58 C2
Saint-Jean-d'Hérans (38). 148 C1

Saint-Jean-d'Heurs (63) 119 E3
Saint-Jean-d'Illac (33) 138 C1
Saint-Jean-d'Ormont (88) 80 C1
Saint-Jean-du-Bois (72) 70 C4
Saint-Jean-du-Bouzet (82) 155 D2
Saint-Jean-du-Bruel (12) 159 D2
Saint-Jean-du-Cardonnay (76) 35 E2
Saint-Jean-du-Castillonnais (09) . . .170 B4
Saint-Jean-du-Corail-des-Bois (50) . . 50 A2
Saint-Jean-du-Doigt (29) 46 B2
Saint-Jean-du-Falga (09) 171 E3
Saint-Jean-du-Gard (30) 159 F1
Saint-Jean-du-Pin (30) 160 A1
Saint-Jean-du-Thenney (27) 52 B1
Saint-Jean-en-Royans (26) 135 D4
Saint-Jean-en-Val (63) 132 A1
Saint-Jean-et-Saint-Paul (12) 158 B2
Saint-Jean-Froidmentel (41) 72 B3
Saint-Jean-Kerdaniel (22) 47 E3
Saint-Jean-Kourtzerode (57) 62 A2
Saint-Jean-la-Bussière (69) 120 C2
Saint-Jean-la-Fouillouse (48) 145 F2
Saint-Jean-la-Poterie (56) 83 F2
Saint-Jean-la-Vêtre (42) 119 F4
Saint-Jean-Lachalm (43) 132 C4
Saint-Jean-Lagineste (46) 143 D1
Saint-Jean-Lasseille (66) 185 E2
Saint-Jean-le-Blanc (45) 73 E4
Saint-Jean-le-Centenier (07) 147 D2
Saint-Jean-le-Comtal (32) 154 B4
Saint-Jean-le-Thomas (50) 49 F3
Saint-Jean-le-Vieux (01) 122 B2
Saint-Jean-le-Vieux (38) 135 F3
Saint-Jean-le-Vieux (64) 167 D2
Saint-Jean-lès-Buzy (55) 42 A4
Saint-Jean-
  -les-Deux-Jumeaux (77) 56 A2
Saint-Jean-lès-Longuyon (54) 41 E3
Saint-Jean-Lespinasse (46) 143 D1
Saint-Jean-Lherm (31) 156 B4
Saint-Jean-Ligoure (87) 116 A4
Saint-Jean-Mirabel (46) 143 E2
Saint-Jean-Pied-de-Port (64) 166 C2
Saint-Jean-Pierre-Fixte (28) 72 A1
Saint-Jean-Pla-de-Corts (66) 185 E3
Saint-Jean-Poudge (64) 153 E4
Saint-Jean-Poutge (32) 154 B3
Saint-Jean-Rohrbach (57) 61 E1
Saint-Jean-Roure (07) 133 F4
Saint-Jean-Saint-Germain (37) 88 A4
Saint-Jean-Saint-Gervais (63) 132 A2
Saint-Jean-
  -Saint-Maurice-sur-Loire (42) 120 A3
Saint-Jean-Saint-Nicolas (05) 149 E2
Saint-Jean-Saverne (67) 62 B2
Saint-Jean-Soleymieux (42) 133 D1
Saint-Jean-sur-Mayenne (53) 69 F2
Saint-Jean-sur-Moivre (51) 58 B2
Saint-Jean-sur-Reyssouze (01) 109 D4
Saint-Jean-sur-Tourbe (51) 58 B1
Saint-Jean-sur-Veyle (01) 121 E1
Saint-Jean-sur-Vilaine (35) 68 C2
Saint-Jean-Trolimon (29) 64 C3
Saint-Jeannet (04) 163 E2
Saint-Jeannet (06) 164 C3
Saint-Jeanvrin (18) 104 C3
Saint-Jeoire (74) 123 F1
Saint-Jeoire-Prieuré (73) 136 A1
Saint-Jeure-d'Andaure (07) 133 F4
Saint-Jeure-d'Ay (07) 134 A3
Saint-Jeures (43) 133 E4
Saint-Joachim (44) 83 E3
Saint-Jodard (42) 120 B3
Saint-Joire (55) 59 E4
Saint-Jorioz (74) 123 E3
Saint-Jory (31) 155 F3
Saint-Jory-de-Chalais (24) 128 B1
Saint-Jory-las-Bloux (24) 128 B2
Saint-Joseph (42) 134 A1
Saint-Joseph (50) 31 E2
Saint-Joseph-de-Rivière (38) 135 F2
Saint-Joseph-des-Bancs (07) 146 C2
Saint-Josse (62) 21 D4
Saint-Jouan-de-l'Isle (22) 67 F1
Saint-Jouan-des-Guérets (35) 49 D3
Saint-Jouin (14) 33 F4
Saint-Jouin-Bruneval (76) 34 A1
Saint-Jouin-de-Blavou (61) 52 B4
Saint-Jouvent (87) 116 A3
Saint-Juan (25) 96 A3
Saint-Judoce (22) 68 A1
Saint-Juéry (12) 158 A3
Saint-Juéry (48) 144 C1
Saint-Juéry (81) 157 D2
Saint-Juire-Champgillon (85) 100 A3
Saint-Julia (31) 171 F1
Saint-Julia-de-Bec (11) 172 B4
Saint-Julien (21) 94 A2
Saint-Julien (22) 47 F4
Saint-Julien (34) 173 E1
Saint-Julien (69) 121 D2
Saint-Julien (83) 163 D4
Saint-Julien (88) 79 E3
Saint-Julien-aux-Bois (19) 130 A3
Saint-Julien-Beychevelle (33) 125 F3
Saint-Julien-Chapteuil (43) 133 D4
Saint-Julien-d'Ance (43) 133 D2
Saint-Julien-d'Armagnac (40) 153 E2

Saint-Julien-d'Asse (04) 163 D2
Saint-Julien-de-Briola (11) 171 F3
Saint-Julien-de-Cassagnas (30) 160 B1
Saint-Julien-de-Chédon (41) 88 B3
Saint-Julien-de-Civry (71) 107 F4
Saint-Julien-de-Concelles (44) 84 C3
Saint-Julien-de-Coppel (63) 119 D4
Saint-Julien-de-Gras-Capou (09) . . .171 F3
Saint-Julien-de-Jonzy (71) 120 B1
Saint-Julien-de-la-Liègue (27) 53 F1
Saint-Julien-de-la-Nef (30) 159 E2
Saint-Julien-de-Lampon (24) 142 A1
Saint-Julien-de-l'Escap (17) 113 E3
Saint-Julien-de-l'Herms (38) 134 C2
Saint-Julien-de-Peyrolas (30) 147 D4
Saint-Julien-de-Toursac (15) 143 E1
Saint-Julien-de-Vouvantes (44) 85 D1
Saint-Julien-des-Chazes (43) 132 B4
Saint-Julien-des-Landes (85) 99 D2
Saint-Julien-des-Points (48) 159 F1
Saint-Julien-d'Intres (33) 133 F4
Saint-Julien-d'Oddes (42) 120 A3
Saint-Julien-du-Gua (07) 146 C1
Saint-Julien-du-Pinet (43) 133 D3
Saint-Julien-du-Puy (81) 157 D3
Saint-Julien-du-Sault (89) 75 E3
Saint-Julien-du-Serre (07) 146 C2
Saint-Julien-du-Terroux (53) 51 E4
Saint-Julien-du-Verdon (04) 163 F2
Saint-Julien-en-Beauchêne (05) 148 C2
Saint-Julien-en-Born (40) 151 F1
Saint-Julien-en-Champsaur (05) 149 E2
Saint-Julien-en-Genevois (74) 123 E1
Saint-Julien-en-Quint (26) 148 A1
Saint-Julien-en-Saint-Alban (07) . . .147 D1
Saint-Julien-en-Vercors (26) 135 E4
Saint-Julien-Gaulène (81) 157 E2
Saint-Julien-
  -Innocence-Eulalie (24) 140 C2
Saint-Julien-la-Geneste (63) 118 B2
Saint-Julien-la-Genête (23) 117 F2
Saint-Julien-l'Ars (86) 102 B3
Saint-Julien-le-Châtel (23) 117 E2
Saint-Julien-le-Pèlerin (19) 130 A4
Saint-Julien-le-Petit (87) 116 C3
Saint-Julien-le-Roux (07) 147 D1
Saint-Julien-le-Vendômois (19) 129 D1
Saint-Julien-lès-Gorze (54) 60 A1
Saint-Julien-lès-Metz (57) 60 C1
Saint-Julien-lès-Montbéliard (25) . . . 96 B2
Saint-Julien-lès-Rosiers (30) 160 A1
Saint-Julien-lès-Russey (25) 96 B3
Saint-Julien-les-Villas (10) 76 C2
Saint-Julien-Maumont (19) 129 E4
Saint-Julien-Molhesabate (43) 133 F3
Saint-Julien-Molin-Molette (42) 134 A2
Saint-Julien-Mont-Denis (73) 136 C2
Saint-Julien-Puy-Lavèze (63) 118 A4
Saint-Julien-sous-les-Côtes (55) . . . 59 F2
Saint-Julien-sur-Bibost (69) 121 D4
Saint-Julien-sur-Calonne (14) 34 A3
Saint-Julien-sur-Cher (41) 89 E3
Saint-Julien-sur-Dheune (71) 108 A2
Saint-Julien-sur-Garonne (31) 170 C2
Saint-Julien-sur-Reyssouze (01) 109 D4
Saint-Julien-sur-Sarthe (61) 52 B4
Saint-Julien-sur-Veyle (01) 121 E1
Saint-Julien-Vocance (07) 133 F3
Saint-Junien (87) 115 E3
Saint-Junien-la-Bregère (23) 116 C3
Saint-Junien-les-Combes (87) 115 F2
Saint-Jure (57) 60 C2
Saint-Jurs (04) 163 E2
Saint-Just (01) 122 A1
Saint-Just (18) 105 D1
Saint-Just (24) 127 F2
Saint-Just (34) 175 E1
Saint-Just (35) 67 F4
Saint-Just (63) 132 C1
Saint-Just-Chaleyssin (38) 134 B1
Saint-Just-d'Ardèche (07) 147 D4
Saint-Just-d'Avray (69) 120 C2
Saint-Just-de-Claix (38) 135 D4
Saint-Just-en-Bas (42) 120 A4
Saint-Just-en-Brie (77) 56 B4
Saint-Just-en-Chaussée (60) 37 E2
Saint-Just-en-Chevalet (42) 120 A3
Saint-Just-et-le-Bézu (11) 172 B4
Saint-Just-et-Vacquières (30) 160 B1
Saint-Just-Ibarre (64) 167 D2
Saint-Just-la-Pendue (42) 120 B3
Saint-Just-le-Martel (87) 116 B3
Saint-Just-Luzac (17) 112 C3
Saint-Just-Malmont (43) 133 E2
Saint-Just-près-Brioude (43) 132 A3
Saint-Just-Saint-Rambert (42) 133 E1
Saint-Just-Sauvage (51) 57 D4
Saint-Just-sur-Dive (49) 86 B4
Saint-Just-sur-Viaur (12) 157 E1
Saint-Justin (32) 169 D1
Saint-Justin (40) 153 E2
Saint-Juvat (22) 68 A1
Saint-Juvin (08) 40 C3
Saint-Lactencin (36) 103 F1
Saint-Lager (69) 121 D2
Saint-Lager-Bressac (07) 147 D2
Saint-Lamain (39) 109 F2
Saint-Lambert (14) 51 D2

Saint-Lambert (78) 54 C3
Saint-Lambert-
  -et-Mont-de-Jeux (08) 40 B2
Saint-Lambert-la-Potherie (49) 85 F2
Saint-Lambert-sur-Dive (61) 52 A2
Saint-Langis-lès-Mortagne (61) 52 B4
Saint-Lanne (65) 153 F4
Saint-Laon (86) 101 E1
Saint-Lary (09) 170 A4
Saint-Lary (32) 154 B3
Saint-Lary-Boujean (31) 170 A4
Saint-Lary-Soulan (65) 181 E2
Saint-Lattier (38) 134 C4
Saint-Launeuc (22) 67 E1
Saint-Laure (63) 119 D3
Saint-Laurent (08) 40 B1
Saint-Laurent (18) 90 A4
Saint-Laurent (22) 47 E3
Saint-Laurent (23) 117 D2
Saint-Laurent (31) 170 A2
Saint-Laurent (47) 140 C4
Saint-Laurent (74) 123 F2
Saint-Laurent-Blangy (62) 27 F1
Saint-Laurent-Bretagne (64) 168 B1
Saint-Laurent-Chabreuges (43) 132 A3
Saint-Laurent-d'Agny (69) 121 D4
Saint-Laurent-d'Aigouze (30) 160 B4
Saint-Laurent-d'Andenay (71) 108 A2
Saint-Laurent-d'Arce (33) 126 B4
Saint-Laurent-de-Brèvedent (76) . . . 34 B2
Saint-Laurent-de-Carnols (30) 160 C1
Saint-Laurent-de-Cerdans (66) 185 D3
Saint-Laurent-de-Céris (16) 115 D3
Saint-Laurent-de-Chamousset (69) . .120 C4
Saint-Laurent-de-Cognac (16) 113 E4
Saint-Laurent-de-Condel (14) 51 E1
Saint-Laurent-de-Cuves (50) 50 B2
Saint-Laurent-de-Gosse (40) 151 F4
Saint-Laurent-de-Jourdes (86) 102 B4
Saint-Laurent-
  -de-la-Cabrerisse (11) 173 D3
Saint-Laurent-de-la-Prée (17) 112 C2
Saint-Laurent-
  -de-la-Salanque (66) 185 F1
Saint-Laurent-de-la-Salle (85) 100 A3
Saint-Laurent-de-Lévézou (12) 158 B1
Saint-Laurent-de-Lin (37) 87 D2
Saint-Laurent-de-Mure (69) 121 F4
Saint-Laurent-de-Muret (48) 145 D2
Saint-Laurent-de-Neste (65) 169 E3
Saint-Laurent-de-Terregatte (50) . . . 50 A3
Saint-Laurent-de-Veyrès (48) 144 C1
Saint-Laurent-des-Arbres (30) 161 D2
Saint-Laurent-des-Bois (27) 53 F2
Saint-Laurent-des-Bois (41) 72 C4
Saint-Laurent-des-Combes (16) 127 D2
Saint-Laurent-des-Combes (33) 139 F1
Saint-Laurent-des-Hommes (24) 127 E4
Saint-Laurent-des-Vignes (24) 140 C1
Saint-Laurent-d'Olt (12) 144 C3
Saint-Laurent-d'Onay (26) 134 C3
Saint-Laurent-du-Bois (33) 139 F2
Saint-Laurent-du-Cros (05) 149 E2
Saint-Laurent-du-Pape (07) 147 E1
Saint-Laurent-du-Plan (33) 139 F2
Saint-Laurent-du-Pont (38) 135 F2
Saint-Laurent-du-Tencement (27) . . . 52 B2
Saint-Laurent-du-Var (06) 165 D4
Saint-Laurent-du-Verdon (04) 163 D3
Saint-Laurent-en-Beaumont (38) . . .149 D1
Saint-Laurent-en-Brionnais (71) 120 B1
Saint-Laurent-en-Caux (76) 35 D1
Saint-Laurent-en-Gâtines (37) 87 F1
Saint-Laurent-en-Grandvaux (39) . . .110 B3
Saint-Laurent-en-Royans (26) 135 D4
Saint-Laurent-la-Conche (42) 120 B4
Saint-Laurent-la-Gâtine (28) 54 A3
Saint-Laurent-la-Vallée (24) 141 F1
Saint-Laurent-la-Vernède (30) 160 C1
Saint-Laurent-l'Abbaye (58) 91 D3
Saint-Laurent-le-Minier (30) 159 E2
Saint-Laurent-les-Bains-
  -Laval-d'Aurelle (07) 146 A2
Saint-Laurent-les-Églises (87) 116 B3
Saint-Laurent-les-Tours (46) 143 D1
Saint-Laurent-Médoc (33) 125 F3
Saint-Laurent-Nouan (41) 89 D1
Saint-Laurent-Rochefort (42) 120 A4
Saint-Laurent-sous-Coiron (07) 146 C2
Saint-Laurent-sur-Gorre (87) 115 F4
Saint-Laurent-sur-Mer (14) 32 C3
Saint-Laurent-sur-Othain (55) 41 F3
Saint-Laurent-sur-Oust (56) 67 E4
Saint-Laurent-sur-Saône (01) 121 E1
Saint-Laurent-sur-Sèvre (85) 100 A1
Saint-Laurs (79) 100 C3
Saint-Léger (06) 164 B2
Saint-Léger (17) 113 E4
Saint-Léger (47) 140 B4
Saint-Léger (53) 70 A2
Saint-Léger (62) 28 A2
Saint-Léger (73) 136 B1
Saint-Léger (77) 56 B2
Saint-Léger-aux-Bois (60) 38 A3
Saint-Léger-aux-Bois (76) 36 A1
Saint-Léger-Bridereix (23) 116 B1
Saint-Léger-de-Balson (33) 139 E3
Saint-Léger-de-Fougeret (58) 107 E1

Saint-Léger-de-Linières (49) . . . . . . 85 [
Saint-Léger-de-Montbrillais (86) . . . 86 [
Saint-Léger-de-Montbrun (79) . . . . .101 [
Saint-Léger-de-Peyre (48) . . . . .145 [
Saint-Léger-de-Rôtes (27) . . . . 52 [
Saint-Léger-des-Aubées (28) . . . . . . 73 [
Saint-Léger-des-Prés (35) . . . . 49 [
Saint-Léger-des-Vignes (58) . . . . . .106 [
Saint-Léger-du-Bois (71) . . . . .108 A[
Saint-Léger-du-Bourg-Denis (76) . . . 35 [
Saint-Léger-du-Gennetey (27) . . . . . 34 [
Saint-Léger-du-Malzieu (48) . . . . . .145 [
Saint-Léger-du-Ventoux (84) . . . . . .161 [
Saint-Léger-Dubosq (14) . . . . 33 [
Saint-Léger-en-Bray (60) . . . . 36 [
Saint-Léger-en-Yvelines (78) . . . . . . 54 [
Saint-Léger-la-Montagne (87) . . . . .116 [
Saint-Léger-le-Guérétois (23) . . . . .117 [
Saint-Léger-le-Petit (18) . . . . 91 [
Saint-Léger-lès-Authie (80) . . . . 27 [
Saint-Léger-lès-Domart (80) . . . . . . 26 [
Saint-Léger-les-Mélèzes (05) . . . . . .149 [
Saint-Léger-lès-Paray (71) . . . . . . .107 [
Saint-Léger-les-Vignes (44) . . . . 84 A[
Saint-Léger-Magnazeix (87) . . . . . . .116 A[
Saint-Léger-près-Troyes (10) . . . . . . 76 [
Saint-Léger-sous-Beuvray (71) . . . . .107 [
Saint-Léger-sous-Brienne (10) . . . . . 77 [
Saint-Léger-sous-Cholet (49) . . . . . . 85 [
Saint-Léger-sous-la-Bussière (71) . . .121 [
Saint-Léger-sous-Margerie (10) . . . . 58 A[
Saint-Léger-sur-Bresle (80) . . . . 26 [
Saint-Léger-sur-Dheune (71) . . . . . .108 [
Saint-Léger-sur-Roanne (42) . . . . . .120 A[
Saint-Léger-sur-Sarthe (61) . . . . 52 [
Saint-Léger-sur-Vouzance (03) . . . . .107 [
Saint-Léger-Triey (21) . . . . 94 [
Saint-Léger-Vauban (89) . . . . 92 [
Saint-Léomer (86) . . . . .103 [
Saint-Léon . . . . .107 [
Saint-Léon (31) . . . . .171 [
Saint-Léon (33) . . . . .139 [
Saint-Léon (47) . . . . .140 [
Saint-Léon-d'Issigeac (24) . . . . .141 [
Saint-Léon-sur-l'Isle (24) . . . . .127 [
Saint-Léon-sur-Vézère (24) . . . . . . .128 [
Saint-Léonard (32) . . . . .155 [
Saint-Léonard (51) . . . . 39 [
Saint-Léonard (62) . . . . 21 [
Saint-Léonard (76) . . . . 34 [
Saint-Léonard (88) . . . . 80 [
Saint-Léonard-de-Noblat (87) . . . . .116 [
Saint-Léonard-des-Bois (72) . . . . . . 70 [
Saint-Léonard-des-Parcs (61) . . . . . 52 [
Saint-Léonard-en-Beauce (41) . . . . . 72 [
Saint-Léons (12) . . . . .158 [
Saint-Léopardin-d'Augy (03) . . . . . .106 A[
Saint-Léry (56) . . . . 67 [
Saint-Leu-d'Esserent (60) . . . . 37 [
Saint-Leu-la-Forêt (95) . . . . 55 [
Saint-Lézer (65) . . . . .168 [
Saint-Lieux-lès-Lavaur (81) . . . . . . .156 [
Saint-Lin (79) . . . . .101 [
Saint-Lions (04) . . . . .163 [
Saint-Lizier (09) . . . . .182 [
Saint-Lizier-du-Planté (32) . . . . . . .170 [
Saint-Lô (50) . . . . 32 [
Saint-Lon-les-Mines (40) . . . . .152 A[
Saint-Longis (72) . . . . 71 [
Saint-Lormel (22) . . . . 48 [
Saint-Lothain (39) . . . . .109 [
Saint-Loube (32) . . . . .170 [
Saint-Loubert (33) . . . . .139 [
Saint-Loubès (33) . . . . .126 [
Saint-Loubouer (40) . . . . .153 [
Saint-Louet-sur-Seulles (14) . . . . . . 32 [
Saint-Louet-sur-Vire (50) . . . . 50 [
Saint-Louis (57) . . . . 62 A[
Saint-Louis (68) . . . . 97 [
Saint-Louis-de-Montferrand (33) . . .126 A[
Saint-Louis-en-l'Isle (24) . . . . .127 [
Saint-Louis-et-Parahou (11) . . . . . .184 [
Saint-Louis-lès-Bitche (57) . . . . 62 [
Saint-Loup (03) . . . . .119 [
Saint-Loup (17) . . . . .113 [
Saint-Loup (23) . . . . .117 [
Saint-Loup (39) . . . . .109 [
Saint-Loup (41) . . . . 89 [
Saint-Loup (50) . . . . 50 A[
Saint-Loup (51) . . . . 57 [
Saint-Loup (58) . . . . 91 [
Saint-Loup (82) . . . . .155 [
Saint-Loup-Cammas (31) . . . . .156 A[
Saint-Loup-de-Buffigny (10) . . . . . . 76 A[
Saint-Loup-de-Gonois (45) . . . . 75 [
Saint-Loup-de-Naud (77) . . . . 56 [
Saint-Loup-de-Varennes (71) . . . . .108 [
Saint-Loup-des-Chaumes (18) . . . . .105 [
Saint-Loup-des-Vignes (45) . . . . 74 [
Saint-Loup-d'Ordon (89) . . . . 75 [
Saint-Loup-du-Dorat (53) . . . . 70 A[
Saint-Loup-du-Gast (53) . . . . 70 A[
Saint-Loup-en-Champagne (08) . . . . 39 [
Saint-Loup-en-Comminges (31) . . . .169 [
Saint-Loup-Géanges (71) . . . . .108 [
Saint-Loup-Hors (14) . . . . 32 [
Saint-Loup-Lamairé (79) . . . . .101 [
Saint-Loup-Nantouard (70) . . . . 95 [

Saint-Loup-sur-Aujon (52) 78 **A4**
Saint-Loup-sur-Semouse (70) 79 **F4**
Saint-Loup-Terrier (08) 40 **B2**
Saint-Lubin-de-Cravant (28). 53 **E3**
Saint-Lubin-de-la-Haye (28). 54 **A2**
Saint-Lubin-des-Joncherets (28) . . . 53 **E3**
Saint-Lubin-en-Vergonnois (41). . . . 88 **B1**
Saint-Luc (27) 53 **F2**
Saint-Lucien (28) 54 **A3**
Saint-Lucien (76) 36 **A2**
Saint-Lumier-en-Champagne (51) . . 58 **B3**
Saint-Lumier-la-Populeuse (51) . . . 58 **C3**
Saint-Lumine-de-Clisson (44) 84 **C4**
Saint-Lumine-de-Coutais (44) 84 **A4**
Saint-Lunaire (35) 48 **C3**
Saint-Luperce (28). 72 **C1**
Saint-Lupien (10) 76 **A1**
Saint-Lyé (10). 76 **B1**
Saint-Lyé-la-Forêt (45) 73 **F3**
Saint-Lyphard (44). 83 **E3**
Saint-Lys (31). 170 **C1**
Saint-Macaire (33) 139 **F2**
Saint-Macaire-du-Bois (49) 86 **B4**
Saint-Maclou (27) 34 **B3**
Saint-Maclou-de-Folleville (76) 35 **E1**
Saint-Maclou-la-Brière (76) 34 **B1**
Saint-Macoux (86). 114 **B2**
Saint-Maden (22) 67 **F1**
Saint-Magne (33) 139 **D2**
Saint-Magne-de-Castillon (33) . . . 140 **A1**
Saint-Maigner (63) 118 **A4**
Saint-Maigrin (17) 126 **B2**
Saint-Maime (04) 162 **C2**
Saint-Maime-de-Péreyrol (24) . . . 128 **A4**
Saint-Maixant (33) 117 **E3**
Saint-Maixant (33) 139 **F2**
Saint-Maixent (72) 71 **F4**
Saint-Maixent-de-Beugné (79) . . . 100 **B3**
Saint-Maixent-l'École (79) 101 **D4**
Saint-Maixent-sur-Vie (85) 98 **C3**
Saint-Maixme-Hauterive (28) 53 **E4**
Saint-Malo (35) 49 **D3**
Saint-Malo-de-Beignon (56) 67 **F3**
Saint-Malo-de-Guersac (44) 83 **E3**
Saint-Malo-de-la-Lande (50) 31 **E4**
Saint-Malo-de-Phily (35) 68 **A3**
Saint-Malo-des-Trois-Fontaines (56) 67 **D2**
Saint-Malô-du-Bois (85) 100 **A1**
Saint-Malo-en-Donziois (58) 91 **E3**
Saint-Malon-sur-Mel (35) 67 **F2**
Saint-Mamert-du-Gard (30) 160 **B2**
Saint-Mamet (31) 181 **F2**
Saint-Mamet-la-Salvetat (15) 143 **E1**
Saint-Mammès (77) 74 **C1**
Saint-Mandé (94) 55 **E2**
Saint-Mandé-sur-Brédoire (17) . . . 113 **F2**
Saint-Mandrier-sur-Mer (83). 178 **A4**
Saint-Manvieu-Norrey (14). 33 **D4**
Saint-Marc-à-Frongier (23). 117 **E3**
Saint-Marc-à-Loubaud (23) 117 **D3**
Saint-Marc-du-Cor (41). 72 **A3**
Saint-Marc-Jaumegarde (13) 177 **E1**
Saint-Marc-la-Lande (79) 101 **D3**
Saint-Marc-le-Blanc (35). 68 **C1**
Saint-Marc-sur-Seine (21). 93 **E1**
Saint-Marcan (35) 49 **E3**
Saint-Marceau (08) 40 **B1**
Saint-Marceau (72) 71 **D2**
Saint-Marcel (01). 121 **F3**
Saint-Marcel (08). 40 **B1**
Saint-Marcel (27). 54 **A1**
Saint-Marcel (36). 103 **F3**
Saint-Marcel (54). 60 **B1**
Saint-Marcel (56). 67 **E4**
Saint-Marcel (70). 79 **D4**
Saint-Marcel (71). 108 **C2**
Saint-Marcel (73). 136 **C1**
Saint-Marcel-Bel-Accueil (38) 122 **A4**
Saint-Marcel-Campes (81) 156 **C2**
Saint-Marcel-d'Ardèche (07). 147 **D4**
Saint-Marcel-de-Careiret (30). . . . 160 **C1**
Saint-Marcel-de-Félines (42) 120 **B3**
Saint-Marcel-du-Périgord (24) . . . 128 **A4**
Saint-Marcel-d'Urfé (42). 120 **A3**
Saint-Marcel-en-Marcillat (03) . . . 118 **A2**
Saint-Marcel-en-Murat (03) 118 **C1**
Saint-Marcel-l'Éclairé (69) 120 **C3**
Saint-Marcel-lès-Annonay (07) . . . 134 **A2**
Saint-Marcel-lès-Sauzet (26) 147 **E2**
Saint-Marcel-lès-Valence (26) . . . 134 **B4**
Saint-Marcel-Paulel (31) 156 **A4**
Saint-Marcel-sur-Aude (11) 173 **E4**
Saint-Marcelin-de-Cray (71) 108 **A3**
Saint-Marcellin (38) 135 **D3**
Saint-Marcellin-en-Forez (42) 133 **E1**
Saint-Marcellin-lès-Vaison (84) . . . 147 **F4**
Saint-Marcet (31) 170 **A2**
Saint-Marcory (24) 141 **E2**
Saint-Marcouf (14) 32 **B3**
Saint-Marcouf (50) 32 **A2**
Saint-Mard (02) 38 **C3**
Saint-Mard (17) 113 **D2**
Saint-Mard (54) 60 **C4**
Saint-Mard (77) 55 **F1**
Saint-Mard (80) 37 **F1**
Saint-Mard-de-Réno (61) 52 **C4**
Saint-Mard-de-Vaux (71) 108 **B2**

Saint-Mard-lès-Rouffy (51). 57 **F2**
Saint-Mard-sur-Auve (51). 58 **B1**
Saint-Mard-sur-le-Mont (51). 58 **C2**
Saint-Mards (76) 35 **E1**
Saint-Mards-de-Blacarville (27) . . . 34 **C3**
Saint-Mards-de-Fresne (27) 52 **B1**
Saint-Mards-en-Othe (10) 76 **B2**
Saint-Marien (33) 104 **C4**
Saint-Mariens (33) 126 **B3**
Saint-Mars-de-Coutais (44) 84 **A4**
Saint-Mars-de-Locquenay (72) . . . 71 **E3**
Saint-Mars-d'Égrenne (61) 50 **C4**
Saint-Mars-d'Outillé (72) 71 **E4**
Saint-Mars-du-Désert (44) 84 **C2**
Saint-Mars-du-Désert (53) 70 **B1**
Saint-Mars-la-Brière (72) 71 **E3**
Saint-Mars-la-Réorthe (85) 100 **A1**
Saint-Mars-sur-Colmont (53) 69 **F1**
Saint-Mars-sur-la-Futaie (53) 50 **B4**
Saint-Mars-Vieux-Maisons (77) . . . 56 **B3**
Saint-Marsal (66). 185 **D2**
Saint-Martial (07) 146 **B1**
Saint-Martial (15) 144 **C1**
Saint-Martial (16) 127 **D2**
Saint-Martial (17) 113 **E2**
Saint-Martial (30) 159 **E2**
Saint-Martial (33) 139 **F2**
Saint-Martial-d'Albarède (24) 128 **B2**
Saint-Martial-d'Artenset (24) 127 **E4**
Saint-Martial-de-Gimel (19) 129 **F3**
Saint-Martial-de-Mirambeau (17) . 126 **A2**
Saint-Martial-de-Nabirat (24) 142 **A2**
Saint-Martial-de-Valette (24) 128 **A1**
Saint-Martial-de-Vitaterne (17) . . . 126 **B1**
Saint-Martial-Entraygues (19) 130 **A3**
Saint-Martial-le-Mont (23) 117 **E2**
Saint-Martial-le-Vieux (23) 117 **F4**
Saint-Martial-sur-Isop (87) 115 **E1**
Saint-Martial-Viveyrol (24) 127 **E2**
Saint-Martin (32) 169 **E1**
Saint-Martin (54) 61 **E4**
Saint-Martin (65) 169 **D3**
Saint-Martin (67) 81 **D1**
Saint-Martin-au-Bosc (76). 36 **B1**
Saint-Martin-aux-Arbres (76) 35 **D2**
Saint-Martin-aux-Bois (60) 37 **E2**
Saint-Martin-aux-Buneaux (76) . . . 24 **C2**
Saint-Martin-aux-Champs (51) 58 **A2**
Saint-Martin-aux-Chartrains (14). . . 34 **A3**
Saint-Martin-Belle-Roche (71) . . . 108 **C4**
Saint-Martin-Boulogne (62) 21 **D3**
Saint-Martin-Cantalès (15) 130 **B4**
Saint-Martin-Château (23) 116 **C3**
Saint-Martin-Choquel (62) 21 **E3**
Saint-Martin-Curton (47) 140 **A4**
Saint-Martin-d'Abbat (45) 74 **A4**
Saint-Martin-d'Ablois (51) 57 **E1**
Saint-Martin-d'Août (26) 134 **B3**
Saint-Martin-d'Arberoue (64) 167 **D1**
Saint-Martin-d'Arc (73) 136 **C3**
Saint-Martin-d'Ardèche (07) 147 **D4**
Saint-Martin-d'Armagnac (32) . . . 153 **F3**
Saint-Martin-d'Arrossa (64) 166 **C2**
Saint-Martin-d'Ary (17) 126 **C3**
Saint-Martin-d'Aubigny (50) 32 **A4**
Saint-Martin-d'Audouville (50) 32 **A4**
Saint-Martin-d'Auxigny (18) 90 **B4**
Saint-Martin-d'Auxy (71) 108 **A2**
Saint-Martin-de-Bavel (01) 122 **C3**
Saint-Martin-de-Beauville (47) . . . 141 **E4**
Saint-Martin-de-Bernegoue (79) . . 113 **F1**
Saint-Martin-de-Bienfaite-la-Cressonnière (14) 52 **B1**
Saint-Martin-de-Blagny (14). 32 **B3**
Saint-Martin-de-Bonfossé (50). . . . 50 **A1**
Saint-Martin-de-Boscherville (76) . . 35 **E3**
Saint-Martin-de-Bossenay (10) . . . 76 **A1**
Saint-Martin-de-Boubaux (48) . . . 159 **F1**
Saint-Martin-de-Bréthencourt (78) . 54 **B4**
Saint-Martin-de-Brômes (04) 163 **D3**
Saint-Martin-de-Caralp (09) 171 **D4**
Saint-Martin-de-Castillon (84) . . . 162 **B3**
Saint-Martin-de-Cenilly (50) 50 **A1**
Saint-Martin-de-Clelles (38) 148 **C1**
Saint-Martin-de-Commune (71) . . . 108 **A1**
Saint-Martin-de-Connée (53) 70 **B2**
Saint-Martin-de-Coux (17) 126 **C3**
Saint-Martin-de-Crau (13) 161 **D4**
Saint-Martin-de-Fenouillet (66) . . . 184 **C1**
Saint-Martin-de-Fontenay (14). . . . 33 **E4**
Saint-Martin-de-Fraigneau (85) . . . 100 **B4**
Saint-Martin-de-Fressengeas (24) . 128 **B2**
Saint-Martin-de-Fugères (43) 146 **A1**
Saint-Martin-de-Goyne (32) 154 **C2**
Saint-Martin-de-Gurson (24) 127 **D4**
Saint-Martin-de-Hinx (40) 151 **F4**
Saint-Martin-de-Juillers (17) 113 **F3**
Saint-Martin-de-Jussac (87) 115 **F3**
Saint-Martin-de-la-Brasque (84) . . 162 **B3**
Saint-Martin-de-la-Cluze (38) 135 **E4**
Saint-Martin-de-la-Lieue (14) 52 **A1**
Saint-Martin-de-la-Mer (21) 92 **C3**
Saint-Martin-de-la-Porte (73) 136 **C2**
Saint-Martin-de-Lansuscle (48) . . . 159 **E1**
Saint-Martin-de-l'Arçon (34) 173 **E1**
Saint-Martin-de-Laye (33) 126 **C4**
Saint-Martin-de-Lenne (12) 144 **B3**

Saint-Martin-de-Lerm (33) 140 **A2**
Saint Martin de l'If (76). 35 **D2**
Saint-Martin-de-Lixy (71) 120 **B1**
Saint-Martin-de-Londres (34) 159 **E3**
Saint-Martin-de-Mâcon (79). 86 **B4**
Saint-Martin-de-Mailloc (14) 52 **B1**
Saint-Martin-de-Mieux (14) 51 **E2**
Saint-Martin-de-Nigelles (28). 54 **A4**
Saint-Martin-de-Pallières (83) . . . 163 **D4**
Saint-Martin-de-Queyrières (05) . . 150 **A1**
Saint-Martin-de-Ré (17) 112 **A1**
Saint-Martin-de-Ribérac (24) 127 **E3**
Saint-Martin-de-Saint-Maixent (79) 101 **D4**
Saint-Martin-de-Salencey (71) . . . 108 **A3**
Saint-Martin-de-Sanzay (79) 86 **B4**
Saint-Martin-de-Seignanx (40). . . . 151 **E4**
Saint-Martin-de-Sescas (33) 139 **F2**
Saint-Martin-de-Valamas (07) 133 **F4**
Saint-Martin-de-Valgalgues (30) . . 160 **A1**
Saint-Martin-de-Varreville (50). . . . 32 **A2**
Saint-Martin-de-Vaulserre (38) . . . 135 **E1**
Saint-Martin-de-Villeréal (47) 141 **E2**
Saint-Martin-de-Villereglan (11) . . 172 **B3**
Saint-Martin-d'Écublei (61) 52 **C3**
Saint-Martin-d'Entraunes (06) . . . 164 **A1**
Saint-Martin-des-Bois (41) 88 **A1**
Saint-Martin-des-Champs (18) 91 **D4**
Saint-Martin-des-Champs (29) 46 **B3**
Saint-Martin-des-Champs (77) 56 **B3**
Saint-Martin-des-Champs (78) 54 **B2**
Saint-Martin-des-Champs (89) 91 **D1**
Saint-Martin-des-Combes (24) . . . 128 **A4**
Saint-Martin-des-Entrées (14) 32 **C3**
Saint-Martin-des-Fontaines (85) . . 100 **A3**
Saint-Martin-des-Lais (03) 107 **D3**
Saint-Martin-des-Landes (61) 51 **F4**
Saint-Martin-des-Monts (72) 71 **F2**
Saint-Martin-des-Noyers (85) 99 **F2**
Saint-Martin-des-Olmes (63) 132 **C1**
Saint-Martin-des-Pézerits (61) 52 **B3**
Saint-Martin-des-Plains (63) 132 **A1**
Saint-Martin-des-Prés (22) 66 **B1**
Saint-Martin-des-Puits (11) 172 **C4**
Saint-Martin-des-Tilleuls (85) 100 **A1**
Saint-Martin-d'Estréaux (42) 119 **F1**
Saint-Martin-d'Hardinghem (62) . . 21 **F3**
Saint-Martin-d'Hères (38) 135 **F3**
Saint-Martin-d'Heuille (58) 91 **E4**
Saint-Martin-d'Ollières (63) 132 **A2**
Saint-Martin-d'Oney (40) 152 **C2**
Saint-Martin-d'Ordon (89) 75 **E3**
Saint-Martin-d'Oydes (09) 171 **D3**
Saint-Martin-du-Bec (76) 34 **A2**
Saint-Martin-du-Bois (33) 126 **B4**
Saint-Martin-du-Boschet (77) 56 **C3**
Saint-Martin-du-Clocher (16) 114 **B2**
Saint-Martin-du-Fouilloux (49). 85 **F2**
Saint-Martin-du-Fouilloux (79). . . . 101 **E3**
Saint-Martin-du-Frêne (01) 122 **B2**
Saint-Martin-du-Lac (71) 120 **A1**
Saint-Martin-du-Limet (53) 69 **E4**
Saint-Martin-du-Manoir (76) 34 **B2**
Saint-Martin-du-Mont (01) 122 **A2**
Saint-Martin-du-Mont (21) 93 **F2**
Saint-Martin-du-Mont (71) 109 **E3**
Saint-Martin-du-Puy (33) 140 **A2**
Saint-Martin-du-Puy (58) 92 **B3**
Saint-Martin-du-Tartre (71) 108 **B3**
Saint-Martin-du-Tertre (89) 75 **E2**
Saint-Martin-du-Tertre (95). 55 **D1**
Saint-Martin-du-Tilleul (27) 52 **C1**
Saint-Martin-du-Var (06). 165 **D3**
Saint-Martin-du-Vieux-Bellême (61) . . . 71 **E1**
Saint-Martin-du-Vivier (76). 35 **E3**
Saint-Martin-d'Uriage (38) 135 **F3**
Saint-Martin-en-Bière (77) 74 **B1**
Saint-Martin-en-Bresse (71) 109 **D2**
Saint-Martin-en-Gâtinois (71) 109 **D1**
Saint-Martin-en-Haut (69). 121 **D4**
Saint-Martin-en-Vercors (26) 135 **E4**
Saint-Martin-Gimois (32) 170 **A1**
Saint-Martin-la-Campagne (27) . . . 53 **E1**
Saint-Martin-la-Garenne (78) 54 **B1**
Saint-Martin-la-Méanne (19) 130 **A3**
Saint-Martin-la-Pallu (85) 102 **A2**
Saint-Martin-la-Patrouille (71) . . . 108 **A3**
Saint-Martin-la-Plaine (42) 133 **F1**
Saint-Martin-la-Sauveté (42) 120 **A3**
Saint-Martin-Labouval (46) 142 **C3**
Saint-Martin-Lacaussade (33) 126 **A3**
Saint-Martin-Laguépie (81) 156 **C1**
Saint-Martin-l'Aiguillon (61) 51 **E3**
Saint-Martin-Lalande (11) 172 **A2**
Saint-Martin-l'Ars (86). 115 **D1**
Saint-Martin-Lars-en-Sainte-Hermine (85) 100 **A3**
Saint-Martin-l'Astier (24) 127 **E4**
Saint-Martin-le-Beau (37) 88 **A3**
Saint-Martin-le-Bouillant (50). 50 **A2**
Saint-Martin-le-Châtel (01) 121 **F1**
Saint-Martin-le-Colonel (26) 135 **D4**
Saint-Martin-le-Gaillard (76). 25 **F1**
Saint-Martin-le-Gréard (50) 31 **E2**
Saint-Martin-le-Mault (87) 103 **A4**
Saint-Martin-le-Nœud (60) 36 **C3**
Saint-Martin-le-Pin (24) 127 **F1**

Saint-Martin-le-Redon (46) 141 **F3**
Saint-Martin-le-Vieil (11) 172 **A2**
Saint-Martin-le-Vieux (87) 115 **F4**
Saint-Martin-le-Vinoux (38) 135 **F3**
Saint-Martin-les-Eaux (04) 162 **C3**
Saint-Martin-lès-Langres (52) 78 **B4**
Saint-Martin-lès-Seyne (04) 149 **F3**
Saint-Martin-Lestra (42) 120 **C4**
Saint-Martin-lez-Tatinghem (62) . . 22 **A2**
Saint-Martin-l'Heureux (51) 40 **A4**
Saint-Martin-l'Hortier (76) 36 **A1**
Saint-Martin-Longueau (60) 37 **D3**
Saint-Martin-Lys (11). 184 **B1**
Saint-Martin-Osmonville (76). 35 **F2**
Saint-Martin-Petit (47) 140 **A2**
Saint-Martin-Rivière (02) 28 **C3**
Saint-Martin-Saint-Firmin (27) 34 **C3**
Saint-Martin-Sainte-Catherine (23) 116 **B3**
Saint-Martin-Sepert (19) 129 **D2**
Saint-Martin-sous-Montaigu (71) . . 108 **B2**
Saint-Martin-sous-Vigouroux (15) . 144 **B1**
Saint-Martin-sur-Armançon (89) . . . 76 **C4**
Saint-Martin-sur-Cojeul (62) 28 **A1**
Saint-Martin-sur-Écaillon (59) 28 **C1**
Saint-Martin-sur-la-Chambre (73) . 136 **B2**
Saint-Martin-sur-Lavezon (07) . . . 147 **D2**
Saint-Martin-sur-le-Pré (51) 58 **A2**
Saint-Martin-sur-Nohain (58) 91 **D3**
Saint-Martin-sur-Ocre (45) 90 **C1**
Saint-Martin-sur-Oust (56) 67 **E4**
Saint-Martin-Terressus (87) 116 **B3**
Saint-Martin-Valmeroux (15) 130 **C3**
Saint-Martin-Vésubie (06) 165 **D1**
Saint-Martinien (03) 117 **F1**
Saint-Martory (31) 170 **B3**
Saint-Mary (16) 114 **C3**
Saint-Mary-le-Plain (15) 131 **F3**
Saint-Masmes (51) 39 **F3**
Saint-Mathieu (87) 115 **E4**
Saint-Mathieu-de-Tréviers (34) . . . 159 **F3**
Saint-Mathurin (85) 99 **D3**
Saint-Maudan (22) 66 **C2**
Saint-Maudez (22). 48 **C4**
Saint-Maugan (35) 67 **F2**
Saint-Maulvis (80). 26 **B3**
Saint-Maur (18) 105 **D3**
Saint-Maur (32) 169 **E1**
Saint-Maur (36) 103 **F2**
Saint-Maur (39) 109 **F3**
Saint-Maur (60) 36 **B2**
Saint-Maur-des-Bois (50) 50 **A2**
Saint-Maur-des-Fossés (94) 55 **E3**
Saint-Maur-sur-le-Loir (28) 72 **C2**
Saint-Maurice (52) 78 **B4**
Saint-Maurice (58) 92 **A4**
Saint-Maurice (63) 119 **D4**
Saint-Maurice (67) 81 **E1**
Saint-Maurice (94) 55 **E3**
Saint-Maurice-aux-Forges (54) 61 **E4**
Saint-Maurice-aux-Riches-Hommes (89) 75 **F1**
Saint-Maurice-Colombier (25) 96 **B2**
Saint-Maurice-Crillat (39) 110 **A3**
Saint-Maurice-d'Ardèche (07). 146 **C3**
Saint-Maurice-de-Beynost (01) . . . 121 **F3**
Saint-Maurice-de-Cazevieille (30) . 160 **B2**
Saint-Maurice-de-Gourdans (01) . . 122 **A3**
Saint-Maurice-de-Lestapel (47) . . . 141 **D2**
Saint-Maurice-de-Lignon (43) 133 **E3**
Saint-Maurice-de-Rémens (01) . . . 122 **A3**
Saint-Maurice-de-Satonnay (71) . . 108 **B4**
Saint-Maurice-des-Champs (71) . . 108 **B3**
Saint-Maurice-des-Lions (16) 115 **E3**
Saint-Maurice-des-Noues (85) . . . 100 **B3**
Saint-Maurice-d'Ételan (76) 34 **C3**
Saint-Maurice-d'Ibie (07) 146 **C3**
Saint-Maurice-en-Chalencon (07) . 147 **D1**
Saint-Maurice-en-Cotentin (50) . . . 31 **D3**
Saint-Maurice-en-Gourgois (42) . . 133 **E2**
Saint-Maurice-en-Quercy (46) 143 **D2**
Saint-Maurice-en-Rivière (71) 108 **C2**
Saint-Maurice-en-Trièves (38) 148 **C1**
Saint-Maurice-en-Valgodemard (05) . . . 149 **E1**
Saint Maurice Étusson (79) 86 **A4**
Saint-Maurice-la-Clouère (86) 102 **A4**
Saint-Maurice-la-Souterraine (23) . . 116 **B1**
Saint-Maurice-le-Girard (85) 100 **B2**
Saint-Maurice-le-Vieil (89) 75 **F4**
Saint-Maurice-les-Brousses (87) . . 116 **A4**
Saint-Maurice-lès-Châteauneuf (71) . . . 120 **B1**
Saint-Maurice-lès-Couches (71) . . 108 **B1**
Saint-Maurice-l'Exil (38) 134 **A2**
Saint-Maurice-Montcouronne (91) . 54 **C4**
Saint-Maurice-Navacelles (34) . . . 159 **D3**
Saint-Maurice-près-Crocq (23) . . . 117 **F3**
Saint-Maurice-près-Pionsat (63) . . 118 **A2**
Saint-Maurice-Saint-Germain (28) . 53 **E4**
Saint-Maurice-sous-les-Côtes (55) . 59 **F1**
Saint-Maurice-sur-Adour (40) 153 **D3**
Saint-Maurice-sur-Aveyron (45) . . . 75 **D4**
Saint-Maurice-sur-Eygues (26) . . . 147 **F4**
Saint-Maurice-sur-Fessard (45) . . . 74 **B3**
Saint-Maurice-sur-Mortagne (88) . . 80 **A1**
Saint-Maurice-sur-Moselle (88) . . . 80 **C4**
Saint-Maurice-sur-Vingeanne (21). . 94 **C3**

Saint-Maurice-Thizouaille (89) 75 F4
Saint-Maurin (47) 155 D1
Saint-Max (54) 60 C3
Saint-Maxent (80) 26 B3
Saint-Maximin (30) 160 C2
Saint-Maximin (38) 136 A2
Saint-Maximin (60) 37 E4
Saint-Maximin-
-la-Sainte-Baume (83) 178 A2
Saint-Maxire (79) 100 C4
Saint-May (26) 148 A3
Saint-Mayeux (22) 66 B1
Saint-Méard (87) 116 B4
Saint-Méard-de-Drône (24) 127 F3
Saint-Méard-de-Gurçon (24) 127 E4
Saint-Médard (16) 126 C1
Saint-Médard (17) 126 B2
Saint-Médard (31) 170 A3
Saint-Médard (32) 169 E1
Saint-Médard (36) 103 E1
Saint-Médard (46) 142 A3
Saint-Médard (57) 61 E2
Saint-Médard (64) 152 C4
Saint-Médard-d'Aunis (17) 112 C1
Saint-Médard-de-Guizières (33) . . . 127 D4
Saint-Médard-de-Mussidan (24) . . . 127 E4
Saint-Médard-de-Presque (46) 142 C1
Saint-Médard-d'Excideuil (24) 128 C2
Saint-Médard-d'Eyrans (33) 139 E1
Saint-Médard-en-Forez (42) 133 E1
Saint-Médard-en-Jalles (33) 125 F4
Saint-Médard-la-Rochette (23) 117 E2
Saint-Médard-Nicourby (46) 143 D1
Saint-Médard-sur-Ille (35) 68 B1
Saint-Méen (35) 45 F3
Saint-Méen-le-Grand (35) 67 F1
Saint-Melaine-sur-Aubance (49) 86 A2
Saint-Mélany (07) 146 B3
Saint-Méloir-des-Bois (22) 48 C4
Saint-Méloir-des-Ondes (35) 49 D3
Saint-Même-les-Carrières (16) 114 A4
Saint-Memmie (51) 58 A2
Saint-Menge (88) 79 E1
Saint-Menges (08) 40 C1
Saint-Menoux (03) 106 A3
Saint-Merd-de-Lapleau (19) 130 A3
Saint-Merd-la-Breuille (23) 117 F4
Saint-Merd-les-Oussines (19) 130 A1
Saint-Méry (77) 55 F4
Saint-Meslin-du-Bosc (27) 35 D4
Saint-Mesmes (77) 55 F2
Saint-Mesmin (10) 76 B1
Saint-Mesmin (21) 93 E3
Saint-Mesmin (24) 128 C2
Saint-Mesmin (85) 100 B2
Saint-Mexant (19) 129 E2
Saint-Mézard (32) 154 C2
Saint-M'Hervé (35) 69 D2
Saint-Micaud (71) 108 A3
Saint-Michel (02) 29 F3
Saint-Michel (09) 171 D3
Saint-Michel (16) 114 B4
Saint-Michel (31) 170 B3
Saint-Michel (32) 169 E1
Saint-Michel (34) 159 D3
Saint-Michel (45) 74 A3
Saint-Michel (64) 167 D3
Saint-Michel (82) 155 D2
Saint-Michel-Chef-Chef (44) 83 E4
Saint-Michel-d'Aurance (07) 146 C1
Saint-Michel-de-Bannières (46) . . . 129 E4
Saint-Michel-de-Boulogne (07) . . . 146 C2
Saint-Michel-de-Castelnau (33) . . . 139 F4
Saint-Michel-
-de-Chabrillanoux (07) 147 D1
Saint-Michel-de-Chaillol (05) 149 E2
Saint-Michel-de-Chavaignes (72) . . . 71 F3
Saint-Michel-de-Dèze (48) 159 F1
Saint-Michel-de-Double (24) 127 E4
Saint-Michel-de-Fronsac (33) 126 B4
Saint-Michel-de-la-Roë (53) 69 D3
Saint-Michel-de-Lanès (11) 171 E2
Saint-Michel-de-Lapujade (33) 140 A2
Saint-Michel-de-Llotes (66) 185 D2
Saint-Michel-de-Maurienne (73) . . . 136 C3
Saint-Michel-de-Montaigne (24) . . . 140 A1
Saint-Michel-de-Montjoie (50) 50 B4
Saint-Michel-de-Plélan (22) 48 C4
Saint-Michel-de-Rieufret (33) 139 E2
Saint-Michel-de-Saint-Geoirs (38) . . 135 D2
Saint-Michel-de-Vax (81) 156 B1
Saint-Michel-de-Veisse (23) 117 E3
Saint-Michel-de-Villadeix (24) 128 A4
Saint-Michel-de-Volangis (18) 90 B4
Saint-Michel-d'Euzet (30) 160 C1
Saint-Michel-d'Halescourt (76) 36 B2
Saint-Michel-en-Beaumont (38) . . . 149 D1
Saint-Michel-en-Brenne (36) 103 D2
Saint-Michel-en-Grève (22) 46 C2
Saint-Michel-en-l'Herm (85) 99 F4
Saint-Michel-Escalus (40) 151 E2
Saint-Michel-Labadié (81) 157 E2
Saint-Michel-le-Cloucq (85) 100 B3
Saint-Michel-les-Portes (38) 148 C1
Saint-Michel-l'Observatoire (04) . . . 162 C2
Saint-Michel-Loubéjou (46) 143 D1
Saint-Michel-sous-Bois (62) 21 E4
Saint-Michel-sur-Meurthe (88) 80 C1

Saint-Michel-sur-Orge (91) 55 D4
Saint-Michel-sur-Rhône (42) 134 A2
Saint-Michel-sur-Savasse (26) 134 C3
Saint-Michel-sur-Ternoise (62) 27 D1
Saint-Michel-Tubœuf (61) 52 C3
Saint-Mihiel (55) 59 F2
Saint-Mitre-les-Remparts (13) 176 C2
Saint-Molf (44) 83 D3
Saint-Momelin (59) 22 A2
Saint-Mont (32) 153 E4
Saint-Montan (07) 147 D3
Saint-Moré (89) 92 A3
Saint-Moreil (23) 116 C3
Saint-Morel (08) 40 B3
Saint-Morillon (33) 139 E2
Saint-Mury-Monteymond (38) 136 A3
Saint-Myon (63) 118 C3
Saint-Nabor (67) 62 B4
Saint-Nabord (88) 80 B3
Saint-Nabord-sur-Aube (10) 57 F4
Saint-Nauphary (82) 156 A2
Saint-Nazaire (30) 161 D1
Saint-Nazaire (44) 83 E3
Saint-Nazaire (66) 185 F2
Saint-Nazaire-d'Aude (11) 173 E2
Saint-Nazaire-de-Ladarez (34) 173 F1
Saint-Nazaire-de-Pézan (34) 175 E1
Saint-Nazaire-de-Valentane (82) . . . 141 E4
Saint-Nazaire-des-Gardies (30) . . . 160 A2
Saint-Nazaire-en-Royans (26) 135 D4
Saint-Nazaire-le-Désert (26) 148 A2
Saint-Nazaire-les-Eymes (38) 135 F3
Saint-Nazaire-sur-Charente (17) . . . 112 C2
Saint-Nectaire (63) 131 E1
Saint-Nexans (24) 141 D1
Saint-Nic (29) 64 C1
Saint-Nicodème (22) 47 D4
Saint-Nicolas (62) 27 F1
Saint-Nicolas-aux-Bois (02) 38 C2
Saint-Nicolas-d'Aliermont (76) 25 F2
Saint-Nicolas-de-Bourgueil (37) . . . 86 C3
Saint-Nicolas-de-la-Balerme (47) . . 155 D1
Saint-Nicolas-de-la-Grave (82) 155 D1
Saint-Nicolas-de-la-Haie (76) 34 C2
Saint-Nicolas-de-la-Taille (76) 34 B2
Saint-Nicolas-de-Macherin (38) . . . 135 E1
Saint-Nicolas-de-Pierrepont (50) . . . 31 E3
Saint-Nicolas-de-Port (54) 60 C3
Saint-Nicolas-de-Redon (44) 83 F1
Saint-Nicolas-de-Sommaire (61) . . . 52 C2
Saint-Nicolas-des-Biefs (03) 119 F2
Saint-Nicolas-des-Bois (50) 50 A2
Saint-Nicolas-des-Bois (61) 51 F4
Saint-Nicolas-des-Motets (37) 88 B1
Saint-Nicolas-du-Pélem (22) 47 E4
Saint-Nicolas-du-Tertre (56) 67 E4
Saint-Nicolas-la-Chapelle (10) 56 C4
Saint-Nicolas-la-Chapelle (73) 123 F3
Saint-Nicolas-lès-Cîteaux (21) 94 A4
Saint-Nizier-d'Azergues (69) 120 C2
Saint-Nizier-de-Fornas (42) 133 D2
Saint-Nizier-du-Moucherotte (38) . . 135 E3
Saint-Nizier-le-Bouchoux (01) 109 D4
Saint-Nizier-le-Désert (01) 121 F2
Saint-Nizier-sous-Charlieu (42) . . . 120 B2
Saint-Nizier-sur-Arroux (71) 107 F2
Saint-Nolff (56) 82 C1
Saint-Nom-la-Bretèche (78) 54 C2
Saint-Offenge (73) 123 D4
Saint-Omer (14) 51 D4
Saint-Omer (62) 22 A3
Saint-Omer-Capelle (62) 21 F1
Saint-Omer-en-Chaussée (60) 36 C2
Saint-Ondras (38) 135 E1
Saint-Onen-la-Chapelle (35) 67 F2
Saint-Oradoux-de-Chirouze (23) . . . 117 F4
Saint-Oradoux-près-Crocq (23) 117 F3
Saint-Orens (32) 155 D4
Saint-Orens-de-Gameville (31) 171 E1
Saint-Orens-Pouy-Petit (32) 154 B2
Saint-Ost (32) 169 E1
Saint-Ouen (41) 72 B4
Saint-Ouen (80) 26 C3
Saint-Ouen-d'Aunis (17) 112 C1
Saint-Ouen-de-Mimbré (72) 70 C1
Saint-Ouen-de-Pontcheuil (27) 35 D4
Saint-Ouen-de-Sécherouvre (61) . . . 52 B4
Saint-Ouen-de-Thouberville (27) . . . 35 D3
Saint-Ouën-des-Alleux (35) 68 C1
Saint-Ouën-des-Toits (53) 69 E2
Saint-Ouen-Domprot (51) 58 A4
Saint-Ouen-du-Breuil (76) 35 E2
Saint-Ouen-du-Mesnil-Oger (14) . . . 33 F4
Saint-Ouen-du-Tilleul (27) 35 D3
Saint-Ouen-en-Belin (72) 71 D4
Saint-Ouen-en-Brie (77) 56 A4
Saint-Ouen-en-Champagne (72) . . . 70 B3
Saint-Ouen-la-Thène (17) 113 F3
Saint-Ouen-l'Aumône (95) 54 C1
Saint-Ouen-le-Brisoult (61) 51 E4
Saint-Ouen-le-Mauger (76) 35 E1
Saint-Ouen-le-Pin (14) 34 A4
Saint-Ouen-lès-Parey (88) 79 D2
Saint-Ouen-les-Vignes (37) 88 A2
Saint-Ouen-Marchefroy (28) 54 A2
Saint-Ouen-sous-Bailly (76) 25 F2
Saint-Ouen-sur-Gartempe (87) 115 F1
Saint-Ouen-sur-Iton (61) 52 C3

Saint-Ouen-sur-Loire (58) 106 B1
Saint-Ouen-sur-Morin (77) 56 B2
Saint-Ouen-sur-Seine (93) 55 D2
Saint-Oulph (10) 57 E4
Saint-Ours (63) 118 B3
Saint-Ours (73) 123 D4
Saint-Outrille (18) 89 E4
Saint-Ovin (50) 50 A3
Saint-Pabu (29) 45 E3
Saint-Paër (76) 35 D2
Saint-Pair (14) 33 F4
Saint-Pair-sur-Mer (50) 49 F2
Saint-Pal-de-Chalencon (43) 133 D2
Saint-Pal-de-Mons (43) 133 E3
Saint-Pal-de-Senouire (43) 132 B3
Saint-Palais (03) 105 D4
Saint-Palais (18) 90 B3
Saint-Palais (33) 126 A3
Saint-Palais (64) 167 D1
Saint-Palais-de-Négrignac (17) 126 C2
Saint-Palais-de-Phiolin (17) 126 A1
Saint-Palais-du-Né (16) 126 C1
Saint-Palais-sur-Mer (17) 112 B4
Saint-Pancrace (24) 128 A3
Saint-Pancrace (73) 136 B2
Saint-Pancré (54) 41 F2
Saint-Pandelon (40) 152 A4
Saint-Pantaléon (84) 161 F3
Saint-Pantaléon-de-Lapleau (19) . . 130 B2
Saint-Pantaléon-de-Larche (19) . . . 129 D3
Saint-Pantaléon-les-Vignes (26) . . . 147 F3
Saint-Pantaly-d'Excideuil (24) 128 B2
Saint-Papoul (11) 172 A2
Saint-Pardon-de-Conques (33) 139 F2
Saint-Pardoult (17) 113 E2
Saint-Pardoux (63) 118 C2
Saint-Pardoux-Corbier (19) 129 D2
Saint-Pardoux-d'Arnet (23) 117 F3
Saint-Pardoux-de-Drône (24) 127 F3
Saint-Pardoux-du-Breuil (47) 140 B3
Saint-Pardoux-et-Vielvic (24) 141 E1
Saint-Pardoux-Isaac (47) 140 C2
Saint-Pardoux-la-Croisille (19) 130 A3
Saint-Pardoux-la-Rivière (24) 128 A1
Saint-Pardoux-le-Lac (87) 116 A2
Saint-Pardoux-le-Neuf (19) 130 B1
Saint-Pardoux-le-Neuf (23) 117 E3
Saint-Pardoux-le-Vieux (19) 130 B1
Saint-Pardoux-les-Cards (23) 117 E2
Saint-Pardoux-l'Ortigier (23) 129 E2
Saint-Pardoux-Morterolles (23) . . . 117 D3
Saint-Pardoux-Soutiers (79) 101 D3
Saint-Pargoire (34) 174 B2
Saint-Parize-en-Viry (58) 106 B2
Saint-Parize-le-Châtel (58) 106 A2
Saint-Parres-aux-Tertres (10) 76 C1
Saint-Parres-lès-Vaudes (10) 76 C2
Saint-Parthem (12) 143 E2
Saint-Pastour (47) 141 D3
Saint-Pastous (65) 168 A3
Saint-Paterne - Le Chevain (72) 71 D1
Saint-Paterne-Racan (37) 87 E1
Saint-Pathus (77) 55 F1
Saint-Patrice-de-Claids (50) 31 E3
Saint-Patrice-du-Désert (61) 51 E4
Saint-Paul (19) 129 F3
Saint-Paul (33) 126 A3
Saint-Paul (60) 36 C3
Saint-Paul (61) 51 D3
Saint-Paul (65) 169 F3
Saint-Paul (73) 122 C4
Saint-Paul (87) 116 B4
Saint-Paul (88) 79 D1
Saint-Paul-aux-Bois (02) 38 B2
Saint-Paul-Cap-de-Joux (81) 156 C4
Saint-Paul-de-Baïse (32) 154 B3
Saint-Paul-de-Fenouillet (66) 184 C1
Saint-Paul-de-Fourques (27) 35 D4
Saint-Paul-de-Jarrat (09) 171 E4
Saint-Paul-de-Salers (15) 130 C3
Saint-Paul-de-Serre (24) 127 F4
Saint-Paul-de-Tartas (43) 146 A1
Saint-Paul-de-Varax (01) 121 F2
Saint-Paul-de-Varces (38) 135 E4
Saint-Paul-de-Vence (06) 164 C4
Saint-Paul-de-Vern (46) 143 D1
Saint-Paul-des-Landes (15) 130 B4
Saint-Paul-d'Espis (82) 155 E1
Saint-Paul-d'Izeaux (38) 135 D2
Saint-Paul-d'Oueil (31) 181 F2
Saint-Paul-du-Bois (49) 86 A4
Saint-Paul-du-Vernay (14) 32 C4
Saint-Paul-d'Uzore (42) 120 B4
Saint-Paul-en-Born (40) 138 C4
Saint-Paul-en-Chablais (74) 111 E4
Saint-Paul-en-Cornillon (42) 133 E2
Saint-Paul-en-Forêt (83) 179 E1
Saint-Paul-en-Gâtine (79) 100 C3
Saint-Paul-en-Jarez (42) 133 F2
Saint-Paul-en-Pareds (85) 100 A1
Saint-Paul-et-Valmalle (34) 159 A4
Saint-Paul-Flaugnac (46) 142 A4
Saint-Paul-la-Coste (30) 159 F1
Saint-Paul-la-Roche (24) 128 B1
Saint-Paul-le-Froid (48) 145 E1
Saint-Paul-le-Gaultier (72) 70 C1
Saint-Paul-le-Jeune (07) 146 B4
Saint-Paul-lès-Dax (40) 152 A3

Saint-Paul-lès-Durance (13) 162 C4
Saint-Paul-les-Fonts (30) 161 D2
Saint-Paul-lès-Monestier (38) 135 E4
Saint-Paul-lès-Romans (26) 134 C4
Saint-Paul-Lizonne (24) 127 E2
Saint-Paul-Mont-Penit (85) 99 D3
Saint-Paul-sur-Isère (73) 123 F4
Saint-Paul-sur-Save (31) 155 F4
Saint-Paul-sur-Ubaye (04) 150 B3
Saint-Paul-Trois-Châteaux (26) . . . 147 E4
Saint-Paulet (11) 171 F1
Saint-Paulet-de-Caisson (30) 147 D4
Saint-Paulien (43) 132 C3
Saint-Pavace (72) 71 D3
Saint-Pé-d'Ardet (31) 169 F4
Saint-Pé-de-Bigorre (65) 168 B3
Saint-Pé-de-Léren (64) 167 D1
Saint-Pé-Delbosc (31) 169 F2
Saint-Pé-Saint-Simon (47) 153 F2
Saint-Pée-sur-Nivelle (64) 166 B1
Saint-Péran (35) 67 F2
Saint-Péravy-la-Colombe (45) 73 D3
Saint-Péray (07) 134 B4
Saint-Perdon (40) 152 C2
Saint-Perdoux (24) 140 C1
Saint-Perdoux (46) 143 D2
Saint-Père (58) 91 D2
Saint-Père (89) 92 A2
Saint-Père-en-Retz (44) 83 D4
Saint-Père-Marc-en-Poulet (35) . . . 49 D3
Saint-Père-sur-Loire (45) 74 A4
Saint-Péreuse (58) 92 B4
Saint-Pern (35) 68 A1
Saint-Perreux (56) 67 F4
Saint-Péver (22) 47 E4
Saint-Pey-d'Armens (33) 139 F1
Saint-Pey-de-Castets (33) 140 A1
Saint-Phal (10) 76 B2
Saint-Philbert-de-Bouaine (85) 84 B4
Saint-Philbert-de-Grand-Lieu (44) . . 84 B4
Saint-Philbert-des-Champs (14) . . . 34 B4
Saint-Philbert-du-Peuple (49) 86 C2
Saint-Philbert-sur-Boissey (27) 35 D4
Saint-Philbert-sur-Orne (61) 51 E2
Saint-Philbert-sur-Risle (27) 34 C3
Saint-Philibert (21) 94 A4
Saint-Philibert (56) 82 B2
Saint-Philippe-d'Aiguille (33) 127 D4
Saint-Philippe-du-Seignal (33) 140 B1
Saint-Piat (28) 54 A4
Saint-Pierre (04) 164 B2
Saint-Pierre (15) 130 C2
Saint-Pierre (31) 156 B4
Saint-Pierre (39) 110 B3
Saint-Pierre (51) 57 F2
Saint-Pierre (67) 62 B4
Saint-Pierre-à-Arnes (08) 40 A4
Saint-Pierre-Aigle (02) 38 B3
Saint-Pierre-Avez (05) 149 D4
Saint-Pierre-Azif (14) 34 A3
Saint-Pierre-Bellevue (23) 117 D3
Saint-Pierre-Bénouville (76) 35 E1
Saint-Pierre-Bois (67) 81 E1
Saint-Pierre-Brouck (59) 21 F2
Saint-Pierre-Canivet (14) 51 E2
Saint-Pierre-Chérignat (23) 116 C3
Saint-Pierre-Colamine (63) 131 E1
Saint-Pierre-d'Albigny (73) 136 B1
Saint-Pierre-d'Alvey (73) 122 C4
Saint-Pierre-d'Amilly (17) 113 D1
Saint-Pierre-d'Argençon (05) 148 C3
Saint-Pierre-d'Arthéglise (50) 31 D2
Saint-Pierre-d'Aubézies (32) 154 A4
Saint-Pierre-d'Aurillac (33) 139 F2
Saint-Pierre-de-Bailleul (27) 53 F1
Saint-Pierre-de-Bat (33) 139 F2
Saint-Pierre-de-Belleville (73) 136 B1
Saint-Pierre-de-Bœuf (42) 134 A2
Saint-Pierre-de-Bressieux (38) 135 D2
Saint-Pierre-de-Buzet (47) 140 B4
Saint-Pierre-de-Cernières (27) 52 B2
Saint-Pierre-de-Chandieu (69) 121 F4
Saint-Pierre-de-Chartreuse (38) . . . 135 F2
Saint-Pierre-de-Chérennes (38) . . . 135 D3
Saint-Pierre-de-Chevillé (72) 87 E1
Saint-Pierre-de-Chignac (24) 128 B3
Saint-Pierre-de-Clairac (47) 155 D1
Saint-Pierre-de-Côle (24) 128 A2
Saint-Pierre-de-Colombier (07) . . . 146 B2
Saint-Pierre-de-Cormeilles (27) . . . 34 B4
Saint-Pierre-de-Coutances (50) . . . 49 F1
Saint-Pierre-de-Curtille (73) 123 D4
Saint-Pierre-de-Frugie (24) 128 B1
Saint-Pierre-de-Genebroz (73) 135 F1
Saint-Pierre-de-Jards (36) 89 E4
Saint-Pierre-de-Juillers (17) 113 F3
Saint-Pierre-de-la-Fage (34) 159 D3
Saint-Pierre-de-Lages (31) 156 B4
Saint-Pierre-de-l'Isle (17) 113 E2
Saint-Pierre-de-Maillé (86) 102 C3
Saint-Pierre-de-Manneville (76) . . . 35 D3
Saint-Pierre-de-Méaroz (38) 149 D1
Saint-Pierre-de-Mésage (38) 135 F4
Saint-Pierre-de-Mézoargues (13) . . 161 D3
Saint-Pierre-de-Mons (33) 139 F2
Saint-Pierre-de-Nogaret (48) 144 C3
Saint-Pierre-de-Rivière (09) 171 E4
Saint-Pierre-de-Salerne (27) 34 C4

Saint-Pierre-de-Semilly (50) 32 **B4**
Saint-Pierre-de-Soucy (73) 136 **A1**
Saint-Pierre-de-Trivisy (81) 157 **E3**
Saint-Pierre-de-Varengeville (76) 35 **D2**
Saint-Pierre-de-Varennes (71) 108 **A2**
Saint-Pierre-de-Vassols (84) 161 **F1**
Saint-Pierre-dels-Forcats (66) 184 **A3**
Saint-Pierre-d'Entremont (38) 135 **F2**
Saint-Pierre-d'Entremont (61) 50 **C2**
Saint-Pierre-d'Entremont (73) 135 **F2**
Saint-Pierre-des-Bois (72) 70 **B3**
Saint-Pierre-des-Champs (11) 173 **D3**
Saint-Pierre-des-Corps (37) 87 **F2**
Saint-Pierre-des-Échaubrognes (79) 100 **B1**
Saint-Pierre-des-Fleurs (27) 35 **E4**
Saint-Pierre-des-Ifs (14) 52 **A1**
Saint-Pierre-des-Ifs (27) 34 **C4**
Saint-Pierre-des-Jonquières (76) 26 **A4**
Saint-Pierre-des-Landes (53) 69 **E1**
Saint-Pierre-des-Loges (61) 52 **B3**
Saint-Pierre-des-Nids (53) 70 **C1**
Saint-Pierre-des-Ormes (72) 71 **E1**
Saint-Pierre-des-Tripiers (48) 158 **C1**
Saint-Pierre-d'Exideuil (86) 114 **C1**
Saint-Pierre-d'Eyraud (24) 140 **B1**
Saint-Pierre-d'Irube (64) 166 **B1**
Saint-Pierre-d'Oléron (17) 112 **B2**
Saint-Pierre-du-Bosguérard (27) 35 **D4**
Saint-Pierre-du-Bû (14) 51 **E2**
Saint-Pierre-du-Champ (43) 133 **D3**
Saint-Pierre-du-Chemin (85) 100 **B2**
Saint-Pierre-du-Fresne (14) 50 **C1**
Saint-Pierre-du-Jonquet (14) 33 **F4**
Saint-Pierre-du-Lorouër (72) 71 **E4**
Saint-Pierre-du-Mont (14) 32 **B3**
Saint-Pierre-du-Mont (40) 153 **D2**
Saint-Pierre-du-Mont (58) 91 **F3**
Saint-Pierre-du-Palais (17) 126 **C3**
Saint-Pierre-du-Perray (91) 55 **E4**
Saint-Pierre-du-Regard (61) 51 **D2**
Saint-Pierre-du-Val (27) 34 **B3**
Saint-Pierre-du-Vauvray (27) 35 **F4**
Saint-Pierre-Église (50) 32 **A1**
Saint-Pierre-en-Auge (14) 51 **F1**
Saint-Pierre-en-Faucigny (74) 123 **F2**
Saint-Pierre-en-Port (76) 34 **C1**
Saint-Pierre-en-Val (76) 26 **A3**
Saint-Pierre-es-Vaux (21) 93 **E4**
Saint-Pierre-es-Champs (60) 36 **B3**
Saint-Pierre-Eynac (43) 133 **D4**
Saint-Pierre-la-Bourlhonne (63) 119 **F4**
Saint-Pierre-la-Bruyère (61) 72 **A1**
Saint-Pierre-la-Cour (53) 69 **E2**
Saint-Pierre-la-Garenne (27) 53 **F1**
Saint-Pierre-la-Noaille (42) 120 **B1**
Saint-Pierre-La-Noue (17) 113 **D2**
Saint-Pierre-la-Palud (69) 121 **D4**
Saint-Pierre-la-Roche (07) 147 **D2**
Saint-Pierre-Lafeuille (46) 142 **B3**
Saint-Pierre-Langers (50) 49 **F2**
Saint-Pierre-Laval (03) 119 **F1**
Saint-Pierre-le-Bost (23) 104 **C4**
Saint-Pierre-le-Chastel (63) 118 **B4**
Saint-Pierre-le-Moûtier (58) 106 **A2**
Saint-Pierre-le-Vieux (48) 145 **D1**
Saint-Pierre-le-Vieux (71) 121 **D1**
Saint-Pierre-le-Vieux (76) 25 **D2**
Saint-Pierre-le-Vieux (85) 100 **B4**
Saint-Pierre-le-Viger (76) 35 **D1**
Saint-Pierre-lès-Bitry (60) 38 **A3**
Saint-Pierre-les-Bois (18) 104 **C3**
Saint-Pierre-lès-Elbeuf (76) 35 **E4**
Saint-Pierre-les-Étieux (18) 105 **E2**
Saint-Pierre-lès-Franqueville (02) . . . 29 **E4**
Saint-Pierre-lès-Nemours (77) 74 **C2**
Saint-Pierre-Quiberon (56) 82 **A2**
Saint-Pierre-Roche (63) 118 **B4**
Saint-Pierre-Saint-Jean (07) 146 **B3**
Saint-Pierre-sur-Doux (07) 133 **F3**
Saint-Pierre-sur-Dropt (47) 140 **B2**
Saint-Pierre-sur-Erve (53) 70 **A3**
Saint-Pierre-sur-Orthe (53) 70 **B2**
Saint-Pierre-sur-Vence (08) 40 **B1**
Saint-Pierre-Toirac (46) 143 **D3**
Saint-Pierremont (02) 29 **E4**
Saint-Pierremont (08) 40 **C2**
Saint-Pierremont (88) 61 **D4**
Saint-Pierreville (07) 146 **C1**
Saint-Pierrevillers (55) 41 **F3**
Saint-Plaisir (03) 105 **F3**
Saint-Plancard (31) 169 **F3**
Saint-Planchers (50) 49 **F2**
Saint-Plantaire (36) 104 **A4**
Saint-Point (71) 108 **B4**
Saint-Point-Lac (25) 110 **C2**
Saint-Pois (50) 50 **B3**
Saint-Poix (53) 69 **E3**
Saint-Pol-de-Léon (29) 46 **A2**
Saint-Pol-sur-Ternoise (62) 27 **D1**
Saint-Polgues (42) 120 **A3**
Saint-Polycarpe (11) 172 **B3**
Saint-Pompain (79) 100 **C4**
Saint-Pompont (24) 141 **F2**
Saint-Poncy (15) 131 **F3**
Saint-Pons (04) 150 **A3**
Saint-Pons (07) 147 **D2**
Saint-Pons-de-Mauchiens (34) 174 **B2**

Saint-Pons-de-Thomières (34) 173 **D1**
Saint-Pons-la-Calm (30) 160 **C1**
Saint-Pont (03) 119 **D2**
Saint-Porchaire (17) 113 **D3**
Saint-Porquier (82) 155 **E2**
Saint-Pôtan (22) 48 **B3**
Saint-Pouange (10) 76 **C2**
Saint-Pourçain-sur-Besbre (03) 106 **C4**
Saint-Pourçain-sur-Sioule (03) 119 **D1**
Saint-Prancher (88) 79 **E1**
Saint-Préjet-Armandon (43) 132 **B3**
Saint-Préjet-d'Allier (43) 145 **E1**
Saint-Prest (28) 54 **A4**
Saint-Preuil (16) 113 **F4**
Saint-Priest (07) 147 **D2**
Saint-Priest (23) 117 **F2**
Saint-Priest (69) 121 **F4**
Saint-Priest-Bramefant (63) 119 **E2**
Saint-Priest-d'Andelot (03) 119 **D2**
Saint-Priest-de-Gimel (19) 129 **F2**
Saint-Priest-des-Champs (63) 118 **B3**
Saint-Priest-en-Jarez (42) 133 **F1**
Saint-Priest-en-Murat (03) 105 **F4**
Saint-Priest-la-Feuille (23) 116 **B1**
Saint-Priest-la-Marche (18) 104 **C4**
Saint-Priest-la-Plaine (23) 116 **C1**
Saint-Priest-la-Prugne (42) 119 **F3**
Saint-Priest-la-Roche (42) 120 **B3**
Saint-Priest-les-Fougères (24) 128 **B1**
Saint-Priest-Ligoure (87) 116 **A4**
Saint-Priest-Palus (23) 116 **C3**
Saint-Priest-sous-Aixe (87) 115 **F3**
Saint-Priest-Taurion (87) 116 **B3**
Saint-Prim (38) 134 **B2**
Saint-Privat (07) 146 **C2**
Saint-Privat (19) 130 **A3**
Saint-Privat (34) 159 **D3**
Saint-Privat-d'Allier (43) 132 **B4**
Saint-Privat-de-Champclos (30) 146 **C4**
Saint-Privat-de-Vallongue (48) 159 **F1**
Saint-Privat-des-Vieux (30) 160 **A1**
Saint-Privat-du-Dragon (43) 132 **A3**
Saint-Privat-du-Fau (48) 145 **D1**
Saint-Privat en Périgord (24) 127 **E4**
Saint-Privat-la-Montagne (57) 42 **B4**
Saint-Privé (71) 108 **B3**
Saint-Privé (89) 91 **D1**
Saint-Prix (03) 119 **F1**
Saint-Prix (07) 133 **F4**
Saint-Prix (71) 107 **E1**
Saint-Prix (95) 55 **D1**
Saint-Prix-lès-Arnay (21) 93 **E4**
Saint-Projet (46) 142 **B2**
Saint-Projet (82) 142 **C4**
Saint-Projet-de-Salers (15) 130 **C4**
Saint-Prouant (85) 100 **A2**
Saint-Pryvé-Saint-Mesmin (45) 73 **E4**
Saint-Puy (32) 154 **B3**
Saint-Python (59) 28 **C2**
Saint-Quantin-de-Rançanne (17) . . . 126 **A1**
Saint-Quay-Perros (22) 47 **D2**
Saint-Quay-Portrieux (22) 47 **F3**
Saint-Quentin (02) 28 **B4**
Saint-Quentin-de-Baron (33) 139 **F1**
Saint-Quentin-de-Blavou (61) 52 **B4**
Saint-Quentin-de-Caplong (33) 140 **B1**
Saint-Quentin-de-Chalais (16) 127 **D2**
Saint-Quentin-des-Prés (60) 36 **B2**
Saint-Quentin-du-Dropt (47) 141 **D2**
Saint-Quentin-en-Tourmont (80) 26 **A1**
Saint-Quentin-Fallavier (38) 121 **F4**
Saint-Quentin-la-Chabanne (23) 117 **E3**
Saint-Quentin-la-Motte-Croix-au-Bailly (80) 26 **A2**
Saint-Quentin-la-Poterie (30) 160 **C2**
Saint-Quentin-la-Tour (09) 171 **F4**
Saint-Quentin-le-Petit (08) 39 **F2**
Saint-Quentin-le-Verger (51) 57 **D4**
Saint-Quentin-les-Anges (53) 69 **E4**
Saint-Quentin-les-Chardonnets (61) 50 **C2**
Saint-Quentin-les-Marais (51) 58 **B3**
Saint-Quentin-sur-Charente (16) 115 **D3**
Saint-Quentin-sur-Coole (51) 58 **A2**
Saint-Quentin-sur-Indrois (37) 88 **A4**
Saint-Quentin-sur-Isère (38) 135 **E2**
Saint-Quentin-sur-le-Homme (50) . . . 50 **A3**
Saint-Quentin-sur-Nohain (58) 91 **D3**
Saint-Quentin-sur-Sauxillanges (63) 132 **A1**
Saint-Quintin-sur-Sioule (63) 118 **C2**
Saint-Quirc (09) 171 **D2**
Saint-Quirin (57) 61 **F3**
Saint-Rabier (24) 128 **C3**
Saint-Racho (71) 120 **C1**
Saint-Rambert-d'Albon (26) 134 **B2**
Saint-Rambert-en-Bugey (01) 122 **B3**
Saint-Raphaël (26) 128 **C2**
Saint-Raphaël (83) 179 **E2**
Saint-Régis-du-Coin (42) 133 **F2**
Saint-Règle (37) 88 **B2**
Saint-Remèze (07) 147 **D4**
Saint-Remimont (54) 60 **C2**
Saint-Remimont (88) 79 **E2**
Saint-Rémy (01) 121 **F1**
Saint-Rémy (12) 143 **D4**
Saint-Rémy (14) 51 **D2**

Saint-Rémy (19) 117 **E4**
Saint-Rémy (21) 93 **D1**
Saint-Rémy (24) 127 **E4**
Saint-Rémy (71) 108 **C2**
Saint-Rémy (79) 100 **C4**
Saint-Remy (88) 80 **B1**
Saint-Rémy-au-Bois (62) 26 **B1**
Saint-Rémy-aux-Bois (54) 80 **A1**
Saint-Rémy-Blanzy (02) 38 **B4**
Saint-Rémy-Boscrocourt (76) 25 **F1**
Saint-Remy-Chaussée (59) 29 **E2**
Saint-Rémy-de-Blot (63) 118 **B2**
Saint-Rémy-de-Chaudes-Aigues (15) 144 **C1**
Saint-Rémy-de-Maurienne (73) 136 **B2**
Saint-Rémy-de-Provence (13) 161 **E3**
Saint-Rémy-de-Sillé (72) 70 **C2**
Saint-Rémy-des-Monts (72) 71 **E1**
Saint-Rémy-du-Nord (59) 29 **E1**
Saint-Rémy-du-Plain (35) 68 **B1**
Saint-Rémy-du-Val (72) 71 **D1**
Saint-Remy-en-Bouzemont-
   -Saint-Genest-et-Isson (51) 58 **B4**
Saint-Rémy-en-Comté (70) 79 **E4**
Saint-Rémy-en-l'Eau (60) 37 **E3**
Saint-Rémy-en-Rollat (03) 119 **E1**
Saint-Rémy-la-Calonne (55) 59 **F1**
Saint-Rémy-la-Vanne (77) 56 **B3**
Saint-Rémy-le-Petit (08) 39 **F3**
Saint-Rémy-lès-Chevreuse (78) 54 **C3**
Saint-Rémy-l'Honoré (78) 54 **B3**
Saint-Remy-sous-Barbuise (10) 57 **F4**
Saint-Rémy-sous-Broyes (51) 57 **D3**
Saint-Rémy-sur-Avre (28) 53 **F3**
Saint-Rémy-sur-Bussy (51) 58 **B1**
Saint-Rémy-sur-Creuse (86) 102 **B1**
Saint-Rémy-sur-Durolle (63) 119 **E3**
Saint-Renan (29) 45 **D3**
Saint-Restitut (26) 147 **E4**
Saint-Révérend (85) 98 **C3**
Saint-Révérien (58) 91 **F4**
Saint-Rieul (22) 48 **B4**
Saint-Rimay (41) 72 **A4**
Saint-Riquier (80) 26 **C2**
Saint-Riquier-en-Rivière (76) 26 **A3**
Saint-Riquier-ès-Plains (76) 34 **C1**
Saint-Rirand (42) 119 **F2**
Saint-Rivoal (29) 46 **A4**
Saint-Robert (19) 129 **D3**
Saint-Robert (47) 141 **E4**
Saint-Roch (37) 87 **E2**
Saint-Roch-sur-Égrenne (61) 50 **C4**
Saint-Rogatien (17) 112 **C1**
Saint-Romain (16) 127 **D2**
Saint-Romain (21) 108 **B1**
Saint-Romain (63) 133 **D1**
Saint-Romain (86) 114 **C1**
Saint-Romain-au-Mont-d'Or (69) . . . 121 **E3**
Saint-Romain-d'Ay (07) 134 **A3**
Saint-Romain-de-Benet (17) 113 **D4**
Saint-Romain-de-Colbosc (76) 34 **B2**
Saint-Romain-de-Jalionas (38) 122 **A4**
Saint-Romain-de-Lerps (07) 134 **B4**
Saint-Romain-de-Monpazier (24) . . . 141 **E2**
Saint-Romain-de-Popey (69) 121 **D3**
Saint-Romain-de-Surieu (38) 134 **B2**
Saint-Romain-d'Urfé (42) 119 **F3**
Saint-Romain-en-Gal (69) 134 **B1**
Saint-Romain-en-Gier (69) 134 **A1**
Saint-Romain-en-Jarez (42) 133 **F1**
Saint-Romain-en-Viennois (84) 147 **F4**
Saint-Romain-
   -et-Saint-Clément (24) 128 **B2**
Saint-Romain-la-Motte (42) 120 **A2**
Saint-Romain-la-Virvée (33) 126 **B4**
Saint-Romain-Lachalm (43) 133 **E3**
Saint-Romain-le-Noble (47) 155 **D1**
Saint-Romain-le-Puy (42) 133 **D1**
Saint-Romain-les-Atheux (42) 133 **F2**
Saint-Romain-sous-Gourdon (71) . . . 108 **A3**
Saint-Romain-sous-Versigny (71) . . . 107 **F3**
Saint-Romain-sur-Cher (41) 88 **C3**
Saint-Roman (26) 148 **B2**
Saint-Roman-de-Codières (30) 159 **F2**
Saint-Roman-de-Malegarde (84) 147 **F4**
Saint-Romans (38) 135 **D3**
Saint-Romans-des-Champs (79) 113 **F1**
Saint-Romans-lès-Melle (79) 113 **F1**
Saint-Rome (31) 171 **E1**
Saint-Rome-de-Cernon (12) 158 **B2**
Saint-Rome-de-Tarn (12) 158 **B2**
Saint-Rustice (31) 155 **F3**
Saint-Saëns (76) 35 **F1**
Saint-Saire (76) 36 **A1**
Saint-Salvadour (19) 129 **F2**
Saint-Salvi-de-Carcavès (81) 157 **F3**
Saint-Salvy (47) 140 **C4**
Saint-Salvy-de-la-Balme (81) 157 **E4**
Saint-Samson (14) 33 **F4**
Saint-Samson-de-la-Roque (27) 34 **B3**
Saint-Samson-la-Poterie (60) 36 **B2**
Saint-Samson-sur-Rance (22) 49 **D4**
Saint-Sandoux (63) 131 **F1**
Saint-Santin (12) 143 **E2**
Saint-Santin-Cantalès (15) 130 **B4**
Saint-Santin-de-Maurs (15) 143 **E2**
Saint-Sardos (47) 140 **C4**

Saint-Sardos (82) 155 **E3**
Saint-Satur (18) 90 **C3**
Saint-Saturnin (15) 131 **D3**
Saint-Saturnin (16) 114 **A4**
Saint-Saturnin (18) 104 **C4**
Saint-Saturnin (48) 145 **D3**
Saint-Saturnin (51) 57 **E4**
Saint-Saturnin (63) 118 **C4**
Saint-Saturnin (72) 71 **D3**
Saint-Saturnin-de-Lenne (12) 144 **C3**
Saint-Saturnin-de-Lucian (34) 159 **D4**
Saint-Saturnin-du-Bois (17) 113 **D1**
Saint-Saturnin-du-Limet (53) 69 **D4**
Saint-Saturnin-lès-Apt (84) 162 **A2**
Saint-Saturnin-lès-Avignon (84) 161 **E2**
Saint-Saud-Lacoussière (24) 128 **B1**
Saint-Sauflieu (80) 27 **D4**
Saint-Saulge (58) 91 **F4**
Saint-Saulve (59) 28 **C1**
Saint-Saury (15) 143 **E1**
Saint-Sauvant (17) 113 **E4**
Saint-Sauvant (86) 101 **E4**
Saint-Sauves-d'Auvergne (63) 131 **D1**
Saint-Sauveur (05) 150 **A2**
Saint-Sauveur (21) 94 **C3**
Saint-Sauveur (24) 141 **D1**
Saint-Sauveur (29) 46 **A3**
Saint-Sauveur (31) 155 **F3**
Saint-Sauveur (33) 125 **F3**
Saint-Sauveur (38) 135 **D3**
Saint-Sauveur (54) 61 **F4**
Saint-Sauveur (60) 37 **F3**
Saint-Sauveur (70) 80 **A4**
Saint-Sauveur (80) 27 **D3**
Saint-Sauveur-Camprieu (30) 159 **D1**
Saint-Sauveur-d'Aunis (17) 113 **D1**
Saint-Sauveur-de-Carrouges (61) . . . 51 **F4**
Saint-Sauveur-de-Cruzières (07) . . . 146 **B4**
Saint-Sauveur-de-Ginestoux (48) . . . 145 **E2**
Saint-Sauveur-de-Meilhan (47) 140 **A3**
Saint-Sauveur-de-Montagut (07) . . . 147 **D1**
Saint-Sauveur-de-Pierrepont (50) . . . 31 **E3**
Saint-Sauveur-
   -de-Puynormand (33) 127 **D4**
Saint-Sauveur-d'Émalleville (76) . . . 34 **B2**
Saint-Sauveur-des-Landes (35) 68 **C1**
Saint-Sauveur-en-Diois (26) 147 **F2**
Saint-Sauveur-en-Puisaye (89) 91 **E1**
Saint-Sauveur-en-Rue (42) 133 **F3**
Saint-Sauveur-Gouvernet (26) 148 **B4**
Saint-Sauveur-la-Pommeraye (50) . . . 49 **F2**
Saint-Sauveur-la-Sagne (63) 132 **B2**
Saint-Sauveur-Lalande (24) 127 **E4**
Saint-Sauveur-le-Vicomte (50) 31 **E3**
Saint-Sauveur-lès-Bray (77) 75 **E1**
Saint-Sauveur-Marville (28) 53 **F4**
Saint-Sauveur-sur-École (77) 55 **E4**
Saint-Sauveur-sur-Tinée (06) 164 **C1**
Saint-Sauveur-Villages (50) 32 **A4**
Saint-Sauvier (03) 105 **D4**
Saint-Sauvy (32) 155 **D4**
Saint-Savin (33) 126 **B3**
Saint-Savin (38) 122 **A4**
Saint-Savin (65) 168 **C4**
Saint-Savin (86) 102 **C3**
Saint-Savinien (17) 113 **D3**
Saint-Saviol (86) 114 **A2**
Saint-Sébastien (23) 103 **F4**
Saint-Sébastien-
   -d'Aigrefeuille (30) 160 **A1**
Saint-Sébastien-de-Morsent (27) 53 **E1**
Saint-Sébastien-de-Raids (50) 32 **A4**
Saint-Sébastien-sur-Loire (44) 84 **B3**
Saint-Secondin (86) 102 **B3**
Saint-Ségal (29) 65 **D1**
Saint-Séglin (35) 67 **F3**
Saint-Seine (58) 107 **D2**
Saint-Seine-en-Bâche (21) 94 **B4**
Saint-Seine-l'Abbaye (21) 93 **F2**
Saint-Seine-sur-Vingeanne (21) 94 **C2**
Saint-Selve (33) 139 **E2**
Saint-Senier-de-Beuvron (50) 50 **A3**
Saint-Senier-sous-Avranches (50) . . . 50 **A3**
Saint-Senoch (37) 88 **A4**
Saint-Senoux (35) 68 **A3**
Saint-Sériès (34) 160 **A4**
Saint-Sernin (07) 146 **C3**
Saint-Sernin (11) 171 **F2**
Saint-Sernin (47) 140 **B2**
Saint-Sernin-du-Bois (71) 108 **A2**
Saint-Sernin-du-Plain (71) 108 **B1**
Saint-Sernin-lès-Lavaur (81) 171 **E3**
Saint-Sernin-sur-Rance (12) 157 **F3**
Saint-Sérotin (89) 75 **E2**
Saint-Servais (22) 47 **D3**
Saint-Servais (29) 46 **A3**
Saint-Servant (56) 67 **D3**
Saint-Setiers (19) 117 **E4**
Saint-Seurin-de-Bourg (33) 126 **A4**
Saint-Seurin-de-Cadourne (33) 125 **F2**
Saint-Seurin-de-Cursac (33) 126 **A3**
Saint-Seurin-de-Palenne (17) 113 **E4**
Saint-Seurin-de-Prats (24) 140 **A1**
Saint-Seurin-sur-l'Isle (33) 127 **D4**
Saint-Sève (33) 140 **A2**
Saint-Sever (40) 152 **C3**
Saint-Sever-de-Rustan (65) 169 **D4**

Saint-Sever-de-Saintonge (17) 113 E4
Saint-Sever-du-Moustier (12) 158 A3
Saint-Séverin (16) 127 E2
Saint-Séverin-d'Estissac (24) 127 F4
Saint-Séverin-sur-Boutonne (17) 113 E4
Saint-Siffret (30) 160 C2
Saint-Sigismond (45) 73 D3
Saint-Sigismond (49) 85 E2
Saint-Sigismond (74) 124 A2
Saint-Sigismond (85) 100 B4
Saint-Sigismond-
  -de-Clermont (17) 126 A1
Saint-Silvain-Bas-le-Roc (23) 117 E1
Saint-Silvain-Bellegarde (23) 117 F3
Saint-Silvain-Montaigut (23) 116 C2
Saint-Silvain-sous-Toulx (23) 117 E1
Saint-Siméon (27) 34 C4
Saint-Siméon (77) 56 B3
Saint-Siméon-de-Bressieux (38) 135 D2
Saint-Simeux (16) 114 A4
Saint-Simon (02) 38 B1
Saint-Simon (15) 130 C4
Saint-Simon (16) 114 A4
Saint-Simon (46) 142 C2
Saint-Simon-de-Bordes (17) 126 B2
Saint-Simon-de-Pellouaille (17) 113 D4
Saint-Sixt (74) 123 F2
Saint-Sixte (42) 120 A4
Saint-Sixte (47) 155 D1
Saint-Solve (19) 129 D2
Saint-Sorlin-d'Arves (73) 136 B3
Saint-Sorlin-de-Conac (17) 126 A2
Saint-Sorlin-de-Morestel (38) 122 B4
Saint-Sorlin-de-Vienne (38) 134 B1
Saint-Sorlin-en-Bugey (01) 122 A3
Saint-Sorlin-en-Valloire (26) 134 B2
Saint-Sornin (03) 106 A4
Saint-Sornin (16) 114 C4
Saint-Sornin (17) 112 C3
Saint-Sornin-la-Marche (87) 115 F1
Saint-Sornin-Lavolps (19) 129 D2
Saint-Sornin-Leulac (87) 116 A1
Saint-Soulan (32) 170 A1
Saint-Souplet (59) 28 C2
Saint-Souplet-sur-Py (51) 40 A4
Saint-Soupplets (77) 55 F1
Saint-Sozy (46) 142 B1
Saint-Stail (88) 80 C1
Saint-Suliac (35) 49 D3
Saint-Sulpice (01) 121 F1
Saint-Sulpice (46) 142 C3
Saint-Sulpice (58) 91 F4
Saint-Sulpice (60) 36 C3
Saint-Sulpice (63) 131 D1
Saint-Sulpice (70) 96 A1
Saint-Sulpice (73) 135 F1
Saint-Sulpice-d'Arnoult (17) 113 D3
Saint-Sulpice-de-Cognac (16) 113 F4
Saint-Sulpice-de-Faleyrens (33) 139 F1
Saint-Sulpice-de-Favières (91) 54 C4
Saint-Sulpice-de-Grimbouville (27) . . 34 B3
Saint-Sulpice-
  -de-Guilleragues (33) 140 A2
Saint-Sulpice-de-Pommeray (41) 88 B1
Saint-Sulpice-de-Pommiers (33) 139 F2
Saint-Sulpice-
  -de-Roumagnac (24) 127 E3
Saint-Sulpice-de-Royan (17) 112 C4
Saint-Sulpice-de-Ruffec (16) 114 C3
Saint-Sulpice-des-Landes (35) 68 B4
Saint-Sulpice-des-Rivoires (38) 135 E1
Saint-Sulpice-d'Excideuil (24) 128 B2
Saint-Sulpice-en-Pareds (85) 100 B3
Saint-Sulpice-et-Cameyrac (33) 126 B4
Saint-Sulpice-la-Forêt (35) 68 B1
Saint-Sulpice-la-Pointe (81) 156 B3
Saint-Sulpice-Laurière (87) 116 B2
Saint-Sulpice-le-Dunois (23) 116 C1
Saint-Sulpice-le-Guérétois (23) 117 D1
Saint-Sulpice-les-Bois (19) 130 B1
Saint-Sulpice-les-Champs (23) 117 D2
Saint-Sulpice-les-Feuilles (87) 116 B1
Saint-Sulpice-sur-Lèze (31) 170 C2
Saint-Sulpice-sur-Risle (61) 52 C3
Saint-Supplet (54) 42 A3
Saint-Sylvain (14) 51 E1
Saint-Sylvain (19) 129 F3
Saint-Sylvain (76) 24 C2
Saint-Sylvestre (07) 134 A4
Saint-Sylvestre (74) 123 D3
Saint-Sylvestre (87) 116 B2
Saint-Sylvestre-Cappel (59) 22 B2
Saint-Sylvestre-de-Cormeilles (27) . . 34 B4
Saint-Sylvestre-Pragoulin (63) 119 E2
Saint-Sylvestre-sur-Lot (47) 141 E3
Saint-Symphorien (18) 105 D2
Saint-Symphorien (27) 34 B3
Saint-Symphorien (33) 139 E3
Saint-Symphorien (35) 68 A1
Saint-Symphorien (72) 70 C3
Saint-Symphorien (79) 113 E1
Saint-Symphorien
  --d'Ancelles (71) 121 E1
Saint-Symphorien-de-Lay (42) 120 B3
Saint-Symphorien-
  -de-Mahun (07) 133 F3
Saint-Symphorien-
  -de-Marmagne (71) 108 A2

Saint-Symphorien-
  -de-Thénières (12) 144 A2
Saint-Symphorien-des-Bois (71) . . 120 B1
Saint-Symphorien-
  -des-Bruyères (61) 52 C3
Saint-Symphorien-d'Ozon (69) . . . 121 E4
Saint-Symphorien-
  -sous-Chomérac (07) 147 E2
Saint-Symphorien-sur-Coise (69) . . 133 F1
Saint-Symphorien-sur-Saône (21) . . 94 B4
Saint-Thégonnec
  Loc-Eguiner (29) 46 A3
Saint-Thélo (22) 66 C1
Saint-Théodorit (30) 160 A2
Saint-Théoffrey (38) 135 F4
Saint-Thibaud-de-Couz (73) 135 F1
Saint-Thibault (10) 76 C2
Saint-Thibault (21) 93 E3
Saint-Thibault (60) 36 B1
Saint-Thibault-des-Vignes (77) 55 F2
Saint-Thibaut (02) 39 D4
Saint-Thibéry (34) 174 A2
Saint-Thiébaud (39) 110 A1
Saint-Thiébault (52) 78 C2
Saint-Thierry (51) 39 E4
Saint-Thois (29) 65 D1
Saint-Thomas (02) 39 E2
Saint-Thomas (31) 170 B1
Saint-Thomas-de-Conac (17) 126 A2
Saint-Thomas-de-Courceries (53) . . 70 B1
Saint-Thomas-en-Argonne (51) 40 C4
Saint-Thomas-en-Royans (26) 135 D4
Saint-Thomas-la-Garde (42) 133 D1
Saint-Thomé (07) 147 D3
Saint-Thonan (29) 45 F3
Saint-Thual (35) 68 A1
Saint-Thurial (35) 68 A2
Saint-Thuriau (56) 66 B2
Saint-Thurien (29) 65 E2
Saint-Tricat (62) 21 E2
Saint-Trimoël (22) 48 A4
Saint-Trinit (84) 162 A1
Saint-Trivier-de-Courtes (01) 109 D4
Saint-Trivier-sur-Moignans (01) . . . 121 E2
Saint-Trojan (33) 126 A3
Saint-Trojan-les-Bains (17) 112 B3
Saint-Tropez (83) 179 D3
Saint-Tugdual (56) 66 A2
Saint-Ulphace (72) 72 A2
Saint-Ulrich (68) 97 D1
Saint-Uniac (35) 68 A2
Saint-Urbain (29) 45 F4
Saint-Urbain (85) 98 B2
Saint-Urbain-Maconcourt (52) 78 A1
Saint-Urcisse (47) 155 D1
Saint-Urcisse (81) 156 B2
Saint-Urcize (15) 144 C2
Saint-Usage (10) 77 E3
Saint-Usage (21) 94 B4
Saint-Usuge (71) 109 E3
Saint-Utin (51) 58 B4
Saint-Uze (26) 134 B3
Saint-Vaast-de-Longmont (60) 37 F4
Saint-Vaast-d'Équiqueville (76) 35 F1
Saint-Vaast-Dieppedalle (76) 34 C1
Saint-Vaast-du-Val (76) 35 E1
Saint-Vaast-en-Auge (14) 34 A3
Saint-Vaast-en-Cambrésis (59) 28 C2
Saint-Vaast-en-Chaussée (80) 27 D3
Saint-Vaast-la-Hougue (50) 32 A2
Saint-Vaast-lès-Mello (60) 37 E4
Saint-Vaast-sur-Seulles (14) 33 D4
Saint-Vaize (17) 113 D3
Saint-Valentin (36) 104 B1
Saint-Valérien (85) 100 A3
Saint-Valérien (89) 75 D2
Saint-Valery (60) 36 B1
Saint-Valery-en-Caux (76) 24 C2
Saint-Valery-sur-Somme (80) 26 A2
Saint-Vallerin (71) 108 B3
Saint-Vallier (16) 127 D2
Saint-Vallier (26) 134 B3
Saint-Vallier (71) 108 A3
Saint-Vallier (88) 79 F1
Saint-Vallier-de-Thiey (06) 164 B4
Saint-Vallier-sur-Marne (52) 78 B4
Saint-Varent (79) 101 D1
Saint-Vaury (23) 116 C1
Saint-Venant (62) 22 B3
Saint-Vénérand (43) 145 F1
Saint-Vérain (58) 91 D2
Saint-Véran (05) 150 B1
Saint-Vérand (38) 135 D3
Saint-Vérand (69) 121 D3
Saint-Vérand (71) 121 E1
Saint-Vert (43) 132 B2
Saint-Viance (19) 129 D3
Saint-Viâtre (41) 89 E2
Saint-Viaud (44) 83 F4
Saint-Victeur (72) 70 C1
Saint-Victor (03) 105 E4
Saint-Victor (07) 134 A3
Saint-Victor (15) 130 B4
Saint-Victor (24) 127 F2
Saint-Victor-de-Buthon (28) 72 A1
Saint-Victor-de-Cessieu (38) 135 D1
Saint-Victor-de-Chrétienville (27) . . . 52 C1
Saint-Victor-de-Malcap (30) 160 B1

Saint-Victor-de-Morestel (38) 122 B4
Saint-Victor-d'Épine (27) 34 C4
Saint-Victor-des-Oules (30) 160 C2
Saint-Victor-de-Marche (23) 117 D2
Saint-Victor-et-Melvieu (12) 158 A2
Saint-Victor-la-Coste (30) 161 D2
Saint-Victor-la-Rivière (63) 131 E1
Saint-Victor-l'Abbaye (76) 35 E1
Saint-Victor-Malescours (43) 133 E2
Saint-Victor-Montvianeix (63) 119 E3
Saint-Victor-Rouzaud (09) 171 E3
Saint-Victor-sur-Arlanc (43) 132 C2
Saint-Victor-sur-Avre (27) 53 D3
Saint-Victor-sur-Ouche (21) 93 F3
Saint-Victor-sur-Rhins (42) 120 B2
Saint-Victoret (13) 177 D2
Saint-Victour (19) 130 C2
Saint-Victurnien (87) 115 F3
Saint-Vidal (43) 132 C4
Saint-Vigor (27) 53 F1
Saint-Vigor-des-Monts (50) 50 B2
Saint-Vigor-d'Ymonville (76) 34 B2
Saint-Vigor-le-Grand (14) 32 C3
Saint-Vincent (31) 171 E1
Saint-Vincent (43) 133 D3
Saint-Vincent (63) 131 F1
Saint-Vincent (64) 168 B3
Saint-Vincent (82) 156 A1
Saint-Vincent-Bragny (71) 107 F3
Saint-Vincent-Cramesnil (76) 34 B2
Saint-Vincent-d'Autéjac (82) 156 A1
Saint-Vincent-
  -de-Barbeyrargues (34) 159 F4
Saint-Vincent-de-Barrès (07) 147 E2
Saint-Vincent-de-Boisset (42) 120 B2
Saint-Vincent-de-Connezac (24) . . . 127 E3
Saint-Vincent-de-Cosse (24) 141 F1
Saint-Vincent-de-Durfort (07) 147 D1
Saint-Vincent-de-Lamontjoie (47) . . 154 B1
Saint-Vincent-de-Mercuze (38) 136 A2
Saint-Vincent-de-Paul (33) 126 B4
Saint-Vincent-de-Paul (40) 152 B4
Saint-Vincent-de-Pertignas (33) . . . 139 F1
Saint-Vincent-de-Reins (69) 120 C2
Saint-Vincent-de-Salers (15) 130 C3
Saint-Vincent-de-Tyrosse (40) 151 F4
Saint-Vincent-des-Bois (27) 53 F1
Saint-Vincent-des-Landes (44) 84 B1
Saint-Vincent-des-Prés (71) 108 B4
Saint-Vincent-des-Prés (72) 71 E1
Saint-Vincent-d'Olargues (34) 173 E1
Saint-Vincent-du-Boulay (27) 52 B1
Saint-Vincent-du-Lorouër (72) 71 E4
Saint-Vincent-du-Pendit (46) 143 D1
Saint-Vincent-en-Bresse (71) 109 D3
Saint-Vincent-Jalmoutiers (24) 127 E3
Saint-Vincent-la-Châtre (79) 114 A1
Saint-Vincent-
  -la-Commanderie (26) 134 C4
Saint-Vincent-le-Paluel (24) 142 A1
Saint-Vincent-Lespinasse (82) 155 E1
Saint-Vincent-Rive-d'Olt (46) 142 A3
Saint-Vincent-Sterlanges (85) 99 F2
Saint-Vincent-sur-Graon (85) 99 E3
Saint-Vincent-sur-Jabron (04) 162 C1
Saint-Vincent-sur-Jard (85) 99 D4
Saint-Vincent-sur-l'Isle (24) 128 B3
Saint-Vincent-sur-Oust (56) 67 F4
Saint-Vit (25) 95 D4
Saint-Vital (73) 123 F4
Saint-Vite (47) 141 E3
Saint-Vitte (18) 105 E3
Saint-Vitte-sur-Briance (87) 129 E1
Saint-Vivien (17) 112 C2
Saint-Vivien (24) 140 A1
Saint-Vivien-de-Blaye (33) 126 A3
Saint-Vivien-de-Médoc (33) 125 E1
Saint-Vivien-de-Monségur (33) . . . 140 A2
Saint-Voir (03) 106 C4
Saint-Vougay (29) 46 A3
Saint-Vrain (51) 58 C3
Saint-Vrain (91) 55 D4
Saint-Vran (22) 67 E1
Saint-Vulbas (01) 122 A3
Saint-Waast (59) 29 D1
Saint-Witz (95) 55 E1
Saint-Xandre (17) 112 B1
Saint-Yaguen (40) 152 C2
Saint-Yan (71) 107 E4
Saint-Ybard (19) 129 E2
Saint-Ybars (09) 171 D2
Saint-Yon (91) 54 C4
Saint-Yorre (03) 119 E2
Saint-Yrieix-la-Montagne (23) 117 D2
Saint-Yrieix-la-Perche (87) 128 C1
Saint-Yrieix-le-Déjalat (19) 130 A2
Saint-Yrieix-les-Bois (23) 117 D2
Saint-Yrieix-sous-Aixe (87) 115 F3
Saint-Yrieix-sur-Charente (16) 114 B4
Saint-Ythaire (71) 108 B3
Saint-Yvi (29) 65 D2
Saint-Yvoine (63) 131 F1
Saint-Yzan-de-Soudiac (33) 126 B3
Saint-Yzans-de-Médoc (33) 125 F2
Saint-Zacharie (83) 177 D2
Sainte-Adresse (76) 34 A2
Sainte-Agathe (63) 119 F3
Sainte-Agathe-d'Aliermont (76) . . . 35 F1
Sainte-Agathe-en-Donzy (42) 120 C3

Sainte-Agathe-
  -la-Bouteresse (42) 120 B4
Sainte-Agnès (06) 165 E3
Sainte-Agnès (38) 136 A3
Sainte-Agnès (39) 109 E3
Sainte-Anastasie (30) 160 B2
Sainte-Anastasie-sur-Issole (83) . . . 178 B2
Sainte-Anne (25) 110 B1
Sainte-Anne (32) 155 E3
Sainte-Anne (41) 72 B4
Sainte-Anne-d'Auray (56) 82 B1
Sainte-Anne-Saint-Priest (87) 116 C4
Sainte-Anne-sur-Brivet (44) 83 F3
Sainte-Anne-sur-Gervonde (38) . . . 135 D1
Sainte-Anne-sur-Vilaine (35) 68 A4
Sainte-Aulde (77) 56 B2
Sainte-Aurence-Cazaux (32) 169 E1
Sainte-Austreberthe (62) 26 C1
Sainte-Austreberthe (76) 35 E2
Sainte-Barbe (57) 42 C4
Sainte-Barbe (88) 80 B1
Sainte-Bazeille (47) 140 A3
Sainte-Beuve-en-Rivière (76) 36 A1
Sainte-Blandine (38) 135 D1
Sainte-Brigitte (56) 66 B1
Sainte-Camelle (11) 171 F2
Sainte-Catherine (62) 27 F1
Sainte-Catherine (63) 132 B2
Sainte-Catherine (69) 133 F1
Sainte-Catherine-de-Fierbois (37) . . 87 F4
Sainte-Cécile (50) 50 A2
Sainte-Cécile (71) 108 B4
Sainte-Cécile (85) 99 F2
Sainte-Cécile-d'Andorge (30) 159 F1
Sainte-Cécile-du-Cayrou (81) 156 B2
Sainte-Cécile-les-Vignes (84) 147 E4
Sainte-Céronne-lès-Mortagne (61) . . 52 B2
Sainte-Cérotte (72) 71 F4
Sainte-Christie (32) 154 C3
Sainte-Christie-d'Armagnac (32) . . 153 F3
Sainte-Christine (63) 118 B2
Sainte-Colombe (05) 148 C4
Sainte-Colombe (17) 126 B2
Sainte-Colombe (25) 110 C1
Sainte-Colombe (33) 140 A1
Sainte-Colombe (35) 68 C3
Sainte-Colombe (40) 152 C4
Sainte-Colombe (46) 143 D2
Sainte-Colombe (50) 31 E2
Sainte-Colombe (69) 134 B1
Sainte-Colombe (76) 35 D1
Sainte-Colombe (77) 56 B4
Sainte-Colombe (89) 92 B2
Sainte-Colombe-de-Duras (47) 140 B2
Sainte-Colombe-
  -de-la-Commanderie (66) 185 D2
Sainte-Colombe-
  -de-Villeneuve (47) 141 D4
Sainte-Colombe-des-Bois (58) 91 E3
Sainte-Colombe-en-Auxois (21) . . . 93 D2
Sainte-Colombe-
  -en-Bruilhois (47) 154 B1
Sainte-Colombe-
  -la-Commanderie (27) 53 D1
Sainte-Colombe-près-Vernon (27) . . 53 F1
Sainte-Colombe-sur-Gand (42) . . . 120 B3
Sainte-Colombe-sur-Guette (11) . . . 184 B1
Sainte-Colombe-sur-l'Hers (11) . . . 171 F4
Sainte-Colombe-sur-Seine (21) . . . 77 E4
Sainte-Colome (64) 168 A3
Sainte-Consorce (69) 121 D4
Sainte-Croix (01) 121 F3
Sainte-Croix (02) 39 D3
Sainte-Croix (12) 143 D3
Sainte-Croix (24) 141 E2
Sainte-Croix (26) 148 A1
Sainte-Croix (71) 109 E3
Sainte-Croix (81) 157 D2
Sainte-Croix-à-Lauze (04) 162 B2
Sainte-Croix-aux-Mines (68) 81 D1
Sainte-Croix-de-Caderle (30) 159 F2
Sainte-Croix-de-Mareuil (24) 127 F1
Sainte-Croix-
  -de-Quintillargues (34) 159 F3
Sainte-Croix-du-Mont (33) 139 F2
Sainte-Croix-du-Verdon (04) 163 E3
Sainte-Croix-en-Jarez (42) 134 A1
Sainte-Croix-en-Plaine (68) 81 E3
Sainte-Croix-sur-Buchy (76) 35 F2
Sainte-Croix-sur-Mer (14) 33 D3
Sainte-Croix-
  -Vallée-Française (48) 159 E1
Sainte-Croix-Volvestre (09) 170 C3
Sainte-Dode (32) 169 E1
Sainte-Eanne (79) 101 E4
Sainte-Engrâce (64) 167 E3
Sainte-Eugénie-
  -de-Villeneuve (43) 132 B3
Sainte-Eulalie (07) 146 B1
Sainte-Eulalie (11) 172 B2
Sainte-Eulalie (15) 130 B3
Sainte-Eulalie (33) 126 B4
Sainte-Eulalie (48) 145 E1
Sainte-Eulalie-d'Ans (24) 128 B3
Sainte-Eulalie-de-Cernon (12) 158 C2
Sainte-Eulalie-d'Olt (12) 144 B3
Sainte-Eulalie-en-Born (40) 138 A4
Sainte-Eulalie-en-Royans (26) 135 D4

Sainte-Euphémie (01) . . . 121 E3
Sainte-Euphémie-sur-Ouvèze (26) . . . 148 B4
Sainte-Eusoye (60) . . . 37 D2
Sainte-Fauste (36) . . . 104 B2
Sainte-Féréole (19) . . . 129 E3
Sainte-Feyre (23) . . . 117 D2
Sainte-Feyre-la-Montagne (23) . . . 117 E3
Sainte-Flaive-des-Loups (85) . . . 99 D3
Sainte-Florence (33) . . . 139 F1
Sainte-Florine (43) . . . 132 A2
Sainte-Foi (09) . . . 171 F3
Sainte-Fortunade (19) . . . 129 F3
Sainte-Foy (40) . . . 153 E2
Sainte-Foy (71) . . . 120 B1
Sainte-Foy (76) . . . 35 E1
Sainte-Foy (85) . . . 99 D3
Sainte-Foy-d'Aigrefeuille (31) . . . 171 E1
Sainte-Foy-de-Belvès (24) . . . 141 F2
Sainte-Foy-de-Longas (24) . . . 128 A4
Sainte-Foy-de-Peyrolières (31) . . . 170 C1
Sainte-Foy-la-Grande (33) . . . 140 B1
Sainte-Foy-la-Longue (33) . . . 139 F2
Sainte-Foy-l'Argentière (69) . . . 120 C4
Sainte-Foy-lès-Lyon (69) . . . 121 E4
Sainte-Foy-Saint-Sulpice (42) . . . 120 B4
Sainte-Foy-Tarentaise (73) . . . 124 B4
Sainte-Gauburge-Sainte-Colombe (61) . . . 52 B3
Sainte-Gemme (17) . . . 112 C3
Sainte-Gemme (32) . . . 155 D3
Sainte-Gemme (33) . . . 140 A2
Sainte-Gemme (36) . . . 103 E2
Sainte-Gemme (51) . . . 57 D1
Sainte-Gemme (79) . . . 101 D1
Sainte-Gemme (81) . . . 157 D2
Sainte-Gemme-en-Sancerrois (18) . . 90 C3
Sainte-Gemme-la-Plaine (85) . . . 99 F3
Sainte-Gemme-Martaillac (47) . . . 140 B4
Sainte-Gemme-Moronval (28) . . . 53 F3
Sainte-Gemmes-le-Robert (53) . . . 70 B2
Sainte-Gemmes-sur-Loire (49) . . . 86 A2
Sainte-Geneviève (02) . . . 29 F4
Sainte-Geneviève (50) . . . 32 A1
Sainte-Geneviève (54) . . . 60 B2
Sainte-Geneviève (60) . . . 37 D4
Sainte-Geneviève (76) . . . 36 A2
Sainte-Geneviève-des-Bois (45) . . . 74 C4
Sainte-Geneviève-des-Bois (91) . . . 55 D4
Sainte-Geneviève-lès-Gasny (27) . . . 54 A1
Sainte-Hélène (33) . . . 125 F4
Sainte-Hélène (48) . . . 145 E3
Sainte-Hélène (56) . . . 82 A1
Sainte-Hélène (71) . . . 108 B2
Sainte-Hélène (88) . . . 80 B1
Sainte-Hélène-Bondeville (76) . . . 34 B1
Sainte-Hélène-du-Lac (73) . . . 136 A1
Sainte-Hélène-sur-Isère (73) . . . 123 F4
Sainte-Hermine (85) . . . 99 F3
Sainte-Honorine-de-Ducy (14) . . . 32 C4
Sainte-Honorine-du-Fay (14) . . . 51 D1
Sainte-Honorine-la-Chardonne (61) . . . 51 D2
Sainte-Honorine-la-Guillaume (61) . . . 51 E2
Sainte-Jalle (26) . . . 148 A4
Sainte-Jamme-sur-Sarthe (72) . . . 71 D2
Sainte-Julie (01) . . . 122 A3
Sainte-Juliette (82) . . . 141 F4
Sainte-Juliette-sur-Viaur (12) . . . 157 F1
Sainte-Léocadie (66) . . . 184 A3
Sainte-Lheurine (17) . . . 126 B1
Sainte-Livrade (31) . . . 155 E4
Sainte-Livrade-sur-Lot (47) . . . 141 D3
Sainte-Lizaigne (36) . . . 104 B1
Sainte-Luce (38) . . . 149 D1
Sainte-Luce-sur-Loire (44) . . . 84 B3
Sainte-Lucie-de-Tallano (2A) . . . 191 D2
Sainte-Magnance (89) . . . 92 C2
Sainte-Marguerite (43) . . . 132 B3
Sainte-Marguerite (88) . . . 80 C1
Sainte-Marguerite-de-Carrouges (61) . . . 51 F4
Sainte-Marguerite-d'Elle (14) . . . 32 B4
Sainte-Marguerite-Lafigère (07) . . . 146 A3
Sainte-Marguerite-sur-Duclair (76) . . . 35 D2
Sainte-Marguerite-sur-Mer (76) . . . 25 D2
Sainte-Marie (08) . . . 40 B3
Sainte-Marie (15) . . . 144 B1
Sainte-Marie (25) . . . 96 B2
Sainte-Marie (32) . . . 155 D4
Sainte-Marie (35) . . . 67 F4
Sainte-Marie (58) . . . 91 F4
Sainte-Marie (65) . . . 169 F4
Sainte-Marie-à-Py (51) . . . 40 A4
Sainte-Marie-au-Bosc (76) . . . 34 A1
Sainte-Marie-aux-Chênes (57) . . . 42 B4
Sainte-Marie-aux-Mines (68) . . . 81 D1
Sainte-Marie-Cappel (59) . . . 22 B2
Sainte-Marie-d'Alloix (38) . . . 136 A2
Sainte-Marie-d'Alvey (73) . . . 135 F1
Sainte-Marie-d'Attez (73) . . . 53 D3
Sainte-Marie-de-Cuines (73) . . . 136 B2
Sainte-Marie-de-Gosse (40) . . . 151 F4
Sainte-Marie-de-Ré (17) . . . 112 B1
Sainte-Marie-de-Vatimesnil (27) . . . 36 A4
Sainte-Marie-de-Vaux (87) . . . 115 F3
Sainte-Marie-des-Champs (76) . . . 35 D2

Sainte-Marie-du-Bois (53) . . . 51 D4
Sainte-Marie-du-Lac-Nuisement (51) . . . 58 C4
Sainte-Marie-du-Mont (38) . . . 136 A2
Sainte-Marie-du-Mont (50) . . . 32 A3
Sainte-Marie-en-Chanois (70) . . . 80 A4
Sainte-Marie-en-Chaux (70) . . . 80 A4
Sainte-Marie-Kerque (62) . . . 21 F2
Sainte-Marie-la-Blanche (21) . . . 108 C1
Sainte-Marie-la-Mer (66) . . . 185 F1
Sainte-Marie-la-Robert (61) . . . 51 F3
Sainte-Marie-Lapanouze (19) . . . 130 B2
Sainte-Marie-Outre-l'Eau (14) . . . 50 B1
Sainte-Marie-sur-Ouche (21) . . . 93 F3
Sainte-Marthe (27) . . . 53 D2
Sainte-Marthe (47) . . . 140 B3
Sainte-Maure (10) . . . 76 C1
Sainte-Maure-de-Peyriac (47) . . . 154 A2
Sainte-Maure-de-Touraine (37) . . . 87 F4
Sainte-Maxime (83) . . . 179 D2
Sainte-Même (17) . . . 113 E3
Sainte-Menehould (51) . . . 58 C1
Sainte-Mère (32) . . . 154 C2
Sainte-Mère-Église (50) . . . 32 A3
Sainte-Mesme (78) . . . 54 C4
Sainte-Mondane (24) . . . 142 A1
Sainte-Montaine (18) . . . 90 A2
Sainte-Nathalène (24) . . . 142 A1
Sainte-Néomaye (79) . . . 101 D4
Sainte-Olive (01) . . . 121 E2
Sainte-Opportune (61) . . . 51 E3
Sainte-Opportune-du-Bosc (27) . . . 35 D4
Sainte-Opportune-la-Mare (27) . . . 34 C3
Sainte-Orse (24) . . . 128 C3
Sainte-Ouenne (79) . . . 100 C4
Sainte-Pallaye (89) . . . 92 A1
Sainte-Paule (69) . . . 121 D3
Sainte-Pazanne (44) . . . 98 C1
Sainte-Pexine (85) . . . 99 F3
Sainte-Pôle (54) . . . 61 E4
Sainte-Preuve (02) . . . 39 E2
Sainte-Radegonde (12) . . . 144 A4
Sainte-Radegonde (17) . . . 112 C3
Sainte-Radegonde (24) . . . 141 D2
Sainte-Radegonde (32) . . . 154 C3
Sainte-Radegonde (33) . . . 140 A1
Sainte-Radegonde (71) . . . 107 E3
Sainte-Radegonde (86) . . . 102 B3
Sainte-Radegonde-des-Noyers (85) . . . 99 F4
Sainte-Ramée (17) . . . 126 A1
Sainte-Reine (70) . . . 95 D2
Sainte-Reine (73) . . . 123 E4
Sainte-Reine-de-Bretagne (44) . . . 83 E3
Sainte-Ruffine (57) . . . 42 B4
Sainte-Sabine (21) . . . 93 E4
Sainte-Sabine-sur-Longève (72) . . . 70 C2
Sainte-Savine (10) . . . 76 C1
Sainte-Scolasse-sur-Sarthe (61) . . . 52 B4
Sainte-Segrée (80) . . . 36 B1
Sainte-Sève (29) . . . 46 B3
Sainte-Sévère (16) . . . 113 F4
Sainte-Sévère-sur-Indre (36) . . . 104 B4
Sainte-Sigolène (43) . . . 133 E3
Sainte-Solange (18) . . . 90 B4
Sainte-Soline (79) . . . 114 B1
Sainte-Souline (16) . . . 127 D2
Sainte-Soulle (17) . . . 112 C1
Sainte-Suzanne (09) . . . 171 D2
Sainte-Suzanne (25) . . . 96 B2
Sainte-Suzanne-et-Chammes (53) . . . 70 B2
Sainte-Suzanne-sur-Vire (50) . . . 50 B1
Sainte-Terre (33) . . . 139 F1
Sainte-Thérence (03) . . . 118 A1
Sainte-Thorette (18) . . . 90 A4
Sainte-Tréphine (22) . . . 66 B1
Sainte-Trie (24) . . . 128 C2
Sainte-Tulle (04) . . . 162 C3
Sainte-Valière (11) . . . 173 E2
Sainte-Vaubourg (08) . . . 40 B3
Sainte-Verge (79) . . . 101 D1
Sainte-Vertu (89) . . . 92 B1
Saintes (17) . . . 113 D4
Saintes-Maries-de-la-Mer (13) . . . 175 F2
Saintigny (28) . . . 72 A1
Saintines (60) . . . 37 F4
Saintry-sur-Seine (91) . . . 55 E4
Saints-en-Puisaye (89) . . . 91 E1
Saints-Geosmes (52) . . . 78 B4
Sainville (28) . . . 73 E1
Saires (86) . . . 101 F1
Saires-la-Verrerie (61) . . . 51 D3
Saissac (11) . . . 172 A2
Saisseval (80) . . . 26 C3
Saisy (71) . . . 108 A1
Saivres (79) . . . 101 D4
Le Saix (05) . . . 149 D3
Saix (81) . . . 157 D4
Saix (86) . . . 86 C4
Saizenay (39) . . . 110 A1
Saizerais (54) . . . 60 B2
Saizy (58) . . . 92 A3
Sajas (31) . . . 170 B2
Salagnac (24) . . . 128 C2
Salagnon (38) . . . 122 A4
Salaise-sur-Sanne (38) . . . 134 B2
Salans (39) . . . 95 D4
Salasc (34) . . . 159 D4

Salaunes (33) . . . 125 F4
Salavas (07) . . . 146 C4
Salavre (01) . . . 109 E4
Salazac (30) . . . 147 D4
Salbris (41) . . . 89 F2
Les Salces (48) . . . 145 D3
Saléchan (65) . . . 169 F4
Saleich (31) . . . 170 B3
Saleignes (17) . . . 113 F2
Saleilles (66) . . . 185 E2
Les Salelles (07) . . . 146 B3
Les Salelles (48) . . . 145 D3
Salency (60) . . . 38 A2
Saléon (05) . . . 149 D4
Salérans (05) . . . 148 C4
Salerm (31) . . . 170 A2
Salernes (83) . . . 163 E4
Salers (15) . . . 130 C3
Sales (74) . . . 123 D3
Salesches (59) . . . 28 C2
La Salette-Fallavaux (38) . . . 149 D1
Salettes (26) . . . 147 F3
Salettes (43) . . . 146 A1
Saleux (80) . . . 27 D4
Salice (2A) . . . 188 C3
Saliceto (2B) . . . 187 E4
Saliès (81) . . . 157 D3
Salies-de-Béarn (64) . . . 167 E1
Salies-du-Salat (31) . . . 170 B3
Salignac (33) . . . 163 D1
Salignac-de-Mirambeau (17) . . . 126 B2
Salignac-Eyvigues (24) . . . 129 D4
Salignac-sur-Charente (17) . . . 113 E4
Saligney (39) . . . 95 D3
Saligny (85) . . . 99 F3
Saligny (89) . . . 75 F2
Saligny-sur-Roudon (03) . . . 107 D4
Saligos (65) . . . 168 C4
Salindres (30) . . . 160 A1
Saline (14) . . . 33 F4
Salinelles (30) . . . 160 A3
Salins (15) . . . 130 C3
Salins (77) . . . 75 D1
Salins-Fontaine (73) . . . 136 C1
Salins-les-Bains (39) . . . 110 A1
Salives (21) . . . 94 A1
Sallagriffon (06) . . . 164 B3
Sallanches (74) . . . 124 A3
Sallaumines (62) . . . 22 C4
La Salle (71) . . . 108 C4
La Salle (88) . . . 80 B1
La Salle-en-Beaumont (38) . . . 149 D1
La Salle-les-Alpes (05) . . . 137 D4
Sallebœuf (33) . . . 139 E1
Sallèdes (63) . . . 119 D4
Sallèles-Cabardès (11) . . . 172 C2
Sallèles-d'Aude (11) . . . 173 E2
Sallen (14) . . . 50 C1
Sallenelles (14) . . . 33 E4
Sallenôves (74) . . . 123 D2
Sallertaine (85) . . . 98 C2
Salles (33) . . . 138 C2
Salles (47) . . . 141 E3
Salles (65) . . . 168 C3
Salles (79) . . . 101 E4
Salles (81) . . . 157 D2
Salles-Adour (65) . . . 169 D2
Salles-Arbuissonnas-en-Beaujolais (69) . . . 121 D2
Salles-Courbatiès (12) . . . 143 D3
Salles-Curan (12) . . . 158 A1
Salles-d'Angles (16) . . . 113 F4
Salles-d'Armagnac (32) . . . 153 F3
Salles-d'Aude (11) . . . 173 F2
Salles-de-Barbezieux (16) . . . 126 C1
Salles-de-Belvès (24) . . . 141 E2
Les Salles-de-Castillon (33) . . . 127 D4
Salles-de-Villefagnan (16) . . . 114 B3
Les Salles-du-Gardon (30) . . . 160 A1
Salles-et-Pratviel (31) . . . 181 F2
Salles-la-Source (12) . . . 144 A3
Salles-Lavalette (16) . . . 127 E2
Les Salles-Lavauguyon (87) . . . 115 D4
Salles-Mongiscard (64) . . . 167 E1
Salles-sous-Bois (26) . . . 147 F3
Salles-sur-Garonne (31) . . . 170 C2
Salles-sur-l'Hers (11) . . . 171 F2
Salles-sur-Mer (17) . . . 112 C1
Les Salles-sur-Verdon (83) . . . 163 E3
Sallespisse (64) . . . 152 C4
Salmagne (55) . . . 59 E3
Salmaise (21) . . . 93 E2
Salmbach (67) . . . 63 E1
Salmiech (12) . . . 157 F1
Salomé (59) . . . 22 C4
Salon (10) . . . 57 E3
Salon (24) . . . 128 A4
Salon-de-Provence (13) . . . 161 F4
Salon-la-Tour (19) . . . 129 E1
Salonnes (57) . . . 61 D2
Salornay-sur-Guye (71) . . . 108 B3
Salouël (80) . . . 27 D4
Salperwick (62) . . . 22 A2
Salsein (09) . . . 170 B4
Salses-le-Château (66) . . . 185 E1
Salsigne (11) . . . 172 B2
Salt-en-Donzy (42) . . . 120 C4
Salvagnac (81) . . . 156 B4

Salvagnac-Cajarc (12) . . . 142 C3
La Salvetat-Belmontet (82) . . . 156 A2
La Salvetat-Lauragais (31) . . . 171 F1
La Salvetat-Peyralès (12) . . . 157 D1
La Salvetat-Saint-Gilles (31) . . . 155 F4
La Salvetat-sur-Agout (34) . . . 158 A4
Salvezines (11) . . . 184 B1
Salviac (46) . . . 142 A2
Salvizinet (42) . . . 120 B4
Salza (11) . . . 172 C4
Salzuit (43) . . . 132 B3
Samadet (40) . . . 153 D4
Saman (31) . . . 170 A2
Samaran (32) . . . 169 F1
Samatan (32) . . . 170 B1
Samazan (47) . . . 140 A3
Sambin (41) . . . 88 C2
Sambourg (89) . . . 76 B4
Saméon (59) . . . 23 E4
Samer (62) . . . 21 E3
Samerey (21) . . . 94 B4
Sames (64) . . . 151 F4
Sammarçolles (86) . . . 86 C4
Sammeron (77) . . . 56 A2
Samoëns (74) . . . 124 A2
Samognat (01) . . . 122 B1
Samogneux (55) . . . 41 E4
Samois-sur-Seine (77) . . . 74 C1
Samonac (33) . . . 126 A3
Samoreau (77) . . . 74 C1
Samouillan (31) . . . 170 B2
Samoussy (02) . . . 39 D2
Sampans (39) . . . 94 C4
Sampigny (55) . . . 59 F2
Sampigny-lès-Maranges (71) . . . 108 B1
Sampolo (2A) . . . 189 D4
Sampzon (07) . . . 146 C3
Samson (25) . . . 95 E4
Samsons-Lion (64) . . . 168 C1
Samuran (65) . . . 169 F4
San-Damiano (2B) . . . 187 E4
San-Gavino-d'Ampugnani (2B) . . . 187 E4
San-Gavino-di-Carbini (2A) . . . 191 D2
San-Gavino-di-Fiumorbo (2B) . . . 189 E4
San-Gavino-di-Tenda (2B) . . . 187 D3
San-Giovanni-di-Moriani (2B) . . . 187 E4
San-Giuliano (2B) . . . 189 F2
San-Lorenzo (2B) . . . 187 E4
San-Martino-di-Lota (2B) . . . 187 E3
San-Nicolao (2B) . . . 187 F4
Sana (31) . . . 170 B2
Sanary-sur-Mer (83) . . . 178 A4
Sancé (71) . . . 108 C4
Sancergues (18) . . . 91 D4
Sancerre (18) . . . 90 C3
Sancey (25) . . . 96 B3
Sancheville (28) . . . 73 D2
Sanchey (88) . . . 80 A2
Sancins (18) . . . 105 F2
Sancourt (27) . . . 36 B3
Sancourt (59) . . . 28 B2
Sancourt (80) . . . 38 A1
Sancy (54) . . . 42 A3
Sancy (77) . . . 56 A2
Sancy-les-Cheminots (02) . . . 38 C3
Sancy-lès-Provins (77) . . . 56 C3
Sand (67) . . . 62 C4
Sandarville (28) . . . 72 C1
Sandaucourt (88) . . . 79 D1
Sandillon (45) . . . 73 F4
Sandouville (76) . . . 34 B2
Sandrans (01) . . . 121 F2
Sangatte (62) . . . 21 E1
Sanghen (62) . . . 21 E2
Sanguinet (40) . . . 138 B3
Sanilhac (07) . . . 146 B3
Sanilhac (24) . . . 128 A3
Sanilhac-Sagriès (30) . . . 160 C2
Sannat (23) . . . 117 F2
Sannes (84) . . . 162 B3
Sannois (95) . . . 55 D2
Sanous (65) . . . 168 C1
Sanry-lès-Vigy (57) . . . 42 C4
Sanry-sur-Nied (57) . . . 60 C1
Sans-Vallois (88) . . . 79 E2
Sansa (66) . . . 184 B2
Sansac-de-Marmiesse (15) . . . 143 F1
Sansac-Veinazès (15) . . . 143 F2
Sansais (79) . . . 113 E1
Sansan (32) . . . 169 F1
Sanssac-l'Église (43) . . . 132 C4
Sanssat (03) . . . 119 E1
Santa-Lucia-di-Mercurio (2B) . . . 189 D2
Santa-Lucia-di-Moriani (2B) . . . 187 F4
Santa-Maria-di-Lota (2B) . . . 187 E2
Santa-Maria-Figaniella (2A) . . . 191 D2
Santa-Maria-Poggio (2B) . . . 187 F4
Santa-Maria-Siché (2A) . . . 188 C4
Santa-Reparata-di-Balagna (2B) . . . 186 C3
Santa-Reparata-di-Moriani (2B) . . . 187 E4
Sant'Andréa-di-Bozio (2B) . . . 189 E2
Sant'Andréa-di-Cotone (2B) . . . 189 E2
Sant'Andréa-d'Orcino (2A) . . . 188 B3
Santans (39) . . . 95 D4
Sant'Antonino (2B) . . . 186 C3
Santeau (45) . . . 73 F3
Santec (29) . . . 46 A2
Santenay (21) . . . 108 B1

Commune	Page	Réf.
Santenay (41)	88	B2
Santeny (94)	55	E3
Santes (59)	22	C3
Santeuil (28)	73	E1
Santeuil (95)	54	C1
Santigny (89)	92	C2
Santilly (28)	73	E2
Santilly (71)	108	B3
Santo-Pietro-di-Tenda (2B)	187	D3
Santo-Pietro-di-Venaco (2B)	189	D2
Santosse (21)	108	B1
Santranges (18)	90	C2
Sanvensa (12)	143	D4
Sanvignes-les-Mines (71)	107	F3
Sanxay (86)	101	E3
Sanzey (54)	60	A3
Saon (14)	32	C3
Saône (25)	95	F3
Saonnet (14)	32	C3
Saorge (06)	165	E2
Saosnes (72)	71	D1
Saou (26)	147	F2
Le Sap-André (61)	52	B2
Sap-en-Auge (61)	52	B2
Sapignicourt (51)	58	C3
Sapignies (62)	27	F2
Sapogne-et-Feuchères (08)	40	C1
Sapogne-sur-Marche (08)	41	E2
Sapois (39)	110	B2
Sapois (88)	80	B3
Saponay (02)	38	C4
Saponcourt (70)	79	E4
Le Sappey (74)	123	E2
Le Sappey-en-Chartreuse (38)	135	F2
Saramon (32)	170	A1
Saran (45)	73	E3
Saraz (25)	110	B1
Sarbazan (40)	153	E2
Sarcé (72)	87	D1
Sarceaux (61)	51	F3
Sarcelles (95)	55	D2
Sarcenas (38)	135	F2
Sarcey (52)	78	B3
Sarcey (69)	121	D3
Sarcos (32)	169	F1
Sarcus (60)	36	B1
Sarcy (51)	39	E4
Sardan (30)	160	A3
Sardent (23)	117	D2
Sardieu (38)	134	C2
Sardon (63)	119	D3
Sardy-lès-Épiry (58)	92	A4
Sare (64)	166	B1
Sargé-lès-le-Mans (72)	71	D3
Sargé-sur-Braye (41)	72	A3
Sari-d'Orcino (2A)	188	C3
Sari-Solenzara (2A)	189	E4
Sariac-Magnoac (65)	169	E3
Sarlabous (65)	169	E3
Sarlande (24)	128	C2
Sarlat-la-Canéda (24)	142	A1
Sarliac-sur-l'Isle (24)	128	B3
Sarniguet (65)	169	D2
Sarnois (60)	36	C1
Saron-sur-Aube (51)	57	D4
Sarp (65)	169	F3
Sarpourenx (64)	167	F1
Sarragachies (32)	153	F4
Sarrageois (25)	110	C2
Sarraguzan (32)	169	E2
Sarralbe (57)	61	F1
Sarraltroff (57)	61	F2
Sarran (19)	129	F2
Sarrance (64)	167	F3
Sarrancolin (65)	169	E4
Sarrant (32)	155	D3
Sarras (07)	134	B3
Sarrazac (24)	128	B2
Sarraziet (40)	153	D3
Sarre-Union (67)	61	F1
Sarrebourg (57)	61	F3
Sarrecave (31)	169	F2
Sarreguemines (57)	43	F4
Sarreinsming (57)	62	A1
Sarremezan (31)	169	F2
Sarrewerden (67)	61	F2
Sarrey (52)	78	C3
Sarriac-Bigorre (65)	169	D1
Sarrians (84)	161	E2
Sarrigné (49)	86	A2
Sarrogna (39)	109	F4
Sarrola-Carcopino (2A)	188	C3
Sarron (40)	153	E4
Sarrouilles (65)	169	D2
Sarroux - Saint Julien (19)	130	C2
Sarry (51)	58	A2
Sarry (71)	120	B1
Sarry (89)	92	C1
Le Sars (62)	27	F2
Sars-et-Rosières (59)	23	E4
Sars-le-Bois (62)	27	E1
Sars-Poteries (59)	29	E2
Sartène (2A)	191	D3
Sartes (88)	78	C2
Sartilly-Baie-Bocage (50)	49	F2
Sarton (62)	27	E2
Sartrouville (78)	54	C2
Sarzay (36)	104	B3
Sarzeau (56)	82	C2
Sasnières (41)	88	A1
Sassangy (71)	108	B2
Sassay (41)	88	C3
Sassegnies (59)	29	D2
Sassenage (38)	135	E3
Sassenay (71)	108	C2
Sassetot-le-Malgardé (76)	35	D1
Sassetot-le-Mauconduit (76)	34	C1
Sasseville (76)	34	C1
Sassey (27)	53	F1
Sassey-sur-Meuse (55)	41	D3
Sassierges-Saint-Germain (36)	104	B2
Sassis (65)	168	C4
Sassy (14)	51	F1
Sathonay-Camp (69)	121	E3
Sathonay-Village (69)	121	E3
Satillieu (07)	134	A3
Satolas-et-Bonce (38)	121	F4
Saturargues (34)	160	A4
Saubens (31)	170	C1
Saubion (40)	151	F3
Saubole (64)	168	C2
Saubrigues (40)	151	F4
Saubusse (40)	151	F4
Saucats (33)	139	D2
Saucède (64)	167	F2
La Saucelle (28)	53	E3
Sauchay (76)	25	F2
Sauchy-Cauchy (62)	28	A1
Sauchy-Lestrée (62)	28	A1
Sauclières (12)	159	D2
Saudemont (62)	28	A1
Saudoy (51)	57	D3
Saudron (52)	59	E4
Saudrupt (55)	59	D3
Saugeot (39)	110	A3
Saugnac-et-Cambran (40)	152	A4
Saugnacq-et-Muret (40)	138	C3
Saugon (33)	126	A3
Saugues (43)	132	B4
Sauguis-Saint-Étienne (64)	167	E2
Saugy (18)	104	C1
Saujac (12)	143	D3
Saujon (17)	112	C4
Saulce-sur-Rhône (26)	147	E2
Saulces-Champenoises (08)	40	A3
Saulces-Monclin (08)	40	A2
Saulcet (03)	119	D1
Saulchery (02)	56	B2
Le Saulchoy (60)	36	C2
Saulchoy (62)	26	B1
Saulchoy-sous-Poix (80)	36	C1
Saulcy (10)	77	F2
Le Saulcy (88)	61	F4
Saulcy-sur-Meurthe (88)	80	C1
Saules (25)	95	F4
Saules (71)	108	B3
Saulgé (86)	102	C4
Saulges (53)	70	A3
Saulgond (16)	115	D3
Sauliac-sur-Célé (46)	142	C3
Saulieu (21)	92	C3
Saulles (52)	94	C1
Saulmory-Villefranche (55)	41	D3
Saulnay (36)	103	D2
Saulnes (54)	42	A2
Saulnières (28)	53	F3
Saulnières (35)	68	B3
Saulnot (70)	96	B1
Saulny (57)	42	B4
Saulon-la-Chapelle (21)	94	A3
Saulon-la-Rue (21)	94	A3
La Saulsotte (10)	56	C4
Sault (84)	162	A1
Sault-Brénaz (01)	122	B3
Sault-de-Navailles (64)	152	C4
Sault-lès-Rethel (08)	40	A2
Sault-Saint-Remy (08)	39	F3
Saultain (59)	28	C1
Saulty (62)	27	E2
Saulvaux (55)	59	F3
Saulx (70)	95	F1
Saulx-le-Duc (21)	94	A2
Saulx-lès-Champlon (55)	59	F1
Saulx-les-Chartreux (91)	55	D3
Saulxerotte (54)	60	B4
Saulxures (52)	78	C3
Saulxures (67)	62	A4
Saulxures-lès-Bulgnéville (88)	79	D2
Saulxures-lès-Nancy (54)	60	C3
Saulxures-lès-Vannes (54)	60	A4
Saulxures-sur-Moselotte (88)	80	B3
Saulzais-le-Potier (18)	105	D3
Saulzet (03)	119	D2
Saulzet-le-Froid (63)	131	E1
Saulzoir (59)	28	C1
Saumane (04)	162	B1
Saumane (30)	159	E1
Saumane-de-Vaucluse (84)	161	F2
Sauméjan (47)	153	F1
Saumeray (28)	72	C2
Saumont (47)	154	B1
Saumont-la-Poterie (76)	36	A2
Saumos (33)	125	E4
Saumur (49)	86	C3
Saunay (37)	88	A1
La Saunière (23)	117	D2
Saunières (71)	109	D1
Sauqueville (76)	25	E2
Saurais (79)	101	E3
Saurat (09)	171	D4
Sauret-Besserve (63)	118	B3
Saurier (63)	131	F1
Sausheim (68)	81	E4
Saussan (34)	159	F4
Saussay (28)	53	F2
Saussay (76)	35	D2
Saussay-la-Campagne (27)	36	A3
La Saussaye (27)	35	E4
Saussemesnil (50)	31	E2
Saussenac (81)	157	E2
Saussens (31)	156	B4
Sausses (04)	164	B2
Sausset-les-Pins (13)	176	C3
Sausseuzemare-en-Caux (76)	34	B1
Saussey (21)	93	E4
Saussey (50)	49	F1
Saussignac (24)	140	B1
Saussines (34)	160	A3
Saussy (21)	94	A2
Sautel (09)	171	F4
Sauternes (33)	139	E3
Sauteyrargues (34)	159	F3
Sauto (66)	184	B2
Sautron (44)	84	B3
Les Sauvages (69)	120	C3
Sauvagnac (16)	115	D4
Sauvagnas (47)	141	D4
Sauvagnat (63)	118	A4
Sauvagnat-Sainte-Marthe (63)	131	F1
Sauvagney (25)	95	E3
Sauvagnon (64)	168	A1
Sauvagny (03)	105	F4
Sauvain (42)	120	A4
Sauvat (15)	130	C2
Sauve (30)	159	F2
La Sauve (33)	139	E1
Sauvelade (64)	167	F1
Sauverny (01)	110	B4
Sauvessanges (63)	132	C2
La Sauvetat (32)	154	B3
La Sauvetat (43)	131	F1
La Sauvetat-de-Savères (47)	141	E4
La Sauvetat-du-Dropt (47)	140	B2
La Sauvetat-sur-Lède (47)	141	D3
Sauveterre (30)	161	D2
Sauveterre (32)	170	A1
Sauveterre (65)	169	D1
Sauveterre (81)	172	C1
Sauveterre (82)	155	F1
Sauveterre-de-Béarn (64)	167	E1
Sauveterre-de-Comminges (31)	169	F3
Sauveterre-de-Guyenne (33)	139	F2
Sauveterre-de-Rouergue (12)	157	E1
Sauveterre-la-Lémance (47)	141	F2
Sauveterre-Saint-Denis (47)	154	C1
Sauviac (32)	169	E1
Sauviac (33)	139	F3
Sauvian (34)	173	F2
Sauviat (63)	119	E4
Sauviat-sur-Vige (87)	116	C3
Sauvignac (16)	126	C2
Sauvigney-lès-Gray (70)	95	D2
Sauvigney-lès-Pesmes (70)	94	C3
Sauvigny (55)	60	A4
Sauvigny-le-Beuréal (89)	92	C2
Sauvigny-le-Bois (89)	92	B2
Sauvigny-les-Bois (58)	106	B3
Sauville (08)	40	C2
Sauville (88)	79	D2
Sauvillers-Mongival (80)	27	E4
Sauvimont (32)	170	B1
Sauvoy (55)	59	F3
Saux-et-Pomarède (31)	169	F3
Sauxillanges (63)	132	A1
Sauze (06)	164	B1
Le Sauze-du-Lac (05)	149	F3
Sauze-Vaussais (79)	114	B2
Sauzelles (36)	103	D3
Sauzet (26)	147	E2
Sauzet (30)	160	B2
Sauzet (46)	142	A3
La Sauzière-Saint-Jean (81)	156	B2
Sauzon (56)	82	A3
Savarthès (31)	170	A3
Savas (07)	134	A2
Savas-Mépin (38)	134	C1
Savasse (26)	147	E2
Savenay (44)	84	A2
Savenès (82)	155	F3
Savennes (23)	117	D2
Savennes (63)	130	C1
Savennières (49)	85	F2
Saverdun (09)	171	E2
Savères (31)	170	B2
Saverne (67)	62	B2
Saveuse (80)	27	D3
Savianges (71)	108	B3
Savières (10)	76	B1
Savignac (12)	143	D4
Savignac (33)	139	F3
Savignac-de-Duras (47)	140	B2
Savignac-de-l'Isle (33)	126	C4
Savignac-de-Miremont (24)	128	B4
Savignac-de-Nontron (24)	128	A1
Savignac-Lédrier (24)	128	C1
Savignac-les-Églises (24)	128	B2
Savignac-les-Ormeaux (09)	183	F3
Savignac-Mona (32)	170	B1
Savignac-sur-Leyze (47)	141	E3
Savignargues (30)	160	A2
Savigné (86)	114	C1
Savigné-l'Évêque (72)	71	D3
Savigné-sous-le-Lude (72)	86	C1
Savigné-sur-Lathan (37)	87	D2
Savigneux (01)	121	E2
Savigneux (42)	133	D1
Savignies (60)	36	C3
Savigny (50)	50	A1
Savigny (52)	94	C1
Savigny (69)	121	D3
Savigny (74)	123	D2
Savigny (88)	79	F1
Savigny-en-Revermont (71)	109	E3
Savigny-en-Sancerre (18)	90	C2
Savigny-en-Septaine (18)	105	E1
Savigny-en-Terre-Plaine (89)	92	C2
Savigny-en-Véron (37)	86	C3
Savigny-le-Sec (21)	94	A2
Savigny-le-Temple (77)	55	E4
Savigny-le-Vieux (50)	50	B4
Savigny-lès-Beaune (21)	93	F4
Savigny-Lévescault (86)	102	A3
Savigny-Poil-Fol (58)	107	D2
Savigny-sous-Faye (86)	101	F1
Savigny-sous-Mâlain (21)	93	F3
Savigny-sur-Aisne (08)	40	B3
Savigny-sur-Ardres (51)	39	D4
Savigny-sur-Braye (41)	72	A4
Savigny-sur-Clairis (89)	75	D3
Savigny-sur-Grosne (71)	108	B3
Savigny-sur-Orge (91)	55	D3
Savigny-sur-Seille (71)	109	D3
Savilly (21)	93	D4
Savines-le-Lac (05)	149	F3
Savins (77)	56	B4
Savoillan (84)	162	A1
Savoisy (21)	93	D1
Savolles (21)	94	B3
Savonnières (37)	87	E3
Savonnières-devant-Bar (55)	59	D3
Savonnières-en-Perthois (55)	59	D4
Savouges (21)	94	A4
Savournon (05)	149	D3
Savoyeux (70)	95	D2
Savy (02)	38	B1
Savy-Berlette (62)	27	E1
Saxel (74)	123	F1
Saxi-Bourdon (58)	91	F4
Saxon-Sion (54)	60	B4
Sayat (63)	118	C3
Saze (30)	161	D2
Sazeray (36)	104	B4
Sazeret (03)	118	C1
Sazilly (37)	87	D4
Sazos (65)	168	C4
Scaër (29)	65	E2
Scata (2B)	187	E4
Sceau-Saint-Angel (24)	128	A1
Sceautres (07)	147	D2
Sceaux (92)	55	D3
Sceaux-d'Anjou (49)	85	F1
Sceaux-du-Gâtinais (45)	74	B3
Sceaux-sur-Huisne (72)	71	F2
Scey-Maisières (25)	95	F4
Scey-sur-Saône-et-Saint-Albin (70)	95	E1
Schaeffersheim (67)	62	C4
Schaffhouse-près-Seltz (67)	63	E1
Schalbach (57)	62	A2
Schalkendorf (67)	62	B2
Scharrachbergheim-Irmstett (67)	62	B3
Scheibenhard (67)	63	E1
Scherlenheim (67)	62	B2
Scherwiller (67)	81	E1
Schillersdorf (67)	62	B2
Schiltigheim (67)	62	C3
Schirmeck (67)	62	A4
Schirrhein (67)	63	D2
Schirrhoffen (67)	63	D2
Schleithal (67)	63	D1
Schlierbach (68)	81	E4
Schmittviller (57)	62	A1
Schneckenbusch (57)	62	A3
Schnersheim (67)	62	C3
Schœnau (67)	81	F1
Schœnbourg (67)	62	A2
Schœneck (57)	43	F4
Schœnenbourg (67)	63	D1
Schopperten (67)	61	F1
Schorbach (57)	62	B1
Schweighouse-sur-Moder (67)	62	C2
Schweighouse-Thann (68)	81	D4
Schwenheim (67)	62	B3
Schwerdorff (57)	43	D3
Schweyen (57)	44	B4
Schwindratzheim (67)	62	C2
Schwoben (68)	97	E1
Schwobsheim (67)	81	F1
Sciecq (79)	100	C4
Scientrier (74)	123	F2
Scieurac-et-Flourès (32)	154	A4

Sciez (74) . . . 111 D4
Scillé (79) . . . 100 C3
Scionzier (74) . . . 124 A2
Scolca (2B) . . . 187 E3
Scorbé-Clairvaux (86) . . . 102 A2
Scrignac (29) . . . 46 B4
Scrupt (51) . . . 58 C3
Scy-Chazelles (57) . . . 60 B1
Scye (70) . . . 95 E1
Séailles (32) . . . 153 F3
La Séauve-sur-Semène (43) . . . 133 E2
Sébazac-Concourès (12) . . . 144 A4
Sébécourt (27) . . . 53 D2
Sébeville (50) . . . 32 A3
Seboncourt (02) . . . 28 C3
Sebourg (59) . . . 29 D1
Sébrazac (12) . . . 144 A3
Séby (64) . . . 168 A1
Secenans (70) . . . 96 B1
Séchault (08) . . . 40 A4
Sécheras (07) . . . 134 A3
Sécheval (08) . . . 30 A4
Séchilienne (38) . . . 135 F4
Séchin (25) . . . 96 A3
Seclin (59) . . . 23 D4
Secondigné-sur-Belle (79) . . . 113 F1
Secondigny (79) . . . 100 C3
Secourt (57) . . . 60 C2
Sedan (08) . . . 40 C1
Sédeilhac (31) . . . 169 F3
Séderon (26) . . . 148 B4
Sedze-Maubecq (64) . . . 168 C2
Sedzère (64) . . . 168 B2
Seebach (67) . . . 63 D1
Sées (61) . . . 52 A4
Séez (73) . . . 124 B4
Ségalas (47) . . . 140 C2
Ségalas (65) . . . 169 D1
La Ségalassière (15) . . . 143 E1
Séglien (56) . . . 66 B2
Ségny (01) . . . 123 E1
Segonzac (16) . . . 113 F4
Segonzac (19) . . . 128 C3
Segonzac (24) . . . 127 F3
Ségos (32) . . . 153 E4
Ségoufielle (32) . . . 155 E4
Segré-en-Anjou Bleu (49) . . . 85 E1
Ségreville (31) . . . 171 E1
Ségrie (72) . . . 70 C2
Segrois (21) . . . 93 F4
Ségry (36) . . . 104 B1
La Séguinière (49) . . . 85 E4
Ségur (12) . . . 144 B4
Le Ségur (81) . . . 157 D1
Ségur-le-Château (19) . . . 129 D2
Ségur-les-Villas (15) . . . 131 B4
Ségura (09) . . . 171 E3
Séguret (84) . . . 161 E1
Ségus (65) . . . 168 C3
Seich (65) . . . 169 E3
Seichamps (54) . . . 60 C3
Seichebrières (45) . . . 74 A3
Seicheprey (54) . . . 60 A2
Seiches-sur-le-Loir (49) . . . 86 A1
Seignalens (11) . . . 171 F3
Seigné (17) . . . 113 F3
Seignelay (89) . . . 76 A4
Seigneulles (55) . . . 59 E2
Seignosse (40) . . . 151 F3
Seigny (21) . . . 93 D2
Seigy (41) . . . 88 C3
Seilh (31) . . . 155 F4
Seilhac (19) . . . 129 F2
Seilhan (31) . . . 169 F3
Seillans (83) . . . 179 D1
Seillonnaz (01) . . . 122 B3
Seillons-Source-d'Argens (83) . . . 178 A1
Seine-Port (77) . . . 55 E4
Seingbouse (57) . . . 43 E4
Seissan (32) . . . 169 F1
Seix (09) . . . 170 C4
Le Sel-de-Bretagne (35) . . . 68 B3
Selaincourt (54) . . . 60 A4
Selens (02) . . . 38 B2
Sélestat (67) . . . 81 E1
Séligné (79) . . . 113 F1
Séligney (39) . . . 109 F1
La Selle-Craonnaise (53) . . . 69 E4
La Selle-en-Hermoy (45) . . . 75 D3
La Selle-en-Luitré (35) . . . 69 D1
La Selle-Guerchaise (35) . . . 69 D3
La Selle-la-Forge (61) . . . 51 D3
La Selle-sur-le-Bied (45) . . . 75 D3
Selles (27) . . . 34 C3
Selles (51) . . . 40 A3
Selles (62) . . . 21 E3
Selles (70) . . . 79 E3
Selles-Saint-Denis (41) . . . 89 E3
Selles-sur-Cher (41) . . . 89 D3
Selles-sur-Nahon (36) . . . 103 F1
Sellières (39) . . . 109 F2
Selommes (41) . . . 72 B4
Seloncourt (25) . . . 96 C2
Selongey (21) . . . 94 B1
Selonnet (04) . . . 149 F3
Seltz (67) . . . 63 E1
La Selve (02) . . . 39 E2
La Selve (12) . . . 157 F1

Sémalens (81) . . . 157 D4
Semallé (61) . . . 52 A4
Semarey (21) . . . 93 E3
Sembadel (43) . . . 132 B3
Sembas (47) . . . 141 D4
Semblançay (37) . . . 87 E2
Sembleçay (36) . . . 89 D4
Semboués (32) . . . 169 D1
Séméac (65) . . . 169 D2
Sémeacq-Blachon (64) . . . 168 C1
Semécourt (57) . . . 42 B4
Sémelay (58) . . . 107 D2
Semens (33) . . . 139 F2
Sementron (89) . . . 91 F1
Sémeries (59) . . . 29 E2
Semezanges (21) . . . 93 F4
Sémézies-Cachan (32) . . . 170 A1
Semide (08) . . . 40 B3
Semillac (17) . . . 126 A2
Semilly (52) . . . 78 C2
Semmadon (70) . . . 79 E4
Semoine (10) . . . 57 F3
Semond (21) . . . 93 E1
Semondans (25) . . . 96 B1
Semousies (59) . . . 29 E2
Semoussac (17) . . . 126 A2
Semoutiers-Montsaon (52) . . . 78 A3
Semoy (45) . . . 73 E3
Sempesserre (32) . . . 154 C2
Sempigny (60) . . . 38 A2
Sempy (62) . . . 21 E4
Semur-en-Auxois (21) . . . 93 D2
Semur-en-Brionnais (71) . . . 120 B1
Semur-en-Vallon (72) . . . 71 F3
Semussac (17) . . . 112 C4
Semuy (08) . . . 40 B2
Le Sen (40) . . . 153 D1
Sénac (65) . . . 169 D2
Senaide (88) . . . 79 D3
Sénaillac-Latronquière (46) . . . 143 D1
Sénaillac-Lauzès (46) . . . 142 B2
Senailly (21) . . . 92 C1
Senan (89) . . . 75 F4
Senantes (28) . . . 54 A3
Senantes (60) . . . 36 B2
Sénarens (31) . . . 170 B2
Senargent-Mignafans (70) . . . 96 A1
Senarpont (80) . . . 26 B3
Sénas (13) . . . 161 F3
Senaux (81) . . . 157 F3
Senconac (09) . . . 183 E2
Sendets (33) . . . 139 F3
Sendets (64) . . . 168 B2
Séné (56) . . . 82 C1
Sénéchas (30) . . . 146 A4
Sénergues (12) . . . 143 F2
Sénestis (47) . . . 140 B3
Séneujols (43) . . . 132 C4
Senez (04) . . . 163 F2
Sénezergues (15) . . . 143 F2
Sengouagnet (31) . . . 170 A4
Séniergues (46) . . . 142 B2
Senillé-Saint-Sauveur (86) . . . 102 B2
Seningham (62) . . . 21 F3
Senlecques (62) . . . 21 E3
Senlis (60) . . . 37 E4
Senlis (62) . . . 21 F4
Senlis-le-Sec (80) . . . 27 E3
Senlisse (78) . . . 54 C3
Sennecey-le-Grand (71) . . . 108 C3
Sennecey-lès-Dijon (21) . . . 94 A3
Sennely (45) . . . 89 F1
Sennevières (37) . . . 88 B4
Senneville-sur-Fécamp (76) . . . 34 B1
Sennevoy-le-Bas (89) . . . 77 D4
Sennevoy-le-Haut (89) . . . 77 D4
Senon (55) . . . 41 F4
Senonches (28) . . . 53 E4
Senoncourt (70) . . . 79 E4
Senoncourt-les-Maujouy (55) . . . 59 E1
Senones (88) . . . 80 C1
Senonges (88) . . . 79 E2
Senonnes (53) . . . 69 D4
Senots (60) . . . 36 C4
Senouillac (81) . . . 156 C2
Senoville (50) . . . 31 D2
Senozan (71) . . . 108 C4
Sens (89) . . . 75 E2
Sens-Beaujeu (18) . . . 90 C3
Sens-de-Bretagne (35) . . . 68 C1
Sens-sur-Seille (71) . . . 109 E2
Sentein (09) . . . 170 B4
Sentelie (80) . . . 36 C1
Sentenac-de-Sérou (09) . . . 183 D1
Sentenac-d'Oust (09) . . . 170 C4
Sentheim (68) . . . 81 D4
La Sentinelle (59) . . . 28 C1
Sentous (65) . . . 169 E2
Senuc (08) . . . 40 C3
Senven-Léhart (22) . . . 47 E4
Sépeaux-Saint Romain (89) . . . 75 E3
Sepmeries (59) . . . 28 C1
Sepmes (37) . . . 87 F4
Seppois-le-Bas (68) . . . 97 D1
Seppois-le-Haut (68) . . . 97 D1
Sept-Meules (76) . . . 26 A3
Sept-Saulx (51) . . . 57 F1

Sept-Sorts (77) . . . 56 B2
Septème (38) . . . 134 B1
Septèmes-les-Vallons (13) . . . 177 D2
Septeuil (78) . . . 54 A2
Septfonds (82) . . . 156 B1
Septfontaines (25) . . . 110 C1
Septmoncel les Molunes (39) . . . 110 B4
Septmonts (02) . . . 38 C3
Septsarges (55) . . . 41 D4
Les Septvallons (02) . . . 39 D3
Septvaux (02) . . . 38 C2
Sepvigny (55) . . . 60 A4
Sepvret (79) . . . 114 A1
Sepx (31) . . . 170 A3
Sequedin (59) . . . 22 C3
Sequehart (02) . . . 28 B3
Le Sequestre (81) . . . 157 D3
Serain (02) . . . 28 C3
Seraincourt (08) . . . 39 F2
Seraincourt (95) . . . 54 B1
Sérandon (19) . . . 130 B2
Séranon (06) . . . 164 A3
Serans (60) . . . 36 B4
Seranville (54) . . . 61 D4
Séranvillers-Forenville (59) . . . 28 B2
Seraucourt-le-Grand (02) . . . 38 B1
Seraumont (88) . . . 78 C1
Serazereux (28) . . . 53 F4
Serbannes (03) . . . 119 D2
Serbonnes (89) . . . 75 E1
Serches (02) . . . 38 C3
Sercœur (88) . . . 80 A1
Sercus (59) . . . 22 A3
Sercy (71) . . . 108 B3
Serdinya (66) . . . 184 B2
Sère (32) . . . 169 F1
Sère-en-Lavedan (65) . . . 168 C3
Sère-Lanso (65) . . . 181 D1
Sère-Rustaing (65) . . . 169 E2
Sérécourt (88) . . . 79 D3
Séreilhac (87) . . . 115 F4
Sérémange-Erzange (57) . . . 42 B3
Sérempuy (32) . . . 155 D3
Sérénac (81) . . . 157 E2
Sérent (56) . . . 67 D3
Sérévillers (60) . . . 37 E2
Serez (27) . . . 53 F2
Sérézin-de-la-Tour (38) . . . 135 D1
Sérézin-du-Rhône (69) . . . 121 E4
Sergeac (24) . . . 128 C4
Sergenaux (39) . . . 109 E1
Sergenon (39) . . . 109 E1
Sergines (89) . . . 75 E1
Sergy (01) . . . 123 D1
Sergy (02) . . . 38 C4
Séricourt (62) . . . 27 D1
Sérifontaine (60) . . . 36 B3
Sérignac (46) . . . 141 F3
Sérignac (82) . . . 155 E2
Sérignac-Péboudou (47) . . . 140 C2
Sérignac-sur-Garonne (47) . . . 140 C4
Sérignan (34) . . . 174 A3
Sérignan-du-Comtat (84) . . . 161 E1
Sérigné (85) . . . 100 B3
Sérigny (61) . . . 102 A1
Sérilhac (19) . . . 129 F4
Seringes-et-Nesles (02) . . . 38 C4
Séris (41) . . . 88 C1
Serley (71) . . . 109 D2
Sermages (58) . . . 107 D1
Sermaise (49) . . . 86 B2
Sermaise (91) . . . 54 C4
Sermaises (45) . . . 74 A1
Sermaize (60) . . . 38 A2
Sermaize-les-Bains (51) . . . 58 C3
Sermamagny (90) . . . 96 C1
Sermange (39) . . . 95 D4
Sermano (2B) . . . 189 E2
Sermentizon (63) . . . 119 E4
Sermérieu (38) . . . 122 B4
Sermersheim (67) . . . 81 F1
Sermesse (71) . . . 109 D1
Sermiers (51) . . . 57 E1
Sermizelles (89) . . . 92 B2
Sermoise (02) . . . 38 C3
Sermoise-sur-Loire (58) . . . 106 A1
Sermoyer (01) . . . 108 C4
Sermur (23) . . . 117 F3
Sernhac (30) . . . 160 C3
Serocourt (88) . . . 79 E2
Séron (65) . . . 168 C2
Serpaize (38) . . . 134 B1
La Serpent (11) . . . 172 A4
Serques (62) . . . 21 F2
Serqueux (52) . . . 79 D3
Serquigny (27) . . . 52 C1
Serra-di-Ferro (2A) . . . 190 C2
Serra-di-Fiumorbo (2B) . . . 189 E4
Serra-di-Scopamène (2A) . . . 191 D2
Serralongue (66) . . . 185 D3
Serraval (74) . . . 123 F3
La Serre (12) . . . 158 A3
La Serre-Bussière-Vieille (23) . . . 117 F2
Serre-les-Moulières (39) . . . 94 C3
Serre-les-Sapins (25) . . . 95 E3
Serre-Nerpol (38) . . . 135 D2
Serres (05) . . . 148 C3

Serres (11) . . . 172 B4
Serres (54) . . . 61 D3
Serres-Castet (64) . . . 168 B1
Serres-et-Montguyard (24) . . . 140 C2
Serres-Gaston (40) . . . 153 D4
Serres-Morlaàs (64) . . . 168 B2
Serres-Sainte-Marie (64) . . . 168 A1
Serres-sur-Arget (09) . . . 183 E1
Serreslous-et-Arribans (40) . . . 152 C4
Serrières (2A) . . . 188 B2
Serrières (07) . . . 134 A2
Serrières (71) . . . 121 D1
Serrières-de-Briord (01) . . . 122 B3
Serrières-en-Chautagne (73) . . . 123 D3
Serrières-sur-Ain (01) . . . 122 B1
Serrigny (89) . . . 76 B4
Serrigny-en-Bresse (71) . . . 109 D2
Serris (77) . . . 55 F2
Serrouville (54) . . . 42 A3
Serruelles (18) . . . 105 D1
Sers (16) . . . 127 E1
Sers (65) . . . 181 D2
Servais (02) . . . 38 B2
Serval (02) . . . 39 D3
Servance-Miellin (70) . . . 80 B4
Servanches (24) . . . 127 D3
Servant (63) . . . 118 B2
Servas (01) . . . 122 A2
Servas (30) . . . 160 B1
Servaville-Salmonville (76) . . . 35 F3
Serverette (48) . . . 145 D2
Serves-sur-Rhône (26) . . . 134 B3
Servian (34) . . . 174 A2
Servières-le-Château (19) . . . 130 A3
Serviers-et-Labaume (30) . . . 160 B2
Serviès (81) . . . 157 D4
Serviès-en-Val (11) . . . 172 C3
Servignat (01) . . . 109 D4
Servigney (70) . . . 79 F4
Servigny-lès-Raville (57) . . . 61 D1
Servigny-lès-Sainte-Barbe (57) . . . 42 C4
Serville (28) . . . 54 A3
Servilly (03) . . . 119 E1
Servin (25) . . . 96 A3
Servins (62) . . . 22 B4
Servon (50) . . . 49 F3
Servon (77) . . . 55 E3
Servon-Melzicourt (51) . . . 40 C4
Servon-sur-Vilaine (35) . . . 68 C2
Servoz (74) . . . 124 B3
Séry (08) . . . 40 A2
Séry (89) . . . 92 A1
Séry-lès-Mézières (02) . . . 38 C1
Séry-Magneval (60) . . . 38 A4
Serzy-et-Prin (51) . . . 39 D4
Sessenheim (67) . . . 63 D2
Sète (34) . . . 174 C2
Setques (62) . . . 21 F3
Seugy (95) . . . 55 E1
Seuil (08) . . . 40 A3
Seuil-d'Argonne (55) . . . 59 D2
Seuillet (03) . . . 119 E1
Seuilly (37) . . . 87 D4
Seulline (14) . . . 50 C1
Seur (41) . . . 88 C2
Le Seure (17) . . . 113 F3
Seurre (21) . . . 109 D1
Seux (80) . . . 26 C3
Seuzey (55) . . . 59 F1
Sevelinges (42) . . . 120 C2
Sevenans (90) . . . 96 C1
Sévérac (44) . . . 83 F2
Sévérac d'Aveyron (12) . . . 144 C4
Seveux-Motey (70) . . . 95 D1
Sévignac (22) . . . 67 E1
Sévignacq (64) . . . 168 B1
Sévignacq-Meyracq (64) . . . 168 A3
Sévigny (61) . . . 51 F3
Sévigny-la-Forêt (08) . . . 30 A3
Sévigny-Waleppe (08) . . . 39 F2
Sevrai (61) . . . 51 F3
Sevran (93) . . . 55 E2
Sèvremoine (49) . . . 85 E4
Sèvremont (85) . . . 100 B1
Sèvres (92) . . . 55 D2
Sèvres-Anxaumont (86) . . . 102 A3
Sevrey (71) . . . 108 C2
Sevrier (74) . . . 123 E3
Sévry (18) . . . 90 C4
Sewen (68) . . . 80 C4
Sexcles (19) . . . 130 A4
Sexey-aux-Forges (54) . . . 60 B3
Sexfontaines (52) . . . 78 A2
Seychalles (63) . . . 119 D4
Seyches (47) . . . 140 B3
Seyne (04) . . . 149 F4
La Seyne-sur-Mer (83) . . . 178 A4
Seynes (30) . . . 160 B1
Seyre (31) . . . 171 E2
Seyresse (40) . . . 152 A3
Seyssel (01) . . . 122 C3
Seyssel (74) . . . 123 D3
Seysses (31) . . . 170 C1
Seysses-Savès (32) . . . 170 B1
Seyssinet-Pariset (38) . . . 135 F3
Seyssins (38) . . . 135 F3
Seyssuel (38) . . . 134 B1
Seytroux (74) . . . 124 A1

Sézanne (51) 57 D3
Siarrouy (65) 169 D2
Siaugues-Sainte-Marie (43) 132 B4
Sibiril (29) 46 A2
Sibiville (62) 27 D1
Siccieu-
-Saint-Julien-et-Carisieu (38) 122 A4
Sichamps (58) 91 E4
Sickert (68) 80 C4
Sideville (50) 31 E1
Sidiailles (18) 105 D4
Siecq (17) .113 F3
Siegen (67) 63 D1
Les Sièges (89) 75 F2
Sierck-les-Bains (57) 42 C3
Sierentz (68) 97 E1
Siersthal (57) 62 A1
Sierville (76) 35 E2
Siest (40) 152 A4
Sieurac (81) 157 D3
Sieuras (09) 170 C3
Siévoz (38) 135 F4
Sieweiller (67) 62 A2
Sigale (06) 164 B3
Sigalens (33) 140 A3
Sigean (11) 173 E4
Sigloy (45) 74 A4
Signac (31) 169 F4
Signes (83) 178 A3
Signéville (52) 78 B2
Signy-l'Abbaye (08) 40 A1
Signy-le-Petit (08) 29 F3
Signy-Montlibert (08) 41 E2
Signy-Signets (77) 56 A2
Sigogne (16) 113 F4
Sigonce (04) 162 C2
Sigottier (05) 148 C3
Sigoulès-et-Flaugeac (24) 140 C1
Sigournais (85) 100 A2
Sigoyer (04) 149 D4
Sigoyer (05) 149 D3
Siguer (09) 183 E3
Sigy (77) 56 B4
Sigy-en-Bray (76) 36 A2
Sigy-le-Châtel (71) 108 B3
Silfiac (56) 66 B1
Silhac (07) 147 D1
Sillans (38) 135 D2
Sillans-la-Cascade (83) 163 E4
Sillars (86) 102 C4
Sillas (33) 139 F3
Sillé-le-Guillaume (72) 70 C2
Sillé-le-Philippe (72) 71 E2
Sillegny (57) 60 B1
Sillery (51) 39 F4
Silley-Amancey (25) 95 F4
Silley-Bléfond (25) 96 A3
Sillingy (74) 123 D3
Silly-en-Saulnois (57) 60 C1
Silly-la-Poterie (02) 38 B4
Silly-le-Long (60) 55 F1
Silly-sur-Nied (57) 60 C1
Silly-Tillard (60) 36 C3
Silmont (55) 59 E3
Siltzheim (67) 61 F1
Silvareccio (2B) 187 E4
Silvarouvres (52) 77 F3
Simacourbe (64) 168 B1
Simandre (71) 108 C3
Simandre-sur-Suran (01) 122 B1
Simandres (69) 134 B1
Simard (71) 109 D2
Simencourt (62) 27 F1
Simeyrols (24) 142 A1
Simiane-Collongue (13) 177 E2
Simiane-la-Rotonde (04) 162 B2
Simorre (32) 170 A1
Simplé (53) 69 E3
Sin-le-Noble (59) 28 B1
Sinard (38) 135 E4
Sinceny (02) 38 B2
Sincey-lès-Rouvray (21) 92 C2
Singles (63) 130 C1
Singleyrac (24) 140 C1
Singly (08) 40 B2
Sinzos (65) 169 D2
Sion (32) 153 F3
Sion-les-Mines (44) 68 B4
Sioniac (19) 129 F4
Sionne (88) 78 C1
Sionviller (54) 61 D3
Siorac-de-Ribérac (24) 127 E3
Siorac-en-Périgord (24) 141 E1
Siouville-Hague (50) 31 D2
Sirac (32) 155 D4
Siracourt (62) 27 D1
Siradan (65) 169 F4
Siran (15) 130 A4
Siran (34) 173 D2
Sireix (65) 168 B4
Sireuil (16) 114 A4
Sirod (39) .110 B2
Siros (64) 168 A1
Sisco (2B) 187 E2
Sissonne (02) 39 E2
Sissy (02) 38 C1
Sistels (82) 155 D2
Sisteron (04) 149 D4

Sivergues (84) 162 A3
Sivignon (71) 108 A4
Sivry (54) 60 C2
Sivry-Ante (51) 58 C1
Sivry-Courtry (77) 55 F4
Sivry-la-Perche (55) 41 E4
Sivry-sur-Meuse (55) 41 E3
Six-Fours-les-Plages (83) 178 A4
Sixt-Fer-à-Cheval (74) 124 B2
Sixt-sur-Aff (35) 67 F4
Sizun (29) 46 A4
Smarves (86) 102 A3
Smermesnil (76) 26 A4
Soccia (2A) 188 C3
Sochaux (25) 96 C2
Socourt (88) 79 F1
Socx (59) 22 A1
Sode (31) 181 F2
Sognolles-en-Montois (77) 56 B4
Sogny-aux-Moulins (51) 58 A2
Sogny-en-l'Angle (51) 58 C2
Soignolles (14) 51 E1
Soignolles-en-Brie (77) 55 F3
Soindres (78) 54 A2
Soing-Cubry-Charentenay (70) 95 E1
Soings-en-Sologne (41) 89 D2
Soirans (21) 94 B4
Soissons (02) 38 B3
Soissons-sur-Nacey (21) 94 C3
Soisy-Bouy (77) 56 B4
Soisy-sous-Montmorency (95) 55 D2
Soisy-sur-École (91) 55 E4
Soisy-sur-Seine (91) 55 E3
Soize (02) 29 F4
Soizy-aux-Bois (51) 57 D3
Solaize (69) 121 E4
Solaro (2B) 189 E4
Solaure en Diois (26) 148 B2
Solbach (67) 62 A4
Soleilhas (04) 164 A3
Solemont (25) 96 B3
Solente (60) 38 A1
Le Soler (66) 185 E2
Solérieux (26) 147 E4
Solers (77) 55 F3
Solesmes (59) 28 C2
Solesmes (72) 70 B4
Soleymieu (38) 122 A4
Soleymieux (42) 133 D1
Solférino (40) 152 B1
Solgne (57) 60 C1
Soliers (14) 33 E4
Solignac (87) 116 A4
Solignac-sous-Roche (43) 133 D3
Solignac-sur-Loire (43) 133 D4
Solignat (63) 131 F1
Soligny-la-Trappe (61) 52 C4
Soligny-les-Étangs (10) 75 F1
Sollacaro (2A) 190 C2
Solliès-Pont (83) 178 B3
Solliès-Toucas (83) 178 B3
Solliès-Ville (83) 178 B3
Sologny (71) 108 B4
Solomiac (32) 155 D3
Solre-le-Château (59) 29 F2
Solrinnes (59) 29 E2
Solterre (45) 74 C4
Solutré-Pouilly (71) 121 E1
Somain (59) 28 B1
Sombacour (25) 110 C1
Sombernon (21) 93 F3
Sombrin (62) 27 E1
Sombrun (65) 168 C1
Somloire (49) 85 F4
Sommaing (59) 28 C1
Sommancourt (52) 59 D4
Sommant (71) 92 C4
Sommauthe (08) 40 C2
Somme-Bionne (51) 58 B1
Somme-Suippe (51) 58 B1
Somme-Tourbe (51) 58 B1
Somme-Vesle (51) 58 B2
Somme-Yèvre (51) 58 B2
Sommecaise (89) 75 E4
Sommedieue (55) 59 E1
Sommeilles (55) 58 C2
Sommelans (02) 56 B1
Sommelonne (55) 59 D3
Sommepy-Tahure (51) 40 B4
Sommerance (08) 40 C3
Sommerau (67) 62 B3
Sommerécourt (52) 78 C2
Sommereux (60) 36 C1
Sommeron (02) 29 E3
Sommervieu (14) 33 D3
Sommerviller (54) 60 C3
Sommery (76) 36 A2
Sommesnil (76) 34 C1
Sommesous (51) 57 F3
La Sommette (25) 96 A3
Sommette-Eaucourt (02) 38 B1
Sommeval (10) 76 B2
Sommevoire (52) 77 F1
Sommières (30) 160 A3
Sommières-du-Clain (86) 114 C1
Sompuis (51) 57 F3
Somsois (51) 58 B4
Son (08) 39 F2

Sonac (46) 143 D2
Sonchamp (78) 54 B4
Soncourt (88) 79 E1
Soncourt-sur-Marne (52) 78 A2
Sondernach (68) 81 D3
Sondersdorf (68) 97 E2
La Sône (38) 135 D3
Songeons (60) 36 B2
Songeson (39) 110 A3
Songy (51) 58 A3
Sonnac (12) 143 E3
Sonnac (17) 113 F3
Sonnac-sur-l'Hers (11) 171 F4
Sonnay (38) 134 B2
Sonnaz (73) 123 D4
Sonthonnax-la-Montagne (01) 122 B1
Sonzay (37) 87 E2
Soorts-Hossegor (40) 151 E3
Soppe-le-Bas (68) 81 D3
Sor (09) 170 B4
Sorans-lès-Breurey (70) 95 E2
Sorbais (02) 29 E3
Sorbets (32) 153 F3
Sorbets (40) 153 D4
Sorbey (55) 41 F3
Sorbey (57) 60 C1
Sorbier (03) 107 D4
Sorbiers (05) 148 B4
Sorbiers (42) 133 F1
Sorbo-Ocagnano (2B) 187 E4
Sorbollano (2A) 191 D2
Sorbon (08) 40 A2
Sorbs (34) 159 D3
Sorcy-Bauthémont (08) 40 B2
Sorcy-Saint-Martin (55) 59 F3
Sorde-l'Abbaye (40) 152 A4
Sore (40) 139 D4
Soréac (65) 169 D2
Sorède (66) 185 E2
Sorel (80) 28 A3
Sorel-en-Vimeu (80) 26 B3
Sorel-Moussel (28) 53 F2
Sorèze (81) 172 A1
Sorgeat (09) 183 F3
Sorges
-et Ligueux en Périgord (24) 128 B2
Sorgues (84) 161 E2
Sorigny (37) 87 F3
Les Sorinières (44) 84 B3
Sorio (2B) 187 D3
Sormery (89) 76 A3
Sormonne (08) 40 B1
Sornac (19) 117 E4
Sornay (70) 95 D3
Sornay (71) 109 D3
Sornéville (54) 61 D3
Sorquainville (76) 34 C1
Sorrus (62) 21 D4
Sort-en-Chalosse (40) 152 B3
Sortosville (50) 32 A2
Sortosville-en-Beaumont (50) 31 D2
Sos (47) 154 A2
Sospel (06) 165 E3
Sossais (86) 102 A1
Sost (65) 169 F4
Sotta (2A) 191 E3
Sottevast (50) 31 E2
Sotteville (50) 31 D2
Sotteville-lès-Rouen (76) 35 E3
Sotteville-sous-le-Val (76) 35 E3
Sotteville-sur-Mer (76) 25 D2
Soturac (46) 141 F3
Sotzeling (57) 61 E2
Souain-Perthes-lès-Hurlus (51) 40 B4
Soual (81) 172 A1
Souancé-au-Perche (28) 72 A2
Souanyas (66) 184 B2
Souastre (62) 27 E2
Soubès (34) 159 D3
Soubise (17) 112 C3
Soublecause (65) 153 F4
Soubran (17) 126 A2
Soubrebost (23) 117 D3
Soucé (53) 50 C4
La Souche (07) 146 B2
Souchez (62) 27 F1
Soucht (57) 62 A1
Soucia (39) 110 A3
Soucieu-en-Jarrest (69) 121 D4
Soucirac (46) 142 B2
Souclin (01) 122 B3
Soucy (02) 38 B3
Soucy (89) 75 E2
Soudaine-Lavinadière (19) 129 F1
Soudan (44) 68 C4
Soudan (79) 101 E4
Soudat (24) 115 D4
Soudé (51) 58 A3
Soudeilles (19) 130 A2
Soudorgues (30) 159 F2
Soudron (51) 57 F2
Soueich (31) 170 A3
Soueix-Rogalle (09) 170 C4
Souel (81) 156 C2
Soues (80) 26 C3
Soues (80) 169 D2
Souesmes (41) 90 A2

Souffelweyersheim (67) 62 C3
Soufflenheim (67) 63 D2
Souffrignac (16) 127 F1
Sougé (36) 103 F1
Sougé (41) 71 F4
Sougé-le-Ganelon (72) 70 C1
Sougéal (35) 49 F4
Sougères-en-Puisaye (89) 91 E2
Sougraigne (11) 172 B4
Sougy (45) 73 E3
Sougy-sur-Loire (58) 106 B2
Les Souhesmes-Rampont (55) 59 E1
Souhey (21) 93 D2
Le Souich (62) 27 D2
Souilhanels (11) 171 F2
Souilhe (11) 171 F2
Souillac (46) 142 B1
Souillé (72) 71 D2
Souilly (55) 59 E1
Soula (09) 171 E4
Soulac-sur-Mer (33) 125 E1
Soulages (15) 132 A4
Soulages-Bonneval (12) 144 B2
Soulaines-Dhuys (10) 77 E1
Soulaines-sur-Aubance (49) 86 A2
Soulaire-et-Bourg (49) 86 A1
Soulaires (28) 54 A4
Soulan (09) 170 C4
Soulanges (51) 58 B3
Soulangis (18) 90 B4
Soulangy (14) 51 E2
Soulatgé (11) 172 C4
Soulaucourt-sur-Mouzon (52) 78 C2
Soulaures (24) 141 E2
Soulce-Cernay (25) 96 C3
Souleuvre en Bocage (14) 50 C2
Soulgé-sur-Ouette (53) 70 A3
Le Soulié (34) 173 D1
Soulières (51) 57 E2
Soulignac (33) 139 F2
Souligné-Flacé (72) 70 C3
Souligné-sous-Ballon (72) 71 D2
Soulignonne (17) 113 D3
Souligny (10) 76 B2
Soulitré (72) 71 E3
Soullans (85) 98 C2
Soulom (65) 168 C4
Soulomès (46) 142 B2
Soulosse-sous-Saint-Élophe (88) . . . 79 D1
Soultz-Haut-Rhin (68) 81 D3
Soultz-les-Bains (67) 62 B3
Soultz-sous-Forêts (67) 63 D1
Soultzbach-les-Bains (68) 81 D3
Soultzeren (68) 81 D2
Soultzmatt (68) 81 D3
Soulvache (44) 68 C4
Soumaintrain (89) 76 B3
Soumans (23) 117 F1
Soumensac (47) 140 B2
Souméras (17) 126 B2
Soumont (34) 159 D4
Soumont-Saint-Quentin (14) 51 E1
Soumoulou (64) 168 B2
Soupex (11) 171 F2
Soupir (02) 38 C3
Souppes-sur-Loing (77) 74 C2
Souprosse (40) 152 C3
Souraïde (64) 166 B1
Sourans (25) 96 B2
Source-Seine (21) 93 E2
Sourcieux-les-Mines (69) 121 D4
Le Sourd (02) 29 D4
Sourdeval (50) 50 B3
Sourdon (80) 27 E4
Sourdun (77) 56 C4
Le Sourn (56) 66 B2
Sournia (66) 184 C1
Sourniac (15) 130 B3
Sourribes (04) 163 D1
Sours (28) 73 D1
Soursac (19) 130 B3
Sourzac (24) 127 E4
Sous-Parsat (23) 117 D2
Sousceyrac-en-Quercy (46) 143 D1
Sousmoulins (17) 126 B2
Souspierre (26) 147 F3
Soussac (33) 140 A1
Soussans (33) 126 A3
Soussey-sur-Brionne (21) 93 E3
Soustelle (30) 160 A1
Soustons (40) 151 F2
Sousville (38) 135 F4
Souternon (42) 120 A3
La Souterraine (23) 116 B2
Souvans (39) 109 F1
Souvignargues (30) 160 A3
Souvigné (16) 114 B2
Souvigné (37) 87 E2
Souvigné (79) 101 D4
Souvigné-sur-Même (72) 71 F2
Souvigné-sur-Sarthe (72) 70 A4
Souvigny (03) 106 A3
Souvigny-de-Touraine (37) 88 B2
Souvigny-en-Sologne (41) 90 A1
Souyeaux (65) 169 D2
Souzay-Champigny (49) 86 C3
Souzy (69) 120 C4
Souzy-la-Briche (91) 54 C4

...overia (2B)........187 **D4**
...oyans (26)........147 **F2**
...oyaux (16)........114 **B4**
...oye (25)........96 **A2**
...oye-en-Septaine (18)........105 **D1**
...oyécourt (80)........27 **F4**
...oyers (52)........79 **D4**
...oyons (07)........147 **E1**
...parsbach (67)........62 **B2**
...pay (72)........71 **D3**
...pechbach (68)........97 **D1**
...peloncau (2B)........186 **C3**
...péracèdes (06)........164 **B4**
...pézet (29)........65 **E1**
...picheren (57)........43 **F4**
...pincourt (55)........41 **F3**
...ponville (54)........60 **A1**
...poy (10)........77 **E2**
...poy (21)........94 **B2**
...pycker (59)........22 **A1**
...quiffiec (22)........47 **E3**
...taffelfelden (68)........81 **E4**
...tains (93)........55 **D2**
...tainville (55)........59 **D3**
...taple (59)........22 **A3**
...tattmatten (67)........63 **D2**
...tazzona (2B)........187 **E4**
...teenbecque (59)........22 **B3**
...teene (59)........22 **A1**
...teenvoorde (59)........22 **B2**
...teenwerck (59)........22 **C3**
...teige (67)........81 **D1**
...teinbach (68)........81 **D4**
...teinbourg (67)........62 **B2**
...teinbrunn-le-Bas (68)........97 **E1**
...teinbrunn-le-Haut (68)........97 **E1**
...teinseltz (67)........63 **D1**
...teinsoultz (68)........97 **E1**
...tenay (54)........41 **D2**
...ternenberg (68)........81 **D4**
...tetten (67)........97 **E1**
...tigny (89)........76 **C4**
...till (67)........62 **B4**
...tiring-Wendel (57)........43 **F4**
...tonne (08)........40 **C2**
...torckensohn (68)........80 **C3**
...tosswihr (68)........81 **D2**
...totzheim (67)........62 **B4**
...trasbourg (67)........62 **C3**
...trazeele (59)........22 **B3**
...trenquels (46)........129 **E4**
...trueth (68)........97 **D1**
...truth (67)........62 **A2**
...tuckange (57)........42 **C3**
...tundwiller (67)........63 **D1**
...turzelbronn (57)........62 **B1**
...tutzheim-Offenheim (67)........62 **C3**
...uarce (90)........97 **D1**
...uaux (16)........115 **D3**
...e Subdray (18)........105 **D1**
...ublaines (37)........88 **A3**
...ubles (14)........32 **C4**
...ubligny (18)........90 **C3**
...ubligny (50)........50 **A2**
...ubligny (89)........75 **E2**
...uccieu (38)........135 **D1**
...ucé-sur-Erdre (44)........84 **B2**
...ucy-sur-Brie (94)........55 **E3**
...uèvres (41)........88 **C1**
...ugères (63)........132 **A1**
...ugny (08)........40 **B3**
...uhescun (64)........167 **D2**
...uilly-la-Tour (58)........91 **D3**
...uin (71)........108 **A4**
...uippes (51)........58 **B1**
...uisse (57)........61 **D1**
...uizy-le-Franc (51)........57 **D2**
...ulignat (01)........121 **F1**
...ully (14)........32 **C3**
...ully (60)........36 **B2**
...ully (71)........108 **A1**
...ully-la-Chapelle (45)........74 **A3**
...ully-sur-Loire (45)........90 **A1**
...ulniac (56)........67 **D4**
...umène (30)........159 **E2**
...undhoffen (68)........81 **E2**
...undhouse (67)........81 **F1**
...upt (39)........110 **B1**
...urat (63)........119 **D3**
...urba (09)........171 **E4**
...urbourg (67)........63 **D1**
...urcamps (80)........26 **C2**
...urdoux (87)........129 **E1**
...uré (61)........71 **E1**
...La Sure en Chartreuse (38)........135 **E2**
...uresnes (92)........55 **D2**
...urfonds (72)........71 **E3**
...urfontaine (02)........38 **C1**
...urgères (17)........113 **D2**
...urgy (58)........91 **F2**
...uriauville (88)........79 **D2**
...urin (79)........100 **C4**
...urin (86)........114 **C2**
...urjoux-Lhopital (01)........122 **C2**
...urmont (25)........96 **B3**
...urques (62)........21 **E3**
...urrain (14)........32 **C3**
...urtainville (50)........31 **D2**

Surtauville (27)........35 **E4**
Surville (14)........34 **A3**
Surville (27)........35 **E4**
Survilliers (95)........55 **E1**
Sury (08)........40 **B1**
Sury-aux-Bois (45)........74 **A3**
Sury-en-Vaux (18)........90 **C3**
Sury-ès-Bois (18)........90 **C2**
Sury-le-Comtal (42)........133 **E1**
Sury-près-Léré (18)........90 **C2**
Surzur (56)........82 **C2**
Sus (64)........167 **F2**
Sus-Saint-Léger (62)........27 **E1**
Susmiou (64)........167 **F2**
Sussac (87)........116 **A4**
Sussargues (34)........160 **A4**
Sussat (03)........118 **C2**
Sussey (21)........93 **D3**
Susville (38)........135 **F4**
Suzan (09)........183 **D1**
Suzanne (08)........40 **B2**
Suzanne (80)........27 **F3**
Suzannecourt (52)........78 **A1**
Suzay (27)........36 **A4**
Suze (26)........147 **F1**
Suze-la-Rousse (26)........147 **E4**
La Suze-sur-Sarthe (72)........70 **C4**
Suzette (84)........161 **F1**
Suzoy (60)........38 **A2**
Sy (08)........40 **C2**
Syam (39)........110 **B2**
Sylvains-Lès-Moulins (27)........53 **E2**
Sylvanès (12)........158 **B3**
Le Syndicat (88)........80 **B3**

T

Tabaille-Usquain (64)........167 **E1**
Tabanac (33)........139 **E1**
La Table (73)........136 **B1**
Le Tablier (85)........99 **E3**
Tabre (09)........171 **F4**
La Tâche (16)........114 **C3**
Tachoires (32)........169 **F1**
Tacoignières (78)........54 **A2**
Taconnay (58)........91 **F3**
Taden (22)........49 **D4**
Tadousse-Ussau (64)........153 **E4**
Taglio-Isolaccio (2B)........187 **E4**
La Tagnière (71)........107 **F2**
Tagnon (08)........40 **A3**
Tagolsheim (68)........97 **E1**
Tagsdorf (68)........97 **E1**
Tailhac (43)........132 **A4**
Taillades (84)........161 **F3**
Le Taillan-Médoc (33)........126 **A4**
Taillancourt (55)........60 **A4**
Taillant (17)........113 **E3**
Taillebourg (17)........113 **D3**
Taillebourg (47)........140 **B3**
Taillecavat (33)........140 **B2**
Taillecourt (25)........96 **C2**
La Taillée (85)........100 **A4**
Taillefontaine (02)........38 **A3**
Taillepied (50)........31 **D3**
Taillet (66)........185 **D2**
Taillette (08)........30 **A3**
Taillis (35)........69 **D2**
Tailly (08)........41 **D3**
Tailly (21)........108 **C1**
Tailly (80)........26 **C3**
Tain-l'Hermitage (26)........134 **B4**
Taintrux (88)........80 **C1**
Taisnières-en-Thiérache (59)........29 **D2**
Taisnières-sur-Hon (59)........29 **E1**
Taissy (51)........39 **F4**
Taïx (81)........157 **D2**
Taizé (79)........108 **B3**
Taizé-Aizie (16)........114 **B2**
Taizy (08)........39 **F2**
Tajan (65)........169 **E3**
Talairan (11)........173 **D3**
Talais (33)........125 **E1**
Talange (57)........42 **B4**
Talant (21)........94 **A3**
Talasani (2B)........187 **E4**
La Talaudière (42)........133 **F1**
Talazac (65)........169 **D2**
Talcy (41)........72 **C4**
Talcy (89)........92 **C2**
Talence (33)........139 **D1**
Talencieux (07)........134 **A3**
Talensac (35)........68 **A2**
Talissieu (01)........122 **C3**
Talizat (15)........131 **F3**
Tallans (25)........96 **A2**
Tallard (05)........149 **E3**
Tallenay (25)........95 **E3**
Tallende (63)........118 **C4**
Taller (40)........152 **A2**
Talloires-Montmin (74)........123 **E3**
Tallone (2B)........189 **E2**
Le Tallud (79)........101 **D3**
Tallud-Sainte-Gemme (85)........100 **A2**
Talmas (80)........27 **D3**
Talmay (21)........94 **C3**

Talmont-Saint-Hilaire (85)........99 **D3**
Talmont-sur-Gironde (17)........125 **F1**
Talmontiers (60)........36 **B3**
Talon (58)........92 **A3**
Talus-Saint-Prix (51)........57 **D2**
Taluyers (69)........121 **E4**
Tamerville (50)........31 **E2**
Tamnay-en-Bazois (58)........92 **A4**
Tamniès (24)........128 **C4**
Tanavelle (15)........131 **E4**
Tanay (21)........94 **B2**
Tancarville (76)........34 **B2**
Tancon (71)........120 **B1**
Tanconville (54)........61 **F3**
Tancrou (77)........56 **A1**
Tangry (62)........22 **A4**
Taninges (74)........124 **A2**
Tanis (50)........49 **F3**
Tanlay (89)........76 **C4**
Tannay (08)........40 **C2**
Tannay (58)........92 **A3**
Tanneron (83)........179 **E1**
Tannerre-en-Puisaye (89)........91 **E1**
Tannières (02)........38 **C4**
Tannois (55)........59 **E3**
Tanques (61)........51 **F3**
Tantonville (54)........60 **B4**
Le Tanu (50)........50 **A2**
Tanus (81)........157 **E1**
Tanville (61)........51 **F4**
Tanzac (17)........126 **A1**
Taponas (69)........121 **E2**
Taponnat-Fleurignac (16)........114 **C4**
Tarabel (31)........171 **E1**
Taradeau (83)........178 **C2**
Tarare (69)........120 **C3**
Tarascon (13)........161 **D3**
Tarascon-sur-Ariège (09)........183 **E2**
Tarasteix (65)........168 **C2**
Tarbes (65)........169 **D2**
Tarcenay-Foucherans (25)........95 **F4**
Tardes (23)........117 **F2**
Tardets-Sorholus (64)........167 **E3**
La Tardière (85)........100 **B2**
Tardinghen (62)........21 **D2**
Tarentaise (42)........133 **F2**
Tarerach (66)........184 **C2**
Targassonne (66)........184 **A3**
Targe (03)........118 **C1**
Targon (33)........139 **F1**
Tarnac (19)........117 **D4**
Tarnès (33)........126 **B4**
Tarnos (40)........151 **E4**
Taron-Sadirac-Viellenave (64)........168 **B1**
Tarquimpol (57)........61 **E2**
Tarrano (2B)........187 **E4**
Tarsac (32)........153 **E4**
Tarsacq (64)........168 **A1**
Tarsul (21)........94 **A2**
Tart (21)........94 **B4**
Tart-le-Bas (21)........94 **B4**
Tartaras (42)........134 **A1**
Tartas (40)........152 **B3**
Tartécourt (70)........79 **E4**
Tartiers (02)........38 **B3**
Tartigny (60)........37 **D2**
Tartonne (04)........163 **F1**
Le Tartre (71)........109 **E2**
Le Tartre-Gaudran (78)........54 **A3**
Tarzy (08)........30 **A3**
Tasque (32)........153 **F4**
Tassé (72)........70 **B4**
Tassenières (39)........109 **F1**
Tassillé (72)........70 **C3**
Tassin-la-Demi-Lune (69)........121 **E4**
Tasso (2A)........189 **D4**
Le Tâtre (16)........126 **C2**
Taugon (17)........100 **A4**
Taulé (29)........46 **B3**
Taulignan (26)........147 **F3**
Taulis (66)........185 **D2**
Taupont (56)........67 **E3**
Tauriac (33)........126 **A4**
Tauriac (46)........142 **C1**
Tauriac-de-Camarès (12)........158 **B3**
Tauriac-de-Naucelle (12)........157 **E1**
Tauriers (07)........146 **C3**
Taurignan-Castet (09)........182 **C1**
Taurignan-Vieux (09)........182 **C1**
Taurinya (66)........184 **C2**
Taurize (11)........172 **C3**
Taussac (12)........144 **A1**
Taussac-la-Billière (34)........158 **B4**
Tautavel (66)........185 **D1**
Tauves (63)........131 **D1**
Tauxigny-Saint-Bauld (37)........88 **A3**
Tavaco (2A)........188 **C3**
Tavant (37)........87 **E4**
Tavaux (39)........94 **C4**
Tavaux-et-Pontséricourt (02)........29 **E4**
Tavel (30)........161 **D2**
Tavera (2A)........189 **D3**
Tavernay (71)........107 **F1**
Tavernes (83)........163 **D4**
Taverny (95)........55 **D1**
Tavers (45)........73 **D4**
Taxat-Senat (03)........118 **C1**

Taxenne (39)........95 **D3**
Tayac (33)........127 **D4**
Taybosc (32)........154 **C3**
Tayrac (12)........157 **D1**
Tayrac (47)........155 **D1**
Tazilly (58)........107 **E2**
Le Tech (66)........185 **D3**
Tèche (38)........135 **D3**
Técou (81)........156 **C3**
Teigny (58)........92 **A3**
Le Teich (33)........138 **B2**
Le Teil (07)........147 **D3**
Teilhède (63)........118 **C3**
Teilhet (09)........171 **F3**
Teilhet (63)........118 **B2**
Teillay (35)........68 **B4**
Teillé (44)........84 **C2**
Teillé (72)........71 **D2**
Teillet (81)........157 **E3**
Teillet-Argenty (03)........118 **A1**
Le Teilleul (50)........50 **B4**
Teillots (24)........128 **C3**
Teissières-de-Cornet (15)........130 **B4**
Teissières-lès-Bouliès (15)........143 **F1**
Telgruc-sur-Mer (29)........64 **B1**
Tellancourt (54)........41 **F2**
Tellecey (21)........94 **B3**
Tellières-le-Plessis (61)........52 **B3**
Teloché (72)........71 **D4**
Le Temple (33)........125 **E4**
Le Temple (41)........72 **A3**
Le Temple-de-Bretagne (44)........84 **A2**
Temple-Laguyon (24)........128 **C3**
Le Temple-sur-Lot (47)........140 **C4**
Templemars (59)........23 **D4**
Templeuve-en-Pévèle (59)........23 **D4**
Templeux-la-Fosse (80)........28 **A3**
Templeux-le-Guérard (80)........28 **B3**
Tenay (01)........122 **B3**
Tence (43)........133 **E3**
Tencin (38)........136 **A2**
Tende (06)........165 **E1**
Tendon (88)........80 **B2**
Tendron (18)........105 **F1**
Tendu (36)........103 **F3**
Teneur (62)........21 **F4**
Tennie (72)........70 **C2**
Tenteling (57)........43 **F4**
Tercé (86)........102 **B3**
Tercillat (23)........104 **B4**
Tercis-les-Bains (40)........152 **A3**
Terdeghem (59)........22 **B2**
Tergnier (02)........38 **B2**
Terjat (03)........118 **A1**
Ternand (69)........121 **D3**
Ternant (17)........113 **E2**
Ternant (21)........93 **F4**
Ternant (58)........107 **D2**
Ternant-les-Eaux (63)........131 **F1**
Ternas (62)........27 **E1**
Ternat (52)........78 **A4**
Ternay (41)........88 **A1**
Ternay (69)........134 **B1**
Ternay (86)........86 **C4**
Les Ternes (15)........131 **E4**
Ternuay-Melay-et-Saint-Hilaire (70)........80 **B4**
Terny-Sorny (02)........38 **C3**
Terramesnil (80)........27 **E2**
Terranjou (49)........86 **A3**
La Terrasse (38)........136 **A2**
La Terrasse-sur-Dorlay (42)........134 **A2**
Terrasson-Lavilledieu (24)........129 **D3**
Terrats (66)........185 **E2**
Terraube (32)........154 **C2**
Terre-de-Bancalié (81)........157 **E3**
Terre-et-Marais (50)........32 **A3**
Terrebasse (31)........170 **B2**
Terrefondrée (21)........93 **F1**
Terrehault (72)........71 **E2**
Terres de Bord (27)........35 **E4**
Terres-de-Caux (76)........34 **C1**
Les Terres-de-Chaux (25)........96 **B3**
Terres de Druance (14)........50 **C2**
Terres-de-Haute-Charente (16)........115 **D3**
Terroles (11)........172 **B4**
Terrou (46)........143 **D1**
Tersanne (26)........134 **C3**
Tersannes (87)........116 **A1**
Terssac (81)........157 **D2**
Le Tertre-Saint-Denis (78)........54 **A2**
Tertry (80)........28 **A4**
Terville (57)........42 **B3**
Tessancourt-sur-Aubette (78)........54 **B1**
Tessé-Froulay (61)........51 **D4**
Tessel (14)........33 **D4**
Tesson (17)........113 **D4**
La Tessoualle (49)........85 **E4**
Tessy-Bocage (50)........50 **B1**
La Teste-de-Buch (33)........138 **B2**
Tétaigne (08)........41 **D1**
Téteghem-
  -Coudekerque-Village (59)........22 **A1**
Téterchen (57)........43 **D4**
Téthieu (40)........152 **A3**

Teting-sur-Nied (57) 61 E1
Teuillac (33) 126 A3
Teulat (81) 156 B4
Teurthéville-Bocage (50) 32 A1
Teurthéville-Hague (50) 31 D1
Teyjat (24) 127 F1
Teyran (34) 159 F4
Teyssières (26) 147 F3
Teyssieu (46) 143 D1
Teyssode (81) 156 C4
Thaas (51) 57 E3
Thairé (17) 112 C2
Thaix (58) 107 D2
Thal-Drulingen (67) 62 A2
Thal-Marmoutier (67) 62 B3
Thalamy (19) 130 C1
Thann (68) 81 D4
Thannenkirch (68) 81 E1
Thanvillé (67) 81 E1
Thaon (14) 33 E4
Tharaux (30) 146 C4
Tharoiseau (89) 92 B2
Tharot (89) 92 B2
Thaumiers (18) 105 E2
Thauron (23) 117 D2
Thauvenay (18) 90 C3
Thèbe (65) 169 F4
Théding (57) 43 E4
Thédirac (46) 142 A2
Thégra (46) 142 C1
Théhillac (56) 83 F2
Le Theil (03) 106 A4
Le Theil-de-Bretagne (35) 68 C3
Le Theil-en-Auge (14) 34 B3
Le Theil-Nolent (27) 34 C4
Theil-Rabier (16) 114 B2
Theillay (41) 89 F3
Theix-Noyalo (56) 82 C1
Theizé (69) 121 D3
Théligny (72) 72 A2
Thélis-la-Combe (42) 133 F2
Thélod (54) 60 B4
Thelonne (08) 40 C2
Thélus (62) 27 F1
Théméricourt (95) 54 B1
Thémines (46) 142 C2
Théminettes (46) 142 C2
Thénac (17) 113 D4
Thénac (24) 140 B1
Thenailles (02) 29 E4
Thenay (36) 103 F3
Thenelles (02) 38 C1
Thénésol (73) 123 F4
Theneuil (37) 87 E4
Theneuille (03) 105 F3
Thénezay (79) 101 E2
Thénioux (18) 89 E3
Thenissey (21) 93 E2
Thénisy (77) 56 B4
Thennelières (10) 76 C1
Thennes (80) 27 E4
Thenon (24) 128 C3
Thénorgues (08) 40 C3
Thénouville (27) 35 D3
Théoule-sur-Mer (06) 179 F1
Therdonne (60) 36 C3
Thèreval (50) 32 A4
Thérines (60) 36 B2
Thermes-Magnoac (65) 169 F2
Thérondels (12) 144 B1
Thérouanne (62) 22 A3
Thérouldeville (76) 34 C1
Thervay (39) 94 C3
Thésée (41) 88 C3
Thésy (39) 110 A1
Theuley (70) 95 D1
Théus (05) 149 E3
Theuville (28) 73 D1
Theuville (95) 54 C1
Theuville-aux-Maillots (76) 34 C1
Thevet-Saint-Julien (36) 104 B3
Théville (50) 32 A1
They-sous-Montfort (88) 79 E2
They-sous-Vaudemont (54) 79 E1
Theys (38) 136 A2
Théza (66) 185 E2
Thézac (17) 113 D4
Thézac (47) 141 E3
Thézan-des-Corbières (11) 173 D3
Thézan-lès-Béziers (34) 173 F1
Thèze (04) 149 D4
Thèze (64) 168 B1
Thézey-Saint-Martin (54) 60 C2
Théziers (30) 161 D3
Thézy-Glimont (80) 27 E4
Thiais (94) 55 D3
Thiancourt (90) 96 C1
Thianges (58) 106 C1
Thiant (59) 28 C1
Thiaucourt-Regniéville (54) 60 A2
Thiaville-sur-Meurthe (54) 61 E4
Thiberville (27) 52 B1
Thibie (51) 57 F2
Thibivillers (60) 36 B4
Thibouville (27) 35 D4
Thicourt (57) 61 D1
Thiéblemont-Farémont (51) 58 B3
Thiébouhans (25) 96 C3
Thieffrain (10) 77 D2
Thieffrans (70) 96 A2
Thiéfosse (88) 80 B3
Thiel-sur-Acolin (03) 106 C4
Thiembronne (62) 21 F3
Thiénans (70) 95 F2
Thiennes (59) 22 A3
Thièvres (62) 27 E2
Thièvres (80) 27 E2
Thiézac (15) 131 D4
Thignonville (45) 74 A2
Thil (01) 121 F3
Thil (10) 77 F1
Le Thil (27) 36 A3
Thil (31) 155 E4
Thil (51) 39 E3
Thil (54) 42 A2
Thil-Manneville (76) 25 E2
Le Thil-Riberpré (76) 36 A2
Thil-sur-Arroux (71) 107 E2
Thilay (08) 30 C3
Le Thillay (95) 55 E1
Thilleux (52) 77 F1
Les Thilliers-en-Vexin (27) 36 A4
Thillois (51) 39 E4
Thillombois (55) 59 E2
Thillot (55) 59 F1
Le Thillot (88) 80 B3
Thilouze (37) 87 E3
Thimert-Gâtelles (28) 53 F4
Thimonville (57) 60 C1
Thimory (45) 74 B4
Thin-le-Moutier (08) 40 A1
Thiolières (63) 132 B1
Thionne (03) 106 C4
Thionville (57) 42 B3
Thiouville (76) 34 C1
Thiraucourt (88) 79 E1
Thiré (85) 100 A3
Thiron-Gardais (28) 72 A1
This (08) 40 B1
Thise (25) 95 E3
Thivars (28) 72 C1
Thivencelle (59) 23 F4
Thiverny (60) 37 E4
Thiverval-Grignon (78) 54 B2
Thivet (52) 78 B3
Thiviers (24) 128 B2
Thiville (28) 72 C3
Thizay (36) 104 B1
Thizay (37) 86 C4
Thizy (89) 92 C2
Thizy-les-Bourgs (69) 120 C2
Thoard (04) 163 E1
Thodure (38) 134 C2
Thoigné (72) 71 D1
Thoiras (30) 159 F2
Thoiré-sous-Contensor (72) 71 D1
Thoiré-sur-Dinan (72) 71 E4
Thoires (21) 77 E3
Thoirette-Coisia (39) 122 B1
Thoiria (39) 110 A3
Thoiry (01) 123 D1
Thoiry (73) 136 A1
Thoiry (78) 54 B2
Thoissey (01) 121 E1
Thoissia (39) 109 E4
Thoisy-la-Berchère (21) 93 D3
Thoisy-le-Désert (21) 93 E3
Thoix (80) 36 C1
Thol-lès-Millières (52) 78 C2
Thollet (86) 103 D4
Thollon-les-Mémises (74) 111 E4
Le Tholonet (13) 177 E1
Le Tholy (88) 80 B2
Thomery (77) 74 C1
Thomirey (21) 93 E4
Thonac (24) 128 C4
Thônes (74) 123 F3
Thonnance-lès-Joinville (52) 59 D4
Thonnance-les-Moulins (52) 78 B1
Thonne-la-Long (55) 41 E2
Thonne-le-Thil (55) 41 E2
Thonne-les-Près (55) 41 E2
Thonnelle (55) 41 E2
Thonon-les-Bains (74) 111 D4
Les Thons (88) 79 E3
Thonville (57) 61 D1
Le Thor (84) 161 E2

Thorailles (45) 75 D3
Thoraise (25) 95 E4
Thorame-Basse (04) 163 F1
Thorame-Haute (04) 164 A1
Thoras (43) 145 E1
Thoré-la-Rochette (41) 72 A4
Thorée-les-Pins (72) 86 C1
Thorey (89) 76 C4
Thorey-en-Plaine (21) 94 A3
Thorey-Lyautey (54) 60 B4
Thorey-sous-Charny (21) 93 D3
Thorey-sur-Ouche (21) 93 E4
Thorigné-d'Anjou (49) 85 F1
Thorigné-en-Charnie (53) 70 B3
Thorigné-Fouillard (35) 68 B2
Thorigné-sur-Dué (72) 71 E3
Thorigny (85) 99 F3
Thorigny-sur-Marne (77) 55 F2
Thorigny-sur-Oreuse (89) 75 F2
Le Thoronet (83) 178 C2
Thorrenc (07) 134 A3
Thors (10) 77 F1
Thors (17) 113 F3
Thory (80) 27 E4
Thory (89) 92 B2
Thoste (21) 92 C2
Le Thou (17) 112 C2
Thou (18) 90 C2
Thou (45) 91 D2
Thouaré-sur-Loire (44) 84 C3
Thouars (79) 101 D1
Thouars-sur-Arize (09) 170 C3
Thouars-sur-Garonne (47) 140 B4
Thouarsais-Bouildroux (85) 100 A3
Le Thoult-Trosnay (51) 57 D2
Le Thour (08) 39 F2
Thourie (35) 68 B4
Thouron (87) 116 A2
Thourotte (60) 38 A3
Thoury (41) 89 D1
Thoury-Férottes (77) 75 D2
Thoux (32) 155 E4
Thubœuf (53) 51 D4
Thue et Mue (14) 33 D4
Le Thuel (02) 39 F2
Thuès-Entre-Valls (66) 184 B2
Thueyts (07) 146 B2
Thugny-Trugny (08) 40 A2
La Thuile (73) 136 A1
Les Thuiles (04) 150 A3
Thuilley-aux-Groseilles (54) 60 B4
Thuillières (88) 79 E2
Thuir (66) 185 D2
Le Thuit (21) 94 B2
Le Thuit de l'Oison (27) 35 D4
Thulay (25) 96 C2
Thuméréville (54) 42 A4
Thumeries (59) 23 D4
Thun-l'Évêque (59) 28 B2
Thun-Saint-Amand (59) 23 E4
Thun-Saint-Martin (59) 28 B2
Thurageau (86) 101 F2
Thuré (86) 102 A2
Thuret (63) 119 D3
Thurey (71) 109 D2
Thurey-le-Mont (25) 95 E3
Thurins (69) 121 D4
Thury (21) 108 A1
Thury (89) 91 E2
Thury-en-Valois (60) 56 A1
Thury-sous-Clermont (60) 37 D3
Thusy (74) 123 D3
Thuy (65) 169 D2
Thyez (74) 124 A2
Tibiran-Jaunac (65) 169 F3
Ticheville (61) 52 A2
Tichey (21) 109 E1
Tieffenbach (67) 62 A2
Tiercé (49) 86 A1
Tiercelet (54) 42 A3
Le Tiercent (35) 68 C1
Tieste-Uragnoux (32) 153 F4
La Tieule (48) 144 C4
Tiffauges (85) 85 D4
Tigeaux (77) 56 A2
Tigery (91) 55 E4
Tignac (09) 183 F3
Tignécourt (88) 79 E3
Tignes (73) 137 E1
Le Tignet (06) 179 E1
Tignieu-Jameyzieu (38) 122 A4
Tigny-Noyelle (62) 26 B1
Tigy (45) 74 A4
Til-Châtel (21) 94 B2
Tilh (40) 152 B4
Tilhouse (65) 169 E3
Tillac (32) 169 E2
Tillay-le-Péneux (28) 73 E2
Tillé (60) 36 C3
Tillenay (21) 94 B4
Le Tilleul (76) 34 A1
Tilleul-Dame-Agnès (27) 53 D1
Le Tilleul-Lambert (27) 53 D1
Tilleux (88) 79 D1
Tillières-sur-Avre (27) 53 D2
Tilloloy (80) 37 F2
Tilloy-et-Bellay (51) 58 B1
Tilloy-Floriville (80) 26 A3

Tilloy-lès-Hermaville (62) 27 E1
Tilloy-lès-Mofflaines (62) 27 F1
Tilloy-lez-Cambrai (59) 28 B2
Tilloy-lez-Marchiennes (59) 23 E4
Tilly (27) 54 A1
Tilly (36) 103 E4
Tilly (78) 54 A2
Tilly-Capelle (62) 21 F4
Tilly-sur-Meuse (55) 59 E1
Tilly-sur-Seulles (14) 33 D4
Tilques (62) 21 F2
Tincey-et-Pontrebeau (70) 95 D1
Tinchebray-Bocage (61) 50 C2
Tincourt-Boucly (80) 28 A3
Tincques (62) 27 E1
Tincry (57) 60 C2
Tingry (62) 21 D3
Tinqueux (51) 39 E4
Tinténiac (35) 68 A3
Tintry (71) 108 A1
Tintury (58) 106 C1
Tiranges (43) 133 D2
Tirent-Pontéjac (32) 155 D4
Tirepied-sur-Sée (50) 50 A3
Tissey (89) 76 B4
Le Titre (80) 26 B2
Tivernon (45) 73 E2
Tiviers (15) 131 F4
Tizac-de-Curton (33) 139 F1
Tizac-de-Lapouyade (33) 126 B3
Tocane-Saint-Apre (24) 127 F3
Tocqueville (27) 34 C3
Tocqueville (50) 32 A1
Tocqueville-en-Caux (76) 35 D1
Tocqueville-les-Murs (76) 34 C1
Tœufles (80) 26 B2
Toges (08) 40 B3
Togny-aux-Bœufs (51) 58 A2
Tolla (2A) 188 C4
Tollaincourt (88) 79 D2
Tollent (62) 26 C1
Tollevast (50) 31 E2
La Tombe (77) 75 D1
Tombebœuf (47) 140 C3
Tomblaine (54) 60 C3
Tomino (2B) 187 E1
Les Tonils (26) 148 A2
Tonnac (81) 156 C2
Tonnay-Boutonne (17) 113 D2
Tonnay-Charente (17) 112 C2
Tonneins (47) 140 B3
Tonnerre (89) 76 B4
Tonnoy (54) 60 C4
Tonquédec (22) 47 D2
Torcé (35) 69 D2
Torcé-en-Vallée (72) 71 E2
Torcé-Viviers-en-Charnie (53) 70 B2
Torcenay (52) 78 C4
Torchamp (61) 50 C4
Torchefelon (38) 135 D1
Torcheville (57) 61 E2
Torcieu (01) 122 B3
Torcy (62) 21 F4
Torcy (71) 108 A2
Torcy (77) 55 F2
Torcy-en-Valois (02) 56 B1
Torcy-et-Pouligny (21) 92 C2
Torcy-le-Grand (10) 57 F4
Torcy-le-Grand (76) 35 E1
Torcy-le-Petit (10) 57 F4
Torcy-le-Petit (76) 35 E1
Tordères (66) 185 D2
Torfou (91) 55 D4
Torigny-les-Villes (50) 50 B1
Tornac (30) 160 A2
Tornay (52) 94 C1
Le Torp-Mesnil (76) 35 D1
Torpes (25) 95 E4
Torpes (71) 109 E2
Le Torpt (27) 34 B3
Le Torquesne (14) 34 A4
Torreilles (66) 185 F1
Torsac (16) 127 E1
Torsiac (43) 131 F2
Tortebesse (63) 118 A4
Tortefontaine (62) 26 C1
Tortequesne (62) 28 A1
Torteron (18) 105 F1
Tortezais (03) 105 F4
Torvilliers (10) 76 B2
Torxé (17) 113 E2
Tosse (40) 151 F3
Tossiat (01) 122 A2
Tostat (65) 169 D2
Totainville (88) 79 E1
Tôtes (76) 35 E1
Touchay (10) 104 C2
La Touche (26) 147 E3
Les Touches (44) 84 C2
Les Touches-de-Périgny (17) 113 F3
Toucy (89) 91 E1
Toudon (06) 164 C2
Touët-de-l'Escarène (06) 165 D3
Touët-sur-Var (06) 164 C2
Touffailles (82) 141 F4
Toufflers (59) 23 E3
Touffréville (14) 33 E4
Touffreville (27) 35 A3

uffreville-la-Corbeline (76) 35 D2
uffreville-sur-Eu (76) 25 F1
uget (32) 155 D4
uille (31) 170 B3
uillon (21) 93 D1
uillon-et-Loutelet (25) 110 C2
ujouse (32) 153 E3
ul (54) 60 A3
ulaud (07) 147 E1
ulenne (33) 139 F2
uligny (08) 40 B1
ulis-et-Attencourt (02) 29 D4
ulon (83) 178 A4
ulon-sur-Allier (03) 106 B4
ulon-sur-Arroux (71) 107 F3
ulonjac (12) 143 D4
ulouges (66) 185 E2
ulouse (31) 156 A4
ulouse-le-Château (39) 109 F2
ulouzette (40) 152 C3
ulx-Sainte-Croix (23) 117 E1
uques (14) 34 A3
Touquet-Paris-Plage (62) 21 D4
uquettes (61) 52 B2
uquin (77) 56 A3
Tour (06) 165 D2
Tour (74) 123 F1
Tour-Blanche-Cercles (24) 127 F2
Tour-d'Aigues (84) 162 B3
Tour-d'Auvergne (63) 131 D1
ur-de-Faure (46) 142 C3
Tour-de-Salvagny (69) 121 E3
Tour-de-Sçay (25) 95 F2
Tour-du-Crieu (09) 171 E3
Tour-du-Meix (39) 109 F3
Tour-du-Parc (56) 82 C2
Tour-du-Pin (38) 135 D1
ur-en-Bessin (14) 32 C3
Tour-en-Jarez (42) 133 F1
Tour-en-Maurienne (73) 136 C2
ur-en-Sologne (41) 88 C2
Tour-Saint-Gelin (37) 87 E4
Tour-sur-Orb (34) 158 C4
urailles (41) 88 B1
urbes (34) 174 A2
urcelles-Chaumont (08) 40 B3
urch (29) 65 E2
urcoing (59) 23 D3
urdun (32) 154 A4
Tourette (42) 133 D2
Tourette-Cabardès (11) 172 B2
urette-du-Château (06) 164 C3
urgéville (14) 34 A3
urliac (47) 141 E2
urly (60) 36 C4
urmignies (59) 23 D4
urmont (39) 109 F1
urnai-sur-Dive (61) 52 A2
urnan (32) 170 A1
urnan-en-Brie (77) 55 F3
urnans (25) 96 A2
urnay (65) 169 D3
Tourne (33) 139 E2
urnecoupe (32) 155 D3
urnedos-Bois-Hubert (27) 53 E1
urnefeuille (31) 155 F4
urnefort (06) 164 C2
urnehem-sur-la-Hem (62) 21 F2
urnemire (12) 158 B2
urnemire (15) 130 C4
urnes (08) 40 B1
urneville (27) 53 E1
urnières (14) 32 B4
urnissan (11) 173 D3
urnoisis (45) 73 D3
urnon (73) 123 F4
urnon-d'Agenais (47) 141 E3
urnon-Saint-Martin (36) 103 D2
urnon-Saint-Pierre (37) 103 D2
urnon-sur-Rhône (07) 134 B4
urnous-Darré (65) 169 E2
urnous-Devant (65) 169 E2
urnus (71) 108 C3
urouvre au Perche (61) 52 C4
urouzelle (11) 173 D2
urreilles (11) 173 E3
s Tourreilles (31) 169 F3
urrenquets (32) 154 C3
urrette-Levens (06) 165 D3
s Tourrettes (26) 147 E2
urrettes (83) 179 E1
urrettes-sur-Loup (06) 164 C4
urriers (16) 114 B3
urs (37) 87 F2
urs-en-Savoie (73) 123 F4
urs-en-Vimeu (80) 26 B3
urs-sur-Marne (51) 57 F1
urs-sur-Meymont (63) 119 E4
urtenay (79) 86 B4
urteron (08) 40 B2
urtoirac (24) 128 C3
urtour (83) 163 E4
urtouse (09) 182 C1
urtrès (47) 140 C3
urtrol (09) 171 F3
urves (83) 178 A2
urville-en-Auge (14) 34 A3

Tourville-la-Campagne (27) 35 D4
Tourville-la-Rivière (76) 35 E3
Tourville-les-Ifs (76) 34 B1
Tourville-sur-Arques (76) 25 E2
Tourville-sur-Odon (14) 33 D4
Tourville-sur-Pont-Audemer (27) . . 34 C3
Tourville-sur-Sienne (50) 49 F1
Toury (28) 73 E2
Toury-Lurcy (58) 106 B2
Toury-sur-Jour (58) 106 B2
Tourzel-Ronzières (63) 131 F1
Toussaint (76) 34 B1
Toussieu (69) 121 F4
Toussieux (01) 121 E3
Tousson (77) 74 B1
Toussus-le-Noble (78) 54 C3
Toutainville (27) 34 B3
Toutenant (71) 109 D1
Toutencourt (80) 27 E3
Toutens (31) 171 E1
Toutlemonde (49) 85 E4
Toutry (21) 92 C2
Touvérac (16) 126 C2
Le Touvet (38) 136 A2
Touvois (44) 99 D1
Touvre (16) 114 B4
Touzac (46) 141 F3
Tox (2B) 189 E2
Toy-Viam (19) 117 D4
Tracy-Bocage (14) 50 C1
Tracy-le-Mont (60) 38 A3
Tracy-le-Val (60) 38 A3
Tracy-sur-Loire (58) 91 D3
Tracy-sur-Mer (14) 33 D3
Traenheim (67) 62 B3
Tragny (57) 60 C1
Traînel (10) 75 F1
Traînou (45) 73 F3
Le Trait (76) 35 D2
Traitiéfontaine (70) 95 F2
Traize (73) 122 C4
Tralaigues (63) 118 A3
Tralonca (2B) 189 D2
Tramain (22) 48 B4
Tramayes (71) 121 D1
Trambly (71) 121 D1
Tramecourt (62) 21 F4
Tramery (51) 39 D4
Tramezaïgues (65) 181 E2
Tramolé (38) 135 D1
Tramont-Émy (54) 79 E1
Tramont-Lassus (54) 79 E1
Tramont-Saint-André (54) 79 E1
Tramoyes (01) 121 F3
Trampot (88) 78 B1
Trancault (10) 75 F1
La Tranche-sur-Mer (85) 99 E4
La Tranclière (01) 122 A2
Trancrainville (28) 73 E2
Trangé (72) 70 C3
Le Tranger (36) 103 E1
Trannes (10) 77 E1
Tranqueville-Graux (88) 60 A4
Trans (53) 70 B1
Trans-en-Provence (83) 179 D1
Trans-la-Forêt (35) 49 E4
Trans-sur-Erdre (44) 84 C2
Le Translay (80) 26 B3
Le Transloy (62) 28 A2
Tranzault (36) 104 A3
Trappes (78) 54 C3
Trassanel (11) 172 C2
Traubach-le-Bas (68) 97 D1
Traubach-le-Haut (68) 97 D1
Trausse (11) 172 C2
Travaillan (84) 161 E1
Travecy (02) 38 C1
Traversères (32) 169 F1
Traves (70) 95 E1
Trayes (79) 100 C2
Tréal (56) 67 E3
Tréauville (50) 31 D2
Trébabu (29) 45 D4
Treban (03) 106 A4
Trébas (81) 157 E2
Trébédan (22) 48 C4
Trèbes (11) 172 C3
Trébeurden (22) 46 C2
Trébons (65) 169 D3
Trébons-de-Luchon (31) 181 F2
Trébons-la-Grasse (31) 171 E1
Trébrivan (22) 46 C4
Trébry (22) 48 A4
Tréclun (21) 94 B4
Trécon (51) 57 F2
Trédaniel (22) 48 A4
Trédarzec (22) 47 E2
Trédias (22) 48 C4
Trédion (56) 67 D4
Trédrez-Locquémeau (22) 46 C2
Tréduder (22) 46 C2
Trefcon (02) 28 A4
Treffendel (35) 68 A2
Treffiagat (29) 64 C3
Treffieux (44) 84 B1
Trefféléan (56) 67 D4

Treffrin (22) 46 C4
Tréflaouénan (29) 46 A2
Tréflévénez (29) 45 F4
Tréflez (29) 45 F2
Tréfols (51) 56 C2
Tréfumel (22) 68 A1
Trégarantec (29) 45 F2
Trégarvan (29) 64 C1
Trégastel (22) 46 C1
Tréglamus (22) 47 D3
Tréglonou (29) 45 E3
Trégomeur (22) 47 F3
Trégonneau (22) 47 E3
Trégourez (29) 65 E1
Trégrom (22) 47 D3
Tréguennec (29) 64 B2
Trégueux (22) 48 A4
Tréguidel (22) 47 F3
Tréguier (22) 47 E2
Trégunc (29) 65 D3
Tréhorenteuc (56) 67 E2
Le Tréhou (29) 46 A4
Treignac (19) 129 F1
Treignat (03) 117 F1
Treigny-Perreuse-
    -Sainte-Colombe (89) 91 E2
Treilles (11) 173 E4
Treilles-en-Gâtinais (45) 74 C3
Treillières (44) 84 B2
Treis-Sants-en-Ouche (27) 52 C1
Treix (52) 78 B2
Treize-Septiers (85) 84 C4
Treize-Vents (85) 100 B1
Tréjouls (82) 155 F1
Trélans (48) 144 C3
Trélazé (49) 86 A2
Trélévern (22) 47 D2
Trelins (42) 120 A4
Trélissac (24) 128 A3
Trélivan (22) 48 C4
Trélon (59) 29 F2
Trélou-sur-Marne (02) 57 D1
Trémaouézan (29) 45 F3
Trémargat (22) 47 D4
Trémauville (76) 34 C1
La Tremblade (17) 112 B3
Tremblay-en-France (93) 55 E2
Tremblay-les-Villages (28) 54 A2
Le Tremblay-Omonville (27) 35 D4
Le Tremblay-sur-Mauldre (78) 54 B3
Tremblecourt (54) 60 B2
Le Tremblois (70) 94 C2
Tremblois-lès-Carignan (08) 41 E1
Tremblois-lès-Rocroi (08) 30 A4
Trémeheuc (35) 49 E4
Trémel (22) 46 C3
Trémentines (49) 85 E4
Tréméoc (29) 64 C2
Tréméreuc (22) 49 D3
Trémery (57) 42 C4
Trémeur (22) 48 B4
Tréméven (22) 47 E2
Tréméven (29) 65 F3
Trémilly (52) 77 F1
Tréminis (38) 148 C1
Trémoins (70) 96 B1
Trémolat (24) 141 E1
Trémons (47) 141 E3
Trémont (61) 52 A4
Trémont-sur-Saulx (55) 59 D3
Trémonzey (88) 79 F3
Trémorel (22) 67 F2
Trémouille (15) 131 D2
Trémouille-Saint-Loup (63) 130 C1
Trémouilles (12) 157 F1
Trémoulet (09) 171 E3
Trémuson (22) 47 F3
Trenal (39) 109 E3
Trensacq (40) 138 C4
Trentels (47) 141 E3
Tréogan (22) 65 F1
Tréogat (29) 64 B2
Tréon (28) 53 F3
Tréouergat (29) 45 E3
Trépail (51) 57 F1
Le Tréport (76) 25 F1
Trépot (25) 95 F4
Tréprel (14) 51 E2
Trept (38) 135 E3
Trésauvaux (55) 59 F1
Tresbœuf (35) 68 B3
Trescault (62) 28 A2
Trescléoux (05) 148 C4
Trésilley (70) 95 F3
Treslon (51) 39 E4
Tresnay (58) 106 A3
Trespoux-Rassiels (46) 142 A3
Tresques (30) 160 C1
Tressan (34) 159 D4
Tressandans (25) 96 A2
Tressange (57) 42 B3
Tresserre (66) 185 E2
Tresserve (73) 123 D4
Tresses (33) 139 E1
Tressignaux (22) 47 F3
Tressin (59) 23 D3
Tresson (72) 71 F4
Treteau (03) 106 C4

La Trétoire (77) 56 B2
Trets (13) 177 F2
Treux (80) 27 E3
Treuzy-Levelay (77) 74 C2
Trévé (22) 66 C1
Trévenans (90) 96 C1
Tréveneuc (22) 47 F3
Tréveray (55) 59 E4
Trévérec (22) 47 E3
Trévérien (35) 49 D4
Trèves (30) 159 D2
Trèves (69) 134 A1
Trévien (81) 157 E1
Trévières (14) 32 C3
Trévignin (73) 123 D4
Trévillach (66) 184 C1
Tréville (11) 171 F2
Trévillers (25) 96 C3
Trévol (03) 106 B3
Trévou-Tréguignec (22) 47 D2
Trévoux (01) 121 E3
Le Trévoux (29) 65 E3
Trévron (22) 48 C4
Trézelles (03) 119 E1
Trézény (22) 47 D2
Tréziers (11) 171 F3
Trézilidé (29) 46 A3
Trézioux (63) 119 E4
Triac-Lautrait (16) 114 A4
Le Triadou (34) 159 F4
Triaize (85) 99 F4
Tribehou (50) 32 A4
Trichey (89) 76 C4
Tricot (02) 37 E2
Trie-Château (60) 36 B4
Trie-la-Ville (60) 36 B4
Trie-sur-Baïse (65) 169 E2
Triel-sur-Seine (78) 54 C2
Triembach-au-Val (67) 81 E1
Trieux (54) 42 A3
Trigance (83) 163 F3
Trignac (44) 83 E3
Trigny (51) 39 E4
Triguères (45) 75 D3
Trilbardou (77) 55 F2
Trilla (66) 184 C1
Trilport (77) 56 A2
Trimbach (67) 63 D1
Trimer (35) 68 A1
La Trimouille (86) 103 D4
Trinay (51) 73 F3
La Trinitat (15) 144 B2
La Trinité (06) 165 D3
La Trinité (27) 53 F1
La Trinité (50) 50 A2
La Trinité (73) 136 B1
La Trinité-de-Réville (27) 52 B2
La Trinité-de-Thouberville (27) 35 D3
La Trinité-des-Laitiers (61) 52 B2
La Trinité-du-Mont (76) 34 C2
La Trinité-Porhoët (56) 67 D2
La Trinité-sur-Mer (56) 82 B2
La Trinité-Surzur (56) 83 D2
Triors (26) 134 C3
Le Trioulou (15) 143 E2
Triqueville (27) 34 B3
Trith-Saint-Léger (59) 28 C1
Tritteling-Redlach (57) 61 D1
Trivy (71) 108 A4
Trizac (15) 130 C3
Trizay (17) 112 C3
Trizay-Coutretot-Saint-Serge (28) . 72 A1
Trizay-lès-Bonneval (28) 72 C2
Troche (19) 129 D2
Trochères (21) 94 B3
Trocy-en-Multien (77) 56 A1
Troësnes (02) 38 B4
Troguéry (22) 47 E2
Trogues (37) 87 E4
Les Trois Châteaux (39) 109 E4
Les Trois-Domaines (55) 59 E2
Trois-Fonds (23) 117 E1
Trois-Fontaines-l'Abbaye (51) 58 C3
Les Trois Lacs (27) 35 F4
Les Trois-Moutiers (86) 86 C4
Trois-Palis (16) 114 B4
Les Trois-Pierres (76) 34 B2
Trois-Puits (51) 39 E4
Trois-Rivières (80) 27 D2
Trois-Vèvres (58) 106 B3
Trois-Villes (64) 167 E3
Troisfontaines (57) 62 A3
Troisfontaines-la-Ville (52) 59 D4
Troissereux (60) 36 C3
Troissy (51) 57 D1
Troisvaux (62) 22 A4
Troisvilles (59) 28 C2
Tromarey (70) 95 D3
Tromborn (57) 43 D4
Troncens (32) 169 D1
La Tronche (38) 135 F3
Le Tronchet (35) 49 D4
Le Tronchet (72) 70 C2
Tronchoy (89) 76 B4
Tronchy (71) 109 D2
Le Troncq (27) 35 D4
Trondes (54) 60 A3
Tronget (03) 106 A4

Le Tronquay (14) 32 C4
Le Tronquay (27) 36 A3
Tronsanges (58) 91 D4
Tronville (54) 60 A1
Tronville-en-Barrois (55) 59 E3
Troo (41) 72 A4
Trosly-Breuil (60) 38 A3
Trosly-Loire (02) 38 B2
Trouans (10) 57 F4
Troubat (65) 169 F4
Trouhans (21) 94 B4
Trouhaut (21) 93 F3
Trouillas (66) 185 E2
Trouley-Labarthe (65) 169 D2
Troussencourt (60) 37 D2
Troussey (55) 60 A4
Trouvans (25) 96 A2
Trouville (76) 34 C2
Trouville-la-Haule (27) 34 C3
Trouville-sur-Mer (14) 34 A3
Trouy (18) 105 D1
Troye-d'Ariège (09) 171 F4
Troyes (10) 76 C1
Troyon (55) 59 E1
La Truchère (71) 108 C3
Truchtersheim (67) 62 C3
Trucy (02) 39 D3
Trucy-l'Orgueilleux (58) 91 F2
Trucy-sur-Yonne (89) 92 A1
Le Truel (12) 158 A2
Trugny (21) 109 D1
Truinas (26) 147 F2
Trumilly (60) 37 F4
Trun (61) 52 A2
Trungy (14) 32 C4
Truyes (37) 88 A3
Tubersent (62) 21 D4
Tuchan (11) 173 D4
Tucquegnieux (54) 42 A3
Tudeils (19) 129 F4
Tudelle (32) 154 A4
Tuffalun (49) 86 A3
Tuffé Val de la Chéronne (72) 71 E2
Tugéras-Saint-Maurice (17) 126 B2
Tugny-et-Pont (02) 38 B1
La Tuilière (42) 119 F3
Tulette (26) 147 F4
Tulle (19) 129 F3
Tullins (38) 135 E2
Tully (80) 26 A2
Tupigny (02) 28 C3
Tupin-et-Semons (69) 134 A1
La Turballe (44) 83 D3
La Turbie (06) 165 E3
Turcey (21) 93 F2
Turckheim (68) 81 E2
Turenne (19) 129 E4
Turgon (16) 114 C3
Turgy (10) 76 C3
Turny (89) 76 A3
Turquant (49) 86 C3
Turquestein-Blancrupt (57) 62 A4
Turqueville (50) 32 A3
Turretot (76) 34 A2
Turriers (04) 149 E3
Tursac (24) 128 B4
Tusson (16) 114 B3
Tuzaguet (65) 169 E3
Le Tuzan (33) 139 D3

U

Ubaye-Serre-Ponçon (04) 149 F3
Ubexy (88) 79 F1
Ubraye (04) 164 A2
Ucciani (2A) 188 C3
Ucel (07) 146 C2
Uchacq-et-Parentis (40) 153 D2
Uchaud (30) 160 B3
Uchaux (84) 161 D1
Uchizy (71) 108 C4
Uchon (71) 107 F2
Uckange (57) 42 B3
Ueberstrass (68) 97 D1
Uffheim (68) 97 E1
Uffholtz (68) 81 D4
Ugine (73) 123 F4
Uglas (65) 169 E3
Ugnouas (65) 169 D2
Ugny (54) 41 F2
Ugny-le-Gay (02) 38 B2
Ugny-l'Équipée (80) 38 A1
Ugny-sur-Meuse (55) 60 A3
Uhart-Cize (64) 166 C2
Uhart-Mixe (64) 167 D2
Uhlwiller (67) 62 C2
Uhrwiller (67) 62 B2
Les Ulis (91) 54 C3
Ully-Saint-Georges (60) 37 D4
Les Ulmes (49) 86 B3
Umpeau (28) 54 A4
Unac (09) 183 F3
Uncey-le-Franc (21) 93 E3
Unchair (51) 39 D4
Ungersheim (68) 81 E3
Unias (42) 133 E1

Unienville (10) 77 E1
Unieux (42) 133 E2
L'Union (31) 156 A4
Unverre (28) 72 B2
Unzent (09) 171 D3
Upaix (05) 149 D4
Upie (26) 147 F1
Ur (66) 183 F4
Urau (31) 170 B4
Urbalacone (2A) 188 C4
Urbanya (66) 184 B2
Urbeis (67) 81 D1
Urbès (68) 80 C3
Urbise (42) 120 A1
Urçay (03) 105 E3
Urcel (02) 38 C2
Urcerey (90) 96 C1
Urciers (36) 104 C3
Urcuit (64) 151 F4
Urcy (21) 93 F3
Urdens (32) 154 C3
Urdès (64) 167 F1
Urdos (64) 167 F4
Urepel (64) 166 B3
Urgons (40) 153 D4
Urgosse (32) 153 F3
Uriménil (88) 80 A2
Urmatt (67) 62 B4
Urost (64) 168 C2
Urrugne (64) 166 A1
Urs (09) 183 F3
Urschenheim (68) 81 E2
Urt (64) 151 F4
Urtaca (2B) 187 D3
Urtière (25) 96 C3
Uruffe (54) 60 A4
Urval (24) 141 E1
Urville (10) 77 E2
Urville (14) 51 E1
Urville (50) 32 A2
Urville (88) 79 D2
Urvillers (02) 38 B1
Ury (77) 74 B1
Urzy (58) 91 E4
Us (95) 54 C1
Usclades-et-Rieutord (07) 146 B1
Usclas-d'Hérault (34) 174 B2
Usclas-du-Bosc (34) 159 D4
Usinens (74) 123 D2
Ussac (19) 129 E3
Ussat (09) 183 E2
Usseau (86) 102 B1
Ussel (15) 131 E4
Ussel (19) 130 B1
Ussel (46) 142 B2
Ussel-d'Allier (03) 119 D1
Usson (63) 132 A1
Usson-du-Poitou (86) 115 D1
Usson-en-Forez (42) 133 D2
Ussy (14) 51 E2
Ussy-sur-Marne (77) 56 A2
Ustaritz (64) 166 B1
Ustou (09) 182 C2
Utelle (06) 165 D2
Uttenheim (67) 62 C4
Uttenhoffen (67) 62 C2
Uttwiller (67) 62 B2
Uvernet-Fours (04) 150 A3
Uxeau (71) 107 E3
Uxegney (88) 80 A2
Uxelles (39) 110 A3
Uxem (59) 22 B1
Uz (65) 168 C4
Uza (40) 151 F1
Uzan (64) 168 A1
Uzay-le-Venon (18) 105 D2
Uzech (46) 142 A2
Uzein (64) 168 A1
Uzel (22) 66 C1
Uzelle (25) 96 A2
Uzemain (88) 80 A2
Uzer (07) 146 C3
Uzer (65) 169 D3
Uzerche (19) 129 E2
Uzès (30) 160 C2
Uzeste (33) 139 E3
Uzos (64) 168 B2

V

Vaas (72) 87 D1
Vabre (81) 157 F4
Vabres (15) 131 F4
Vabres (30) 159 F2
Vabres-l'Abbaye (12) 158 A2
Vacheresse (74) 111 E4
Vachères (04) 162 B2
Vachères-en-Quint (26) 148 A1
La Vacheresse-et-la-Rouillie (88) 79 D2
Vacognes-Neuilly (14) 51 D1
La Vacquerie-et-Saint-Martin-de-Castries (34) 159 D3
Vacquerie-le-Boucq (62) 27 D1

Vacqueriette-Erquières (62) 26 C1
Vacqueville (54) 61 E4
Vacqueyras (84) 161 E1
Vacquières (34) 159 F3
Vacquiers (31) 156 A3
Vadans (39) 109 F1
Vadans (70) 94 C3
Vadelaincourt (55) 59 E1
Vadenay (51) 58 A1
Vadencourt (02) 28 C3
Vadencourt (80) 27 E3
Vadonville (55) 59 F2
Vagnas (07) 146 C4
Vagney (88) 80 B3
Vahl-Ebersing (57) 61 E1
Vahl-lès-Bénestroff (57) 61 E2
Vahl-lès-Faulquemont (57) 61 D1
Vaiges (53) 70 A3
Vailhan (34) 174 A1
Vailhauquès (34) 159 E4
Vailhourles (12) 143 D4
Vaillant (52) 94 A1
Vailly (10) 76 C1
Vailly (74) 111 D4
Vailly-sur-Aisne (02) 38 C3
Vailly-sur-Sauldre (18) 90 C2
Vains (50) 49 F3
Vair-sur-Loire (44) 85 D2
Vaire (25) 95 F3
Vairé (85) 98 C3
Vaires-sous-Corbie (80) 27 E3
Vaires-sur-Marne (77) 55 E2
Vaison-la-Romaine (84) 147 F4
Vaïssac (82) 156 A2
Vaite (70) 95 D1
La Vaivre (70) 80 A3
Vaivre-et-Montoille (70) 95 F1
Le Val (25) 95 E4
Le Val (83) 178 B2
Val-au-Perche (61) 71 F2
Val Buëch-Méouge (05) 149 D4
Val-Cenis (73) 137 E2
Val-Couesnon (35) 49 F4
Val-d'Aigoual (30) 159 E2
Le Val-d'Ajol (88) 80 A3
Val d'Anast (35) 68 A3
Val d'Arc (73) 136 B1
Val d'Arcomie (15) 131 F4
Val d'Arry (14) 33 D4
Val-d'Auge (16) 114 A3
Val-d'Auzon (10) 77 D1
Le Val-David (27) 53 F1
Val-de-Bonnieure (16) 114 C3
Val-de-Bride (57) 61 E2
Val de Briey (54) 42 A4
Val de Chaise (74) 123 F4
Val-de-Chalvagne (04) 164 B2
Val-de-Dagne (11) 172 C3
Val de Drôme (14) 50 C1
Le Val-de-Gouhenans (70) 96 A1
Le Val-de-Guéblange (57) 61 F1
Val-de-la-Haye (76) 35 E3
Val de Lambronne (11) 171 F3
Val-de-Livenne (33) 126 A2
Val de Livre (51) 57 F1
Val de Louyre et Caudeau (24) 128 A4
Val-de-Mercy (89) 92 A1
Val-de-Meuse (52) 78 C3
Val-de-Moder (67) 62 C2
Val-de-Reuil (27) 35 E4
Val-de-Roulans (25) 95 F3
Val-de-Saâne (76) 35 E1
Val-de-Scie (76) 35 E1
Val-de-Sos (09) 183 E3
Val-de-Vesle (51) 39 F4
Val-de-Vière (51) 58 B2
Val-de-Virieu (38) 135 E1
Val de Virvée (33) 126 B4
Val-d'Épy (39) 109 E4
Val d'Erdre-Auxence (49) 85 E2
Val-des-Marais (51) 57 E2
Val-des-Prés (05) 137 D4
Val des Vignes (16) 127 D1
Le Val-d'Esnoms (52) 94 B1
Val d'Étangson (72) 71 F4
Le Val-d'Hazey (27) 35 E4
Val-d'Isère (73) 137 E1
Val d'Issoire (87) 115 E2
Val-d'Izé (35) 68 C2
Le Val d'Ocre (89) 75 E4
Val d'Orger (37) 35 F3
Val d'Ornain (55) 59 D3
Val d'Oronaye (04) 150 B3
Val d'Oust (56) 67 E3
Val-du-Faby (11) 172 B4
Val-du-Layon (49) 85 F3
Val-du-Maine (53) 70 A3
Val-du-Mignon (79) 113 E1
Val en Vignes (79) 86 A4
Val-et-Châtillon (54) 61 F4
Val-Fouzon (36) 89 D4
Le Val-Larrey (21) 93 D2
Val-Maravel (26) 148 B2
Val-Mont (21) 108 B1

Val-Revermont (01) 122
Le Val-Saint-Éloi (70) 79
Le Val-Saint-Germain (91) 54
Le Val-Saint-Père (50) 50
Val-Sonnette (39) 109
Val Suran (39) 109
Val-Suzon (21) 93
Valady (12) 143
Valailles (27) 52
Valaire (41) 88
Valambray (14) 33
Valaurie (26) 147
Valavoire (04) 149
Valay (70) 95
Valbeleix (63) 131
Valbelle (04) 162
Valbois (55) 59
Valbonnais (38) 149
Valbonne (06) 164
Valcabrère (31) 169
Valcanville (50) 32
Valcebollère (66) 184
Valcivières (63) 132
Valcourt (52) 58
Valdahon (25) 96
Valdallière (14) 50
Valdampierre (60) 36
Valdeblore (06) 164
Valdelaume (79) 114
Valderiès (81) 157
Valderoure (06) 164
Valdieu-Lutran (68) 97
Valdivienne (86) 102
Valdoie (90) 96
Valdoule (05) 148
Valdrôme (26) 148
Valdurenque (81) 157
Valeille (42) 120
Valeilles (82) 141
Valeins (01) 121
Valempoulières (39) 110
Valençay (36) 89
Valence (16) 114
Valence (26) 147
Valence (82) 155
Valence-d'Albigeois (81) 157
Valence-en-Brie (77) 74
Valence-en-Poitou (86) 114
Valence-sur-Baïse (32) 154
Valenciennes (59) 28
Valencin (38) 134
Valencisse (41) 88
Valencogne (38) 135
Valennes (72) 72
Valensole (04) 163
Valentigney (25) 96
Valentine (31) 169
Valenton (94) 55
Valergues (34) 175
Valernes (04) 149
Valescourt (60) 37
Valette (15) 131
La Valette (38) 135
La Valette-du-Var (83) 178
Valeyrac (33) 125
Valff (67) 62
Valflaunès (34) 159
Valfleury (42) 133
Valforêt (21) 93
Valframbert (61) 52
Valfroicourt (88) 79
Valgelon-La Rochette (73) 136
Valgorge (07) 146
Valherbasse (26) 134
Valhey (54) 61
Valhuon (62) 22
Valiergues (19) 130
Valignat (03) 118
Valigny (03) 105
Valines (80) 26
Valiergues (19) 130
Valjouffrey (38) 149
Valjouze (15) 131
La Valla-en-Gier (42) 133
La Valla-sur-Rochefort (42) 120
Vallabrègues (30) 161
Vallabrix (30) 160
Vallan (89) 91
Vallangoujard (95) 54
Vallans (79) 113
Vallant-Saint-Georges (10) 57
Vallauris (06) 179
Valle-d'Alesani (2B) 187
Valle-di-Campoloro (2B) 187
Valle-di-Mezzana (2A) 188
Valle-di-Rostino (2B) 187
Valle-d'Orezza (2B) 187
Vallecalle (2B) 187
La Vallée (17) 113
La Vallée-au-Blé (02) 29
Vallée-de-Ronsard (41) 71
La Vallée-Mulâtre (02) 28
Vallées-d'Antraigues-
 -Asperjoc (07) 146
Les Vallées de la Vanne (89) 75
Vallées en Champagne (02) 57
Vallègue (31) 171
Valleiry (74) 123
Vallenay (18) 105

Vallentigny (10) 77 **E1**
Vallerange (57) 61 **E1**
Vallérargues (30) 160 **B1**
Vallères (37) 87 **E3**
Valleret (52) 59 **D4**
Vallereuil (24) 127 **F4**
Vallerois-le-Bois (70) 95 **F1**
Vallerois-Lorioz (70) 95 **F1**
Valleroy (25) 95 **F2**
Valleroy (52) 95 **D1**
Valleroy (54) 42 **A4**
Valleroy-aux-Saules (88) 79 **F2**
Valleroy-le-Sec (88) 79 **E2**
Vallery (89) 75 **D2**
Vallesvilles (31) 156 **B4**
Vallet (44) 84 **C3**
Valletot (27) 34 **C3**
Vallica (2B) 186 **C4**
Vallière (23) 117 **D3**
Vallier (82) 156 **C1**
Vallières (10) 76 **C3**
Vallières-les-Grandes (41) 88 **B2**
Vallières-sur-Fier (74) 123 **D3**
Valliguières (30) 160 **C2**
Valliquerville (76) 34 **C2**
Valloire (73) 136 **C3**
Valloire-sur-Cisse (41) 88 **B2**
Vallois (54) 61 **D4**
Les Vallois (88) 79 **E2**
Vallon-en-Sully (03) 105 **E3**
Vallon-Pont-d'Arc (07) 146 **C3**
Vallon-sur-Gée (72) 70 **C3**
Vallons-de-l'Erdre (44) 85 **D1**
Vallorcine (74) 124 **B2**
Vallouise-Pelvoux (05) 150 **A1**
Valmanya (66) 184 **C2**
Valmascle (34) 158 **C4**
Valmeinier (73) 136 **C3**
Valmestroff (57) 42 **C3**
Valmigère (11) 172 **B4**
Valmondois (95) 55 **D1**
Valmont (57) 43 **E4**
Valmont (76) 34 **C1**
Valmunster (57) 43 **D4**
Valmy (51) 58 **C1**
Valognes (50) 31 **E2**
Valojoulx (24) 128 **C4**
Valonne (25) 96 **B3**
Valorbiquet (14) 52 **B1**
Valoreille (25) 96 **B3**
Valouse (26) 148 **A3**
Valprivas (43) 133 **D2**
Valpuiseaux (91) 74 **A1**
Valras-Plage (34) 174 **A3**
Valravillon (89) 75 **F4**
Valréas (07) 147 **F4**
Valromey-sur-Séran (01) 122 **C3**
Valros (34) 174 **A2**
Vals (09) 171 **E3**
Vals-des-Tilles (52) 94 **A1**
Vals-le-Chastel (43) 132 **B3**
Vals-les-Bains (07) 146 **C2**
Vals-près-le-Puy (43) 132 **C4**
Valsemé (14) 34 **A4**
Valserhône (01) 123 **D2**
Valserres (05) 149 **E3**
Valsonne (69) 120 **C3**
Le Valtin (88) 80 **C2**
Valuéjols (15) 131 **E4**
Valvignères (07) 147 **D3**
Valz-sous-Châteauneuf (63) 132 **A2**
Valzergues (43) 143 **E3**
Valzin en Petite Montagne (39) . . 109 **F4**
Vanault-le-Châtel (51) 58 **B2**
Vanault-les-Dames (51) 58 **C2**
Vançais (79) 114 **B1**
Vancé (72) 71 **F4**
La Vancelle (67) 81 **E1**
Vandeins (01) 121 **F4**
Vandelainville (54) 60 **B1**
Vandelans (70) 95 **F2**
Vandeléville (54) 60 **B4**
Vandélicourt (60) 37 **F2**
Vandenesse (58) 107 **D1**
Vandenesse-en-Auxois (21) 93 **E4**
Vandeuil (51) 39 **D4**
Vandières (51) 57 **D1**
Vandières (54) 60 **B2**
Vandœuvre-lès-Nancy (54) 60 **C3**
Vandoncourt (25) 96 **C2**
Vandrimare (27) 35 **F3**
Vandy (08) 40 **B3**
Vanlay (11) 76 **B3**
Vanne (70) 95 **D1**
Le Vanneau-Irleau (79) 113 **E1**
Vannecourt (51) 61 **D2**
Vannecrocq (27) 34 **B3**
Vannes (56) 82 **C1**
Vannes-le-Châtel (54) 60 **A4**
Vannes-sur-Cosson (45) 90 **A1**
Vannoz (39) 110 **A2**
Vanosc (07) 133 **F3**
Les Vans (07) 146 **B3**
Vantoux (70) 60 **C1**
Vantoux-et-Longevelle (70) 95 **E2**
Vanves (92) 55 **D2**
Vanvey (21) 77 **E4**
Vanvillé (77) 56 **B4**

Vanxains (24) 127 **E3**
Vany (57) 42 **C4**
Vanzac (17) 126 **B2**
Vanzay (79) 114 **B1**
Vanzy (74) 123 **D2**
Vaour (81) 156 **B2**
Varacieux (38) 135 **D3**
Varages (83) 163 **D4**
Varaignes (24) 127 **F1**
Varaire (46) 142 **C4**
Varaize (17) 113 **E3**
Varambon (01) 122 **A2**
Varanges (21) 94 **B3**
Varangéville (54) 60 **C3**
Varaville (14) 33 **F3**
Varces-Allières-et-Risset (38) 135 **F3**
Vardelles (23) 116 **B1**
Vareilles (71) 120 **B1**
Varen (82) 156 **C1**
Varengeville-sur-Mer (76) 25 **E2**
Varenguebec (50) 31 **E3**
Varenne-l'Arconce (71) 120 **B1**
Varenne-Saint-Germain (71) 107 **E4**
Varennes (24) 141 **D1**
Varennes (31) 171 **E1**
Varennes (37) 88 **A4**
Varennes (80) 27 **E2**
Varennes (82) 156 **A3**
Varennes (89) 76 **A4**
Varennes-Changy (45) 74 **C4**
Varennes-en-Argonne (55) 41 **D4**
Varennes-Jarcy (91) 55 **D3**
Varennes-le-Grand (71) 108 **C2**
Varennes-lès-Mâcon (71) 121 **E1**
Varennes-lès-Narcy (58) 91 **D4**
Varennes-Saint-Honorat (43) 132 **B3**
Varennes-Saint-Sauveur (71) 109 **E4**
Varennes-sous-Dun (71) 120 **C1**
Varennes-sur-Allier (03) 119 **E1**
Varennes-sur-Amance (52) 78 **C4**
Varennes-sur-Loire (49) 86 **C3**
Varennes-sur-Morge (63) 119 **D3**
Varennes-sur-Seine (77) 75 **D1**
Varennes-sur-Tèche (03) 119 **F1**
Varennes-sur-Usson (63) 132 **A1**
Varennes-Vauzelles (58) 106 **A1**
Varès (47) 140 **B3**
Varesnes (60) 38 **A2**
Varetz (19) 129 **D3**
Varilhes (09) 171 **E3**
Varinfroy (60) 56 **A1**
Variscourt (02) 39 **E3**
Varize (28) 73 **D3**
Varize-Vaudoncourt (57) 43 **D4**
Varmonzey (88) 79 **F1**
Varneville (55) 59 **F2**
Varneville-Bretteville (76) 35 **E2**
Varogne (70) 79 **F4**
Varois-et-Chaignot (21) 94 **A3**
Varouville (50) 32 **A1**
Varrains (49) 86 **C3**
Varreddes (77) 56 **A1**
Vars (05) 150 **B2**
Vars (16) 114 **B4**
Vars (70) 94 **C2**
Vars-sur-Roseix (19) 129 **D3**
Varsberg (57) 43 **D4**
Varzay (17) 113 **D4**
Varzy (58) 91 **F3**
Vascœuil (27) 35 **F3**
Vasles (79) 101 **E3**
Vasperviller (57) 62 **A3**
Vassel (63) 119 **D4**
Vasselay (18) 90 **A4**
Vasselin (38) 122 **B4**
Vassens (02) 38 **B3**
Vasseny (02) 38 **C3**
Vassieux-en-Vercors (26) 148 **B1**
Vassimont-et-Chapelaine (51) 57 **F3**
Vassincourt (55) 59 **D3**
Vassogne (02) 39 **D3**
Vassonville (76) 35 **E1**
Vassy-sous-Pisy (89) 92 **C2**
Le Vast (50) 32 **A1**
Les Vastres (43) 133 **E4**
Vatan (36) 89 **E4**
Vathiménil (54) 61 **E4**
Vatierville (76) 36 **A1**
Vatilieu (38) 135 **D3**
Vatimont (57) 61 **D1**
Vatry (51) 57 **F2**
Vattetot-sous-Beaumont (76) 24 **B3**
Vattetot-sur-Mer (76) 34 **B1**
Vatteville (27) 35 **F4**
Vatteville-la-Rue (76) 34 **C2**
Vauban (71) 120 **B1**
Vaubecourt (55) 59 **D2**
Vaubexy (88) 79 **F1**
Vaucelles (14) 32 **C3**
Vaucelles-et-Beffecourt (02) 38 **C2**
Vauchamps (51) 57 **D2**
Vauchassis (10) 76 **B2**
Vauchelles (60) 38 **A2**
Vauchelles-lès-Authie (80) 27 **E2**
Vauchelles-lès-Domart (80) 26 **C3**
Vauchelles-lès-Quesnoy (80) 26 **B2**
Vauchonvilliers (10) 77 **E2**
Vauchoux (70) 95 **E1**

Vauciennes (51) 57 **E1**
Vauciennes (60) 38 **A4**
Vauclaix (58) 92 **B3**
Vauclerc (51) 58 **B3**
Vaucluse (25) 96 **B3**
Vauclusotte (25) 96 **B3**
Vaucogne (10) 58 **A4**
Vauconcourt-Nervezain (70) 95 **D1**
Vaucouleurs (55) 60 **A4**
Vaucourt (54) 61 **E3**
Vaucourtois (77) 56 **A2**
Vaucresson (92) 54 **C2**
Vaudancourt (60) 36 **B4**
Vaudebarrier (71) 107 **F4**
Vaudelnay (49) 86 **B4**
Vaudemange (51) 57 **F1**
Vaudémont (54) 79 **E1**
Vaudes (10) 76 **C2**
Vaudesincourt (51) 40 **A4**
Vaudesson (02) 38 **C3**
Vaudeurs (89) 76 **A2**
Vaudevant (07) 134 **A3**
Vaudeville (54) 60 **C4**
Vaudeville (88) 80 **A2**
Vaudeville-le-Haut (55) 59 **F4**
Vaudherland (95) 55 **E1**
Vaudigny (54) 60 **C4**
Le Vaudioux (39) 110 **B2**
Vaudoncourt (55) 41 **F3**
Vaudoncourt (88) 79 **D2**
Le Vaudoué (77) 74 **B1**
Vaudoy-en-Brie (77) 56 **A3**
Vaudreching (57) 43 **D3**
Vaudrecourt (52) 78 **C2**
Vaudrémont (52) 77 **F2**
Le Vaudreuil (27) 35 **E4**
Vaudreuille (31) 171 **F1**
Vaudreville (50) 32 **A2**
Vaudrey (39) 109 **F1**
Vaudricourt (62) 22 **B4**
Vaudricourt (80) 26 **A2**
Vaudringhem (62) 21 **F3**
Vaudrivillers (25) 96 **A3**
Vaufrey (25) 96 **C2**
Vaugines (84) 162 **A3**
Vaugneray (69) 121 **D4**
Vaugrigneuse (91) 54 **C4**
Vauhallan (91) 55 **D3**
Vaujany (38) 136 **A3**
Vaujours (93) 55 **E2**
Le Vaulmier (15) 130 **C3**
Vaulnaveys-le-Bas (38) 135 **F3**
Vaulnaveys-le-Haut (38) 135 **F3**
Vaulry (87) 115 **F2**
Vault-de-Lugny (89) 92 **B2**
Vaulx (62) 26 **C1**
Vaulx (74) 123 **D3**
Vaulx-en-Velin (69) 121 **E4**
Vaulx-Milieu (38) 134 **C1**
Vaulx-Vraucourt (62) 28 **A2**
Le Vaumain (60) 36 **B3**
Vaumas (03) 106 **C4**
Vaumeilh (04) 149 **D4**
Vaumoise (60) 38 **A4**
Vaumort (89) 75 **F2**
Vaunac (24) 128 **B2**
Vaunaveys-la-Rochette (26) 147 **F1**
Vaunoise (61) 71 **E1**
La Vaupalière (76) 35 **E2**
Vaupillon (28) 53 **E4**
Vaupoisson (10) 57 **F4**
Vauquois (55) 41 **D4**
Vauréal (95) 54 **C1**
Vaureilles (12) 143 **E3**
Le Vauroux (60) 36 **C3**
Vausseroux (79) 101 **E3**
Vautebis (79) 101 **E3**
Vauthiermont (90) 96 **C1**
Vautorte (53) 69 **F1**
Vauvenargues (13) 177 **E1**
Vauvert (30) 160 **B4**
Vauville (14) 34 **A3**
Vauvillers (70) 79 **E3**
Vauvillers (80) 27 **F4**
Vaux (03) 105 **E4**
Vaux (31) 171 **F1**
Vaux (57) 60 **B1**
Vaux-Andigny (02) 28 **C3**
Vaux-Champagne (08) 40 **B3**
Vaux d'Amognes (58) 91 **E4**
Vaux-en-Amiénois (80) 27 **D3**
Vaux-en-Beaujolais (69) 121 **D2**
Vaux-en-Bugey (01) 122 **A3**
Vaux-en-Dieulet (08) 40 **C2**
Vaux-en-Pré (71) 108 **B3**
Vaux-en-Vermandois (02) 38 **B1**
Vaux-et-Chantegrue (25) 110 **C2**
Vaux-Lavalette (16) 127 **E2**
Vaux-le-Moncelot (70) 95 **E2**
Vaux-le-Pénil (77) 55 **F4**
Vaux-lès-Mouron (08) 40 **C3**
Vaux-lès-Mouzon (08) 41 **D2**
Vaux-lès-Palameix (55) 59 **F1**
Vaux-lès-Rubigny (08) 29 **F4**
Vaux-lès-Saint-Claude (39) 110 **A4**
Vaux-Marquenneville (80) 26 **B3**
Vaux-Montreuil (08) 40 **B2**
Vaux-Rouillac (16) 114 **A4**

Vaux-Saules (21) 93 **F2**
Vaux-sur-Aure (14) 32 **C3**
Vaux-sur-Blaise (52) 58 **C4**
Vaux-sur-Eure (27) 53 **F1**
Vaux-sur-Lunain (77) 75 **D2**
Vaux-sur-Mer (17) 112 **B4**
Vaux-sur-Poligny (39) 109 **F2**
Vaux-sur-Saint-Urbain (52) 78 **B1**
Vaux-sur-Seine (78) 54 **C1**
Vaux-sur-Seulles (14) 33 **D3**
Vaux-sur-Somme (80) 27 **E3**
Vaux-sur-Vienne (86) 102 **B1**
Vaux-Villaine (08) 40 **A1**
Vauxaillon (02) 38 **C3**
Vauxbons (52) 78 **A4**
Vauxbuin (02) 38 **B3**
Vauxrenard (69) 121 **D1**
Vauxrezis (02) 38 **B3**
Vauxtin (02) 39 **D3**
Vavincourt (55) 59 **D2**
Vavray-le-Grand (51) 58 **B3**
Vavray-le-Petit (51) 58 **B3**
Vaxainville (54) 61 **E4**
Vaxoncourt (88) 80 **A1**
Vaxy (57) 61 **D2**
Vay (44) 84 **B1**
Vaychis (09) 183 **F3**
Vaylats (46) 142 **B4**
Vayrac (46) 129 **E4**
Vayres (33) 126 **B4**
Vayres (87) 115 **E4**
Vayres-sur-Essonne (91) 74 **A1**
Vazeilles-Limandre (43) 132 **C3**
Vazerac (82) 155 **F1**
Veauce (03) 118 **C2**
Veauche (42) 133 **E1**
Veauchette (42) 133 **E1**
Veaugues (18) 90 **C3**
Veauville-lès-Quelles (76) 34 **C1**
Vèbre (09) 183 **F3**
Vebret (15) 130 **C2**
Vebron (48) 145 **E4**
Veckersviller (57) 62 **A2**
Veckring (57) 42 **C3**
Vecoux (88) 80 **B3**
Vecquemont (80) 27 **E3**
Vecqueville (52) 59 **D4**
Vedène (84) 161 **E2**
Védrines-Saint-Loup (15) 132 **A4**
Végennes (19) 129 **F4**
Vého (54) 61 **E3**
Veigné (37) 87 **F3**
Veigy-Foncenex (74) 123 **E1**
Veilhes (81) 156 **B4**
Veilleins (41) 89 **D2**
Veilly (21) 93 **E4**
Veix (19) 129 **F1**
Velaine-sous-Amance (54) 60 **C3**
Velaines (55) 59 **E3**
Velaine (38) 135 **E1**
Velars-sur-Ouche (21) 93 **F3**
Velaux (13) 177 **D1**
Velennes (60) 37 **D3**
Velennes (80) 36 **C1**
Velesmes-Échevanne (70) 95 **D2**
Velesmes-Essarts (25) 95 **E4**
Velet (70) 94 **C2**
Vélieux (34) 173 **D2**
Vélines (24) 140 **A1**
Vélizy-Villacoublay (78) 55 **D3**
Velle-le-Châtel (70) 95 **E1**
Velle-sur-Moselle (54) 60 **C4**
Vellèches (86) 102 **B1**
Vellechevreux-et-Courbenans (70) . . . 96 **B1**
Velleclaire (70) 95 **E2**
Vellefaux (70) 95 **F1**
Vellefrey-et-Vellefrange (70) 95 **D2**
Vellefrie (70) 95 **F1**
Velleguindry-et-Levrecey (70) 95 **F1**
Velleminfroy (70) 96 **A1**
Vellemoz (70) 95 **D2**
Velleron (84) 161 **E2**
Vellerot-lès-Belvoir (25) 96 **B3**
Vellerot-lès-Vercel (25) 96 **A3**
Velles (36) 103 **F3**
Velles (52) 79 **D4**
Vellescot (90) 96 **C1**
Vellevans (25) 96 **A3**
Vellexon-Queutrey-et-Vaudey (70) . . 95 **D2**
Velloreille-lès-Choye (70) 95 **D2**
Les Velluire-sur-Vendée (85) 100 **A4**
Velogny (21) 93 **D2**
Velone-Orneto (2B) 187 **E4**
Velorcey (70) 79 **F4**
Velosnes (55) 41 **E2**
Velotte-et-Tatignécourt (88) 79 **F1**
Vélu (62) 28 **A2**
Velving (57) 43 **D4**
Vélye (51) 57 **F2**
Velzic (15) 130 **C4**
Vémars (95) 55 **E1**
Venaco (2B) 189 **D2**
Venansault (85) 99 **E2**
Venanson (06) 165 **D2**
Venarey-les-Laumes (21) 93 **D2**
Venas (03) 105 **E4**
Venasque (84) 161 **F2**
Vence (06) 164 **C3**

Vendargues (34)	160 A4	
Vendat (03)	119 D2	
Vendays-Montalivet (33)	125 E2	
Vendegies-au-Bois (59)	28 C2	
Vendegies-sur-Écaillon (59)	28 C1	
La Vendelée (50)	31 E4	
Vendémian (34)	159 E4	
Vendenesse-lès-Charolles (71)	108 A4	
Vendenesse-sur-Arroux (71)	107 E3	
Vendenheim (67)	62 C3	
Vendes (14)	33 D4	
Vendeuil (02)	38 B1	
Vendeuil-Caply (60)	37 D2	
Vendeuvre (14)	51 F1	
Vendeuvre-sur-Barse (10)	77 D2	
Vendeville (59)	23 D4	
Vendhuile (02)	28 B3	
Vendières (02)	56 C2	
Vendin-le-Vieil (62)	22 C4	
Vendin-lès-Béthune (62)	22 B4	
Vendine (31)	156 B4	
Vendœuvres (36)	103 E2	
Vendoire (24)	127 E2	
Vendôme (41)	72 B4	
Vendranges (42)	120 B3	
Vendrennes (85)	99 F1	
Vendres (34)	173 F2	
Vendresse (08)	40 C2	
Vendresse-Beaulne (02)	39 D3	
Vendrest (77)	56 A1	
La Vendue-Mignot (10)	76 C2	
Vénéjan (30)	161 D1	
Venelles (13)	177 E1	
Vénérand (17)	113 E3	
Venère (70)	95 D3	
Vénérieu (38)	122 A4	
Vénérolles (02)	29 D3	
Venerque (31)	171 D1	
Vénès (81)	157 D4	
Venesmes (18)	105 D2	
Vénestanville (76)	35 D1	
Venette (60)	37 F3	
Veney (54)	61 E4	
Venise (25)	95 F3	
Venisey (70)	79 E4	
Vénissieux (69)	121 E4	
Venizel (02)	38 C3	
Venizy (89)	76 A3	
Vennans (25)	95 F3	
Vennecy (45)	73 F3	
Vennes (25)	96 B4	
Vennezey (54)	61 D4	
Venon (27)	35 E4	
Venon (38)	135 F3	
Venouse (89)	76 A4	
Venoy (89)	76 A4	
Vensac (33)	125 E1	
Vensat (63)	119 D2	
Ventabren (13)	177 D1	
Ventalon en Cévennes (48)	146 A4	
Ventavon (05)	149 D3	
Ventelay (51)	39 D3	
Ventenac (09)	171 E4	
Ventenac-Cabardès (11)	172 B2	
Ventenac-en-Minervois (11)	173 E2	
Venterol (04)	149 E3	
Venterol (26)	147 F3	
Les Ventes (27)	53 E2	
Les Ventes-de-Bourse (61)	52 A4	
Ventes-Saint-Rémy (76)	35 F1	
Venteuges (43)	132 B4	
Venteuil (51)	57 E1	
Venthon (73)	123 F4	
Ventiseri (2B)	189 E4	
Ventouse (16)	114 C3	
Ventron (88)	80 C3	
La Ventrouze (61)	52 C4	
Venzolasca (2B)	187 E4	
Ver (50)	50 A2	
Ver-lès-Chartres (28)	72 C1	
Ver-sur-Launette (60)	55 F1	
Ver-sur-Mer (14)	33 D3	
Vérac (33)	126 B4	
Véranne (42)	134 A2	
Véraza (11)	172 B4	
Verberie (60)	37 F3	
Verbiesles (52)	78 B3	
Vercel-Villedieu-le-Camp (25)	96 A3	
Verchain-Maugré (59)	28 C1	
Verchaix (74)	124 A2	
Vercheny (26)	148 A2	
Verchin (62)	21 F4	
Verchocq (62)	21 F4	
Verclause (26)	148 B4	
Vercoiran (26)	148 B4	
Vercourt (80)	26 B1	
Verdaches (04)	149 F4	
Verdalle (81)	172 A1	
Verdelais (33)	139 F2	
Verdelot (77)	56 C2	
Verdenal (54)	61 E3	
Verderel-lès-Sauqueuse (60)	36 C2	
Verderonne (60)	37 E3	
Verdèse (2B)	187 E4	
Verdets (64)	167 F2	
Le Verdier (81)	156 C2	
La Verdière (83)	163 D4	
Verdigny (18)	90 C3	
Verdille (16)	114 A3	
Verdilly (02)	56 C1	
Verdon (24)	141 D1	
Verdon (51)	57 D2	
Le Verdon-sur-Mer (33)	125 E1	
Verdun (09)	183 E2	
Verdun (55)	41 E4	
Verdun-en-Lauragais (11)	172 A2	
Verdun-sur-Garonne (82)	155 F3	
Verdun-sur-le-Doubs (71)	109 D1	
Vereaux (18)	105 F2	
Verel-de-Montbel (73)	135 F1	
Verel-Pragondran (73)	123 D4	
Véretz (37)	88 A3	
Vereux (70)	95 D2	
Verfeil (31)	156 B4	
Verfeil (82)	156 C1	
Verfeuil (30)	160 C1	
Vergaville (57)	61 E2	
Vergéal (35)	69 D3	
La Vergenne (70)	96 A1	
Le Verger (35)	68 A2	
Vergeroux (17)	112 C2	
Verges (39)	109 F3	
Vergetot (76)	34 B2	
Vergezac (43)	132 C4	
Vergèze (30)	160 B3	
Vergheas (63)	118 A2	
Vergies (80)	26 B3	
Vergigny (89)	76 A3	
Vergisson (71)	121 D1	
Vergné (17)	113 E2	
La Vergne (17)	113 E2	
Vergoignan (32)	153 E3	
Vergongheon (43)	132 A2	
Vergons (04)	164 A2	
Vergranne (25)	96 A2	
Vergt (24)	128 A4	
Vergt-de-Biron (24)	141 E2	
Le Verguier (02)	28 B3	
Véria (39)	109 E4	
Vérignon (83)	178 C1	
Vérin (42)	134 A2	
Vérines (17)	112 C1	
Vérissey (71)	109 D2	
Verjon (01)	109 E4	
Verjux (71)	108 C1	
Verlans (70)	96 B1	
Verlhac-Tescou (82)	156 A2	
Verlin (89)	75 E3	
Verlincthun (62)	21 D3	
Verlinghem (59)	23 D3	
Verlus (32)	153 E4	
Vermand (02)	28 B3	
Vermandovillers (80)	27 F4	
Vermelles (62)	22 C4	
Vermenton (89)	92 A1	
Le Vermont (88)	80 C1	
Vern-sur-Seiche (35)	68 B2	
Vernais (18)	105 E2	
Vernaison (69)	121 E4	
Vernajoul (09)	171 E4	
Vernancourt (51)	58 C2	
Vernantes (49)	86 C2	
Vernantois (39)	109 F3	
La Vernarède (30)	146 A4	
Vernas (38)	122 A4	
Vernassal (43)	132 C3	
Vernaux (09)	183 F3	
Vernay (69)	121 D2	
La Vernaz (74)	111 E4	
Verne (25)	96 A2	
Vernègues (13)	161 F4	
Verneiges (23)	117 F1	
Le Verneil (73)	136 B1	
Verneil-le-Chétif (72)	71 D4	
Verneix (03)	105 E4	
La Vernelle (36)	89 D3	
Le Vernet (03)	119 E2	
Le Vernet (04)	149 F4	
Le Vernet (09)	171 E3	
Vernet (31)	171 D1	
Le Vernet (43)	132 B4	
Le Vernet-Chaméane (63)	132 A1	
Vernet-les-Bains (66)	184 C2	
Le Vernet-Sainte-Marguerite (63)	131 E1	
Verneugheol (63)	118 A4	
Verneuil (16)	115 D4	
Verneuil (18)	105 E2	
Verneuil (51)	57 D1	
Verneuil (58)	106 C2	
Verneuil d'Avre et d'Iton (27)	53 D3	
Verneuil-en-Bourbonnais (03)	119 D1	
Verneuil-en-Halatte (60)	37 E4	
Verneuil-Grand (55)	41 E2	
Verneuil-le-Château (37)	87 E4	
Verneuil-l'Étang (77)	55 F3	
Verneuil-Moustiers (87)	116 A1	
Verneuil-Petit (55)	41 E2	
Verneuil-sous-Coucy (02)	38 B2	
Verneuil-sur-Igneraie (36)	104 B3	
Verneuil-sur-Indre (37)	88 A4	
Verneuil-sur-Seine (78)	54 C2	
Verneuil-sur-Serre (02)	39 D2	
Verneuil-sur-Vienne (87)	115 F3	
Verneusses (27)	52 B2	
Vernéville (57)	42 B4	
Vernie (72)	70 C2	
Viernierfontaine (25)	96 A4	
Vernines (63)	118 B4	
Verniolle (09)	171 E3	
Vernioz (38)	134 B2	
Vernix (50)	50 A3	
Vernoil-le-Fourrier (49)	86 C2	
Le Vernois (39)	109 F2	
Vernois-lès-Belvoir (25)	96 B3	
Vernois-lès-Vesvres (21)	94 A1	
Vernois-sur-Mance (70)	79 D4	
Vernols (15)	131 E3	
Vernon (07)	146 B3	
Vernon (27)	54 A1	
Vernon (86)	102 A4	
Vernonvilliers (10)	77 E1	
Vernosc-lès-Annonay (07)	134 A3	
Vernot (21)	94 A2	
La Vernotte (70)	95 E2	
Vernou-en-Sologne (41)	89 D2	
Vernou-la-Celle-sur-Seine (77)	74 C1	
Vernou-sur-Brenne (37)	88 A2	
Vernouillet (28)	53 F3	
Vernouillet (78)	54 C2	
Vernoux (01)	109 D4	
Vernoux-en-Gâtine (79)	100 C3	
Vernoux-en-Vivarais (07)	147 D1	
Vernoux-sur-Boutonne (79)	113 F1	
Le Vernoy (25)	96 B1	
Vernoy (89)	75 E3	
Vernusse (03)	118 C1	
Verny (57)	60 C1	
Vero (2A)	188 C3	
Véron (89)	75 E2	
Véronne (26)	148 A2	
Véronnes (21)	94 B2	
Verosvres (71)	108 A4	
Verpel (08)	40 C3	
La Verpillière (38)	121 F4	
Verpillières (80)	37 F2	
Verpillières-sur-Ource (10)	77 E3	
Verquières (13)	161 E3	
Verquigneul (62)	22 B4	
Verquin (62)	22 B4	
Verrens-Arvey (73)	123 F4	
Verreries-de-Moussans (34)	173 D1	
Verrey-sous-Drée (21)	93 E3	
Verrey-sous-Salmaise (21)	93 E2	
Verricourt (10)	77 D1	
Verrie (86)	86 B3	
La Verrière (78)	54 C3	
Verrières (08)	40 C2	
Verrières (10)	76 C2	
Verrières (12)	158 B1	
Verrières (16)	126 C1	
Verrières (51)	58 C1	
Verrières (61)	72 A1	
Verrières (63)	131 F1	
Verrières (86)	102 B4	
Verrières-de-Joux (25)	111 D1	
Verrières-en-Anjou (49)	86 A2	
Verrières-en-Forez (42)	133 D1	
Verrières-le-Buisson (91)	55 D3	
Verrue (86)	101 F1	
Verruyes (79)	101 D3	
Vers (71)	108 C3	
Vers (74)	123 D2	
Vers-en-Montagne (39)	110 A2	
Vers-Pont-du-Gard (30)	160 C2	
Vers-sous-Sellières (39)	109 F2	
Vers-sur-Méouge (26)	148 C4	
Vers-sur-Selle (80)	27 D4	
Versailles (78)	54 C3	
Versailleux (01)	121 F2	
Versainville (14)	51 F2	
La Versanne (42)	133 F2	
Versaugues (71)	107 E4	
Verseilles-le-Bas (52)	78 B4	
Verseilles-le-Haut (52)	78 B4	
Versigny (02)	38 C2	
Versigny (60)	55 F1	
Versols-et-Lapeyre (12)	158 B3	
Verson (14)	33 E4	
Versonnex (01)	123 E1	
Versonnex (74)	123 D3	
Le Versoud (38)	135 F3	
Vert (40)	152 C1	
Vert (78)	54 B2	
Vert-en-Drouais (28)	53 F3	
Vert-le-Grand (91)	55 D4	
Vert-le-Petit (91)	55 D4	
Vert-Saint-Denis (77)	55 E4	
Vert-Toulon (51)	57 E2	
Vertain (59)	28 C2	
Vertaizon (63)	119 E4	
Vertamboz (39)	110 A3	
Vertault (21)	77 D4	
Verteillac (24)	127 E2	
Verteuil-d'Agenais (47)	140 C3	
Verteuil-sur-Charente (16)	114 B2	
Verthemex (73)	122 C4	
Vertheuil (33)	125 E2	
Vertolaye (63)	119 F4	
Verton (62)	21 D4	
Vertou (44)	84 B3	
Vertrieu (38)	122 A3	
Vervant (16)	114 B3	
Vervant (17)	113 E2	
Vervezelle (88)	80 B2	
Vervins (02)	29 E4	
Véry (55)	41 D4	
Verzé (71)	108 C4	
Verzeille (11)	172 B3	
Verzenay (51)	57 F1	
Le Vernois...		
Verzy (51)	57 F1	
Vesaignes-sous-Lafauche (52)	78 B1	
Vesaignes-sur-Marne (52)	78 B3	
Vesancy (01)	110 B4	
Vesc (26)	147 F3	
Vescemont (90)	80 C4	
Vescheim (57)	62 A2	
Vescles (39)	109 F4	
Vescours (01)	109 D4	
Vescovato (2B)	187 E4	
Vesdun (18)	105 D3	
Vésigneul-sur-Marne (51)	58 B2	
Vésines (01)	108 C4	
Le Vésinet (78)	54 C2	
Vesles-et-Caumont (02)	39 D1	
Veslud (02)	39 D2	
Vesly (27)	36 A4	
Vesly (50)	31 E3	
Vesoul (70)	95 F1	
La Vespière-Friardel (14)	52 B1	
Vesseaux (07)	146 C2	
Vestric-et-Candiac (30)	160 B3	
Vesvres (21)	93 E3	
Vesvres-sous-Chalancey (52)	94 B1	
Vétheuil (95)	54 B1	
Vétraz-Monthoux (74)	123 E1	
Vêtre-sur-Anzon (42)	119 F4	
Vétrigne (90)	96 C1	
Veuil (36)	88 C4	
Veuilly-la-Poterie (02)	56 B1	
Veules-les-Roses (76)	25 D2	
Veulettes-sur-Mer (76)	24 C2	
Le Veurdre (03)	106 A2	
Veurey-Voroize (38)	135 E3	
La Veuve (51)	58 A1	
Veuvey-sur-Ouche (21)	93 F4	
Veuxhaulles-sur-Aube (21)	77 F3	
Veuzain-sur-Loire (41)	88 B2	
Vevy (39)	109 F3	
Vexaincourt (88)	61 F4	
Vexin-sur-Epte (27)	54 A1	
Le Vey (14)	51 D2	
Veynes (05)	149 D3	
Veyrac (87)	115 F3	
Veyras (07)	147 D2	
Veyre-Monton (63)	119 D4	
Veyreau (12)	158 C1	
Veyrier-du-Lac (74)	123 E3	
Veyrières (15)	130 B2	
Veyrières (19)	130 B1	
Veyrignac (24)	142 A1	
Veyrines-de-Domme (24)	141 F1	
Veyrines-de-Vergt (24)	128 A4	
Veyssilieu (38)	122 A4	
Vez (60)	38 A4	
Vézac (15)	143 F1	
Vézac (24)	141 F1	
Vézannes (89)	76 B4	
Vézaponin (02)	38 B3	
Vèze (15)	131 E3	
La Vèze (25)	95 E3	
Vézelay (89)	92 A3	
Vézelin-sur-Loire (42)	120 B3	
Vézelise (54)	60 B4	
Vézelois (90)	96 C1	
Vezels-Roussy (15)	144 A1	
Vézénobres (30)	160 A2	
Vézeronce-Curtin (38)	122 B4	
Vézézoux (43)	132 A2	
Le Vézier (51)	56 C3	
Vézières (86)	86 C4	
Vézillon (27)	35 F4	
Vézilly (02)	39 D4	
Vezin-le-Coquet (35)	68 B2	
Vézinnes (89)	76 B4	
Vezins (49)	85 F4	
Vézins-de-Lévézou (12)	144 B4	
Vezot (72)	71 D1	
Vezzani (2B)	189 E2	
Viala-du-Pas-de-Jaux (12)	158 B2	
Viala-du-Tarn (12)	158 A2	
Vialas (48)	146 A4	
Vialer (64)	168 B1	
Viam (19)	129 F1	
Viane (81)	157 F4	
Vianges (21)	93 E4	
Vianne (47)	140 B4	
Viâpres-le-Petit (10)	57 E4	
Viarmes (95)	55 D1	
Vias (34)	174 A3	
Viazac (46)	142 C2	
Le Vibal (12)	144 B4	
Vibersviller (57)	61 F2	
Vibeuf (76)	35 D1	
Vibrac (16)	114 A4	
Vibrac (17)	126 B2	
Vibraye (72)	71 F3	
Vic-de-Chassenay (21)	92 C2	
Vic-des-Prés (21)	93 E4	
Vic-en-Bigorre (65)	169 D1	

c-Fezensac (32) 154 A3
c-la-Gardiole (34) 174 C2
c-le-Comte (63) 119 D4
c-le-Fesq (30) 160 A3
c-sous-Thil (21) 93 D3
c-sur-Aisne (02) 38 B3
c-sur-Cère (15) 131 D4
c-sur-Seille (57) 61 D2
chel (63) 131 F2
chel-Nanteuil (02) 38 B4
chères (28) 72 A2
cherey (88) 79 E1
chy (03) 119 E2
co (2A) 188 B3
a Vicogne (80) 27 D2
a Vicomté-sur-Rance (22) 49 D4
icq (03) 118 C2
icq (52) 78 C3
icq (59) 23 F4
icq (78) 54 B3
icq-d'Auribat (40) 152 B3
icq-Exemplet (36) 104 C3
icq-sur-Breuilh (87) 116 B4
icq-sur-Gartempe (86) 102 C2
icq-sur-Mer (50) 32 A1
icq-sur-Nahon (36) 89 D4
icques (14) 51 F2
ictot-Pontfol (14) 33 F4
idai (61) 52 B4
idaillac (46) 142 C4
idaillat (23) 117 D3
idauban (83) 178 C2
idecoville (50) 32 A2
ideix (87) 115 E4
idelles (91) 74 B1
idou (65) 169 E2
idouze (65) 168 C1
iefvillers (60) 36 C2
e Vieil-Dampierre (51) 58 C2
e Vieil-Évreux (27) 53 E1
ieil-Hesdin (62) 26 C1
ieil-Moutier (62) 21 E3
ieille-Brioude (43) 132 A3
ieille-Chapelle (62) 22 B3
ieille-Église (62) 21 F2
ieille-Église-en-Yvelines (78) 54 B3
a Vieille-Loye (39) 95 D4
a Vieille-Lyre (27) 52 C4
ieille-Toulouse (31) 171 D1
ieilles-Maisons-sur-Joudry (45) 74 B4
ieillespesse (15) 131 F3
ieillevie (15) 143 F2
ieillevigne (31) 171 E1
ieillevigne (44) 84 C4
ieilley (25) 95 E3
ieilmoulin (21) 93 E3
iel-Arcy (02) 39 D3
iel-Saint-Remy (08) 40 A2
iella (32) 153 E4
iella (65) 181 D2
iella-Adour (65) 169 D3
iella-Aure (65) 169 E4
iella-Louron (65) 169 E4
iella-Saint-Girons (40) 151 F2
iella-Soubiran (40) 153 D4
iella-Tursan (40) 153 D4
iellenave-d'Arthez (64) 168 A1
iellenave-de-Navarrenx (64) 167 E1
ielleségure (64) 167 F1
ielmanay (58) 91 E3
ielmur-sur-Agout (81) 157 D4
ielprat (43) 146 A1
iels-Maisons (02) 56 C2
ielverge (21) 94 C3
iennay (79) 101 D2
ienne (38) 134 B1
ienne-en-Arthies (95) 54 B1
ienne-en-Bessin (14) 33 D3
ienne-en-Val (45) 73 F4
ienne-la-Ville (51) 40 C4
ienne-le-Château (51) 40 C4
iens (84) 162 B3
ienville (88) 80 C2
ier-Bordes (65) 168 C4
iersat (23) 117 F1
ierville (28) 73 E1
ierville-sur-Mer (14) 32 C3
ierzon (18) 89 F4
ierzy (02) 38 B4
iesly (59) 28 C2
iéthorey (25) 96 A2
ieu-d'Izenave (01) 122 B2
ieure (03) 105 F4
eussan (34) 173 E1
ieuvicq (28) 72 B2
ieuvy (53) 50 B4
ieux (14) 33 E4
ieux (81) 156 C2
ieux-Berquin (59) 22 B3
ieux-Boucau-les-Bains (40) 151 E3
ieux-Bourg (14) 34 B3
e Vieux-Bourg (22) 47 E4
e Vieux-Cérier (16) 114 C3
ieux-Champagne (77) 56 B4
ieux-Charmont (25) 96 C2
ieux-Château (21) 92 C2
ieux-Condé (59) 23 F4

Vieux-Ferrette (68) 97 E2
Vieux-lès-Asfeld (08) 39 F3
Vieux-Lixheim (57) 62 A2
Le Vieux-Marché (22) 46 C3
Vieux-Mesnil (59) 29 E1
Vieux-Moulin (60) 38 A3
Vieux-Moulin (88) 80 C1
Vieux-Pont (61) 51 F3
Vieux-Port (27) 34 C3
Vieux-Reng (59) 29 E1
Vieux-Rouen-sur-Bresle (76) 36 B1
La Vieux-Rue (76) 35 F2
Vieux-Ruffec (16) 114 C2
Vieux-Thann (68) 81 D4
Vieux-Viel (35) 49 F4
Vieux-Vy-sur-Couesnon (35) 68 C1
Vieuzos (65) 169 E2
Viévigne (21) 94 B2
Viéville (52) 78 A2
Viéville-en-Haye (54) 60 B2
Viévy (21) 93 D4
Vievy-le-Rayé (41) 72 C4
Viey (65) 181 D2
Vif (38) 135 F4
Viffort (02) 56 C2
Le Vigan (30) 160 A2
Le Vigan (46) 142 B2
Le Vigean (15) 130 B3
Le Vigeant (86) 115 D1
Le Vigen (87) 116 A4
Vigeois (19) 129 E2
Viger (65) 168 C3
Vigeville (23) 117 E2
Viggianello (2A) 190 C2
Viglain (45) 90 A1
Vignacourt (80) 27 D3
Vignale (2B) 187 E3
Vignats (14) 51 F2
Le Vignau (40) 153 E3
Vignaux (31) 155 E4
Les Vigneaux (05) 150 A1
Vignec (65) 181 E2
Vignely (77) 55 F2
Vignemont (60) 37 F2
Vignes (64) 153 D4
Vignes-la-Côte (52) 78 B2
Vigneul-sous-Montmédy (55) 41 E2
Vigneulles (54) 60 C4
Vigneulles-lès-Hattonchâtel (55) 60 A1
Vigneux-de-Bretagne (44) 84 A2
Vigneux-Hocquet (02) 29 E4
Vigneux-sur-Seine (91) 55 E3
Vignevieille (11) 172 C4
Vignieu (38) 122 B4
Vignoc (35) 68 B1
Vignol (58) 92 A3
Vignoles (21) 108 C1
Vignolles (16) 126 C1
Vignols (19) 129 D2
Le Vignon-en-Quercy (46) 129 E4
Vignonet (33) 139 F1
Vignory (52) 78 A1
Vignot (55) 59 F3
Vignoux-sous-les-Aix (18) 90 B4
Vignoux-sur-Barangeon (18) 90 A4
Vigny (57) 60 C1
Vigny (95) 54 B1
Vigoulant (36) 104 B4
Vigoulet-Auzil (31) 171 D1
Vigoux (36) 103 F4
Vigueron (82) 155 E3
Vigy (57) 42 C4
Vijon (36) 104 C4
Vilcey-sur-Trey (54) 60 B2
Vildé-Guingalan (22) 48 C4
Le Vilhain (03) 105 F3
Villabé (91) 55 E4
Villabon (18) 90 C4
Villac (24) 128 C3
Villacerf (10) 76 B1
Villacourt (54) 60 C4
Villadin (10) 76 A1
Villafans (70) 96 A1
Village-Neuf (68) 97 F1
Villages du Lac de Paladru (38) 135 E1
Les Villages Vovéens (28) 73 D2
Villaines-en-Duesmois (21) 93 E1
Villaines-la-Carelle (72) 71 E1
Villaines-la-Gonais (72) 71 F2
Villaines-la-Juhel (53) 70 B1
Villaines-les-Prévôtes (21) 93 D2
Villaines-les-Rochers (37) 87 E3
Villaines-sous-Bois (95) 55 D1
Villaines-sous-Lucé (72) 71 E4
Villaines-sous-Malicorne (72) 70 C4
Villainville (76) 34 B1
Villalier (11) 172 C2
Villalbain (45) 73 D3
Villamblard (24) 127 F4
Villamée (35) 50 A4
Villampuy (28) 73 D3
Villandraut (33) 139 E3
Villandry (37) 87 E3
Villanière (11) 172 B2
Villanova (2A) 188 B4
Villapourçon (58) 107 E1
Villar-d'Arène (05) 136 C4

Villar-en-Val (11) 172 C3
Villar-Loubière (05) 149 E1
Villar-Saint-Anselme (11) 172 B3
Villar-Saint-Pancrace (05) 150 A1
Villard (23) 116 C1
Villard (74) 123 F1
Villard-Bonnot (38) 135 F3
Villard-de-Lans (38) 135 E4
Villard-d'Héry (73) 136 B1
Villard-Léger (73) 136 B1
Villard-Notre-Dame (38) 136 A4
Villard-Reculas (38) 136 A3
Villard-Reymond (38) 136 A4
Villard-Saint-Christophe (38) 135 F4
Villard-Saint-Sauveur (39) 110 A4
Villard-Sallet (73) 136 B1
Villard-sur-Doron (73) 124 A4
Villardebelle (11) 172 B4
Villardonnel (11) 172 B2
Villards-d'Héria (39) 110 A4
Les Villards-sur-Thônes (74) 123 F3
Villarembert (73) 136 B2
Villargent (70) 96 A1
Villargoix (21) 93 D3
Villargondran (73) 136 C2
Villariès (31) 156 A3
Villarodin-Bourget (73) 137 D3
Villaroger (73) 124 B4
Villaroux (73) 136 A1
Villars (24) 128 A2
Villars (28) 73 D2
Villars (42) 133 E1
Le Villars (71) 108 C3
Villars (84) 162 A2
Villars-Colmars (04) 164 A1
Villars-en-Azois (52) 77 F3
Villars-en-Pons (17) 113 D4
Villars-et-Villenotte (21) 93 D2
Villars-Fontaine (21) 93 F4
Villars-le-Pautel (70) 79 E4
Villars-le-Sec (90) 96 C2
Villars-lès-Blamont (25) 96 C2
Villars-les-Bois (17) 113 E3
Villars-les-Dombes (01) 121 F2
Villars-Saint-Georges (25) 95 D4
Villars-Santenoge (52) 94 A1
Villars-sous-Dampjoux (25) 96 B2
Villars-sous-Écot (25) 96 B2
Villarzel-Cabardès (11) 172 C2
Villarzel-du-Razès (11) 172 B3
Villasavary (11) 172 A2
Villate (31) 171 D1
Villaudric (31) 156 A3
Villautou (11) 171 F3
Villavard (41) 72 A4
Villaz (74) 123 E3
Ville (60) 38 A2
Villé (67) 81 E1
Ville-au-Montois (54) 42 A3
Ville-au-Val (54) 60 B2
La Ville-aux-Bois (10) 77 E1
La Ville-aux-Bois-lès-Dizy (02) 39 E2
La Ville-aux-Bois-lès-Pontavert (02) 39 E3
La Ville-aux-Clercs (41) 72 B4
La Ville-aux-Dames (37) 87 F2
Ville-d'Avray (92) 55 D2
Ville-devant-Belrain (55) 59 E2
Ville-devant-Chaumont (55) 41 E3
Ville-di-Paraso (2B) 186 C3
Ville-di-Pietrabugno (2B) 187 E2
La Ville-Dieu-du-Temple (82) 155 F2
Ville-Dommange (51) 39 E4
La Ville-du-Bois (91) 55 D3
Ville-du-Pont (25) 111 D1
Ville-en-Blaisois (52) 78 A1
Ville-en-Sallaz (74) 123 F1
Ville-en-Selve (51) 57 F1
Ville-en-Tardenois (51) 39 D4
Ville-en-Vermois (54) 60 C3
Ville-en-Woëvre (55) 41 F4
La Ville-ès-Nonais (35) 49 D3
Ville-Houdlémont (54) 41 F2
Ville-la-Grand (74) 123 E1
Ville-Langy (58) 106 C1
Ville-le-Marclet (80) 26 C3
Ville-Saint-Jacques (77) 75 D1
Ville-Savoye (02) 39 D4
Ville-sous-Anjou (38) 134 B2
Ville-sous-la-Ferté (10) 77 F2
La Ville-sous-Orbais (51) 57 D2
Ville-sur-Ancre (80) 27 E3
Ville-sur-Arce (10) 77 D2
Ville-sur-Cousances (55) 59 D1
Ville-sur-Illon (88) 79 F2
Ville-sur-Jarnioux (69) 121 D3
Ville-sur-Lumes (08) 40 C1
Ville-sur-Retourne (08) 40 A3
Ville-sur-Saulx (55) 59 D3
Ville-sur-Terre (10) 77 F1
Ville-sur-Tourbe (51) 40 C4
Ville-sur-Yron (54) 60 A1
Villebarou (41) 88 C1
Villebaudon (50) 50 A1
Villebazy (11) 172 B3
Villebéon (77) 75 D2
Villebernier (49) 86 C3
Villeberny (21) 93 E2

Villebichot (21) 94 A4
Villeblevin (89) 75 D1
Villebois (01) 122 B3
Villebois-Lavalette (16) 127 E1
Villebois-les-Pins (26) 148 C4
Villebon (28) 72 B1
Villebon-sur-Yvette (91) 55 D3
Villebougis (89) 75 E2
Villebourg (37) 87 E1
Villebout (41) 72 B3
Villebramar (47) 140 C3
Villebret (03) 118 A1
Villebrumier (82) 156 A3
Villecelin (18) 104 C2
Villecerf (77) 74 C1
Villecey-sur-Mad (54) 60 B1
Villechauve (41) 88 A1
Villechenève (69) 120 C3
Villechétif (10) 76 C1
Villechétive (89) 75 F3
Villecien (89) 75 E3
Villécloye (55) 41 E2
Villecomtal (12) 144 A3
Villecomtal-sur-Arros (32) 169 D1
Villecomte (21) 94 A2
Villeconin (91) 54 C4
Villecourt (80) 38 A1
Villecresnes (94) 55 E3
Villecroze (83) 163 E4
Villedaigne (11) 173 E3
Villedieu (15) 131 F4
La Villedieu (17) 113 F2
Villedieu (21) 77 D4
La Villedieu (23) 117 D4
Les Villedieu (25) 110 C2
Villedieu (84) 147 F4
La Villedieu-du-Clain (86) 102 A4
La Villedieu-en-Fontenette (70) 79 F4
Villedieu-le-Château (41) 87 F1
Villedieu-lès-Bailleul (61) 51 F2
Villedieu-les-Poêles-Rouffigny (50) 50 A2
Villedieu-sur-Indre (36) 103 F2
Villedômain (37) 88 B4
Villedômer (37) 88 A2
Villedoux (17) 112 C1
Villedubert (11) 172 C2
Villefagnan (16) 114 B2
Villefargeau (89) 75 F4
Villefavard (87) 116 A1
Villeferry (21) 93 E2
Villefloure (11) 172 B3
Villefollet (79) 113 F2
Villefontaine (38) 134 C1
Villefort (11) 172 A4
Villefort (48) 146 A3
Villefranche (32) 170 A1
Villefranche (89) 75 D4
Villefranche-d'Albigeois (81) 157 E3
Villefranche-d'Allier (03) 105 F4
Villefranche-de-Conflent (66) 184 C2
Villefranche-de-Lauragais (31) 171 E1
Villefranche-de-Lonchat (24) 127 D4
Villefranche-de-Panat (12) 158 A2
Villefranche-de-Rouergue (12) 143 D4
Villefranche-du-Périgord (24) 141 F2
Villefranche-du-Queyran (47) 140 B4
Villefranche-sur-Cher (41) 89 E3
Villefranche-sur-Mer (06) 165 D4
Villefranche-sur-Saône (69) 121 D2
Villefranchecœur (41) 88 B1
Villefranchon (70) 95 D2
Villefranque (64) 166 B3
Villefranque (65) 168 C1
Villegailhenc (11) 172 B2
Villegats (27) 54 A1
Villegaudin (71) 109 D2
Villegenon (18) 90 B2
Villegly (11) 172 C2
Villegongis (36) 103 F1
Villegouge (33) 126 B4
Villegouin (36) 103 E1
Villegusien-le-Lac (52) 94 B1
Villeherviers (41) 89 E3
Villejoubert (16) 114 B3
Villejuif (94) 55 D3
Villejust (91) 55 D3
Villelaure (84) 162 A4
Villeloin-Coulangé (37) 88 B4
Villelongue (65) 168 C4
Villelongue-d'Aude (11) 172 A3
Villelongue-de-la-Salanque (66) 185 F1
Villelongue-dels-Monts (66) 185 E2
Villeloup (10) 76 B1
Villemade (82) 155 F2
Villemagne (11) 172 A2
Villemagne-l'Argentière (34) 158 C4
Villemain (79) 114 A2
Villemandeur (45) 74 C3
Villemanoche (89) 75 E1
Villemardy (41) 88 B1
Villemaréchal (77) 74 C2
Villemareuil (77) 56 A2
Villematier (31) 156 A3
Villemaury (28) 73 D3
Villembits (65) 169 E2
Villembray (60) 36 B3
Villemer (77) 74 C1

Villemeux-sur-Eure (28) 54 A3
Villemoirieu (38) 122 A4
Villemoiron-en-Othe (10) 76 A2
Villemoisson-sur-Orge (91) 55 D3
Villemolaque (66) 185 E2
Villemomble (93) 55 E2
Villemontais (42) 120 A3
Villemontoire (02) 38 B4
Villemorien (10) 77 D3
Villemorin (17) 113 F2
Villemort (86) 102 C3
Villemotier (01) 109 E4
Villemoustaussou (11) 172 B2
Villemoutiers (45) 74 B3
Villemoyenne (10) 76 C2
Villemur (95) 169 F2
Villemur-sur-Tarn (31) 156 A3
Villemurlin (45) 90 A1
Villemus (04) 162 C3
Villenauxe-la-Grande (10) 56 C4
Villenauxe-la-Petite (77) 75 E1
Villenave (40) 152 B2
Villenave-de-Rions (33) 139 E2
Villenave-d'Ornon (33) 139 D1
Villenave-près-Béarn (65) 168 C1
Villenave-près-Marsac (65) 169 D2
Villenavotte (89) 75 E2
Villeneuve (01) 121 E2
Villeneuve (04) 162 C2
Villeneuve (09) 170 B4
Villeneuve (12) 143 D3
La Villeneuve (23) 117 F3
Villeneuve (33) 126 A3
Villeneuve (63) 131 F1
La Villeneuve-au-Châtelot (10) 57 D4
Villeneuve-au-Chemin (10) 76 B3
La Villeneuve-au-Chêne (10) 77 D2
La Villeneuve-Bellenoye-
  -et-la-Maize (70) 95 F1
Villeneuve-d'Allier (43) 132 A3
Villeneuve-d'Amont (25) 110 B1
Villeneuve-d'Ascq (59) 23 D3
Villeneuve-d'Aval (39) 110 A1
Villeneuve-de-Berg (07) 146 C3
Villeneuve-de-Duras (47) 140 B1
Villeneuve-de-la-Raho (66) 185 E2
Villeneuve-de-Marc (38) 134 C1
Villeneuve-de-Marsan (40) 153 E2
Villeneuve-de-Rivière (31) 169 F3
Villeneuve-d'Entraunes (06) 164 B1
Villeneuve-d'Olmes (09) 171 F4
Villeneuve-du-Latou (09) 171 D3
Villeneuve-du-Paréage (09) 171 E3
La Villeneuve-en-Chevrie (78) 54 A1
Villeneuve-en-Montagne (71) 108 B2
Villeneuve-en-Perseigne (72) 52 A4
Villeneuve-en-Retz (44) 98 C1
Villeneuve-Frouville (41) 72 C4
Villeneuve-la-Comptal (11) 171 F2
Villeneuve-la-Comtesse (17) 113 E2
Villeneuve-la-Dondagre (89) 75 E2
Villeneuve-la-Garenne (92) 55 D2
Villeneuve-la-Guyard (89) 75 D1
Villeneuve-la-Lionne (51) 56 C3
Villeneuve-la-Rivière (66) 185 E1
Villeneuve-l'Archevêque (89) 76 A2
Villeneuve-le-Comte (77) 55 F3
Villeneuve-le-Roi (94) 55 E3
Villeneuve-Lécussan (31) 169 F3
Villeneuve-lès-Avignon (30) 161 D2
Villeneuve-lès-Béziers (34) 174 A3
Villeneuve-lès-Bordes (77) 56 A4
Villeneuve-lès-Bouloc (31) 156 A3
Villeneuve-lès-Cerfs (63) 119 D2
La Villeneuve-lès-Charleville (51) 57 D3
La Villeneuve-les-Convers (21) 93 E2
Villeneuve-les-Corbières (11) 173 D4
Villeneuve-les-Genêts (89) 91 D1
Villeneuve-lès-Lavaur (81) 156 B4
Villeneuve-lès-Maguelone (34) 174 C1
Villeneuve-lès-Montréal (11) 172 A3
Villeneuve-les-Sablons (60) 36 C4
Villeneuve-Loubet (06) 164 C4
Villeneuve-Minervois (11) 172 C2
Villeneuve-
  -Renneville-Chevigny (51) 57 F2
Villeneuve-Saint-Denis (77) 55 F3
Villeneuve-Saint-Georges (94) 55 E3
Villeneuve-Saint-Germain (02) 38 C3
Villeneuve-Saint-Salves (89) 76 A4
Villeneuve-Saint-Vistre-
  -et-Villevotte (51) 57 D4
Villeneuve-sous-Charigny (21) 93 D2
Villeneuve-sous-Dammartin (77) 55 F1
Villeneuve-sous-Pymont (39) 109 F2
La Villeneuve-sous-Thury (60) 38 A4
Villeneuve-sur-Aisne (02) 39 E3
Villeneuve-sur-Allier (03) 106 B3
Villeneuve-sur-Auvers (91) 55 D4
Villeneuve-sur-Bellot (77) 56 B2
Villeneuve-sur-Cher (18) 104 C1
Villeneuve-sur-Conie (45) 73 D3
Villeneuve-sur-Fère (02) 38 C4
Villeneuve-sur-Lot (47) 141 D3
Villeneuve-sur-Verberie (60) 37 F4
Villeneuve-sur-Vère (81) 157 D2
Villeneuve-sur-Yonne (89) 75 E3
Villeneuve-Tolosane (31) 170 C1

Villeneuvette (34) 159 D4
Villennes-sur-Seine (78) 54 C2
Villeneuville (31) 171 E1
Villenoy (77) 56 A2
Villentrois-
  -Faverolles-en-Berry (36) 88 C4
Villeny (41) 89 F1
Villepail (53) 70 B1
Villeparisis (77) 55 E2
Villeparois (70) 95 F1
Villeperdrix (26) 148 A3
Villeperdue (37) 87 F4
Villeperrot (89) 75 E2
Villepinte (11) 172 A1
Villepinte (93) 55 E2
Villeporcher (41) 88 A1
Villepot (44) 68 C4
Villepreux (78) 54 C2
Villequier-Aumont (02) 38 B2
Villequiers (18) 90 C4
Viller (57) 61 E1
Villerable (41) 72 B4
Villerbon (41) 88 C1
Villeréal (47) 141 D2
Villereau (45) 73 F3
Villereau (59) 29 D1
Villerest (42) 120 A2
Villeret (02) 28 B3
Villeret (10) 58 B4
Villereversure (01) 122 B1
Villermain (41) 73 D4
Villeromain (41) 88 B1
Villeron (95) 55 E1
Villerouge-Termenès (11) 172 C4
Villeroy (77) 55 F2
Villeroy (80) 26 B3
Villeroy (89) 75 E2
Villeroy-sur-Méholle (55) 59 F4
Villers (42) 120 B2
Villers (88) 79 F1
Villers-Agron-Aiguizy (02) 57 D1
Villers-Allerand (51) 57 F3
Villers-au-Bois (62) 27 F1
Villers-au-Flos (62) 28 A2
Villers-au-Tertre (59) 28 B1
Villers-aux-Bois (51) 57 E2
Villers-aux-Érables (80) 27 E4
Villers-aux-Nœuds (51) 39 E4
Villers-aux-Vents (55) 59 D3
Villers-Bocage (14) 33 D4
Villers-Bocage (80) 27 D3
Villers-Bouton (70) 95 E2
Villers-Bretonneux (80) 27 E4
Villers-Brûlin (62) 27 E1
Villers-Buzon (25) 95 E3
Villers-Campsart (80) 26 B3
Villers-Canivet (14) 51 E2
Villers-Carbonnel (80) 28 A3
Villers-Châtel (62) 27 E1
Villers-Chemin-
  -et-Mont-lès-Étrelles (70) 95 E2
Villers-Chief (25) 96 A3
Villers-Cotterêts (02) 38 A4
Villers-devant-Dun (55) 41 D3
Villers-devant-le-Thour (08) 39 F2
Villers-devant-Mouzon (08) 40 C2
Villers-Écalles (76) 35 D2
Villers-en-Argonne (51) 58 C1
Villers-en-Arthies (95) 54 B1
Villers-en-Cauchies (59) 28 C2
Villers-en-Haye (54) 60 B2
Villers-en-Vexin (27) 36 A4
Villers-Farlay (39) 110 A1
Villers-Faucon (80) 28 B3
Villers-Franqueux (51) 39 E3
Villers-Grélot (25) 95 F2
Villers-Guislain (59) 28 B3
Villers-Hélon (02) 38 B4
Villers-la-Chèvre (54) 41 F2
Villers-la-Combe (25) 96 A3
Villers-la-Faye (21) 93 F4
Villers-la-Montagne (54) 42 A2
Villers-la-Ville (70) 96 A1
Villers-le-Château (51) 58 A2
Villers-le-Lac (25) 96 B4
Villers-le-Rond (54) 41 E2
Villers-le-Sec (02) 38 C1
Villers-le-Sec (51) 58 C2
Villers-le-Sec (55) 59 E3
Villers-le-Sec (70) 95 F1
Villers-le-Tilleul (08) 40 B2
Villers-le-Tourneur (08) 40 B2
Villers-les-Bois (39) 109 F1
Villers-lès-Cagnicourt (62) 28 A2
Villers-lès-Guise (02) 29 D3
Villers-lès-Luxeuil (70) 79 F4
Villers-lès-Mangiennes (55) 41 F3
Villers-lès-Moivrons (54) 60 C2
Villers-lès-Nancy (54) 60 B3
Villers-lès-Pots (21) 94 B3
Villers-lès-Roye (80) 27 F4
Villers-l'Hôpital (62) 27 D1
Villers-Marmery (51) 57 F1
Villers-Outréaux (59) 28 B3
Villers-Pater (70) 95 F2
Villers-Patras (21) 77 E3
Villers-Plouich (59) 28 B2
Villers-Pol (59) 29 D1

Villers-Robert (39) 109 F1
Villers-Rotin (21) 94 C4
Villers-Saint-Barthélemy (60) 36 C3
Villers-Saint-Christophe (02) 38 A1
Villers Saint Frambourg-
  -Ognon (60) 37 F4
Villers-Saint-Genest (60) 56 A1
Villers-Saint-Martin (25) 96 A3
Villers-Saint-Paul (60) 37 E4
Villers-Saint-Sépulcre (60) 37 D3
Villers-Semeuse (08) 40 B1
Villers-Sir-Simon (62) 27 E1
Villers-Sire-Nicole (59) 29 E1
Villers-sous-Ailly (80) 26 C2
Villers-sous-Chalamont (25) 110 B1
Villers-sous-Châtillon (51) 57 D1
Villers-sous-Foucarmont (76) 26 A4
Villers-sous-Montrond (25) 95 F4
Villers-sous-Pareid (55) 60 A1
Villers-sous-Prény (54) 60 B2
Villers-sous-Saint-Leu (60) 37 E4
Villers-Stoncourt (57) 60 C1
Villers-sur-Auchy (60) 36 B2
Villers-sur-Authie (80) 26 B1
Villers-sur-Bar (08) 40 C1
Villers-sur-Bonnières (60) 36 C2
Villers-sur-Coudun (60) 37 F3
Villers-sur-Fère (02) 38 C4
Villers-sur-le-Mont (08) 40 B1
Villers-sur-le-Roule (27) 35 F4
Villers-sur-Mer (14) 33 F3
Villers-sur-Meuse (55) 59 E1
Villers-sur-Nied (57) 61 D2
Villers-sur-Port (70) 95 E1
Villers-sur-Saulnot (70) 96 B1
Villers-Tournelle (80) 37 E2
Villers-Vaudey (70) 95 D1
Villers-Vermont (60) 36 B2
Villers-Vicomte (60) 37 D2
Villerserine (39) 109 F1
Villersexel (70) 96 A1
Villerupt (54) 42 A2
Villerville (14) 34 A3
Villery (10) 76 B3
Villes (01) 122 C2
Villes-sur-Auzon (84) 161 F2
Villeselve (60) 38 B1
Villeseneux (51) 57 F2
Villeséque (46) 142 A4
Villeséque-des-Corbières (11) 173 E4
Villeséquelande (11) 172 B2
Villesiscle (11) 172 A2
Villespassans (34) 173 E2
Villespy (11) 172 A2
Villetaneuse (93) 55 D2
La Villetelle (23) 117 F3
Villetelle (34) 160 A4
Villethierry (89) 75 D2
Villeton (47) 140 B4
Villetoureix (24) 127 E2
Villetritouls (11) 172 C3
Villetrun (41) 72 B4
La Villette (14) 51 D2
Villette (54) 41 F2
Villette (78) 54 B2
Villette-d'Anthon (38) 121 F4
Villette-de-Vienne (38) 134 B1
Villette-lès-Arbois (39) 110 A1
Villette-lès-Dole (39) 94 C4
Villette-sur-Ain (01) 122 A2
Villette-sur-Aube (10) 57 F4
Villettes (27) 35 E4
Les Villettes (43) 133 E3
Villeurbanne (69) 121 E4
Villevallier (89) 75 E3
Villevaudé (77) 55 F2
Villevenard (51) 57 D2
Villeveyrac (34) 174 B2
Villevieille (30) 160 A3
Villevieux (39) 109 E2
Villevocance (07) 133 F3
Villevoques (45) 74 B3
Villexanton (41) 88 C1
Villexavier (17) 126 B2
Le Villey (39) 109 F2
Villey-le-Sec (54) 60 B3
Villey-Saint-Étienne (54) 60 B3
Villey-sur-Tille (21) 94 A2
Villez-sous-Bailleul (27) 53 F1
Villez-sur-le-Neubourg (27) 35 D4
Villié-Morgon (69) 121 D2
Villiers (36) 103 E1
Villiers (86) 101 F2
Villiers-Adam (95) 55 D1
Villiers-au-Bouin (37) 87 D1
Villiers-aux-Corneilles (51) 57 D4
Villiers-Charlemagne (53) 69 F3
Villiers-Couture (17) 114 A2
Villiers-en-Bière (77) 55 E4
Villiers-en-Bois (79) 113 F1
Villiers-en-Désœuvre (27) 54 A2
Villiers-en-Lieu (52) 58 C3
Villiers-en-Morvan (21) 93 D4
Villiers-en-Plaine (79) 100 C4
Villiers-Fossard (50) 32 B3
Villiers-Herbisse (10) 57 F4
Villiers-le-Bâcle (91) 54 C3
Villiers-le-Bel (95) 55 E1

Villiers-le-Bois (10) .... 76 C
Villiers-le-Duc (21) .... 77 E
Villiers-le-Mahieu (78) .... 54 B
Villiers-le-Morhier (28) .... 54 A
Villiers-le-Roux (16) .... 114 A
Villiers-le-Sec (52) .... 78 A
Villiers-le-Sec (58) .... 91 F
Villiers-le-Sec (95) .... 55 E
Villiers-lès-Aprey (52) .... 78 B
Villiers-les-Hauts (89) .... 92 C
Villiers-Louis (89) .... 75 E
Villiers-Saint-Benoît (89) .... 75 E
Villiers-Saint-Denis (02) .... 56 B
Villiers-Saint-Frédéric (78) .... 54 B
Villiers-Saint-Georges (77) .... 56 C
Villiers-Saint-Orien (28) .... 72 C
Villiers-sous-Grez (77) .... 74 C
Villiers-sous-Mortagne (61) .... 52 C
Villiers-sous-Praslin (10) .... 76 C
Villiers-sur-Chizé (79) .... 113 F
Villiers-sur-Loir (41) .... 72 A
Villiers-sur-Marne (94) .... 55 E
Villiers-sur-Morin (77) .... 56 A
Villiers-sur-Orge (91) .... 55 D
Villiers-sur-Seine (77) .... 75 F
Villiers-sur-Suize (52) .... 78 B
Villiers-sur-Yonne (58) .... 92 A
Villiers-Vineux (89) .... 76 B
Villiersfaux (41) .... 88 A
Villieu-Loyes-Mollon (01) .... 122 A
Villing (57) .... 43 D
Villognon (16) .... 114 B
Villon (89) .... 76 C
Villoncourt (88) .... 80 A
Villons-les-Buissons (14) .... 33 E
Villorceau (45) .... 73 D
Villosanges (63) .... 118 A
Villotte (88) .... 79 D
Villotte-devant-Louppy (55) .... 59 D
Villotte-Saint-Seine (21) .... 93 E
Villotte-sur-Aire (55) .... 59 E
Villotte-sur-Ource (21) .... 77 E
Villouxel (88) .... 78 C
Villuis (77) .... 75 F
Villy (08) .... 41 D
Villy (89) .... 76 A
Villy-Bocage (14) .... 33 D
Villy-en-Auxois (21) .... 93 E
Villy-en-Trodes (10) .... 77 D
Villy-le-Bois (10) .... 76 C
Villy-le-Bouveret (74) .... 123 E
Villy-le-Maréchal (10) .... 76 C
Villy-le-Moutier (21) .... 94 A
Villy-le-Pelloux (74) .... 123 E
Villy-lez-Falaise (14) .... 51 F
Villy-sur-Yères (76) .... 26 A
Vilory (70) .... 79 F
Vilosnes-Haraumont (55) .... 41 D
Vilsberg (57) .... 62 A
Vimarcé (53) .... 70 B
Vimenet (12) .... 144 B
Viménil (88) .... 80 B
Vimines (73) .... 135 F
Vimont (14) .... 33 F
Vimory (45) .... 74 C
Vimoutiers (61) .... 52 A
Vimpelles (77) .... 75 E
Vimy (62) .... 28 A
Vinantes (77) .... 55 F
Vinassan (11) .... 173 F
Vinax (17) .... 113 F
Vinay (38) .... 135 D
Vinay (51) .... 57 E
Vinça (66) .... 184 C
Vincelles (51) .... 57 D
Vincelles (71) .... 109 D
Vincelles (89) .... 92 A
Vincelottes (89) .... 92 A
Vincennes (94) .... 55 E
Vincent-Froideville (39) .... 109 F
Vincey (39) .... 79 F
Vincly (62) .... 21 F
Vincy-Manœuvre (77) .... 56 A
Vincy-Reuil-et-Magny (02) .... 29 E
Vindecy (71) .... 107 E
Vindelle (16) .... 114 B
Vindey (51) .... 57 D
Vindrac-Alayrac (81) .... 156 C
Vindry-sur-Turdine (69) .... 120 C
Vinets (10) .... 57 F
Vineuil (36) .... 103 F
Vineuil (41) .... 88 C
Vineuil-Saint-Firmin (60) .... 37 E
La Vineuse sur Fregande (71) .... 108 B
Vinezac (07) .... 146 C
Vingrau (66) .... 185 E
Vinnemerville (76) .... 34 B
Vinneuf (89) .... 75 E
Vinon (18) .... 90 C
Vinon-sur-Verdon (83) .... 162 C
Vins-sur-Caramy (83) .... 178 B
Vinsobres (26) .... 147 F
Le Vintrou (81) .... 172 C
Vinzelles (63) .... 119 E
Vinzelles (71) .... 121 E
Vinzier (74) .... 111 E
Vinzieux (07) .... 134 A
Viocourt (88) .... 79 D

Viodos-Abense-de-Bas (64) ... 167 E2
Violaines (62) ... 22 C4
Violay (42) ... 120 C3
Violès (84) ... 161 E1
Violot (52) ... 78 C4
Viols-en-Laval (34) ... 159 E3
Viols-le-Fort (34) ... 159 E4
Vioménil (88) ... 79 F2
Vion (07) ... 134 B3
Vion (72) ... 70 B4
Vions (73) ... 122 C3
Viozan (32) ... 169 E1
Viplaix (03) ... 105 D4
Vira (09) ... 171 E3
Vira (66) ... 184 C1
Virac (81) ... 157 D2
Virandeville (50) ... 31 D2
Virargues (15) ... 131 E3
Virazeil (47) ... 140 B3
Viré (71) ... 108 C4
Viré-en-Champagne (72) ... 70 B3
Vire Normandie (14) ... 50 C2
Vire-sur-Lot (46) ... 141 F3
Vireaux (89) ... 76 C4
Virecourt (54) ... 60 C4
Virelade (33) ... 139 E2
Vireux-Molhain (08) ... 30 B2
Vireux-Wallerand (08) ... 30 B2
Virey-le-Grand (71) ... 108 C2
Virey-sous-Bar (10) ... 77 D2
Virginy (51) ... 40 B4
Viriat (01) ... 122 A1
Viricelles (42) ... 120 C4
Virieu-le-Grand (01) ... 122 C3
Virieux (01) ... 120 C4
Virignin (01) ... 122 C4
Viriville (38) ... 134 C2
Virlet (63) ... 118 A2
Virming (57) ... 61 E1
Viroflay (78) ... 54 C3
Virollet (17) ... 125 F1
Vironchaux (80) ... 26 B1
Vironvay (27) ... 35 F4
Virsac (33) ... 126 B4
Virson (17) ... 112 C1
Virville (76) ... 34 B2
Viry (39) ... 122 C1
Viry (71) ... 108 A4
Viry (74) ... 123 D2
Viry-Châtillon (91) ... 55 D3
Viry-Noureuil (02) ... 38 B2
Vis-en-Artois (62) ... 28 A1
Visan (84) ... 147 F4
Viscomtat (63) ... 119 F3
Viscos (65) ... 168 C4
Viserny (21) ... 93 D2
Visker (65) ... 169 D3
Vismes (80) ... 26 B3
Visoncourt (70) ... 80 A4
Vissac-Auteyrac (43) ... 132 B3
Vissec (30) ... 159 D3
Visseiche (35) ... 68 C3
Viterbe (81) ... 156 C4
Viterne (54) ... 60 B4
Vitot (27) ... 35 D4
Vitrac (15) ... 143 F1
Vitrac (24) ... 142 A1
Vitrac (63) ... 118 B3
Vitrac-Saint-Vincent (16) ... 115 D3
Vitrac-sur-Montane (19) ... 129 F2
Vitrai-sous-Laigle (61) ... 52 C3
Vitray-en-Beauce (28) ... 72 C2
Vitré (35) ... 69 D2
Vitreux (39) ... 95 D3
Vitrey (54) ... 60 B4
Vitrey-sur-Mance (70) ... 79 D4
Vitrimont (54) ... 61 D3
Vitrolles (05) ... 149 D3
Vitrolles (13) ... 177 D2
Vitrolles-en-Lubéron (84) ... 162 B3
Vitry-aux-Loges (45) ... 74 A3
Vitry-en-Artois (62) ... 28 A1
Vitry-en-Charollais (71) ... 107 E4
Vitry-en-Montagne (52) ... 78 A4
Vitry-en-Perthois (51) ... 58 B3
Vitry-la-Ville (51) ... 58 A2
Vitry-Laché (58) ... 92 A4
Vitry-le-Croisé (10) ... 77 E2
Vitry-le-François (51) ... 58 B3
Vitry-lès-Nogent (52) ... 78 B3
Vitry-sur-Loire (71) ... 107 D3
Vitry-sur-Orne (57) ... 42 B4
Vitry-sur-Seine (94) ... 55 E3
Vittarville (55) ... 41 E3
Vitteaux (21) ... 93 E3
Vittefleur (76) ... 34 C1
Vittel (88) ... 79 E2
Vittersbourg (57) ... 61 F1
Vittoncourt (57) ... 60 C1
Vittonville (54) ... 60 B1
Vitz-sur-Authie (80) ... 26 C1
Viuz-en-Sallaz (74) ... 123 F1
Viuz-la-Chiésaz (74) ... 123 E3
Vivaise (02) ... 38 C2
Vivario (2B) ... 189 D3
Viven (64) ... 168 B1
Viverols (63) ... 132 C2

Vivès (66) ... 185 E2
Vivey (52) ... 94 A1
Le Vivier (66) ... 184 C1
Vivier-au-Court (08) ... 40 C1
Le Vivier-sur-Mer (35) ... 49 E3
Vivières (02) ... 38 B4
Viviers (07) ... 147 D3
Viviers (57) ... 61 D2
Viviers (89) ... 76 B4
Viviers-du-Lac (73) ... 123 D4
Viviers-le-Gras (88) ... 79 E2
Viviers-lès-Lavaur (81) ... 156 B4
Viviers-lès-Montagnes (81) ... 172 B1
Viviers-lès-Offroicourt (88) ... 79 E1
Viviers-sur-Artaut (10) ... 77 E3
Viviers-sur-Chiers (54) ... 41 F2
Viviès (09) ... 171 F3
Viviez (12) ... 143 E3
Vivoin (72) ... 71 D2
Vivonne (86) ... 101 F4
Vivy (49) ... 86 C3
Vix (21) ... 77 E4
Vix (85) ... 100 A4
Vizille (38) ... 135 F4
Vocance (07) ... 133 F3
Vodable (63) ... 131 F1
Vœgtlinshoffen (68) ... 81 E3
Vœlfling-lès-Bouzonville (57) ... 43 D3
Vœllerdingen (67) ... 62 A1
Vœuil-et-Giget (16) ... 127 E1
La Vôge-les-Bains (88) ... 79 F3
Vogelgrun (68) ... 81 F3
Voglans (73) ... 123 D4
Vogüé (07) ... 146 C3
Voharies (02) ... 29 D4
Void-Vacon (55) ... 59 F3
Voigny (10) ... 77 F2
Voilemont (51) ... 58 C1
Voillans (25) ... 96 A2
Voillecomte (52) ... 58 C4
Voimhaut (57) ... 60 C1
Voinémont (54) ... 60 C4
Voingt (63) ... 118 A4
Voinsles (77) ... 56 A3
Voires (25) ... 95 F4
Voiron (38) ... 135 E2
Voiscreville (27) ... 35 D4
Voise (28) ... 73 E1
Voisenon (77) ... 55 F4
Voisey (52) ... 79 D4
Voisines (52) ... 78 B4
Voisines (89) ... 75 F2
Voisins-le-Bretonneux (78) ... 54 C3
Voissant (38) ... 135 F1
Voissay (17) ... 113 E2
Voiteur (39) ... 109 F2
Voivres (70) ... 80 B4
La Voivre (88) ... 80 C1
Les Voivres (88) ... 79 F3
Voivres-lès-le-Mans (72) ... 70 C3
Volckerinckhove (59) ... 22 A2
Volesvres (71) ... 107 F4
Volgelsheim (68) ... 81 F3
Volksberg (67) ... 62 A1
Vollore-Montagne (63) ... 119 F4
Vollore-Ville (63) ... 119 E4
Volmerange-lès-Boulay (57) ... 43 D4
Volmerange-les-Mines (57) ... 42 B3
Volmunster (57) ... 44 A4
Volnay (21) ... 108 B1
Volnay (72) ... 71 E3
Volon (70) ... 95 D1
Volonne (04) ... 163 D1
Volpajola (2B) ... 187 D3
Volstroff (57) ... 42 C3
Volvent (26) ... 148 A3
Volvic (63) ... 118 C3
Volx (04) ... 162 C3
Vomécourt (88) ... 80 B1
Vomécourt-sur-Madon (88) ... 79 F1
Voncourt (52) ... 95 D1
Voncq (08) ... 40 B3
Vonges (21) ... 94 C3
Vongnes (01) ... 122 C3
Vonnas (01) ... 121 F1
Voray-sur-l'Ognon (70) ... 95 E3
Voreppe (38) ... 135 E2
Vorey (43) ... 133 D3
Vorges (02) ... 39 D2
Vorges-les-Pins (25) ... 95 E4
Vorly (18) ... 105 D1
Vornay (18) ... 105 E1
Vosbles-Valfin (39) ... 109 F4
Vosne-Romanée (21) ... 94 A4
Vosnon (10) ... 76 B3
Vou (37) ... 88 A4
Vouarces (51) ... 57 D1
Voudenay (21) ... 93 D4
Voué (10) ... 76 C1
Vouécourt (52) ... 78 A2
Vougécourt (70) ... 79 E3
Vougeot (21) ... 94 A4
Vougrey (10) ... 76 C3
Vougy (42) ... 120 B2
Vougy (74) ... 123 F2
Vouharte (16) ... 114 B3
Vouhé (17) ... 113 D1
Vouhé (79) ... 101 D3

Vouhenans (70) ... 96 A1
Vouillé (79) ... 101 D4
Vouillé (86) ... 101 F3
Vouillé-les-Marais (85) ... 100 A4
Vouillers (51) ... 58 C3
Vouillon (36) ... 104 B2
Voujeaucourt (25) ... 96 B2
Voulaines-les-Templiers (21) ... 77 F4
Voulangis (77) ... 56 A2
Voulême (86) ... 114 B2
Voulgézac (16) ... 127 D1
Voulmentin (79) ... 100 C1
Voulon (86) ... 101 F4
Voulpaix (02) ... 29 E4
La Voulte-sur-Rhône (07) ... 147 E1
Voulton (77) ... 56 B4
Voulx (77) ... 75 D2
Vouneuil-sous-Biard (86) ... 101 F3
Vouneuil-sur-Vienne (86) ... 102 B2
Vourey (38) ... 135 E2
Vourles (69) ... 121 E4
Voussac (03) ... 118 C1
Voutenay-sur-Cure (89) ... 92 B2
Voutezac (19) ... 129 D2
Vouthon (16) ... 114 C4
Vouthon-Bas (55) ... 59 F4
Vouthon-Haut (55) ... 59 F4
Voutré (53) ... 70 B2
Vouvant (85) ... 100 C3
Vouvray (37) ... 88 A2
Vouvray-sur-Huisne (72) ... 71 E3
Vouxey (88) ... 79 D1
Vouzailles (86) ... 101 F2
Vouzan (16) ... 127 E1
Vouzeron (18) ... 90 A3
Vouziers (08) ... 40 B3
Vouzon (41) ... 89 F1
Vouzy (51) ... 57 F2
Vovray-en-Bornes (74) ... 123 E2
Voyenne (02) ... 29 D4
Voyennes (80) ... 38 A1
Voyer (57) ... 62 A3
La Vraie-Croix (56) ... 67 D4
Vraignes-en-Vermandois (80) ... 28 A3
Vraignes-lès-Hornoy (80) ... 36 B1
Vraincourt (52) ... 78 A2
Vraiville (27) ... 35 E4
Vraux (51) ... 57 F1
Vrécourt (88) ... 79 D2
Vred (59) ... 28 B1
Vregille (70) ... 95 E3
Vregny (02) ... 38 C3
Vrély (80) ... 27 F4
Vrianges (39) ... 94 C4
Vrigne aux Bois (08) ... 40 C1
Vrigne-Meuse (08) ... 40 C1
Vrigny (45) ... 74 A3
Vrigny (51) ... 39 E4
Vrocourt (60) ... 36 B2
Vroil (51) ... 58 C2
Vron (80) ... 26 C1
Vroncourt (54) ... 60 B4
Vroncourt-la-Côte (52) ... 78 B3
Vroville (88) ... 79 F1
Vry (57) ... 42 C4
Vue (44) ... 84 A3
Vuillafans (25) ... 95 F4
Vuillecin (25) ... 110 C1
Vuillery (02) ... 38 C3
Vulaines (10) ... 76 A2
Vulaines-lès-Provins (77) ... 56 B4
Vulaines-sur-Seine (77) ... 74 C1
Vulbens (74) ... 123 D2
Vulmont (57) ... 60 C2
Vulvoz (39) ... 110 A4
Vy-le-Ferroux (70) ... 95 E1
Vy-lès-Filain (70) ... 95 F2
Vy-lès-Lure (70) ... 96 A1
Vy-lès-Rupt (70) ... 95 E1
Vyans-le-Val (70) ... 96 B1
Vyt-lès-Belvoir (25) ... 96 B3

W

Waben (62) ... 26 B1
Wacquemoulin (60) ... 37 E2
Wacquinghen (62) ... 21 D2
Wadelincourt (08) ... 40 C1
Wagnon (08) ... 40 A2
Wahagnies (59) ... 28 A1
Wahlbach (68) ... 97 E1
Wahlenheim (67) ... 62 C2
Wail (62) ... 26 C1
Wailly (62) ... 27 F1
Wailly-Beaucamp (62) ... 21 D4
Walbach (68) ... 81 D2
Walbourg (67) ... 62 C1
Waldersbach (67) ... 62 A4
Waldhambach (67) ... 62 A1
Waldhouse (57) ... 44 A4
Waldighofen (68) ... 97 E1
Waldolwisheim (67) ... 62 B2
Waldweistroff (57) ... 43 D3
Waldwisse (57) ... 43 D3
Walheim (68) ... 97 E1
Walincourt-Selvigny (59) ... 28 B2

Wallers (59) ... 28 C1
Wallers-en-Fagne (59) ... 29 F2
Wallon-Cappel (59) ... 22 A3
Walschbronn (57) ... 44 B4
Walscheid (57) ... 62 A3
Waltembourg (57) ... 62 A2
Waltenheim (68) ... 97 E1
Waltenheim-sur-Zorn (67) ... 62 C2
Waly (55) ... 59 D1
Wambaix (59) ... 28 B2
Wambercourt (62) ... 21 F4
Wambez (60) ... 36 B2
Wambrechies (59) ... 23 D3
Wamin (62) ... 21 F4
Wanchy-Capval (76) ... 25 F2
Wancourt (62) ... 28 A1
Wandignies-Hamage (59) ... 28 B1
Wangen (67) ... 62 B3
Wangenbourg-Engenthal (67) ... 62 A3
Wannehain (59) ... 23 E4
Wanquetin (62) ... 27 E1
La Wantzenau (67) ... 63 D3
Warcq (08) ... 40 B1
Warcq (55) ... 41 F4
Wardrecques (62) ... 22 A3
Wargemoulin-Hurlus (51) ... 58 B1
Wargnies (80) ... 27 D3
Wargnies-le-Grand (59) ... 29 D1
Wargnies-le-Petit (59) ... 29 D1
Warhem (59) ... 22 B1
Warlaing (59) ... 23 E4
Warlencourt-Eaucourt (62) ... 27 F2
Warlincourt-lès-Pas (62) ... 27 E2
Warloy-Baillon (80) ... 27 E3
Warluis (60) ... 36 C3
Warlus (62) ... 27 F1
Warlus (80) ... 26 C3
Warluzel (62) ... 27 E1
Warmeriville (51) ... 39 F3
Warnécourt (08) ... 40 B1
Warneton (59) ... 22 C3
Warsy (80) ... 27 F4
Warvillers (80) ... 27 F4
Wasigny (02) ... 40 A2
Wasnes-au-Bac (59) ... 28 B1
Wasquehal (59) ... 23 D3
Wasselonne (67) ... 62 B3
Wasserbourg (68) ... 81 D3
Wassigny (02) ... 28 C3
Wassy (52) ... 58 C4
Le Wast (62) ... 21 E2
Watigny (02) ... 29 F3
Watronville (55) ... 41 F4
Watten (59) ... 21 F2
Wattignies (59) ... 23 D3
Wattignies-la-Victoire (59) ... 29 E2
Wattrelos (59) ... 23 E3
Wattwiller (68) ... 81 D4
Wavignies (60) ... 37 D2
Waville (54) ... 60 B1
Wavrans-sur-l'Aa (62) ... 21 F3
Wavrans-sur-Ternoise (62) ... 22 A4
Wavrechain-sous-Denain (59) ... 28 C1
Wavrechain-sous-Faulx (59) ... 28 B1
Wavrille (55) ... 41 E3
Wavrin (59) ... 22 C4
Waziers (59) ... 28 B1
Weckolsheim (68) ... 81 F3
Wegscheid (68) ... 80 C4
Weinbourg (67) ... 62 B2
Weislingen (67) ... 62 A2
Weitbruch (67) ... 62 C2
Weiterswiller (67) ... 62 B2
Welles-Pérennes (60) ... 37 E2
Wemaers-Cappel (59) ... 22 A2
Wentzwiller (68) ... 97 F1
Werentzhouse (68) ... 97 E1
Wervicq-Sud (59) ... 23 D2
West-Cappel (59) ... 22 B2
Westhalten (68) ... 81 D3
Westhoffen (67) ... 62 B3
Westhouse (67) ... 62 C4
Westhouse-Marmoutier (67) ... 62 B3
Westrehem (62) ... 22 A4
Wettolsheim (68) ... 81 E2
Weyer (67) ... 62 A2
Weyersheim (67) ... 62 C3
Wickerschwihr (68) ... 81 E2
Wickersheim-Wilshausen (67) ... 62 B2
Wicquinghem (62) ... 21 E3
Wicres (59) ... 22 C4
Widehem (62) ... 21 D3
Widensolen (68) ... 81 E2
Wiège-Faty (02) ... 29 D3
Wiencourt-l'Équipée (80) ... 27 E4
Wierre-au-Bois (62) ... 21 E3
Wierre-Effroy (62) ... 21 D2
Wiesviller (57) ... 62 A1
Wignehies (59) ... 29 E3
Wignicourt (08) ... 40 B2
Wihr-au-Val (68) ... 81 D2
Wildenstein (68) ... 80 C3
Wildersbach (67) ... 62 A4
Willeman (62) ... 26 C1
Willems (59) ... 23 E3
Willencourt (62) ... 26 C1
Willer (68) ... 97 E1
Willer-sur-Thur (68) ... 81 D4

Willeroncourt (55)............... 59 **E3**
Willerval (62).................. 28 **A1**
Willerwald (57) 61 **F1**
Willgottheim (67) 62 **B3**
Williers (08)................... 41 **E1**
Willies (59).................... 29 **F2**
Wilwisheim (67) 62 **B2**
Wimereux (62)................. 21 **D2**
Wimille (62)................... 21 **D2**
Wimmenau (67) 62 **B2**
Wimy (02) 29 **E3**
Windstein (67)................. 62 **C1**
Wingen (67)................... 62 **C1**
Wingen-sur-Moder (67) 62 **B1**
Wingersheim les Quatre Bans (67) . 62 **C3**
Wingles (62) 22 **C4**
Winkel (68).................... 97 **E2**
Winnezeele (59)............... 22 **B2**
Wintersbourg (57).............. 62 **A2**
Wintershouse (67)............. 62 **C2**
Wintzenbach (67) 63 **E1**
Wintzenheim (68) 81 **E2**
Wintzenheim-Kochersberg (67).... 62 **B3**
Wirwignes (62)................ 21 **E3**
Wiry-au-Mont (80).............. 26 **B3**
Wisches (67) 62 **A4**
Wisembach (88) 81 **D1**
Wiseppe (55) 41 **D3**
Wismes (62)................... 21 **F3**
Wisques (62) 21 **F3**
Wissant (62).................. 21 **D2**
Wissembourg (67) 63 **D1**
Wissignicourt (02)............. 38 **C2**
Wissous (91) 55 **D3**
Witry-lès-Reims (51)............ 39 **F4**
Wittelsheim (68) 81 **D4**
Wittenheim (68) 81 **E4**
Witternesse (62) 22 **A3**
Witternheim (67).............. 81 **F1**
Wittersdorf (68)............... 97 **E1**
Wittersheim (67) 62 **C2**
Wittes (62) 22 **A3**
Wittisheim (67) 81 **F1**
Wittring (57) 62 **A1**
Wiwersheim (67) 62 **C3**
Wizernes (62)................. 22 **A3**
Woël (55) 60 **A1**
Wœlfling-lès-Sarreguemines (57) .. 62 **A1**
Wœrth (67) 62 **C1**
Woignarue (80) 26 **A2**
Woimbey (55) 59 **E1**
Woincourt (80)................ 26 **A2**
Woippy (57)................... 42 **B4**
Woirel (80)................... 26 **B3**
Wolfersdorf (68) 97 **D1**
Wolfgantzen (68) 81 **E3**
Wolfisheim (67) 62 **C3**
Wolfskirchen (67) 61 **F2**
Wolschheim (67) 62 **B3**
Wolschwiller (68)............. 97 **E2**
Wolxheim (67) 62 **B3**
Wormhout (59) 22 **A2**
Woustviller (57) 43 **F4**
Wuenheim (68) 81 **D3**
Wuisse (57) 61 **E2**
Wulverdinghe (59) 22 **A2**
Wy-dit-Joli-Village (95)......... 54 **B1**
Wylder (59) 22 **B2**

X

Xaffévillers (88) 80 **B1**
Xaintrailles (47)................ 140 **B4**
Xaintray (79) 100 **C3**
Xambes (16)................. 114 **B3**
Xammes (54) 60 **A1**
Xamontarupt (88) 80 **B2**
Xanrey (57) 61 **D3**
Xanton-Chassenon (85) 100 **B4**
Xaronval (88)................. 79 **F1**
Xermaménil (54).............. 61 **D4**
Xertigny (88) 80 **A3**
Xeuilley (54) 60 **B4**
Xirocourt (54) 60 **C4**
Xivray-et-Marvoisin (55)......... 60 **A2**
Xivry-Circourt (54)............. 42 **A3**
Xocourt (57).................. 60 **C2**
Xonrupt-Longemer (88) 80 **C2**
Xonville (54) 60 **A1**
Xouaxange (57)............... 61 **F3**
Xousse (54) 61 **E3**
Xures (54) 61 **E3**

Y

Y (80)....................... 38 **A1**
Yainville (76) 35 **D3**
Yaucourt-Bussus (80) 26 **C2**
Ychoux (40) 138 **B4**
Ydes (15) 130 **C2**
Yébleron (76)................. 34 **C2**
Yèbles (77)................... 55 **F4**
Yenne (73) 122 **C4**
Yermenonville (28) 54 **A4**

Yerres (91) 55 **E3**
Yerville (76) 35 **D1**
Yèvre-la-Ville (45) 74 **A2**
Yèvres (28)................... 72 **B2**
Yèvres-le-Petit (10) 58 **A4**
Yffiniac (22).................. 48 **A4**
Ygos-Saint-Saturnin (40) 152 **C2**
Ygrande (03) 105 **F3**
Ymare (76)................... 35 **E3**
Ymeray (28) 54 **B4**
Ymonville (28)................ 73 **E2**
Yolet (15) 143 **F1**
Yoncq (08) 40 **C2**
Yonval (80).................. 26 **B2**
Youx (63).................... 118 **B2**
Yport (76)................... 34 **B1**
Ypreville-Biville (76) 34 **C1**
Yquebeuf (76) 35 **F2**
Yquelon (50) 49 **F2**
Yronde-et-Buron (63) 131 **F1**
Yrouerre (89) 76 **B4**
Yssac-la-Tourette (63)........... 118 **C3**
Yssandon (19) 129 **D3**
Yssingeaux (43)............... 133 **E3**
Ytrac (15) 143 **F1**
Ytres (62)................... 28 **A2**
Yutz (57) 42 **B3**
Yvecrique (76)................ 35 **D1**
Yvernaumont (08)............. 40 **B1**
Yversay (86).................. 101 **F2**
Yves (17)................... 112 **C2**
Les Yveteaux (61) 51 **E3**
Yvetot (76)................... 35 **D2**
Yvetot-Bocage (50)............ 31 **E2**
Yvias (22).................... 47 **E2**
Yviers (16)................... 127 **D2**
Yvignac-la-Tour (22) 67 **F1**
Yville-sur-Seine (76) 35 **D3**
Yvoire (74)................... 110 **C4**
Yvoy-le-Marron (41) 89 **E1**
Yvrac (33)................... 139 **E1**
Yvrac-et-Malleyrand (16) 114 **C4**
Yvré-le-Pôlin (72) 71 **D4**
Yvré-l'Évêque (72)............. 71 **D3**
Yvrench (80) 26 **C2**
Yvrencheux (80) 26 **C2**
Yzengremer (80) 26 **A2**
Yzernay (49)................. 85 **F4**
Yzeron (69) 121 **D4**
Yzeure (03).................. 106 **B3**
Yzeures-sur-Creuse (37) 102 **C2**
Yzeux (80) 26 **C3**
Yzosse (40).................. 152 **A3**

Z

Zaessingue (68)................ 97 **E1**
Zalana (2B)................... 189 **E2**
Zarbeling (57) 61 **E2**
Zegerscappel (59) 22 **A2**
Zehnacker (67)................ 62 **B3**
Zeinheim (67)................ 62 **B3**
Zellenberg (68) 81 **E2**
Zellwiller (67)................. 62 **B4**
Zermezeele (59)............... 22 **A2**
Zérubia (2A).................. 191 **D2**
Zetting (57) 62 **A1**
Zévaco (2A).................. 189 **D4**
Zicavo (2A) 189 **D4**
Zigliara (2A)................. 189 **D4**
Zilia (2B).................... 186 **C4**
Zilling (57) 62 **A2**
Zillisheim (68) 81 **E4**
Zimmerbach (68)............. 81 **D2**
Zimmersheim (68) 81 **E4**
Zimming (57)................. 43 **D4**
Zincourt (88) 80 **A1**
Zinswiller (67)................ 62 **C1**
Zittersheim (67) 62 **B2**
Zommange (57)............... 61 **E2**
Zonza (2A)................... 191 **D2**
Zoteux (62) 21 **E3**
Zouafques (62) 21 **F2**
Zoufftgen (57) 42 **B2**
Zoza (2A) 191 **D2**
Zuani (2B) 189 **E2**
Zudausques (62) 21 **F3**
Zutkerque (62)................ 21 **F2**
Zuydcoote (59) 22 **B1**
Zuytpeene (59) 22 **A2**

ENVIRONS DE BORDEAUX

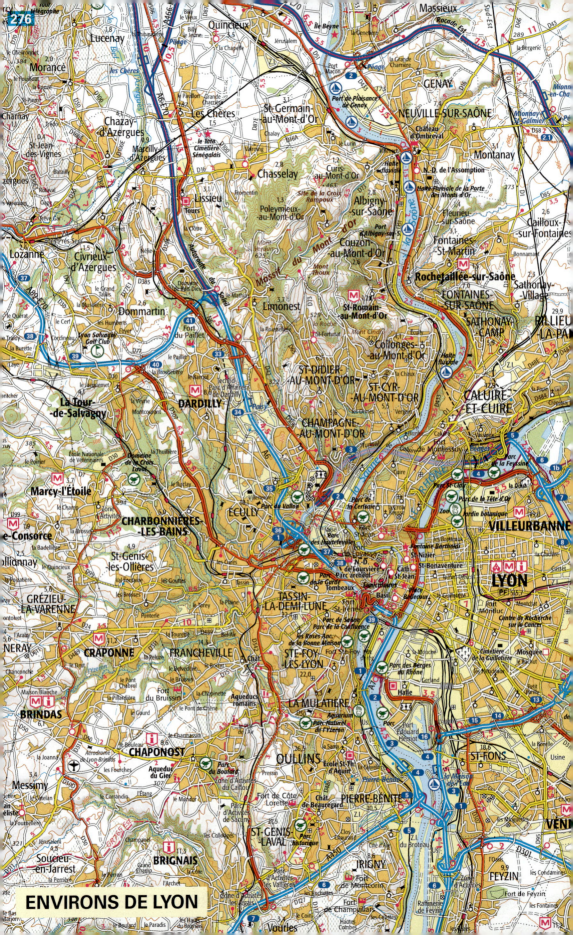

ENVIRONS DE LYON

ENVIRONS DE LILLE

ENVIRONS DE MARSEILLE

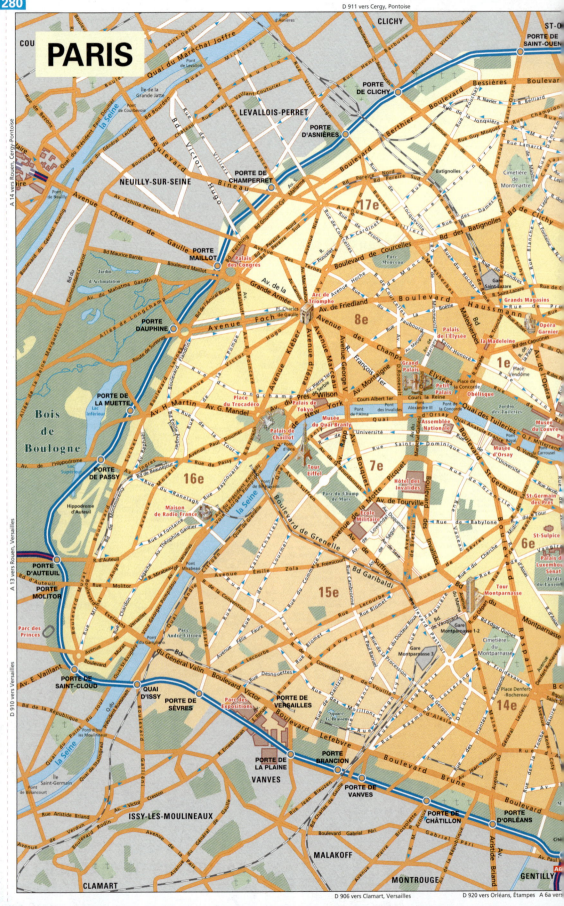

PARIS

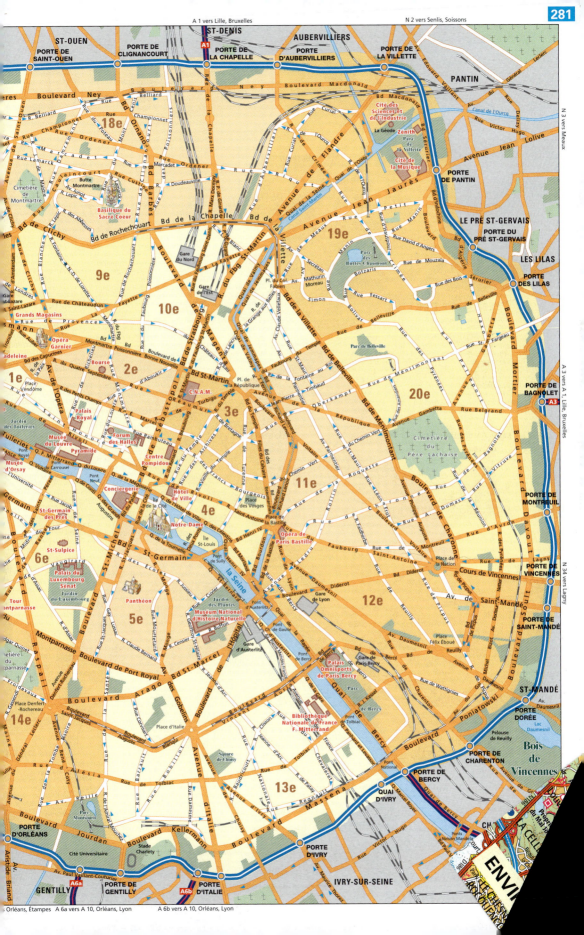

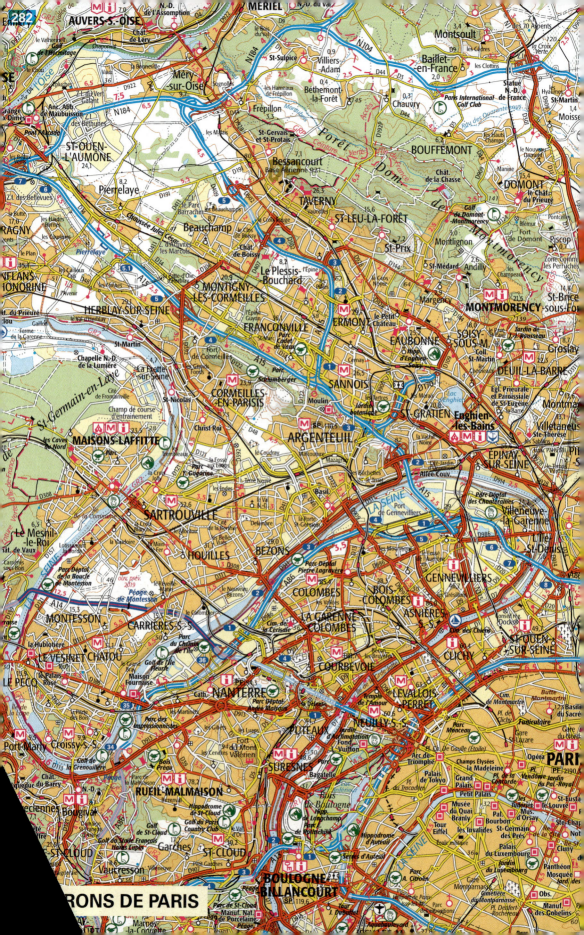

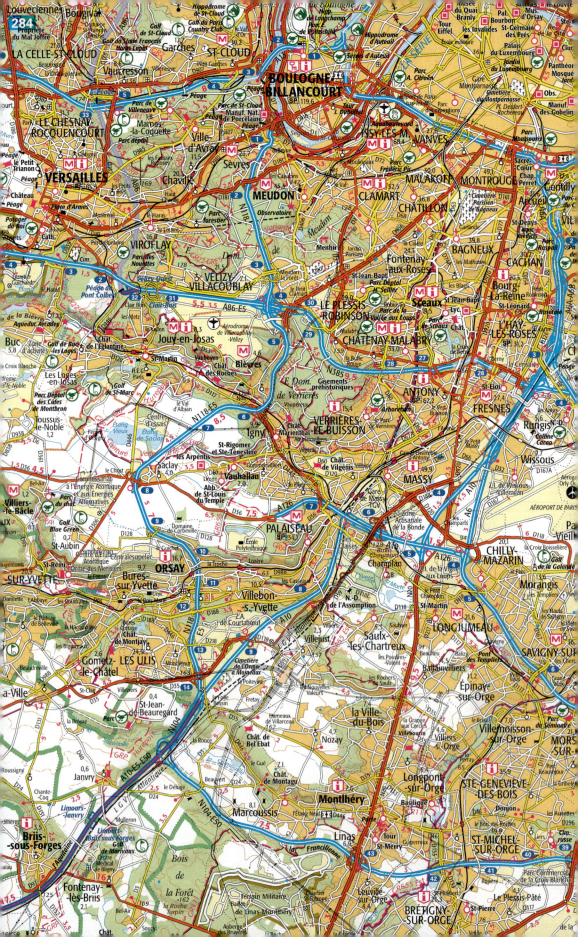